병음표기 중·한 대역

中国古代文学简史

병음표기 중·한 대역

中国古代文学简史

徐宗才 편저
韩相德 번역

신아사

머리말

이 책은 중국 북경어언대학(北京語言大學)에서 외국 유학생들을 위해 특별히 편찬한 교재다. 그래서 저자는 외국인들이 중국어와 중국문학사 내용을 쉽고 재미있게 배울 수 있도록 하는데 역점을 두었다. 이런 측면에서 그 특징을 살펴보면 다음과 같다.

첫째, 중국어 실력이 크게 뛰어나지 않아도 내용을 파악하는데 어려움이 없도록 최대한 쉬운 어휘를 사용하여 내용을 기술하고 있다.

둘째, 문학사 내용을 딱딱하거나 지루하지 않도록 스토리텔링화 하여 그 어떤 내용이라도 재미를 느낄 수 있게 압축해 놓고 있다.

셋째, 새로운 내용을 설명할 때도 대부분 정형화된 문장 표현들을 계속 반복함으로써, 외국인들이 중국어를 구사하고 중국문학사 내용을 함께 설명하고 토론하는데 크게 도움이 되도록 하고 있다.

넷째, 중국의 고대문학사 중에서도 꼭 알아야 할 상식적인 내용을 잘 선별하여 아주 효과적으로 공부를 할 수 있도록 하고 있다.

다섯째, 대표적인 역대 작가와 주요 작품들을 적절하게 소개하여, 전체적인 맥락에서 시대를 이해하고 작가 개인의 사상 및 특징을 파악하는데 도움이 되게 하고 있다.

이상과 같은 특징으로 중국문학사를 이해하고자 하는 독자들에게 큰 도움이 될 것이며, 특히 중국어 독해 및 말하기 연습을 위한 독자들이 이 교재로 공부를 한다면 더 큰 효과를 얻을 수 있을 것으로 사료된다.

이 책을 번역 출판하는데 있어 세 가지 원칙에 입각하였다. 하나는 원래 원서에는 발음이 없지만, 한국인이 중국어를 공부할 때 수준에 관계없이 누구나 쉽게 공부를 할 수 있도록 하기 위해 모든 글자에 발음을 병기하였다. 그리고 번역은 가능한 의역을 피하고 직역으로 하고자 노력하였다. 그 이유는 문장을 독해하는데 좀 더 쉽게 이해가 되도록 하기 위함이다. 그래서 어순도 가능한 원문의 순서대로 하고자 노력하였고, 반복되는 주어 역시 생략하지 않고 그대로 살려 놓고자 하였다. 번역된 우리말이 매끄럽지 못한 이유 중의 하나는 바로 이럼 점 때문일 수도 있다. 물론 어쩔 수 없는 경우는 글자 밖의 의미를 보태어 번역하기도 하였는데, 전체적으로 그런 경우는 많지 않은 편이다. 또 하나, 지면 문제로 번역문에서는 전혀 한자를 병기하지 않고 오로지 한글만으로 표현하는 것을 원칙으로 하였다. 이 때문에 다소 헷갈리는 부분이 있을 수 있다. 이때는 원문을 참고하면 좋을 것이다.

여러 측면에서 교재가 참 좋다 싶어, 십 년 넘게 의욕만 가지고 있다가 이번에 어렵게 번역본을 내게 되었다. 흔쾌히 한국에서 번역본을 낼 수 있도록 허락해 주신 서종재(徐宗才) 교수님께 감사드린다. 특히 경제성보다는 교육용 도서의 저변 확대에 큰 의미를 두고 출판을 허락해 주신 신아사 정현걸 대표님과 항상 응원해 주시고 도움 주시는 한규갑 상무님, 그리고 김금란 실장을 비롯한 출판 관계자 선생님들의 노고에 감사를 드린다.

2013년 12월
한상덕 삼가 씀

mù lù

目 录

dì yī zhāng xiān qín wén xué

第一章 先秦文学 (선진문학) / 13

第四章 唐代文学 (당대문학) / 169

dì sì zhāng táng dài wén xué

dì wǔ zhāng sòng dài wén xué
第五章 宋代文学 (송대문학) / 255

dì liù zhāng yuán dài wén xué
第六章 元代文学 (원대문학) / 301

第七章 明代文学 (명대문학) / 325

第八章 清代文学 (청대문학) / 363

dì yī zhāng xiān qín wén xué
第一章 先秦文学

shàng gǔ
（上古-BC207）

제1장 선진문학
(상고-BC207)

xiān qín wén xué shì zhǐ qín dài yǐ qián de wén xué tā bāo kuò cóng
先秦文学是指秦代以前的文学，它包括从
shàng gǔ chuánshuōzhōng de sān huáng wǔ dì shí dài kāi shǐ dào xià shāng zhōu
上古传说中的三皇五帝时代开始，到夏、商、周、
chūn qiū zhàn guó hé qín zhè yī lì shǐ shí qī de wén xué qí zhōngzhòng diǎn
春秋、战国和秦这一历史时期的文学，其中重点
jiǎng wén xué de qǐ yuán gǔ dài shén huà chuánshuō shī jīng sǎn wén qū
讲：文学的起源、古代神话传说、诗经、散文、屈
yuán hé chǔ cí xiān qín wén xué shì zhōng guó wén xué shǐ shàngguāng huī càn làn
原和楚辞。先秦文学是中国文学史上光辉灿烂
de yī yè
的一页。

선진문학은 진대 이전의 문학을 가리키는데, 여기에는 상고 전설 중의 삼황오제 시대부터 시작하여, 하·상·주·춘추·전국과 진까지의 역사 시기 문학을 포괄하며, 그 중에서 중점적으로 이야기 할 부분은, 문학의 기원, 고대의 신화전설, 시경·산문·굴원과 초사다. 선진문학은 중국 문학사에서 휘황찬란한 한 페이지이다.

dì yī jié zhōng guó wén xué de qǐ yuán
第一节 中国文学的起源

제1절 중국문학의 기원

wén xué yì shù qǐ yuán yú láo dòng láo dòng chuàng zào le rén yě chuàng
文学艺术起源于劳动。劳动创造了人，也创
zào le wén xué yì shù yuán shǐ rén zài cháng qī láo dòng guò chéngzhōng yóu
造了文学艺术。原始人在长期劳动过程中，由
yú dà nǎo hé fā yīn qì guān de fā dá zhú jiàn chǎnshēng le sī wéi hé
于大脑和发音器官的发达，逐渐产生了思维和

문학예술은 노동에서 기원한다. 노동은 사람을 창조하였을 뿐만 아니라, 또한 문학예술도 창조하였다. 원시인들은 오랜 기간 노동을 하는 과정에서, 대뇌와 발음기관의 발달로, 점차 사유와 언어가 생기게 되었고, 간단한 외침

yǔ yán yóu jiǎn dān de hū hǎn fā zhǎn wéi yīn jié fēn míng de yǔ yán jìn
语言，由简单的呼喊发展为音节分明的语言，进
ér chéng wéi yǒu jié zòu de gē chàng wén xué zǒng shì hé láo dòng lián xì zài
而成为有节奏的歌唱。文学总是和劳动联系在
yī qǐ de zhōng guó yǒu yī bù gǔ shū huái nán zǐ shū zhōng yǒu zhè
一起的。中国有一部古书《淮南子》，书中有这
yàng yī duàn jì zǎi
样一段记载：

에서 발전하여 음절이 분명한 언어가 되었으며, 더 나아가 리듬이 있는 노래가 되었다. 문학이란 언제나 노동과 연결되어 있었다. 중국에 《회남자》라고 하는 고서가 하나 있는데, 책에 이러한 기록 한 단락이 있다.

jīn fū jǔ dà mù zhě qián hū yé xǔ hòu yì yìng zhī cǐ
今夫举大木者，前呼'邪许'，后亦应之，此
jǔ zhòng quàn lì zhī gē yě dào yīng xùn
举重劝力之歌也。"（《道应训》）

yì wén xiàn zài yǒu tái dà mù tou de rén qián biān hǎn hāi
（译文：现在有抬大木头的人，前边喊'嗨
yō hòu biān yě gēn zhe hǎn zhè jiù shì tái zhòng wù shí ràng dà jiā
哟'，后边也跟着喊，这就是抬重物时让大家
yī qí yòng lì de gē shēng
一齐用力的歌声。）

지금 큰 나무를 드는 자가, 앞에서 '영차'하면, 뒤에서 역시 이에 응하는데, 이는 무거운 것을 들며 힘을 권하는 노래다. (《도응훈》)
(번역문: 지금 큰 나무를 들어 올리는 어떤 사람이, 앞에서 '영차'하고 외치면, 뒤에서도 곧 이에 응하여 외치니, 이는 곧 무거운 물건을 들어 올릴 때 모두가 함께 힘을 쓰도록 하는 노래 소리이다.)

zhè lǐ suǒ shuō de jǔ zhòng quàn lì zhī gē jiù shì zhǐ rén men
这里所说的"举重劝力之歌"，就是指人们
jí tǐ láo dòng shí yī chàng yī hé jiè yǐ tiáo zhěng dòng zuò jiǎn qīng pí
集体劳动时，一唱一和，借以调整动作，减轻疲
láo tí gāo xiào lǜ de hū shēng zhè zhǒng yǒu jié zòu de hū shēng suī rán
劳，提高效率的呼声。这种有节奏的呼声，虽然
zhǐ shì yī zhǒng shēng yīn méi yǒu gē cí rú guǒ jiā shàng biǎo yì de yǔ
只是一种声音，没有歌词，如果加上表意的语
yán nà jiù chéng wéi yǒu yì yì de shī gē le yě jiù shì wén xué chuàng zuò
言，那就成为有意义的诗歌了，也就是文学创作
de kāi shǐ
的开始。

여기서 말하는 "무거운 물건을 들 때 힘을 쓰도록 하는 노래"란, 곧 사람들이 집단노동을 할 때, 한 쪽에서 노래를 하면 다른 한 쪽에서 화답을 함으로써, 동작을 맞추고, 피로를 덜어주며, 효율을 높이는 외침을 가리킨다. 리듬을 가진 이런 외침 소리가, 비록 일종의 소리일 뿐이고, 노랫말은 없지만, 만일에 뜻을 나타내는 언어가 더해지면, 그것은 곧 의미 있는 시가가 되며, 또한 문학창작의 시작이 되는 것이다.

lǔ xùn xiānsheng zài qiě jiè tíng zá wén mén wài wén tán zhōng
鲁迅先生在≪且介亭杂文·门外文谈≫中
shuō de hěn qīng chu tā shuō
说得很清楚。他说:

노신 선생은 ≪차개정잡문·문외문담≫ 중에서 아주 분명하게 말한다. 그는 말한다.

rén lèi shì zài wèi yǒu wén zì zhī qián jiù yǒu le chuàng zuò de
人类是在未有文字之前，就有了创作的，
kě xī méi yǒu rén jì xià lái yě méi yǒu fǎ zi jì xià wǒ men
可惜没有人记下来，也没有法子记下。我们
de zǔ xiān de yuán shǐ rén yuán shì lián huà yě bù huì shuō de wèi le
的祖先的原始人，原是连话也不会说的，为了
gòngtóng láo zuò bì xū fā biǎo yì jiàn cái jiàn jiàn de liàn chū fù zá
共同劳作，必须发表意见，才渐渐的练出复杂
de shēng yīn lái jiǎ rú nà shí dà jiā tái mù tou dōu jué de chī lì
的声音来，假如那时大家抬木头，都觉得吃力
le què xiǎng bu dào fā biǎo qí zhōng yǒu yī ge jiào dào háng yō háng
了，却想不到发表，其中有一个叫道‘杭育杭
yō nà me zhè jiù shì chuàng zuò dà jiā yě yào pèi fú yìngyòng
育’，那么，这就是创作；大家也要佩服，应用
de zhè jiù děng yú chū bǎn tǎng ruò yòng shén me jì hào liú cún le xià
的，这就等于出版；倘若用什么记号留存了下
lái zhè jiù shì wén xué tā dāng rán jiù shì zuò jiā yě shì wén xué
来，这就是文学；他当然就是作家，也是文学
jiā shì háng yō háng yō pài
家，是‘杭育杭育派’。

인류에게는 아직 문자가 있기도 전에, 창작이 있었지만, 안타깝게도 이를 기록한 사람이 없었고, 또한 기록할 방법도 없었다. 우리 선조인 원시인은, 원래 말도 할 줄 몰랐지만, 함께 일을 하기 위해서는, 반드시 의견을 내놓아야 했고, 따라서 점점 복잡한 소리를 연습해 낼 수 있게 되었는데, 가령 그 때 사람들이 나무를 들어 올리면서, 모두가 너무 힘들다는 생각은 하면서도, 의견을 내놓지 못할 때, 그 중 한 사람이 '영차영차'라고 외쳤다면, 그렇다면, 이것은 곧 창작이었던 것이다. 모두가 감탄하여, 이를 응용했다면, 이는 곧 출판과 같은 것이다. 만약에 어떤 기호로 이것을 남기면, 이것은 곧 문학이 되는 것이다. 그는 당연히 작가요, 문학가며, '영차영차파'인 것이다.

zài zhè lǐ lǔ xùn xiānshengzhèng què de gào su wǒ men wén xué qǐ
在这里，鲁迅先生正确地告诉我们：文学起
yuán yú láo dòng zuì zǎo de zuò zhě shì guǎng dà de láo dòng rén mín zuì zǎo
源于劳动，最早的作者是广大的劳动人民，最早
de zuò pǐn shì tā men zài láo dòngzhōng de kǒu tóu chuàng zuò yīn cǐ wǒ
的作品是他们在劳动中的口头创作。因此，我
menshuō láo dòng bù jǐn chuàng zào le rén lèi chuàng zào le shì jiè ér qiě
们说，劳动不仅创造了人类，创造了世界，而且

여기서, 노신 선생은 우리에게 정확하게 말해주고 있으니, 문학은 노동에서 기원하고, 최초의 작가는 수많은 노동자들이며, 최초의 작품은 그들이 노동을 할 때의 구두 창작이라고 말이다. 그래서 우리는 말하기를, 노동이 인류를 창조하였고, 세계를 창조하였으며, 그리고 또한 문학예술을 창조하였다고 말이다.

也创造了文学艺术。

随着社会的发展，人类的进步，文字逐渐被创造出来了。从此，除了口头创作之外，出现了用文字写成的作品，我们现在看到的最早的作品是商朝的“卜辞”和“金文”。

사회 발전과, 인류의 발전에 따라, 문자가 점차적으로 창조되어 나왔다. 이로부터, 구두 창작 외에, 문자로 쓴 작품이 출현하게 되었으며, 우리가 현재 보게 되는 가장 이른 작품은 상나라의 “복사”와 “금문”이다.

卜辞，就是刻在龟甲和兽骨上面记录占卜的文辞。金文，是刻在青铜器上的带有纪念性的文字。卜辞和金文都很短，少的只有几个字，个别多的也才几百个字。它们的内容，虽然大多数是记载奴隶主统治阶级的活动，但是也反映了劳动人民生产和生活的情况。这些文字多是散文，但是，有的也很像歌谣。例如有这样一段卜辞：

복사는 거북이 등껍질과 짐승 뼈에 새긴 점괘 글이다. 금문은, 청동기에 새긴 기념 성격을 가진 문자다. 복사와 금문은 모두 짧아서, 내용이 적은 것은 그저 몇 자에 불과하며, 개별적으로 내용이 많다 해도 겨우 몇 백 자이다. 그들 내용은, 대부분 노예주 통치계급의 활동을 기록한 것이지만, 노동자들의 생산과 생활 형편을 반영하기도 하였다. 이런 문자들이 많으면 산문이 되지만, 그러나, 어떤 것은 가요 같기도 하다. 예를 들면 이런 한 단락의 복사가 있다.

癸巳卜：今日雨？其自西来雨，其自东来雨，其自北来雨，其自南来雨？

계사 복 : 금일은 비가 올까? 서쪽에서 비가 올까? 동쪽에서 비가 올까? 북쪽에서 비가 올까? 남쪽에서 비가 올까?

yì wén guǐ sì rì zhān bǔ jīn tiān yǒu yǔ ma kě néng shì
（译文：癸巳日占卜，今天有雨吗？可能是
cóng xī lái yǔ cóngdōng lái yǔ cóng běi lái yǔ hái shì cóng nán lái
从西来雨，从东来雨，从北来雨，还是从南来
yǔ
雨?）

(번역문: 계사일의 점이다. 오늘 비가 올 것인가? 그렇다면 서쪽으로부터 비가 올 것인가? 동쪽으로부터 비가 올 것인가? 북쪽으로부터 비가 올 것인가? 아니면 남쪽으로부터 비가 올 것인가?)

zhè shì yī duàn qiú yǔ de bǔ cí fǎn yìng le gǔ dài rén mín pàn
这是一段求雨的卜辞，反映了古代人民盼
wàng huò dé fēng shōu de yuàn wàng
望获得丰收的愿望。

이는 비를 구하는 한 단락의 복사로써, 고대인들이 풍성한 수확을 간절히 바라는 소망을 반영하고 있다.

shāng dài zōng jiào mí xìn zhī fēng zuì shèng guó wáng shì wú dà xiǎo bì
商代宗教迷信之风最盛，国王事无大小，必
xū xiàng guǐ shén zhān bǔ yù cè jí xiōng huò fú zuò wéi xíng dòng de zhǐ
须向鬼神占卜，预测吉凶祸福，作为行动的指
nán cóng shì zhè zhǒng yù cè jí xiōng qǐng shì guǐ shén huó dòng de yǒu liǎng
南。从事这种预测吉凶、请示鬼神活动的有两
zhǒng zhuān zhí rén yuán yī zhǒng jiào wū lìng yī zhǒng jiào shǐ wū néng
种专职人员，一种叫“巫”，另一种叫“史”。巫能
gē wǔ yú shén shǐ zhǎng wén zì jì lù jiǎ gǔ bǔ cí yì jīng
歌舞娱神，史掌文字记录。甲骨卜辞、《易经》
zhōng de guà yáo cí shàng shū zhōng de mǒu xiē wén gào děng dōu shì tā
中的卦爻辞、《尚书》中的某些文告等，都是他
men jì lù de zhè duì shī gē sǎn wén de bǎo cún hé hòu lái de fā zhǎn
们记录的，这对诗歌、散文的保存和后来的发展
qǐ le yī dìng de zuò yòng
起了一定的作用。

상대에는 종교에서 미신 풍속이 아주 성행하여, 국왕은 대소사 구분 없이, 반드시 귀신에게 점을 쳐서, 길흉화복을 예측하고, 행동의 지침으로 삼았다. 이렇게 길흉을 예측하고 귀신에게 물어보는 활동을 하는 두 종류의 전문가가 있었는데, 한 종류는 “무”라고 부르고, 다른 한 종류는 “사”라고 불렀다. 무는 노래와 춤으로 신을 즐겁게 할 수 있었고, 사는 문자의 기록을 담당하였다. 갑골의 복사나 《역경》 중의 괘효, 《상서》 중의 일부 문서 등은, 모두가 그들이 기록한 것이며, 이는 시가와 산문의 보존 및 후대 발전에 어느 정도의 역할을 하였다.

第二节 古代神话传说

dì èr jié gǔ dài shén huà chuán shuō

제2절 고대 신화전설

zài yuán shǐ shè huì yóu yú shēng chǎn lì fēi cháng dī xià yuán shǐ rén
在原始社会，由于生产力非常低下，原始人
de shēng huó shì fēi cháng jiān kǔ de tā men de zhī shi yě shì hěn yòu zhì
的生活是非常艰苦的，他们的知识也是很幼稚
de yīn cǐ tā men duì yú shè huì hé zì rán jiè de gè zhǒng xiàn xiàng
的。因此，他们对于社会和自然界的各种现象，
bù kě néng jǐ yǔ kē xué de jiě shì bǐ rú tiān dì yǔ zhòu de xíng chéng
不可能给予科学的解释。比如天地宇宙的形成，
rì yuè xīng chén de yùn xíng fēng yǔ léi diàn de chǎn shēng shān chuān hé liú de
日月星辰的运行，风雨雷电的产生，山川河流的
biàn huà yǐ jí yuán shǐ rén de shēng huó hé zhǒng zú zhī jiān de dòu zhēng děng
变化，以及原始人的生活和种族之间的斗争等
děng tā men bǎ zhè xiē xiàn xiàng tǒng tǒng guī yú shén de yì zhì hé quán
等，他们把这些现象统统归于“神”的意志和权
lì rèn wéi zhè yī qiè dōu shì yóu shén ān pái jué dìng de jī yú zhè
力，认为这一切都是由神安排决定的。基于这
yàng de rèn shi tā men biàn àn zhào zì jǐ shēng huó de jīng yàn lái rèn shí
样的认识，他们便按照自己生活的经验来认识
hé xiǎng xiàng chuàng zào le xǔ duō yōu měi dòng rén de shén huà chuán shuō shén huà
和想象，创造了许多优美动人的神话传说，神话
shì chún cuì de huàn xiǎng hé xū gòu chuán shuō shì rén men gēn jù yī xiē lì
是纯粹的幻想和虚构，传说是人们根据一些历
shǐ shì shí tōng guò huàn xiǎng jiā gōng ér chéng de zhè xiē shén huà chuán shuō
史事实，通过幻想加工而成的。这些神话传说，
shì gǔ dài rén mín jí tǐ de kǒu tóu de wén xué chuàng zuò zhí dào wén zì
是古代人民集体的口头的文学创作，直到文字

원시 사회에서는, 생산력이 매우 낮았기 때문에, 원시인들의 생활은 아주 어렵고 힘들었으며, 그들의 지식도 매우 유치하였다. 그래서 그들은 사회와 자연의 각종 현상에 대해, 과학적인 해석을 할 수가 없었다. 예컨대 천지우주의 형성이라든지, 해와 달과 별의 운행, 바람과 비와 우레와 번개의 발생, 산천과 물의 변화, 그리고 원시인의 생활과 종족간의 투쟁 등등을 들 수 있는데, 그들은 이러한 현상들을 전부 “신”의 의지와 권한으로 돌리고, 모두가 다 신이 안배하고 결정한 것이라고 생각하였다. 이러한 인식에 따라, 그들은 곧 자기 생활의 경험을 근거로 한 인식과 상상으로, 아름답고 감동적인 수많은 신화전설을 창조해 내었는데, 신화는 순수한 환상이며 허구이고, 전설은 사람들이 역사적 사실들을 근거로 하여, 환상에 가공을 거쳐 만들어 낸 것이다. 이런 신화전설은, 고대인들의 집단적이며 구두적인 문학창작이었으며, 문자가 만들어지고 난 후에야, 비로소 기록이 되었다. 중국 고대 신화 전설은 중국 고대인들이 환상이라는 형식을 통하여 자연현상과 사회생활에 대하여 천진하고 유치한 해석을 부여한 것으로, 이들은 사람들이 자연을 극복하고 모든

chǎnshēng zhī hòu cái bèi jì lù xià lái zhōng guó gǔ dài shén huà chuánshuō
产生之后，才被记录下来。中国古代神话传说
shì zhōng guó gǔ dài rén mín tōng guò huànxiǎng de xíng shì duì zì rán xiànxiàng hé
是中国古代人民通过幻想的形式对自然现象和
shè huì shēng huó jǐ yǔ tiān zhēn yòu zhì de jiě shì tā xiǎn shì le rén men
社会生活给予天真幼稚的解释，它显示了人们
zhànshèng zì rán zhànshèng yī qiè dí rén de wú qióng lì liang zhōng guó gǔ
战胜自然、战胜一切敌人的无穷力量。中国古
dài shén huà chuánshuō huànxiǎng fēng fù gù shì shēngdòng chōngmǎn le qí qíng yì
代神话传说幻想丰富，故事生动，充满了奇情异
cǎi chōng fèn xiǎn shì le zhōng guó gǔ dài láo dòng rén mín de cōngming cái zhì
采，充分显示了中国古代劳动人民的聪明才智。

적들을 이기고자 하는 무한 한 역량을 보여주고 있다. 중국 고대 신화 전설은 환상이 풍부하고, 이야기가 생동적이며, 기이함이 충만하여, 중국 고대 노동자들의 총명한 재능과 지혜를 충분히 보여주고 있다.

zhōng guó gǔ dài shén huà chuánshuō yuán lái shì fēi chángfēng fù de kě
中国古代神话传说，原来是非常丰富的，可
xī bǎo cún xià lái de bìng bù duō yīn wèi dāng shí méi yǒu wén zì jì zǎi
惜保存下来的并不多。因为当时没有文字记载，
quán kào kǒu ěr xiāngchuán hòu lái yě méi yǒu shén huà chuánshuō zhuān zhù zài jiā
全靠口耳相传，后来也没有神话传说专著，再加
shàng lì dài tǒng zhì zhě bù zhòng shì děng yuán yīn suǒ yǐ dà bù fen shī chuán
上历代统治者不重视等原因，所以大部分失传
le jīn tiān wǒ men hái kě yǐ cóng shān hǎi jīng huái nán zǐ
了。今天，我们还可以从≪山海经≫、≪淮南子≫
zhuāng zǐ chǔ cí děng gǔ shū zhōng kàn dào yī xiē jīng cǎi de
、≪庄子≫、≪楚辞≫等古书中，看到一些精彩的
piànduàn zhè xiē shén huà chuánshuō guī nà qǐ lái dà zhì kě fēn wéi yǐ
片断。这些神话传说，归纳起来大致可分为以
xià jǐ ge fāngmiàn
下几个方面：

중국 고대 신화 전설은, 원래 대단히 풍부했지만, 안타깝게도 보존되어 온 것은 그리 많지가 않다. 왜냐하면 당시에는 문자 기록이 없이, 전부 입과 귀에 의존해서 전해졌으며, 뒤에 와서도 신화 전설에 관한 전문 저작이 없었고, 더욱이 역대 통치자들이 이를 중시하지 않았던 원인 등으로 인하여, 그래서 대부분 실전되고 말았다. 오늘날, 우리는 ≪산해경≫·≪회남자≫·≪장자≫·≪초사≫ 등의 고서에서, 일부 훌륭한 부분을 보게 된다. 이러한 신화전설을, 귀납해 보면 대략 다음과 같이 몇 가지로 나누어 볼 수가 있다.

1. 反映天地的形成和人类起源的神话传说

1. 천지의 형성과 인류의 기원을 반영한 신화전설

解释天地是怎样形成的神话传说有≪盘古开天辟地≫，它塑造了盘古这个其大无比的开天辟地的英雄。传说在远古时代，天地还没有形成之前，整个宇宙漆黑一团，样子像个大鸡蛋，人们把这种景象叫“混沌”。盘古就生长在这个“大鸡蛋”里，可是他一直沉睡着。当他醒来的时候，只见眼前一片漆黑。他就用大斧把这个“大鸡蛋”劈开了，那些清洁而轻的东西，慢慢上升变成了天；那些污浊而重的东西，渐渐下降变成了地。天和地就这样形成了。后来，盘古死了，他呼出的气变成了风和云；他的声音变成了雷；他的眼睛变成了太阳和月亮；他

천지가 어떻게 형성되었는지를 설명한 신화 전설로 ≪반고의 천지개벽≫이 있는데, 여기서는 반고라고 하는 비할 바 없이 대단한 천지개벽의 영웅을 묘사하였다. 전설에 따르면 태고시대 때는, 아직 천지가 형성되기 전이라, 우주는 온통 캄캄했으며, 모양은 큰 달걀과 같아서, 사람들은 이런 모습을 “혼돈”이라고 불렀다. 반고는 이 대형 달걀 속에서 자라났으나, 그는 계속 잠든 채로 있었다. 그가 깨어났을 때, 눈앞은 그저 온통 칠흑이었다. 그가 큰 도끼로 이 큰 달걀을 쪼개자, 깨끗하고 가벼운 물건들은, 천천히 상승하여 하늘이 되었고, 더럽고 무거운 물건들은, 점점 아래로 내려가서 땅이 되었다. 하늘과 땅은 이렇게 형성되었다. 뒤에, 반고가 죽었는데, 그가 내쉰 숨은 바람과 구름으로 변했고, 그의 목소리는 우레로 변했다. 그의 눈은 태양과 달로 변했으며, 그의 몸은 높은 산으로 변하였다. 그의 혈액과 힘줄과 혈관은 장강과 황화와 도로로 변했으며, 그의 근육은 논과 밭으로 변하였다. 그의 머리카락은 하늘 가득한 별로 변하였으며, 그의 가죽과 털은 꽃과 풀과 나무로 변하였다. 그의 치아와 뼈와 정수

de shēn tǐ biànchéng le gāo shān tā de xuè yè jīn mài biànchéng le jiāng hé
的身体变成了高山；他的血液筋脉变成了江河
dào lù tā de jī ròu biànchéng le tián dì tā de tóu fa biànchéng le
、道路；他的肌肉变成了田地；他的头发变成了
mǎn tiān de xīngxīng tā de pí máo biànchéng le huā cǎo shù mù tā de
满天的星星；他的皮毛变成了花草树木；他的
yá chǐ gǔ tou hé jīng suǐ biànchéng le jīn shí zhēn zhū hé bǎo yù
牙齿、骨头和精髓，变成了金石、珍珠和宝玉；
tā de hàn shuǐ biànchéng le yǔ lù zǒng zhī shì jiè shàng de yī
他的汗水变成了雨露……。总之，世界上的一
qiè dōu shì pán gǔ biànchéng de
切都是盘古变成的。

jiě shì rén lèi qǐ yuán de shén huà chuánshuō yǒu nǚ wā zào rén
解释人类起源的神话传说有《女娲造人》，
zhè ge shén huà chuánshuō sù zào le nǚ wā zhè ge rén lèi mǔ qīn de yōu měi
这个神话传说塑造了女娲这个人类母亲的优美
xíngxiàng gù shì shuō pán gǔ kāi tiān pì dì zhī hòu dì qiú shàng hái méi
形象。故事说盘古开天辟地之后，地球上还没
yǒu rén lèi shì nǚ wā yònghuáng tǔ zuò le xǔ duō xiǎo rén zhè xiē xiǎo
有人类，是女娲用黄土，做了许多小人，这些小
rén zài yángguāngzhào shè xià yī gè gè dōu huó le qǐ lái yú shì dì
人在阳光照射下，一个个都活了起来，于是地
qiú shàng yǒu le rén lèi nǚ wā yě jiù chéng le rén lèi de mǔ qīn le
球上有了人类，女娲也就成了人类的母亲了。
zhè ge shén huà chuánshuō shuōmíng zài mǔ xì shì zú shè huì rén men zhǐ
这个神话传说，说明在母系氏族社会，人们只
zhī qí mǔ bù zhī qí fù yīn cǐ chǎnshēng le nǚ wā zào rén de shén
知其母，不知其父，因此产生了女娲造人的神
huà chuánshuō
话传说。

는, 금석과 진주와 보석으로 변하였으며, 그의 땀은 비와 이슬 …… 등으로 변하였다. 한마디로 말해, 세상의 모든 것은 반고가 변해서 된 것이다.

인류의 기원을 설명한 신화전설로 《여와의 인간창조》가 있는데, 이 신화전설은 여와라는 인류의 어머니가 가진 아름다운 형상을 묘사하였다. 이야기는 이러하다. 반고가 천지를 개벽한 뒤에, 지구상에는 아직 인류가 없었는데, 여와가 황토로, 수많은 소인들을 만들었고, 이 소인들이 햇볕을 받고, 하나하나 살아나기 시작하여. 그리하여 지구에 인류가 있게 되었고, 여와 또한 인류의 어머니가 되었다. 이 신화전설은, 모계씨족 사회에서, 사람들이 단지 그 어머니만 알 뿐, 그 아버지는 알지 못했다는 것을 설명해 준다. 그래서 여와가 사람을 창조했다는 신화전설이 나오게 되었다.

fǎn yìngtóng zì rán zāi hài zuò dòu zhēng de shén huà chuánshuō

2. 反映同自然灾害作斗争的神话传说

2. 자연재해와의 투쟁을 반영한 신화전설

fǎn yìng gǔ dài rén míntóng zì rán zāi hài zuò dòu zhēng de shén huà chuán
反映古代人民同自然灾害作斗争的神话传
shuō bǐ jiào duō qí zhōng zhù míng de yǒu nǚ wā bǔ tiān dà yǔ
说比较多，其中著名的有≪女娲补天≫、≪大禹
zhì shuǐ jīng wèi tián hǎi yì shè jiǔ rì děng
治水≫、≪精卫填海≫、≪羿射九日≫等。

고대인들이 자연재해와 투쟁한 것을 반영한 신화전설은 비교적 많은데, 그 중에서 유명한 것으로 ≪여와의 하늘 수선≫·≪대우의 치수≫·≪정위의 바다 메우기≫·≪예가 아홉 개 태양을 쏘다≫ 등이 있다.

nǚ wā bǔ tiān zhè ge gù shì shuō hěn gǔ hěn gǔ de shí
≪女娲补天≫这个故事说，很古很古的时
hou tiān tā le yī ge dà kū long mào zhe liè huǒ dì xiàn le yī dà
候，天塌了一个大窟窿，冒着烈火；地陷了一大
kuài hóng shuǐ fàn làn xiōng qín měngshòu yě chū lái shāng hài rén mín nǚ wā
块，洪水泛滥；凶禽猛兽也出来伤害人民。女娲
wèi le jiě chú rén mín de zāi nàn tā shī zhǎnshén lì liàn chéng le wǔ sè
为了解除人民的灾难，她施展神力，炼成了五色
shí bǔ le cāng tiān yòng lú huī zhǐ zhù le hóng shuǐ yònggōng jiàn shè shā
石，补了苍天，用芦灰止住了洪水，用弓箭射杀
le xiōng qín měngshòu shǐ rén mín dé jiù le zhè ge shén huà chuánshuō shí
了凶禽猛兽，使人民得救了。这个神话传说，实
jì shàng shì gē sòng rén lèi zhànshèng zì rán zāi hài de wěi dà shèng lì nǚ
际上，是歌颂人类战胜自然灾害的伟大胜利，女
wā de shén yì lì liang yīng gāi kàn chéng shì mǔ xì shì zú shè huì qiáng dà
娲的神异力量，应该看成是母系氏族社会强大
de jí tǐ lì liang de xiàngzhēng
的集体力量的象征。

≪여와의 하늘 수선≫ 이야기는 이러하다. 아주 오랜 옛날에, 하늘이 무너져 내리면서 생긴 큰 구멍에서, 뜨거운 불길을 내뿜었다. 땅에서는 큰 땅덩어리가 함몰되어, 홍수가 범람하였고, 사나운 새와 맹수들이 출현하여 사람들을 해치기도 하였다. 여와는 사람들의 재난을 제거하기 위하여, 신력을 발휘, 오색 돌을 잘 정제하여, 푸른 하늘을 수선하고, 갈대를 이용하여 홍수를 막고, 활과 화살로 사나운 새와 맹수를 쏘아 죽여, 사람들을 구해 주었다. 이 신화전설은, 사실상, 인류가 자연재해를 극복한 위대한 승리를 노래한 것이며, 여와의 기묘한 역량은, 마땅히 모계 씨족 사회의 강력한 집단이 가지고 있던 역량을 상징하는 것으로 보아야 할 것이다.

dà yǔ zhì shuǐ shì xiě dà yǔ shuài lǐng rén míntónghóng shuǐ zuò
≪大禹治水≫是写大禹率领人民同洪水作

≪대우의 치수≫는 대우가 사람들을 이끌고 홍수와 투

dòu zhēng de gù shì zhè ge gù shì zài zhōng guó liú chuán hěn guǎng tā rè
斗争的故事。这个故事在中国流传很广，它热
qíng de gē sòng le dà yǔ zhè ge zhì shuǐ de yīng xióng chuán shuō hěn gǔ de
情地歌颂了大禹这个治水的英雄。传说很古的
shí hou zhōng guó fā shēng le yī chǎng dà shuǐ zāi gěi rén mín zào chéng le hěn
时候，中国发生了一场大水灾，给人民造成了很
dà de zāi nàn nà shí yǔ de fù qīn gǔn chéng dān le zhì lǐ hóng shuǐ
大的灾难。那时，禹的父亲鲧，承担了治理洪水
de rèn wu shuài lǐng rén mín tóu rù kàng hóng dòu zhēng tā zhì lǐ hóng shuǐ
的任务，率领人民投入抗洪斗争。他治理洪水
de bàn fǎ shì dǔ jiù shì zhù dī bà bǎ shuǐ dǎng zhù bù ràng shuǐ dào
的办法是“堵”，就是筑堤坝把水挡住，不让水到
chù luàn liú kě shì dī bà xiū de duō gāo hóng shuǐ yě gēn zhe zēng zhǎng
处乱流。可是，堤坝修得多高，洪水也跟着增长
duō gāo zuì hòu bǎ dī bà chōng huǐ yóu yú zhì shuǐ de fāng fǎ bù duì
多高，最后把堤坝冲毁。由于治水的方法不对，
méi yǒu chéng gōng gǔn bèi shàng dì chǔ yǐ sǐ xíng bìng qiě bǎ tā de shī tǐ
没有成功，鲧被上帝处以死刑，并且把他的尸体
tíng fàng le sān nián bù xǔ mái zàng gǔn shì yī ge jiān qiáng ér zhèng zhí
停放了三年，不许埋葬。鲧是一个坚强而正直
de rén tā sǐ hòu de sān nián dāng zhōng shī tǐ bù dàn méi yǒu fǔ làn
的人，他死后的三年当中，尸体不但没有腐烂，
ér qiě hái yùn yù le xīn de shēng mìng tā de ér zi yǔ gǔn bǎ zì
而且还孕育了新的生命—他的儿子禹。鲧把自
jǐ de quán bù xīn xuè hé lì liang dōu chuán gěi le yǔ shǐ yǔ cóng xiǎo jiù
己的全部心血和力量都传给了禹，使禹从小就
jù yǒu wú bǐ de shén lì yǔ dàn shēng hòu jì chéng fù qīn de yí zhì
具有无比的神力。禹诞生后，继承父亲的遗志，
jì xù jìn xíng zhì shuǐ de gōng zuò tā yī miàn bù duàn de tóng gè zhǒng yāo
继续进行治水的工作。他一面不断地同各种妖

쟁하는 이야기를 쓴 것이다. 이 이야기는 중국에 아주 널리 퍼져있는 것으로, 이 작품은 대우라고 하는 물을 다스린 이 영웅을 열정적으로 찬양하였다. 전설에 따르면 아주 먼 옛날, 중국에 큰 수해가 발생하여, 사람들이 아주 큰 재난을 당하였다. 그 때, 우의 아버지인 곤이, 홍수를 다스리는 임무를 맡아, 사람들을 인솔하여 홍수를 막는 투쟁에 뛰어들었다. 그가 홍수를 다스리는 방법은 “막는” 것으로, 곧 제방을 쌓고 물을 막아서, 아무렇게나 물이 흐르지 못하도록 하는 것이었다. 그러나, 둑을 아주 높이 쌓았지만, 홍수 역시 따라서 높아져, 급기야는 둑을 부숴버렸다. 치수 방법이 맞지 않아, 실패를 하게 되자, 곤은 상제에 의해 사형을 당하고 말았고, 게다가 시체를 삼 년 동안이나 방치해 놓고, 매장을 허락하지 않았다. 곤은 의지가 강하고 정직한 사람이었기에, 그가 죽은 후 삼 년 동안, 시체가 썩지 않았을 뿐만 아니라, 또한 새로운 생명인 그의 아들 우를 낳아 기르게 되었다. 곤은 자신의 모든 심혈과 역량을 다 우에게 전해주었고, 우가 어려서부터 비할 데 없는 신통력을 가지도록 하였다. 우는 태어난 후, 부친의 유지를 계승하여, 계속 치수하는 일을 하였다. 그는 한편으로는 여러 사악한 세력과 끊임없이 투쟁하면서, 그들이 파괴하고 교란하려는 것을 막았으며, 다른 한편으로는 자기 부친이 실패한 교훈을 총괄하여, 제방을 쌓아 물을 막고 막힌 물을

魔鬼怪作斗争，防止他们破坏和捣乱；一面总结他父亲治水失败的教训，采取筑堤坝堵水和疏导河流相结合的办法，把洪水引入河道，再流向海洋。禹率领人民艰苦奋战了十三年，他忘我劳动，三过家门而不入，终于战胜了洪水灾害，使人民过上了欢乐幸福的新生活。人们都尊敬他，爱戴他，称他为“大禹”。这个故事，表现了中华民族的祖先在征服自然灾害的斗争中，不但有强大的力量和必胜的信念，而且有英勇顽强、不怕牺牲的伟大精神。

터서 통하게 하는 것을 서로 결합하는 방법을 사용, 홍수를 수로로 끌어들인 후, 다시 바다로 흘러들게 하였다. 우는 사람들을 이끌고 십 삼 년을 힘들게 싸웠는데, 그는 자신을 잊고 일 하면서, 세 번이나 자기 집 대문을 지나치면서도 집에 들어가지 않음으로써, 마침내 홍수를 극복하고, 사람들로 하여금 즐겁고 행복하게 새로운 생활을 할 수 있도록 해 주었다. 사람들은 모두 그를 존경하고, 기꺼이 받들어 모시면서, “대우”라고 칭하였다. 이 이야기는, 중화민족의 선조가 자연재해를 정복하는 투쟁 속에서, 강력한 힘과 필승의 신념을 가지고 있었을 뿐만 아니라, 또한 용감하고 완강하며 희생을 두려워하지 않는 위대한 정신을 가지고 있었음을 표현한 것이다.

《精卫填海》这个故事，写太阳神炎帝的小女儿女娃，因游泳淹死在海里。她不甘心被淹死，就把灵魂化做一只鸟，叫“精卫”。精卫鸟的样子很像乌鸦，花头、白嘴、红腿，住在北方的发鸠山上。因为大海夺去了她的生命，所以她

《정위의 바다 메우기》 이 이야기는, 태양신 염제의 어린 딸 여와가, 바다에서 헤엄을 치다가 물에 빠져 죽는 것을 쓴 것이다. 그녀는 익사를 달갑지 않게 여겨, 영혼을 한 마리의 새로 변하게 한 다음, 이름을 “정위”라 하였다. 정위 새의 모습은 까마귀를 닮았는데, 알록달록한 머리, 하얀 부리, 붉은 다리를 하고 북방의 발구산 위에서 살았다. 바다가 그녀의 생명을 빼앗아 가버렸기 때문에, 그녀

tòng hèn dà hǎi lì zhì yào bǎ dà hǎi tián píng yú shì tā měi tiān dào
痛恨大海，立志要把大海填平。于是，她每天到
xī shān qù xián yī kuài xiǎo shí tou huò yī gēn xiǎo shù zhī bǎ tā tóu dào
西山去衔一块小石头或一根小树枝，把它投到
dà hǎi lǐ tā tiān tiān rú cǐ nián nián rú cǐ jué xīn bǎ dà hǎi tián
大海里。她天天如此，年年如此，决心把大海填
píng jīng wèi zhè zhǒng wán qiáng bù xī de dòu zhēng jīng shén fǎn yìng le gǔ
平。精卫这种顽强不息的斗争精神，反映了古
dài rén mín zhēng fú dà hǎi de qiáng liè yuàn wàng hé jiān qiáng jué xīn
代人民征服大海的强烈愿望和坚强决心。

는 바다를 몹시 미워했고, 바다를 평평하게 메워버려야겠다는 뜻을 세웠다. 그리하여, 그녀는 매일 서산으로 가서 작은 돌멩이나 혹은 작은 나뭇가지를 한 개씩 물고 와서, 그것을 바다 속으로 던졌다. 그녀는 매일 이렇게 하였으며, 해마다 이와 같이 하여, 바다를 평평하게 메우겠다고 결심을 하였다. 정위의 이런 그칠 줄 모르는 완강한 투쟁 정신은, 고대인들이 바다를 정복하고자 하는 강한 소망과 굳센 결심을 반영한 것이다.

yì shè jiǔ rì zhè ge gù shì xiě yáo de shí hou tiān kōng
《羿射九日》这个故事，写尧的时候，天空
tóng shí chū xiàn le shí ge tài yáng dà dì bèi shài de xiàng huǒ yī yàng rè
同时出现了十个太阳，大地被晒得像火一样热，
zhuāng jià cǎo mù dōu bèi shài gān kū le hé miáo bù zhǎng liáng shí bù shōu
庄稼、草木都被晒干枯了，禾苗不长，粮食不收，
rén mín méi yǒu chī de lián yě guǒ yě cài dōu chī bù dào gè zhǒng yě
人民没有吃的，连野果野菜都吃不到。各种野
shòu yě chéng jī chū lái shāng hài rén mín rén lèi chǔ yú zāi nàn zhī zhōng
兽也乘机出来伤害人民，人类处于灾难之中。
wèi le zhěng jiù rén lèi shén tōng guǎng dà de yì yòng shén gōng shén jiàn shè luò
为了拯救人类，神通广大的羿用神弓神箭射落
le jiǔ ge tài yáng yòu shā sǐ le nà xiē shāng hài rén mín de yě shòu wèi
了九个太阳，又杀死了那些伤害人民的野兽，为
mín chú le hài zhè ge gù shì shí jì shàng fǎn yìng le gǔ dài rén mín
民除了害。这个故事，实际上反映了古代人民
zhàn shèng hàn zāi hé qū shā xiōng qín měng shòu de dòu zhēng tóng shí biǎo xiàn le
战胜旱灾和驱杀凶禽猛兽的斗争，同时表现了
gǔ dài rén mín wèi fā míng gōng jiàn ér zì háo de xǐ yuè xīn qíng
古代人民为发明弓箭而自豪的喜悦心情。

《예가 아홉 개 태양을 쏘다》 이 이야기는, 요 임금 시절을 쓴 것으로, 하늘에 10개의 태양이 동시에 나타나, 대지는 불과 같이 뜨거워서, 농작물과 초목들이 모두 바싹 말라 버렸으며, 모가 자라지 않아, 식량을 수확할 수 없게 되자, 사람들은 먹을 것이 없었으며, 야생 과일이나 산나물조차도 먹을 수가 없었다. 각종 들짐승도 기회를 틈타 사람들을 해침으로써, 인류는 재난에 처하게 되었다. 인류를 구원하기 위하여, 신통력이 대단한 예가 신령스러운 활과 신령스러운 화살로 9개의 태양을 쏘아 떨어뜨렸고, 또 백성들을 해치는 그 들짐승들을 죽임으로써, 백성들을 위하여 재난을 제거해주었다. 이 이야기는, 사실상 고대인들이 가뭄을 극복하고 사납고 포악한 길짐승과 날짐승을 몰아내고 사살하는 투쟁을 반영한 것이며, 동시에 고대인들이 활과 화살을 발명하여 자부심을 느끼는 즐거운 심정을 잘 표현하고 있다.

3. 反映社会矛盾和斗争的神话传说

3. 사회 갈등과 투쟁을 반영한 신화전설

反映社会矛盾和斗争的神话传说比较多，最有名的是《黄帝战蚩尤》。故事大意是：蚩尤发动战争，攻打黄帝。黄帝命令应龙在冀州城外同蚩尤作战。蚩尤请来风神雨神，刮起大风，下起大雨，应龙失败了。黄帝又叫天女“魃”来助战。魃是旱神，她释放热量，制止了大雨，取得了胜利，杀死了蚩尤。这个故事，反映了上古时代部落与部落之间的战争。在神话传说中，黄帝是一个为正义而战的英雄，长期以来被尊为中华民族的始祖。蚩尤是残暴的侵略者，传说他“兽身人语，铜头铁额”，“耳鬓如剑戟，头有角”，“食铁石”。这场战争是因蚩尤的侵略而发生的。战争一开始，黄帝打了败仗，“九战九不胜”。后

사회 갈등과 투쟁을 반영한 신화전설은 비교적 많지만, 가장 유명한 것은 ≪황제의 치우와의 싸움≫이다. 이야기의 대략적 내용은 이러하다. 치우가 전쟁을 일으켜, 황제를 공격하였다. 황제는 응룡에게 명하여 기주성 밖에서 치우와 싸우도록 하였다. 치우가 바람 신과 비의 신을 청해서, 거대한 바람을 불어 일으키고, 큰 비를 내리게 하여, 응룡은 패배를 하고 말았다. 황제는 다시 하늘의 딸인 “발”을 불러와서 전쟁을 돕게 하였다. 발은 가뭄 신으로, 그녀는 열량을 방출하여, 큰 비를 그치게 하고, 승리를 얻어, 치우를 죽이고 말았다. 이 이야기는, 상고시대의 부락과 부락 사이의 전쟁을 반영한 것이다. 신화전설에서, 황제는 정의를 위해 전쟁을 하는 영웅으로, 오랫동안 중화민족의 시조로 존경을 받아 왔다. 치우는 무자비하고 포악한 침략자로, 전설에 따르면 그는 “동물의 몸으로 사람의 말을 하며, 동으로 된 머리와 쇠로 된 이마를 하고 있으며”, “귀밑머리는 검과 창과 같고, 머리에는 뿔이 있고”, “쇠와 돌을 먹었다”고 한다. 이 때 전쟁은 치우가 침략을 함으로써 발생한 것이다. 전쟁이 시작되었을 때는, 황제가 전투에서 패배하여, “아홉 번 전쟁에 아

lái huáng dì lìng yīng lóng zhù zhàn yòu qǐng lái hàn shén bá zuì hòu bǎ
来，黄帝令应龙助战，又请来旱神“魃”，最后把
chī yóu dǎ bài bǎ tā shā sǐ le cóng zhè ge gù shì kě yǐ kàn chū
蚩尤打败，把他杀死了。从这个故事可以看出，
zài yuǎn gǔ shí dài rén mín de shì fēi guān niàn jiù hěn xiān míng tā men rèn
在远古时代，人民的是非观念就很鲜明，他们认
shi dào zhèng yì de fǎn qīn lüè zhàn zhēng yī dìng huì shèng lì fēi zhèng yì de
识到正义的反侵略战争一定会胜利，非正义的
qīn lüè zhàn zhēng yī dìng yào shī bài
侵略战争一定要失败。

홉 번을 졌다." 그 후, 황제가 응룡에게 전쟁을 돕도록 하고, 또 가뭄 신 "발"을 청하여, 끝내는 치우를 물리치고, 그를 죽이고 말았다. 이 이야기에서 알 수 있는 점은, 고대 시대에, 사람들은 시비관념이 아주 뚜렷했다는 점과, 정의로운 반침략전쟁은 반드시 승리할 것이고, 정의롭지 못한 침략전쟁은 반드시 실패하게 될 것이라는 점을 인식하고 있었다는 점이다.

fǎn yìng nán nǚ ài qíng de shén huà chuán shuō
4. 反映男女爱情的神话传说

4. 남녀 애정을 반영한 신화전설

fǎn yìng ài qíng de shén huà chuán shuō yě bǐ jiào duō qí zhōng zuì zhù
反映爱情的神话传说也比较多，其中最著
míng de shì cháng é bēn yuè zhè ge gù shì yōu měi dòng rén cóng
名的是≪嫦娥奔月≫。这个故事，优美动人，从
gǔ dào jīn yī zhí zài rén mín zhōng jiān guǎng fàn liú chuán zhe
古到今，一直在人民中间广泛流传着。

애정을 반영한 신화전설 역시 비교적 많지만, 그 중에서 제일 유명한 것은 ≪상아가 달로 도망치다≫이다. 이 이야기는, 아름답고 감동적이어서, 예로부터 지금까지, 줄곧 사람들 사이에서 널리 전해져 오고 있다.

cháng é bēn yuè xiě de shì cháng é tōu chī le cháng shēng bù sǐ
≪嫦娥奔月≫写的是嫦娥偷吃了长生不死
yào lí kāi zhàng fu bēn shàng yuè gōng de gù shì gù shì dà yì shì zhè
药，离开丈夫，奔上月宫的故事。故事大意是这
yàng de yì shè luò le jiǔ ge tài yáng wèi rén mín jiě chú le dà zāi
样的：羿射落了九个太阳，为人民解除了大灾
nàn kě shì què dé zuì le tiān dì yīn wèi jiǔ ge tài yáng shì tiān dì de
难，可是却得罪了天帝，因为九个太阳是天帝的
ér zi tiān dì shèng nù zhī xià bǎ tā hé tā de qī zi cháng é yī
儿子。天帝盛怒之下，把他和他的妻子嫦娥一

≪상아가 달로 도망치다≫가 묘사하고 있는 것은 상아가 장생 불사약을 훔쳐 먹고, 남편을 떠나, 월궁으로 달아나는 이야기다. 이야기의 대략적 내용은 이러하다. 예가 아홉 개의 태양을 쏘아서, 사람들에게는 큰 재난을 제거해 주었지만, 그러나 오히려 천제에게는 죄가 되었던 바, 왜냐하면 아홉 개의 태양은 천제의 아들이었기 때문이었다. 천제가 격노하여, 예와 그의 아내인 상아를 함께 인

qǐ biǎn dào rén jiān tā men dào le rén jiān jiù shì fán rén le fán rén
起贬到人间。他们到了人间就是凡人了，凡人
shì bù néng cháng shēng bù sǐ de yú shì cháng é jiù jiào yì dào kūn lún
是不能长生不死的。于是，嫦娥就叫羿到昆仑
shān nà lǐ xiàng nǚ shén xī wáng mǔ yào cháng shēng bù sǐ yào yì bǎ yào
山那里，向女神西王母要长生不死药。羿把药
ná huí lái zhī hòu liǎng ge rén yuē dìng zài bā yuè shí wǔ zhōng qiū jié yuè
拿回来之后，两个人约定在八月十五中秋节月
yuán de shí hou yī kuài chī wàn wàn méi yǒu xiǎng dào zhōng jiān qǐ le bō
圆的时候一块吃。万万没有想到，中间起了波
zhé bā yuè shí wǔ zhè tiān yì chū qù dǎ liè méi yǒu àn shí huí lái
折。八月十五这天，羿出去打猎没有按时回来，
yòu yǒu rén zào yáo shuō yì ài shàng le luò shuǐ nǚ shén tā bù huí lái
又有人造谣说：“羿爱上了洛水女神，他不回来
le cháng é tīng le fēi cháng shēng qì bù děng bǎ shì qing zhēn xiàng nòng míng
了。”嫦娥听了非常生气，不等把事情真相弄明
bai jiù yī kǒu qì bǎ bù sǐ yào dōu chī le yú shì tā lí kāi le
白，就一口气把不死药都吃了。于是，她离开了
rén jiān fēi dào yuè gōng lǐ qù le yì huí lái hěn wǎn dào jiā yī kàn
人间，飞到月宫里去了。羿回来很晚，到家一看，
cháng é bù zài le bù sǐ yào yě méi yǒu le tā bù zhī dao fā shēng
嫦娥不在了，不死药也没有了。他不知道发生
le zhè chǎng wù huì tā yǐ wéi cháng é tōu chī le bù sǐ yào shàng tiān dāng
了这场误会，他以为嫦娥偷吃了不死药上天当
shén xiān qù le zhè ge yōu měi dòng rén de shén huà chuán shuō fǎn yìng le
神仙去了。这个优美动人的神话传说，反映了
zhōng guó gǔ dài rén mín hěn zǎo jiù zài tàn suǒ yuè qiú de mì mì
中国古代人民很早就在探索月球的秘密。

zhōng guó gǔ dài shén huà chuán shuō shì zhōng guó wén xué làng màn zhǔ yì de
中国古代神话传说是中国文学浪漫主义的

간세상으로 귀양을 보내버렸다. 그들은 인간세상에 도착하여 평범한 사람이 되었고, 평범한 사람은 장생 불사할 수가 없었다. 그리하여, 상아는 예를 시켜서 곤륜산 그쪽으로 가서, 여신 서왕모에게 장생 불사약을 구해오도록 하였다. 예가 약을 가지고 돌아온 후, 두 사람은 8월 15일 중추절 날 달이 둥글 때 함께 먹기로 약속을 하였다. 전혀 생각지도 않게, 중간에 일이 생기고 말았다. 8월 15일 이 날, 예가 사냥을 하러 나갔다가 제 시간에 돌아오지를 않고 있는데, 누가 또 유언비어를 퍼뜨려 말하기를, “예는 낙수의 여신을 사랑하게 되어서, 그는 돌아오지 않을 것이다.”라고 하였다. 상아는 그 말을 듣고 매우 화가 나서, 일의 진상은 제대로 알아보지도 않고, 단숨에 불사약을 모두 먹어버렸다. 그리하여, 그녀는 인간세상을 떠나, 월궁으로 날아가 버렸다. 예는 아주 늦게 돌아와, 집에 도착해 보니, 상아는 없고, 불사약도 보이지 않았다. 그는 오해가 생긴 줄도 모르고, 상아가 불사약을 몰래 훔쳐 먹고 하늘로 신선 노릇을 하러 올라갔다고 생각하였다. 이 아름답고 감동적인 신화소설은, 중국 고대인들이 일찍부터 달의 비밀을 탐구하고 있었음을 반영하고 있는 것이다.

중국 고대 신화전설은 중국문학 낭만주의의 원천이며, 이는 후대 문학에 심원한 영향을 주었다. 많은 문학작품은 신화전설을 소재로 하여 쓰여 졌으며, 오늘날에 와서

yuán tóu tā duì hòu dài wén xué yǒu shēn yuǎn de yǐng xiǎng yǒu xǔ duō wén
源头，它对后代文学有深远的影响。有许多文
xué zuò pǐn shì yǐ shén huà chuán shuō wéi tí cái xiě chéng de zhí dào jīn tiān
学作品是以神话传说为题材写成的，直到今天，
shén huà chuán shuō duì wǒ men réng yǒu jiào yù yì yì tā gǔ wǔ rén men wèi
神话传说对我们仍有教育意义，它鼓舞人们为
zhēng fú zì rán gǎi zào shè huì ér dòu zhēng xiàn zài yán jiū shén huà chuán
征服自然、改造社会而斗争。现在研究神话传
shuō de rén réng rán bù duō shōu jí shén huà chuán shuō zuì duō de shì yuán kē
说的人仍然不多，收集神话传说最多的是袁珂
biān de zhōng guó shén huà chuán shuō gǔ shén huà xuǎn shì hái yǒu
编的《中国神话传说》、《古神话选释》，还有
zhōng yù lóng biān de shàng gǔ shén huà yǎn yì děng
钟毓龙编的《上古神话演义》等。

도, 신화전설은 여전히 교육적인 의의를 가지고 있고, 이들은 사람들이 자연을 정복하고 사회를 개조하기 위하여 투쟁하도록 고무하고 있다. 현재 신화전설을 연구하는 사람들은 아직까지도 많지 않지만, 신화 전설을 제일 많이 수집한 것으로는 원가가 편찬한 《중국신화전설》·《고신화선석》, 그리고 종육룡이 편찬한 《상고신화연의》 등이 있다.

dì sān jié shī jīng
第三节 《诗经》

제3절 《시경》

shī jīng shì zhōng guó dì yī bù shī gē zǒng jí tā shōu jí
《诗经》是中国第一部诗歌总集，它收集
le gōng yuán qián shí yī shì jì dào gōng yuán qián liù shì jì de shī gē
了公元前十一世纪到公元前六世纪的诗歌305
piān fǎn yìng le cóng xī zhōu chū nián zhì chūn qiū zhōng yè wǔ bǎi duō nián de
篇。反映了从西周初年至春秋中叶五百多年的
shè huì shēng huó hé jiē jí dòu zhēng zhè xiē zuò pǐn jù xiàn zài yǐ jīng yǒu
社会生活和阶级斗争，这些作品距现在已经有
liǎng qiān wǔ bǎi duō nián de lì shǐ le
两千五百多年的历史了。

《시경》은 중국 최초의 시가 총집으로, 여기에는 BC11세기에서 BC6세기까지의 시가 305편이 수집되어 있다. 서주 초부터 춘추 중엽에 이르기까지의 500여 년의 사회생활과 계급투쟁을 반영하고 있으며, 이런 작품들은 지금으로부터 이미 2500여 년의 역사를 가진다.

1.《诗经》的名称和体例

《诗经》原来只叫《诗》，或取其整数叫《诗三百》。后来，到了汉朝，儒家学派把《诗》尊奉为经典，才叫做《诗经》。

《诗经》分风、雅、颂三个部分。“风”是各地方的乐曲，也就是各地的民歌，共有十五国风，诗160篇，这些诗是《诗经》的精华。“雅”是西周统治者直接统治下的京城一带的乐曲，又分“大雅”和“小雅”，共有诗105篇。其中“大雅”31篇，“小雅”74篇。“颂”是奴隶主贵族用于宗庙祭祀的乐歌，是为祖先、鬼神歌功颂德的，所以叫做“颂”，分“周颂”、“鲁颂”、“商颂”，共有诗40篇。其中“周颂”31篇，“鲁颂”4篇，“商颂”5篇。

1. 《시경》의 명칭과 체제

《시경》은 원래 《시》라고 부르거나, 혹은 정수만을 취해서 《시삼백》이라 부르기도 하였다. 훗날, 한대에 와서, 유가학파들이 《시》를 존중하여 경전으로 삼고, 비로소 《시경》이라 불렀다.

《시경》은 풍·아·송 세 부분으로 나뉜다. “풍”은 각 지방의 악곡이기도 하고, 또 각 지방의 민가이기도 하다. 모두 15개국의 풍 160편이 있는데, 이들 시가가 《시경》의 정수다. “아”는 서주 통치자가 직접 통치하던 지역 경성 일대의 악곡으로, 이는 다시 “대아”와 “소아”로 분류되며, 모두 105편의 시가 있다. 그 중 “대아”가 31편, “소아”가 74편이다. “송”은 노예주 귀족들이 종묘 제사 때 사용하던 것으로, 이는 선조나 신의 공덕을 노래하기 위한 것이었기 때문에, “송”이라고 하는데, “주송”·“노송”·“상송”으로 나뉘며, 모두 40편의 시가 있다. 그 중 “주송”이 31편, “노송”이 4편, “상송”이 5편이다.

2. 《诗经》的思想内容
shī jīng de sī xiǎng nèi róng

2. 《시경》의 사상내용

shī jīng de nèi róng fēi cháng fēng fù qí zhōng zuì zhòng yào de
《诗经》的内容非常丰富，其中最重要的
zuò pǐn shì guó fēng zhōng de mín gē tā men bù jǐn shù liàng duō ér qiě
作品是“国风”中的民歌，它们不仅数量多，而且
chéng jiù gāo shì zhōng guó wén xué bǎo kù zhōng shǎn yào zhe càn làn guāng huī de
成就高，是中国文学宝库中闪耀着灿烂光辉的
míng zhū zhè xiē mín gē bù dàn biǎo dá le láo dòng rén mín de sī xiǎng
明珠。这些民歌，不但表达了劳动人民的思想
gǎn qíng hé tā men duì shè huì shēng huó de rèn shi tóng shí yě xiǎn shì le
感情和他们对社会生活的认识，同时也显示了
láo dòng rén mín zhuó yuè de yì shù chuàng zào cái néng shì zhōng guó zuì zǎo de
劳动人民卓越的艺术创造才能，是中国最早的
xiàn shí zhǔ yì shī piān shī jīng de nèi róng dà zhì kě fēn wéi yǐ
现实主义诗篇。《诗经》的内容，大致可分为以
xià sì ge fāngmiàn
下四个方面：

《시경》의 내용은 매우 풍부하며, 그 중에서 가장 중요한 작품은 “국풍” 중의 민가로, 이들은 수량이 많을 뿐만 아니라, 수준도 높아서, 중국문학 보고 중에서 휘황찬란한 빛을 발산하고 있는 보배라 할 수 있다. 이러한 민가들은, 노동하는 백성들의 사상 감정과 사회생활에 대한 지식을 표현하고 있을 뿐만 아니라, 동시에 노동하는 백성들의 탁월한 예술 창조 재능을 보여주고 있는, 중국에서 가장 오래된 현실주의 시편이다. 《시경》의 내용은, 대체적으로 아래와 같이 네 부분으로 나누어 볼 수 있다.

(1) 反映阶级压迫和阶级斗争的诗歌
fǎn yìng jiē jí yā pò hé jiē jí dòu zhēng de shī gē

(1) 계급압박과 계급투쟁을 반영한 시가

cóng xī zhōu dào chūn qiū shí dài nú lì zhì zhú jiàn bēng kuì shè huì
从西周到春秋时代，奴隶制逐渐崩溃，社会
fā shēng le hěn dà biàndòng gè zhū hóu guó zhī jiān bù duàn fā shēng jiān bìng
发生了很大变动，各诸侯国之间不断发生兼并
zhànzhēng nú lì men de shēng huó gèng jiā tòng kǔ zhè jī qǐ le tā men de
战争，奴隶们的生活更加痛苦，这激起了他们的

서주부터 춘추시대에 이르기까지, 노예제도는 점차 붕괴되고, 사회에는 큰 변화가 생겼으며, 각 제후국 사이에서는 끊이지 않는 합병전쟁이 발생함에 따라, 노예들의 생활은 더욱 고통이 가중되었고, 이에 그들의 반항과 투

fǎn kàng hé dòu zhēng zhè zhǒng jiē jí yā pò hé dòu zhēng zài shī jīng
反抗和斗争。这种阶级压迫和斗争，在《诗经》
zhōng yǒu chōng fèn de fǎn yìng rú bīn fēng qī yuè zhè shì shī
中有充分的反映。如《豳风·七月》，这是《诗
jīng zhōng zuì cháng de yī shǒu shī piān tā xiáng xì de miáo xiě le zhōu dài
经》中最长的一首诗篇，它详细地描写了周代
zǎo qī de nóng yè shēng chǎn qíng kuàng fǎn yìng le láo dòng rén mín de shēng huó
早期的农业生产情况，反映了劳动人民的生活
chǔ jìng cóng shī zhōng kě yǐ kàn dào nú lì men yī nián dào tóu cóng chūn
处境。从诗中可以看到，奴隶们一年到头，从春
máng dào dōng cóng zǎo máng dào wǎn cóng lái méi yǒu xián zhe de shí hou tā
忙到冬，从早忙到晚，从来没有闲着的时候。他
men cóng shì zhe fán zhòng de láo dòng kě shì chī de què shì yě guǒ yě cài
们从事着繁重的劳动，可是吃的却是野果野菜：

쟁이 일어나게 되었다. 이런 계급압박과 투쟁이, 《시경》에 충분히 반영되었다. 《빈풍·칠월》을 예로 보면, 이는 《시경》 중에서 가장 긴 시편인데, 여기에서는 주대의 농업생산 정황을 상세하게 묘사하였으며, 노동하는 백성들의 생활상을 반영하고 있다. 우리는 시에서, 노예들은 일 년 내내, 봄부터 겨울까지, 아침부터 저녁까지, 한 번도 한가한 적이 없었다는 것을 알 수 있다. 그들은 너무나 힘겨운 노동에 종사하면서도, 그러나 먹는 것은 오히려 야생 과일과 채소뿐이었다.

qī yuè shí guā　　qī yuè chī guā
七月食瓜，　（七月吃瓜）
칠월에는 오이 먹고,

bā yuè duàn hú　　bā yuè zhāi hú lu
八月断壶。　（八月摘葫芦）
팔월에는 박을 따고.

jiǔ yuè shū jū　　jiǔ yuè shí má zǐ
九月叔苴，　（九月拾麻子）
구월에는 삼씨 주우며,

cǎi tú xīn chū　　cǎi kǔ cài yòu kǎn chái
采荼薪樗，　（采苦菜又砍柴）
씀바귀 캐고 가죽나무 땔감 베어,

shí wǒ nóng fū　　nóng fū chī zhè cū fàn cài
食我农夫。　（农夫吃这粗饭菜）
우리 농군들 먹인다.

zhù de shì pò luàn bù kān sì miàn lòu fēng bù néng fáng hán de fáng
住的是破乱不堪、四面漏风、不能防寒的房
zi
子：

사는 곳이란 허름하기 짝이 없고, 사방으로 바람이 새어 들어와, 추위를 막을 수도 없는 집이었다.

qióng zhì xūn shǔ dǔ qiángdòng xūn lǎo shǔ
穹窒熏鼠，（堵墙洞熏老鼠）
구멍을 막아 연기로 쥐를 쫓고,

sè xiàng jìn hù sāi běi chuāng yòng ní tú cháimén
塞向墐户。（塞北窗，用泥涂柴门）
북쪽 창문을 막고 진흙으로 문을 메운다.

jiē wǒ fù zǐ kě tàn a wǒ de qī zi ér nǚ
嗟我妇子，（可叹啊，我的妻子儿女）
아, 내 아내와 자식들아.

yuē wéi gǎi suì xīn nián dào le chú jiù suì
曰为改岁，（新年到了除旧岁）
새해가 되어 나이가 바뀌니,

rù cǐ shì chǔ bān jìn zhè ge pò wū lǐ zhù
入此室处。（搬进这个破屋里住）
이 집으로 들어가 살도록 하자.

ér nú lì zhǔ chī de què shì dào mǐ jiǔ ròu chuān de shì piàoliang de yī shang hé pí ǎo zhù de shì gāo dà kuānchǎng de hǎo fáng zuì bù xìng de shì fù nǚ tā men bù jǐn gěi nú lì zhǔ gàn gè zhǒng kǔ huó ér qiě hái yào shòu dào wǔ rǔ hé cuī cán shī zhōng xiě dào

而奴隶主吃的却是稻米、酒肉，穿的是漂亮的衣裳和皮袄，住的是高大宽敞的好房。最不幸的是妇女，她们不仅给奴隶主干各种苦活，而且还要受到侮辱和摧残，诗中写道：

그러나 노예주들이 먹는 것은 쌀과 고기와 술이었으며, 입는 것은 아름다운 옷과 가죽 저고리였으며, 사는 곳은 높고 큰 넓은 방이었다. 가장 불행한 사람은 부녀자들로, 그녀들은 노예주를 위해 각종 힘든 노동을 하였을 뿐만 아니라, 모욕과 학대를 받아야만 했으니, 시에서는 이렇게 적고 있다.

qī yuè liú huǒ qī yuè huǒ xīngxiàng xī chén
七月流火，（七月火星向西沉）
칠월이면 화성이 서쪽으로 내려오고,

jiǔ yuè shòu yī jiǔ yuè tiānliáng fā hán yī
九月授衣。（九月天凉发寒衣）
구월이면 추워서 겨울옷을 준비하네.

chūn rì zài yáng chūntiān kāi shǐ nuǎnhuo le
春日载阳，（春天开始暖和了）
봄날에 날씨가 따뜻해지기 시작하니,

yǒu míngcānggēng huángyīng yě kāi shǐ jiào le
有鸣仓庚。（黄莺也开始叫了）
꾀꼬리도 울기 시작하는구나.

nǚ zhí yì kuāng gū niangmen ná zhe shēnkuāng
女执懿筐，（姑娘们拿着深筐）
아가씨들 깊은 광주리를 들고,

zūn bǐ wēi háng　yán zhe nà tiáo xiǎo lù zǒu
遵彼微行，（沿着那条小路走）

그 좁은 길을 따라서,

yuán qiú róu sāng　qián qù cǎi nà nèn sāng yè
爰求柔桑。（前去采那嫩桑叶）

연한 뽕잎을 따러 앞으로 나간다.

chūn rì chí chí　chūn tiān bái tiān de shí jiān cháng le
春日迟迟，（春天白天的时间长了）

봄날의 대낮은 길어서,

cǎi fán qí qí　cǎi le xǔ duō bái hāo zi
采蘩祁祁。（采了许多白蒿子）

그렇게도 많은 하얀 쑥을 캔다.

nǚ xīn shāng bēi　gū niang men xīn zhōng bēi shāng
女心伤悲，（姑娘们心中悲伤）

아가씨들 마음이 아주 슬픈 건,

dài jí gōng zǐ tóng guī　hài pà bèi gōng zǐ yī qǐ dài huí qù
殆及公子同归。（害怕被公子一起带回去）

공자와 함께 돌아가게 될까 봐서라네.

zhè shǒu shī shì dāng shí nú lì shēng huó de zhēn shí xiě zhào　tōng guò
这首诗是当时奴隶生活的真实写照，通过
nú lì hé nú lì zhǔ shēng huó de xiān míng duì bǐ　gē sòng le láo dòng rén
奴隶和奴隶主生活的鲜明对比，歌颂了劳动人
mín de qín láo shàn liáng　jiē lù le tǒng zhì zhě de huāng yín wú chǐ　biǎo dá
民的勤劳善良，揭露了统治者的荒淫无耻，表达
le láo dòng rén mín de fèn hèn hé bù mǎn qíng xù
了劳动人民的愤恨和不满情绪。

이 시는 당시의 노예 생활을 진실하게 묘사한 것으로, 노예와 노예주 생활의 선명한 대비를 통하여, 노동하는 백성들의 근면함과 선량함을 찬양하고, 통치자의 황음 무치함을 폭로하였으며, 노동자들의 분한과 불만에 찬 정서를 표현하였다.

yǒu xiē shī hái biǎo xiàn le láo dòng rén mín de zhú jiàn jué xǐng　diǎn
有些诗还表现了劳动人民的逐渐觉醒，点
rán le jiē jí chóu hèn de huǒ yàn　rú　wèi fēng　fá tán
燃了阶级仇恨的火焰，如《魏风·伐檀》：

어떤 시는 노동하는 백성들의 점진적인 각성을 표현하여, 계급에 대한 원한과 복수의 불을 지펴놓고 있는데, 예로 《위풍·벌단》을 보면 다음과 같다.

kǎn kǎn fá tán xī　kǎn fá tán shù dīng dōng xiǎng a
坎坎伐檀兮，（砍伐檀树叮咚响啊）

쾅쾅 박달나무 베어서,

zhì zhī hé zhī gān xī　bǎ tā fàng zài hé àn shàng a
置之河之干兮，（把它放在河岸上啊）

그것을 물가에다 놓으니,

hé shuǐ qīng qiě lián yī　hé shuǐ qīng chè ér qiě yǒu bō wén a
河水清且涟猗。(河水清澈而且有波纹啊)
하천의 물은 맑은데 물결이 인다.

bù jià bù sè　bù zhòngzhuāng jià bù shōu gē
不稼不穑，　(不种庄稼不收割)
씨도 안 뿌리고 수확도 않았는데,

hú qǔ hé sān bǎi chán xī　wèi shén me shōu qǔ sān bǎi qǐng liáng shí
胡取禾三百廛兮？(为什么收取三百顷粮食)
어찌 삼백의 식량을 거둬 가는가?

bù shòu bù liè　bù qù dǎ liè bǔ yě shòu
不狩不猎，　(不去打猎捕野兽)
사냥은 하지도 않았는데,

hú zhān ěr tíng yǒu xuán huán xī　wèi shén me nǐ yuàn lǐ guà zhe zhū huān
胡瞻尔庭有悬貆兮？(为什么你院里挂着猪獾)
어찌 그대 뜰에는 담비가 걸렸는가?

bǐ jūn zǐ xī　nà xiē jūn zǐ a
彼君子兮，　(那些"君子"啊)
그런 군자들이여,

bù sù cān xī　bù shì bái chī fàn a
不素餐兮！　(不是白吃饭啊)
무위도식하는 법이 아니라네.

zhè shǒu shī shì zài hé biān kǎn fá mù cái de nú lì men chàng de gē　biǎo dá le tā men duì bō xuē zhě bù láo ér huò de qiáng liè bù mǎn　tí chū le yán zhèng de zé wèn hé kàng yì
这首诗是在河边砍伐木材的奴隶们唱的歌，表达了他们对剥削者不劳而获的强烈不满，提出了严正的责问和抗议。

이 시는 강가에서 나무를 벌채하던 노예들이 부르던 노래로, 착취자들이 노동은 안 하고 소득은 챙기는 것에 대하여 그들의 강한 불만을 표현하고, 매서운 책망과 항의를 제기하고 있다.

nǎ lǐ yǒu yā pò　nǎ lǐ jiù yǒu fǎn kàng　nú lì men bìng méi yǒu qū fú yú nú lì zhǔ de bào lì　tā men jīng cháng yòng xiāo jí dài gōng　pò huài gōng jù　táo wáng qǐ yì děng fāng shì jìn xíng dòu zhēng　rú　wèi fēng　shuò shǔ
哪里有压迫，哪里就有反抗。奴隶们并没有屈服于奴隶主的暴力，他们经常用消极怠工、破坏工具、逃亡起义等方式进行斗争。如≪魏风·硕鼠≫：

압박이 있는 곳이면, 그 어디에나 반항이 있었다. 노예들은 노예주의 폭력에 결코 굴복하지 않았으며, 그들은 늘 소극적으로 일을 게을리하거나, 공구를 파괴하거나, 도망쳐서 봉기하는 등의 방식으로 투쟁을 하였다. ≪위풍·석서≫를 예로 들어 본다.

shuò shǔ shuò shǔ 硕鼠硕鼠，	dà lǎo shǔ a dà lǎo shǔ （大老鼠啊大老鼠）	큰 쥐야 큰 쥐야.
wú shí wǒ shǔ 无食我黍！	bù yào chī wǒ de liáng shí （不要吃我的粮食）	우리 양식 먹지 마라!
sān suì guàn rǔ 三岁贯女，	sān nián bǎ nǐ yǎng féi dà （三年把你养肥大）	삼 년 동안 너를 섬겼지만,
mò wǒ kěn gù 莫我肯顾。	nǐ què bù kěn zhào gù wǒ （你却不肯照顾我）	넌 오히려 나를 돌아보지 않는구나.
shì jiāng qù lǔ 逝将去女，	wǒ fā shì yào lí kāi nǐ （我发誓要离开你）	난 맹세컨대 너를 떠나서,
shì bǐ lè tǔ 适彼乐土。	dào nà ān lè de dì fang qù （到那安乐的地方去）	저 행복한 나라로 가리라.
lè tǔ lè tǔ 乐土乐土，	ān lè de dì fang ān lè de dì fang （安乐的地方安乐的地方）	행복한 곳이여, 행복한 곳이여,
yuán dé wǒ suǒ 爰得我所。	nà cái shì wǒ ān jū de dì fang （那才是我安居的地方）	거기가 비로소 내가 안거할 곳이리라.

zhè shì yī shǒu fǎn yìng láo dòng rén mín duì tǒng zhì zhě de cán kù bō xuē jìn xíng fǎn kàng hé dòu zhēng de shī láo dòng rén mín bǎ bō xuē zhě bǐ zuò pín lán ér pà rén de dà lǎo shǔ biǎo dá le tā men duì tǒng zhì zhě de yán lì qiǎn zé hé wú bǐ fèn hèn shī zhōng rè qíng de gē sòng le měi hǎo de lè tǔ biǎo dá le láo dòng rén mín wèi zhēng qǔ měi hǎo shēng huó ér dòu zhēng de jīng shén

这是一首反映劳动人民对统治者的残酷剥削进行反抗和斗争的诗。劳动人民把剥削者比作贫婪而怕人的大老鼠，表达了他们对统治者的严厉谴责和无比愤恨；诗中热情地歌颂了美好的乐土，表达了劳动人民为争取美好生活而斗争的精神。

이는 통치자들의 잔혹한 박해에 대한 노동자의 반항과 투쟁을 반영한 시다. 노동자들은 박해자를 탐욕스러우면서도 사람을 두려워하는 쥐로 비유하여, 통치자들에 대한 그들의 엄한 견책과 비할 데 없는 분노를 표현하였다. 시에서는 아름다운 땅을 열정적으로 찬양하였으며, 노동자가 아름다운 생활을 위하여 투쟁하는 정신을 표현하였다.

fǎn yìng hūn yīn hé gē chàng ài qíng de shī gē
(2) 反映婚姻和歌唱爱情的诗歌

(2) 혼인을 반영하고 애정을 노래한 시가

shī jīng zhōng yǐ hūn yīn hé ài qíng wéi zhǔ tí de shī gē bǐ
《诗经》中以婚姻和爱情为主题的诗歌比
jiào duō tè bié shì guó fēng ài qíng shī zhàn sān fēn zhī yī yǐ shàng
较多，特别是“国风”，爱情诗占三分之一以上。
zhè xiē shī piān yǒu de gē chàng ài qíng de huān lè biǎo dá le tā men zhōng
这些诗篇，有的歌唱爱情的欢乐，表达了他们忠
chéng měi hǎo de gǎn qíng rú shī jīng de dì yī piān zhōu nán guān
诚美好的感情。如《诗经》的第一篇《周南·关
jū
雎》:

《시경》에는 혼인과 애정을 주제로 한 시가가 비교적 많은 바, 특히 “국풍”이 그런데, 애정시가 3분의 1 이상을 차지한다. 이런 시가 중에서, 어떤 시는 애정의 즐거움을 노래하면서, 그들의 정성스럽고 아름다운 감정을 표현하였다. 《시경》의 제일 첫 번째 《주남·관저》를 예로 들어본다.

guān guān jū jiū 关关雎鸠，	guān guān jiào de jū jiū niǎo (关关叫的雎鸠鸟)	꾸룩꾸룩 물수리새,
zài hé zhī zhōu 在河之洲。	shuāng shuāng duì duì zài hé tān shàng (双双对对在河滩上)	짝이 되어 물가에서 노니네.
yǎo tiǎo shū nǚ 窈窕淑女，	nà měi lì wén jìng de gū niang (那美丽文静的姑娘)	아리따운 아가씨는,
jūn zǐ hǎo qiú 君子好逑。	shì nà xiǎo huǒ zi zuì hǎo de pèi ǒu (是那小伙子最好的配偶)	군자의 좋은 짝이라네.
cēn cī xìng cài 参差荇菜，	cháng duǎn bù qí de xìng cài (长短不齐的荇菜)	들쑥날쑥한 마름 나물,
zuǒ yòu liú zhī 左右流之。	gū niang zuǒ yòu bù tíng de cǎi (姑娘左右不停地采)	이리저리 쉼 없이 캐네.
yǎo tiǎo shū nǚ 窈窕淑女，	nà měi lì wén jìng de gū niang (那美丽文静的姑娘)	그 아리따운 아가씨를,
wù mèi qiú zhī 寤寐求之。	xǐng lái mèng lǐ zǒng shì bǎ tā xiǎng (醒来梦里总是把她想)	자나 깨나 그리워하네.

这是一首著名的情歌。诗中写一个男子热恋着一个在河边采荇菜的姑娘，盼望着有一天热热闹闹地把她娶过来，共同建立美好幸福的新生浩。再如≪邶风·静女≫：

이 시는 유명한 애정시다. 시에서는 한 남자가 강변에서 마름 나물을 캐는 아가씨를 열렬히 사랑하여, 언젠가는 그녀를 성대하게 아내로 맞이하여, 아름답고 행복한 새로운 생활을 하겠노라는 희망을 그리고 있다. 다시 ≪패풍·정녀≫를 예로 들어본다.

静女其姝，	（文静的姑娘很美丽，	아름답고 얌전한 그 아가씨,
俟我于城隅。	（她在城角等着我。	성 모퉁이서 나를 기다리네.
爱而不见，	（故意隐藏不出来，	사랑하는데도 보이지 않으니,
搔首踟蹰。	（急得我挠头又徘徊。	급한 마음에 머리만 긁으며 서성거리네.

静女其娈，	（文静的姑娘很美丽，	예쁘고 얌전한 그 아가씨,
贻我彤管。	（她赠给我一支红管。	내게 붉은 피리를 하나 주었네.
彤管有炜，	（红管闪亮有光彩，	붉은 피리가 빛나게 보이는 건,
说怿女美。	（我很高兴，喜欢你美。	그 아름다움이 기쁘고 좋아서라네.

自牧归荑，	（她从郊外采来小草送给我）	들판에서 삘기를 뽑아 나에게 주니,
洵美且异。	（确实美丽而又新奇）	정말 예쁘기도 하고 신기해 보인다.

fěi rǔ zhī wéi měi　bù shì nǐ xiǎo cǎo měi lì
匪女之为美，（不是你小草美丽）
삘기 네가 예뻐서가 아니라,

měi rén zhī yí　yīn wèi shì měi rén sòng gěi wǒ de
美人之贻。（因为是美人送给我的）
고운님이 내게 줘서 그런 거라네.

zhè shì yī shǒu miáo xiě yī duì qīng nián nán nǚ xiāng yuē yōu huì de qíng shī gē chàng le tā men tiān zhēn tián mì de ài qíng
这是一首描写一对青年男女相约幽会的情诗，歌唱了他们天真甜蜜的爱情。

이 시는 한 쌍의 청춘남녀가 서로 은밀하게 약속을 해서 만나고 있음을 묘사한 시로, 그들의 천진난만하고 달콤한 사랑을 노래하고 있다.

yǒu de shī fǎn yìng le shè huì xí guàn shì lì hé zhú jiàn xíng chéng de lǐ jiào duì ài qíng de shù fù hé cuī cán　gěi fù nǚ zào chéng xǔ duō tòng kǔ hé máo dùn　rú yōng fēng bó zhōu
有的诗反映了社会习惯势力和逐渐形成的礼教对爱情的束缚和摧残，给妇女造成许多痛苦和矛盾。如《鄘风·柏舟》：

어떤 시는 사회 관습에 젖은 세력과 점차적으로 형성된 예교가 애정을 속박하고 박해하였으며, 부녀자들에게 많은 고통과 갈등을 가져다 주었던 점을 반영하고 있다. 《용풍·백주》가 그러한 예다.

fàn bǐ bó zhōu　nà piāo fú de bó mù chuán
泛彼柏舟，（那漂浮的柏木船）
떠 있는 저 편백나무 배,

zài bǐ zhōng hé　zài nà hé de zhōng jiān
在彼中河。（在那河的中间）
물 한 가운데 떠 있네.

dàn bǐ liǎng máo　nà tóu fa xià chuí de xiǎo huǒ zi
髧彼两髦，（那头发下垂的小伙子）
두 갈래로 머리 딴 저 사내.

shí wéi wǒ yí　zhèng shì wǒ de hǎo duì xiàng
实维我仪。（正是我的好对象）
바로 내 사랑하는 임이라네.

zhī sǐ shǐ mǐ tā　wǒ fā shì dào sǐ xīn bù biàn
之死矢靡它。（我发誓到死心不变）
나 죽어도 변하지 않으리 맹세하건만,

mǔ yě tiān zhī　mā ya tiān a
母也天只！（妈呀天啊）
어머니시여 하늘이시여!

bù liàng rén zhī　bù tǐ liàng rén a
不谅人只！（不体谅人啊）
어찌 저를 몰라 주시나요!

这首诗描写一个女子至死不变心，歌颂了忠贞不渝的爱情。“之死矢靡它”是多么坚定有力的声音，它表现了古代妇女热烈追求自由婚姻的强烈愿望。

이 시는 죽어도 변하지 않겠다는 한 여성의 마음을 묘사한 것으로, 변함없는 충정과 지조의 사랑을 노래하고 있다. “나 죽어도 변하지 않으리 맹세한다”는 이 말은 얼마나 강하고 힘찬 음성인가? 이는 고대 부녀자들이 자유로운 혼인을 열렬하게 추구하려는 강한 염원을 표현하고 있는 것이다.

还有一些弃妇诗，写的是爱情和婚姻的悲剧，反映了家庭生活的破裂和妇女被遗弃的悲惨命运。如《卫风·氓》深刻反映了阶级社会中妇女地位的低下和命运的悲惨。全诗以弃妇的口，述说了她惨遭不幸的爱情悲剧，斥责了忘恩负义、喜新厌旧的男人，同时也批判和控诉了男女不平等的罪恶制度。

또 남편에게 버림받은 아내의 시도 있는데, 이는 사랑과 혼인의 비극을 묘사한 것으로, 가정생활의 파탄과 버림받은 부녀자의 비참한 운명을 반영하고 있다. 예를 들어 《위풍·맹》을 보면, 계급사회에서의 부녀의 낮은 지위와 운명의 비참함을 심도있게 반영하고 있다. 전체 시는 버림받은 아내의 입을 통하여, 그녀의 비참하고 불행한 애정비극을 진술하고 있으며, 배은망덕하고 새 것만 좋아하며 오래된 것은 싫어하는 남자를 질책하고, 동시에 남녀가 평등하지 못한 죄악에 찬 제도를 비판하고 규탄하고 있다.

(3) 政治讽刺诗

(3) 정치풍자시

《诗经》中的政治讽刺诗可分为两种：一种是“国风”中的民歌讽刺诗；一种是《大雅》、

《시경》에서 정치풍자 시는 두 가지로 나눌 수 있는데, 한 가지는 “국풍” 중의 민가 풍자시이고, 다른 한 가지는 《대아》·《소아》 중

xiǎo yǎ zhōng de guì zú fěng yù shī fěng cì shī shì yòng fěng cì cháo
≪小雅≫中的贵族讽谕诗。讽刺诗是用讽刺嘲
xiào de bǐ fǎ miáo xiě shè huì shēng huó zhōng dí duì de huò luò hòu de shì
笑的笔法，描写社会生活中敌对的或落后的事
wù chǒu è de xiàn xiàng děng dá dào biǎn chì fǒu dìng de xiào guǒ fěng yù
物、丑恶的现象等，达到贬斥、否定的效果。讽谕
shī shì yòng shuō gù shì de fāng shì wěi wǎn qū zhé de shuō míng shì wù de
诗是用说故事的方式，委婉曲折地说明事物的
dào lǐ dá dào zhǐ zé hé quàn gào de mù dì
道理，达到指责和劝告的目的。

의 귀족 풍유시다. 풍자시는 조롱하는 수법을 이용하여, 사회생활 중 적대적이거나 혹은 낙후된 사물이나 추악한 현상 등을 묘사하여, 비난하고 부정하는 효과를 거두었다. 풍유시는 이야기를 하는 방식으로, 사물의 이치를 완곡하게 설명함으로써, 질책하고 권고하고자 하려는 목적을 이루었다.

mín gē fěng cì shī shì láo dòng rén mín shǒu zhōng de zhàn dòu wǔ qì
民歌讽刺诗是劳动人民手中的战斗武器，
tā xīn là yǒu lì de jiē lù le tǒng zhì jiē jí de chǒu è běn zhì biǎo
它辛辣有力地揭露了统治阶级的丑恶本质，表
xiàn le láo dòng rén mín yīng yǒng jī zhì bù wèi qiáng bào de dòu zhēng jīng shén
现了劳动人民英勇机智、不畏强暴的斗争精神。
rú bèi fēng xīn tái
如≪邶风·新台≫：

민가 풍자시는 노동자들이 손에 든 전투무기로, 신랄하고 힘차게 통치계급의 추악한 본질을 폭로하였고, 노동자의 용감성과 지혜, 그리고 두려움 없는 투쟁정신을 표현하였다. ≪패풍·신대≫를 예로 들어본다.

xīn tái yǒu cǐ xīn tái fēi cháng xiān yàn měi lì
新台有泚，（新台非常鲜艳美丽）
새 누각 참 새롭고 아름다운데,

hé shuǐ mí mí hé shuǐ mǎn mǎn bēn liú bù xī
河水浼浼。（河水满满奔流不息）
강물은 쉼 없이 넘실거린다.

yàn wǎn zhī qiú běn xiǎng chéng wéi měi mǎn hǎo fū qī
燕婉之求，（本想成为美满好夫妻）
본래는 멋진 부부 되고 싶었지만,

qú chú bù xiān què jià ge chǒu lòu de lài há ma
籧篨不鲜。（却嫁个丑陋的癞蛤蟆）
더러운 두꺼비에게 시집가게 되었네.

这首诗是讽刺卫宣公的。卫宣公给儿子从齐国选了一个媳妇，后来卫宣公看她长得很美，就自己留下了。卫宣公为了迎娶新娘，在黄河边上造了一座新台。卫国人民不满意这件丑事，就编了这首诗讽刺卫宣公，把他比做“癞蛤蟆”。再如≪鄘风·墙有茨≫，揭露和讽刺了统治者荒淫无耻的丑事。传说卫宣公从齐国娶的新娘叫宣姜，宣姜后来跟宣公的大儿子私通，这首诗就是揭露讽刺这件丑事的。总之，这些讽刺诗揭露了统治者的丑事，使他们千秋万代也抹不掉耻辱。

이 시는 위 나라 선공을 풍자한 것이다. 위 선공은 아들에게 주려고 제 나라에서 며느리를 한 명 뽑았는데, 뒤에 위 선공이 보니 그녀가 너무 아름다워, 자기가 차지하려고 남겨두었다. 위 선공은 신부를 맞이하기 위해, 황하 변에 새로운 누대를 지었다. 위 나라 백성들은 이 추악한 일에 불만을 가져, 위 선공을 풍자하는 이 시를 짓게 되었고, 그를 "두꺼비"로 비유했던 것이다. 다시 ≪용풍·장유자≫를 예로 보면, 이는 통치자의 황음무치하고 추악한 일을 폭로하고 풍자한 것이다. 전설에 따르면 위 선공이 제 나라에서 선강이라 부르는 신부를 취해 왔는데, 이 선강이 뒤에 위 선공의 큰 아들과 사통을 하였다고 하는데, 이 시는 바로 이 추악한 사건을 풍자한 것이다. 결국, 이러한 풍자시들은 통치자들의 추악함을 폭로함으로써, 그들로 하여금 오랜 세월이 지나도 지울 수 없는 치욕이 되게 하였다.

贵族讽谕诗，是贵族士大夫的作品。这些士大夫虽然属于统治阶级，但他们亲身受到压抑和损害，目睹政治的腐败和黑暗，所以也写出了许多感时伤世、忧谗畏讥的作品。如≪小雅·十

귀족 풍자시는, 귀족 사대부들의 작품이다. 이러한 사대부들은 비록 통치계급에 속하기는 하였지만, 그들은 직접적으로 압박을 당하고 손해를 보았으며, 정치적 부패와 사회의 어두운 모습을 목도하였기에, 그래서 역시 세상에서 상처받은 느낌과 근심이나 두려움, 비방과 조롱 섞인 그런 작품들을 많이

月之交》，这是一首反对统治者的诗。诗人以为自然的灾异是由一批残暴的执政者和天子的"艳妻"做坏事造成的，因此，对这些人给予严正的斥责。再如《小雅·北山》，这是一首小臣苦于劳役的怨诗，揭露了统治阶级内部劳逸不均的现象。这些作品在客观上也反映了动乱不安的社会现实和人民的苦难生活。

써내었다. 《소아·십월지교》를 예로 보면, 이는 통치자를 반대하는 시이다. 시인은 자연 재해란 잔혹한 집정자들과 천자가 여자를 밝히는 나쁜 일을 함으로써 생기는 것이라 인식하였기 때문에, 그래서 이런 사람들을 엄하게 질책하였던 것이다. 또 《소아·북산》을 예로 보면, 이는 낮은 벼슬아치가 노역의 고생을 원망하는 시로, 통치 계급 내부의 불균형 현상을 폭로하였다. 이러한 작품들은 동란으로 불안했던 사회현실과 백성들의 힘든 생활을 객관적으로 반영하고 있다.

（4）史诗和颂歌

(4) 역사시와 송가

《诗经》中最著名的史诗是《大雅》中的《生民》和《公刘》等，它们是西周初期的作品。《生民》歌颂后稷的事迹，这是一首充满了神话色彩的诗。说姜嫄向神祷告求子，因踏上了上帝的脚印而怀孕，生了后稷。姜嫄并不喜欢他，把他丢在路上，牛羊却保护他；把他丢

《시경》 중에서 가장 유명한 역사시는 《대아》 중의 《생민》과 《공유》 등으로, 이들은 서주 초기의 작품이다. 《생민》은 후직의 사적을 찬양한 것으로, 이는 신화색채가 충만한 시이다. 강원이 신에게 득남 기도를 하고 나서, 상제의 발자국을 밟음으로 임신을 해, 후직을 낳았다고 한다. 강원은 후직을 좋아하지 않아, 그를 길에 버렸으나, 소와 양이 그를 돌보아 주었고, 그를 물속에다 버리면, 또 새가 그를 돌보아 주었다. 장성한 후, 그는 작물 심는 일을 가장 좋아하였

到水里，又有鸟保护他。他长大后，最喜欢种庄稼，瓜果豆麦都会栽种，于是发明了农业。后来在邰（今陕西省武功县）这个地方成家立业，建立了周族的基础。他便成了周的始祖，农业专家了。

고, 과일과 콩과 보리를 모두 파종할 줄 알아, 이에 농업을 발명하게 되었다. 훗날 유태(지금의 섬서성 무공현)라는 이 지역에서 가업을 이뤄, 주나라 민족의 기초를 세웠다. 그가 곧 주의 시조가 되었고, 농업의 전문가가 되었다.

《公刘》歌颂了周部族的远祖公刘的事迹。公刘是后稷的曾孙，是周族中一位有名的人物。诗中写他带领本族从邰迁到豳，在那里定居下来，对周部族的发展做出了重大贡献。

《공유》는 주나라 부족의 먼 조상인 공유의 사적을 찬양하였다. 공유는 후직의 증손자로, 주 나라 민족 중에서 가장 유명한 인물이다. 시에서는 그가 자기 민족을 인솔하여 태 나라에서 빈 나라로 천도한 후, 그곳에서 정착하여 살아오면서, 주 나라 부족의 발전에 큰 공헌을 했다고 묘사하고 있다.

除此之外，还有一些歌颂祖先和鬼神功德的颂歌，这些作品都是宗庙祭祀诗，充满了浓厚的宗教气氛。

이외에도, 또 조상과 귀신의 공덕을 찬양하는 약간의 노래가 있는데, 이런 작품들은 모두 종묘 제사 시로, 짙은 종교 분위기가 충만해 있다.

3. 《诗经》的艺术成就

shī jīng de yì shù chéng jiù

3. 《시경》의 예술성취

shī jīng shì zhōng guó wén xué de guāng huī qǐ diǎn, tā zài zhōng
《诗经》是中国文学的光辉起点，它在中
guó wén xué fā zhǎn shǐ shàng zhàn yǒu chóng gāo de dì wèi, zhǔ yào chéng jiù shì
国文学发展史上占有崇高的地位，主要成就是：

《시경》은 중국문학의 빛나는 출발점으로, 이는 중국문학 발전사에서 숭고한 위상을 가지고 있는데, 주요 성취는 다음과 같다.

(1) 伟大的现实主义精神

wěi dà de xiàn shí zhǔ yì jīng shén

(1) 위대한 현실주의 정신

shī jīng de chuàng zuò fāng fǎ shì xiàn shí zhǔ yì de, tè bié
《诗经》的创作方法是现实主义的，特别
shì nà xiē yōu xiù de mín gē, zhēn shí ér shēng dòng de miáo xiě le gǔ dài
是那些优秀的民歌，真实而生动地描写了古代
nú lì shè huì de shēng huó miàn mào, fǎn yìng le nú lì zài zhèng zhì shàng shòu
奴隶社会的生活面貌，反映了奴隶在政治上受
yā pò, zài jīng jì shàng shòu bō xuē de qíng kuàng, yǐ jí tā men de fǎn kàng
压迫，在经济上受剥削的情况，以及他们的反抗
hé dòu zhēng, jiē lù le nú lì zhǔ bù láo ér huò、tān dé wú yàn、huāng
和斗争，揭露了奴隶主不劳而获、贪得无厌、荒
yín wú chǐ de chǒu è běn zhì。zǒng zhī, shī jīng zhēn shí ér shēn kè
淫无耻的丑恶本质。总之，《诗经》真实而深刻
de fǎn yìng le nú lì shè huì de jiē jí máo dùn hé jiē jí dòu zhēng, zhè
地反映了奴隶社会的阶级矛盾和阶级斗争，这
zhèng shì xiàn shí zhǔ yì jīng shén de tǐ xiàn。shī jīng de xǔ duō zuò
正是现实主义精神的体现。《诗经》的许多作
zhě, bù shì bǎ shī gē zuò wéi yú lè de gōng jù, ér shì bǎ tā zuò wéi
者，不是把诗歌作为娱乐的工具，而是把它作为

《시경》의 창작방법은 현실주의로, 특히 우수한 민가들은, 고대 노예사회의 생활면모를 진실하고 또 생동적으로 묘사해 내고, 노예들이 정치적으로 받은 압박과 경제상으로 착취를 당했던 상황, 그리고 그들의 반항과 투쟁을 반영하였으며, 노예주들이 노동은 하지 않으면서 뭔가를 얻어가고 끝없이 황음무치한 그 더러운 본질을 폭로하였다. 어쨌든, 《시경》은 노예사회의 계급 간 갈등과 계급투쟁을 진실하고 심도 있게 반영을 하였는데, 이것이 바로 현실주의 정신의 표현이다. 《시경》의 많은 작가들은, 시가를 오락의 도구로 여기지 않고, 이것을 투쟁의 무기로 삼았던 것이다. 《벌단》·《석서》와 같은 우수한 시편을 예로 볼 때, 이들이 가진 그 심오한 사상내용과 강렬한 투쟁정신은, 중국 고대 시가의 견고한 현실주의 기초가 되어 주었다.

斗争的武器。如《伐檀》、《硕鼠》等优秀诗篇，它们那深刻的思想内容和强烈的斗争精神，为中国古代诗歌奠定了坚实的现实主义基础。

（2）赋比兴手法的运用

(2) 부비흥 수법의 운용

诗有“六义”，即：风、雅、颂；赋、比、兴。风、雅、颂是按诗的体裁、作用分的；赋、比、兴是按诗的修辞方法分的。风、雅、颂前面已经讲过，这里只说说赋、比、兴三种表现手法。

시에는 “육의”가 있는데, 즉 풍·아·송·부·비·흥이다. 풍·아·송은 시의 체제와 작용에 따라 분류한 것이고, 풍·아·송은 앞에서 이미 설명했으므로, 여기서는 부·비·흥 세 가지 표현기법만 이야기하도록 한다.

赋、比、兴的基本含义，据宋代著名学者朱熹说：“赋者，敷陈其事而直言之也。”（赋，就是详细叙述那件事情，并且把它直接说出来）；“比者，以彼物比此物也。”（比，就是用那个事物比喻这个事物）；“兴者，先言他物以引起所咏之词也。”（兴，就是先说别的事物，用来引起所要吟

부·비·흥의 기본적인 의미를, 송대의 유명한 학자 주희의 말에 따르면 이러하다. “부는 그 일을 진술하되 직언하는 것이다.” (부란, 곧 그 사정을 상세하게 서술함과 아울러, 그것을 직접적으로 말하는 것이다.) “비는 그 물체로 이 물체를 비교하는 것이다.” (비란, 곧 그 사물을 이 사물에 비유하는 것이다.) “흥은 먼저 다른 사물을 언급하면서 노래하고자 하는 말을 이끌어 내는 것이다.” (흥이란, 곧 먼저 다른 사물을 말하고 읊으려는 가사를 이끌어내는 것이다.)

咏的歌词)。

所谓“赋”，就是陈述铺叙的意思，直接说出所要表现的事物。雅诗、颂诗多用这种方法。

이른 바 “부”는, 곧 진술한다는 뜻으로, 직접적으로 표현하고자 하는 사물을 말해내는 것이다. 아시와 송시가 이런 방법을 많이 사용하고 있다.

所谓“比”，就是比喻，打比方。用容易理解的事物比喻不容易理解的事物，《诗经》中的比喻是灵活多样的。如《硕鼠》把剥削者比作大老鼠，形象地揭露了他们寄生虫的本质。又如《新台》把好色的卫宣公比作癞蛤蟆，非常生动、形象、确切。

이른바 “비”는, 곧 비유로, 예를 드는 것이다. 이해하기 쉬운 사물로 이해하기 어려운 사물을 비유하는 것으로, 《시경》 중의 비유는 융통성이 뛰어나고 다양하다. 예를 들어 《석서》는 박해자를 큰 쥐에 비유하여, 그들의 기생충과 같은 본질을 형상적으로 폭로하였다. 또 《신대》를 예로 들면 여색을 좋아하는 위 선공을 두꺼비에 비유하였는데, 매우 생동적이고 구체적이고 적절하다.

所谓“兴”，就是先用一、两句话描写其他事物，作为诗歌的开头，用来引起下面的歌词，这是民歌中常用的手法。它可以引起下文或起象征作用。如《关雎》的开头:“关关雎鸠，在河之洲。窈窕淑女，君子好逑。”前两句就是兴，用鸟的和鸣，象征这两个情人是天生的一对。

이른바 “흥”이라는 것은, 먼저 한 두 구절의 말로 다른 사물을 묘사하면서, 이를 시가의 첫머리로 삼아, 아래 가사를 이끌어내는 것으로, 이것은 민가에서 자주 사용하던 수법이다. 이것은 아래 문장을 끌어오거나 상징작용을 한다. 예를 들어 《관저》의 첫머리에 “꾸룩꾸룩 물수리새, 짝이 되어 물가에서 노니네. 아리따운 아가씨는 군자의 좋은 짝이라네.”라 하였는데, 앞의 두 구절이 곧 흥으로, 새 소리가 잘 어울리는 것으로써, 두 연인이 천생연분의 한 쌍이라는 것을 상징한다.

赋、比、兴手法的运用，目的是为了加强作品的形象性、战斗性和感情色彩。赋比兴手法是劳动人民的智慧结晶，它对后代的诗人、作家的创作有很大影响。

부·비·흥 수법의 운용은, 그 목적이 작품의 형상성과 전투성과 감정의 색채를 더욱 강하게 하기 위함에 있다. 부·비·흥 수법은 노동자의 지혜의 결정체로, 이는 후대 시인과 작가의 창작에 대단히 큰 영향을 주었다.

(3) 语言特点

(3) 언어의 특징

≪诗经≫的语言是丰富多彩、生动形象、凝练有力的，它是从当时劳动人民的口语中提炼出来的。

≪시경≫의 언어는 풍부하고 다채로우며, 생동감 있고 형상적이며, 간결하고 힘이 넘치는데, 이는 당시 노동자의 입에서 만들어져 나온 것이다.

首先，≪诗经≫的语言是以四言为主，但又多变化，不受四言的限制。中间杂有二、三、五、六、七、八言等诗句。如≪静女≫一诗，以四言为主，其中也有五言句子“俟我于城隅”、“匪女之为美”等。再如≪伐檀≫、≪七月≫等诗，就有四、五、六、七、八言诗句，变化自由，运用得非常灵

첫째, ≪시경≫의 언어는 4언 위주지만, 또 변화가 많기도 하여, 4언의 제한을 받지 않는다. 중간에 2, 3, 5, 6, 7, 8언 등의 시구가 섞여 있다. 예컨대 ≪정녀≫ 이 시는, 4언 위주지만, 그 가운데는 또 5언구 “성 모퉁이서 나를 기다리네.”, “삘기 네가 예뻐서가 아니라” 등이 있다. 또 예로 ≪벌단≫·≪칠월≫ 등의 시에는, 4, 5, 6, 7, 8언 시구가 있어, 그 변화가 자유롭고, 운용에 아주 융통성이 있다.

huó
活。

qí cì shī jīng zhōng yǒu xiē shī gē tè bié shì mín gē hái cǎi qǔ qún gē hù dá de xíng shì rú zhōu nán fú yǐ
其次,≪诗经≫中有些诗歌,特别是民歌,还采取群歌互答的形式。如≪周南·芣苢≫:

그 다음, ≪시경≫ 중의 일부 시가, 특히 민가에서는, 또 무리를 이뤄 노래를 주고받는 형식을 채용하고 있다. 예를 들어 ≪주남·부이≫가 그렇다.

cǎi cǎi fú yǐ　cǎi ya cǎi cǎi fú yǐ
采采芣苢,　(采呀采,采芣苢,　캐네 캐네 질경이를 캐네.

bó yán cǎi zhī　gǎn kuài bǎ tā cǎi xià lái
薄言采之。　赶快把它采下来。　얼른 질경이를 캐네.

cǎi cǎi fú yǐ　cǎi ya cǎi cǎi fú yǐ
采采芣苢,　采呀采,采芣苢,　캐네 캐네 질경이를 캐네.

bó yán yǒu zhī　gǎn kuài bǎ tā zhāi xià lái
薄言有之。　赶快把它摘下来。　얼른 질경이를 다 가졌네.

cǎi cǎi fú yǐ　cǎi ya cǎi cǎi fú yǐ
采采芣苢,　(采呀采,采芣苢)　캐네 캐네 질경이를 캐네.

bó yán duō zhī　gǎn kuài bǎ tā shí qǐ lái
薄言掇之。　(赶快把它拾起来)　얼른 질경이를 다 주웠네.

cǎi cǎi fú yǐ　cǎi ya cǎi cǎi fú yǐ
采采芣苢,　(采呀采,采芣苢)　캐네 캐네 질경이를 캐네.

bó yán luō zhī　gǎn kuài bǎ tā luō xià lái
薄言捋之。　(赶快把它捋下来)　얼른 질경이 씨를 훑네.

cǎi cǎi fú yǐ　cǎi ya cǎi cǎi fú yǐ
采采芣苢,　(采呀采,采芣苢)　캐네 캐네 질경이를 캐네.

bó yán jié zhī　gǎn kuài bǎ tā dōu qǐ lái
薄言袺之。　(赶快把它兜起来)　얼른 옷자락에 담네.

cǎi cǎi fú yǐ　cǎi ya cǎi cǎi fú yǐ
采采芣苢,　(采呀采,采芣苢)　캐네 캐네 질경이를 캐네.

bó yán xié zhī　gǎn kuài jì hǎo yī jīn dōu huí lái
薄言襭之。　(赶快系好衣襟兜回来)　얼른 질경이를 옷자락에 매네.

这首诗就是一群劳动妇女在采集芣苢时用对答、合唱的形式所唱的歌。

이 시는 노동을 하는 한 무리의 부녀자들이 질경이를 캘 때 대답하고 합창하는 형식으로 부르는 노래이다.

再次,《诗经》中有些诗歌,还运用重章叠句的形式。重章,就是一首诗中某一章重复出现,有的重复全章,有的重复首章,有的重复尾章。如《芣苢》,全诗分三章,共十二句,只换了六个动词:'采、有、掇、捋、袺、襭',以表示妇女们采集芣苢的进展情况。叠句,就是一个诗句在诗中反复出现。如《伐檀》中的"不稼不穑"、"不狩不猎"、"彼君子兮"。《静女》中的"静女其姝"、"静女其娈"等等。

또 《시경》 중의 어떤 시가들은, 또 중첩 형식을 응용하고 있다. 문장 중첩은, 한 수의 시에서 어떤 한 문장이 중복되는 것으로, 어떤 것은 전편이 중복되고, 어떤 것은 앞 문장이 중복되고, 어떤 것은 끝 문장이 중복된다. 예컨대 《부이》는, 시 전체를 세 장으로 나누어, 모두 12구가 되는데, 단지 6개의 동사, 즉 '캔다, 가진다, 줍는다, 훑는다, 담는다, 맨다' 등만 바꾸어, 부녀자들의 질경이 채집 진전 상황을 잘 나타내고 있다. 구를 중첩하는 것은, 하나의 시구가 시 안에서 반복해서 나타나는 것이다. 예를 들어 《벌단》 중의 "씨도 안 뿌리고 수확도 않았는데", "사냥은 하지도 않았는데", "그런 군자들이여" 등이라든지, 《정녀》 중의 "아름답고 정숙한 아가씨", "예쁘고 정숙한 아가씨" 등이 그런 예다.

有些诗还大量运用叠字、双声、叠韵。叠字就是两个字相同,如"坎坎"、"采采"等;双声就是两个字的声母相同,如"参差"、"蜘蹰"、"辗转"等;叠韵就是两个字的韵母相同,如"窈窕"、"逍遥"

어떤 시는 또 대량으로 글자를 중첩하고 쌍성과 첩운을 운용하기도 한다. 글자 중첩은 두 글자가 같은 것으로, 예컨대 "감감"·"채채" 등이다. 쌍성은 두 글자의 성모를 서로 같게 하는 것으로, 예컨대 "참치"·"지주"·"전전" 등이다. 첩운은 곧 두 글자의 운모를 서로 같게 하는 것으로, 예컨대 "요조"·"소요" 등

等。重章叠句和叠字、双声、叠韵的运用，不但起着便于记忆和朗诵的作用，而且增加诗的节奏感和音乐美，加强诗歌的表现力。

이다. 문장 중복과 구 중첩, 글자 중첩과 쌍성·첩운을 운용하는 것은, 기억과 낭송에 편리한 작용을 해 줄 뿐만 아니라, 시의 리듬감과 음악미를 더해주고, 시가의 표현력을 더 강화시켜주기 때문이다.

《诗经》对中国文学，特别是诗歌，起了极其重大的影响，在文学史上占有重要地位，同时为后世留下了十分丰富的语言素材，许多词汇至今还有很强的生命力，如"辗转反侧"、"高高在上"、"寿比南山"等等，已成为脍炙人口的成语了。

≪시경≫은 중국문학, 특히 시가에, 아주 큰 영향을 주었고, 문학사에서 중요한 위상을 차지하고 있는 동시에, 후세에 아주 풍부한 언어의 소재를 남겨 주었으며, 수많은 어휘는 오늘까지도 대단히 강력한 생명력을 가지고 있는데, 예컨대 "전전반측", "고고재상", "수비남산" 등은 이미 사람들의 입에 오르내리는 성어가 되어 있다.

《诗经》注本较多，有东汉郑玄的《毛诗笺》、唐代孔颖达的《毛诗正义》、宋代朱熹的《诗集传》等。

≪시경≫은 주석본이 비교적 많아, 동한 정현의 ≪모시전≫, 당대 공영달의 ≪모시정의≫, 송대 주희의 ≪시집전≫ 등이 있다.

dì sì jié xiān qín sǎn wén
第四节 先秦散文

제4절 선진산문

chūn qiū zhàn guó shí qī yóu yú shè huì jí jù biàn dòng jīng jì xùn
春秋战国时期，由于社会急剧变动，经济迅
sù fā zhǎn cù jìn le zhé xué shǐ xué kē xué hé wén xué yì shù de
速发展，促进了哲学、史学、科学和文学艺术的
fán róng tè bié shì chūn qiū mò nián yóu yú shè huì fēn gōng de kuò dà
繁荣，特别是春秋末年，由于社会分工的扩大，
zhú jiàn chǎn shēng le zhī shi jiē céng jí suǒ wèi shì tā men zhàn zài bù
逐渐产生了知识阶层，即所谓“士”。他们站在不
tóng de lì chǎng shàng duì xiàn shí wèn tí tí chū bù tóng de yāo qiú hé zhǔ
同的立场上，对现实问题提出不同的要求和主
zhāng fēn fēn zhù shū lì shuō hù xiāng biàn lùn chū xiàn le bǎi jiā zhēng míng
张，纷纷著书立说，互相辩论，出现了百家争鸣
de jú miàn zhè shì xiān qín sǎn wén fā zhǎn de jī běn yuán yīn
的局面，这是先秦散文发展的基本原因。

춘추 전국 시기는, 사회의 급격한 변화와, 경제의 신속한 발전으로, 철학·사학·과학·문학예술의 번영이 촉진되었고, 특히 춘추 말년에는, 사회분업이 확대됨에 따라, 점차 지식계층이 생겨났는데, 이른바 “사”이다. 그들은 서로 다른 입장에 서서, 현실문제에 대하여 서로 다른 요구와 주장을 제기하면서, 분분히 책을 써서 학설을 내놓고, 상호간에 변론을 함으로써, 백가쟁명의 국면이 나타나게 되었는데, 이것이 선진 산문 발전의 기본 원인이다.

xiān qín sǎn wén fēn liǎng lèi yī shì lì shǐ sǎn wén èr shì zhū zǐ
先秦散文分两类：一是历史散文，二是诸子
sǎn wén
散文。

선진산문은 두 종류로 분류되는데, 첫째는 역사산문이고, 둘째는 제자산문이다.

lì shǐ sǎn wén
1. 历史散文

1. 역사산문

zhōng guó shè zhì shǐ guān de zhì dù hěn zǎo cóng zhōu wáng cháo dào gè
中国设置史官的制度很早，从周王朝到各
zhū hóu guó dōu shè yǒu shǐ guān shǐ guān fēn zuǒ shǐ yòu shǐ hàn shū
诸侯国都设有史官，史官分左史、右史。≪汉书·

중국에서 사관제도 설치는 매우 빨라, 주 왕조부터 각 각 제후국에까지 모두 사관이 설치되어 있었는데, 사관은 좌사와 우사로 구분된다. ≪한

yì wén zhì zǎi jūn jǔ bì shū zuǒ shǐ jì yán yòu shǐ jì
艺文志》载:“君举必书,…… 左史记言,右史记
shì shì wéi chūn qiū yán wéi shàng shū guó jūn zuò shén me
事;事为《春秋》,言为《尚书》。”(国君做什么
shì qing yī dìng yào jì xià lái zuǒ shǐ jì lù yán lùn yòu shǐ jì
事情一定要记下来,…… 左史记录言论,右史记
lù shì jiàn jì shì de shì chūn qiū jì yán de shì shàng shū
录事件;记事的是《春秋》,记言的是《尚书》。)
wǒ men bǎ shǐ guān hé qí tā rén xiě de lì shǐ zhù zuò chēng wéi lì shǐ sǎn
我们把史官和其他人写的历史著作称为历史散
wén lì shǐ sǎn wén zhǔ yào yǒu shàng shū chūn qiū zuǒ
文。历史散文主要有《尚书》、《春秋》、《左
zhuàn guó yǔ zhàn guó cè děng qí zhōng chéng jiù zuì gāo de
传》、《国语》、《战国策》等,其中成就最高的
shì zuǒ zhuàn qí cì shì zhàn guó cè
是《左传》,其次是《战国策》。

서·예문지》에 "군주의 거동은 반드시 기록을 하는 바, …… 좌사는 말을 기록하고, 우사는 일을 기록한다. 일은 《춘추》고, 말은 《상서》다."(군주의 모든 일은 반드시 기록을 하는 바, …… 좌사는 말을 기록하고, 우사는 사건을 기록한다. 사건을 기록한 것이 《춘추》고, 말을 기록한 것이 《상서》 다.")라고 하였다. 우리는 사관과 기타 사람들에 의해 기록된 역사 저서를 역사산문이라 말한다. 역사산문에는 주로 《상서》·《춘추》·《좌전》·《국어》·《전국책》 등이 있는데, 그 중에 최고가 《좌전》이고, 그 다음이 《전국책》이다.

shàng shū
(1)《尚书》

(1)《상서》

shàng shū yòu jiào shū jīng shì yī bù jì yán de gǔ
《尚书》又叫《书经》,是一部记言的古
shǐ shàng shū yǒu jīn wén hé gǔ wén liǎng zhǒng jīn wén shàng shū
史。《尚书》有今文和古文两种。今文《尚书》
shì qín shǐ huáng fén shū hòu yóu hàn chū jīng shī suǒ bǎo cún yòng dāng shí tōng
是秦始皇焚书后由汉初经师所保存,用当时通
xíng de lì shū xiě de suǒ yǐ jiào jīn wén gǔ wén shàng shū shì hàn
行的隶书写的,所以叫今文;古文《尚书》是汉
wǔ dì shí lù xù fā xiàn de gǔ běn shì yòng gǔ wén zì xiě de suǒ yǐ
武帝时陆续发现的古本,是用古文字写的,所以

《상서》는 《서경》이라고도 부르는데, 말을 기록한 고대 역사다. 《상서》에는 금문과 고문 두 종류가 있다. 금문 《상서》는 진시황의 분서 이후 한 초의 경사가 보존하고 있었으며, 당시에 통용되던 예서로 썼기 때문에, 그래서 금문이라 부른다. 고문 《상서》는 한 무제 때 연속해서 발견된 고본으로, 고문자로 썼기 때문에, 그래서 고문이라 부른다. 현존하는 《상서》는 모두 58편이

jiào gǔ wén jīn cún shàng shū gòng wǔ shí bā piān qí zhōng yǒu xiē piān
叫古文。今存《尚书》共五十八篇，其中有些篇
zhāng kě néng shì hòu rén wěi zào de bù kě xìn shàng shū fēn yú
章可能是后人伪造的，不可信。《尚书》分《虞
shū xià shū shāng shū zhōu shū sì ge bù fen
书》、《夏书》、《商书》、《周书》四个部分，
jì zǎi le yú xià shāng zhōu sì dài de lì shǐ yú shū wǔ piān
记载了虞、夏、商、周四代的历史。《虞书》五篇
xià shū sì piān shāng shū shí qī piān zhōu shū sān shí
、《夏书》四篇、《商书》十七篇、《周书》三十
èr piān shàng shū shì yán jiū zhōng guó gǔ dài shǐ de zhòng yào zī liào
二篇。《尚书》是研究中国古代史的重要资料。

고, 그 중 일부 글은 후대 사람이 위조한 것일 수도 있어, 믿을 수가 없다. 《상서》는 《우서》·《하서》·《상서》·《주서》 4개 부분으로 나뉘며, 우·하·상·주 4대의 역사를 기록하고 있다. 《우서》는 5편, 《하서》는 4편, 《상서》는 17편, 《주서》는 32편이다. 《상서》는 중국 고대사를 연구하는 중요한 자료다.

shàng shū zhù běn yǒu táng dài kǒng yǐng dá de shàng shū zhèng
《尚书》注本有唐代孔颖达的《尚书正
yì qīng dài sūn xīng yǎn de shàng shū gǔ jīn wén zhù shū děng
义》、清代孙星衍的《尚书古今文注疏》等。

《상서》의 주석본으로는 당대 공영달의 《상서정의》, 청대 손성연의 《상서고금문주소》 등이 있다.

chūn qiū
(2)《春秋》

(2)《춘추》

chūn qiū shì yī bù lǔ guó de lì shǐ tā àn zhào lǔ guó
《春秋》是一部鲁国的历史，它按照鲁国
shí èr ge jūn zhǔ de cì xù jí qí jiǎn dān de jì zǎi le zhōu wáng cháo
十二个君主的次序，极其简单地记载了周王朝、
lǔ guó hé qí tā zhū hóu guó de shì jiàn shàng qǐ lǔ yǐn gōng yuán nián
鲁国和其他诸侯国的事件。上起鲁隐公元年
xià dào lǔ āi gōng shí sì nián gòng èr bǎi sì
(BC722)，下到鲁哀公十四年(BC481)，共二百四
shí èr nián de lì shǐ zhè ge lì shǐ jiē duàn yīn ér bèi chēng wéi chūn qiū
十二年的历史，这个历史阶段因而被称为"春秋

《춘추》는 노 나라의 역사로, 이는 노 나라 12명 군주의 순서에 따라, 주 왕조, 노 나라와 기타 제후국의 사건들을 극히 간단하게 기록하고 있다. 위로는 노 나라 은공 원년(BC722), 아래로는 노 나라 애공 14년(BC481)까지, 모두 242년의 역사이기 때문에, 이 역사단계를 그래서 "춘추시대"라 칭한다. 《춘추》는 사건을 간략하게 기록하고 있으나, 한 글자 한 구절에 모두 포폄의 뜻이 담

时期”。≪春秋≫记事简略，但相传一字一句都寓有褒贬之意，后世把这种写法称为“春秋笔法”。≪春秋≫只是提纲式的记录，没有把事件的演变过程和人物的活动情况加以详细描写。春秋时期是大变革、大动荡的时代，弑君事件有三十六起，亡国事件有五十二起，朝聘会盟和军事行动，将近千次，这些情况，≪春秋≫都有简要记载，它是研究中国古代历史和文学的珍贵资料。

겨 있어서, 후세에서는 이러한 필법을 “춘추필법”이라 칭한다. ≪춘추≫는 개요 방식의 기록일 뿐, 사건의 변화 발전 과정과 인물의 활동 상황을 상세히 묘사하지는 않았다. 춘추시대는 대변혁과 동요의 시대로, 임금을 시해하는 사건이 36번이나 일어났고, 망국 사건이 52건이나 일어났으며, 제후의 천자 알현과 회맹·군사행동이, 천 번에 가까웠는데, 이런 정황들을, ≪춘추≫에서는 모두 간단하게 기록하고 있어서, 이는 중국 고대역사와 문학을 연구하는 진귀한 자료가 된다.

解释≪春秋≫的有≪春秋左氏传≫、≪春秋谷梁传≫、≪春秋公羊传≫，人称≪春秋三传≫。

≪춘추≫를 해석한 책으로, ≪춘추좌씨전≫·≪춘추곡량전≫·≪춘추공양전≫이 있는데, 사람들은 이를 ≪춘추삼전≫이라 부른다.

(3) ≪左传≫

(3) ≪좌전≫

≪左传≫是≪春秋左氏传≫的简称，又叫≪左氏春秋≫，是配合≪春秋≫详细记载历史

≪좌전≫은 ≪춘추좌씨전≫의 약칭으로, ≪좌씨춘추≫라고도 부르는데, 이는 ≪춘추≫와 조화를 맞춰 역사사건을 상세하게 기록한 것이다. ≪좌

shì jiàn de zuǒ zhuàn qǐ yú lǔ yǐn gōngyuánnián zhǐ
事件的。《左传》起于鲁隐公元年(BC722)，止
yú lǔ āi gōng èr shí qī nián bǐ chūn qiū duō shí sān
于鲁哀公二十七年(BC468)，比《春秋》多十三
nián chūn qiū jì shì jiǎn dān zuǒ zhuàn jì shì xiáng xì rú
年。《春秋》记事简单，《左传》记事详细。如
chūn qiū yǐn gōngyuánnián jì zhèng bó kè duàn yú yān zhǐ liù ge
《春秋》隐公元年记“郑伯克段于鄢”，只六个
zì zuǒ zhuàn zé jì shù le zhèngzhuānggōng jiā tíng zhōng de máo dùn
字。《左传》则记述了郑庄公家庭中的矛盾、
qún chén de quàn jiàn yǐng kǎo shū tiáo hé zhuānggōng mǔ zǐ guān xi děng xiě de
群臣的劝谏、颍考叔调和庄公母子关系等，写得
jí qí qǔ zhé xiáng xì shēngdòng zài lì shǐ sǎn wénzhōng zuǒ zhuàn
极其曲折、详细、生动。在历史散文中，《左传》
de chéng jiù zuì gāo
的成就最高。

전》은 노 은공 원년(BC722)부터 시작하여, 노 애공 27년(BC468)까지로, 《춘추》보다는 13년이 길다. 《춘추》는 사건을 간단하게 기술하였고, 《좌전》은 상세하게 기술하였다. 예를 들면 《춘추》는 은공 원년에 “정백이 언에서 극을 물리쳤다.”는 내용의 여섯 글자로만 되어 있다. 《좌전》은 정나라 장공 가정 내부의 갈등, 군신의 간언, 영 나라 고숙조와 장공 모자 관계 등을 매우 복잡하고 상세하고 생동감 있게 적고 있다. 역사 산문 중에서 《좌전》의 성과가 제일 높다.

zuǒ zhuàn shēngdòng ér zhēn shí de jiē lù le tǒng zhì zhě de huāng
《左传》生动而真实地揭露了统治者的荒
yín cán bào rú wèi yì gōng hào hè mǐngōng èr nián xiě wèi guó
淫残暴。如《卫懿公好鹤》(闵公二年)，写卫国
de guó jūn wèi yì gōng tè bié xǐ huanwánxiān hè tā yǎngxiān hè dōu rù
的国君卫懿公特别喜欢玩仙鹤，他养仙鹤都入
le mí lián guó jiā dà shì dōu bù guǎn le tā wèi le yǎngxiān hè xiàng
了迷，连国家大事都不管了。他为了养仙鹤，向
lǎo bǎi xìng yào liáng shí lǎo bǎi xìng è sǐ dòng sǐ tā què bù fàng zài xīn
老百姓要粮食，老百姓饿死冻死他却不放在心
shàng tā hái bǎ xiān hè fēng le dà guān chēng hè jiāng jūn ràng tā men
上。他还把仙鹤封了大官，称“鹤将军”，让他们
chéng dà fū zuò de dài péng de xuān chē wèi yì gōng chū qù yóu wánzǒng
乘大夫坐的带棚的“轩车”。卫懿公出去游玩总

《좌전》은 통치자의 잔악하고 포악함을 생동적이고 진실적으로 폭로하였다. 예를 들어 《위 의공이 학을 좋아하다》(민공 2년)를 보면, 위나라 왕 의공은 선학 구경하는 것을 매우 좋아하여, 선학 기르는 것에 빠져버려, 국가 대사조차도 신경을 쓰지 않았다. 그는 선학을 기르기 위해, 백성에게 양식을 요구하였고, 백성이 굶어죽고 얼어죽어도 오히려 그는 마음에 두지 않았다. 그는 또 선학을 대관에 봉하고, “학장군”이라 불렀으며, 선학들을 대관이 타는 그늘 막 가마 “헌거”를 타고 다니게 하였다. 위 의공은 놀러 나갈 때도 항상 “학장군”을 데리고 나가 학이 자

是带着这些“鹤将军”给他“保驾”，原来的文武大臣却不被重用。当敌人打来时，没有人为他出力，文武大臣让他去找“鹤将军”，结果被敌人杀死。再如≪晋灵公不君≫(宣公二年)，写晋国的国君晋灵公不行君道的故事。晋灵公是中国历史上有名的暴君，他把杀人当成儿戏。有一次，他用弹弓射人，有的人被射瞎了眼睛，有的人被射得鼻青脸肿，他却觉得这很好玩。还有一次，厨师给他煮熊掌，因为时间不够，熊掌没有煮熟，他就把厨师杀了。谁要给他提意见，他就杀谁。最后，他被大臣杀死了。

기 가마를 호위하게 하였으며, 원래의 문무대신은 오히려 중용되지 못했다. 적군이 쳐들어 왔을 때, 그를 위해 힘을 쓸 사람은 아무도 없었으며, 문무 대신들은 그에게 “학장군”을 찾아가라고 하여, 결국 그는 적에게 살해되었다. 또 ≪진 영공의 임금답지 못함≫(선공 2년)에는, 진 나라 왕 영공이 국왕의 도를 행하지 않았던 이야기를 적고 있다. 진 영공은 중국 역사상 유명한 폭군으로, 그는 살인하는 것을 어린애 장난으로 여겼다. 한 번은, 활로 사람을 쏘았는데, 어떤 이는 눈에 화살을 맞아 실명하였고, 어떤 이는 화살이 코에 맞아 멍이 들고 얼굴이 부어올랐으나, 그는 오히려 이를 아주 재미있는 놀이라 생각하였다. 또 한 번은, 요리사가 그에게 곰발바닥을 삶아주었는데, 시간이 모자라 곰발바닥이 다 익지 않자, 그는 바로 그 요리사를 죽여 버렸다. 누구든 그에게 의견을 말하려고 하면, 그는 곧 누구든지 다 죽여 버렸다. 결국 그는 대신에게 살해되었다.

≪左传≫还塑造了一些爱国志士和卓越政治家的形象。如≪宫之奇谏假道≫(僖公五年)，写晋献公向虞国借路去攻打虢国，虞国大夫宫之奇看出晋国的阴谋，就用“唇亡齿寒”的道理

≪좌전≫에서는 또 일부 애국지사와 탁월한 정치가의 모습을 소조하였다. 예를 들어 ≪궁지기가 가도를 간하다≫(희공 5년)에서는 이렇게 적고 있다. 진 헌공은 우 나라에게 길을 빌려 괵을 공격하려고 하였는데, 우 나라 대부 궁지기가 진 나라의 음모를 알아차리고, “입술이 없으면 이가 시리다.”라는 이치로

来说明虞国和虢国唇齿相依的关系，指出虢灭则虞亡，力谏虞公，不能把路借给晋国。虞公不听，宫之奇率领全家离开了虞国。果然虢国灭亡之后，虞国也被灭亡了。赞扬了宫之奇的英明远见。再如≪烛之武退秦师≫(僖公三十年)，写晋国和秦国联合攻打郑国，郑国眼看就要灭亡。郑国大夫烛之武巧妙地利用秦国和晋国之间的矛盾，说服了秦穆公，秦国退了兵，晋国看见秦国退兵；晋国也退了兵。赞扬了烛之武的卓越才能。

우와 괵의 긴밀한 상호의지 관계를 설명하였다. 괵이 멸망하면 우 나라가 멸망하게 된다며 우공에게 간언하여 진에게 길을 빌려 주어서는 안 된다고 했다. 우공이 말을 듣지 않자, 궁지기는 온 가족을 이끌고 우를 떠났다. 과연 괵이 멸망한 후, 우 역시 멸망하였다. 궁지기의 영명한 선견을 찬양하고 있다. 또 ≪촉지무가 진나라 군사를 물러가게 하다≫(희공 30년)를 예로 들면, 내용은 이러하다. 진(秦)과 진(晋)이 연합하여 정 나라를 공격하게 되었을 때, 정의 멸망은 눈앞에 뻔히 보였다. 정 대부 촉지무가 진(秦)과 진(晋) 나라 간의 갈등을 교묘하게 이용하여, 진(秦)의 목공을 설득, 진(秦) 나라 군대를 철수하도록 하자, 진(晋) 나라 군사도 철수를 하였다. 여기에서는 촉지무의 탁월한 재능을 찬양하였다.

≪左传≫还歌颂了劳动人民伟大的爱国精神。如≪弦高犒师救郑≫(僖公三十三年)，写秦国为了建立霸业，乘郑国国君死亡，新君刚立之机，偷偷出兵到千里以外去攻打郑国。郑国一点准备也没有。这时，郑国有一个牛贩子，名叫

≪좌전≫에서는 또 노동자의 위대한 애국정신을 찬양하였다. 예를 들어 ≪현고가 음식으로 군사를 위로하여 정 나라를 구하다≫(희공 33년)에서는 이렇게 적고 있다. 진(秦)이 패업을 이루기 위하여, 정 나라 국왕이 죽고, 새 왕이 재위한 틈을 타, 몰래 군사를 천리 밖까지 파병하여 정 나라를 공격하였다. 정 나라는 조금의 준비도 없었다. 이 때, 정 나라에 소장수 현고라는 자가 있었는데, 그

弦高，赶了十二头牛到洛阳去卖，半路上得到了秦国发兵来打郑国的消息。他一面派人回去报告国君，一面赶着牛群迎了上去，果然在边界上遇见了秦国的军队。他冒充郑国使臣，前来犒劳秦军。他这样做，揭穿了秦国偷袭郑国的阴谋，秦国只好退兵，郑国得了救。

가 소 12마리를 몰고 낙양으로 소를 팔러 가다가, 길에서 진이 정을 공격하기 위해 출병했다는 소식을 들었다. 그는 사람을 보내 왕에게 보고를 하고, 한편으로는 소떼를 몰고 마중을 나가, 마침내 국경선에서 진 나라 군사를 만났다. 그는 정 나라 사신으로 가장을 하고, 진 나라 군사를 위로하였다. 그는 이렇게 하여, 진이 정 나라를 기습하려는 음모를 폭로함으로써, 진은 하는 수 없이 군사를 철수하였고, 정나라는 위험에서 벗어날 수 있었다.

≪左传≫特别善于描写战争，用简洁的语言，把当时复杂的战争情况写得有声有色，有如亲临战场一样。如≪曹刿论战≫（庄公十年），写齐、鲁两国在长勺发生的一次战争。全文只用二百二十二个字，就把鲁国战前的准备（曹刿见鲁庄公，研究作战条件）、战争的经过（曹刿指挥作战，击败齐军）、胜利的原因（采取一鼓作气、敌疲我打的战术）写得清清楚楚，有条有理。当时鲁国力量弱，齐国力量强，由于鲁庄公采用了曹

≪좌전≫은 특히 전쟁을 묘사하는 것에 뛰어났는데, 간결한 언어로, 당시의 복잡한 전쟁 상황을 생생하게 묘사하여, 마치 전쟁터에 있는 것과 같다. 예를 들어 ≪조귀가 전쟁에 대해 이야기하다≫(장공 10년)를 보면, 제와 노 두 나라가 장작에서 일으켰던 한 차례 전쟁을 묘사하고 있다. 전문은 단지 222개 글자로 되어 있지만, 노 나라의 전쟁 전의 준비(조귀가 노 장공을 만나 작전 조건을 연구함)와 전쟁 과정(조귀가 전쟁을 지휘하고 제 나라 군사를 패배시킴), 승리의 원인(파죽지세의 작전으로, 적이 피곤할 때 공격하는 전술을 취함)이 분명하고, 조리정연하게 적혀 있다. 당시 노 나라는 국력이 약했고, 제나라는 국력이 강했으나, 노 장공이 조귀가 건의한 대로, "적이 피곤할 때 공격하여" "파죽지세로 몰아붙인" 전술을 취함

刿的“敌疲我打”、“一鼓作气”的战术，结果打败了齐军，成为中国战争史上以弱胜强的著名战例。

으로써, 결과적으로 제 나라 군을 패배시켜, 중국 전쟁사에서 약자가 강자를 물리친 유명한 전쟁의 예가 되었다.

再如《城濮之战》（僖公二十八年），写晋、楚两国争霸的一次大战。从双方的兵力来说，楚国力量比较雄厚，再加上陈、蔡、郑、许等国参战，更处于优势。但是晋国善于分析形势，利用各种矛盾，争取了齐国和秦国的协助，又使曹国、卫国同楚国断绝关系，这就使形势起了很大变化。在战争过程中，晋国采用避实击虚的战术，首先击溃楚军最薄弱的右翼，然后集中兵力又击败楚军的左翼，而避开实力最强的中军，结果取得了这次战争的胜利。城濮之战是中国战争史上以弱胜强的一次著名战争。文章对两军胜败的原因、战争进展的过程都记叙和描写得并

또 《성복 전쟁》(희공 28년)을 예로 보면, 이는 진·초 두 나라가 패권을 다투는 한 차례의 대전을 적고 있다. 양쪽 병력으로 말하자면, 초 나라 병력이 비교적 강했는데, 여기에 진·채·정·허 등이 참전하여, 더욱 세력이 우세하게 되었다. 그러나 진은 상황 분석에 뛰어났으며, 각종 갈등을 이용하여, 제·진의 협조를 얻어내고, 또 조·위로 하여금 초와 관계를 끊게 함으로써, 형세에 큰 변화를 불러일으켰다. 전쟁 과정에서, 진은 적의 강한 곳은 피하고 약한 곳을 치는 전술을 택해, 먼저 초 군대의 가장 약한 오른쪽 날개를 섬멸한 다음, 병력을 집중시켜 다시 초 군대의 왼쪽 날개를 격파하였으며, 가장 강한 중군은 피해 감으로써, 결국 이 전쟁에서 승리를 얻을 수 있었다. 성복 전쟁은 중국 전쟁 역사상 약자가 강자를 이긴 유명한 전쟁이 되었다. 이 글은 두 나라 군대의 승패원인과 전쟁의 발전과정을 아주 사리 분명하게 기술하고 묘사하고 있어서, 사람들의 입에 회자되는 유명한 글이 되었다.

rán yǒu xù chéng wéi kuài zhì rén kǒu de míng piān
然有序，成为脍炙人口的名篇。

zuǒ zhuàn zhù běn yǒu jìn dài dù yù de chūn qiū zuǒ shì jīng
《左传》注本有晋代杜预的《春秋左氏经
zhuàn jí jiě táng dài kǒng yǐng dá děng biān de chūn qiū zuǒ zhuàn zhèng yì
传集解》、唐代孔颖达等编的《春秋左传正义》
qīng dài hóng liàng jí de chūn qiū zuǒ zhuàn gǔ děng
、清代洪亮吉的《春秋左传诂》等。

《좌전》의 주해본으로 진나라 두예의 《춘추좌씨경전집해》, 당대 공영달 등이 쓴 《춘추좌전정의》, 청대 홍양길의 《춘추좌전고》 등이 있다.

guó yǔ
(4)《国语》

(4)《국어》

guó yǔ shì yī bù guó bié shǐ xiāng chuán shì chūn qiū hòu qī
《国语》是一部国别史，相传是春秋后期
zuǒ qiū míng xiě de àn zhōu lǔ qí jìn zhèng chǔ wú yuè děng bā
左丘明写的。按周、鲁、齐、晋、郑、楚、吴、越等八
guó fēn guó biān jí de quán shū gòng èr shí yī juàn qí zhōng zhōu yǔ sān
国分国编辑的。全书共二十一卷，其中周语三
juàn lǔ yǔ èr juàn qí yǔ yī juàn jìn yǔ jiǔ juàn zhèng yǔ yī juàn
卷、鲁语二卷、齐语一卷、晋语九卷、郑语一卷、
chǔ yǔ èr juàn wú yǔ yī juàn yuè yǔ èr juàn fēn bié jì xù le zhōu
楚语二卷、吴语一卷、越语二卷。分别记叙了周
wáng cháo jí gè zhū hóu guó de shì qing dàn bù shì xì tǒng de jì xù zhǐ
王朝及各诸侯国的事情，但不是系统的记叙，只
shì zhòng diǎn de jì xù ruò gān zhòng dà shì jiàn yīn wèi zhè bù shū zhǔ yào
是重点的记叙若干重大事件。因为这部书主要
shì jì lù gè guó guì zú de yán lùn suǒ yǐ jiào guó yǔ suǒ jì
是记录各国贵族的言论，所以叫《国语》。所记
shì jiàn qǐ yú xī zhōu mù wáng yuē zhǐ yú dōng zhōu zhēn dìng
事件，起于西周穆王(约BC1000)，止于东周贞定

《국어》는 각 나라의 역사를 기록한 것으로, 춘추 후기 좌구명이 쓴 것이라 전해지고 있다. 주·노·제·진·정·초·오·월 등 8개국을 나라별로 편찬한 것이다. 책은 모두 21권이며, 그중 주 3권, 노 2권, 제 1권, 진 9권, 정 1권, 초 2권, 오 1권, 월 2권으로 되어 있다. 각각 주 왕조와 각 제후국의 사건을 기술하고 있으나, 체계적으로 기술하지는 않고, 단지 약간의 중대한 사건들만을 중점적으로 기술하고 있다. 이 책은 주로 각국의 귀족들 언론을 기록하고 있기 때문에, 《국어》라고 부른다. 기록한 사건은, 서주 목왕(BC1000)부터, 동주 정 정왕16년(BC453)까지로, 총 오백 여년의 역사적 사실이다. 《국어》의 특징은 말은 상세하게 기록하고, 일에 대한 기록은 간략하다는 점이다. 《국어》는 비록 역사서요, 그것의 문학 성취

wáng shí liù nián gòng wǔ bǎi duō nián de shǐ shì guó
王十六年(BC453), 共五百多年的史事。≪国
yǔ de tè diǎn shì xiáng yú jì yán lüè yú jì shì guó yǔ suī
语≫的特点是详于记言,略于记事。≪国语≫虽
rán shì yī bù shǐ shū tā de wén xué chéng jiù suī bù rú zuǒ zhuàn
然是一部史书, 它的文学成就虽不如≪左传≫,
dàn tā yǒu míng xiǎn de wén xué tè diǎn shū zhōng suǒ jì de jiàn cí duì huà
但它有明显的文学特点, 书中所记的谏辞、对话
yì lùn děng yě dōu shēng dòng xíng xiàng de xiě chū le rén wù de xìng gé tè
、议论等, 也都生动形象地写出了人物的性格特
zhēng hé lì shǐ shì jiàn jù yǒu hěn gāo de wén xué chéng jiù
征和历史事件, 具有很高的文学成就。

도가 ≪좌전≫만큼은 못하지만, 그러나 여기에도 뚜렷한 문학적 특징이 있어서, 책에 기록된 간언·대화·의논 등을 보면, 모두가 인물의 성격 특징과 역사적 사건이 생동적이고 구체적으로 묘사되어 있다.

guó yǔ shì yán jiū zhōng guó gǔ dài lì shǐ hé wén xué de zhòng
≪国语≫是研究中国古代历史和文学的重
yào zī liào
要资料。

≪국어≫는 중국의 고대 역사와 문학을 연구하는 중요한 자료이다.

guó yǔ yǒu sān guó shí wéi zhāo zhù běn jìn rén xú yuán gào
≪国语≫有三国时韦昭注本, 近人徐元诰
zhù yǒu guó yǔ jí jiě
著有≪国语集解≫。

≪국어≫는 삼국시대의 위소 주해본이 있으며, 근대인 서원고가 지은 ≪국어집해≫가 있다.

zhàn guó cè
(5) ≪战国策≫

(5) ≪전국책≫

zhàn guó cè jiǎn chēng guó cè shì yī bù fen guó jì shì
≪战国策≫简称≪国策≫, 是一部分国记事
de lì shǐ sǎn wén zhù zuò quán shū gòng sān shí sān juàn fēn dōng zhōu xī
的历史散文著作。全书共三十三卷, 分东周、西
zhōu qín qí chǔ zhào wèi hán yàn sòng wèi zhōng shān děng shí èr
周、秦、齐、楚、赵、魏、韩、燕、宋、卫、中山等十二

≪전국책≫은 간칭 ≪국책≫이라 부르며, 이는 나라별로 사건을 기록한 역사산문 저작이다. 책은 모두 33권으로, 동주·서주·진·제·초·조·위·한·연·송·위·중산 등 12책이다. 기록된 사건은, 위로는 춘추까지, 아래로는 진이 6국

策。所记事件，上接春秋，下至秦灭六国，约二百四十多年的历史。记载了战国时代诸侯各国之间的斗争，以及与此相关的谋臣策士关于连横合纵的活动、谋议和辞说，反映了这一时期的政治、经济、军事、思想和文化等方面的情况，特别是对“士”这一阶层的政治活动，作了非常生动的描写。苏秦、张仪是这个阶层的代表人物。苏秦起初以“连横”说秦王，劝他尽快吞并六国。但秦王不用，于是他又以“合纵”去游说燕、赵等国，劝他们联合起来，共同抗秦。秦国针对“合纵”策略，派出张仪用“连横”之说去威吓利诱各国，目的在于拆散各国的联盟。在苏秦的说辞中，极力称赞各国形势的险要，物产的丰富，兵力的强盛，详细说明独力抗秦则不足，合力抗秦则有余。在张仪的说辞中，则尽量论说各国险要不

을 멸망시키기까지, 약 240여년의 역사다. 책에서는 전국시대 각 제후국 간의 투쟁과 이에 연관된 모신·모사들이 합종연횡에 대하여 활동을 하고 모의를 하고 주장을 한 내용들을 기록하여, 이 시기 정치·경제·군사·사상·문화 등의 상황을 반영하고, 특히 “사”라고 하는 계층의 정치활동에 대해, 아주 생동적으로 묘사를 하고 있다. 소진과 장의는 이 계층의 대표적인 인물이다. 소진은 최초로 “연횡”으로써 진나라 왕을 설득하여, 되도록 빨리 6국을 병탄하라고 권하였다. 그러나 진 왕이 그 방법을 사용하지 않자, 그는 다시 “합종”으로써 연·조를 설득하여, 그들이 연합하여 함께 진과 싸울 것을 권하였다. 진은 “합종” 책략에 맞서기 위해, 장의를 파견하여 “연횡”으로 각국을 위협하고 유혹하였는데, 그 목적은 각국의 연맹을 갈라놓는데 있었다. 소진은 유세에서 각국의 험준하고 중요한 지세와 물산의 풍부함과 병력의 강함을 극력 칭찬하면서, 혼자 힘으로 진을 공격하는 것은 역부족이지만, 협력하여 공격하면 충분하다고 상세하게 설명하였다. 장의는 유세에서 각국의 험준한 지형은 믿을 게 못 되고, 물산은 부족하고, 병력도 강하지 않다고 말하면서, 진의 대단한 역량을 크게 과시하고, 각국의 관계를 최대한 이간질하며, 갈등을 확대하여, “합종”이 불가능하다는 점, 진에 대항하면 반드시 화를 입게 된다는 점, 방법이 있다면 단 하나, “연횡”으로 진과 친하

足恃，物产不足用，兵力不够强，而大肆夸耀秦国力量雄厚，极力挑拨各国之间的关系，扩大矛盾，说明"合纵"不可能，敌秦必受祸，办法只有一个，就是"连横"亲秦。从他们的游说中，可以看出当时各国之间复杂微妙的关系和尖锐紧张的矛盾。这两位著名的纵横家形象，从他们那翻手为云，覆手为雨的说辞中，鲜明生动地表现出来。

게 지내는 것이라고 설명하였다. 그들의 유세에서 당시 각 나라간의 복잡하고 미묘한 관계와 첨예하고 팽팽한 갈등을 찾아볼 수가 있다. 이 둘의 유명한 종횡가 모습은, 그들이 손을 뒤집으면 구름이 되고, 손을 엎으면 비가 되는 유세에서, 선명하고 생동적으로 표현이 되고 있다.

从文学上看，《战国策》善于描写完整的故事，刻画生动的人物形象，把他们写得活灵活现、栩栩如生。

문학적으로 볼 때, ≪전국책≫은 완전한 이야기를 묘사하는 데 뛰어나며, 생동적인 인물 형상을 그려내어, 그들을 살아있는 것처럼 생생하게 묘사를 하였다.

《战国策》还善于用寓言故事来说明道理。如《狐假虎威》(《战国策·楚策一》)，这个故事写的是：老虎要吃一只狐狸，狐狸说："你不能吃我，我是天帝派来做百兽首领的。你如果不

≪전국책≫은 또 우언 고사로 이치를 잘 설명하고 있다. ≪호가호위≫(≪전국책·초책1≫)를 예로 보면, 이 고사는 이러하다. 호랑이가 여우를 잡아먹으려 하자, 여우가 말했다. "너는 나를 잡아먹을 수가 없어. 나는 하늘에서 보낸 모든 짐승의 영수거든. 네가 나를 믿을 수 없으면, 내가 앞에서 걸을 테니,

xiāng xìn wǒ zài qián biān zǒu nǐ gēn zài wǒ de hòu biān kàn kàn yě shòu
相信，我在前边走，你跟在我的后边，看看野兽
jiàn le wǒ gǎn bù táo pǎo ma lǎo hǔ zhēn de gēn zài hú li hòu biān
见了我敢不逃跑吗？”老虎真的跟在狐狸后边，
kàn dào yě shòu jiàn le tā men fēn fēn táo pǎo lǎo hǔ bù zhī dao zhè xiē
看到野兽见了它们纷纷逃跑。老虎不知道这些
yě shòu shì hài pà zì jǐ hái yǐ wéi shì hài pà hú li ne zhè ge
野兽是害怕自己，还以为是害怕狐狸呢。这个
yù yán gù shì xiě hú li běn lái méi yǒu shén me wēi fēng shì tā jiǎ jiè
寓言故事，写狐狸本来没有什么威风，是它假借
lǎo hǔ de wēi fēng xià pǎo le bǎi shòu yòng zhè ge gù shì fěng cì nà
老虎的威风吓跑了百兽。用这个故事，讽刺那
zhǒng zhàng shì qī rén de rén
种仗势欺人的人。

너는 내 뒤를 따라오면서, 산짐승들이 나를 보고 감히 도망가지 않는가 한 번 보라고." 호랑이는 정말로 여우 뒤를 따라 가면서, 산짐승들이 여우를 보고 뿔뿔이 도망치는 것을 보았다. 호랑이는 이 산짐승들이 자기가 무서워 도망가는 줄도 모르고, 여우를 무서워하는 걸로 알았다. 이 우언 고사는, 여우에게는 원래부터 아무런 위풍도 없는데, 호랑이 위풍을 빌려 각종 짐승들이 놀라 달아나는 것을 적고 있다. 이 고사를 통해서, 세력에 의지하여 남을 기만하는 그런 사람을 풍자하고 있다.

zài rú huà shé tiān zú zhàn guó cè qí cè èr zhè
再如《画蛇添足》(《战国策·齐策二》)，这
ge gù shì xiě de shì jǐ ge rén bǐ sài huà shé shéi xiān huà wán shéi xiān
个故事写的是：几个人比赛画蛇，谁先画完谁先
hē jiǔ yǒu yī ge rén xiān huà wán tā què shuō wǒ hái néng gěi shé tiān
喝酒。有一个人先画完，他却说：“我还能给蛇添
shàng jǐ zhī jiǎo jiǎo hái méi yǒu huà wán lìng yī ge rén yǐ jīng bǎ shé
上几只脚。”脚还没有画完，另一个人已经把蛇
huà hǎo le ná qǐ jiǔ shuō shé běn lái méi yǒu jiǎo nǐ zěn me néng gěi
画好了，拿起酒说：“蛇本来没有脚，你怎么能给
tā tiān shàng jiǎo ne yú shì bǎ jiǔ hē le nà ge huà shé tiān zú de
它添上脚呢？”于是把酒喝了。那个画蛇添足的
rén què méi yǒu hē dào jiǔ zhè ge yù yán gù shì fěng cì nà xiē bù
人却没有喝到酒。这个寓言故事，讽刺那些不
gù shí jì qíng kuàng zhǔ guān wǔ duàn zì zuò cōng ming jié guǒ nòng qiǎo chéng
顾实际情况，主观武断，自作聪明，结果弄巧成

다시 《화사첨족》(《전국책 제책2》)을 예로 보면, 이 고사는 이렇다. 몇 사람이 뱀 그리기 시합에서, 누구든 먼저 그림을 완성하면 술을 먼저 마시기로 하였다. 한 사람이 그림을 완성해 놓고, 그가 말하기를, "나는 뱀에게 발 몇 개를 더 그려 넣을 수 있다."고 하였다. 발을 다 그리기 전에, 다른 한 사람이 뱀을 다 그리고, 술을 들면서, "뱀은 원래 발이 없는데, 너는 어찌 뱀에게 발을 그려 주느냐?"고 하면서, 술을 마셔 버렸다. 뱀에게 발을 그려 넣던 사람은 오히려 술을 마시지 못하였다. 이 우언 고사는, 실제상황은 고려하지 않고, 주관적이고 독단적으로, 자기가 총명하다고 여김으로써, 결과적으로는 재주를 피우려다 일을 망치고, 실패하

拙，导致失败的人。

는 사람을 풍자하였다.

再如≪鹬蚌相争≫(≪战国策·燕策二≫)，这个故事写的是：蚌从水里出来在沙滩上张开贝壳晒太阳，一只鹬鸟用嘴咬住了蚌肉。蚌马上合起贝壳，紧紧地夹住了鹬鸟的嘴。鹬鸟说：“今天不下雨，明天不下雨，就有死蚌！”蚌说：“今天不放你，明天不放你，就有死鸟！”两个谁也不肯放掉谁，结果被一个打鱼的人把它们一起捉住了。这个寓言故事，通过鹬蚌相争，互不相让的故事，说明如果看不到真正的敌人，就会给敌人造成有利机会，给自己带来祸害。这个寓言故事，具有深刻的教育意义。

또 ≪휼방상쟁≫ (≪전국책·연책2≫)을 예로 보면, 이 고사는 이러하다. 조개가 물속에서 나와 백사장에서 껍데기를 벌리고 햇볕을 쬐고 있는데, 도요새가 부리로 조개 속살을 꽉 물었다. 조개는 곧바로 껍데기를 다물어, 도요새의 부리를 단단하게 물었다. 도요새가 말했다. "오늘도 비가 안 오고, 내일도 비가 안 오면, 조개 너는 죽고 말 것이다." 조개가 말했다. "오늘도 내가 너를 안 놔주고 내일도 내가 너를 안 놔주면 새 너는 죽고 말 것이다." 둘 중 아무도 서로를 놔주지 않으려고 하다가, 결과적으로 고기잡이 어부에게 사로잡히고 말았다. 이 우언 고사는, 도요새와 조개가 서로 싸우면서, 양보를 하지 않는 것을 통하여, 만약에 진짜로 적을 발견하지 못하면, 적에게 유리한 기회를 만들어주고, 자기에게는 해가 된다는 것을 설명한다. 이 우언 고사는, 깊은 교육적 의의를 가지고 있다.

≪战国策≫的内容是多种多样的，它从不同的方面揭露了当时动乱的社会现实，反映了人民要求统一，反对分裂；要求和平，反对战争

≪전국책≫의 내용은 아주 다양하여, 서로 다른 측면에서 당시의 어지러운 사회현실을 폭로하고, 백성들이 통일을 원하고, 분열을 반대하며, 평화를 요구하고, 전쟁을 반대하는 공통적인 바람을 반영하였다.

的共同愿望。

《战国策》通行的注本有宋代姚宏注本，元代吴师道补正本。

《전국책》의 통용 주해본으로는 송대 요굉의 주해본이 있고, 원대 오사도의 보정본이 있다.

2. 诸子散文

2. 제자산문

随着历史的发展，科学和文化的进步，产生了许多有学问的人。这些人，有的是通晓天文、历算、地理等的学者；有的是政治、军事、外交上的杰出人才。当时，学术界很活跃，产生了许多流派，他们站在不同的立场上，著书立说，发表自己的学术见解和政治主张，他们各抒己见，互相争辩，出现了百家争鸣的局面。诸子散文就是他们写下的著作。这些著作主要有：《论语》、《孟子》、《庄子》、《荀子》、《韩非子》等。

역사의 발전, 과학과 문화의 발전에 따라, 학식 있는 사람들이 많이 탄생하였다. 이런 사람 중, 어떤 이는 천문·역사·지리 등에 통달한 자들이고, 어떤 이는 정치·군사·외교 면에서 걸출한 인재들이었다. 당시, 학술계는 아주 활기가 넘쳐, 수많은 유파가 나왔으며, 그들은 서로 다른 입장에 서서, 책을 쓰고 주장을 내세웠으며, 자기의 학술 견해와 정치 주장을 발표하고, 각기 자기 견해를 서술하면서, 서로 논쟁을 함에 따라, 백가쟁명의 형국이 만들어졌다. 제자 산문은 바로 그들이 쓴 저작이다. 이런 주요 저작에 《논어》·《맹자》·《장자》·《순자》·《한비자》 등이 있다.

(1)《论语》

(1) 《논어》

lún yǔ shì jì zǎi kǒng zǐ jí qí dì zǐ yán xíng de shū tā
《论语》是记载孔子及其弟子言行的书，它
shì rú jiā xué pài de dài biǎo zuò pǐn shì yán jiū kǒng zǐ sī xiǎng de yī
是儒家学派的代表作品，是研究孔子思想的一
bù zhòng yào zī liào gèng shì yī bù shí fēn zhòng yào de lì shǐ wén xiàn
部重要资料。更是一部十分重要的历史文献。

《논어》는 공자와 그 제자들의 언행을 기록한 책인데, 이는 유가학파의 대표적인 작품으로, 공자 사상을 연구하는데 중요한 자료다. 더욱이 중요한 역사 문헌이다.

kǒng zǐ míng qiū zì zhòng ní chūn qiū shí
孔子(BC551-BC479)，名丘，字仲尼，春秋时
lǔ guó zōu yì jīn shāndōng shěng qū fù xiàn rén tā shì chūn qiū mò qī
鲁国陬邑（今山东省曲阜县）人。他是春秋末期
zhù míng de sī xiǎng jiā jiào yù jiā rú jiā xué pài de chuàng shǐ rén tā
著名的思想家、教育家，儒家学派的创始人。他
de xiān shì yuán shì sòng guó guì zú hòu lái tā de fù qīn dào lǔ guó rèn
的先世原是宋国贵族，后来，他的父亲到鲁国任
zōu yì dà fū cái qiān jū lǔ guó kǒng zǐ sān suì sàng fù zhǎng dà hòu
陬邑大夫，才迁居鲁国。孔子三岁丧父，长大后
zuò guò wěi lì guǎn cāng kù chéng tián guǎn xù mù yī lèi de xiǎo
作过“委吏”(管仓库)、“乘田”(管畜牧)一类的小
guān dà yuē zài wǔ shí suì shí zuò guò lǔ guó de sī kòu guǎn xíng yù
官。大约在五十岁时，作过鲁国的司寇(管刑狱)，
bù jiǔ cí zhí tā céng chū yóu sòng wèi chén cài qí děng guó xuān chuán
不久辞职。他曾出游宋、卫、陈、蔡、齐等国，宣传
zì jǐ de xué shuō dàn méi yǒu bèi cǎi yòng yú shì huí dào lǔ guó cóng
自己的学说，但没有被采用，于是回到鲁国，从
shì jiào xué hé zhù shù chuán shuō tā yǒu dì zǐ sān qiān zuì chū míng de
事教学和著述。传说他有弟子三千，最出名的

공자(BC551-BC479)는 이름이 구이고, 자는 중니며, 춘추시대 노 나라 추읍(지금의 산동성 곡부) 사람이다. 그는 춘추 말기의 유명한 사상가이자 교육가이며, 유가학파의 창시자이다. 그의 조상은 원래 송 나라 귀족이었는데, 후에, 그의 부친이 노 나라로 가서 추읍 대부가 되면서, 노 나라로 이사를 갔다. 공자는 세 살 때 아버지를 여의고, 성장한 후에 "위리"(창고 관리)·"승전"(목축 관리)과 같은 낮은 벼슬을 지냈다. 대략 50세 때, 노 나라의 사구(형옥 관리)를 지냈으나, 얼마지 않아 사직하였다. 그는 송·위·진·채·제 등을 돌아다니며, 자신의 학설을 선전하였으나, 채용이 되지 않자, 노 나라로 돌아가, 교육과 저술에 종사하였다. 전하는 바에 따르면 그에게는 제자 삼천 명이 있었으며, 가장 이름을 날린 제자로 칠십여 명이 있었다고 한다. 그는 교육방면에 큰 공헌을 하였고, 수없이 좋은 경험들을 총

yǒu qī shí duō rén tā zài jiào yù fāngmiàn yǒu hěn dà gòngxiàn zǒng jié
有七十多人。他在教育方面有很大贡献，总结
le xǔ duō hǎo jīng yàn rú xué ér shí xí zhī xué dào de zhī shi yào
了许多好经验，如“学而时习之”（学到的知识要
àn shí fù xí tā xué ér bù yàn huì rén bù juàn nǔ lì xué xí
按时复习它）、“学而不厌，诲人不倦”（努力学习
ér bù mǎn zú jiào dǎo bié rén ér bù pí juàn sān rén xíng bì yǒu
而不满足，教导别人而不疲倦）、“三人行，必有
wǒ shī yān sān ge rén zài yī qǐ zǒu lù qí zhōng yī dìng yǒu rén kě
我师焉”（三个人在一起走路，其中一定有人可
yǐ zuò wǒ de lǎo shī děngděng zhì jīn hái yǒu jiè jiàn zuò yòng jīng cháng
以做我的老师）等等，至今还有借鉴作用，经常
bèi yǐn yòng
被引用。

괄하였으니, 예를 들어, “학이시습지”(배운 지식은 제 때에 복습을 해야 함), “학이불염, 회인불권”(열심히 공부를 하되 만족하지 않고, 다른 사람을 가르치되 피곤해 하지 않음), “삼인행, 필유아사언”(세 사람이 길을 가면 반드시 나의 스승이 있음) 등등은, 오늘까지도 참고할 가치가 있고, 자주 인용이 되고 있다.

lún yǔ shì yī bù yǔ lù tǐ sǎn wén zhǔ yào shì jì yán
《论语》是一部语录体散文，主要是记言，
qí zhōng duō bàn shì jiǎn duǎn de tán huà hé wèn dá quán shū gòng èr shí piān
其中多半是简短的谈话和问答。全书共二十篇，
měi piān bāo kuò ruò gān zhāng yī zhāng jì yī jiàn shì huò jǐ jù huà wén zhāng
每篇包括若干章，一章记一件事或几句话，文章
jiǎn duǎn jīng liàn zhì pǔ hán yì shēn kè zhè bù shū nèi róng fēng fù shè
简短，精炼质朴，含义深刻。这部书内容丰富，涉
jí miàn guǎng bǎ kǒng zǐ de zhé xué sī xiǎng zhèng zhì zhǔ zhāng jiào yù xué
及面广，把孔子的哲学思想、政治主张、教育学
shuō yǐ jí lún lǐ guān niàn dào dé xiū yǎng děng dōu bāo kuò zài lǐ miàn le
说以及伦理观念、道德修养等都包括在里面了。
lún yǔ de wén xué chéng jiù zhǔ yào biǎo xiàn zài yǔ yán de yùn yòng shàng
《论语》的文学成就主要表现在语言的运用上，
qí tè diǎn shì jiǎn ér yì dǒng hán xù yǒu zhì yǒu xiē yǔ yán xíng xiàng de
其特点是简而易懂、含蓄有致，有些语言形象地

《논어》는 어록체 산문으로, 주로 말을 기록하고 있는데, 그 중 대부분은 간단한 이야기와 문답이다. 책은 총 20편이고, 각 편 속에는 몇 개의 장으로 되어 있으며, 각 장은 한 개의 사건이나 몇 마디 말을 기록하고 있으며, 문장은 간단하고, 간결하며 소박하고, 내포된 뜻이 매우 깊다. 이 책의 내용은 풍부하고, 많은 것을 넓게 포괄하고 있으며, 공자의 철학사상이나, 정치 주장, 교육학설, 윤리관념, 도덕 수양 등이 모두 이 안에 포함되어 있다. 《논어》의 문학 성취는 주로 언어 운용에 있으며, 그 특징은 간소하며 알기 쉽고, 함축적이며 정취가 있는데, 그중 어떤 언어는 철리를 구체적으로 총괄하면서, 격언을 이루고 있다. 예컨대 “지지위지

概括了哲理，形成格言。如“知之为知之，不知为不知，是知也”（知道就是知道，不知道就是不知道，这才是聪明啊）、“听其言而观其行”（听了他的话还要观察他的行动）等等。

지, 부지위부지, 시지야”(아는 것을 안다, 모르는 것을 모른다고 하는 것, 이것이 아는 것), “청기언이관기행”(그의 말을 들어보았으면 또 그의 행동을 관찰해 보아야 함) 등이 이에 해당한다.

《论语》注本较多，有宋代朱熹的《论语集注》、清代刘宝楠的《论语正义》、今人杨伯峻的《论语译注》等。

《논어》의 주해본은 비교적 많은데, 송대 주희의 《논어집주》, 청대 유보남의 《논어정의》, 현대인 양백준의 《논어역주》 등이 있다.

(2)《孟子》

(2)《맹자》

《孟子》是记载孟子言行的书，是孟子死后，他的门徒万章、公孙丑等所辑集。全书共七篇，每篇又分上、下篇，这是研究孟子的一部重要著作，文学成就很高，也具有重大的史料价值。

《맹자》는 맹자의 언행을 기록한 책으로, 이는 맹자 사후, 그의 문하생인 만장과 공손추 등이 집대성하였다. 책은 총 7편으로 되어 있으며, 각 편은 상하로 나누어져 있는데, 이것은 맹자를 연구하는데 중요한 저작이며, 문학적 성취가 아주 높아, 중요한 사료 가치를 갖추고 있기도 하다.

孟子(BC372-BC289)，名轲，战国时邹(今山

맹자(BC372-BC289)는 자가 가이고, 전국시대 추 나라

dōng shěng zōu xiàn rén tā shì kǒng zǐ yǐ hòu rú jiā xué pài zuì yǒu quán wēi
东省邹县)人。他是孔子以后儒家学派最有权威
de dà shī tā zhǔ zhāng xíng rén zhèng wáng tiān xià bìng tí chū mín wéi guì
的大师,他主张行仁政王天下,并提出“民为贵,
shè jì cì zhī jūn wéi qīng bǎi xìng shì zuì zhòng yào de qí cì shì shè
社稷次之,君为轻”(百姓是最重要的,其次是社
jì jūn zhǔ shì jiào qīng de de zhǔ zhāng zhè zài dāng shí shì jìn bù de
稷,君主是较轻的)的主张,这在当时是进步的。
dàn shì tā qīng shì tǐ lì láo dòng kàn bu qǐ láo dòng rén mín zài téng
但是他轻视体力劳动,看不起劳动人民,在≪滕
wén gōng shàng shuō láo xīn zhě zhì rén láo lì zhě zhì yú rén zhì
文公上≫说:“劳心者治人,劳力者治于人。治
yú rén zhě shí rén zhì rén zhě shí yú rén tiān xià zhī tōng yì yě
于人者食人,治人者食于人,天下之通义也。”
nǎo lì láo dòng zhě tǒng zhì bié rén tǐ lì láo dòng zhě bèi bié rén tǒng
(脑力劳动者统治别人, 体力劳动者被别人统
zhì bèi bié rén tǒng zhì de rén yào yǎng huó bié rén tǒng zhì bié rén de rén
治。被别人统治的人要养活别人,统治别人的人
yóu bié rén lái yǎng huó zhè shì tiān xià tōng xíng de dào lǐ bǎ nǎo lì
由别人来养活,这是天下通行的道理)。把脑力
láo dòng hé tǐ lì láo dòng duì lì qǐ lái qiáng fēn gāo dī liú dú shèn
劳动和体力劳动对立起来, 强分高低, 流毒甚
guǎng chéng wéi lì dài tǒng zhì zhě bō xuē hé yā pò láo dòng rén mín de lǐ
广, 成为历代统治者剥削和压迫劳动人民的理
lùn gēn jù
论根据。

(지금의 산동성 추현) 사람이다. 그는 공자 이후 유가학파 중 가장 권위 있는 대 스승으로, 그는 어진 정치로 천하의 왕이 될 것을 주장하였고, 또한 "민위귀, 사직차지, 군위경"(백성이 가장 중요하고, 그 다음이 사직이며, 임금이 가장 가벼운 존재임)이라는 주장을 제기하였는데, 이러한 주장은 당시에 상당히 진보적인 사상이었다. 그러나 육체노동을 경시하고, 노동자를 무시하여, ≪등문공 상≫에서, "노심자치인, 노력자치우인. 치우인자식인, 치인자식우인, 천하지통의야." (머리를 쓰는 사람은 남을 다스리며, 몸을 쓰는 사람은 남에 의해 다스림을 받는다. 다스림을 받는 사람은 남을 부양해야 하며, 다스리는 사람은 부양을 받는다. 이것이 천하에 통행되는 도리다)라고 하였다. 정신노동과 육체노동을 대립시켜, 억지로 고저로 구분함으로써, 나쁜 영향이 널리 퍼지도록 하여, 역대 통치자들이 백성들을 착취하고 압박하는 이론적 근거가 되고 말았다.

mèng zǐ yī shū yǐ yǔ lù tǐ de xíng shì xiáng jìn de jì
≪孟子≫一书,以语录体的形式,详尽地记
shù le mèng zǐ de sī xiǎng hé yán xíng rén yì shì mèng zǐ sī xiǎng de
述了孟子的思想和言行。“仁义”是孟子思想的

≪맹자≫라는 이 책은, 어록체 형식으로, 맹자의 사상과 언행을 상세하게 기술하였다. "인의"는 맹자 사상의 핵심이요, 언행의 규범이다.

核心，言行的规范。《孟子》在诸子散文中成就是突出的，它的特点是气势壮阔，感情奔放，逻辑性强，语言锋利，富有鼓动性和说服力。文章善用对比，事理昭然。还善用寓言故事，富有幽默感。如《揠苗助长》(《公孙丑上》)，写的是宋国有个农民，担心地里的禾苗长不快，他就一棵一棵地把它们拔高了，累得筋疲力尽才回家。他对家里人说："今天我可累坏了，我帮助禾苗长高了！"他的儿子急忙跑到地里去看，禾苗都干枯死了。这个寓言告诉人们，一切事物都有自己的规律，人们只能按照这些规律去做，不能凭自己的主观愿望去蛮干，任何蛮干都是徒劳无益，一定要失败的。孟子的散文还善于描写和叙述，行文生动，讽刺深刻。如《齐人有一妻一妾》(《离娄下》)，写的是齐国有一个人，经

≪맹자≫는 제자백가 산문 중에서 성취가 가장 뛰어난 것으로, 책의 특징은 기세가 웅장하고, 감정이 분방하며, 논리성이 뛰어나고, 언어가 예리하며, 역동성과 설득력이 풍부하다는 점이다. 문장은 대비를 자주 사용하고 있고, 사리가 매우 분명하다. 또한 우언 고사를 잘 사용하여, 유머감이 넘친다. 예컨대 ≪알묘조장≫(≪공손추 상≫)은, 내용이 이렇다. 송 나라에 한 농부가 있었는데, 논에 심어 놓은 모가 빨리 자라지 않아 걱정이 되어, 하나하나 그 모가지를 높이 뽑아놓느라고, 피곤에 지친 몸으로 귀가를 하였다. 그가 집 사람에게 말하기를, "오늘 몸이 너무 피곤하도록, 곡식의 싹을 도와서 키워놓았다."고 하였다. 그의 아들이 급히 달려가 보니, 싹이 모두 말라 죽어 있었다. 이 우언은 사람들에게 말해준다. 모든 사물은 다 자신만의 규율을 가고 있기 때문에, 사람들은 이런 규율을 따라야 할 뿐이지, 자기의 주관적인 바람에 따라 억지로 하면, 어떤 일이든 억지로 한 것은 무익한 헛수고가 되고, 반드시 실패하게 된다는 것이다. 맹자의 산문은 또 묘사와 서술에 뛰어나, 문장이 생동적이고, 풍자성이 아주 강하다. 예컨대 ≪제인유일처일첩≫(≪이루 하≫)은, 이렇게 적고 있다. 제 나라에 한 사람이 있었는데, 늘 성 밖에서 제사를 지내는 사람에게 남은 술과 음식을 얻어먹고는 언제나 얼근하게 취하여 집으로 돌아갔다. 그의 처와 첩이 "어딜 갔었느냐?"고 물

cháng dào chéng wài de fén dì lǐ xiàng shàng fén jì sì de rén yào shèng xià de jiǔ
常到城外的坟地里向上坟祭祀的人要剩下的酒
shí lái chī zǒng shì chī de zuì xūn xūn de huí jiā qù tā de qī qiè wèn
食来吃，总是吃得醉醺醺地回家去。他的妻妾问
tā dào nǎ er qù le tā chuī niú shuō zài yǒu qián de cái zhǔ jiā
他："到哪儿去了？"他吹牛说："在有钱的财主家
hē jiǔ le qī qiè mài bù xiāng xìn yīn wèi tā men cóng lái méi yǒu kàn
喝酒了。"妻妾卖不相信，因为她们从来没有看
jiàn yǒu qián de rén dào tā men jiā lǐ lái yǒu yī tiān zhè ge rén yòu
见有钱的人到他们家里来。有一天，这个人又
chū qù le qī qiè àn dì lǐ gēn zài hòu miàn yī zhí gēn dào fén dì
出去了，妻妾暗地里跟在后面，一直跟到坟地
lǐ cái míng bai le yī qiè zhè ge gù shì jiē lù le zuān yíng fù guì
里，才明白了一切。这个故事揭露了鉆营富贵、
zhuī qiú xū róng kuā yào zì jǐ qī piàn bié rén de rén de chǒu è miàn mù
追求虚荣、夸耀自己、欺骗别人的人的丑恶面目。

었더니, 그는 허풍을 치며 말하기를, "돈 있는 부잣집에서 술을 마셨다."고 하였다. 처와 첩은 믿지를 않았는데, 왜냐하면 아직까지 돈 있는 사람이 자기 집에 온 것을 한 번도 본 적이 없었기 때문이었다. 어느 날, 이 사람이 또 외출을 하기에, 처와 첩이 몰래 뒤를 따라 가서, 무덤에 이르러서야, 모든 것을 알게 되었다. 이 이야기는 부귀를 꾀하고, 허영을 추구하며, 자기를 자랑하고, 남을 속이는 사람들의 추악한 모습을 폭로하고 있다.

mèng zǐ yǔ yán fēng fù yǒu xǔ duō jǐng jù hé chéng yǔ rú
《孟子》语言丰富，有许多警句和成语，如
dé dào duō zhù shī dào guǎ zhù gōng sūn chǒu xià wéi yuān qū
"得道多助，失道寡助"(《公孙丑下》)、"为渊驱
yú wéi cóng qū què lí lóu shàng wǔ shí bù xiào bǎi bù
鱼，为丛驱雀"(《离娄上》)、"五十步笑百步"
liáng huì wáng shàng yī bào shí hán gào zǐ shàng děng
(《梁惠王上》)、"一暴十寒"(《告子上》)等。

《맹자》는 언어가 풍부하고, 많은 경구와 성어를 가지고 있는데, 예를 들어, "도리에 맞으면 도움이 많고, 도리에 어긋나면 도움이 적다."(《공손추 하》)라든가, "물고기를 깊은 못에 몰아넣고, 참새를 숲 속으로 몰아넣는다."(《이루 상》)라든가, "오십 보로 백 보를 비웃는다."(《양혜왕 상》)라든가 "하루 햇볕 쬐고 열흘 식힌다."(《고자 상》)는 등의 내용이 이런 것이다.

mèng zǐ zhù shì běn jiào duō yǒu hàn dài zhào qí de mèng zǐ
《孟子》注释本较多，有汉代赵岐的《孟子
zhāng jù sòng dài zhū xī de mèng zǐ jí zhù qīng dài jiāo xún de
章句》、宋代朱熹的《孟子集注》、清代焦循的

《맹자》의 주석본은 비교적 많아, 한대 조기의 《맹자장구》, 송대 주희의 《맹자집주》, 청대 초순의 《맹자정의》, 현대인 양백준의 《맹

mèng zǐ zhèng yì jīn rén yáng bó jùn de mèng zǐ yì zhù děng
《孟子正义》、今人杨伯峻的《孟子译注》等。

자석주》 등이 있다.

zhuāng zǐ
(3)《庄子》

(3)《장자》

zhuāng zǐ shì yī bù zhé xué sǎn wén quán shū xiàn cún sān shí
《庄子》是一部哲学散文。全书现存三十
sān piān fēn nèi piān wài piān zá piān sān bù fen nèi piān shì zhuāng zǐ
三篇。分内篇、外篇、杂篇三部分。内篇是庄子
suǒ zuò wài piān zá piān shì qí hòu rén suǒ zuò zhè bù zhù zuò shì yán
所作，外篇、杂篇是其后人所作。这部著作是研
jiū zhuāng zǐ de zhòng yào lì shǐ zī liào
究庄子的重要历史资料。

《장자》는 철학 산문이다. 책 전체 중 33편이 현존한다. 내편·외편·잡편 세 부분으로 나누어져 있다. 내편은 장자가 지은 것이고, 외편과 잡편은 후대 사람이 지은 것이다. 이 저작은 장자를 연구하는데 중요한 역사자료가 된다.

zhuāng zǐ yuē yuē míng zhōu zhàn guó shí qī
庄子(约BC369-约BC286)，名周，战国时期
sòng guó méng jīn hé nán shěng shāng qiū shì rén tā shì zhàn guó shí qī zhù
宋国蒙(今河南省商丘市)人。他是战国时期著
míng de zhé xué jiā tā jì chéng hé fā yáng le lǎo zǐ de sī xiǎng hé lǎo
名的哲学家，他继承和发扬了老子的思想，和老
zǐ tóng shì dào jiā xué pài de dài biǎo rén wù bìng chēng lǎo zhuāng zhuāng zǐ
子同是道家学派的代表人物，并称“老庄”。庄子
zǎo nián zuò guò qī yuán lì bù jiǔ cí guān guī yǐn chǔ wēi wáng céng pìn qǐng
早年作过漆园吏，不久辞官归隐。楚威王曾聘请
tā wéi xiàng tā jù pìn bù shì yī shēng guò zhe pín kǔ de shēng huó zhuāng
他为相，他拒聘不仕，一生过着贫苦的生活。庄
zǐ de sī xiǎng jù yǒu biàn zhèng fǎ de yīn sù hé wú shén lùn de qīng xiàng
子的思想具有辩证法的因素和无神论的倾向。
tā rèn wéi yī qiè shì wù dōu shì jīng cháng biàn huà de dàn tā rèn wéi rén
他认为一切事物都是经常变化的，但他认为人

장자(약BC369-BC286)는 이름이 주이고, 전국시대 송나라 몽(지금의 하남성 상구시) 지방 사람이다. 그는 전국시대의 유명한 철학자로, 노자의 사상을 계승·발전시켰으며, 노자와 함께 도가학파의 대표적인 인물이기에, “노장”이라 병칭한다. 장자는 일찍이 칠원리를 지냈으나, 오래지 않아 관직에서 물러나 은거하였다. 초 나라 위왕이 일찍이 그를 재상으로 청한 바 있지만, 그는 거절하고 벼슬을 하지 않았으며, 일생 가난하고 고통스런 생활을 하였다. 장자의 사상에는 변증법적 요소와 무신론적 경향이 들어있다. 그는 모든 사물이란 다 항상 끊임없이 변하고 있지만, 사람은 이러한 변화에 어쩔 수가 없기에, 그저 복종해야 할 뿐, 투쟁이 불가능

对这些变化是无可奈何的，只能服从，不能斗争，因此主张“无为”；他又认为一切事物都是相对的，但不承认事物有本质的差别。比如大小、贵贱、寿夭、生死、是非、善恶、得失、荣辱等都是一样的，因此他幻想在无是非、无得失、无荣辱的虚无飘渺的境界中逍遥漫游。他反对人间的一切措施，主张回到最原始的时代。这种消极厌世、逃避现实的虚无主义思想，对后世曾产生过很坏的影响。庄子的思想还有积极的一面，他揭露了剥削阶级对劳动人民的残酷统治，批判了统治者宣扬的“仁义”的虚伪本质，如在《胠箧》中说：“彼窃钩者诛，窃国者为诸侯，诸侯之门而仁义存焉。”（那盗窃衣带钩的人被杀死，而盗窃国家的人却成为诸侯，诸侯的门里却有了仁义）。这种见解多么深刻，揭露了所谓“圣人”

하다고 인식함에 따라, 그래서 “무위”를 주장하였다. 그는 또 모든 사물은 다 상대적이라고 생각했지만, 사물의 본질적인 차별은 인정하지 않았다. 예컨대 크고 작음, 귀하고 천함, 장수와 요절, 생과 사, 옳고 그름, 선과 악, 얻음과 잃음, 영광과 치욕 등을 모두 같은 것으로 보았으며, 이로 인해 그는 옳고 그름, 얻음과 잃음, 영광과 치욕이 없고 속박이 없는 세상에서 자유로이 떠돌 수 있기를 환상하였다. 그는 인간의 모든 시책을 반대했으며, 가장 원시적인 시대로 돌아 갈 것을 주장하였다. 이와 같은 부정적인 염세주의와 현실 도피적인 허무주의 사상은, 후세에 아주 나쁜 영향을 미쳤다. 장자 사상에는 또 적극적인 일면도 있는 바, 그는 노동자에 대한 착취계급의 잔혹한 통치를 폭로하고, 통치자가 선양하는 인의의 위선적인 본질을 비판하였는데, 예컨대 《거협》을 보면, “피절구자주, 절국자위제후, 제후지문이인의존언.”(옷에 거는 갈고리를 훔친 사람은 죽임을 당하지만, 나라를 훔친 사람은 오히려 제후가 되며, 제후의 집에는 오히려 인의가 있게 된다.)이라고 했다. 이러한 견해는 대단히 심오한 것으로, 이른바 “성인”의 허위적인 기만을 폭로한 것이다. 그는 통치자와의 협력을 거절하였으며, 부귀와 녹봉을 경멸하였고, 명예와 이익을 추구하는 그런 자들을 조소하였는데, 이런 점들은 후세에 상당히 긍정적인 영향을 주었다.

的虚伪欺骗。他拒绝和统治者合作，鄙视富贵利禄，嘲讽那些追求名利的人，这些对后世产生了一定的积极作用。

《庄子》在诸子散文中成就很高，具有独特的风格，想象奇幻，语言瑰丽，词汇丰富，比喻生动，文笔流畅，气势磅礴，具有浓厚的浪漫主义色彩。

《장자》는 제자백가 산문 중에서도 성과가 아주 높은 것으로, 여기에는 독특한 풍격, 상상의 기묘함, 언어의 아름다움, 어휘의 풍부함, 비유의 생동감, 필체의 유창함, 기세의 왕성함 등을 갖추고 있으며, 짙은 낭만주의적 색채를 띠고 있다.

《庄子》一书保存了大量的寓言故事，如《庖丁解牛》(《养生主》)、《东施效颦》(《天运》)、《涸辙之鲋(《外物》)等。《庖丁解牛》写庖丁解牛的高超技术，说明只有通过实践才能掌握事物的规律；只有掌握了事物的规律，问题才能够迎刃而解。《东施效颦》写美女西施因患心痛病皱着眉头从村中走过，被邻居的丑女东施看见了。东施觉得西施皱着眉头更好看，

《장자》 이 책에는 대량의 우언 고사가 실려 있는데, 예를 들면 《포정해우》(《양생주》)·《동시효빈》(《천운》)·《학철지부》(《외물》) 등이다. 《포정해우》는 포정이 소를 해부하는 뛰어난 기술을 적고 있는데, 실천을 통해야만 사물의 법칙을 파악할 수 있고, 사물의 법칙을 파악해야만 문제가 해결 될 수 있다는 것을 설명한다. 《동시효빈》에서는 미녀 서시가 위통으로 눈썹을 찡그리고 마을을 지나가는데, 이웃집 추녀 동시가 그 모습을 보았다. 동시는 서시가 눈썹을 찡그린 모습이 아름답다고 생각하여, 서시가 눈썹을 찡그린 모습을 배워서 마을을 지나갔다. 마을 부자들은 동시의 이 추한 모습을 보고, 모두 대문을 잠그고 나가지 않

于是也学着西施皱眉头的样子从村中走过。村里有钱的人看见东施这副难看的样子，都关上大门不出来；穷人看见了，就带着妻子儿女躲得远远的。这个寓言说明，只知道模仿，不加以分析，只能产生非常可笑的结果。《涸辙之鲋》写庄子家贫，没有粮吃，到监河侯那里借粮，监河侯答应年末收上租税时多多借给他。庄子很生气，就给监河侯讲了这个故事。他说：我来的时候，见一条鱼在干涸的车道沟里向人呼救，希望得到一点水活命。我对它说：“你等着吧，我到南方去游说吴越国王，让他们引西江的水来迎接你，好吗？”鱼气愤地说：“我已经失去了生存的条件，只要你给我一点水就能救活我的命，可你却说这种大话，一点用也没有，那时你只好到干鱼摊上去找我了。”这个寓言，讽刺了统治者不

았고, 가난한 사람들은 그녀를 보고 처자식들을 데리고 멀리 숨어 버렸다. 이 우언은, 단지 모방할 줄만 알 뿐, 분석을 하지 않으면, 아주 우스꽝스런 결과만 낳게 된다는 것을 설명한다. 《학철지부》는 이런 내용이다. 장자가 집이 가난하여, 먹을 양식이 없자, 감하후에게 양식을 빌리러 갔더니, 감하후가 연말에 세를 받으면 그때 많이 빌려주겠다고 대답하였다. 장자는 매우 화가 나서, 감하후에게 이런 이야기를 해 주었다. 내가 올 때, 물고기 한 마리가 말라가는 도로의 작은 도랑에서 사람에게 도움을 호소하면서, 물 한 방울로 목숨을 좀 구해달라고 비는 모습을 보았다. 내가 고기에게, “조금만 기다려라. 내가 남쪽의 오월 왕에게 유세하러 가서, 그들에게 서강의 물을 끌어다 너를 마중하라고 하겠다, 그럼 됐지?”라고 했더니, 고기가 화를 내며 말하기를, “나는 이미 생존의 조건을 상실한 상태라, 당신이 나에게 약간의 물만 주면 바로 생명을 살릴 수 있는데, 당신은 오히려 이런 허풍을 떨고 있으니, 아무 소용이 없고, 그때가 되었을 땐 당신은 건어물 가판대에 가서나 나를 찾을 것이요!”라고 하였다. 이 우언은, 통치자들이 백성의 사활은 돌보지 않고, 그저 허풍으로 사람들을 기만하는 것을 풍자하였다.

顾人民的死活，只会说大话欺骗人民。

≪庄子≫注本较多，通行的本子有清代王先谦的≪庄子集解≫和郭庆藩的≪庄子集释≫。今人有陈鼓应的≪庄子今注今译≫、曹础基的≪庄子浅注≫等。

≪장자≫ 주석본은 비교적 많으며, 통용되는 판본으로 청대 왕선겸의 ≪장자집해≫와 곽경번의 ≪장자집석≫ 등이 있다. 지금 사람의 것으로는 진고응의 ≪장자금주금역≫과 조초기의 ≪장자천주≫ 등이 있다.

(4) ≪荀子≫

(4) ≪순자≫

≪荀子≫是一部哲学论文集，全书共三十二篇。

≪순자≫는 철학 논문집이며, 책은 총 32편으로 되어 있다.

荀子(约BC318-BC230)，名况，又叫荀卿。汉朝人避汉宣帝刘询的讳，把“荀”改为“孙”，称为“孙卿”。他是战国末期赵国人，曾游历过齐、秦、楚等国，在齐国做过大夫和祭酒，在楚国任兰陵令。晚年定居在兰陵，一直到死。

순자(약BC318-BC230)는 이름이 황이며, 순경이라 부르기도 한다. 한대 사람들은 한 선제 유순의 휘를 피해서, “순”을 “손”으로 바꾸어서, “손경”이라 불렀다. 그는 전국 말기의 조 나라 사람으로, 일찍이 제·진·초 등을 두루 유람하였고, 제에서 대부와 제주를 지냈으며, 초에서는 난릉령을 지냈다. 만년에는 난릉에 정착하여 죽을 때까지 여기서 살았다.

荀子是新兴地主阶级的杰出思想家， 他批

순자는 신흥 지주계급의 걸출한 사상가로, 그는 이전의

pàn de xī shōu le yǐ qián gè xué pài de sī xiǎng jiàn lì le zì jǐ de
判地吸收了以前各学派的思想，建立了自己的
dú lì de sī xiǎng tǐ xì zài zhèng zhì sī xiǎng shàng tā fǎn duì fù gǔ
独立的思想体系。在政治思想上，他反对复古，
zhù zhòng xiàn shí tí chū fǎ hòu wáng de zhǔ zhāng zài yǔ zhòu guān shàng
注重现实，提出“法后王”的主张；在宇宙观上，
tā fǎn duì mí xìn rèn wéi guǐ shén shì bù cún zài de tā shì yī ge wú
他反对迷信，认为鬼神是不存在的，他是一个无
shén lùn zhě jù yǒu pǔ sù de wéi wù zhǔ yì sī xiǎng zài duì rén xìng de
神论者，具有朴素的唯物主义思想；在对人性的
kàn fǎ shàng tā shì xìng è lùn zhě tā rèn wéi rén xìng shì è de dàn
看法上，他是性恶论者，他认为人性是恶的，但
shì hòu lái de kè guān huán jìng kě yǐ shǐ tā gǎi biàn suǒ yǐ tā tè bié
是后来的客观环境可以使它改变，所以他特别
qiáng diào xué xí
强调学习。

각 학파의 사상을 비판적으로 흡수하여, 자신의 독립적인 사상체계를 확립하였다. 정치사상 면에서, 그는 복고를 반대하고, 현실을 중시하였으며, “법 다음에 왕”이라는 주장을 제기하였다. 우주관 면에서, 그는 미신을 반대하고, 귀신은 존재하지 않는다고 주장한, 그는 무신론자였으며, 소박한 유물주의 사상을 가지고 있었다. 인성에 관한 견해에 있어서, 그는 성악론자로, 인성은 악한 것이지만, 나중의 객관적 환경에 의해서 그것을 변화시킬 수 있다고 생각하였다. 그리하여 그는 특히 학습을 강조하였다.

tiān lùn quàn xué shì xún zǐ de dài biǎo zuò pǐn tiān
《天论》、《劝学》是荀子的代表作品。《天
lùn shì fǎn yìng xún zǐ pǔ sù wéi wù zhǔ yì sī xiǎng de dài biǎo zhù
论》是反映荀子朴素唯物主义思想的代表著
zuò tā yǒu lì de pēng jī le wéi xīn zhǔ yì de tiān mìng guān tí chū
作，它有力地抨击了唯心主义的“天命观”，提出
le rén dìng shèng tiān de guāng huī sī xiǎng zhè shì xún zǐ zài wéi wù zhǔ
了“人定胜天”的光辉思想，这是荀子在唯物主
yì fā zhǎn shǐ shàng de tū chū gòng xiàn quàn xué shì fǎn yìng xún zǐ
义发展史上的突出贡献。《劝学》是反映荀子
jiào yù sī xiǎng de dài biǎo zhù zuò nèi róng kě fēn wéi qián hòu liǎng bù fen
教育思想的代表著作，内容可分为前后两部分：
qián yī bù fen zhuó zhòng shuō míng xué xí de zhòng yào hòu yī bù fen zhuó zhòng
前一部分着重说明学习的重要；后一部分着重

《천론》·《권학》은 순자의 대표적인 작품이다. 《천론》은 순자의 소박한 유물주의 사상을 반영한 대표적인 저작으로, 여기서는 유심주의의 “천명관”을 강력하게 비판하고, “인간은 반드시 자연을 이긴다.”는 훌륭한 사상을 제기하였는데, 이것은 순자가 유물주의 발전사에 남긴 뛰어난 공헌이다. 《권학》은 순자의 교육사상을 반영한 대표적인 작품으로, 내용은 전후 두 부분으로 나뉜다. 전반부는 학습의 중요성을 중점적으로 설명하고, 후반부는 학습의 방법을 중점적으로 설명하고 있다. 문장은 단계가 분명하고, 분석이 치밀하며, 비유를 잘 사용하여,

jiǎng jiě xué xí de fāng fǎ wén zhāng céng cì qīng chu fēn xī tòu pì shàn
讲解学习的方法。文章层次清楚，分析透辟，善
yòng bǐ yù shuō fú lì qiáng rú yòng qīng qǔ zhī yú lán ér qīng yú
用比喻，说服力强，如用“青，取之於蓝，而青於
lán bīng shuǐ wéi zhī ér hán yú shuǐ qīng sè shì cóng lán cǎo zhōng tí
蓝；冰，水为之，而寒於水。”（青色是从蓝草中提
qǔ chū lái de kě shì tā bǐ lán cǎo hái qīng bīng shì shuǐ dòng chéng de
取出来的，可是它比蓝草还青，冰是水冻成的，
kě shì tā bǐ shuǐ hái liáng shuō míng jiào yù de zuò yòng kě yǐ shǐ rén
可是它比水还凉）。说明教育的作用，可以使人
jìn bù hé tí gāo jīn tiān de chéng yǔ qīng chū yú lán jiù shì cóng zhè
进步和提高。今天的成语“青出於蓝”就是从这
lǐ lái de
里来的。

설득력이 강하다. 예를 들면 “청, 취지어람, 이청어람, 빙, 수위지, 이한어수.”(청색은 쪽풀에서 뽑아낸 것이지만, 쪽풀보다 더 푸르고, 얼음은 물이 얼어서 된 것이지만, 물보다 훨씬 차갑다.)는 식이다. 이는 교육의 영향으로, 사람을 진보하게 하고 발전시킬 수 있다는 설명이다. 오늘날의 성어 “청출어람”이 바로 여기에서 나온 것이다.

xún zǐ zhù běn qīng dài wáng xiān qiān de xún zǐ jí jiě
《荀子》注本，清代王先谦的《荀子集解》
jiào xiáng bèi jīn rén yǒu yáng liǔ qiáo de xún zǐ gǔ yì
较详备。今人有杨柳桥的《荀子诂译》。

《순자》의 주석본으로는, 청대 왕선겸의 《순자집해》가 비교적 상세하다. 현대인 유양교의 《순자해설》이 있다.

hán fēi zǐ
(5)《韩非子》

(5)《한비자》

hán fēi zǐ shì hán fēi de zhé lǐ sǎn wén jí quán shū gòng
《韩非子》是韩非的哲理散文集，全书共
wǔ shí wǔ piān
五十五篇。

《한비자》는 한비의 철학 산문집으로, 책은 총 55편으로 되어 있다.

hán fēi yuē zhàn guó mò qī hán guó rén
韩非（约BC280-BC233），战国末期韩国人，
hán guó de gōng zǐ shì chēng hán fēi zǐ shì xún zǐ de xué sheng tā kàn
韩国的公子，世称韩非子，是荀子的学生。他看

한비(약BC280-BC233)는, 전국 말기의 한 나라 사람으로, 한 나라 공자였는데, 세상에서는 그를 한비자라고 불렀으며, 순자의 제자다. 그

dào hán guó rì yì shuāi luò duō cì xiàng hán wáng xiàn cè yāo qiú duì zhèng zhì
到韩国日益衰落，多次向韩王献策，要求对政治
shí xíng gǎi gé dàn shì méi yǒu bèi cǎi nà tā gǎn dào zài zhèng zhì shàng
实行改革，但是，没有被采纳。他感到在政治上
wú fǎ shí xiàn zì jǐ de lǐ xiǎng biàn zhì lì yú zhù shù xiě le shí jǐ
无法实现自己的理想，便致力于著述，写了十几
wàn zì de wén zhāng shuō míng zhì guó zhī dào tā de zhù zuò chuán dào qín
万字的文章，说明治国之道。他的著作传到秦
guó hěn shòu qín wáng yíng zhèng jí hòu lái de qín shǐ huáng de zàn shǎng qín
国，很受秦王嬴政(即后来的秦始皇)的赞赏。秦
wáng wèi le dé dào hán fēi biàn fā bīng gōng hán hán fēi bèi pò rù qín
王为了得到韩非，便发兵攻韩，韩非被迫入秦。
qín xiàng lǐ sī shì hán fēi de tóng xué tā dù jì hán fēi de cái néng xiàng
秦相李斯是韩非的同学，他妒忌韩非的才能，向
qín wáng jìn chán hài sǐ le hán fēi
秦王进谗，害死了韩非。

는 한 나라가 날로 쇠약해지는 것을 보고, 수차 한 왕에게 대책을 내놓으며, 정치 개혁을 요구했지만, 받아들여지지 않았다. 그는 정치적으로 자기 이상이 실현될 수 없음을 알고, 저술에 주력하여, 십만 여 글자의 글을 써서, 치국의 도를 설명하였다. 그의 저작은 진 나라로 전해졌고, 진 왕 영정(즉 훗날의 진시황)의 찬사를 받았다. 진왕은 한비를 얻기 위해, 병사를 파병하여 한을 공격했고, 한비는 진 나라 포로가 되었다. 진의 재상 이사는 한비의 동창이었는데, 한비의 재능을 시기하여, 진 왕에게 참언을 하여, 한비를 죽이고 말았다.

hán fēi shì xīn xīng dì zhǔ jiē jí de jié chū lǐ lùn jiā tā zǒng
韩非是新兴地主阶级的杰出理论家。他总
jié le chūn qiū zhàn guó shí qī de lì shǐ jīng yàn pī pàn de xī shōu le
结了春秋战国时期的历史经验，批判地吸收了
qián qī fǎ jiā sī xiǎng tí chū le yǐ fǎ zhì wéi zhǔ de fǎ shù shì
前期法家思想，提出了以法治为主的法、术、势
xiāng jié hé de sī xiǎng tǐ xì fǎ zhǐ guó jiā de fǎ lǜ zhì dù
相结合的思想体系。“法”指国家的法律制度；
shù zhǐ guó jūn tǒng zhì guó jiā de cè lüè fāng fǎ shì zhǐ guó jūn
“术”指国君统治国家的策略方法；“势”指国君
de zhèng zhì quán lì hán fēi rèn wéi guó jūn yīng gāi zhì dìng míng què de
的政治权力。韩非认为，国君应该制定明确的
fǎ lǜ zhì dù gēn jù fǎ lǜ jìn xíng shǎng fá zuò dào xíng guò bù bì
法律制度，根据法律进行赏罚，做到“刑过不避

한비는 신흥 지주계급의 걸출한 이론가다. 그는 춘추전국 시대의 역사적 경험을 종합하여, 전대 법가사상을 비판적으로 흡수하고, 법치 위주의 법·술·세를 서로 결합시킨 사상체계를 제기하였다. “법”은 국가의 법률제도를 가리키며, “술”은 국왕이 국가를 통치하는 책략과 방법을 가리키며, “세”는 국왕의 정치권력을 가리킨다. 한비는 이렇게 생각했다. 국왕은 반드시 명확한 법률제도를 제정하여야 하며, 법률에 근거하여 상과 벌을 행하되, “잘못을 벌 줄 때 대신이라고 피해선 안 되고, 잘한 것에 상을 줄 때 필부라고 빠뜨려선 안 된다.”는 것이었다. “법”

大臣，赏善不遗匹夫”。只有“法”，还不够，国君还应有一套控制和使用官吏的策略和方法，即所谓“术”。要推行“法”，运用“术”，国君必须有至高无上的权力，这个权力就是所谓的“势”。韩非认为一个国君只有将这三者结合起来，才能实现对国家的统治。韩非的政治主张是秦始皇建立中央集权制的封建帝国的理论基础，对后代各朝的封建统治者有很大影响。

만 있는 것으로는, 역시 부족하므로, 국왕에게는 또한 관리를 규제하고 등용할 줄 아는 책략과 방법, 이른바 "술"이 있어야 한다. "법"을 널리 시행하고, "술"을 운용하려면, 국왕에게는 반드시 지고지상한 권력을 갖고 있어야 하는데, 이 권력이 바로 소위 "세"라고 하였다. 한비는 국왕이 이 셋을 결합시켜야, 비로소 국가를 통치할 수 있다고 여겼다. 한비의 정치주장은 진시황이 중앙집권제 봉건제국을 수립하는데 이론적 기초가 되었으며, 후대 각 왕조의 봉건통치자들에게 아주 큰 영향을 주었다.

韩非的文章，说理周密，逻辑性强，语言犀利，切中要害，常运用寓言故事和历史知识来说明问题，使文章更加生动形象。著名的寓言有≪滥竽充数≫(≪内储说上≫)、≪郑人买履≫(≪外储说左上≫)、≪守株待兔≫(≪五蠹≫)、≪自相矛盾≫(≪难势≫)等。≪滥竽充数≫写南郭处士本来不会吹竽，但他利用了齐宣王喜欢听集体

한비의 문장은, 이치가 주도면밀하고, 논리성이 강하며, 언어가 예리하고, 정곡을 정확하게 찌르며, 늘 우언 고사와 역사 지식으로 문제를 설명하여, 문장이 더욱 생동적이고 구체적이다. 유명한 우언으로 ≪남우충수≫(≪내저설 상≫)·≪정인매리≫(≪외축설좌 상≫)·≪수주대토≫(≪오두≫)·≪자상모순≫(≪난세≫) 등이 있다. ≪남우충수≫는 남곽 처사가 본래는 생황을 불지 못했지만, 제 선왕이 생황 합주를 즐겨듣는 특징을 이용하여, 전문가로 가장하여, 혼란한 틈을 타서, 명리를 사취한 이야기이다. ≪정인매리≫는 정 나라 사람이 시장에 신발을 사러 갔는데,

chuī yú de tè diǎn màochōng nèi háng hùn shuǐ mō yú piàn qǔ míng lì de
吹竽的特点，冒充内行，混水摸鱼，骗取名利的
gù shì zhèng rén mǎi lǚ xiě zhèng rén dào jí shì shàng qù mǎi xié yīn
故事。《郑人买履》写郑人到集市上去买鞋，因
wàng dài chǐ mǎ méi yǒu mǎi chéng dāng bié rén wèn tā wèi shén me bù yòng
忘带尺码没有买成。当别人问他"为什么不用
zì jǐ de jiǎo shì yī shì ne tā què shuō wǒ zhǐ xiāng xìn chǐ mǎ
自己的脚试一试呢?"他却说："我只相信尺码，
bù xiāng xìn zì jǐ de jiǎo zhè ge yù yán fěng cì le nà xiē mò shǒu
不相信自己的脚。"这个寓言，讽刺了那些墨守
chéng guī sǐ bào jiào tiáo bù fàng de rén
成规，死抱教条不放的人。

자를 가지고 가는 것을 잊어버려 신을 사지 못하였다. 다른 사람이 그에게 "왜 자신의 발을 재보지 않느냐?"고 묻자, 그는 오히려 "나는 자만 믿을 뿐, 내 발은 믿지 못한다."고 하였다. 이 우언은, 기존의 규칙만을 고집하고, 교조주의를 사수하려는 사람을 풍자한 것이다.

shǒu zhū dài tù xiě sòng guó yī ge nóng mín zài dì lǐ gēng zuò
《守株待兔》写宋国一个农民在地里耕作，
kàn dào yī zhī tù zi zhuàng zài shù gēn shàng sǐ le méi fèi jìn jiù dé dào
看到一只兔子撞在树根上死了，没费劲就得到
le yī zhī tù zi yú shì tā fàng xià nóng jù shǒu zhe nà ge dà shù
了一只兔子。于是他放下农具，守着那个大树
gēn xī wàng zài dé dào tù zi zhè ge yù yán fěng cì le nà xiē mí
根，希望再得到兔子。这个寓言讽刺了那些迷
xìn jīng yàn de rén gào su rén men bù yào bǎ ǒu rán de xiànxiàng kàn chéng
信经验的人，告诉人们不要把偶然的现象，看成
shì pǔ biàn de guī lǜ zì xiāng máo dùn xiě yī ge mài máo hé dùn
是普遍的规律。《自相矛盾》写一个卖矛和盾
de rén wèi le duō mài jǐ ge qián chēng zàn tā de máo fēi cháng fēng lì
的人，为了多卖几个钱，称赞他的矛非常锋利，
rèn hé dōng xi dōu néng cì chuān yòu kuā jiǎng tā de dùn fēi cháng jiān gù rèn
任何东西都能刺穿；又夸奖他的盾非常坚固，任
hé dōng xi dōu cì bù chuān yǒu rén wèn yòng nǐ de máo cì nǐ de dùn
何东西都刺不穿。有人问："用你的矛刺你的盾

《수주대토》 내용은 이렇다. 송 나라의 한 농민이 밭에서 경작을 하다가, 토끼 한 마리가 나무뿌리에 부딪쳐 죽는 것을 보고, 아무 힘도 들이지 않고 그 토끼를 잡았다. 그리하여 그는 농구를 집어던지고, 그 나무뿌리만 지키면서, 또 토끼를 얻고자 하였다. 이 우언은 경험만을 맹신하는 사람을 풍자하면서, 우연한 현상을 보편적인 규율로 보지 말 것을 알려주고 있다. 《자상모순》은 창과 방패를 파는 사람을 쓴 것으로, 몇 푼이라도 돈을 많이 벌기 위하여, 그는 자신의 창이 대단히 예리해서, 어떤 물건이라도 다 꿰뚫을 수 있다고 자랑을 하다가, 또 자신의 방패는 너무나 견고해서, 어떤 것으로도 그것을 뚫을 수 없다고 하였다. 어떤 사람이 "당신의 창으로 당신의 방패를 찌르면 어떻게 됩니까?" 라고 묻자, 그 사람은 대답을

将会怎样呢?” 那人回答不出来了。这个寓言讽刺了那些违反逻辑、吹牛撒谎、自欺欺人的人,也说明了凡是为了个人私利而背弃真理的人,他的言论或行动,往往是自相矛盾的。

하지 못하였다. 이 우언은 논리를 벗어나, 허풍을 치고 거짓말을 하며, 스스로를 기만하고 남도 속이는 사람을 풍자하고 있으며, 또 무릇 개인의 사욕을 위하여 진리를 배반하고 버리는 사람은, 그의 언론과 행동이, 왕왕 모순에 부딪히게 된다는 것을 설명해 주기도 한다.

《韩非子》注本较多,有清代王先慎的《韩非子集解》、近人陈奇猷的《韩非子集释》和梁启雄的《韩子浅解》等。

《한비자》의 주석본은 비교적 많은데, 청대 왕선신의 《한비자집해》, 근대 사람 진기유의 《한비자집석》과 양계웅의 《한자천해》 등이 있다.

先秦散文对后代的作家有很大的影响, 有的学习他们的创作方法, 有的学习他们的艺术风格,有的接受了他们的思想。

선진 산문은 후대 작가들에게 아주 큰 영향을 줌으로써, 어떤 사람은 그들의 창작방법을 배웠고, 어떤 사람들은 그들의 예술풍격을 배웠으며, 어떤 사람은 그들의 사상을 받아들였다.

第五节 屈原和《楚辞》

제5절 굴원과 《초사》

楚辞有两个意义: 一是战国时代以屈原为代表的楚国人创作的诗歌, 它是《诗经》以后

초사에는 두 가지 의미가 있다. 하나는 전국시대 굴원을 대표로 하는 초 나라 사람들이 창작한 시가로, 이는 《시경》 이후에 나온 일종

的一种新诗体；二是包括屈原等许多作家的一部古代诗歌总集的名字，叫《楚辞》。无论哪种意义，楚辞永远和屈原的名字连在一起，因为他的作品最多，成就最高。

의 새로운 시체를 말하며, 또 하나는 굴원 등을 포함한 많은 작가들이 쓴 고대시가 총집의 이름으로, 《초사》라 부른다는 것이다. 어떤 의미로든, 초사는 영원히 굴원의 이름과 함께 하고 있는데, 그 이유는 그의 작품이 가장 많고, 업적도 가장 높기 때문이다.

楚辞形式自由，句子散文化，有浓厚的楚国地方特色。句中或句末多用“兮”字，“兮”相当于现代汉语中的“啊”。诗经是现实主义源头，楚辞则是浪漫主义的源头。

초사는 형식이 자유롭고, 문장이 산문처럼 되어 있으며, 짙은 초 나라 지방 특색을 가지고 있다. 구절 중간 혹은 구절 끝에 “혜”자를 많이 쓰고 있는데, 이 “혜”자는 현대중국어 중의 “啊”자와 비슷하다. 시경은 현실주의의 기원이고, 초사는 낭만주의의 기원이다.

1. 屈原的生平

1. 굴원의 생애

屈原(约BC340-BC278)，名平，字原；又自云名正则，字灵均。战国时代楚国人。他是中国第一个伟大的爱国诗人。他出身于楚国贵族家庭，

굴원(BC340-BC278)은, 이름이 평이고, 자는 원이다. 또 스스로 이름을 정칙, 자를 영균이라 하였다. 전국시대 초 나라 사람이다. 그는 중국 최초의 위대한 애국 시인이다. 그는 초 나라 귀족 가정 출신으로, 초 나라 왕족이었

是楚国的王族。楚国的"王族三姓"是屈、景、昭。屈原生活的时代，正是"战国七雄"斗争比较激烈的战国末期。其中，最强大的、能够称霸的只有楚国和秦国。苏秦说过："从合则楚王，横成则秦帝"。这句话很恰当地概括了当时的形势。

다. 초 나라의 "왕족 3성"은 굴·경·소이다. 굴원이 생활했던 시대는, 바로 "전국칠웅"의 투쟁이 비교적 격렬했던 전국 말기다. 그 중에서, 가장 강대하고 패자라고 할 수 있었던 나라는 초와 진뿐이었다. 소진은, "종으로는 초왕이요, 횡으로는 진제다."라고 한 바 있다. 이 말은 당시의 형세를 아주 잘 개괄해 준다.

屈原早年曾任楚怀王的左徒。左徒仅次于令尹（相当于宰相），是一个帮助楚王治理国家，掌管内政和外交的重要职务。屈原"博闻强志，明于治乱，娴于辞令"。怀王经常和他商量国家大事，叫他起草重要文件和接待各国来的外宾，很信任他。屈原是一个有远大理想和政治抱负的人。他决心使楚国富强起来，对内改革内政，主张"举贤授能"，对外主张联齐抗秦。但是，楚怀王是一个昏庸无能的人，在他的周围又都是一些守旧势力和亲秦派的人物，屈原遭到他们

굴원은 젊은 나이에 초 회왕의 좌도를 맡았었다. 좌도는 그저 영윤 다음(재상에 해당)가는 자리로, 초 왕의 국가통치를 돕고, 내정과 외교의 중요한 직무를 담당하였다. 굴원은 "견문이 넓고 의지가 강했으며, 난을 다스리는 데 밝았으며, 언변이 좋았다." 회왕은 늘 그와 국가대사를 이야기했고, 그에게 중요한 문건 초안을 잡게 하고, 각국에서 온 귀빈들을 접대하게 하면서, 그를 아주 신임하였다. 굴원은 원대한 이상과 정치적 포부를 가진 사람이었다. 그는 초 나라를 부강하게 하고자, 안으로의 내정개혁을 결심하고, "어진 자를 천거하고 능한 자를 임용할 것"을 주장하면서, 대외적으로는 제와 연합하여 진에 항거하자고 주장하였다. 그러나 초 회왕은 우둔하고 무능한 사람이라, 그의 주위에는 또 모두가 수구세력과 친진파 인물들이었기에, 굴원은 그들의 반대·비방·음해를 받았다. 초 회왕은 참언을 믿고,

de fǎn duì fěi bàng hé xiàn hài chǔ huái wáng tīng xìn le chán yán shū yuǎn
的反对、诽谤和陷害。楚怀王听信了谗言，疏远
le qū yuán bǎ qū yuán jiàng zhí wéi sān lǘ dà fū sān lǘ dà fū
了屈原，把屈原降职为“三闾大夫”。“三闾大夫”
shì guǎn lǐ wáng zú shì wù zhǔ chí zōng miào jì sì jiān guǎn wáng zú zǐ dì
是管理王族事务，主持宗庙祭祀，兼管王族子弟
jiào yù de xián chāi shì chǔ huái wáng bù xǔ qū yuán zài guò wèn guó jiā dà
教育的闲差事。楚怀王不许屈原再过问国家大
shì le yú shì qū yuán dào le hàn běi hàn shuǐ de běi biān huái wáng mò
事了，于是屈原到了汉北(汉水的北边)。怀王末
nián yóu yú jūn shì shàng hé wài jiāo shàng jiē lián shī bài cái yòu qǐ yòng le
年，由于军事上和外交上接连失败，才又起用了
qū yuán
屈原。

굴원을 멀리하고, 굴원을 “삼려대부”로 강등시켜버렸다. “삼려대부”는 왕족의 사무를 관리하는 것으로, 종묘 제사를 주관하면서, 왕족의 자제 교육을 겸하는 한가로운 일이었다. 초 회왕은 굴원이 더 이상 찾아와서 국가대사를 묻는 걸 허용하지 않자, 이에 굴원은 한북(한수의 북쪽)으로 가버렸다. 회왕은 말년에, 군사·외교적으로 계속 실패를 함에 따라, 다시 굴원을 기용하였다.

hòu lái chǔ huái wáng shàng le qín guó de dàng bèi yòu piàn dào qín guó
后来，楚怀王上了秦国的当，被诱骗到秦国
ruǎn jìn le sān nián zuì hòu sǐ zài qín guó huái wáng sǐ hòu qǐng xiāng wáng
软禁了三年，最后死在秦国。怀王死后，顷襄王
jì wèi yǐ qí dì zǐ lán wéi lìng yǐn duì qín wán quán cǎi qǔ tuǒ xié tóu
继位，以其弟子兰为令尹，对秦完全采取妥协投
xiáng zhèng cè bǎ qū yuán kàn chéng yǎn zhōng dīng ròu zhōng cì yòu bǎ qū yuán
降政策，把屈原看成眼中钉、肉中刺，又把屈原
fàng zhú dào jiāng nán cháng jiāng yǐ nán qū yuán zài liú fàng zhōng kàn dào zǔ
放逐到江南(长江以南)。屈原在流放中，看到祖
guó de wēi jī hé rén mín de zāi nàn jīng shén shàng jí wéi tòng kǔ jīng cháng
国的危机和人民的灾难，精神上极为痛苦，经常
pái huái yú jiāng bīn zé pàn xiě xià le xǔ duō bù xiǔ de shī piān gōng
徘徊于江滨泽畔，写下了许多不朽的诗篇。公
yuán qián nián qín jiàng bái qǐ gōng pò chǔ guó de shǒu dū yǐng qū yuán
元前278年，秦将白起，攻破楚国的首都郢。屈原

후에, 초 회왕은 진의 속임수에 걸려들었고, 기만을 당해 진에 갔다가 3년이나 연금을 당했으며, 끝내 진에서 죽고 말았다. 회왕이 죽은 후, 경양왕이 왕위를 이었는데, 제자인 난을 영윤으로 삼고, 진에 투항하고 타협하는 정책을 완전히 받아들여, 굴원을 눈에 박힌 못이나 살에 박힌 가시처럼 여기다가, 굴원을 강남(장강 이남)으로 추방해 버렸다. 굴원은 유랑하던 중에 조국의 위기와 백성의 재난을 목도하고, 정신적으로 너무 고통스러워, 늘 강변을 배회하며, 수많은 불후의 시편들을 써 갔다. BC278년, 진 나라 장수 백기가, 초 나라 수도 영을 쳐 부셨다. 굴원은 나라가 망하고 가정이 무너져가는 모습과, 백성들이 집을 잃고 유랑하는 모습을

看到国破家亡，人民流离失所，心情万分悲痛，他不忍心看到祖国的灭亡，便投汨罗江（在今湖南省长沙市北）而死。他死的这天，正是阴历五月五日端午节。人民为了纪念这位伟大的爱国诗人，每到端午节这天，举行龙舟竞赛，是为了搭救屈原；还包粽子往江里投，是让蛟龙和鱼鳖不要吃屈原的身体。这个节日，千百年来一直在人民中间流传，寄托着人民对这位伟大的爱国诗人的热爱和怀念。

보고, 마음이 너무나 비통하여, 더 이상 조국의 멸망을 보고 있을 수 없어, 멱라강(지금의 호남성 장사시 북쪽에 있음)에 몸을 던져 죽고 말았다. 그가 죽은 날이, 바로 음력 5월5일 단오절이다. 사람들은 이 위대한 애국시인을 기념하기 위하여, 매년 단오절 이 날, 용주 시합을 하는데, 이는 굴원을 위험에서 구해내기 위함이며, 또 종자를 싸서 강에 던지는데, 이것은 교룡과 물고기·자라들이 굴원 시체를 먹지 못하게 함이다. 이 절기는, 긴긴 세월동안 계속해서 백성들 사이에 전해져 오고 있는데, 여기에는 위대한 애국시인에 대한 백성들의 사랑하는 마음과 그리움이 담겨 있다.

屈原的著作，据《汉书·艺文志》记载有《屈原赋》二十五篇，其书久佚，现在所见屈原作品，都出自汉代刘向编辑的《楚辞》一书。

굴원의 저작으로, 《한서·예문지》의 기록에 의하면 《굴원부》 25편이 있는데, 그 책은 이미 유실되고 없으며, 지금 볼 수 있는 굴원 작품은, 모두 한대 유향이 편찬한 《초사》라는 책에서 나온 것이다.

屈原的作品对后代有很大的影响，特别是他的爱国主义精神一直得到继承和发扬。他不但是中国的伟大诗人，而且也是世界上最伟大

굴원의 작품은 후대에 대단한 영향을 미쳤는데, 특히 그의 애국주의 정신은 계속해서 계승되고 발양이 되었다. 그는 중국의 위대한 시인이었을 뿐만 아니라, 세계적으로도 가장 위대한 시인 중의 하나다. 1953년 세계 사람들

de shī rén zhī yī yī jiǔ wǔ sān nián shì jiè rén mín jì niàn sì dà wén
的诗人之一。一九五三年世界人民纪念四大文
huà míng rén qū yuán jiù shì qí zhōng de yī ge tā de zuò pǐn liú chuán
化名人，屈原就是其中的一个。他的作品流传
zài shì jiè gè dì jǐn lí sāo jiù bèi yì chéng yīng fǎ dé é
在世界各地，仅≪离骚≫就被译成英、法、德、俄
rì yì děng wén zì
、日、意等文字。

이 문화 명인 4명을 기념한 바 있는데, 굴원이 바로 그 중 한 명이었다. 그의 작품은 세계 각지에서 전해지고 있으며, ≪이소≫만 하더라도 영어·불어·독일어·러시아어·일어·이태리어 등의 문자로 번역되었다.

2. 屈原作品介绍
qū yuán zuò pǐn jiè shào

2. 굴원의 작품 소개

qū yuán de zuò pǐn liú chuán xià lái de yǒu lí sāo jiǔ
屈原的作品流传下来的有：≪离骚≫、≪九
gē jiǔ zhāng děng èr shí duō piān qí zhōng lí sāo shì tā
歌≫、≪九章≫等二十多篇，其中≪离骚≫是他
de dài biǎo zuò pǐn
的代表作品。

굴원 작품 중에 전해지고 있는 것으로, ≪이소≫·≪구가≫·≪구장≫ 등 20여 편이 있고, 그 중 ≪이소≫가 그의 대표작이다.

(1) ≪离骚≫
lí sāo

(1) ≪이소≫

lí sāo shì zhōng guó gǔ dài shī gē zhōng zuì cháng de yī shǒu shū
≪离骚≫是中国古代诗歌中最长的一首抒
qíng shī shì yī piān guāng huī càn làn de làng màn zhǔ yì jié zuò quán shī
情诗，是一篇光辉灿烂的浪漫主义杰作。全诗
gòng sān bǎi qī shí sān jù èr qiān sì bǎi jiǔ shí zì lí sāo zuò
共三百七十三句，二千四百九十字。≪离骚≫作
yú qǐng xiāng wáng shí shì qū yuán bèi liú fàng dào jiāng nán yǐ hòu xiě de
于顷襄王时，是屈原被流放到江南以后写的。

≪이소≫는 중국고대 시가 중 가장 긴 서정시로, 이는 휘황찬란한 낭만주의 걸작이다. 시는 모두 373구로 되어 있고, 2,490자로 되어 있다. ≪이소≫는 경양왕 때 지어졌으며, 굴원이 강남으로 추방된 이후에 창작되었다. "이소" 라는 이 말은, 초 나라의 방언으로, 불평이라는 뜻이다.

lí sāo yī cí shì chǔ guó de fāng yán shì láo sāo de yì sī
“离骚”一词,是楚国的方言,是牢骚的意思。

zhè shǒu shī biǎo xiàn le qū yuán jǔ xián shòu néng zūn xún fǎ dù shǐ
这首诗表现了屈原举贤授能、遵循法度、使
guó jiā fù qiáng qǐ lái de zhèng zhì lǐ xiǎng yóu yú bèi pò hài lǐ xiǎng
国家富强起来的政治理想。由于被迫害，理想
bù néng shí xiàn tā yǐ mǎn qiāng de jī fèn tòng chì dǎng rén jiān chén
不能实现，他以满腔的激愤，痛斥“党人”(奸臣
men tān lán wú yàn xiàn hài zhōng liáng wù guó yāng mín de zuì xíng zhǐ zé
们)贪婪无厌、陷害忠良、误国殃民的罪行。指责
chǔ wáng hūn yōng wú néng xián yú bù biàn yòu tōng guò shàng tiān xià dì de
楚王昏庸无能、贤愚不辨。又通过上天下地的
huàn xiǎng jìng jiè de miáo xiě biǎo dá le duì lǐ xiǎng de qiáng liè zhuī qiú hé
幻想境界的描写，表达了对理想的强烈追求和
duì zǔ guó de rè ài bìng jué xīn yǐ sǐ lái xùn zì jǐ de lǐ xiǎng
对祖国的热爱,并决心以死来殉自己的理想。

이 시는 어진 사람을 천거하고 능한 자를 등용하며, 법도를 따르고, 국가를 부강하게 하고자 하는 굴원의 정치이상을 표현하고 있다. 박해를 받아, 이상을 실현할 수 없게 되자, 그는 가슴 가득한 격분으로, “당인”(간신들)들이 끝없이 탐람하고, 충성스럽고 어진 자들을 해치며, 나라를 그릇되게 하고 백성들에게 재앙을 가져다주는 죄행을 호되게 야단치고 있다. 초왕의 우둔함과 무능함, 현명함과 어리석음을 분별하지 못함을 지적하며 꾸짖고 있다. 또 천지를 오르내리는 환상적인 경지에 대한 묘사를 통해서, 이상에 대한 강렬한 추구와 조국에 대한 열애, 아울러 죽음으로 자기의 이상도 순장시키겠다는 결심을 표현하였다.

zài zhè shǒu shī zhōng shī rén de chóng gāo lǐ xiǎng hé chì rè gǎn qíng
在这首诗中，诗人的崇高理想和炽热感情
shì jiāo zhī zài yī qǐ de xiǎn shì le shī rén wèi chóng gāo lǐ xiǎng ér xiàn
是交织在一起的，显示了诗人为崇高理想而献
shēn zǔ guó de dòu zhēng jīng shén tóng shí yě xiǎn shì le tā rè ài jìn bù
身祖国的斗争精神。同时也显示了他热爱进步
zēng wù hēi àn de gāo shàng pǐn gé tōng guò shī rén zhàn dòu de lì chéng
、憎恶黑暗的高尚品格。通过诗人战斗的历程
hé bēi jù de jié jú fǎn yìng le chǔ guó dāng shí jìn bù yǔ fǎn dòng liǎng
和悲剧的结局，反映了楚国当时进步与反动两
zhǒng shì lì de jī liè dòu zhēng bào lù le chǔ guó zhèng zhì de fǔ bài hé
种势力的激烈斗争，暴露了楚国政治的腐败和

이 시에는, 시인의 숭고한 이상과 뜨거운 감정이 함께 융합되어 있어서, 숭고한 이상을 위하여 조국에 헌신하려는 투쟁정신이 잘 드러나 보인다. 동시에 진보를 사랑하고 암흑을 증오하는 그의 고상한 품격이 잘 드러나 보인다. 시인의 전투적인 역정과 비극적인 결말을 통하여, 초 나라 당시의 진보와 반동 두 세력 간의 격렬한 투쟁을 반영하고, 초 나라 정치의 부패와 암흑을 폭로하고 있다.

hēi àn
黑暗。

quán shī fēn liǎng dà bù fen dì yī bù fen cóng kāi tóu dào qǐ yú
全诗分两大部分: 第一部分从开头到"岂余
xīn zhī kě chéng nán dào wǒ de xīn huì dòng yáo ma dì èr bù fen cóng
心之可惩"(难道我的心会动摇吗); 第二部分从
nǚ xū zhī chán yuán xī nǚ xū duì wǒ fēi cháng guān huái dào zuì hòu
"女嬃之婵媛兮"(女嬃对我非常关怀)到最后。

시는 전체적으로 두 부분으로 크게 나누어진다. 첫 부분은 처음부터 "기여심지가징"(설마 내 마음이 동요할 리 있겠는가?")까지요, 둘째 부분은 "여수지선원혜"(누나가 나에게 아주 관심이 많다.)에서부터 맨 끝까지다.

dì yī bù fen shì shī rén duì lì shǐ de huí gù xù shù le jiā
第一部分是诗人对历史的回顾: 叙述了家
shì chū shēn lǐ xiǎng yǐ jí fǔ zuǒ chǔ wáng jìn xíng zhèng zhì gǎi gé de jué
世、出身、理想以及辅佐楚王进行政治改革的决
xīn
心。

첫 번째 부분은 시인의 역사에 대한 회고로, 가문·출신·이상과 그리고 초왕을 보좌하여 정치개혁을 하려던 결심을 서술하고 있다.

kāi tóu xiě tā de jiā shì chū shēn
开头写他的家世出身:

첫머리에서 자기의 가문과 출신을 적고 있다.

dì gāo yáng zhī miáo yì xī zhèn huáng kǎo yuē bó yōng wǒ shì gǔ
帝高阳之苗裔兮, 朕皇考曰伯庸。(我是古
dì gāo yáng shì de hòu dài wǒ de fù qīn míng jiào bó yōng
帝高阳氏的后代, 我的父亲名叫伯庸)

나는 고제 고양씨의 후손으로, 내 아버지 이름은 백용.

shè tí zhēn yú mèng zōu xī wéi gēng yín wú yǐ jiàng suì xīng
摄提贞于孟陬兮, 惟庚寅吾以降。(岁星
zài shè tí gé yín nián zhèng yuè gēng yín zhè tiān wǒ jiàng shēng le
在摄提格寅年正月, 庚寅这天我降生了)

세성 섭제격 인의 해 정월, 경인 이 날에 내가 태어났네.

jiē zhe xiě tā quàn shuō chǔ wáng xī wàng néng shí xiàn zì jǐ de zhèng
接着写他劝说楚王, 希望能实现自己的政
zhì lǐ xiǎng
治理想:

이어 그가 초왕을 설득하는 것을 쓰고 있는데, 자신의 정치 이상을 실현할 수 있기를 희망하고 있다.

bù fǔ zhuàng ér qì huì xī hé bù gǎi hū cǐ dù yě hé
不抚壮而弃秽兮，何不改乎此度也？（何
bù lì yòng shèng shí pāo qì huì zhèng wèi shén me bù gǎi biàn zhè zhǒng
不利用盛时抛弃秽政，为什么不改变这种
zhì dù
制度）

잘 나갈 때 더러운 정치 버리지 않고, 어찌 이런 제도를 못 고치시나.

chéng qí jì yǐ chí chěng xī lái wú dào fū xiān lù qí shàng
乘骐骥以驰骋兮，来，吾道夫先路！（骑上
qiān lǐ mǎ chí chěng a lái ya wǒ zài qián yǐn dǎo kāi lù
千里马驰骋啊，来呀，我在前引导开路）

천리마 타고 달리시라, 오시면, 앞에서 길을 인도하리라!

kě shì chǔ wáng bìng méi yǒu tīng tā de huà dǎng rén yǐ jīng bǎ
可是，楚王并没有听他的话，“党人”已经把
zǔ guó yǐn xiàng wēi wáng de jué jìng shī zhōng xiě dào
祖国引向危亡的绝境，诗中写道：

그러나, 초왕은 결코 그의 말을 듣지 않았고, "당인"들은 이미 조국을 멸망의 위기로 끌고 가버렸기에, 시에서 이렇게 쓰고 있다.

wéi fū dǎng rén zhī tōu lè xī lù yōu mèi yǐ xiǎn ài nà xiē
惟夫党人之偷乐兮，路幽昧以险隘。（那些
dǎng rén zhǐ gù gè rén xiǎng lè guó jiā qián tú hēi àn ér wēi xiǎn
党人只顾个人享乐，国家前途黑暗而危险）

당인들 개인의 즐거움만 챙기니, 국가 전도는 어둡고 위험하다.

qǐ yú shēn zhī dàn yāng xī kǒng huáng yú zhī bài jì nán dào wǒ
岂余身之惮殃兮？恐皇舆之败绩！（难道我
hài pà zhāo lái zāi huò ma wǒ dān xīn zǔ guó zāo dào shī bài
害怕招来灾祸吗？我担心祖国遭到失败）

어찌 내게 재앙 덮칠까 걱정할까, 조국이 실패할까 걱정될 뿐이지!

tā yuàn hèn chǔ wáng zhōng jiān bù biàn
他怨恨楚王忠奸不辨：

그는 초왕이 충신과 간신을 판단 못하는 것을 원망하였다.

quán bù chá yú zhī zhōng qíng xī fǎn xìn chán ér jì nù guó wáng
荃不察余之中情兮，反信谗而齌怒。（国王
bù liǎo jiě wǒ de zhōng xīn fǎn ér tīng xìn chán yán duì wǒ fā nù
不了解我的忠心，反而听信谗言对我发怒）

국왕은 내 충정은 몰라주고, 오히려 참소만 믿고 내게 화내네.

tā tòng chì nà xiē jiān chén
他痛斥那些奸臣:

그는 그 간사한 신하들을 통렬하게 비판하였다.

zhòng jiē jìng jìn yǐ tān lán xī píng bù yàn hū qiú suǒ dà jiā
众皆竞进以贪婪兮, 凭不厌乎求索。(大家
pīn mìng zhuī qiú gè rén lì yì zǒng méi yǒu mǎn zú de shí hou
拼命追求个人利益, 总没有满足的时候)

다들 죽어라 하고 자기 이익을 챙기지만, 언제나 만족될 때가 없다.

qiāng nèi shù jǐ yǐ liáng rén xī gè xīng xīn ér jí dù tā men
羌内恕己以量人兮, 各兴心而嫉妒。(他们
kuān shù zì jǐ cāi yí bié rén tā men gōu xīn dòu jiǎo hù xiāng jí
宽恕自己猜疑别人, 他们勾心斗角互相嫉
dù
妒)

자기가 남 의심하는 건 관대하고, 그들 서로를 헐뜯으며 질투를 하네.

qū yuán suī zāo dǎ jī pò hài dàn tā shǐ zhōng jiān chí zì jǐ de
屈原虽遭打击迫害, 但他始终坚持自己的
lǐ xiǎng jué bù qū fú
理想, 决不屈服:

굴원은 비록 타격과 박해를 받았지만, 그는 시종일관 자기의 이상을 견지하면서, 결코 굴복하지 않았다.

nìng kè sǐ yǐ liú wáng xī yú bù rěn wéi cǐ tài yě nìng kě mǎ
宁溘死以流亡兮, 余不忍为此态也!(宁可马
shàng sǐ ràng hún pò liú làng wǒ bù yuàn zuò chū zhè zhǒng chǒu tài a
上死让魂魄流浪, 我不愿作出这种丑态啊)

설령 곧 죽어 혼백이 유랑한다 할지라도, 나 이런 추태는 부리지 않으리!

....

....

mín shēng gè yǒu suǒ lè xī yú dú hào xiū yǐ wéi cháng rén men
民生各有所乐兮, 余独好修以为常。(人们
gè yǒu zì jǐ de ài hào wǒ zhǐ ài hào xiū shì zhè shì xí guàn
各有自己的爱好, 我只爱好修饰这是习惯)

사람마다 좋아하는 것 있으니, 난 그저 단장 좋아하는 게 습관이라네.

suī tǐ jiě wú yóu wèi biàn xī qǐ yú xīn zhī kě chéng jí shǐ
虽体解吾犹未变兮, 岂余心之可惩?(即使
shēn tǐ bèi fēn jiě yě bù biàn nán dào wǒ de xīn huì dòng yáo ma
身体被分解也不变, 难道我的心会动摇吗)

사지가 찢겨도 변치 않을 것인데, 설마 내 마음 동요할 수 있겠는가?

第二部分，是写诗人对未来道路的探索。

둘째 부분에서, 시인은 미래의 앞길에 대한 탐색을 적고 있다.

屈原遭到打击迫害后，究竟选择什么道路呢？他在诗中写道：

굴원은 타격과 박해를 받은 후, 결국 어떤 길을 선택했을까? 그는 시에서 이렇게 적고 있다.

路曼曼其修远兮，吾将上下而求索。（前面的道路多么漫长啊，我将上天下地追求理想）

앞에 놓인 길 참으로 아득하구나, 나는 천지를 오르내리며 이상이나 추구해야지.

首先，女媭劝他不要"博謇""好修"，要随大流儿，放弃斗争。但是，诗人通过向重华（舜）叙说自己的想法，分析了古往今来兴亡的历史，证明逃避现实，不去斗争是不对的。于是他又升上天去，敲打天帝的大门，可是，没有人理他，不给他开门。这是象征楚王不信任他，听不进他的话。天帝不见，没有别的办法，只好找灵氛占卜，巫咸降神了。灵氛劝他离开楚国到别的国家去，施展自己的抱负，实现自己的理想；巫咸

우선, 누나는 그에게 "너무 강직하고 단장을 즐기지" 말라고 권하고, 다수 의견을 따르며 투쟁을 포기하라고 하였다. 그러나, 시인은 중화(순)에게 자신의 생각을 말하는 것을 통하여, 고금 흥망의 역사를 분석하고, 현실을 도피하여, 투쟁하지 않음은 옳지 않다고 증명하였다. 그리하여 그는 또 하늘에 올라, 천제의 대문을 두드렸지만, 그러나, 그를 상대해 주는 사람도 없었고, 문도 열어주지 않았다. 이는 초왕이 그를 신임하지 않았고, 그의 말을 듣지 않았음을 상징하는 것이다. 천제를 만나지 못했고, 달리 방법이 없어서, 영분에게 점을 치러 갔더니, 무함이 강신하였다. 영분은 그에게 초나라를 떠나 다른 나라로 가서, 자신의 포부를 펼치고, 자신의 이상을 실현하라고 권하였으나, 무함은 초나라에 남아서, 기회를 기다리라고

zé quàn tā hái shì liú zài chǔ guó děng dài shí jī shì qù shì liú shī
则劝他还是留在楚国，等待时机。是去是留，诗
rén chǎnshēng le máo dùn lí kāi chǔ guó zhè hé zì jǐ rè ài zǔ guó de
人产生了矛盾：离开楚国，这和自己热爱祖国的
sī xiǎngxiāng wéi bèi bù lí kāi ba yòu bù rěn xīn kàn dào chǔ guó de miè
思想相违背；不离开吧，又不忍心看到楚国的灭
wáng
亡。

하였다. 떠나야 할 지 남아야 할지, 시인은 갈등이 되었다. 초 나라를 떠나면, 이는 자신이 조국을 사랑하는 사상에 위배되고, 떠나지 않으면, 또 차마 초 나라의 멸망을 볼 수가 없었다.

zuì hòu tā jué xīn yǐ sǐ lái xùn zì jǐ de lǐ xiǎng tā zài shī
最后，他决心以死来殉自己的理想。他在诗
de jié wěi xiě dào
的结尾写道：

결국, 그는 죽음으로써 자신의 이상을 순장시키기로 결심했다. 그는 시의 결말에서 이렇게 적고 있다.

jì mò zú yǔ wéi měi zhèng xī wú jiāngcóngpéngxián zhī suǒ jū
既莫足与为美政兮，吾将从彭咸之所居。
jì rán bù néng shí xiàn měi hǎo zhèng zhì wǒ jiāng zhuī suí péngxián dào
(既然不能实现美好政治，我将追随彭咸到
tā nà qù
他那去)

아름다운 정치를 실현하진 못했지만, 난 이제 팽함이 있는 곳을 찾아가리라.

péngxián shì shāngcháo dà fū yīn zhí jiàn bù tīng tóu shuǐ zì shā
彭咸是商朝大夫，因直谏不听，投水自杀。
qū yuán zhuī suí péngxián yǐ sǐ lái xùn zì jǐ de lǐ xiǎng biǎo xiàn le chóng
屈原追随彭咸，以死来殉自己的理想，表现了崇
gāo de ài guó zhǔ yì sī xiǎng hé bù qū bù náo de dòu zhēng jīng shén tā
高的爱国主义思想和不屈不挠的斗争精神，他
jiāngyǒngyuǎnshòu dào hòu rén de chóng jìng
将永远受到后人的崇敬！

팽함은 상 나라 대부로, 직간이 받아들여지지 않자, 물에 빠져 자살을 했다. 굴원은 팽함의 뒤를 따라, 죽음으로 자기의 이상을 순장시킴으로써, 고상한 애국주의 사상과 불요불굴의 애국주의 정신을 표현하였으니, 그는 영원히 후세사람의 존경을 받을 것이다!

jiǔ zhāng
(2)《九章》

(2)《구장》

jiǔ zhāng shì bāo kuò jiǔ piān shī gē de zǒng tí, zhǔ yào shì
《九章》是包括九篇诗歌的总题，主要是
qū yuán liǎng cì fàng zhú zhōng de jīng lì、chǔ jìng hé kǔ mèn bēi fèn xīn qíng
屈原两次放逐中的经历、处境和苦闷悲愤心情
de fǎn yìng, biǎo xiàn le shī rén duì zǔ guó de wú xiàn rè ài hé duì qún
的反映，表现了诗人对祖国的无限热爱和对群
xiǎo de wú bǐ tòng hèn. jiǔ piān shī gē shì xī sòng、shè jiāng、
小的无比痛恨。九篇诗歌是《惜诵》、《涉江》、
āi yǐng、chōu sī、huái shā、sī měi rén、xī
《哀郢》、《抽思》、《怀沙》、《思美人》、《惜
wǎng rì、jú sòng、bēi huí fēng děng jiǔ piān zuò pǐn. zhè
往日》、《橘颂》、《悲回风》等九篇作品。这
xiē zuò pǐn bù shì yī shí suǒ zuò, shì hòu rén bǎ zhè xiē shī biān zài yī
些作品不是一时所作，是后人把这些诗编在一
qǐ shí, qǐ míng jiào jiǔ zhāng de.
起时，起名叫《九章》的。

《구장》은 9편 시가를 포함한 전체 제목으로, 주로 굴원이 두 차례 추방되는 과정에서의 경력, 처지와 고민, 비분의 심정을 반영하고 있으며, 조국에 대한 시인의 끝없는 열애와 소인배들에 대한 통한을 표현하고 있다. 9편 시가란 《석송》·《섭강》·《애영》·《추사》·《회사》·《사미인》·《석왕일》·《귤송》·《비회풍》 등의 아홉 작품을 말한다. 이들 작품들은 한 시기에 쓴 것이 아니라, 후세 사람들이 이들 시를 함께 엮을 때, 이름을 《구장》이라고 한 것이다.

jú sòng shì qū yuán de zǎo qī zuò pǐn, shì jiè jú sòng rén
《橘颂》是屈原的早期作品，是借橘颂人
de shī, shī zhōng xiě dào:
的诗，诗中写道：

《귤송》은 굴원의 초기 작품으로, 귤을 빌려 사람을 노래한 시인데, 시는 이렇게 적고 있다.

hòu huáng jiā shù, (tiān dì jiān jú shù shì zuì hǎo de shù)
后皇嘉树，（天地间橘树是最好的树）

천지간의 귤나무는 가장 좋은 나무로,

jú lái fú xī. (jú shù shēng lái xí guàn nán fāng shuǐ tǔ)
橘徕服兮。（橘树生来习惯南方水土）

귤나무는 원래 남방에 습관이 되어 있다네.

shòu mìng bù qiān, (jiē shòu tiān dì zhī mìng bù kě qiān yí)
受命不迁，（接受天地之命不可迁移）

천명을 받아 다른 곳으로 옮기지도 못하고,

shēng nán guó xī　　nǐ zhǐ shēngzhǎng zài nán fāng de guó dù
生南国兮。（你只生长在南方的国度）

넌 그저 남방 남국에서나 성장을 한다.

shēn gù nán xǐ　　nǐ gēn shēn dì gù hěn nán qiān yí
深固难徙，（你根深蒂固很难迁移）

넌 뿌리가 깊고 단단해 옮기기가 어렵지만,

gèng yī zhì xī　　gèng yīn wèi nǐ yǒu zhuān yī de yì zhì
更一志兮。（更因为你有专一的意志）

더욱이 한결같은 마음 때문이기도 하지.

yòu xiě dào
又写道：

또 쓰기를,

jīng sè nèi bái　　jīn huáng de wài pí jié bái de nèi ráng
精色内白，（金黄的外皮洁白的内瓤）

황금색 껍질에 깨끗한 속살,

lèi rèn dào xī　　nǐ hǎo xiàng dān fù zhòng rèn de yàng zi
类任道兮。（你好像担负重任的样子）

넌 마치 중한 임무를 지고 있는 듯 하구나.

fēn yūn yí xiū　　nǐ xiāng qì nóng hòu ér yòu měi hǎo
纷缊宜修，（你香气浓厚而又美好）

너의 향기는 짙고 또 아름다우며,

kuā ér bù chǒu xī　　ě nuǒ duō zī měi lì wú bǐ
姱而不丑兮。（婀娜多姿美丽无比）

유연하고 아름다운 모습은 비길 데가 없구나.

zhè shǒu shī zàn měi jú shù shòumìng bù qiān shēn gù nán xǐ biǎo xiàn le shī rén rè ài xiāng tǔ de gǎn qíng hé jié cāo zàn měi jú zi jīng sè nèi bái fēn yūn yí xiū yòng lái xiàngzhēng gāo shàng jié bái de pǐn gé

这首诗赞美橘树“受命不迁”、“深固难徙”，表现了诗人热爱乡土的感情和节操；赞美橘子“精色内白”、“纷缊宜修”，用来象征高尚洁白的品格。

이 시는 귤나무가 “천명을 받아 다른 곳으로 옮기지도 못하고”, “뿌리가 깊고 단단해서 옮기기가 어렵다”고 칭찬을 하면서, 시인이 고향을 사랑하는 감정과 절개를 표현하고, 귤이 “황금색 껍질에 깨끗한 속살”을 가지고 있고, “향기가 짙고 아름답다.”고 찬양을 하면서, 고상하고 결백한 품격을 상징하였다.

shè jiāng shì tā de wǎnnián zuò pǐn shì bèi fàng zhú dào jiāng nán yǐ hòu xiě de zhè shǒu shī xiě xià le tā dù jiāng nán xià de lì chéng hé

《涉江》是他的晚年作品，是被放逐到江南以后写的。这首诗写下了他渡江南下的历程和

《섭강》은 그의 만년 작품으로, 강남으로 추방된 후에 쓴 작품이다. 이 시는 그가 강을 건너 남하하는 과정과 당시의 심정을 쓴 것으로,

dāng shí de xīn qíng biǎo shì zì jǐ suī rán zāo dào dǎ jī dàn réng rán jiān
当时的心情，表示自己虽然遭到打击。但仍然坚
chí lǐ xiǎng zhì sǐ bù biàn biǎo xiàn tā duì zǔ guó de wú xiàn zhōng chéng
持理想，至死不变，表现他对祖国的无限忠诚。

자신은 비록 타격을 받았지만, 여전히 이상을 고수하고, 죽을 때까지 변하지 않을 것이라는 것을 밝히면서, 자기의 조국에 대한 무한한 충성심을 표현하였다.

jiǔ gē
(3)《九歌》

(3)《구가》

jiǔ gē běn lái shì liú chuán zài mín jiān de yī tào jì shén de
《九歌》本来是流传在民间的一套祭神的
yuè qǔ yǒu gē yǒu wǔ qū yuán cǎi yòng mín jiān de zhè zhǒng xíng shì jìn
乐曲，有歌有舞。屈原采用民间的这种形式，进
xíng le chuàng zào xìng de jiā gōng hé tí liàn xíng chéng le jù yǒu dú tè fēng
行了创造性的加工和提炼，形成了具有独特风
gé de yì shù zuò pǐn
格的艺术作品。

《구가》는 원래 민간에서 전해져 내려오던 신에게 제사 지내는 악곡으로, 노래도 있고 춤도 있다. 굴원은 민가의 이런 형식을 통하여, 창조적으로 가공을 하고 제련을 함으로써, 독특한 풍격의 예술작품을 만들어 냈다.

jiǔ gē bāo kuò shí yī shǒu shī shì yī bù zǔ shī jì yǒu
《九歌》包括十一首诗，是一部组诗，计有：
dōng huáng tài yī yún zhōng jūn xiāng jūn xiāng fū rén
《东皇太一》、《云中君》、《湘君》、《湘夫人》、
dà sī mìng shǎo sī mìng dōng jūn hé bó
《大司命》、《少司命》、《东君》、《河伯》、
shān guǐ guó shāng lǐ hún
《山鬼》、《国殇》、《礼魂》。

《구가》는 11수의 시가 포함된, 한 편의 연시로, 《동황태일》·《운중군》·《상군》·《상부인》·《대사명》·《소사명》·《동군》·《하백》·《산귀》·《국상》·《예혼》이다.

dì yī shǒu dōng huáng tài yī shì yíng shén qǔ zuò wéi zǔ shī
第一首《东皇太一》是迎神曲，作为组诗
de kāi tóu dōng huáng tài yī jí fú xī shì zuì zūn guì de tiān shén zhè
的开头。东皇太一即伏羲，是最尊贵的天神。这
piān shì jì sì fú xī de jì gē
篇是祭祀伏羲的祭歌。

첫 번째 《동황태일》은 영신곡으로, 연시의 시작이 되고 있다. 동황태일은 즉 복희로, 그는 가장 존귀한 천신이다. 이 시는 복희에게 제사 지내는 제가이다.

dì èr shǒu yún zhōng jūn shì jì yún shén de yún zhōng jūn shì
第二首《云中君》是祭云神的。云中君是
yún shén yún shén míng jiào fēng lóng yún yǔ hé nóng yè shēng chǎn yǒu hěn dà
云神。云神名叫丰隆。云雨和农业生产有很大
guān xi yún shén jiàng lín shí rén men wú xiàn huān xīn yún shén lí kāi shí
关系，云神降临时，人们无限欢欣；云神离开时，
rén men sī mù huái niàn
人们思慕怀念。

두 번째 《운중군》은 구름신에게 제사를 지내는 것이다. 운중군은 구름신이다. 구름신은 이름이 풍륭이다. 구름과 비는 농업생산과 아주 밀접한 관계가 있어, 구름신이 강림할 때, 사람들은 매우 기뻐하고, 구름신이 떠날 때는 사람들이 사모하며 그리워한다.

dì sān shǒu xiāng jūn dì sì shǒu xiāng fū rén shì jì ài
第三首《湘君》、第四首《湘夫人》是祭爱
shén de xiāng jūn shì xiāng jiāng nán shén xiāng fū rén shì xiāng jiāng nǚ shén
神的。湘君是湘江男神，湘夫人是湘江女神。
xiāng jūn zhè shǒu shī xiě de shì xiāng fū rén duì xiāng jūn de sī mù zhī
《湘君》这首诗写的是湘夫人对湘君的思慕之
cí biǎo dá xiāng fū rén pàn wàng xiāng jūn dào lái de fù zá gǎn qíng xiāng
词，表达湘夫人盼望湘君到来的复杂感情。《湘
fū rén zhè shǒu shī xiě de shì xiāng jūn duì xiāng fū rén de sī mù zhī cí
夫人》这首诗写的是湘君对湘夫人的思慕之词，
biǎo dá xiāng jūn duì xiāng fū rén de sī niàn xīn qíng
表达湘君对湘夫人的思念心情。

세 번째 《상군》과 네 번째 《상부인》은 사랑신에게 제사를 지내는 것이다. 상군은 상강의 남자신이며, 상부인은 상강의 여자신이다. 《상군》은 상군에 대한 상부인의 그리움을 쓴 시로, 상부인이 상군을 기다리는 복잡한 감정을 표현하고 있다. 《상부인》은 상부인에 대한 상군의 그리움을 쓴 내용으로, 상군의 상부인에 대한 그리운 심정을 표현하였다.

dì wǔ shǒu dà sī mìng dì liù shǒu shǎo sī mìng shì jì
第五首《大司命》、第六首《少司命》是祭
mìng yùn zhī shén de dà sī mìng shì zhǔ guǎn zhěng ge rén lèi shēng sǐ mìng yùn
命运之神的。大司命是主管整个人类生死命运
de nán shén suǒ yǐ chēng dà shǎo sī mìng shì zhǔ guǎn ér tóng mìng yùn de
的男神，所以称大。少司命是主管儿童命运的
nǚ shén suǒ yǐ chēng shǎo tā duì ér tóng chōng mǎn le cí ài shì yī ge
女神，所以称少。她对儿童充满了慈爱，是一个
měi lì shàn liáng shèng jié yǒng gǎn de nǚ shén
美丽、善良、圣洁、勇敢的女神。

다섯 번째 《대사명》과 여섯 번째 《소사명》은 운명신에게 제사를 지내는 것이다. 대사명은 모든 인간의 생사 운명을 주관하는 남자신이라서, 그래서 크다고 칭한다. 소사명은 아동의 운명을 주관하는 여자신이라서, 그래서 어리다고 칭한다. 그녀는 아이들에 대한 자애가 충만하며, 아름답고 선량하며 성결하고 용감한 여자신이다.

第七首《东君》是祭太阳神的。东君就是太阳神。这首诗表达了人民对太阳神的崇拜和热爱。

일곱 번째 《동군》은 태양신에게 제사를 지내는 것이다. 동군은 바로 태양신이다. 이 시는 백성들의 태양신에 대한 숭배와 열애를 표현한 것이다.

第八首《河伯》是祭河神的。河伯是黄河之神。男巫扮作河伯与女巫对唱，他们随河伯漫游昆仑山和龙宫水界，最后恋恋不舍送别河伯。

여덟 번째 《하백》은 물의 신에게 제사를 지내는 것이다. 하백은 황하의 신이다. 남무가 하백으로 분장하여 여무와 대창을 하는데, 그들은 하백을 따라 곤륜산과 용궁 세계를 자유롭게 유람하다가, 끝내는 아쉬움 속에 하백을 떠나보낸다.

第九首《山鬼》是祭山神的。山鬼即巫山女神。全诗都是山鬼的独唱，介绍自己的衣饰、美丽，诉说自己的苦况和对爱情的忠贞。

아홉 번째 《산귀》는 산귀신에게 제사를 지내는 것이다. 산귀는 즉 무산의 여자신이다. 시 전체는 모두가 산귀의 독창으로, 자기 옷의 장신구와 아름다움을 소개하고, 자신의 고달픈 사연과 애정에 대한 충정을 이야기하고 있다.

第十首《国殇》是祭鬼的。殇，古代指未满二十岁而死的人。国殇是指为国牺牲的年轻将士。诗中描写了战争场面，战士英勇杀敌，及对死者的哀悼。

열 번째 《국상》은 귀신에게 제사를 지내는 것이다. 상은, 고대에 만 20세가 되지 않아 죽은 사람을 가리킨다. 국상은 국가를 위해 희생한 젊은 장수를 가리킨다. 시에서는 전쟁장면과, 전사가 용맹하게 적을 살해하고, 죽은 자에 대한 애도를 묘사하고 있다.

第十一首《礼魂》是送神曲，作为组诗的

열한 번째 《예혼》은 송신곡으로, 연시의 결말이 된

结尾。送神是祭祀的最后一个典礼，所以把送神称为“礼魂”。“魂”也是神的意思。这首诗是各项祭礼完成后，集合众巫，综合性的大合奏、大合唱、集体舞蹈。

다. 송신은 제사에서 가장 마지막 의식이기 때문에, 그래서 송신을 “예혼”이라 칭한다. “혼” 역시 귀신이란 의미다. 이 시는 여러 제례를 마친 후, 모든 무당을 집합시켜, 종합적인 성격의 대 연주, 대 합창, 단체 춤을 추는 것이다.

这十一首诗歌，开头和结尾两篇是叙述祭礼的仪式和过程的。其余九篇是九支祭歌，从第二首到第九首，是祭祀自然神的，大部分写成了优美的抒情恋歌，诗人把这些神都人格化了，写出了他们之间的爱恋和思慕，以及悲欢离合的感情。第十首《国殇》是祭鬼的，这里是用来悼念为国牺牲的战士，歌颂了那些无名英雄在战场上奋不顾身、英勇杀敌的大无畏精神，写得非常慷慨悲壮。

이 11수 시 중에서, 처음과 마지막 두 편은 제례의 의식과 그 과정을 설명하고 있다. 그 나머지 아홉 편은 아홉 개의 제사 노래로, 두 번째부터 아홉 번째까지는 자연신에게 제사하는 것인데, 대부분 우아하고 아름다운 서정연가로 묘사가 되어 있으며, 시인은 이러한 신들을 모두 인격화 하여, 그들 사이의 애련과 사모, 슬픔과 기쁨, 이별과 만남의 감정을 그리고 있다. 열 번째 《국상》은 귀신에게 제사를 지내는 것으로, 여기서는 나라를 위해 희생당한 전사를 애도하며, 무명의 영웅들이 전쟁터에서 자신의 몸도 돌보지 않고 용감하게 적을 죽이는 두려움 없는 정신을 찬양하고 있는데, 대단히 기개가 있고 비장하게 묘사되어 있다.

dì èr zhāng liǎng hàn wén xué
第二章 两汉文学
(BC206-220)

제2장 양한문학
(BC206-220)

qín shǐ huáng tǒng yī zhōng guó yǐ hòu suī rán zuò le yī xiē hǎo shì
秦始皇统一中国以后, 虽然做了一些好事,
dàn shì yóu yú duì nóng mín cán kù bō xuē hé yā pò zhōng yú zài qín èr
但是, 由于对农民残酷剥削和压迫, 终于在秦二
shì de shí hou bào fā le chén shèng wú guǎng lǐng dǎo de nóng mín dà qǐ
世的时候, 爆发了陈胜、吴广领导的农民大起
yì tuī fān le qín cháo zuì hòu liú bāng duó qǔ le nóng mín qǐ yì de
义, 推翻了秦朝。最后刘邦夺取了农民起义的
shèng lì guǒ shí jiàn lì le hàn cháo
胜利果实, 建立了汉朝。

진시황이 중국을 통일한 후에, 훌륭한 일도 했지만, 그러나, 농민에 대한 잔혹한 착취와 억압으로, 결국에는 진나라 다음 세대에 와서는, 진승과 오광이 이끄는 농민 대봉기가 일어나, 진 나라는 전복되고 말았다. 마지막에 유방이 농민 대봉기에서 승리한 과실을 빼앗아, 한 나라를 세웠다.

hàn cháo fēn xī hàn yòu jiào qián hàn dōng hàn yòu jiào hòu
汉朝分“西汉”(又叫前汉)、“东汉”(又叫后
hàn jí suǒ wèi liǎng hàn liǎng hàn wén xué de chéng jiù zhǔ yào shì fù
汉), 即所谓“两汉”。两汉文学的成就主要是赋、
sǎn wén shǐ jì hé yuè fǔ mín gē
散文、≪史记≫和乐府民歌。

한은 “서한”(전한이라고도 함)과 “동한”(후한이라고도 함)으로 나뉘며, 이를 곧 “양한”이라 이른다. 양한문학의 중요한 성과로 부·산문·≪사기≫·악부민가가 있다.

fù shì hàn dài wén xué de zhòng yào xíng shì tā shì yī zhǒng yǒu shí
“赋”是汉代文学的重要形式, 它是一种有时
yǒu yùn yǒu shí méi yǒu yùn de wén zhāng hàn fù shì yī zhǒng xīn de wén
有韵, 有时没有韵的文章。汉赋是一种新的文
tǐ tā bù tóng yú shī gē de shū qíng yòu bù tóng yú sǎn wén de shuō lǐ
体, 它不同于诗歌的抒情, 又不同于散文的说理
hé xù shì tā jì yǒu shī gē de tè diǎn yòu yǒu sǎn wén de tè diǎn
和叙事, 它既有诗歌的特点, 又有散文的特点。

“부”는 한대 문학의 주요 형식으로, 이는 어떤 것에는 운이 있고, 어떤 것에는 운이 없는 그런 문장이다. 한부는 일종의 새로운 문체로, 시가의 서정과도 다르며, 또 산문의 설리와 서사와도 달라, 여기에는 시가의 특징도 있고, 산문의 특징도 있다. 한대 부의 발전은 세 시기를 거쳤다.

汉赋的发展经历了三个时期:

(一)汉初，骚体赋很盛行。骚体赋是直接模仿屈原的《离骚》而写成的赋。

(1) 한대 초기에는, 소체부가 아주 성행하였다. 소체부란 굴원의 《이소》를 직접적으로 모방하여 쓴 부다.

(二)汉武帝时，散体大赋非常盛行。这种赋篇章较长，专门描写宫殿苑囿、巡游田猎、声色狗马等贵族生活，是为统治阶级歌功颂德的。形式呆板，文字堆砌，词句艰深，是形式主义的作品。

(2) 한 무제 때는, 산체대부가 아주 성행하였다. 이런 부는 문장이 비교적 길며, 궁전의 동산과 사냥, 가무·여색과 신하 등의 귀족 생활을 전문적으로 묘사하였는데, 이는 통치계급의 공적과 덕을 찬양하기 위한 것이었다. 형식이 딱딱하고, 문자에 미사여구나 군더더기가 많으며, 문장이 심오하여 이해하기가 어려운, 형식주의의 작품이다.

(三)东汉以后，散体大赋开始衰微，抒情小赋逐渐兴起。这种赋篇章短小、内容简单、平易近人。汉赋和散文的代表作家有：贾谊、枚乘、司马相如、王充和司马迁等人，其中司马迁最著名。

(3) 동한 이후, 산체 대부가 쇠퇴하기 시작하면서, 서정소부가 점차 발달하기 시작하였다. 이런 부의 문장은 짧고, 내용이 간단하며, 문장이 쉬워 이해하기가 쉽다. 한부와 산문을 대표하는 작가로, 가의·매승·사마상여·왕충과 사마천 등이 있으며, 그 중 사마천이 가장 유명하다.

dì yī jié sī mǎ qiān hé shǐ jì
第一节 司马迁和《史记》

제1절 사마천과 《사기》

sī mǎ qiān de shēngpíng
1. 司马迁的生平

1. 사마천의 생애

sī mǎ qiān yuē yuē zì zǐ cháng xià yánglóng
司马迁(约BC145-约BC86)，字子长，夏阳龙
mén jīn shǎn xī shěng hán chéng rén tā shì xī hàn wěi dà de shǐ xué jiā
门(今陕西省韩成)人。他是西汉伟大的史学家、
wén xué jiā hé sī xiǎng jiā tā de fù qīn sī mǎ tán shì yī ge zhī shi
文学家和思想家。他的父亲司马谈是一个知识
yuān bó de xué zhě hàn wǔ dì shí rèn tài shǐ lìng zhǎngguǎn lì shǐ lì
渊博的学者，汉武帝时任太史令(掌管历史、历
fǎ jì sì hé tú shū děngfāngmiàn de guān duì sī mǎ qiān yǐngxiǎng hěn
法、祭祀和图书等方面的官)，对司马迁影响很
dà
大。

사마천(약BC145-약BC86)은 자는 자장이며, 하양 용문(지금의 섬서성 한성) 사람이다. 그는 서한의 위대한 사학자요 문학가며 사상가다. 그의 부친 사마담은 지식이 해박한 학자로, 한 무제 때 태사령(역사·역법·제사와 도서 등을 관리하는 관직)을 지냈으며, 사마천에게 큰 영향을 미쳤다.

sī mǎ qiān shí suì shí suí fù zài cháng ān dú shū èr shí suì shí
司马迁十岁时随父在长安读书，二十岁时
kāi shǐ màn yóu xiān hòu yóu lì le chángjiāngzhōng xià yóu hé shāndōng hé nán
开始漫游，先后游历了长江中下游和山东、河南
děng dì huí dào cháng ān hòu rèn lángzhōng lángzhōng shì wèi huáng dì guǎn lǐ
等地。回到长安后任郎中，郎中是为皇帝管理
chē qí mén hù de guān jīng cháng zài huáng dì shēnbiān zài nèi chōng shì wèi
车、骑、门户的官，经常在皇帝身边，在内充侍卫，
chū wài cóngzhēng fá rèn lángzhōng hòu tā huò dào gè dì shì chá huò suí
出外从征伐。任郎中后，他或到各地视察，或随

사마천은 열 살 때 아버지를 따라 장안에서 공부를 하였으며, 스무 살 때 유람을 시작하여, 장강의 중하류와 산동·하남 등을 차례차례 돌아다녔다. 장안에 돌아온 후 낭중을 맡았는데, 낭중은 황제를 위하여 마차·기마·문호를 관리하는 벼슬로, 항상 황제 곁에 있으면서, 안에서는 황제를 호위하고, 밖에서는 정벌을 따라 다녔다. 낭중을 맡은 후, 그는 때로 시찰을 하거나 무제를 따라 순행을

wǔ dì xún shòu zú jì jǐ biàn quán guó tā měi dào yī chù biàn tàn fǎng
武帝巡狩，足迹几遍全国。他每到一处便探访
gǔ jì cǎi jí chuán shuō kǎo chá fēng tǔ rén qíng jī lèi le fēng fù de
古迹，采集传说，考察风土人情，积累了丰富的
shǐ liào wèi tā zhù shǐ jì zhǔn bèi le tiáo jiàn fù qīn qù shì
史料，为他著《史记》准备了条件。父亲去世，
tā jì rèn tài shǐ lìng bó lǎn huáng jiā tú shū bìng kāi shǐ dòng bǐ xiě
他继任太史令，博览皇家图书，并开始动笔写
shǐ jì hòu yīn tì lǐ líng tóu xiáng xiōng nú biàn jiě bèi bǔ rù yù
《史记》。后因替李陵投降匈奴辩解，被捕入狱，
shòu le gōng xíng zhè shì tā yī shēng zhōng hěn bù xìng de zāo yù
受了宫刑，这是他一生中很不幸的遭遇。

하면서, 전국에 몇 번이나 족적을 남겼다. 그는 가는 곳마다 고적지를 탐방하고, 전설을 수집하였으며, 풍토와 인정을 고찰하면서 풍부한 사료를 모아, 그의 저서 《사기》를 쓰기 위한 조건을 준비하였다. 부친이 세상을 떠난 뒤, 그는 부친을 이어 태사령에 임명되어, 황실의 도서를 널리 읽으면서, 《사기》를 쓰기 시작하였다. 훗날 이릉이 흉노에게 투항한 것을 해명하다가, 옥에 갇혀, 궁형을 당했는데, 이것이 그의 일생 중 가장 불행한 조우였다.

tā zài yù zhōng shòu jìn le zhé mó céng xiǎng dào sǐ dàn xiǎng dào
他在狱中受尽了折磨，曾想到死，但想到《
shǐ jì hái méi yǒu wán chéng bù néng qīng yú yī sǐ cái rěn shòu chǐ rǔ
史记》还没有完成，不能轻于一死，才忍受耻辱
huó xià lái chū yù hòu rèn zhōng shū lìng fù zé jī yào hé fā bù zhèng lìng
活下来。出狱后任中书令（负责机要和发布政令
de guān suī rán hái zài cháo tíng lǐ zuò guān dàn tā yī xīn fā fèn zhù
的官），虽然还在朝廷里做官，但他一心发愤著
shū yǐ fā xiè zì jǐ de fèn mèn bù píng de qíng xù wǔ shí sān sì
书，以发泄自己的愤懑不平的情绪。五十三、四
suì shí xiě chéng cháng piān jù zhù shǐ jì
岁时写成长篇巨著《史记》。

그는 옥중에서 온갖 시달림을 받아, 죽으려고도 했지만, 《사기》가 아직 완성되지 않았음을 생각하고, 죽음을 가볍게 여길 수 없어, 치욕을 견디며 살아갔다. 출옥 후 중서령(기밀을 책임지고 정부의 명령을 선포하는 관직)을 맡아, 조정에서 벼슬을 하고는 있었지만, 그는 책 저술에 온 힘을 쏟아, 자신의 불만과 불평을 털어내고자 하였다. 53,4세 때 장편 대작 《사기》를 완성하였다.

shǐ jì chū chēng tài shǐ gōng shū hòu lái jiào shǐ
《史记》初称《太史公书》，后来叫《史
jì
记》。

《사기》는 처음에 《태사공서》라 칭했으나, 뒤에 와서 《사기》라 불렀다.

shǐ jì jiè shào
2.《史记》介绍

2.《사기》 소개

shǐ jì shì zhōng guó dì yī bù jì zhuàn tǐ tōng shǐ, tā jì
《史记》是中国第一部纪传体通史，它记
lù le cóng huáng dì dào hàn wǔ dì sān qiān duō nián de lì shǐ。quán shū fēn
录了从黄帝到汉武帝三千多年的历史。全书分
běn jì biǎo shū shì jiā liè zhuàn wǔ
《本纪》、《表》、《书》、《世家》、《列传》五
ge bù fen, gòng yī bǎi sān shí piān, wǔ shí èr wàn liù qiān duō zì。
个部分，共一百三十篇，五十二万六千多字。

《사기》는 중국 최초의 기전체 통사로, 황제로부터 한 무제에 이르기까지 3,000여 년의 역사를 기록하였다. 책은 모두 《본기》·《표》·《서》·《세가》·《열전》 다섯 부분으로 나누어져 있으며, 모두 130편에, 52만 6천여 글자로 되어 있다.

běn jì shì biān nián jì shì de yì sī, àn dì wáng shì xù hé
"本纪"是编年纪事的意思，按帝王世序和
nián dài jì shù zhèng zhì shàng de yī xiē zhòng yào shì jì。
年代记述政治上的一些重要事迹。

"본기"는 편년 기사라는 뜻으로, 제왕의 시대 순서와 연대에 따라 정치상의 중요한 사적들을 기술하였다.

biǎo shì pái bǐ bìng liè lì dài dì wáng hé hóu guó jiān de yī xiē
"表"是排比并列历代帝王和侯国间的一些
dà shì。
大事。

"표"는 역대 제왕과 제후국 간의 중요한 일들을 순서에 따라 배열하였다.

shū shì diǎn jí de zǒng chēng, jì zǎi diǎn zhāng zhì dù、tiān wén lì
"书"是典籍的总称，记载典章制度、天文历
fǎ、nóng tián shuǐ lì、cái zhèng jīng jì děng, shì jīng jì、wén huà děng fāng miàn
法、农田水利、财政经济等，是经济、文化等方面
de zhuān shǐ lùn shù。
的专史论述。

"서"는 전적의 총칭으로, 법령제도·천문역법·농경수리·재정경제 등을 기재한, 경제·문화 방면의 역사평론서이다.

shì jiā shì shì dài xiāng chéng de yì sī, jì xù wáng hóu、jiàng xiàng
"世家"是世代相承的意思，记叙王侯、将相
de shì jì。
的事迹。

"세가"는 대대로 전해진다는 뜻으로, 왕후·장상의 사적을 기술하였다.

liè zhuàn shì tè shū rén wù zhuàn jì hé zōng hé xìng jì shù
"列传"是特殊人物传记和综合性记述。

"열전"은 특수한 인물의 전기와 종합적 성격의 기술이다.

shǐ jì suǒ xiě de shè huì shēng huó fēi cháng guǎng fàn cóng zhèng
《史记》所写的社会生活非常广泛，从政
zhì jīng jì wén huà dào mín zú guān xi děng gè gè fāng miàn dōu yǒu guǎng fàn
治、经济、文化到民族关系等各个方面都有广泛
de miáo huì shǐ jì xiě de zuì jīng cǎi de bù fen shì rén wù zhuàn
的描绘。《史记》写得最精彩的部分是人物传
jì
记。

《사기》에 적힌 사회생활은 대단히 광범하여, 정치·경제·문화로부터 민족관계 등에 이르기까지 각 방면에 대하여 모두 광범위하게 묘사를 하고 있다. 《사기》에서 가장 뛰어난 부분은 인물 전기이다.

shǐ jì de sī xiǎng nèi róng
(1)《史记》的思想内容

(1) 《사기》의 사상적 내용

gē sòng le láo dòng rén mín de fǎn kàng hé dòu zhēng
① 歌颂了劳动人民的反抗和斗争。

① 노동자의 반항과 투쟁을 노래하였다.

sī mǎ qiān zài shǐ jì zhōng rè qíng de gē sòng le qín mò nóng
司马迁在《史记》中热情地歌颂了秦末农
mín dà qǐ yì bǎ nóng mín qǐ yì yīng xióng chén shè yòu jiào chén shèng wú
民大起义，把农民起义英雄陈涉（又叫陈胜）、吴
guǎng liè rù shì jiā yǔ zhū hóu bìng liè rú chén shè shì jiā zhōng
广列入"世家"，与诸侯并列。如《陈涉世家》中
de dà zé xiāng qǐ yì zuò zhě xiáng xì de yǒu shēng yǒu sè de miáo xiě
的"大泽乡起义"，作者详细地、有声有色地描写
le chén shè wú guǎng lǐng dǎo de zhōng guó dì yī cì nóng mín dà qǐ yì de
了陈涉、吴广领导的中国第一次农民大起义的
fā shēng hé fā zhǎn guò chéng duì nóng mín qǐ yì jǐ yǔ le rè qíng de gē
发生和发展过程，对农民起义给予了热情地歌
sòng duì chén shè wú guǎng jǐ yǔ gāo dù píng jià dà zé xiāng qǐ yì de
颂，对陈涉、吴广给予高度评价。大泽乡起义的

사마천은 《사기》에서 진말 농민 대봉기를 열정적으로 노래하면서, 농민봉기의 영웅이었던 진섭과 오광을 "세가" 편에 넣어놓고, 제후와 나란히 나열하였다. 예컨대, 《진섭세가》 중의 "대택향 봉기"에서, 작가는 진섭과 오광이 이끄는 중국 제일의 농민 대봉기의 발생과 발전과정을 상세하고 생동감있게 묘사하였으며, 농민 봉기를 열렬히 찬양하고, 진섭과 오광을 높이 평가하였다. 대택향 봉기의 경과는 이렇다. 기원전 209년 7월, 진 나라 황제인 진 2세 호해가 명령을 내려, 남방에서 국경 수비병을 징집하여 북방의 어양(지금의 북경시 밀운현)으

jīng guò shì zhè yàng de nián yuè qín cháo huáng dì qín èr shì hú
经过是这样的: BC209年7月, 秦朝皇帝秦二世胡

hài fā bù mìng lìng cóng nán fāng zhēng diào shù zú dào běi fāng de yú yáng
亥发布命令, 从南方征调戍卒, 到北方的渔阳

jīn běi jīng shì mì yún xiàn fáng shǒu biān jiāng qí zhōng yǒu yī zhī jiǔ bǎi
(今北京市密云县)防守边疆。其中有一支九百

rén de duì wǔ cóng yáng chéng jīn hé nán shěng dēng fēng xiàn chū fā le dāng
人的队伍, 从阳城(今河南省登封县)出发了, 当

tā men zǒu dào dà zé xiāng jīn ān huī shěng sù xiàn liú jiā jí de shí hou
他们走到大泽乡(今安徽省宿县刘家集)的时候,

yù shàng dà yǔ dào lù bù tōng dān wù de shí jiān tā men bù néng àn
遇上大雨, 道路不通, 耽误的时间, 他们不能按

qī dào dá yú yáng qín cháo de fǎ lǜ tè bié yán wù le qī xiàn jiù
期到达渔阳。秦朝的法律特别严, 误了期限就

yào bèi shā tóu chén shè xiǎng qù le yě shì sǐ bù rú shuài lǐng dà jiā
要被杀头。陈涉想: 去了也是死, 不如率领大家

qǐ yì yě xǔ hái yǒu ge huó lù yú shì chén shè hé wú guǎng zài dà
起义, 也许还有个活路。于是, 陈涉和吴广在大

zé xiāng lǐng dǎo jiǔ bǎi míng shù zú qǐ yì le qǐ yì jūn shì rú pò zhú
泽乡领导九百名戍卒起义了。起义军势如破竹,

hěn kuài dǎ xià chén xiàn jīn hé nán shěng huái yáng xiàn jiàn lì le nóng mín
很快打下陈县(今河南省淮阳县), 建立了农民

zhèng quán guó hào zhāng chǔ zhāng chǔ jiù shì zhāng dà chǔ guó de yì sī
政权, 国号“张楚”。张楚就是张大楚国的意思。

chén shè zuò le wáng yīn wèi zài chén xiàn wéi wáng suǒ yǐ jiào chén wáng
陈涉做了王, 因为在陈县为王, 所以叫“陈王”。

zhè cì qǐ yì yóu yú pàn tú de chū mài hé qín cháo de cán kù zhèn yā
这次起义, 由于叛徒的出卖和秦朝的残酷镇压,

zuì hòu shī bài le
最后失败了。

로 가서 변경을 수비하도록 하였다. 그 중 900명의 군대가, 양성(지금의 하남성 등봉현)에서 출발하여 대택향(지금의 안휘성 숙현 유가집)에 도착했을 때, 큰 비를 만나, 길이 막힘에 따라, 시간을 지체하게 되어, 제 때에 어양에 도착할 수 없게 되었다. 진나라의 법률은 특별히 엄해, 기한을 그르치면 곧바로 사형이었다. 진섭은 어차피 가도 죽을 것이니, 차라리 군대를 이끌고 봉기하면 살 길이 있을지도 모른다고 생각하였다. 그리하여 진섭과 오광은 대택향에서 900명의 국경 수비병을 이끌고 봉기하였다. 봉기군은 파죽지세로 아주 빠르게 진현(지금 하남성 준양현)을 함락시키고, 농민정권을 세워, 국호를 “장초”라 하였다. 장초는 즉 초나라를 장대하게 한다는 뜻이다. 진섭이 왕이 되었고, 진현에서 왕이 되었으므로, “진왕”이라 불렀다. 이때 봉기는 반역자의 배반과 진 나라의 잔혹한 진압으로, 결국에는 실패하고 말았다.

《史记》还歌颂了反抗强暴的游侠和刺客，正反映广大人民希望有人为他们铲除强暴的要求和愿望。如《游侠列传》中的朱家，《刺客列传》中的荆轲等人。朱家，秦末汉初时人，与汉高祖刘邦同时。他是有名的侠客，在危急当中被他营救的有名人士就有几百人，普通老百姓那就更多了。他从来不夸耀和吹嘘自己的才能，而且还深怕再遇见被他营救过的人，因为他不希望别人对他有什么报答。他救济别人，总是先从那些贫穷的人开始。他自己家却没有多余的钱财，平时穿的是破旧衣服，吃的是简单的饭菜，坐的是牛拉的小车。他为别人的急难奔走，胜过办自己的私事。他曾暗中设法救过季布将军，等到季布做了大官，他却一辈子不去见他。歌颂了朱家的高贵品质。

《사기》는 또 강포에 반항하는 협객과 자객을 찬미하였는데, 이는 수많은 백성들이 누군가가 그들을 위해 강포를 제거해주기를 바라는 요구와 바람을 반영한 것이다. 예컨대 《유협열전》 중의 주가나 《자객열전》 중의 형가 등이 이런 사람이다. 주가는 진말 한초 사람으로, 한 고조 유방과 동시대 인물이다. 그는 유명한 협객으로, 위급한 상황에서 그에게 구원된 유명인사가 수백 명이었으며, 일반 백성들은 훨씬 많았다. 그는 한 번도 자신의 재능을 과시하거나 추켜세우지 않았을 뿐만 아니라, 그는 다른 사람이 자기에게 보답하는 것을 바라지 않았기 때문에, 그가 구해준 사람을 만나는 것을 매우 두려워하였다. 그는 다른 사람을 구제할 때, 항상 가난한 사람부터 시작하였다. 자기 집에는 넉넉한 금전이 있는 것도 아니어서, 평소 때 입는 것은 낡은 옷이었고, 먹는 것은 간단한 반찬이었으며, 타고 다니는 것은 소가 끄는 수레였다. 그는 다른 사람의 위급함을 위해 동분서주 하였고, 자기 사적인 일을 하는 것에 우선하였다. 그는 일찍이 몰래 계포 장군을 도운 일이 있는데, 계포가 큰 벼슬을 하게 되자, 그는 일생동안 그를 만나러 가지 않았다. 주가의 이러한 고귀한 품성을 노래하고 있다.

jīng kē shì wèi guó rén xǐ huan dú shū jī jiàn yóu yú wèi guó guó
荆轲是卫国人，喜欢读书击剑。由于卫国国
jūn bù néng yòng tā tā dào le yàn guó yàn guó de yǐn shì tián guāng hěn shǎng
君不能用他，他到了燕国，燕国的隐士田光很赏
shí tā hòu lái qín guó bù duàn xiàng wài qīn lüè jiàn jiàn pò jìn yàn guó
识他。后来，秦国不断向外侵略，渐渐迫近燕国
guó jìng yàn guó jūn chén shí fēn zháo jí tài zǐ dān jiù qù qǐng jiào tián
国境，燕国君臣十分着急，太子丹就去请教田
guāng tián guāng jiù bǎ jīng kē tuī jiàn gěi tā tài zǐ dān duì jīng kē fēi
光，田光就把荆轲推荐给他。太子丹对荆轲非
cháng zūn zhòng dài yù yōu hòu xī wàng tā néng dào qín guó qù chèn jī bǎ
常尊重，待遇优厚，希望他能到秦国去，趁机把
qín wáng qín shǐ huáng cì sǐ jīng kē dā ying le tài zǐ dān de qǐng qiú
秦王(秦始皇)刺死。荆轲答应了太子丹的请求，
jué dìng dào qín guó qù cì shā qín wáng zhè jiù shì zhù míng de jīng kē cì
决定到秦国去刺杀秦王，这就是著名的荆轲刺
qín wáng de gù shì gù shì xiě jīng kē jīng guò yī fān móu huà zhī hòu
秦王的故事。故事写荆轲经过一番谋划之后，
dài zhe yàn guó dì tú qù jiàn qín wáng biǎo shì yàn guó yuàn yì tóu xiáng
带着燕国地图去见秦王，表示燕国愿意投降。
qín wáng zài xián yáng gōng yòng zuì lóng zhòng de yí shì jiē jiàn tā jīng kē pěng
秦王在咸阳宫用最隆重的仪式接见他。荆轲捧
zhe dì tú xiàn gěi qín wáng qín wáng bǎ dì tú zhóu zi màn màn dǎ kāi
着地图，献给秦王。秦王把地图轴子慢慢打开，
dì tú kuài fàng wán le de shí hou tū rán lù chū yī bǎ fēng lì de bǐ
地图快放完了的时候，突然露出一把锋利的匕
shǒu jīng kē yī bǎ zhuā zài shǒu lǐ jiù xiàng qín wáng cì qù qín wáng dà
首，荆轲一把抓在手里，就向秦王刺去。秦王大
chī yī jīng zhèng duàn yī xiù pǎo le méi yǒu cì zhòng jīng kē zài hòu zhuī
吃一惊，挣断衣袖跑了，没有刺中。荆轲在后追

형가는 위 나라 사람으로, 독서와 검술을 좋아하였다. 위 나라 군주가 그를 등용해 주지 않자, 그는 연 나라로 갔는데, 연 나라 은사 전광이 그를 아주 총애하였다. 후에, 진은 끊임없이 다른 나라를 침략하면서, 점점 연 나라 국경까지 압박해 왔다. 연 나라 군신들이 무척 초조해하자, 태자 단이 전광에게 가르침을 청했더니, 전광은 곧 형가를 그에게 추천해 주었다. 태자 단은 형가를 매우 존중하며, 대우를 후하게 해 주면서, 그에게 진나라로 가서 기회를 틈타 진 왕(진시황)을 암살해주기를 희망하였다. 형가는 태자 단의 부탁을 받아들여, 진으로 가서 진 왕을 죽이기로 결심하였는데, 이것이 바로 형가가 진시황을 칼로 찌른 유명한 이야기이다. 이야기는 이렇게 적고 있다. 형가는 일단 계획을 세운 후, 연 나라 지도를 가지고 진시황을 찾아가, 연 나라가 투항을 원한다는 뜻을 전하였다. 진 왕은 함양궁에서 가장 성대한 의식으로 그를 맞이하였다. 형가가 지도를 받들어, 진시황에게 바쳤다. 진 왕이 족자를 천천히 펼쳤다가, 지도를 막 내려놓으려고 할 때, 갑자기 예리한 비수가 드러났고, 형가는 얼른 칼을 쥐고, 진시황을 찌르려고 하였다. 진 왕이 놀라 옷소매를 끊고 도망을 쳐서 칼에 찔리지 않았다. 형가가 뒤를 쫓아가자, 진 왕이 궁전에서 기둥을 돌아 도망을 쳤고, 문무 대신들은 모두 크게 놀라 멍해졌다. 누군가가 진시황에게 큰 소리로, "어서 대왕의 보

赶，秦王在宫殿上绕柱逃跑，文武大臣都吓得目瞪口呆。不知是谁向秦王大喊："大王快抽出你的宝剑!"秦王拔出宝剑，砍断了荆轲左腿。荆轲只好举起匕首，向秦王掷去，可惜没有掷中，却撞在铜柱上。秦王用宝剑把荆轲砍伤了八处，荆轲知道事情已经失败，靠着柱子，一面大笑，一面大骂秦王说："事情所以没有成功，是因为我要捉住你，逼着你订立退还侵地的盟约，然后去回报太子啊!"他的话还没说完，群臣一拥而上，把荆轲杀死了。这个故事表达了人民铲除暴君的愿望，歌颂了荆轲为了国家和人民的利益勇敢献身的精神。

검을 뽑으십시오!"라고 하였다. 진 왕이 보검을 뽑아, 형가의 왼쪽 다리를 잘라버렸다. 형가는 어쩔 수 없이 비수를 들어, 진 왕을 향해 던졌으나, 안타깝게도 맞추지 못하고, 철 기둥에 부딪혔다. 진 왕이 보검으로 형가에게 여덟 군데 상처를 내자, 형가는 일이 실패로 끝났음을 알고, 기둥에 기대어, 크게 웃으면서 진시황에게 욕을 하였다. "일을 성공시키지 못한 이유는, 내가 너를 사로잡아, 침략한 땅을 돌려주겠다는 맹약을 체결하도록 한 뒤에, 태자에게 보고하려 했기 때문이다."라고 하였다. 그의 말이 끝나기도 전에, 군신들이 달려들어 형가를 죽이고 말았다. 이 이야기는 폭군을 제거하고자 하는 백성의 바람을 표현하고, 국가와 백성의 이익을 위해 용감하게 헌신한 형가의 정신을 노래하고자 한 것이다.

② 歌颂了劳动人民的才能和智慧。

② 노동자의 재능과 지혜를 노래하였다.

≪史记≫中描写了社会地位低下的劳动人民，把他们的生活和事迹写进历史，对他们的聪

≪사기≫에는 사회적 지위가 낮은 농민들을 묘사하고, 그들의 생활과 사적을 역사 안에 기록해 넣고, 그들의 총명함과 지혜, 국가에 대한 역

明才智和对国家的作用给予热情歌颂。如≪魏公子列传≫(又叫≪信陵君列传≫)中描写了看门老头侯嬴和鼓刀屠夫朱亥。这两个人在信陵君“窃符救赵”中发挥了自己的才能和智慧，作出了重大贡献。魏国公子魏无忌，封为信陵君，他是魏国国王安厘王的同父不同母的弟弟。他非常爱重人才，喜欢交朋友，有门客三千人，当时名气很大。信陵君的姐姐嫁给了赵国的公子平原君。平原君是赵惠文王的弟弟，在当时也很有名气。有一次，秦国派大兵包围了赵国的国都邯郸，形势万分危急。赵国多次派人给魏王和信陵君送信，请求魏国出兵援救。魏王就派大将晋鄙统帅十万军队去救赵国。秦王听到这个消息，就派人到魏国威胁说：“秦国早晚就能攻下赵国，哪个国家敢来救赵国，等攻下赵国

할을 열렬히 노래하였다. 예컨대, ≪위공자열전≫(≪신릉군열전≫이라고도 함) 중에는 문지기 노인 후영과 백정 주해를 묘사하고 있다. 이 두 사람은 신릉군이 “병부를 훔쳐 조 나라를 구할 때” 자기의 재능과 지혜를 발휘하여, 큰 공헌을 한다. 위 나라 공자 위무기는 신릉군에 봉해졌는데, 그는 위 나라 왕 안리왕의 이복 남동생이다. 그는 인재를 귀하게 여겨, 친구로 사귀기를 좋아하였는데, 문객이 삼천이나 되어, 당대에 대단히 유명한 사람이었다. 신릉군의 누이가 조 나라 공자 평원군에게 시집을 갔다. 평원군은 조 혜문왕의 남동생으로, 역시 당대에 아주 유명하였다. 한 번은, 진이 대군을 보내 조 나라 수도 한단을 포위하여, 정세가 매우 위급하였다. 조 나라는 여러 차례 위 왕과 신릉군에게 편지를 보내어, 위 나라의 군대를 파병하여 조 나라를 구해달라고 요청하였다. 위 왕은 대장 진비가 이끄는 십만 군사를 보내 조를 도우려고 하였다. 진 왕이 이 소식을 듣고, 곧 사람을 위에 보내 위협하여 말하기를, “진이 조만간 조를 공략할 것인데, 어떤 나라든 감히 조를 구하려고 한다면, 조를 함락시킨 뒤에, 반드시 군사를 보내 먼저 그 나라를 칠 것이다.”라고 하였다. 위 왕이 이 말을 듣고 매우 두려워, 곧 진비에게 전진을 멈추고, 군대를 변방 업성에 주둔하도록 명령하고, 명분상으로는 조 나라를 구한다고 하지만, 실제로는 이중적 태도를 취하면서, 사태를 관망하도록 하였다.

之后，一定派军队先去打它!”魏王听了很害怕，就命令晋鄙停止前进，把军队驻扎在边境邺城，名义上说是救赵国，实际上却是采取两面态度，观望形势。

赵国的平原君等得急了，接连不断地派人到魏国去，并责备信陵君说:“所以自愿和魏国结为亲戚，是因为您重义气，能够解救别人的危难。现在赵国早晚就要投降秦国了，而魏国的救兵始终没有到，哪里见得您能够解救别人的危难呢！即使您看不起我赵胜(平原君)，让我当俘虏，难道你不可怜您的姐姐吗?”信陵君心里也很难过，多次请求魏王出兵，魏王始终不答应。

조 나라 평원군은 초조하게 기다리며, 계속해서 위에 사람을 보내는 한편, 신릉군을 책망하며 말하길, "위와 자진하여 친척이 되었던 것은, 당신이 의리를 중히 여기고, 다른 사람의 위난을 능히 구제해 줄 수 있을 것이라 생각했기 때문이오. 지금 조 나라가 조만간 진에게 투항하려고 하는데 위 나라 군대는 끝내 오지 않고 있으니, 당신이 어떻게 다른 사람의 위험을 구해줄 수 있다 하겠소! 설령 그대가 나 평원군을 업신여겨 포로가 되도록 한다 하더라도, 당신의 누이가 가엾지도 않단 말이오?"라고 하였다. 신릉군 마음 역시 무척 괴로워, 몇 번이고 위 왕에게 병사를 보낼 것을 요청했지만, 위 왕은 끝내 응하지 않았다.

信陵君为了救赵，凑集了一百多辆战车，亲自带领门客，准备向秦军冲锋陷阵，与赵国同生

신릉군은 조를 구하기 위해, 백 대가 넘는 전차를 모아, 직접 문객을 인솔하여, 진 나라 군대로 돌격하여, 조와 생사를 함께 하고, 존망을 같이

死，共存亡。

信陵君经过夷门(大梁城的东门)的时候，看门老头侯嬴不赞成他带领门客去拼命，为信陵君想出了“窃符救赵”的办法。侯嬴对信陵君说：“我听说调遣晋鄙军队的兵符，经常放在魏王的卧室里，魏王的宠妃如姬可以自由出入卧室，她能够把兵符偷出来。我又听说如姬的父亲被人杀害，是您派门客把那个仇人的头砍下来献给如姬的。如姬非常感谢您。愿意牺牲自己来报答您。只要您一开口，请她帮忙，她一定会答应的。只要盗出兵符，就能把晋鄙的军权夺到手，统帅大军，北救赵国，西退秦军，这是了不起的功勋啊。”信陵君采用了侯嬴的计策，去请如姬，如姬果然把兵符偷了出来。侯嬴又把他的好朋友、大力士、屠夫朱亥推荐给信陵君，并说：“如

하려고 준비를 하였다.

신릉군이 이문(대량성의 동문)을 지나려할 때, 문지기 노인 후영이 문객을 이끌고 목숨을 바치러 가는 신릉군을 막고, 신릉군을 위하여 "병부를 훔쳐 조를 구하는" 방법을 생각해 낸다. 후영은 신릉군에게 말하길, "듣자하니 진비 군대를 지시하는 병부가, 항상 위 왕의 침실에 놓여있는데, 위 왕이 총애하는 왕비 여희가 자유롭게 침실을 출입할 수 있으니, 그녀라면 병부를 훔쳐 나올 수 있을 것입니다. 또 듣자하니 여희의 부친이 살해를 당했는데, 당신이 문객을 보내 그 원수의 목을 그녀에게 바치면, 여희가 매우 감사하게 여기고, 자신을 희생해서라도 당신에게 보답하길 원할 것입니다. 당신이 입만 열어, 그녀에게 도움을 청하면, 그녀는 반드시 이에 응할 것입니다. 병부만 훔쳐내면, 진비의 군권을 손에 넣을 수 있고, 대군을 통솔하여, 북으로는 조를 구하고, 서로는 진의 군대를 물리칠 수 있어, 훌륭한 공훈을 얻게 될 것입니다." 신릉군이 후영의 계책을 취하여, 여희에게 도움을 청하니, 여희는 과연 병부를 훔쳐 나왔다. 후영은 그의 좋은 친구인 대력사요 백정인 주해를 신릉군에게 추천해 주며, 말하길, "만약 진비가 병권을 넘겨주면, 아무 일도 없을 것이지만, 만약에 병권을 넘겨주지 않으면, 주해에게 그를 죽이도록 하십시오."라고 하였다.

果晋鄙交出兵权，什么事也没有；如果晋鄙不交出兵权，可令朱亥把他杀死。”

后来，信陵君到了晋鄙军营，晋鄙果然不肯交出兵权，朱亥拿出铁锤，当场把他打死。信陵君夺了军权，经过一番整顿，率领八万精兵直攻秦军。秦军大败，救了邯郸，保全了赵国。

뒤에, 신릉군이 진비 군영에 도착해 보니, 진비가 과연 병권을 넘겨주려고 하지 않자, 주해가 망치를 가지고, 그 자리에서 그를 죽여 버렸다. 신릉군은 군권을 탈취하여, 일단 정비를 거친 다음, 팔만 정예군대를 이끌고 진 나라 군을 공격하였다. 진의 군대는 대패하였고, 한단을 구하고, 조 나라를 보전하였다.

再如≪滑稽列传≫中描写了为统治阶级取乐而又不被重视的艺人，对他们的才能和智慧同样给予热情歌颂。秦朝时候有个艺人叫优旃，他是一个矮子，但很会说逗笑的话。有一次，秦始皇想要扩建御花园，东边从函谷关起，西边直到雍县和陈仓县，方圆有好几百里。优旃对秦始皇说：“妙啊！我们在那里多养些鸟呀兽呀，如果敌人从东面来侵略我们，我们只要放出许多梅花鹿，叫他们用长角把敌人触死，那不就解决

또 ≪활계열전≫ 중에서는 통치계급의 노리개로 살면서도 중시를 못 받는 예인들을 묘사하여, 그들의 재능과 지혜를 마찬가지로 열렬히 노래하였다. 진 나라 때 우전이라는 예인이 있었는데, 그는 난쟁이였지만, 우스갯소리를 잘하는 사람이었다. 한 번은, 진시황이 어화원을 확대하여, 동으로는 함곡관부터 시작하여, 서로는 옹현과 진창현까지 주위 수백리가 되게 하고 싶었다. 우전이 진시황에게 말하였다. “훌륭합니다! 우리가 그곳에 새와 짐승들을 많이 기르고 있다가, 만약 적이 동쪽에서 침략해 오면, 우리는 수많은 꽃사슴을 풀어서, 사슴의 긴 뿔로 적을 떠받아 죽게 할 수 있을 것이니, 그러면 문제가 바로 해결되지 않겠습니까?” 진시황이 그 말을 듣고, 그의 말이 재미도 있지만, 또 이치에 맞다 싶어, 어화원을 증축하려던 계획을 취소하고 말았다.

问题了吗?”秦始皇听了，觉得他说的话又幽默，又有道理，就取消了扩建御花园的计划。

后来，秦二世当了皇帝，他要把城墙油漆一新。优旃对他说：“那好极了！您不说，我还想向您建议呢！把城墙漆一漆，虽然要耗费老百姓的大量钱财人力，带给他们痛苦，但那是一件多么好的事情呀！城墙漆得亮光光，敌人来了爬不上。这件事情是好办的：油漆，库房里有；漆匠，一抓就到。只是要找一所让漆过的城墙在里面阴干的大屋子，那可不简单啊！”这番话把秦二世说得笑了起来，才没有干这样的蠢事。优旃在谈笑风生之中，对蛮横残暴的秦始皇和秦二世进行了深刻地讽刺，不但表达了人民的愿望，也替人民做了好事。

뒤에, 진 나라 2세가 황제가 된 후, 성벽을 한 번 새롭게 칠하고자 하였다. 우전이 그에게 말하였다. “좋은 생각입니다! 폐하께서 말하지 않았더라도, 제가 건의를 드릴까 했습니다! 성벽에 칠을 한 번 하면, 백성들의 많은 재산과 인력이 낭비되고, 그들에게 고통을 주기는 하겠지만, 그것은 얼마나 멋진 일입니까! 성벽을 번쩍번쩍하게 칠해 놓으면, 적이 기어오르지 못할 것입니다. 이것은 일 하기도 좋습니다. 칠할 옻은, 창고 안에 있고, 칠하는 도공은 바로 잡아오면 됩니다. 다만 칠을 한 성벽을 방안 그늘에서 말릴 큰 방을 하나 찾아야 하는데, 그것이 좀 간단하지 않습니다!” 이 말이 황제를 웃게 만들었고, 이 어리석은 일이 행해지지 않게 되었다. 우전은 이 흥미로운 이야기 속에서, 진시황과 진 2세의 난폭하고 잔혹함을 깊이 풍자하고, 농민의 바람을 표현하는 한편, 농민을 위해 훌륭한 일을 해 내었던 것이다.

③ 歌颂了爱国将领和英雄人物。

③ 애국 장교와 영웅인물을 찬양하였다.

爱国主义是中国人民的优良传统。《史记》对历史上的爱国将领和英雄人物，给予热情歌颂。在≪屈原列传≫里，歌颂屈原品格高尚，赞美他“与日月争光可也。”像太阳和月亮那样光辉。在≪廉颇蔺相如列传≫中，生动地描写了蔺相如以自己的智慧和勇敢，捍卫了祖国的尊严，使秦国不敢侵略自己的国家，热情歌颂了他的爱国主义精神。也歌颂了廉颇知错就改，负荆请罪的高贵品质。这里写了三个著名的故事：一是蔺相如“完璧归赵”，二是秦、赵两国“渑池相会”，三是廉颇“负荆请罪”。

애국주의는 중국인의 우수한 전통이다. ≪사기≫는 역사상의 애국 장교와 영웅인물에게 열정적으로 찬양을 해 주었다. ≪굴원열전≫에서는, 굴원의 성품이 고상함을 찬양하고, 그를 “해와 달과 빛에 견줄만하다.”고 찬미하였다. ≪염파인상여열전≫에서는, 인상여가 자신의 지혜와 용감함으로, 조국의 존엄성을 지키고, 진 나라가 감히 자기 나라를 침략하지 못하게 했던 것을 생동적으로 묘사하였으며, 그의 애국주의 정신을 열정적으로 찬양했다. 또 염파가 잘못을 알아 바로 고치고, 잘못을 인정한 후 사죄하는 고귀한 인품을 찬양하였다. 여기에서는 세 개의 유명한 고사를 적고 있는데, 하나는 인상여의 “완벽귀조”, 두 번째는 진·조 두 나라의 “민지상회”, 세 번째는 염파의 “부형청죄”이다.

“完璧归赵”写赵国得到了楚国的一块宝玉，叫“和氏璧”，这块宝玉名闻天下。秦国的国王知道后，就写信给赵王，说愿意用十五座城换这块

“완벽귀조”의 내용은 이러하다. 조 나라가 “화씨벽”이라는 초 나라 보옥 하나를 얻었는데, 이 보옥은 천하에 이름이 나 있었다. 진 나라 왕이 이 사실을 알고 난 후, 바로 조 나라 왕에게 편지를 써서, 15개 성과 이 보옥을 바

bǎo yù zhàowáng hé dà chénmen shāng yì yào bǎ bǎo yù sòng gěi qín guó
宝玉。赵王和大臣们商议：要把宝玉送给秦国，
kǒng pà qín guó bù gěi shí wǔ zuò chéng bái bái shòupiàn yào bù bǎ bǎo yù
恐怕秦国不给十五座城，白白受骗；要不把宝玉
sòng gěi qín guó yòu pà qín guó chū bīng gōng dǎ zhào guó shāngliang lái shāng
送给秦国，又怕秦国出兵攻打赵国。商量来商
liang qù zǒng méi yǒu tiāo xuǎn chū hé shì de rén dào qín guó qù dá fù zhè
量去，总没有挑选出合适的人到秦国去答复这
jiàn shì zhè shí yǒu ge dà chén bǎ lìn xiàng rú tuī jiàn gěi zhàowáng shuō
件事。这时，有个大臣把蔺相如推荐给赵王，说
tā néng shèng rèn zhè xiàng shǐ mìng lìn xiàng rú dài shàng hé shì bì dào le qín
他能胜任这项使命。蔺相如带上和氏璧到了秦
guó qín wáng méi yǒu zài cháo tíng shàng jiē jiàn tā què zài pǔ tōng de gōng diàn
国，秦王没有在朝廷上接见他，却在普通的宫殿
zhāng tái gōng zhào jiàn le tā lìn xiàng rú pěng zhe hé shì bì gōnggōng jìng
章台宫召见了他。蔺相如捧着和氏璧，恭恭敬
jìng de xiàn gěi qín wáng qín wáng kàn le yòu kàn fēi cháng gāo xìng jiù bǎ
敬地献给秦王，秦王看了又看，非常高兴，就把
bǎo yù chuán gěi gōng zhōng měi rén hé shēnbiān de suí cóngmen kàn yī diǎn méi
宝玉传给宫中美人和身边的随从们看，一点没
yǒu gěi zhào guó shí wǔ zuò chéng de yì sī lìn xiàng rú xīn shēng yī jì
有给赵国十五座城的意思。蔺相如心生一计，
zǒu shàng qián qù duì qín wáng shuō bì shàng yǒu diǎn xiǎo máo bìng ràng wǒ zhǐ
走上前去，对秦王说：“璧上有点小毛病，让我指
gěi dà wáng kàn lìn xiàng rú ná guò bǎo yù hòu tuì jǐ bù kào zài zhù
给大王看。”蔺相如拿过宝玉，后退几步，靠在柱
shàng nù qì chōngchōng de duì qín wáng shuō zhào guó běn lái bù xiǎng bǎ bǎo
上，怒气冲冲地对秦王说：“赵国本来不想把宝
yù sòng lái dàn shì zhàowáng bù yuàn wèi le yī kuài bǎo yù shāng le liǎng guó
玉送来，但是，赵王不愿为了一块宝玉伤了两国

꿨으면 한다고 말했다. 조 나라 왕과 대신들은 상의했다. 옥을 진에게 주더라도, 진이 15개 성을 주지 않으면, 자신들은 속임만 당할 것이며, 진에게 옥을 안 주면, 또 진은 군사를 이끌고 쳐들어올 것이었다. 아무리 상의해도, 진에 가서 이 일을 설명할 적당한 사람을 찾지 못하였다. 이때, 어떤 대신이 인상여를 조나라 왕에게 추천하면서, 그가 이 사명을 감당할 수 있을 것이라고 말했다. 인상여는 화씨벽을 가지고, 진으로 갔으나, 진 왕은 조정에서 그를 맞이하지 않고, 오히려 일반 궁전인 장대궁에서 그를 만나주었다. 인상여가 화씨벽을 받들어 공손하게 진 왕에게 바치자, 진 왕은 보고 또 보며, 매우 기뻐하면서, 보옥을 궁전의 미인들과 근처 시종들에게 보여줄 뿐, 조 왕에게 15개 성을 줄 뜻은 조금도 없었다. 인상여는 속으로 한 가지 계책을 세워, 앞으로 가서, 진나라 왕에게, "옥에 약간의 문제가 있는데, 제가 대왕에게 가르쳐드리게 해 주십시오."라고 말했다. 인상여는 보옥을 들고, 몇 발자국 물러난 뒤, 기둥에 기대어, 노기충천하여 진 왕에게 말하기를, "조 왕은 본래 보옥을 보낼 생각이 없었지만, 조왕은 보옥 하나 때문에 두 나라의 화목한 분위기가 상하는 것을 원치 않았기에, 5일 동안 재계한 후, 친히 국서를 저에게 건네주며, 저를 파견하여 옥을 보내게 했습니다. 그러나 대왕은 도리어 이렇게 오만하고, 예의를 지키지 않았습니다. 지금, 대왕 역시

的和气，便斋戒了五天，亲自把国书交给我，派我把宝玉送来。可大王却这样傲慢，不讲礼节。现在，大王也应当斋戒五天，在朝廷上举行隆重的外交仪式，我才能把宝玉献给大王。如果大王一定逼迫我，我情愿把自己的头颅和宝玉一起在柱上撞个粉碎!”秦王没办法，只好斋戒五日，以隆重的礼节接待了他。这时，蔺相如已经把宝玉交给了随从，让他化装成老百姓，把宝玉带回赵国。蔺相如又经过一番斗争，终于取得了外交上的胜利，返回了赵国。

마땅히 5일을 재계하고, 조정에서 성대한 외교의식을 거행해야, 제가 비로소 옥을 대왕에게 바칠 수 있습니다. 만약 대왕께서 저를 핍박하신다면, 저는 저의 머리와 옥을 함께 기둥에 부딪혀서 가루로 만들어 버릴 것입니다!"라고 하였다. 진 왕은 방법이 없어서, 어쩔 수 없이 5일 동안 재계하고, 성대한 예의로 그를 접대하였다. 이 때, 인상여는 이미 보옥을 수행원에게 넘겨주고, 그를 일반백성으로 분장시킨 후, 보옥을 조 나라로 가져가게 하였다. 인상여는 다시 한 바탕 투쟁을 겪고 나서, 마침내 외교상의 승리를 거두고, 조 나라로 돌아왔다.

“渑池相会”写秦国侵占赵国的一些地方后，秦王要求和赵王在渑池相见，彼此讲和。赵王害怕秦国，不想去。赵国大将廉颇和蔺相如对赵王说:“大王不去，显得赵国没有力量，害怕秦国，还是去好。”于是赵王同蔺相如到渑池会见

"민지상회"는 이런 내용이다. 진 나라가 조 나라의 일부 지방을 침탈한 후, 진 왕이 조 왕과 민지에서 서로 만나, 서로 화친을 하자고 요구하였다. 조 왕은 진이 두려워, 가고 싶지 않았다. 조 나라의 대장 염파와 인상여가 조 왕에게 말하길, "대왕이 안 가면, 조 나라에 힘이 없음을 보여주는 것이니, 진이 두려워도 가는 게 좋습니다." 라고 하였다. 그래서 조 왕은 인상여와 함께 민지로 가서

秦王，国内由廉颇负责，加强战备，提防秦国进攻。赵王到了渑池与秦王相会。宴席上，秦王几杯酒下肚，略有些醉意，就对赵王说："我听说您很喜欢弹瑟，请弹一曲给我听听。"赵王就在宴席上弹了一曲。秦国的史官上前写道："某年某月某日，秦王与赵王会饮，命令赵王弹瑟。"这时，蔺相如上前对秦王说："赵王听说秦王擅长秦国的音乐，请大王敲敲瓦盆助兴。"秦王大怒，不答应。蔺相如说："大王不敲，我就和你拼命！"秦王的卫士拔出刀来要杀蔺相如，蔺相如大喊一声，把卫士吓得往后倒退。秦王胆战心惊，只好在瓦盆上"当"地敲了一下。蔺相如叫赵国的史官写道："某年某月某日，秦王给赵王敲瓦盆助兴。"秦国大臣见秦王没有占到便宜，就说："请赵王送十五座城给秦王作为献礼。"蔺相如

진 왕을 회견하고, 나라 내부는 염파에게 책임을 맡기고, 전쟁준비를 강화함으로써, 진의 공격에 대비하도록 하였다. 조 왕이 민지에 도착하여 진 왕과 서로 만났다. 연회석에서, 진 왕이 술 몇 잔을 마시고, 약간 취기가 오르자, 조 왕에게 말하기를, "듣자니까 당신은 거문고 연주를 매우 좋아한다던데, 내게 한 곡 들려주시지요."라고 하였다. 조 왕이 연회석에서 한 곡을 연주하였다. 진의 사관이 앞으로 나와, "모년 모월 모일, 진 왕이 조 왕과 술을 마시다가, 조 왕에게 명령하여 거문고를 타게 했다."라고 썼다. 이 때, 인상여가 앞으로 나가 진 왕에게 말하기를, "조 왕이 듣기에 진 왕께서는 진 나라 음악에 뛰어나다던데, 대왕께서 와분을 치며 흥을 돋워 주시지요."라고 하였다. 진 왕이 크게 노하여 대응하지 않았다. 인상여는 "대왕이 와분을 치지 않으면, 제가 당신과 목숨을 걸겠나이다. 진 왕의 호위병이 칼을 꺼내 인상여를 죽이려 할 때, 인상여가 크게 소리치자, 호위병이 놀라 뒤로 물러났다. 진 왕이 놀라 벌벌 떨며 할 수 없이 와분을 쳐서 "둥"하는 소리를 냈다. 인상여가 조 나라의 사관에게 "모년 모월 모일, 진 왕이 조 왕에게 와분을 두드려주며 흥을 돋웠다."라고 쓰게 하였다. 진 나라 대신은 진 왕이 불리해 보이자, "조 왕은 진 왕에게 15개 성을 선물로 바치시오."라고 말했다. 인상여 역시, "좋소, 진 왕께서는 수도 함양을 조 왕에게 선물로 바치시오."라고 말했

也说:“好，请秦王把国都咸阳送给赵王作为献礼。”结果，直到宴会完毕，秦国也没有压倒赵国。

“负荆请罪”写渑池相会后，蔺相如被封为上卿(相当于宰相)，地位在廉颇之上。廉颇很不高兴，常对人说;“我是赵国的大将，攻城野战，出生入死，立下许多功劳。可是蔺相如光靠会说几句话，地位却在我之上，我实在不服。哪天见到他，非当面羞辱他一番不可。”蔺相如听了这话，不愿再和廉颇见面。每逢上朝，他总托病请假，不愿跟廉颇在一起争位次的先后。有一次，蔺相如出门，远远望见了廉颇，赶忙吩咐手下人转过车子躲开他。手下人很不高兴，说:“您跟廉颇职位相同，廉将军说出那些难听的话，您不但不理会，反而躲着他走，实在太胆怯了。这样胆怯，普通的人都觉得羞愧，何况将相呢!”蔺

다. 결국, 연회가 끝날 때까지, 진 왕은 조 왕을 압도하지 못하였다.

“부형청죄”의 내용은 이러하다. 민지에서 만남이 있은 후, 인상여는 상경(재상에 해당함)에 봉해져서, 염파보다 지위가 높아지게 되었다. 염파는 매우 불쾌해서, 늘 사람들에게 말하기를, “나는 조나라 대장으로, 성을 공격하고 들에서 싸우며 생사를 드나들며 많은 공을 세웠다. 그러나 인상여는 잘하는 말 몇 마디로, 나보다 높은 지위에 있는데, 나는 참으로 인정을 할 수가 없다. 언제 그를 만나면, 그의 면전에서 반드시 한 번 모욕을 줄 것이다.”라고 하였다. 인상여는 이 말을 듣고, 염파와 다시는 만나려고 하지 않았다. 매 번 조정에 나가야 할 때가 되면, 그는 늘 병을 핑계로 쉬었고, 염파와 지위의 선후를 다투기 싫었다. 한 번은, 인상여가 밖에 나갔는데, 멀리 염파가 보이자, 얼른 시종에게 분부하여 마차를 돌려 그를 피하라고 하였다. 시종은 매우 불쾌해 하며 말하기를, “상경은 염파와 직위도 서로 같은데, 염장군이 듣기 싫은 그런 말을 한다고, 상대도 하지 않고 오히려 그를 피해 가다니, 정말 겁이 너무 많군요. 이런 겁쟁이는, 보통 사람들도 부끄러워하는데, 하물며 상경까지 이러시다니!”라고 하였다. 그러자 인상여가 그에게 말하길, “진 나라가 감히 군사

xiàng rú duì tā men shuō qín guó suǒ yǐ bù gǎn chū bīng qīn lüè zhào guó
相如对他们说:“秦国所以不敢出兵侵略赵国,
jiù yīn wèi yǒu wǒ hé lián jiāng jūn xiàn zài liǎng hǔ xiāng dòu yī dìng yào
就因为有我和廉将军。现在两虎相斗，一定要
pīn ge nǐ sǐ wǒ huó bù néng gòng cún qín guó jiù huì zài lái qīn lüè wǒ
拼个你死我活, 不能共存, 秦国就会再来侵略我
men nà shí guó jiā jiù bù kān shè xiǎng le wǒ duì lián jiāng jūn rěn rǔ
们, 那时, 国家就不堪设想了。我对廉将军忍辱
tuì ràng yuán shì xiān kǎo lǜ guó jiā de shì qing hòu kǎo lǜ sī rén de chóu
退让, 原是先考虑国家的事情, 后考虑私人的仇
yuàn a lián pō tīng dào zhè xiē huà wàn fēn gǎn dòng mǎ shàng jiě yī lù
怨啊!”廉颇听到这些话, 万分感动, 马上解衣露
bó bēi zhe jīng zhàng dào lìn xiàng rú mén shàng qǐng zuì chéng rèn cuò wù cóng
膊, 背着荆杖, 到蔺相如门上请罪, 承认错误。从
cǐ liǎng rén chéng le zuì hǎo de péng yǒu
此, 两人成了最好的朋友。

를 이끌고 조 나라를 침략하지 못하는 것은, 나와 염장군이 있기 때문이다. 지금 두 마리 호랑이가 서로 싸우게 되면, 반드시 목숨을 걸고 싸워야 하고, 둘이 공존하지 못하면, 진 나라가 다시 우리를 침략할 것인데, 그 때가 되면, 나라는 상상조차 할 수 없게 될 것이다. 내가 염장군에게 치욕을 참고 물러나는 것은, 먼저 국가의 일을 고려하고, 개인의 원한은 뒤에 고려하기 때문이란다."라고 말하였다. 염파는 이 말을 듣고, 매우 감동하여, 바로 옷을 벌거벗고, 가시나무를 짊어지고, 인상여의 문 앞에 가서 죄를 인정하고, 실수를 인정하였다. 이때부터, 둘은 가장 좋은 친구가 되었다.

zài lǐ jiāng jūn liè zhuàn zhōng rè qíng yáng yì de gē sòng le
在《李将军列传》中，热情洋溢地歌颂了
ài guó ài mín ài bīng de dà jiàng lǐ guǎng tā yīng yǒng shàn zhàn dí rén
爱国爱民爱兵的大将李广。他英勇善战，敌人
pà tā chēng tā wéi hàn zhī fēi jiāng jūn
怕他, 称他为“汉之飞将军”。

《이장군열전》에서는, 나라와 백성과 병사를 사랑하는 대장 이광을 열정적으로 노래하고 있다. 그는 영특하고 용맹하였으며 싸움에 능하여, 적들은 그를 무서워하였고, 그를 "한 나라의 비장군"이라 불렀다.

jiē lù le tǒng zhì zhě de chǒu è běn zhì
④ 揭露了统治者的丑恶本质。

④ 통치자의 추악한 본질을 폭로하였다.

sī mǎ qiān zài shǐ jì zhōng bù jǐn duì lì shǐ shàng de bào jūn
司马迁在《史记》中不仅对历史上的暴君
rú xià jié qín shǐ huáng děng jǐ yǔ qiǎn zé hé fěng cì ér qiě duì dāng shí
如夏桀、秦始皇等给予谴责和讽刺, 而且对当时
de hàn cháo huáng dì yě gěi yǐ wú qíng de jiē lù hé pī píng zhè zhǒng jiē
的汉朝皇帝也给以无情的揭露和批评。这种揭

사마천은 《사기》에서 역사상의 폭군, 예컨대 하 나라의 걸왕과 진시황을 견책하고 풍자했을 뿐만 아니라, 당시의 한 나라 황제에게도 사정없이 폭로와 비평을 가하였다. 이런 폭로와 비평은, 때로는 직접적으로 쓰고, 때

lù hé pī píng yǒu shí zhí jiē xiě chū yǒu shí yū huí biǎo dá rú xiě
露和批评，有时直接写出，有时迂回表达。如写
hàn cháo huáng dì liú bāng bù zài hàn gāo zǔ běn jì lǐ jiē lù tā
汉朝皇帝刘邦，不在《汉高祖本纪》里揭露他，
ér zài xiàng yǔ běn jì hé qí tā wén zhāng lǐ jiē lù tā zhǐ yǒu
而在《项羽本纪》和其他文章里揭露他，只有
bǎ gè piān fàng zài yī qǐ cái néng kàn chū tā de tān cái hào sè wú
把各篇放在一起，才能看出他的贪财、好色、无
lài de zhēn miàn mù zài lǚ tài hòu běn jì lǐ yě xiě le lǚ hòu
赖的真面目。在《吕太后本纪》里，也写了吕后
de cán rěn
的残忍。

로는 우회적으로 표현하였다. 예컨대 한 나라 황제 유방을 쓸 때는, 《한고조본기》에서 그를 폭로하지 않고, 《항우본기》와 기타 문장에서 그를 폭로함으로써, 각각의 문장을 함께 놓아야만, 비로소 그가 재물을 탐냈고 색을 좋아하였으며 무뢰 했던 진면목을 볼 수가 있다. 《여태후본기》에서도 여후의 잔인함을 써놓았다.

shǐ jì de yì shù chéng jiù
(2) 《史记》的艺术成就

(2) 《사기》의 예술성취

sù zào le xǔ duō xǔ xǔ rú shēng de gè jiē céng de rén wù xíng xiàng
① 塑造了许多栩栩如生的各阶层的人物形象。

① 각 계층의 인물형상을 살아 있듯 생동적으로 소조하였다.

sī mǎ qiān shàn yú zhuā zhù bù tóng rén wù de xìng gé tè zhēng tōng
司马迁善于抓住不同人物的性格特征，通
guò jù tǐ de lì shǐ shì jiàn hé mǒu xiē xì jié de miáo xiě lái biǎo xiàn
过具体的历史事件和某些细节的描写，来表现
gè zhǒng gè yàng de rén wù shǐ jì sù zào le shè huì shàng gè jiē
各种各样的人物。《史记》塑造了社会上各阶
céng de rén wù shù yǐ bǎi jì měi ge rén wù dōu yǒu zì jǐ de gè xìng
层的人物数以百计，每个人物都有自己的个性
hé jīng shén miàn mào rú xiě xiàng yǔ jiù xiě chū le tā nà chì zhà fēng
和精神面貌。如写项羽，就写出了他那叱咤风

사마천은 서로 다른 인물의 성격 특징을 잘 파악하여, 구체적인 역사사건과 세세한 어떤 묘사를 통하여, 각양각색의 인물들을 표현하는데 뛰어났다. 《사기》에서는 사회 각 계층의 인물 수백 명을 소조하고 있는데, 각 인물들은 모두 자기 성격과 정신을 가지고 있다. 예를 들어 항우를 쓸 때는, 그의 위세당당한 정신과 비범한 기개를 썼고, 유방을 쓸 때는, 활달하고 도량이 넓으며, 사람

yún de jīng shén hé lì bá shān qì gài shì de qì kǎi xiě liú bāng zé huó
云的精神和力拔山气盖世的气概；写刘邦，则活
huà chū yī ge huò dá dà dù shàn yú yòng rén rán ér yòu shì yī ge tān
画出一个豁达大度，善于用人，然而又是一个贪
cái hào sè jù yǒu liú máng qì zhì de huáng dì xiě lǐ guǎng zé kè huà
财、好色，具有流氓气质的皇帝；写李广，则刻画
le tā zhì yǒng shuāng quán yuán bèi shàn shè shàn yú zhì jūn ér yòu shēn xiān shì
了他智勇双全，猿臂善射，善于治军而又身先士
zú de míng jiàng tè sè xiě cì kè jīng kē zé chōng mǎn le kāng kǎi jī
卒的名将特色；写刺客荆轲，则充满了慷慨、激
liè bēi zhuàng de qíng diào qí tā hái yǒu lián pō de jū gōng zì ào lìn
烈、悲壮的情调；其他还有：廉颇的居功自傲，蔺
xiàng rú de gù quán dà jú rěn ràng kuān róng xìn líng jūn de lǐ xián xià
相如的顾全大局，忍让宽容，信陵君的礼贤下
shì děng děng zhè xiē xìng gé tè zhēng biǎo xiàn de qià rú qí fèn zhēn shí
士等等。这些性格特征，表现得恰如其分，真实
gǎn rén
感人。

을 기용함에는 능숙하지만, 재물을 탐하고 색을 좋아하며, 불량배 기질을 가진 황제로 생생하게 그리고 있다. 이광을 쓸 때는, 지혜와 용기를 겸비하고, 원숭이 같은 팔로 활을 잘 쏘고, 군대를 다스리는데 능숙하며, 또 몸소 병사들 앞에서 솔선수범하는 명장의 특색이 있음을 잘 그리고 있다. 자객 형가의 묘사에서는, 강개하고 격렬하며 비장한 정서가 충만하고, 이 외에도, 염파가 공로를 구실로 오만함을 보이는 내용, 인상여가 대국을 고려하여 남을 너그럽게 용서하는 내용, 신릉군이 예의와 겸손으로 아랫사람을 대하는 것 등등이 있다. 이러한 성격 특징은 정도에 알맞게 표현이 되고 있어, 진실로 사람들에게 감동을 준다.

gù shì qíng jié jǐn zhāng shēng dòng fù yǒu xì jù xìng
② 故事情节紧张生动，富有戏剧性。

② 이야기의 줄거리가 긴장감 있고 생동적이며 희극성이 강하다.

shǐ jì gù shì méi yǒu gù dìng de xíng shì rán ér qíng jié
《史记》故事没有固定的形式，然而情节
shēng dòng yǐn rén rù shèng fù yǒu xì jù xìng gù shì zhòng diǎn tū chū yǒu
生动，引人入胜，富有戏剧性。故事重点突出，有
tóu yǒu wěi xiàn suǒ fēn míng dǎ pò le lì shǐ gù shì de píng pū zhí xù
头有尾，线索分明，打破了历史故事的平铺直叙
de sǐ bǎn fāng fǎ tōng guò qíng jié de fā zhǎn gòu chéng gù shì gāo cháo
的死板方法，通过情节的发展，构成故事高潮，

《사기》의 이야기에는 고정된 형식이 없으나, 이야기가 생동적이고 사람을 황홀한 경지로 이끌며, 극적인 성격이 강하다. 이야기들은 중점이 두드러지고, 시작과 끝이 있으며, 줄거리가 분명하고, 역사 이야기를 수식 없이 진솔하게만 쓰는 판박이 방법을 타파함으로써, 줄거리의 발전을 통하여, 이야기의 절

使故事波澜起伏。写出了许多精彩的故事，如"将相和"写的是廉颇和蔺相如的故事；"霸王别姬"写的是楚霸王项羽失败的故事；"鸿门宴"写的是刘邦和项羽在鸿门相会的故事；"文君夜奔"写的是司马相如和卓文君恋爱的故事，等等。

정을 만들어 내고, 이야기에 기복과 변화가 있도록 하였다. 훌륭한 이야기를 많이 썼는데, 예컨대 "장상화"에서는 염파와 인상여의 이야기를 쓴 것이고, "패왕별희"는 초나라 패왕 항우가 실패한 이야기를 쓴 것이며, "홍문연"은 유방과 항우가 홍문에서 서로 만난 이야기를 쓴 것이고, "문군야분"은 사마상여와 탁문군의 사랑 이야기를 쓴 것 등등이다.

③ 卓越的语言艺术。

③ 탁월한 언어예술

《史记》的语言，精确鲜明，平易简洁而有气势，还常常运用一些歌谣、谚语、俗语、独白和对话等，作品中的人物语言，适合人物的身份，如《陈涉世家》写陈涉当了皇帝后，他的农民伙伴去看他，说："伙计！你当了皇帝竟这样阔气呀！"。又如《张丞相列传》，描写周昌口吃："臣口不能言，然臣期期知其不可。陛下虽欲废太子，臣期期不奉诏。""期期"两字没有意思，只表示口吃。《史记》中的人物语言，都富有个性。

《사기》의 언어는, 매우 정확하고 명확하며, 쉽고 간결하면서도 기세가 있으며, 또 항상 가요·속어·속담·독백과 대화 등을 활용하여, 작품 중 인물들의 언어가 인물 신분에 잘 부합되고 있는데, 예를 들면 《진섭세가》에서는 진섭이 황제에 오른 후, 그의 농민 동료가 그를 보러 가서, "여보게! 자네 황제가 되고 나니 이렇게 호화스럽군!"이라고 말한 것을 적고 있고, 또 《장승상열전》에서는, 주창이 말을 더듬는 것을 적고 있는데, "신은 입으로 말을 잘 못 합니다. 하지만 신은 그, 그 불가능하다는 것을 압니다. 폐하께서 비록 태자를 폐위시키고 싶으셔도, 신은 그, 그 조서를 받들 수 없습니다."라고 하였다. 여기서 "그, 그" 두 글자에는 아무 뜻이 없고, 단지 말을 더듬는 것을 가리킨다. 《사기》에서 인물의 언어는 모두 개성이 강하다.

lǔ xùn xiānsheng duì shǐ jì jǐ yǔ hěn gāo de píng jià tā
鲁迅先生对《史记》给予很高的评价，他
shuō shǐ jiā zhī jué chàng wú yùn zhī lí sāo hàn wén xué
说:“史家之绝唱，无韵之《离骚》。”(《汉文学
shǐ gāng yào tā shì zhōng guó sǎn wén shǐ shàng de yī zuò fēng bēi duì hòu
史纲要》)它是中国散文史上的一座丰碑，对后
dài yǒu hěn dà de yǐngxiǎng
代有很大的影响。

노신 선생은 《사기》에 대하여 매우 높이 평가하여, 그는 말하기를, “역사가의 절창이요, 무운의 《이소》다.”(《한문학사개요)》라고 하였다. 이 책은 중국 산문 역사상의 불후의 걸작으로, 후대에 매우 큰 영향을 주었다.

dì èr jié yuè fǔ mín gē
第二节 乐府民歌

제2절 악부민가

yuè fǔ běn lái shì hàn wǔ dì shí kāi shǐ shè lì de zhuānménzhǎng
“乐府”本来是汉武帝时开始设立的专门掌
guǎn yīn yuè de zhèng fǔ jī guān tā de rèn wu shì zhì dìng yuè pǔ xùn liàn
管音乐的政府机关，它的任务是制定乐谱、训练
yuè gōng hé shōu jí shī gē hòu lái rén men bǎ yuè fǔ jī guān suǒ shōu
乐工和收集诗歌。后来，人们把乐府机关所收
jí de shī gē jiào zuò yuè fǔ zhè yàng yuè fǔ jiù yóu yuán lái de
集的诗歌叫做“乐府”。这样，“乐府”就由原来的
zhèng fǔ jī guān biàn chéng le yī zhǒng dài yǒu yīn yuè xìng de shī tǐ míng chēng
政府机关变成了一种带有音乐性的诗体名称。

“악부”는 본래 한 무제 때 설립된 음악을 전문적으로 관리하는 정부기관으로, 그곳의 임무는 악보를 제정하고, 악공을 훈련시키며, 시가를 수집하는 것이었다. 나중에, 사람들은 악부기관에서 수집한 시가를 “악부”라고 불렀다. 이리하여, “악부”는 원래의 정부기관으로부터 일종의 음악성을 띠고 있는 시형식의 명칭으로 변하였다.

hàn wǔ dì shè lì yuè fǔ jìn xíng cǎi shī de mù dì zhǔ yào
汉武帝设立“乐府”进行采诗的目的，主要
shì wèi le gōng tíng yú lè fěn shì tài píng liǎo jiě mín qíng yǐ biàn gǒng
是为了宫廷娱乐，粉饰太平，了解民情，以便巩
gù tā men de tǒng zhì dàn shì zài kè guān shàng qǐ dào le bǎo cún yī bù
固他们的统治。但是在客观上起到了保存一部

한 무제가 “악부”를 설립하여 시를 수집했던 목적은, 주로 궁중의 오락을 위하고, 나라가 태평스럽다는 것으로 꾸미고, 민심을 이해하여, 그들의 통치를 견고하게 하기 위해서였다. 그러나 객관적으로 볼 때 민가의 일부분을 보

fen mín gē de zuò yòng shōu jí yuè fǔ shī zuì wán bèi de yī bù shū shì
分民歌的作用。收集乐府诗最完备的一部书是
sòng dài guō mào qiàn biān de yuè fǔ shī jí yuè fǔ shī cóng yīn yuè
宋代郭茂倩编的《乐府诗集》。乐府诗从音乐
shàng fēn wéi sì dà lèi jí jiāo miào gē cí gǔ chuī qǔ cí xiāng hè gē
上分为四大类，即：郊庙歌辞、鼓吹曲辞、相和歌
cí zá qǔ gē cí qí zhōng jiāo miào gē cí hé shī jīng zhōng de
辞、杂曲歌辞。其中郊庙歌辞和《诗经》中的
sòng chà bu duō shì diǎn xíng de miào táng wén xué méi yǒu duō dà jià zhí
"颂"差不多，是典型的庙堂文学，没有多大价值。
qí yú sān lèi gē cí lǐ bǎo cún le xǔ duō mín gē zhè shì yuè fǔ shī
其余，三类歌辞里保存了许多民歌，这是乐府诗
de jīng huá
的精华。

존하는 역할을 하였다. 수집된 악부시를 가장 잘 보존하고 있는 책은 송대 곽무천이 편찬한 《악부시집》이다. 악부시는 음악적으로 크게 4부류로 나뉜다. 즉 교묘가사·고취곡사·상화가사·잡곡가사다. 그 중 교묘가사는 《시경》 중의 "송"과 거의 비슷한데, 그것은 전형적인 종묘문학으로, 큰 가치는 없다. 그 나머지 세 가지 가사에는 수많은 민가가 보존되어 있는데, 이는 악부시의 정수다.

hàn dài yuè fǔ mín gē shì hàn dài shè huì shēng huó de yī miàn
汉代乐府民歌是汉代社会生活的一面
jìng zi chuán dá le rén mín qún zhòng de xīn shēng fǎn yìng le guǎng kuò de
镜子，传达了人民群众的心声，反映了广阔的
shè huì xiàn xiàng bào lù le shè huì de gè zhǒng máo dùn hé dòu zhēng yuè
社会现象，暴露了社会的各种矛盾和斗争。乐
fǔ mín gē de zhǔ yào nèi róng shì
府民歌的主要内容是：

한대 악부 민가는 한대 사회생활을 보여주는 거울로, 백성 군중들의 마음속 소리를 전하고 있으며, 광활한 사회현상을 반영하고, 사회의 각종 모순과 투쟁을 폭로하였다. 악부민가의 주요내용은 다음과 같다.

(1) fǎn yìng le zhàn zhēng hé yáo yì gěi rén mín dài lái de kǔ nàn
反映了战争和徭役给人民带来的苦难
hé bù xìng
和不幸。

(1) 전쟁과 부역이 백성에게 가져다준 고난과 불행을 반영하였다.

rú shí wǔ cóng jūn zhēng
如《十五从军征》：

《십오종군정》을 예로 들어본다.

shí wǔ cóng jūn zhēng bā shí shǐ dé guī
十五从军征，八十始得归。

열다섯에 군인으로 전쟁하러 나갔다가, 팔십이 되어서야 비로소 돌아왔네.

dào féng xiāng lǐ rén jiā zhōng yǒu ā shéi
道逢乡里人："家中有阿谁？"

길에서 만난 고향 사람에게, "집에는 누가 사느냐?"고 물어 봤더니

yáo kàn shì jūn jiā sōng bǎi zhǒng léi léi
"遥看是君家，松柏冢累累。"

"멀리 보이는 게 우리 집인데, 소나무와 잣나무만 우거졌다." 고 하네.

tù cóng gǒu dòu rù zhì cóng liáng shàng fēi
兔从狗窦入，雉从梁上飞。

산토끼 개구멍으로 들락거리고, 무심한 꿩은 들보 위로 날아가네.

zhōng tíng shēng lǚ gǔ jǐng shàng shēng lǚ kuí
中庭生旅谷，井上生旅葵。

마당 가운데는 잡곡이 나 있고, 우물가엔 아욱이 무성하게 나 있네.

chōng gǔ chí zuò fàn cǎi kuí chí zuò gēng
舂谷持作饭，采葵持作羹。

잡곡을 찧어서 밥을 짓고, 아욱을 뜯어서 국을 끓였네.

gēng fàn yī shí shú bù zhī yí ā shéi
羹饭一时熟，不知贻阿谁。

국과 밥은 금방 익었지만, 더불어 먹을 이 그 누군가.

chū mén dōng xiàng kàn lèi luò zhān wǒ yī
出门东向看，泪落沾我衣。

문을 나서 동쪽을 바라다보니, 눈물이 흘러내려 옷을 적시네.

zhè shì yī shǒu xù shì shī shī zhōng zhǔ rén gōng cóng shí wǔ suì yìng
这是一首叙事诗，诗中主人公从十五岁应
zhēng cóng jūn zhí dào bā shí suì cái huí dào jiā xiāng jī hū shì zhōng shēn fú
征从军，直到八十岁才回到家乡，几乎是终身服
yì tā huí dào jiā xiāng hòu cái zhī dao qīn shǔ yǐ jīng sǐ jìn jiā yuán
役。他回到家乡后，才知道亲属已经死尽，家园
chéng le fèi xū zhè wèi lǎo zhàn shì yě jiù chéng le wú jiā kě guī de rén
成了废墟，这位老战士也就成了无家可归的人
le zhè shī bù dàn fǎn yìng le rén mín bèi tǒng zhì zhě nú yì de tòng kǔ
了。这诗不但反映了人民被统治者奴役的痛苦，

이는 한 편의 서사시로, 시 속의 주인공은 15세부터 군대에 징집되어, 80세가 되어 비로소 고향에 돌아왔으니, 거의 종신토록 복무를 한 것이다. 그는 고향으로 돌아온 후에야, 친척들은 이미 다 죽고, 집의 정원은 폐허가 되었음을 알았으나, 이 늙은 전사는 돌아갈 집도 없는 사람이 되어버렸다. 이 시는 백성들이 통치자에게 받았던 노역의 고통을 반영하고 있을 뿐 아니라, 전쟁이 백성들에게

也反映了战争给人民带来的灾难。

가져다준 재난을 반영하고 있다.

再如《战城南》一诗就是人民反对战争和徭役的呼声，诗的前段描写一场激战之后，战场上一片荒凉恐怖的景象；诗的后段描写了人民为了徭役被南征北调，致使大片田园荒芜，对统治者穷兵黩武进行谴责。

또 《전성남》을 예로 들면, 이시는 백성들이 전쟁과 부역을 반대하는 함성으로, 시의 전반부에서는 격전 직후, 전쟁터의 황량하고 무서운 모습을 묘사하고, 시의 후반부에서는 백성들이 부역 때문에 이리저리 끌려가, 그 큰 전원이 황무지가 되었음을 묘사하여, 통치자가 무력을 남용하여 전쟁을 일삼는 것을 비난하고 있다.

(2) 揭露了统治者的腐朽丑恶，歌颂了人民的反抗和斗争。

(2) 통치자의 타락과 추악한 모습을 폭로하였으며 백성의 반항과 투쟁을 노래하였다.

如《陌上桑》，它是一首民间故事诗，叙述一个太守调戏一个采桑女子而遭到严词斥责的故事。这首诗揭露了统治者荒淫无耻的面目，歌颂了坚贞美丽的劳动妇女秦罗敷。

《맥상상》을 예로 들면, 이는 민간고사 시로, 태수가 뽕 잎을 따는 한 여자를 희롱하다가 과격한 말로 질책 당하는 이야기이다. 이 시는 황음무치한 통치자의 모습을 폭로하고, 꿋꿋하고 아름다운 노동 부녀자인 진라부를 칭송하고 있다.

再如《东门行》：

또 《동문행》을 예로 들어보면 다음과 같다.

chū dōng mén bù gù guī
出东门，不顾归。

동문을 나설 때, 돌아오지 않길 바라네.

lái rù mén chàng yù bēi
来入门，怅欲悲。

집으로 들어와서는, 원망으로 자꾸 슬퍼지려네.

àng zhōng wú dòu mǐ chǔ hái shì jià shàng wú xuán yī
盎中无斗米储，还视架上无悬衣。

독 안에는 한 말의 쌀도 없고, 횃대에는 둘러봐도 걸린 옷이 없네.

bá jiàn dōng mén qù shè zhōng ér mǔ qiān yī tí
拔剑东门去，舍中儿母牵衣啼：

칼 빼들고 동문으로 나서려는데, 집의 애 어미가 옷을 잡고 우네.

tā jiā dàn yuàn fù guì jiàn qiè yǔ jūn gòng bù mí
“他家但愿富贵，贱妾与君共餔糜。

“남들은 부귀를 원한다지만, 전 당신과 죽이라도 함께 먹을래요.

shàng yòng cāng làng tiān gù xià dāng yòng cǐ huáng kǒu ér
上用仓浪天故，下当用此黄口儿。

위로는 푸른 하늘이 있고, 아래로는 이 어린 것들을 생각해야지요.

jīn fēi duō xíng
今非！”“咄！行！

지금은 아니 됩니다!” “닥쳐요! 가야해요!

wú qù wéi chí bái fà shí xià nán jiǔ jū
吾去为迟！白发时下难久居。”

내 떠나는 게 너무 늦었소! 백발이 되도록 이렇게 살진 못하오!”

zhè shǒu shī xiě yī ge chéng shì pín mín bèi shēng huó bī de zǒu tóu wú
这首诗写一个城市贫民被生活逼得走投无
lù dǎ suàn qù gàn fēi fǎ de shì bá jiàn dōng mén qù zhè jiàn shì
路，打算去干非法的事，“拔剑东门去”。这件事
lìng rén jī dòng yě lìng rén shēn sī tā fǎn yìng zài cán kù de jiē jí bō
令人激动也令人深思：它反映在残酷的阶级剥
xuē xià láo dòng rén mín zhǐ yǒu dòu zhēng cái yǒu shēng lù
削下，劳动人民只有斗争才有生路。

이 시는 어느 도시 빈민이 생활의 핍박으로 살아갈 길이 없자, 불법의 일이라도 할 생각으로, “칼을 빼들고 동문을 나서려는” 것을 묘사하고 있다. 이 일은 사람에게 감동을 주기도 하고 또 깊이 생각을 하게 한다. 이는 잔혹한 계급착취 아래서 노동자들은 투쟁을 해야만 살길이 생긴다는 것을 반영한다.

(3) 反对不合理的婚姻制度，揭露了封建礼教的罪恶。

(3) 불합리한 혼인제도를 반대하고 봉건예교의 죄악을 폭로하였다.

如《孔雀东南飞》，它是古代民间叙事诗中最伟大的诗篇，它代表汉代乐府民歌发展的最高峰。《孔雀东南飞》详细地描写了一个封建家庭里爱情悲剧的全部经过，有力地揭露了封建礼教的罪恶。女主人公刘兰芝是一个勤劳、善良、美丽的女子，十七岁嫁给焦仲卿，夫妻恩爱无比。但焦仲卿的母亲却对她非常不好，经常虐待她，最后逼得两人双双死去。他们的死，是对封建礼教的有力抗议。诗的结尾写他们两人死后合葬，墓上松柏梧桐浓阴覆盖，他们两人的灵魂化为一对鸳鸯鸟，在林中相向而鸣，象征他们的爱情忠贞不渝，什么力量再也不能把他们拆散。这样结尾，表达了人民的心愿，他们坚

예를 들어 《공작동남비》는, 고대 민간 서사시 중 제일 위대한 시로, 이는 한대 악부 민가 발전의 최고 절정을 대표한다. 《공작동남비》는 한 봉건가정 안에서 일어났던 애정비극의 전체과정을 상세하게 묘사하고, 봉건예교의 죄악을 강도 높게 폭로하고 있다. 여 주인공 유란지는 근면하고 선량하며 아름다운 여자로, 17세에 초중경에게 시집을 갔는데, 부부 금슬이 아주 좋았다. 그러나 초중경의 어머니는 그녀를 아주 악의적으로 대하고, 늘 그녀를 학대하여, 마침내는 두 사람을 핍박하여 모두 죽게 하였다. 그들의 죽음은, 봉건예교에 대한 강도 높은 항의였다. 시의 결말에서 그 둘은 죽은 뒤에 합장되고, 묘위에는 소나무와 잣나무와 오동나무 그늘이 덮였으며, 그들 둘의 영혼은 한 쌍의 원앙새가 되는 것으로 묘사되고 있는데, 숲속에서 서로 보며 우는 것은, 그들의 애정이 절대 변하지 않을 것과, 어떤 세력도 다시는 그들을 헤어지게 할 수 없음을 상징한다. 이러한 결말은, 백성들의 바람을 표현한 것으로, 그들은 혼인의 자유를 쟁취하기 위한 투쟁이, 끝내는 반드시 승리할 것이라고 굳게 믿었던 것이다. 또한 《상야》를 예로 보면 다음과 같다.

jué xiāng xìn zhēng qǔ hūn yīn zì yóu de dòu zhēng zuì hòu yī dìng huì qǔ dé
决相信争取婚姻自由的斗争，最后一定会取得
shèng lì zài rú shàng yé
胜利。再如《上邪》：

shàng yé
上邪！
wǒ yù yǔ jūn xiāng zhī chángmìng wú jué shuāi
我欲与君相知，长命无绝衰。
shān wú líng jiāng shuǐ wéi jié
山无陵，江水为竭，
dōng léi zhènzhèn xià yǔ xuě
冬雷震震，夏雨雪，
tiān dì hé nǎi gǎn yǔ jūn jué
天地合，乃敢与君绝！

하늘이시여!
나 당신과 서로 알고부터, 오래토록 변함없길 바란답니다.
산의 구릉이 없어지고, 강물이 마르며
겨울에 천둥이 치고, 여름에 비와 눈이 내리며
천지가 합쳐지면, 그 때나 당신과 헤어지리라.

zhè shì yī shǒu mín jiān qíng gē xiě yī ge nǚ zǐ duì tā suǒ ài
这是一首民间情歌，写一个女子对她所爱
de rén fā de shì yán biǎo dá le tā duì ài qíng jiān zhēnzhuān yī hǎi kū
的人发的誓言，表达了她对爱情坚贞专一，海枯
shí làn xīn bù biàn shī zhōng lián yòng wǔ ge jué duì bù néng chū xiàn de zì
石烂心不变。诗中连用五个绝对不能出现的自
rán xiànxiàng shān wú líng jiāng shuǐ wéi jié dōng léi zhènzhèn xià
然现象："山无陵"、"江水为竭"、"冬雷震震"、"夏
yǔ xuě tiān dì hé zuò bǐ yù biǎo dá duì ài qíng de zhōngchéng
雨雪"、"天地合"做比喻，表达对爱情的忠诚。

이는 한 수의 민간연가로, 어느 한 여자가 자신이 사랑하는 사람에게 보낸 맹세다. 그녀의 한결같은 사랑을 표현하고 있는데, 바다가 마르고 돌이 썩어도 마음 변하지 않겠다는 것이다. 시에서는 절대로 일어날 수 없는 다섯 가지 자연현상을 연이어 사용하고 있는데, "산에 구릉이 없어지는 것", "강물이 마르는 것", "겨울에 천둥번개가 치는 것", "여름에 비와 눈이 내리는 것", "하늘과 땅이 합쳐지는 것"을 비유하여 애정에 대한 충성을 표현하였다.

zǒng zhī hàn dài yuè fǔ mín gē bù jǐn nèi róngfēng fù fǎn yìng le
总之，汉代乐府民歌不仅内容丰富，反映了

종합컨대, 한대의 악부민가는 내용이 풍부할 뿐만 아니

dāng shí shè huì de miànmào ér qiě zài yì shù shàng yě bié jù fēng gé
当时社会的面貌，而且在艺术上也别具风格，
tā duì hòu dài de shī gē fā zhǎn hé zhù míng shī rén de chéngzhǎng dōu yǒu shēn
它对后代的诗歌发展和著名诗人的成长都有深
yuǎn de yǐngxiǎng
远的影响。

라, 그 당시의 사회 면모를 잘 반영하고, 예술적인 측면에서도 독특한 특징을 지니고 있어, 후대 시가 발전과 유명한 시인의 성장 모두 깊은 영향을 주었다.

dì sān zhāng wèi jìn nán běi cháo wén xué

第三章 魏晋南北朝文学

(220-589)

제3장 위진 남북조문학

(220-589)

wèi jìn nán běi cháo wén xué bāo kuò sān guó liǎng jìn hé nán běi cháo
魏晋南北朝文学，包括三国、两晋和南北朝
sān ge lì shǐ shí qī de wén xué
三个历史时期的文学。

위진 남북조문학은, 삼국·양진·남북조 세 역사 시기의 문학을 포함한다.

dì yī jié sān guó shí qī de wén xué

第一节 三国时期的文学

(220-265)

제1절 삼국시기의 문학

(220-265)

dōng hàn mò nián jiē jí máo dùn fēi cháng jiān ruì dà dì zhǔ qīn zhàn
东汉末年，阶级矛盾非常尖锐，大地主侵占
nóng mín tǔ dì tān guān wū lì héng zhēng bào liǎn pò shǐ nóng mín liú lí shī
农民土地，贪官污吏横征暴敛，迫使农民流离失
suǒ zhōng yú zài gōng yuán nián bào fā le huáng jīn qǐ yì yīn wèi qǐ
所，终于在公元184年爆发了黄巾起义。因为起
yì jūn de tóu shàng dōu yǒu yī kuài huáng tóu jīn zuò wéi biāo zhì suǒ yǐ jiào
义军的头上都有一块黄头巾作为标志，所以叫
huáng jīn jūn huáng jīn dà qǐ yì suī rán dòng yáo le dōng hàn de tǒng zhì
“黄巾军”。黄巾大起义虽然动摇了东汉的统治，
dàn shì qǐ yì jūn yě zài dì zhǔ jiē jí de xuè xīng zhèn yā xià shī bài
但是，起义军也在地主阶级的血腥镇压下失败
le zài zhèn yā huáng jīn qǐ yì de guò chéng lǐ xǔ duō zhōu jùn de guān
了。在镇压黄巾起义的过程里，许多州郡的官

동한 말년에는, 계급 갈등이 아주 첨예하여, 대지주들이 농민의 토지를 착취하고, 탐관오리들이 가혹한 횡포와 세금을 징수함에 따라, 농민들은 살던 곳을 떠나게 되고, 마침내는 184년에 황건 봉기가 일어났다. 봉기군의 머리에 노란색 두건을 둘러 표시를 했기에, “황건군”이라 하였다. 황건 봉기는 동한의 통치를 뒤흔들어 놓았지만, 그러나, 봉기군은 지주계급의 피비린내 나는 진압 아래 실패하고 말았다. 황건 봉기를 진압하는 과정에서, 많은 주군의 관리들이 이 기회를 틈타 자신의 무장 세력을 확대하고, 한 지역을 차지한 군벌들이 할거하게 되면서, 나중

lì chéng jī kuò dà zì jǐ de wǔ zhuāng lì liang chéng wéi gē jù yī fāng de
史乘机扩大自己的武装力量，成为割据一方的
jūn fá zuì hòu xíng chéng sān guó dǐng lì de jú miàn cáo cāo zhàn jù le zhōng
军阀，最后形成三国鼎立的局面：曹操占据了中
guó běi bù hòu lái guó hào jiào wèi sūn quán zhàn jù zhōng guó de dōng nán
国北部，后来国号叫“魏”；孙权占据中国的东南，
guó hào jiào wú liú bèi zhàn jù zhōng guó de xī nán sì chuān yī dài guó
国号叫“吴”；刘备占据中国的西南四川一带，国
hào jiào hàn lì shǐ shàng chēng zuò shǔ hàn huò shǔ
号叫“汉”，历史上称作“蜀汉”或“蜀”。

에는 삼국이 정립되는 국면이 형성되었다. 조조는 중국 북부를 점거하여, 뒤에 국호를 "위"라 하였고, 손권은 중국의 동남을 차지하여, 국호를 "오"라 하였으며, 유비는 중국의 서남 사천일대를 점거하여, 국호를 "한"이라 하였는데, 역사에서는 "촉한" 혹은 "촉"이라 불렀다.

sān guó shí dài wén xué fāng miàn zuì yǒu chéng jiù de shì wèi zǎo zài
三国时代，文学方面最有成就的是魏。早在
dōng hàn xiàn dì jiàn ān shí qī cáo cāo jiù yǐ zhǎng wò le dà quán cáo shì
东汉献帝建安时期，曹操就已掌握了大权，曹氏
fù zǐ yòu dōu ài hào wén xué guǎng zhāo wén shì rèn yòng xián cái zài tā
父子又都爱好文学，广招文士，任用贤才，在他
men zhōu wéi jù jí le xǔ duō zuò jiā tā men jì chéng le shī jīng
们周围聚集了许多作家，他们继承了《诗经》、
chǔ cí hé hàn dài yuè fǔ mín gē de xiàn shí zhǔ yì chuán tǒng xiān
《楚辞》和汉代乐府民歌的现实主义传统，掀
qǐ le shī gē chuàng zuò gāo cháo wén xué shǐ shàng bǎ zhè yī shí qī de wén
起了诗歌创作高潮。文学史上把这一时期的文
xué chēng zuò jiàn ān wén xué jiàn ān wén xué zài zhōng guó wén xué shǐ shàng
学称作“建安文学”。建安文学在中国文学史上
zhàn yǒu hěn zhòng yào de dì wèi zhè ge shí qī wǔ yán shī yǐ xīng shèng
占有很重要的地位。这个时期，五言诗已兴盛
qǐ lái qī yán shī yě diàn dìng le jī chǔ zhè shí de wén xué tè diǎn
起来，七言诗也奠定了基础。这时的文学特点
shì qiáng diào xiàn shí zhǔ yì fǎn duì xíng shì zhǔ yì zuò pǐn nèi róng chōng
是强调现实主义，反对形式主义，作品内容充

삼국시대, 문학 면에서 가장 큰 성과를 냈던 나라는 위나라다. 일찍이 동한의 헌제 건안시기에, 조조는 이미 대권을 장악하였고, 조씨 부자는 또 문학을 애호하여, 널리 문사를 초빙하고, 어진 인재를 등용하여, 그들 주위에는 수많은 작가들이 모여들었다. 그들은 《시경》·《초사》와 한대 악부 민가의 현실주의 전통을 계승하고, 시가 창작의 최고 절정을 만들어 내었다. 문학사에서는 이 시기 문학을 "건안문학"이라 부른다. 건안문학은 중국문학사상 아주 중요한 위치를 차지한다. 이 시기, 오언시가 이미 번창하기 시작하였고, 칠언시 역시 기초가 다져졌다. 이때의 문학적 특징은 현실주의를 강조하고, 형식주의를 반대하였으며, 작품의 내용이 충실하고, 언어가 강건하고 박력이 넘쳐, 유명한 "건안풍골"을 만들어 내었다. 주요 작가로 "삼조"·"칠자"·"채염" 등이 있다.

shí yǔ yán gāng jiàn yǒu lì xíng chéng le zhù míng de jiàn ān fēng gǔ
实，语言刚健有力，形成了著名的“建安风骨”。

zhǔ yào zuò jiā yǒu sān cáo qī zǐ hé cài yǎn děng
主要作家有：“三曹”、“七子”和蔡琰等。

1. “三曹” (sān cáo)

1. “삼조”

sān cáo jí cáo cāo hé tā de liǎng ge ér zi cáo pī cáo zhí
“三曹”即曹操和他的两个儿子曹丕、曹植。
chéng jiù zuì dà de shì cáo zhí
成就最大的是曹植。

“삼조”는 조조와 그의 두 아들인 조비와 조식이다. 성과가 가장 컸던 사람은 조식이다.

cáo cāo zì mèng dé xiǎo zì ā mán pèi guó
(1) 曹操(155-220)，字孟德，小字阿瞒，沛国
qiáo jùn jīn ān huī shěng bó xiàn rén tā shì sān guó shí dài jié chū de
谯郡(今安徽省亳县)人。他是三国时代杰出的
zhèng zhì jiā jūn shì jiā yòu shì zhù míng de wén xué jiā dōng hàn mò nián
政治家、军事家，又是著名的文学家。东汉末年，
tā zài zhèn yā huáng jīn qǐ yì zhōng bù duàn kuò dà jūn shì lì liang zhú jiàn
他在镇压黄巾起义中，不断扩大军事力量，逐渐
tǒng yī le zhōng guó běi fāng jiàn ān shí sān nián rèn chéng xiàng jiàn
统一了中国北方。建安十三年(208)任丞相，建
ān èr shí yī nián bèi fēng wéi wèi wáng cáo cāo sǐ hòu tā de
安二十一年(216)被封为魏王。曹操死后，他的
ér zi cáo pī cuàn duó le hàn cháo tiān xià dāng le huáng dì jiào wèi wén
儿子曹丕篡夺了汉朝天下，当了皇帝，叫魏文
dì zūn cáo cāo wéi wèi wǔ dì cáo cāo yǎ ài shī zhāng hào zuò yuè fǔ
帝，尊曹操为魏武帝。曹操雅爱诗章，好作乐府

(1) 조조(155-220)는, 자가 맹덕이며, 어릴 때의 자는 아만으로, 패국 초군(오늘날의 안휘성 호현) 사람이다. 그는 삼국시대의 뛰어난 정치가요 군사가며, 또 유명한 문학가이다. 동한 말년에, 그는 황건 봉기를 진압하던 중에, 끊임없이 군사력을 확대하여, 점차적으로 중국 북방을 통일하였다. 건안 13년(208)에 승상이 되었고, 건안 21년(216)에 위 왕에 봉해졌다. 조조가 죽은 뒤, 그의 아들 조비가 한의 천하를 탈취하여, 황제가 되어, 위 문제라고 불렸으며, 조조를 위 무제로 추대했다. 조조는 시를 아주 좋아하였으며, 악부가사를 즐겨 지었는데, 현재 시 20여 편과 산문 40여 편이 남아 있고, 그 중 유명한 시가로 《단가행》·《보출하문행》 등이 있는

gē cí xiàn cún shī èr shí duō shǒu sǎn wén sì shí duō piān qí zhōng zhù
歌辞，现存诗二十多首，散文四十多篇，其中著
míng de shī gē yǒu duǎn gē xíng bù chū xià mén xíng děng fǎn
名的诗歌有≪短歌行≫、≪步出夏门行≫等，反
yìng le dāng shí zhàn luàn de shè huì xiàn shí shū fā le tā tǒng yī zhōng guó
映了当时战乱的社会现实，抒发了他统一中国
de wěi dà zhèng zhì bào fù miáo xiě le zǔ guó de měi lì zì rán jǐng wù
的伟大政治抱负，描写了祖国的美丽自然景物。
tā de shī qíng gǎn shēn chén qíng diào bēi zhuàng yǔ yán zhì pǔ
他的诗情感深沉，情调悲壮，语言质朴。

데, 이들은 당시 사회현실을 반영하고, 중국 통일에 대한 위대한 정치 포부를 토로하며, 조국의 아름다운 자연경관을 묘사하고 있다. 그의 시는 감정이 깊고, 정서가 비장하며, 언어가 소박하다.

bù chū xià mén xíng guān cāng hǎi zhè shǒu shī shì cáo cāo yú
≪步出夏门行·观沧海≫这首诗，是曹操于
jiàn ān shí èr nián qiū chū zhēng wū huán huí lái de tú zhōng jīng guò
建安十二年(207)秋出征乌桓回来的途中，经过
jié shí shān shí xiě xià de shī zhōng xiě dào
碣石山时写下的。诗中写道：

≪보출하문행·관창해≫ 이 시는, 조조가 건안 12년(207) 가을에 오환으로 출정했다가 돌아오는 중, 갈석산을 지날 때 쓴 것이다. 시에서는 이렇게 적고 있다.

dōng lín jié shí yǐ guān cāng hǎi
东临碣石，以观沧海。

동쪽으로 갈석에 임하여, 창해를 바라본다.

shuǐ hé dàn dàn shān dǎo sǒng zhì
水何澹澹，山岛竦峙。

물은 어찌나 아득하고, 섬은 우뚝하게 솟았는지?

shù mù cóng shēng bǎi cǎo fēng mào
树木丛生，百草丰茂。

나무들은 촘촘하게 자라있고, 온갖 풀은 무성하게 우거졌다.

qiū fēng xiāo sè hóng bō yǒng qǐ
秋风萧瑟，洪波涌起。

가을바람 소슬한데, 큰 파도는 용솟음을 친다.

rì yuè zhī xíng ruò chū qí zhōng
日月之行，若出其中。

해와 달의 운행이, 그 안에서 나오는 듯하고

xīng hàn càn làn ruò chū qí lǐ
星汉灿烂，若出其里。

은하수의 반짝거림도, 그 속에서 나오는 듯하다.

zhè shì wèi jìn nán běi cháo shí qī zuì zǎo de yī shǒu xiě jǐng shī
这是魏晋南北朝时期最早的一首写景诗。
shān dǎo de wēi é tǐng bá dà hǎi de liáo kuò zhuàng lì xiě de hěn yǒu qì
山岛的巍峨挺拔, 大海的辽阔壮丽, 写得很有气
pò tǐ xiàn le cáo cāo de xióng wěi qì gài hé guǎng kuò xiōng huái tā de
魄, 体现了曹操的雄伟气概和广阔胸怀。他的
bù chū xià mén xíng guī suī shòu yī shī yǒu zhè yàng de zhù míng shī
≪步出夏门行·龟虽寿≫一诗, 有这样的著名诗
jù
句:

이는 위진 남북조시기 제일 일찍이 창작된 풍경묘사 시이다. 우뚝 서 있는 산과 섬 모양과, 넓고 장려하게 펼쳐져 있는 바다를 아주 기백 있게 묘사하여, 웅장한 기개와 커다란 포부를 드러내 보여준다. 그의 ≪보출하문행·귀수수≫에는 이러한 유명한 구절이 있다.

lǎo jì fú lì zhì zài qiān lǐ
老骥伏枥, 志在千里;

liè shì mù nián zhuàng xīn bù yǐ
烈士暮年, 壮心不已。

늙은 천리마 마구간에 엎드려 있어도, 뜻은 오히려 천 리에 있고,

열사의 나이는 저물어 가지만, 장대한 마음은 멈추질 않는다.

zhè xiē shī jù yáng yì zhe shī rén jī jí jìn qǔ de háo mài jīng
这些诗句, 洋溢着诗人积极进取的豪迈精
shén zhì jīn bèi rén men guǎng fàn chuán sòng tā de zuò pǐn shōu zài cáo cāo
神, 至今被人们广泛传诵。他的作品收在≪曹操
jí lǐ
集≫里。

이런 시구에는, 시인의 적극적이고 진취적인 씩씩한 정신이 넘치고 있어, 오늘까지도 사람들에게 널리 전해지며 애송되고 있다. 그의 작품들은 ≪조조집≫에 수록되어 있다.

cáo pī zì zǐ huán cáo cāo de ér zi hòu
(2) 曹丕(187-226), 字子桓, 曹操的儿子, 后
lái zuò le huáng dì jiào wèi wén dì tā yě ài hào xiě shī zhù míng de
来做了皇帝, 叫魏文帝。他也爱好写诗, 著名的
yǒu yàn gē xíng děng tā de zuò pǐn shàn yú miáo xiě nán nǚ ài qíng
有≪燕歌行≫等。他的作品善于描写男女爱情

(2) 조비(187-226)는, 자가 자환이고, 조조의 아들이며, 나중에 황제가 되어, 위 문왕이라 불렸다. 그 역시 시 짓기를 좋아했고, 유명한 시로 ≪연가행≫ 등이 있다. 그의 작품은 남녀의 사랑과 아내를 그리는 유랑자 묘사에 뛰어났고, 글이 세심하고 감동적이다. 시 외에도 그는 약간

和游子思妇，写得细致、动人。除了诗之外，他还写了一些散文、学术论文。最有名的是《典论》，可惜大部分已散佚。保存完好的有《自叙》、《论文》两部分。《自叙》写他的才艺和志趣。《论文》主要是反对文人相轻的恶习，论述了文学的功能和作用，开了文学批评的风气，对后代有很大影响。

의 산문과 학술 논문을 쓰기도 했다. 제일 유명한 것은 ≪전론≫인데, 아쉽게도 대부분은 이미 소실되고 없다. 보존이 온전한 것으로 ≪자서≫와 ≪논문≫ 두 부분이 있다. ≪자서≫는 그의 재능과 흥취를 적은 것이다. ≪논문≫은 주로 문인들이 서로를 깔보는 악습을 반대하고, 문학의 기능과 작용을 논술하여, 문학비평의 풍조를 개척하여, 후대에 큰 영향을 주었다.

(3) 曹植(192-232)，字子建，曹操的儿子，曹丕的弟弟，是建安时代最有名的作家。他的一生以曹丕称帝(220年)为界，明显地分为前后两个时期：前期，他的才华深得曹操的赏识和宠爱，几乎被立为太子。这个时期的作品多是抒发自己的志趣和抱负，《白马篇》中的“幽并游侠儿”的形象，正是他本人政治思想的体现。诗

(3) 조식(192-232)은, 자가 자건이고, 조조의 아들이며, 조비의 동생으로, 건안시대에 제일 유명한 작가다. 그의 일생은 조비가 황제라 칭하던 때(220년)를 경계로 하여, 전후 두 시기로 명확하게 구분된다. 전기에는, 그의 재능이 조조에게 인정받고 크게 총애를 받아, 거의 태자에 봉해질 뻔하였다. 이 시기의 작품들은 대부분 자신의 뜻과 포부를 표현하고 있는데, ≪백마편≫ 중의 "유병유협아" 형상은 바로 자신의 정치사상을 구현한 것이다. 그는 나라를 위해 목숨을 바치고 죽음도 불사하겠다고 결심하는 한 영웅의 모습을 묘사하였는데, 사람의 마음을 고무하는 예술적인 역량이 충만하

人塑造了一个决心为国捐躯、视死如归的英雄形象, 富有鼓舞人心的艺术力量。后期, 曹丕父子相继做了皇帝, 因为他在前期有与曹丕争为太子的一段经历, 所以受到曹丕父子很深的猜忌、压抑和迫害, 终于在悲愤和苦闷中死去。后期的作品, 由于生活的变化, 风格一变而为沉郁悲凉, 内容也多是表现个人的痛苦、愤恨和不平, 深刻地揭露了统治阶级内部的矛盾和斗争, 如≪七步诗≫:

다. 후기에는, 조비 부자가 연이어 황제가 되었는데, 전기에 그가 조비하고 태자 자리를 다툰 적이 있었기 때문에, 조비 부자의 시기와 박해를 심하게 받아, 결국 비분과 고민 속에서 죽고 말았다. 후기 작품은, 생활의 변화로 인하여, 풍격이 변하여 침울하고 처량하며, 내용도 개인의 고통이나 분노와 불만을 표현한 것이 많고, 통치계급 내부의 갈등과 투쟁을 깊이 폭로하고 있다. 그 예로 ≪칠보시≫를 본다.

煮豆燃豆萁, 漉豉以为汁。

콩대를 태워 콩을 삶고, 된장을 걸러 국을 만든다.

萁在釜下燃, 豆在釜中泣:

콩대가 솥 아래서 타고 있을 때, 콩은 솥 안에서 눈물 흘린다.

"本是同根生, 相煎何太急?"

"본디 같은 뿌리에서 태어났는데, 어찌 이렇게 급히 삶아대는지?"

相传曹植的哥哥曹丕做了皇帝以后, 要迫害曹植, 命令他在走七步的短短时间里作一首

전하는 바에 따르면 조식의 형 조비는 황제가 된 후, 조식을 박해하려고, 그에게 일곱 걸음을 걷는 극히 짧은 시간 내에 시 한 수를 짓되, 짓

诗，作不出就杀头。曹植从容不迫，在七步之内作了这首诗，使曹丕非常惭愧。这首诗用同根生的“萁”和“豆”比喻同父母生的兄弟，用“萁”、“豆”相煎来比喻曹丕对曹植的迫害。诗中的“萁”比喻曹丕，“豆”比喻曹植。因为这首诗比喻浅显生动，所以得到广泛流传。

지 못하면 목을 베도록 명령을 했단다. 조식은 침착하게 일곱 걸음 내에 이 시를 지어, 조비를 아주 부끄럽게 만들었다. 이 시는 같은 뿌리에서 자란 “콩대”와 “콩”으로 같은 부모에게 태어난 형제를 비유하고, “콩대”로 “콩”을 삶은 것으로 조비가 조식을 박해하는 것을 비유하였다. 시에서 조비는 ‘콩대’에 비유되고, 조식은 ‘콩’에 비유되고 있다. 이 시는 비유가 쉽고 생동적으로 되어 있기 때문에, 광범하게 전해질 수 있었던 것이다.

曹植的成就主要是诗歌，但他的辞赋也写得很好，最著名的是《洛神赋》。这篇赋以神话宓妃的故事为基础，通过丰富的想象，塑造了洛神这个美女的形象。作者在作品中流露了自己对洛神的爱慕和人神相隔不能如愿的惆怅感情。

조식의 성과는 주로 시지만, 그의 사부 역시 아주 훌륭한데, 가장 유명한 작품은 ≪낙신부≫다. 이 부는 신화 밀비의 이야기를 기초로, 풍부한 상상을 통하여, 낙신이라는 미녀의 형상을 묘사하고 있다. 작가는 작품에서 낙신에 대한 자신의 애모와 인간과 신이 떨어져있음으로 인하여 원하는 것을 이루지 못함에 대하여 슬퍼하는 감정을 소조하고 있다.

曹植的作品，现存诗八十多首，散文、辞赋四十多篇。宋朝人辑有《曹子建集》。

조식의 작품은, 현재 시 80여 수와, 산문·사부 40여 편이 있다. 송대 사람이 편집한 ≪조자건집≫이 있다.

2. “七子”

2. “칠자”

“七子”, 这里专指建安七子, 即建安时代的七个作家, 有: 孔融、陈琳、王粲、徐干、阮瑀、应瑒、刘桢。这七个作家当中, 除孔融之外, 都是曹操的僚属。他们的诗歌描写了社会动乱的现实, 反映了军阀混战给人民带来的苦难, 歌唱了他们要求统一祖国的理想。

“칠자”란, 여기서 건안칠자만을 가리키는 것으로, 건안시대의 일곱 작가, 공융·진림·왕찬·서간·완우·응창·유정이다. 이 일곱 작가 중, 공융 외의 나머지는 모두 조조 휘하의 관리들이었다. 그들은 시가에서 사회 동란의 현실을 묘사하고, 군벌 혼전이 백성들에게 가져다준 고난을 반영하였으며, 그들이 조국통일을 원하는 이상을 노래하였다.

七子当中, 王粲成就最高, 著名的作品是≪七哀诗≫。≪七哀诗≫的第一首, 真实地写出了关中一带遭受战祸的惨状, 是一幅难民图, 表达了诗人对难民的深切同情。第二首通过对荆州景物的描写, 抒发了自己对乡土的怀念之情。他的≪登楼赋≫是当时脍炙人口的抒情小赋。

칠자 중에, 왕찬의 성과가 가장 컸으며, 유명한 작품으로 ≪칠애시≫가 있다. ≪칠애시≫의 첫 번째 수는 관중 일대가 전화를 입은 참상을 진실하게 표현하였는데, 이는 한 폭의 난민 그림으로, 난민에 대한 깊은 동정을 표현하였다. 두 번째 수는 형주의 경치 묘사를 통하여, 자신의 고향에 대한 그리움의 정을 토로하였다. 그의 ≪등루부≫는 당시에 많은 사람의 입에 오르내리던 짤막한 서정의 부다.

陈琳的著名诗歌≪饮马长城窟行≫, 借秦

진림의 유명한 시가 ≪장성굴에서 말에게 물을 먹이

dài xiū zhù chángchéng zhè ge lì shǐ shì jiàn, jiē lù le fán zhòng de yáo yì
代修筑长城这个历史事件，揭露了繁重的徭役

dài gěi rén mín de kǔ nàn
带给人民的苦难。

다≫는, 진 나라가 만리장성을 쌓는 역사적인 사건을 빌려, 빈번하고 버거운 부역이 백성들에게 가져다준 고난을 폭로하고 있다.

3. 蔡琰 (cài yǎn)

3. 채염

cài yǎn zì wén jī chén liú yǔ jīn hé nán shěng qǐ xiàn rén shì
蔡琰，字文姬，陈留圉(今河南省杞县)人，是

jiàn ān shí dài zhù míng de nǚ zuò jiā tā shì hàn dài zhù míng xué zhě cài
建安时代著名的女作家。她是汉代著名学者蔡

yōng de nǚ ér cóng xiǎo yǒu hěn hǎo de wén huà jiào yǎng bó xué duō cái
邕的女儿，从小有很好的文化教养，博学多才，

jīng tōng yīn lǜ dàn tā yī shēng de zāo yù què fēi cháng bù xìng tā xiān jià
精通音律，但她一生的遭遇却非常不幸。她先嫁

gěi wèi zhòng dào wéi qī hòu lái zhàng fu sǐ le yòu méi yǒu ér nǚ biàn
给卫仲道为妻，后来丈夫死了，又没有儿女，便

huí dào niáng jiā jū zhù hàn cháo mò nián zài jūn fá hùn zhàn zhōng tā bèi
回到娘家居住。汉朝末年，在军阀混战中，她被

dǒng zhuó de bù xià lǔ qù hòu lái liú luò dào nán xiōng nú chéng le zuǒ xián
董卓的部下掳去，后来流落到南匈奴，成了左贤

wáng de fū rén shēng le liǎng ge hái zi jiàn ān shí èr nián cáo
王的夫人，生了两个孩子。建安十二年(207)，曹

cāo bǎ tā shú le huí lái zài jià gěi dǒng sì tā de bēi fèn shī
操把她赎了回来，再嫁给董祀。她的≪悲愤诗≫

hú jiā shí bā pāi jì lù le tā zài zhàn luàn zhōng bèi nán xiōng nú
、≪胡笳十八拍≫记录了她在战乱中被南匈奴

suǒ lǔ de xīn suān jīng lì yě fǎn yìng le dāng shí rén mín zài zhàn luàn zhōng
所掳的辛酸经历，也反映了当时人民在战乱中

채염은, 자가 문희, 진류어(오늘날의 하남성 기현) 사람으로, 건안시대의 유명한 여류작가다. 그녀는 한대의 유명한 학자 채옹의 딸로, 어려서부터 훌륭한 문화교양을 가지고 있었으며, 박학하고 재능이 많았으며, 음률에도 정통하였으나, 그녀의 운명은 아주 불행하였다. 그녀는 먼저 위중도에게 시집가서 아내가 되었으나, 나중에 남편도 죽고, 또 자녀도 없어서, 친정으로 돌아가 살았다. 한대 말, 군벌이 혼전하던 때, 그녀는 동탁의 부하에게 납치되어, 뒤에 남흉노에서 떠돌다가, 좌현왕의 부인이 되어, 두 아이를 낳았다. 건안 12년(207)에 조조가 그녀를 돈을 주고 데려와서, 다시 동사에게 시집을 보냈다. 그녀의 ≪비분시≫·≪호가십팔박≫에는 그녀가 전란 속에 남흉노에게 납치당했던 슬프고 괴로운 이야기를 기록하고 있으며, 또한 그 당시의 백성들이 전란 중에 겪었던 고통과 격한 감정을 반영하였고, 군벌 혼전의 악행을 고발하였다.

suǒ shòu de tòng kǔ, gǎn qíng xiōng yǒng péng pài, kòng sù le jūn fá hùn zhàn de zuì xíng
所受的痛苦，感情汹涌澎湃，控诉了军阀混战的罪行。

dì èr jié jìn dài wén xué
第二节 晋代文学(265-420)

제2절 진대문학(265-420)

jì sān guó zhī hòu, zhōng guó lì shǐ jìn rù le jìn dài. jìn dài fēn "xī jìn" hé "dōng jìn", jí suǒ wèi "liǎng jìn".
继三国之后，中国历史进入了晋代。晋代分“西晋”和“东晋”，即所谓“两晋”。

jìn dài wén xué zuì tū chū de shì shī gē, qí cì shì sǎn wén hé xiǎo shuō. cóng xī jìn mò nián kāi shǐ, shī gē zǒu xiàng le xíng shì zhǔ yì dào lù, bù jǐn zhuī qiú cí zǎo de huá měi hé duì ǒu de gōng zhěng, ér qiě chǎn shēng le xǔ duō kū zào wú wèi、tán chán shuō lǐ de xuán yán shī. zhí dào táo yuān míng kāi chuàng le gē yǒng tián yuán shēng huó de tián yuán shī, cái niǔ zhuǎn le zhè zhǒng shī fēng, gěi jìn dài wén tán dài lái le xiàn shí zhǔ yì de qì fēn. jìn dài wén xué bǐ jiào fán róng, chǎn shēng le xǔ duō zhù míng zuò jiā hé zuò pǐn, qí zhōng zuì zhù míng de zuò jiā shì táo yuān míng.
晋代文学最突出的是诗歌，其次是散文和小说。从西晋末年开始，诗歌走向了形式主义道路，不仅追求辞藻的华美和对偶的工整，而且产生了许多枯燥无味、谈禅说理的玄言诗。直到陶渊明开创了歌咏田园生活的田园诗，才扭转了这种诗风，给晋代文坛带来了现实主义的气氛。晋代文学比较繁荣，产生了许多著名作家和作品，其中最著名的作家是陶渊明。

삼국의 뒤를 이어, 중국 역사는 진대로 들어섰다. 진대는 "서진"과 "동진"으로 나눠지기 때문에, "양진"이라 일컫는다.

진대문학 중에 가장 특출한 것은 시가며, 그 다음은 산문과 소설이다. 서진 말부터 시작하여, 시가는 형식주의의 길을 걷게 되어, 화려한 수식과 대구의 깔끔함을 추구했을 뿐만 아니라, 무미건조하고 사상적 논리를 얘기하는 수많은 현언시가 생겨났다. 도연명이 전원생활을 노래한 전원시를 짓게 되면서, 비로소 이런 시풍의 방향이 바로잡혀서, 진대 문단에 현실주의 분위기가 만들어지게 되었다. 진대 문학은 비교적 번영하여, 유명한 작가와 작품들이 많이 나왔는데, 그중 제일 유명한 작가는 도연명이었다.

陶渊明(365-427)，字元亮(一说名潜，字渊明)，号靖节，自称五柳先生，浔阳柴桑(今江西省九江西南)人。他的祖父和父亲做过太守、县令等官，到了他青年时代，家境已经没落。二十九岁出任江州祭酒，不久辞官回家。此后又做过几次小官，每次时间都很短。四十一岁任彭泽令，在官只八十天就辞职了，并写了著名的≪归去来辞≫，表示归隐的决心。从此隐居躬耕，过了二十年的田园生活。陶渊明的隐居，是对当时腐败的官场生活的鄙视和对黑暗现实的厌恶，这种不肯与统治阶级同流合污的高尚品格，是有进步意义的。他的诗现存一百二十多首，大部分是描写农村景象和农村生活的作品，因此被称为“田园诗人”。他的著名作品有≪归园

도연명(365-427)은, 자가 원량(일설에는 이름이 잠이고, 자가 연명이라고 함)이고, 호는 정절이며, 자칭 오류선생이라 하였으며, 심양 시상(지금의 강서성 구강 서남) 사람이다. 그의 조부와 부친은 태수·현령 등의 관직을 지냈지만, 그가 청년이 되었을 때, 집안은 이미 몰락하였다. 29세에 강주제주를 지내다가, 얼마지 않아 관직을 사직하고 집으로 돌아갔다. 그 이후 다시 몇 차례 낮은 벼슬을 했었지만, 매 번 그 기간은 아주 짧았다. 41세에 팽택령을 지냈으나, 단지 재직 80일 만에 사직하고, 유명한 ≪귀거래사≫를 지었는데, 이는 돌아가 은둔하겠다는 결심을 표현한 것이었다. 이때부터 은거로 직접 농사를 지으며, 20년의 전원생활을 하였다. 도연명의 은거는, 당시 부패한 관청 생활에 대한 멸시와 어두운 현실에 대한 혐오를 말해주며, 통치 계급과 어울려 혼탁하지 않으려 했던 이런 고상한 품격에는 진보적 의의가 담겨 있다. 그의 시는 현재 120여 수가 현존하며, 이들은 대부분 농촌 풍경과 농촌 생활을 묘사한 작품들이라, “전원시인”이라고 불려진다. 그의 유명한 작품으로 ≪귀원전거≫·≪영형가≫·≪독산해경≫, 그리고 ≪도화원기병시≫ 등이 있다. 그는 ≪귀원전거≫의 첫 수에서 아름다운 전원 풍경과 관리 사회의 속박에서 벗어난 즐거움을 그리고 있다. 그는 통치계급의 관청 사회를 “속세의 올가미”라며 배척하였고, 벼슬살이를 “새

tián jū yǒng jīng kē dú shān hǎi jīng hé táo huā yuán
田居》、《咏荆轲》、《读山海经》和《桃花源

jì bìng shī děng tā zài guī yuán tián jū dì yī shǒu shī zhōng xiě
记并诗》等。他在《归园田居》第一首诗中写

chū le yōu měi de tián yuán fēng guāng hé bǎi tuō guān chǎng shù fù de lè qù
出了优美的田园风光和摆脱官场束缚的乐趣。

tā bǎ tǒng zhì jiē jí de guān chǎng shēng huó chì wéi chén wǎng bǎ zuò guān
他把统治阶级的官场生活斥为"尘网"；把做官

kàn chéng shì jī niǎo chí yú bù dé zì yóu bǎ guī jū yuán tián shuō
看成是"羁鸟"、"池鱼"，不得自由；把归居园田说

chéng shì chōng chū fán lóng chóng fǎn zì rán biǎo xiàn le tā duì dāng shí
成是冲出"樊笼"，重返"自然"，表现了他对当时

hēi àn shè huì hé chǒu è xiàn shí de bǐ shì zài dì sān shǒu shī zhōng
黑暗社会和丑恶现实的鄙视。在第三首诗中，

xiě tā qīn zì cān jiā nóng yè láo dòng de huān lè gǎn qíng shī zhōng xiě dào
写他亲自参加农业劳动的欢乐感情。诗中写道：

장에 갇힌 새"와 "저수지의 물고기"처럼 자유가 없는 것으로 보았으며, 전원으로 귀거한 것을 "새장"에서 벗어나 "자연"으로 되돌아온 것이라 하면서, 당시의 어두운 사회와 추악한 현실에 대한 혐오감을 표현하였다. 세 번째 시에서는 그가 직접 농사를 짓는 노동에 참여하는 기쁜 감정을 적고 있다. 시는 다음과 같이 쓰고 있다.

zhòng dòu nán shān xià cǎo shèng dòu miáo xī
种豆南山下，草盛豆苗稀。

chén xīng lǐ huāng huì dài yuè hè chú guī
晨兴理荒秽，带月荷锄归。

dào xiá cǎo mù zhǎng xī lù zhān wǒ yī
道狭草木长，夕露沾我衣；

yī zhān bù zú xī dàn shǐ yuàn wú wéi
衣沾不足惜，但使愿无违。

남산 아래 콩을 심으니, 잡초만 무성하고 콩의 싹은 드물다.

새벽에 일어나 황무지를 일구다가, 달빛 받으며 괭이 메고 집으로 돌아간다.

길은 좁은데 풀은 높게 자라, 저녁 이슬이 내 옷깃을 적신다.

옷이 젖는 건 아깝지 않은데, 단지 바람이 있다면 농사가 잘 되는 것이라네.

tā zài yǒng jīng kē yī shī zhōng rè qíng de gē sòng le jīng
他在《咏荆轲》一诗中，热情地歌颂了荆

kē bù xī xī shēng zì jǐ de shēng mìng ér yǒng yú chú bào de zhuàng liè jīng shén
轲不惜牺牲自己的生命而勇于除暴的壮烈精神

그는 《영형가》라는 시에서, 형가가 자기 생명을 희생하는 것도 아까워하지 않고 횡포를 제거하는데 용감했던 장렬한 정신과 과감한 행동을 열정적으로 노래하고

和果敢行为。在≪读山海经≫诗中写道:

精卫衔微木，将以填沧海。

刑天舞干戚，猛志固常在。

있다. ≪독산해경≫에서는 다음과 같이 적었다.

정위는 잔 나뭇가지 물어다가, 이것으로 창해를 메우려고 했네.

형천은 간척을 휘둘렀는데, 그 강한 뜻 굳게 변치 않고 있네.

诗人热情洋溢地歌颂了神话故事中的精卫和刑天虽死而不屈服的精神，实际上就是诗人自己不屈意志的表现。陶渊明最有影响的作品是≪桃花源记并诗≫，这是他晚年的作品。“桃花源”是一些“避秦时乱”的人，在没有人迹的地方开辟出来的一个乐园。在那里，人人都从事劳动，人人都享受收获的幸福和快乐，没有剥削，没有压迫。这个乐园，其实是诗人向往的理想社会。反映了诗人希望建立一个这样的社会，使人民通过自己的劳动，创造和平幸福的新生活。这种愿望虽然是一个不可能实现的幻想，

시인은 신화고사 속의 정위와 형천이 죽어도 굴하지 않았던 정신을 열정적으로 노래하였는데, 실제로는 이것은 바로 그 자신의 불굴의 의지를 표현한 것이다. 도연명의 제일 영향력 있는 작품은 ≪도화원기병시≫로, 이는 그의 만년 작품이다. “도화원”은 “진 나라 전쟁을 피해 갔던” 일부 사람들이, 인적 없는 곳에서 만들어낸 하나의 낙원이다. 거기에서는, 사람마다 일을 하고, 사람마다 모두 수확의 행복과 기쁨을 누리며 살아, 착취도 없고, 압박도 없었다. 이 낙원은, 사실 시인이 동경하던 이상 사회다. 이는 시인이 이러한 사회를 세워, 백성들이 자신의 노동을 통하여, 평화롭고 행복한 새 생활을 창조할 수 있기를 바라는 마음을 반영한 것이다. 이러한 염원은 비록 실현 불가능한 하나의 환상이지만, 그것은 도리어 사람들에게 봉건사회의 어두움을 알게 하고, 사람들이 불합리한 사회현실에 반항하기 위하여 투쟁하기를 격려하고 있다.

dàn tā què qǐ fā rén men rèn shi fēng jiàn shè huì de hēi àn gǔ wǔ rén
但它却启发人们认识封建社会的黑暗，鼓舞人
men wèi fǎn kàng bù hé lǐ de shè huì xiàn shí ér dòu zhēng
们为反抗不合理的社会现实而斗争。

táo yuānmíng shì zhōng guó wén xué shǐ shàng jié chū de zuò jiā bù xiǔ
陶渊明是中国文学史上杰出的作家，不朽
de shī rén tā zài shī gē lǐng yù lǐ kāi chuàng le tián yuán shī pài wèi zhōng
的诗人，他在诗歌领域里开创了田园诗派，为中
guó gǔ dài shī gē kāi pì le yī ge xīn de jìng dì tā de zuò pǐn
国古代诗歌开辟了一个新的境地。他的作品，
shōu zài táo yuānmíng jí lǐ táo yuānmíng duì hòu dài zuò jiā chǎnshēng
收在《陶渊明集》里。陶渊明对后代作家产生
le hěn dà yǐngxiǎng zhè zhǒng yǐngxiǎng zhǔ yào biǎo xiàn zài liǎng ge fāngmiàn
了很大影响。这种影响主要表现在两个方面：
yī fāngmiàn shì tā miè shì quán guì bù yuàn yǔ shì sú tóng liú hé wū de
一方面是他蔑视权贵，不愿与世俗同流合污的
qì jié gěi hòu dài jìn bù zuò jiā shù lì le bǎngyàng tā men duì hēi àn
气节给后代进步作家树立了榜样。他们对黑暗
xiàn shí bù mǎn shí zǒng shì cóng táo yuānmíng de shī gē zhōng jí qǔ lì liang
现实不满时，总是从陶渊明的诗歌中汲取力量。
rú táng dài wěi dà shī rén lǐ bái tā miè shì quán guì de jīng shén shì hé
如唐代伟大诗人李白，他蔑视权贵的精神，是和
táo yuānmíng yī mài xiāngchéng de lìng yī fāngmiàn táo yuānmíng de lè tiān
陶渊明一脉相承的。另一方面，陶渊明的乐天
zhī mìng ān fèn shǒu jǐ táo bì xiàn shí de xiāo jí sī xiǎng duì hòu dài
知命、安分守己、逃避现实的消极思想，对后代
zuò jiā yě chǎnshēng guò bù liáng yǐngxiǎng
作家也产生过不良影响。

도연명은 중국 문학사상 걸출한 작가이자, 불후의 시인으로, 그는 시가 영역에서 전원시파를 만들어냈고, 중국고대시가에 새로운 경지를 열어주었다. 그의 작품은, ≪도연명집≫에 수록되어 있다. 도연명은 후대 작가에게 큰 영향을 주었다. 이러한 영향은 주로 두 가지 면에서 표현된다. 하나는 그가 집권자를 멸시하고, 세속의 나쁜 것에 물들지 않으려는 절개를 후대 진보성향의 작가들에게 본보기를 보여준 점이다. 그들은 어두운 현실에 불만이 있을 때, 늘 도연명의 시에서 힘을 얻었다. 예컨대 당대의 위대한 시인 이백이, 권력자를 멸시했던 정신은, 도연명의 한 계통을 이은 것이다. 또 다른 한 면으로는, 도연명이 천명에 순응하면서, 자신의 처지와 분수에 만족하고, 현실을 도피하려 했던 소극적인 사상은 후대작가들에게 좋지 못한 영향을 주었다.

第三节 南北朝文学 (420-589)

dì sān jié nán běi cháo wén xué

제3절 남북조문학 (420-589)

dōng jìn miè wáng yǐ hòu zhōng guó lì shǐ jìn rù le nán běi cháo shí qī nán cháo shì sòng qí liáng chén sì ge cháo dài pín fán gēng tì běi cháo shì běi wèi běi qí běi zhōu děng cháo dài xiāng gēng tì xíng chéng nán běi fēn liè de jú miàn zhè yī shí qī de wén xué zhǔ yào zhǎng wò zài dì wáng hé guì zú de shǒu lǐ tā men de shēng huó sī xiǎng yì shù qù wèi dōu xiàn zhì le zuò jiā de chuàng zuò shǐ tā men de zuò pǐn xiàng xíng shì zhǔ yì fāng xiàng fā zhǎn qí liáng yǐ hòu xíng shì zhǔ yì de shī fēng tǒng zhì zhe zhěng ge shī tán

东晋灭亡以后，中国历史进入了南北朝时期。南朝是宋、齐、梁、陈四个朝代频繁更替；北朝是北魏、北齐、北周等朝代相更替，形成南北分裂的局面。这一时期的文学，主要掌握在帝王和贵族的手里，他们的生活、思想、艺术趣味都限制了作家的创作，使他们的作品向形式主义方向发展。齐、梁以后，形式主义的诗风统治着整个诗坛。

동진이 멸망한 후, 중국 역사는 남북조 시대로 들어섰다. 남조는 송·제·량·진 네 왕조가 빈번하게 교체되고, 북조는 북위·북제·북주 등의 왕조가 서로 교체되면서 남북이 분열되는 국면을 형성하였다. 이 시기의 문학은, 주로 제왕과 귀족의 손에 장악 되었고, 그들의 생활·사상·예술 취향 등은 모두 작가의 창작을 제한하였고, 그들의 작품이 형식주의 방향으로 발전하게 하였다. 제·량 이후, 형식주의의 시풍은 시단 전체를 통치하게 되었다.

liáng jiǎn wén dì yòu dà lì tí chàng miáo xiě sè qíng hé gōng tíng shēng huó de gōng tǐ shī shǐ shī fēng gèng jiā shuāi ruò hé duò luò zhè zhǒng dī jí qù wèi de bù liáng shī fēng yī zhí yán xù dào táng chū cháng dá yī bǎi duō

梁简文帝又大力提倡描写色情和宫廷生活的“宫体”诗，使诗风更加衰弱和堕落。这种低级趣味的不良诗风一直延续到唐初，长达一百多

양의 간 문제는 색정과 궁정생활을 묘사한 "궁체"시를 대대적으로 제창하여, 시풍이 더욱 쇠약하고 타락하게 하였다. 이런 저급 취미에 따른 불량한 시풍은 당대 초까지 계속되어, 장장 백여 년 동안이나 지속되었다. 시 외에도, 이 시기에는 변문이 한 때 번창하여, 문단에서 통치적 지

nián chú shī yǐ wài zhè yī shí qī de pián wén xīng shèng yī shí zài wén
年。除诗以外，这一时期的骈文兴盛一时，在文
tán shàng zhàn jù tǒng zhì dì wèi pián wén shì wén zhāng de yī zhǒng xíng shì
坛上占据统治地位。骈文是文章的一种形式，
jiǎng jiū cí zǎo yòng diǎn shēng lǜ duì ǒu děng zhè zhǒng wén tǐ shù fù
讲究辞藻、用典、声律、对偶等。这种文体，束缚
sī xiǎng róng yì liú yú xíng shì zhǔ yì duì hòu dài chǎn shēng guò bù liáng yǐng
思想，容易流于形式主义，对后代产生过不良影
xiǎng
响。

위를 차지하였다. 변문은 문장의 한 형식으로, 말의 수식, 전고 사용, 성률과 대구 등을 중요하게 여긴다. 이러한 문체는, 사상을 속박하고, 형식주의로 흐르기 쉬워, 후대에 좋지 못한 영향을 주었다.

nán běi cháo wén xué de zhǔ yào chéng jiù shì xiè líng yùn de shān shuǐ shī
南北朝文学的主要成就是谢灵运的山水诗
hé yuè fǔ mín gē
和乐府民歌。

남북조 문학의 주요 성취는 사령운의 산수시와 악부민가다.

xiè líng yùn hé tā de shān shuǐ shī

1. 谢灵运和他的山水诗

1. 사령운과 그의 산수시

xiè líng yùn nán cháo sòng dài zhù míng shī rén zǔ jí
谢灵运(385-433)，南朝宋代著名诗人。祖籍
chén jùn yáng xià jīn hé nán shěng tài kāng shì jū kuài jī jīn zhè jiāng shěng
陈郡阳夏（今河南省太康），世居会稽（今浙江省
shào xīng yīn cóng xiǎo jì yǎng zài wài suǒ yǐ xiǎo míng kè ér yòu chēng xiè
绍兴）。因从小寄养在外，所以小名客儿，又称谢
kè tā shì dōng jìn míng jiàng xiè xuán de sūn zi xí fēng kāng lè gōng shì
客。他是东晋名将谢玄的孙子，袭封康乐公，世
chēng xiè kāng lè céng rèn yǒng jiā tài shǒu mì shū jiān lín chuān nèi shǐ děng
称谢康乐。曾任永嘉太守、秘书监、临川内史等
zhí yīn móu fǎn liú fàng guǎng zhōu bèi shā tā niǔ zhuǎn xuán yán shī fēng kāi
职，因谋反流放广州，被杀。他扭转玄言诗风，开

사령운(385-433)은, 남조 송대의 유명한 시인이다. 본적은 진군의 양하(오늘의 하남성 태강)이나, 대대손손 회계(오늘의 절강성 소흥)에서 살았다. 어릴 때부터 남의 손에 자라서, 아명이 객아이며, 또 사객이라고도 불렀다. 그는 동진의 명장 사현의 손자로, 강락공을 세습봉작으로 계승하여, 세상에서는 사강락이라 부르기도 했다. 일찍이 영가 태수·비서감·임천내사 등을 맡았으나, 반역을 꾀했던 것 때문에 광주로 유배를 갔다가, 피살되었다. 그는 현언시풍을 바꾸어 산수시파를

创山水诗派，扩大了诗歌的表现领域，丰富了南朝诗坛，对后代诗人有较大影响。他的山水诗大都描写永嘉、会稽等地的自然景色，歌唱江南的秀丽山河。他的诗刻画清新逼真，精雕细琢，注意渲染，重视声色。然佳篇较少，警句颇多。如：“池塘生春草”（≪登池上楼≫）、“明月照积雪”（≪岁暮≫）等，历来被人们所传诵。但他的诗缺乏社会内容，诗的结尾总是感叹人生、空发议论，枯燥乏味。明人辑有≪谢康乐集≫，近人黄节的≪谢康乐诗注≫比较详备。比谢灵运稍晚的重要作家有鲍照。

만들어냈고, 시가의 표현영역을 넓혔으며, 남조 시단을 풍부하게 함으로써, 후대 시인에게 큰 영향을 주었다. 그의 산수시는 대부분 영가와 회계 등지의 자연경치를 묘사하였고, 강남의 아름다운 산과 강을 노래하였다. 그의 시는 묘사가 신선하고 사실에 가까우며, 정성을 다해 조탁을 하였고, 선염함에 신경을 쓰면서 성색을 중시하였다. 그러나 좋은 작품이 비교적 적고, 경구가 상당히 많다. 예컨대 “못가에는 봄풀이 돋아나고”(≪등지상루≫), “밝은 달은 쌓인 눈을 비추고”(≪세모≫) 등은, 지금까지도 사람들에게 전해지며 노래되고 있다. 그러나 그의 시에는 사회적 내용이 부족하고, 시의 결미에서는 늘 인생을 감탄하고 의론을 남발하고 있으며, 무미건조하다. 명대 사람이 편집한 것으로 ≪사강락집≫이 있지만, 근대인 황절의 ≪사강락시주≫가 비교적 상세하게 잘 갖추어져 있다. 사령운보다 조금 늦은 시기의 주요 작가로 포조가 있다.

鲍照（约414-466），字明远，东海（今江苏省连云港市东）人，南朝宋代著名诗人。出身于贫寒家庭，曾任秣陵令、中书舍人等职，后为临海王刘子顼前军参军，故世称“鲍参军”。刘子顼谋反

포조(약414-466)는, 자가 명원이고, 동해(지금의 강서성 연운항시의 동쪽) 사람으로, 남조 송대의 유명한 시인이다. 빈곤한 가정에서 태어났고, 말릉령·중서사인 등의 관직을 맡았었고, 나중에는 임해왕 유자욱을 위해 참군하여, 세칭 “포참군”이라고 불렀다. 유자욱의 반란이 실패하자, 포조는 난군에게 살

shī bài bào zhào bèi luàn jūn suǒ shā tā de wén xué chéng jiù zhǔ yào zài
失败，鲍照被乱军所杀。他的文学成就主要在
yuè fǔ shī fāngmiàn dài biǎo zuò pǐn shì nǐ xíng lù nán shí bā shǒu
乐府诗方面，代表作品是≪拟行路难≫十八首。
shī rén huái zhe qiáng liè de bù mǎn qíng xù pēng jī le dāng shí de xiàn shí
诗人怀着强烈的不满情绪，抨击了当时的现实。
tā de shī fēng gé xióng jiàn gǎn qíng bēn fàng duì hòu dài shī rén yǒu hěn dà
他的诗风格雄健，感情奔放，对后代诗人有很大
yǐngxiǎng yǒu bào cān jūn jí
影响。有≪鲍参军集≫。

해되었다. 그의 문학 성과는 주로 악부시에 있는데, 대표작품은 ≪의행로난≫ 18수다. 그는 대단히 불만스런 정서를 가지고, 당시의 현실을 규탄하였다. 그의 시 풍격은 웅건하고, 감정이 분방하여, 후대 시인에게 큰 영향을 주었다. ≪포참군집≫이 있다.

nán běi cháo yuè fǔ mín gē
2. 南北朝乐府民歌

2. 남북조 악부민가

nán běi cháo mín gē zài hàn dài yuè fǔ mín gē de jī chǔ shàng yòu
南北朝民歌在汉代乐府民歌的基础上，又
yǒu le xīn de fā zhǎn yóu yú nán běi cháo duì zhì zài zhèng zhì jīng jì
有了新的发展。由于南北朝对峙，在政治、经济
wén huà shàng dōu yǒu bù tóng de dì fang yīn cǐ biǎo xiàn zài nán běi cháo
、文化上都有不同的地方，因此，表现在南北朝
mín gē shàng yǒu bù tóng de tè diǎn
民歌上有不同的特点。

남북조 민가는 한대 악부민가의 기초 위에서, 또 다시 새롭게 발전하였다. 남북조가 서로 대치함으로 인하여, 정치·경제·문화에 모두 서로 다른 점이 있었고, 이 때문에, 남북조 민가에서 표현될 때도 서로 다른 특징을 보여 주었다.

nán cháo mín gē yóu yú nán cháo shè huì bǐ jiào ān dìng chéng shì fán
南朝民歌，由于南朝社会比较安定，城市繁
róng shāng yè fā dá gē wǔ shèng xíng zài jiā shàng lì dài tǒng zhì zhě zhǐ zài
荣，商业发达，歌舞盛行，再加上历代统治者只在
chéng shì lǐ sōu jí mín gē suǒ yǐ tí cái nèi róng bǐ jiào xiá zhǎi dà bù
城市里搜集民歌，所以，题材内容比较狭窄，大部
fen shì qíng gē yuē zhàn bǎi fēn zhī jiǔ shí yǐ shàng dài biǎo zuò pǐn yǒu
分是情歌，约占百分之九十以上，代表作品有≪

남조 민가는, 남조사회가 비교적 안정되고, 도시가 번창했으며, 상업이 발달하고, 가무가 성행하였으며, 여기에 역대 통치자들이 도시 안에서만 민가를 수집하였기 때문에, 소재 내용이 비교적 편협 되어 있어서, 대부분 연정을 노래한 것이, 약 90퍼센트 이상을 차지하고 있는데, 대표작으로 ≪자야가≫ 등이

子夜歌》等。其他内容的民歌，只占极少部分。

있다. 기타 내용의 민가는 극히 적은 부분을 차지한다.

北朝民歌，由于北朝社会动荡不安、兵荒马乱、连年战争，所以描写战争的民歌比较多。这些民歌，反映了人民的苦难，揭露了统治阶级发动战争的罪恶，富有强烈的战斗性。北朝民歌最著名的是《木兰诗》，它是一首长篇叙事诗，写的是木兰代父从军的故事。

북조 민가는, 북조사회가 불안하게 동요하고, 전시에 세상이 어수선하며, 전쟁이 해마다 계속되었기 때문에, 전쟁을 묘사한 민가가 비교적 많다. 이런 민가들은, 백성들의 고난을 반영하고, 통치계급이 일으킨 전쟁을 폭로하고 있어, 강렬한 전투성이 풍부하다. 북조민가 중 가장 유명한 것은 《목란시》인데, 그것은 한 편의 장편서사시로, 목란이 아버지를 대신해서 종군한 이야기를 쓴 것이다.

木兰是一个勤劳的农家女儿，她每天都在家里织布。当她知道年迈的父亲将要被征入伍的时候，她出于对父亲的关心和对祖国的热爱，毅然代父从军，表现了她为保卫祖国，保卫父老乡亲们的和平幸福生活，挺身而出，不怕牺牲的精神。她女扮男装，入伍后，经过十年的艰苦战斗，身经百战，立下了许多战功，最后打败敌人，凯旋而归，表现了她的坚强和勇敢。当皇帝要

목란은 부지런한 농가의 딸로, 그녀는 매일 집에서 베를 짰다. 그녀는 연로하신 아버지가 곧 징집되어 입대하게 되었음을 알았을 때, 그녀는 아버지에 대한 관심과 조국에 대한 사랑으로, 결연히 아버지 대신 종군을 함으로써, 조국을 보위하고, 노인과 고향 사람들의 평화와 행복한 생활을 지키기 위해, 당당하게 나아가 희생도 두려워하지 않는 정신을 표현하였다. 그녀는 남장을 하고, 입영한 후, 10년간이나 힘들고 어려운 전투를 경험하였고, 수많은 전쟁을 몸소 겪으면서, 엄청난 전공을 세웠으며, 최후에는 적을 물리치고, 개선하여 돌아옴으로써, 그녀의 견강함과 용감함을 보여주었다. 황제가 그녀에게 벼슬을 주고 표창하려고 했을 때, 그녀

gěi tā fēngguān jiā jiǎng de shí hou tā dōu xiè jué le zhǐ tí chū yuàn
给她封官嘉奖的时候，她都谢绝了，只提出“愿
chí qiān lǐ zú sòng ér huán gù xiāng de yāo qiú biǎoxiàn le mù lán chún
驰千里足，送儿还故乡”的要求，表现了木兰纯
pǔ gāo jié de xiōnghuái mù lán dài fù cóng jūn de gù shì qiān bǎi nián
朴高洁的胸怀。木兰代父从军的故事，千百年
lái yī zhí zài qún zhòngzhōngguǎng wéi liú chuán jù yǒu shēnyuǎn de shè huì yì
来一直在群众中广为流传，具有深远的社会意
yì
义。

는 다 사절하였으며, 그저 "천 리를 달려가 고향으로 가게 해 달라."고 요구함으로써, 목란의 순박하고 고결한 마음을 표현하였다. 목란의 대부종군 이야기는, 수천 수백년 동안 계속 사람들에게 널리 알려지고 있어, 깊은 사회적 의의를 가진다.

zuì néng fǎn yìng běi fāng yóu mù shēng huó hé běi guó fèngguāng de shī shì
最能反映北方游牧生活和北国风光的诗是
chì lè gē
≪敕勒歌≫：

북방의 유목 생활과 중국 북부의 경치를 가장 잘 반영한 시는 ≪칙륵가≫이다.

chì lè chuān yīn shān xià
敕勒川，阴山下。

칙륵의 개천, 음산 아래 있는데,

tiān sì qióng lú lǒng gài sì yě
天似穹庐，笼盖四野。

하늘은 둥근 천막처럼, 사방 들판을 뒤덮고 있다.

tiān cāngcāng yě mángmáng
天苍苍，野茫茫，

하늘은 푸르고, 들판은 끝없이 아득한데,

fēngchuī cǎo dī xiàn niú yáng
风吹草低见牛羊。

바람 불어 풀이 쓰러지니 소와 양이 보인다.

chì lè shì běi fāng de shǎo shù mín zú chì lè gē shì yī
敕勒是北方的少数民族。≪敕勒歌≫是一
shǒukuài zhì rén kǒu de mín gē yuán lái shì yòngxiān bēi yǔ chàng de hòu lái
首脍炙人口的民歌，原来是用鲜卑语唱的，后来
fān yì chéng hàn yǔ shī de qiánliǎng jù diǎnmíng le chì lè chuān de dì
翻译成汉语。诗的前两句，点明了敕勒川的地

칙륵은 북방의 소수민족이다. ≪칙륵가≫는 사람들의 입에 널리 전해지던 민가로, 원래는 선비족의 언어로 부르던 것이었는데, 뒤에 중국어로 번역된 것이다. 시의 앞 두 구는 칙륵천의 위치를 정확하게 밝히고 있는데, 음산

点，在阴山脚下。接着勾画了一幅苍茫辽阔、雄浑壮丽的草原图画：蓝色的天空，茫茫的草原，随着风势的起伏，一群群牛羊掩现在绿草中间。最后一句以总结性的诗句，概述了草原上水草丰茂，牛羊繁盛的景象，充分表现出游牧民族的生活特色。

의 기슭에 있다. 이어서 창망하고 광활하며 웅장하고 아름다운 초원의 한 장면을 간단히 묘사하고 있다. 파란 하늘과, 끝없는 초원에, 바람의 기복에 따라, 무리를 이룬 소와 양떼들이 파란 풀 속에서 사라졌다 나타났다 하는 모습이다. 가장 마지막 구절은 총괄 성격의 시구로, 초원 위의 수초가 무성하고, 소와 양이 번성한 모습을 개술하고, 유목 민족의 생활 특징을 아주 잘 표현하고 있다.

第四节 魏晋南北朝的小说和文学批评

제4절 위진 남북조의 소설과 문학비평

中国的小说从古代神话和历史传说发展到魏晋南北朝时期才初具规模。这时，写作小说已成为一种风气，不仅数量多，而且内容丰富。从内容上来说，可分为两大类：一类是谈鬼神怪异的“志怪小说”；一类是记录人物轶闻琐事的

중국의 소설은 고대 신화와 역사 전설로부터 발전해 오다가 위진 남북조 시기에 와서야 초보적인 규모를 갖추게 되었다. 이 시기에 창작된 소설은 이미 하나의 풍조를 이루었고, 수량도 많았고, 또 내용도 풍부하였다. 내용적으로 볼 때, 크게 두 종류로 나눌 수 있는데, 한 종류는 괴이한 귀신을 이야기한 “지괴소설”이고, 한 종류는 인물의 사소한 일화를 기록한 “일사소설”이다. 이 시기의 문학비

yì shì xiǎoshuō zhè shí de wénxué pī píng yě huò dé le kōngqián de
"轶事小说"。这时的文学批评也获得了空前的
chéng jiù chū xiàn le wén xué pī píng hé wén xué lǐ lùn de zhuānmén zhù zuò
成就，出现了文学批评和文学理论的专门著作，
qí zhōng zuì zhù míng de shì wén xīn diāo lóng hé shī pǐn
其中最著名的是《文心雕龙》和《诗品》。

평 역시 이전에는 볼 수 없었던 성과를 거두어, 문학비평과 문학이론 전문 저서가 나왔는데, 그 중에서 가장 유명한 것이 《문심조룡》과 《시품》이다.

zhì guàixiǎoshuō
1. 志怪小说

1. 지괴소설

zhì guàixiǎoshuō shì tán guǐ shénguài yì de qí zhōng yǐ dōng jìn
"志怪小说"是谈鬼神怪异的，其中以东晋
gān bǎo de sōu shén jì zuì zhù míng chéng jiù zuì gāo shì zhì guàixiǎo
干宝的《搜神记》最著名，成就最高，是志怪小
shuō de dài biǎo zuò
说的代表作。

"지괴소설"은 괴이한 귀신을 이야기 한 것으로, 이 중에서 동진 간보의 《수신기》가 가장 유명한데, 성과가 제일 크며, 지괴소설의 대표작이다.

gān bǎo zì lìng shēng xīn cài jīn hé nán shěng xīn cài rén dōng jìn
干宝，字令升，新蔡(今河南省新蔡)人，东晋
de shǐ xué jiā wén xué jiā tā bó xué duō cái yuán dì shí yǐ zuǒ zhù
的史学家、文学家。他博学多才，元帝时以佐著
zuò láng lǐng xiū guó shǐ zhù jìn jì jīn yǐ yì céng rèn tài shǒu
作郎领修国史，著《晋纪》(今已佚)；曾任太守、
sǎn qí cháng shì děngguān tā shōu jí le xǔ duō shénguài líng yì de gù shì
散骑常侍等官。他收集了许多神怪灵异的故事，
xiě chéng sōu shén jì yī shū qí mù dì suī zài yú xuānchuán mí xìn
写成《搜神记》一书，其目的虽在于宣传迷信，
dàn cái liào duō lái zì mín jiān bǎo cún le xǔ duō yōu měi dòng rén de gǔ
但材料多来自民间，保存了许多优美动人的古
dài shén huà hé mín jiān chuánshuō yǒu bù shǎo gù shì fǎn yìng le guǎng dà rén
代神话和民间传说，有不少故事反映了广大人

간보는, 자가 영승이고, 신채(지금의 하남성 신채) 사람이며, 동진의 사학가이자 문학가이다. 그는 학식이 넓고 재능이 많아, 원제 때 좌저작랑이 되어 국사를 편찬하였고, 《진기》(지금은 이미 유실되고 없음)를 저술하였다. 일찍이 태수·산기상시 등의 관직을 역임하였다. 그는 수많은 기괴하고 기이한 고사를 수집하여 《수신기》를 완성하였는데, 그 목적은 비록 미신을 선전하는데 있었지만, 소재들을 대부분 민간에서 취했고, 아름답고 감동적인 수많은 고대 신화와 민간전설을 그대로 유지하면서, 적지 않은 이야기에서 수많은 백성들의 사상과 희망을

民的思想愿望。《搜神记》的内容，归纳起来大致有三类：

반영하였다. 《수신기》의 내용은 대체로 세 종류로 귀납된다.

第一，鞭挞统治阶级凶恶残暴，表现人民反抗斗争的故事。

첫째, 통치 계급의 흉악하고 잔인함을 편달하고, 백성들의 반항과 투쟁을 표현한 이야기이다.

如《干将莫邪》，写巧匠干将、莫邪夫妇给楚王铸成雌雄二剑后，干将被楚王杀死，其子为父报仇的故事。这个故事不仅揭露了封建暴君残害人民的血腥罪行，而且表现了中国古代劳动人民反抗压迫的英雄行为和斗争精神。同时还描写了山中侠客见义勇为、愿意牺牲自己、代替莫邪的儿子报仇的豪侠气概，体现了劳动人民在反抗压迫的斗争中互相支持，团结友爱的精神。其中山中侠客持莫邪儿子的头见楚王一段，写得惊心动魄：

예컨대 《간장막야》를 보면, 이는 솜씨가 뛰어난 명장인 간장과 막야 부부가 초왕에게 암수 검 2개를 만들어 준 후, 간장이 초왕에게 살해되고, 그 아들이 아버지를 위해 복수하는 이야기다. 이 이야기는 봉건 폭군이 백성을 잔혹하게 해치는 피 비린내 나는 죄악을 폭로했을 뿐만 아니라, 중국의 고대 노동자들이 억압에 반항하는 영웅적 행위와 투쟁 정신을 표현하였다. 동시에 산중 협객이 정의를 보고 용감하게 뛰어들고, 자신을 희생하며, 막야의 아들을 대신하여 복수하는 호쾌하고 의협심 강한 기개를 묘사했으며, 노동자들이 억압에 반항하는 투쟁을 할 때 서로 지지하고 단결하며 사랑하는 정신을 구체적으로 보여주었다. 그 중에서 산중 협객이 막야 아들의 머리를 들고 초왕을 만나는 한 단락은, 사람의 혼을 빼 놓을 정도로 놀랍게 묘사하고 있다.

kè chí tóu wǎng jiàn chǔ wáng wáng dà xǐ kè yuē cǐ nǎi yǒng
客持头往见楚王，王大喜。客曰：“此乃勇
shì tóu yě dāng yú tāng huò zhǔ zhī wáng rú qí yán zhǔ tóu sān
士头也，当于汤镬煮之。”王如其言，煮头三
rì sān xī bù làn tóu chuō chū tāng zhōng chēn mù dà nù kè yuē
日三夕不烂。头踔出汤中，瞋目大怒。客曰：
cǐ ér tóu bù làn yuàn wáng zì wǎng lín shì zhī shì bì làn yě
“此儿头不烂，愿王自往临视之，是必烂也。”
wáng jí lín zhī kè yǐ jiàn nǐ wáng wáng tóu suí duò tāng zhōng kè yì
王即临之。客以剑拟王，王头随堕汤中，客亦
zì nǐ jǐ tóu tóu fù duò tāng zhōng sān shǒu jù làn bù kě shí bié
自拟己头，头复堕汤中。三首俱烂，不可识别，
nǎi fēn qí tāng ròu zàng zhī gù tōng míng sān wáng mù
乃分其汤肉葬之，故通名“三王墓”。

객이 머리를 들고 가서 초왕을 만나니, 대왕이 기뻐하였다. 객이 말하기를, “이는 용사의 머리로, 솥에 넣고 삶아야 합니다.”라고 하였다. 왕이 그 말대로 하여, 머리를 3일 밤낮을 삶았으나 삶기지 않았다. 머리가 탕 속에서 튀어나와, 눈을 부릅뜨고 크게 노하였다. 객이 말했다. “이 아이의 머리가 삶기지 않는데, 대왕이 직접 가까이 가서 보면, 반드시 삶길 것입니다.”라고 했다. 왕이 곧 가까이 갔다. 객이 검으로 왕을 베자, 왕 머리가 탕 속으로 떨어졌고, 객 역시 스스로 자기 머리를 자르자, 머리가 탕 속으로 떨어졌다. 세 개가 같이 삶기니, 분별이 안 되어, 그 탕과 살을 나누어 장례를 지냈기에, “삼왕묘”라고 통칭하게 되었다.

yì wén shān zhōng xiá kè ná zhe mò yé ér zi de tóu qù jiàn
（译文：山中侠客拿着莫邪儿子的头去见
chǔ wáng chǔ wáng fēi cháng gāo xìng shān zhōng xiá kè shuō zhè shì yǒng
楚王，楚王非常高兴。山中侠客说：“这是勇
shì de tóu yīng dāng zài rè shuǐ guō lǐ zhǔ tā chǔ wáng jiù àn tā
士的头，应当在热水锅里煮它。”楚王就按他
shuō de bàn le bǎ tóu fàng zài guō lǐ zhǔ kě shì zhǔ le sān tiān sān
说的办了，把头放在锅里煮，可是煮了三天三
yè méi yǒu zhǔ làn tóu tiào chū rè shuǐ zhōng zhēng dà yǎn jing fēi cháng
夜没有煮烂。头跳出热水中，瞪大眼睛，非常
fèn nù shān zhōng xiá kè duì chǔ wáng shuō zhè ge hái zi de tóu zhǔ
愤怒。山中侠客对楚王说：“这个孩子的头煮
bù làn xī wàng dà wáng qīn zì qù guō páng kàn yi kàn zhè yàng yī dìng
不烂，希望大王亲自去锅旁看一看，这样一定
huì zhǔ làn de chǔ wáng jiù dào guō páng qù kàn shān zhōng xiá kè yòng
会煮烂的。”楚王就到锅旁去看。山中侠客用
jiàn xiàng chǔ wáng kǎn qù chǔ wáng de tóu suí jí luò dào rè shuǐ guō lǐ
剑向楚王砍去，楚王的头随即落到热水锅里，

(번역문: 산중 협객이 막야 아들의 머리를 들고 초왕을 만나러 가자, 초왕이 매우 기뻐하였다. 산중 협객이 말했다. “이것은 용사의 머리인데, 뜨거운 가마솥 물에 넣고 삶아야 합니다.” 초왕은 바로 그가 말한 방식대로, 솥 안에 넣고 삶았는데, 3일 밤낮을 삶아도 삶기지 않았다. 머리가 뜨거운 물속에서 뛰쳐나와 눈을 크게 부릅뜨고 분노하였다. 산중 협객이 초왕에게 말했다. “이 아이의 머리가 삶기지 않는데, 대왕께서 친히 솥 옆으로 가서 한 번 보기 바랍니다. 이렇게 하면 반드시 삶길 것입니다.” 초왕이 곧 뜨거운 물이 담긴 솥 옆으로 가자, 산중 협객이 칼로 초왕을 베자, 초왕의 머리가 뜨거운 솥 안으로 떨어졌고, 산중 협객도 자기 머리를 자르자, 그 머리 역시 솥 속으로 떨어졌다. 세 개의 머리가 모두 삶겨 문드러

shānzhōng xiá kè yě kǎn xià zì jǐ de tóu tóu yě luò dào rè shuǐ guō
山中侠客也砍下自己的头，头也落到热水锅
lǐ sān ge tóu dōu zhǔ làn le fēn biàn bù chū shì shéi de tóu yú
里。三个头都煮烂了，分辨不出是谁的头，于
shì jiù bǎ rè shuǐ hé ròu fēn chéng sān fèn mái zàng suǒ yǐ tǒng chēng sān
是就把热水和肉分成三份埋葬，所以统称“三
wáng mù
王墓”。)

지니, 누구의 머리인지 분간을 할 수 없었다. 이에 뜨거운 물과 살을 셋으로 나누어 매장하였고, 그래서 “삼왕묘”라고 통칭하게 되었다.

zhè ge qíng jié kàn lái hěn lí qí dàn tā shēn kè de biǎo xiàn le
这个情节看来很离奇，但它深刻地表现了
zài fēng jiàn bào jūn tǒng zhì xià bèi pò hài de rén mín fǎn kàng de jué xīn
在封建暴君统治下被迫害的人民反抗的决心。

이 줄거리를 보면 너무나 괴이하지만, 그러나 이 이야기는 봉건 폭군의 통치 아래서 박해받는 백성의 반항적인 결심을 심도 있게 표현한 것이다.

dì èr qīng nián nán nǚ wèi zhēng qǔ hūn yīn zì zhǔ ér dòu zhēng de
第二，青年男女为争取婚姻自主而斗争的
gù shì
故事。

두 번째로, 젊은 남녀가 혼인 자유를 쟁취하기 위행 투쟁하는 이야기이다.

rú zǐ yù yòu jiào wú wáng xiǎo nǚ xiě wú wáng fū
如≪紫玉≫(又叫≪吴王小女≫)，写吴王夫
chāi de nǚ ér zǐ yù hé hán zhòng xiāng ài de gù shì yóu yú wú wáng bù
差的女儿紫玉和韩重相爱的故事。由于吴王不
tóng yì zǐ yù hé hán zhòng xiāng ài zǐ yù yī qì ér wáng sān nián hòu
同意紫玉和韩重相爱，紫玉一气而亡。三年后，
hán zhòng cóng wài dì huí lái cái zhī dao zǐ yù yǐ sǐ biàn dào mù qián diào
韩重从外地回来，才知道紫玉已死，便到墓前吊
yàn hán zhòng yǔ zǐ yù líng hún xiāng huì liǎng rén zài mù zhōng jǔ xíng hūn
唁。韩重与紫玉灵魂相会，两人在墓中举行婚
lǐ jié chéng fū qī biǎo xiàn le tā men zhōng yú ài qíng zhì sǐ bù biàn
礼，结成夫妻。表现了他们忠于爱情，至死不变
xīn
心。

예컨대 ≪자옥≫(≪오왕소녀≫라고도 함)이 그런 작품이다. 이는 오 나라 왕 부차의 딸 자옥과 한중이 서로 사랑하는 이야기를 쓴 것이다. 오 왕이 자옥과 한중의 사랑을 동의하지 않자, 자옥은 화가 나서 죽어버린다. 삼년 후, 한중이 외지에서 돌아와서야, 비로소 자옥이 이미 죽고 없다는 것을 알았고, 이에 곧 묘지로 가서 조문을 했다. 한중과 자옥의 영혼이 서로 만나고, 둘은 묘지에서 혼례를 올리고, 부부가 되었다. 그들이 사랑에 진심을 다 하였고, 죽어서도 변하지 않는 마음을 표현하였다.

第三，收录了不怕鬼的故事。

如≪宋定伯捉鬼≫。大意是这样的：宋定伯年轻时，夜间走路遇到一个鬼。宋定伯问鬼："你是谁？"鬼说："我是鬼。"鬼问："你是谁？"宋定伯骗它说："我也是鬼。"于是他们同行去南阳集市。鬼嫌走得太慢，就提出互相背着走。鬼先背宋定伯，觉得他很重，就说，"这么重，你不是鬼吧？"宋定伯说："我是新鬼，所以身体重。"宋定伯背鬼时，鬼一点也不重。这样，他们轮换背了一次又一次。宋定伯问："我是新鬼，不知道鬼害怕忌讳什么？"鬼说："只是不喜欢人吐唾液。"他们边走边谈。快到南阳集市的时候，宋定伯把鬼扛在肩上，迅速把鬼捉住不放。于是鬼变成了一只羊，宋定伯怕它变化，就用唾液吐它。在集市上把它卖了，得到一千五百文钱。

세 번째로, 귀신을 무서워하지 않는 이야기를 수록하였다.

예컨대 ≪송정백착귀≫가 그런 경우다. 대체적인 내용은 이러하다. 송정백이 젊었을 때, 밤에 길을 가다가 귀신을 만났다. 송정백이 귀신에게 "너는 누구냐?"고 묻자, 귀신이 "나는 귀신이다."라고 말했다. 귀신이 "너는 누구냐?"고 묻자, 송정백이 "나도 귀신이다."라고 거짓말을 하였다. 그래서 그들은 남양 장터까지 동행하게 되었다. 귀신은 너무 느리게 걷는 것이 싫어서, 서로 업고 걷자는 의견을 냈다. 귀신이 먼저 송정백을 업었는데, 너무 무겁다는 생각이 들어, 물었다. "이렇게 무거운데, 너는 귀신이 아니지?" 송정백이 말했다. "나는 새로운 귀신이라, 그래서 몸이 무겁다." 송정백이 귀신을 업었을 때, 귀신은 하나도 무겁지 않았다. 이렇게, 그들은 한 차례씩 돌아가면서 등에 업고 갔다. 송정백이 물었다. "나는 새로운 귀신이라, 귀신이 무서워하고 싫어하는 것이 뭔지 모르겠다." 귀신이 말했다. "단지 사람이 뱉는 침만 싫어한다." 그들은 걸어가면서 말을 나누었다. 남양 장터에 곧 도착하게 되었을 때, 송정백이 귀신을 어깨에 메고, 신속하게 귀신을 붙잡고 놔주지 않았다. 그리하여 귀신은 한 마리의 양으로 변했고, 송정백은 귀신이 변할까 두려워, 바로 귀신에게 침을 뱉었다. 시장에서 그것을 팔아, 천오백 냥을 받았다.

zhè ge gù shì shēngdòng yǒu qù de miáo xiě le sòngdìng bó jī zhì dòu
这个故事生动有趣地描写了宋定伯机智斗
guǐ mài guǐ de jīng guò bù jǐn xuānchuán le guǐ guài bù kě pà ér qiě
鬼、卖鬼的经过，不仅宣传了鬼怪不可怕，而且
biǎo xiàn le rén mín jī zhì yǒng gǎn dà wú wèi de jīng shén
表现了人民机智勇敢大无畏的精神。

이 이야기는 송정백이 슬기롭게 귀신과 싸우고 귀신을 파는 과정을 생동적이고 재미있게 묘사하고, 귀신을 두려워해서는 안 된다는 것을 선전하고 있을 뿐만 아니라, 슬기롭고 용감하며 두려움이 없는 백성의 정신을 표현하였다.

yì shì xiǎoshuō
2. 轶事小说

2. 일사소설

yì shì xiǎoshuō shì jì lù rén wù yì wén suǒ shì de qí zhōng
"轶事小说"是记录人物轶闻琐事的，其中
zuì yǒu míng de shì nán cháosòng dài liú yì qìng de shì shuō xīn yǔ
最有名的是南朝宋代刘义庆的《世说新语》。

"일사소설"은 인물의 사소한 일화를 기록한 것으로, 그 중에 가장 유명한 것은 남조 송대의 유의경이 편찬한 《세설신어》다.

liú yì qìng péngchéng jīn jiāng sū shěng xú zhōu rén
刘义庆(403-444)，彭城(今江苏省徐州)人。
tā shì nán cháosòng dài zhù míng wén xué jiā sòng wángcháo de zōng shì xí
他是南朝宋代著名文学家。宋王朝的宗室，袭
fēng lín chuānwáng céng rèn nán yǎn zhōu cì shǐ tā de shì shuō xīn yǔ
封临川王。曾任南兖州刺史。他的《世说新语》
dà liàng de jì shù le hàn mò zhì dōng jìn shì zú jiē céng rén wù de yán tán
大量地记述了汉末至东晋士族阶层人物的言谈
yì shì jiào quánmiàn de fǎn yìng le dāng shí shì zú de shēng huó fāng shì hé
轶事，较全面地反映了当时士族的生活方式和
jīng shénmiànmào yě yǒu xiē gù shì jiē lù le shè huì hēi àn pēng jī le
精神面貌。也有些故事揭露了社会黑暗，抨击了
cán bào shē yín biǎozhāng le hǎo rén hǎo shì rú zhōu chù chú sān hài
残暴奢淫，表彰了好人好事。如《周处除三害》、
cáo zhí qī bù chéng shī hé guǎnníng gē xí děng
《曹植七步成诗》和《管宁割席》等。

유의경(403-444)은, 팽성(지금의 강소성의 서주) 사람이다. 그는 남조 송대의 저명한 문학가다. 송 왕조의 종실로, 임천왕에 세습 봉작 되었다. 남연주 자사를 지낸 바 있다. 그의 《세설신어》는 한말부터 동진까지 사족 계층 인물들의 말과 일화를 기술한 것으로, 당시 사족의 생활방식과 정신 면모를 비교적 온전하게 반영하였다. 어떤 이야기는 사회의 암담한 현실을 폭로하고, 잔인하고 사치스런 현상을 배격하였으며, 착한 사람 좋은 일은 표창하였다. 《주처가 삼해를 제거하다》·《조식이 칠보에 시를 짓다》와 《관녕이 자리를 나누다》 등을 예로 들 수 있다.

《周处除三害》的故事，刻画了一个改恶从善、为民除害、成为忠臣的古代义士形象。故事大意是：周处年轻时，蛮横凶暴，是当地的一大祸害。另外还有两个祸害，一是河中的蛟龙，一是山上的老虎，人们把他们称作“三害”，而周处最厉害。人们想利用老虎、蛟龙把周处除掉，就劝他上山打老虎，下河杀蛟龙。周处上山把老虎打死了，又到河里去杀蛟龙。他在河里同蛟龙搏斗了很长时间，时浮时沉，漂游了几十里，最后才把蛟龙杀死。岸上的人们见周处漂走了，都以为周处被蛟龙咬死了，大家高兴地互相庆贺。周处回来看到这种情景，很受震动，决心痛改前非，重新作人。最后他终于变好了。

≪주처가 삼해를 제거하다≫의 이야기는, 개과천선한 뒤에 백성을 위해 해로운 것을 제거하고 충신이 되었던 고대의 의인 형상을 묘사하고 있다. 이야기의 줄거리는 이렇다. 주처는 젊었을 때, 횡포가 심하고 흉악했던 자로, 그 지역에서 큰 화근이었다. 이 외에 또 두 개의 화근이 있었는데, 하나는 강 속의 교룡이었고, 또 하나는 산 속의 호랑이었다. 사람들은 그들을 “삼해”라고 불렀지만, 주처가 가장 사나웠다. 사람들은 호랑이와 교룡을 이용해서 주처를 제거하려고, 그에게 산에 가서 호랑이를 잡고, 강 속에 들어가 교룡을 죽이도록 권하였다. 주처는 산에 가서 호랑이를 잡아 죽이고, 또 강 속으로 교룡을 죽이러 들어갔다. 그는 강 속에서 오랫동안 교룡과 격투를 하면서, 때로는 떠올랐다가 때로는 가라앉았다가 하면서 몇 십리를 떠다니며, 마침내 교룡을 죽였다. 강가의 사람들은 주처가 이리저리 떠다니는 것을 보고, 모두 주처가 교룡에게 물려죽었다고 여기고, 다들 서로를 축하하며 기뻐하였다. 주처가 돌아와 이런 광경을 보고, 큰 충격을 받아, 이전의 잘못을 철저히 고치고, 새로운 사람이 되겠다고 결심하였다. 마지막에 가서 그는 마침내 좋은 사람으로 변하였다.

这个故事具有深刻的教育意义，说明只要改正错误，无论什么样的人，都可以重新成为有

이 이야기는 깊은 교육적 의의를 가지고 있어서, 잘못을 고치기만 하면, 어떤 사람이든, 모두 다 백성들에게 유익하고 사회에 이익이 되는

益于人民、有益于社会的新人。

새로운 사람이 될 수 있다는 것을 설명한다.

《管宁割席》的故事，写得简练精彩，人物性格突出，形象栩栩如生。这个故事写道:

《관녕이 자리를 나누다》 이야기는, 간결하지만 훌륭하게 묘사되어, 인물 성격이 두드러지고, 형상이 살아 있는 듯 생동적이다. 이 이야기는 이렇다.

管宁、华歆共园中锄菜，见地有片金，管挥锄与瓦石不异，华捉而掷去之。又尝同席读书，有乘轩冕过门者，宁读如故，歆废书出看。宁割席分坐，曰:“子非吾友也。”

관영과 화흠이 함께 뜰에서 김을 매다가, 땅에서 황금 덩어리를 발견하게 되었는데, 관영은 이를 기와와 돌처럼 여기며 호미질을 하였고, 화흠은 그것을 주웠다가 던져 버렸다. 또 한 번은 관영과 화흠이 함께 앉아 공부를 하는데, 고관대작이 수레를 타고 문 앞을 지나갔으나, 관영은 변함없이 책을 읽었으나, 화흠은 책을 놓고 나가서 구경을 하였다. 관영이 돗자리를 잘라 따로 앉으며 말하기를, "너는 내 친구가 아니다!"라고 하였다.

（译文：管宁和华歆一起在园中锄菜，看见地上有一块黄金。管宁继续锄菜，把黄金看成同瓦片、石头一样；华歆却不这样，他拾起黄金看了看，然后才扔掉。又有一次，管宁和华歆坐在一张席子上读书，这时有一个坐着车子头戴官帽的人从门前经过。管宁照旧读书；华歆却放下书跑出去看。管宁很生气，就割断席子，和他分开坐，并说:“你不是我的朋友!”）

(번역문: 관영과 화흠이 함께 화원에서 김을 매다가, 땅에서 하나의 황금 덩어리를 발견하였다. 관녕이 계속 김을 매면서, 황금을 기와조각과 돌처럼 간주하였다. 화흠은 오히려 그렇지 않고, 황금을 주워서 한 번 보더니, 그런 뒤에 던져버렸다. 또 한 번은, 관녕과 화흠이 한 자리에 앉아서 공부를 하고 있었는데, 이 때 머리에 관모를 쓴 사람이 수레에 앉아 집문 앞을 지나갔다. 관녕은 변함없이 책을 읽었지만, 화흠은 오히려 책을 내려놓고 뛰어나가 보았다. 관녕이 아주 화를 내며, 자리를 잘라서, 그와 나누어 앉아 말하기를, "너는 나의 친구가 아니다!"라고 하였다.

zhè ge gù shì tōng guò guǎn níng huá xīn duì jīn qián duì quán shì
这个故事，通过管宁、华歆对金钱、对权势
de bù tóng tài dù biǎo xiàn le zhè liǎng ge rén pǐn gé de gāo xià
的不同态度，表现了这两个人品格的高下。

이 이야기는, 관영과 화흠이 금을 대하고 권세를 대하는 태도가 서로 다름을 통하여, 두 사람 성품의 높고 낮음을 표현하였다.

shì shuō xīn yǔ yì shù chéng jiù jiào gāo yǔ yán jīng liàn juàn
《世说新语》艺术成就较高，语言精练，隽
yǒng chuán shén yǒu xǔ duō gù shì chéng wéi hòu dài xì qǔ xiǎo shuō de sù cái
永传神，有许多故事成为后代戏曲、小说的素材
hé shī wén de diǎn gù
和诗文的典故。

《세설신어》는 예술적 성취도가 비교적 높고, 언어가 간결하며, 의미가 깊고 생생하여, 많은 이야기들이 후대의 희곡과 소설의 소재가 되고 시와 산문의 전고가 되었다.

zǒng zhī wèi jìn nán běi cháo de xiǎo shuō zài wén xué shǐ shàng yǒu zhe
总之，魏晋南北朝的小说在文学史上有着
zhòng yào de dì wèi tā duì hòu dài de xiǎo shuō xì jù děng yǒu hěn dà yǐng
重要的地位，它对后代的小说、戏剧等有很大影
xiǎng
响。

종합컨대, 위진 남북조의 소설은 문학사에서 중요한 지위를 차지하고 있으며, 이는 후대 소설과 연극 등에 큰 영향을 주었다.

3. wén xué pī píng 文学批评

3. 문학비평

jiàn ān shí dài dào xī jìn wén xué chuàng zuò fēi cháng huó yuè wén xué
建安时代到西晋，文学创作非常活跃，文学
pī píng yě yǒu le jìn yī bù fā zhǎn wèi jìn shí qī yǐ yǒu wén xué
批评也有了进一步发展。魏晋时期，已有文学
pī píng de zhuān zhù chū xiàn rú cáo pī de diǎn lùn lùn wén
批评的专著出现。如曹丕的《典论·论文》、
lù jī de wén fù děng dào le nán cháo yóu yú wén xué chuàng zuò
陆机的《文赋》等。到了南朝，由于文学创作
de fán róng wén xué pī píng huò dé le kōng qián de chéng jiù bǎ wén xué
的繁荣，文学批评获得了空前的成就，把文学

동한 건안시대로부터 서진에 이르기까지, 문학 창작은 대단히 활발하여, 문학비평도 진일보된 발전이 있었다. 위진시기에, 이미 문학비평의 전문 서적이 나왔다. 예를 들어 조비의 《전론·논문》과 육기의 《문부》 등이 그것이다. 남조에 와서, 문학 창작이 번영하고, 문학비평이 공전의 큰 성과를 거둠에 따라, 문학연구가 새로운 단계로 진입하게 되었다. 그 중에서 가장 유명한 것이 유협의

yán jiū tuī xiàng le yī ge xīn de jiē duàn qí zhōng zuì zhù míng de shì liú
研究推向了一个新的阶段。其中最著名的是刘
xié de wén xīn diāo lóng hé zhōng róng de shī pǐn
勰的《文心雕龙》和钟嵘的《诗品》。

《문심조룡》과 종영의 《시품》이다.

liú xié yuē yuē zì yàn hé yuán jí dōng guǎn jǔ
(1) 刘勰(约465-约520)，字彦和，原籍东莞莒
xiàn jīn shān dōng shěng jǔ xiàn shì jū jīng kǒu jīn jiāng sū shěng zhèn jiāng
县(今山东省莒县)，世居京口(今江苏省镇江)。
tā shì nán cháo qí liáng shí dài zhù míng de wén xué lǐ lùn pī píng jiā tā
他是南朝齐梁时代著名的文学理论批评家。他
de dài biǎo zuò pǐn shì wén xīn diāo lóng
的代表作品是《文心雕龙》。

(1) 유협(약465-약520)은, 자는 언화이고, 본적은 동완 거현(지금의 산동성 거현)이고, 대대로 경구(지금의 강소성의 진강)에서 살았다. 그는 남조 제량시대 때 유명한 문학이론 비평가였다. 그의 대표작이 《문심조룡》이다.

wén xīn diāo lóng shì zhōng guó gǔ dài wén xué lǐ lùn píng lùn
《文心雕龙》是中国古代文学理论评论
jí quán shū fēn shí juàn gòng wǔ shí piān bāo kuò zǒng lùn wén tǐ lùn
集。全书分十卷，共五十篇，包括总论、文体论
chuàng zuò lùn pī píng lùn sì ge zhǔ yào bù fen tā zǒng jié hé fā zhǎn
、创作论、批评论四个主要部分。它总结和发展
le qián rén jìn bù de wén yì sī xiǎng pī pàn le dāng shí xíng shì zhǔ yì
了前人进步的文艺思想，批判了当时形式主义
wén fēng tā lùn shù le wén xué yǔ xiàn shí de guān xi rèn wéi wén xué
文风。它论述了文学与现实的关系，认为文学
shì xiàn shí de fǎn yìng wén xué xū yǒu shè huì zhèng zhì nèi róng tā chǎn míng
是现实的反映，文学须有社会政治内容；它阐明
le wén xué de nèi róng hé xíng shì de guān xi yāo qiú nèi róng yǔ xíng shì
了文学的内容和形式的关系，要求内容与形式
de tǒng yī ér nèi róng yóu qí zhòng yào cǐ wài tā hái cóng yì shù gòu
的统一，而内容尤其重要；此外，它还从艺术构
sī jié gòu ān pái wén xué yǔ yán shēng lǜ jì qiǎo děng fāng miàn tí chū
思、结构安排、文学语言、声律技巧等方面，提出

《문심조룡》은 중국 고대 문학이론 평론집이다. 책은 모두 10권으로 나누어져 있고, 모두 50편이며, 여기에는 총론·문체론·창작론·비평론 네 부분이 포괄되어 있다. 이 책에서는 전대 사람들의 진보적인 문예사상을 종합·발전시키고, 당시의 형식주의 문학풍조를 비판하였다. 이 책에서는 문학과 현실의 관계를 논술하면서, 문학은 현실을 반영하고, 문학은 반드시 사회 정치 내용을 담아야 한다고 주장하였다. 그리고 문학의 내용과 형식의 관계를 천명하면서, 내용과 형식 통일을 요구하면서도, 내용이 특히 중요하다고 하였다. 이 밖에, 책은 또 예술구상과 구성의 안배, 문학 언어, 음률 기교 등에 있어서도 깊고 예리한 많은 견해를 제기하였다. 《문심조룡》은 서주 이후의 문학을 총결한 것으로, 중국고대 현실주의 문학과

le xǔ duō jīng pì de jiàn jiě wén xīn diāo lóng shì xī zhōu yǐ lái
了许多精辟的见解。《文心雕龙》是西周以来
de wén xué zǒng jié tā wèi zhōng guó gǔ dài xiàn shí zhǔ yì wén xué hé wén
的文学总结，它为中国古代现实主义文学和文
xué lǐ lùn de fā zhǎn zuò chū le zhòng dà gòng xiàn dàn yě yǒu bù zú
学理论的发展，作出了重大贡献。但也有不足
zhī chù jiù shì guò fèn qiáng diào lì cí yòng shì hé shēng lǜ duì làng màn
之处，就是过分强调丽辞、用事和声律，对浪漫
zhǔ yì wén xué píng jià bù dàng děng
主义文学评价不当等。

문학이론의 발전에 큰 공헌을 하였다. 그러나 부족한 점도 있었으니, 아름다운 언사와 전고·음률 등을 지나치게 강조한 점과, 낭만주의 문학에 대한 평가가 적절하지 못했던 점이다.

zhōng róng yuē zì zhòng wěi yǐng chuān cháng shè
（2）钟嵘(？-约518)，字仲伟，颍川长社
jīn hé nán shěng cháng gé xī rén tā shì nán cháo liáng dài zhù míng wén xué
(今河南省长葛西)人。它是南朝梁代著名文学
pī píng jiā tā de shī pǐn shì píng lùn zì hàn wèi yǐ lái wǔ yán
批评家。他的《诗品》是评论自汉魏以来五言
shī de zuò jiā hé zuò pǐn de zhuān zhù gòng pǐn píng hàn zhì liáng shī rén yī
诗的作家和作品的专著，共品评汉至梁诗人一
bǎi èr shí èr rén gēn jù tā men de chéng jiù dà xiǎo fēn bié liè rù shàng
百二十二人，根据他们的成就大小，分别列入上
zhōng xià sān pǐn duì zuò jiā de píng yǔ xǔ duō dōu hěn jīng dàng dàn
、中、下三品。对作家的评语，许多都很精当，但
yóu yú shòu shí dài hé jiē jí de jú xiàn yě yǒu píng jià shī dàng de rú
由于受时代和阶级的局限，也有评价失当的，如
bǎ zhù míng shī rén táo yuān míng bào zhào liè wéi zhōng pǐn bǎ cáo cāo liè wéi
把著名诗人陶渊明、鲍照列为中品，把曹操列为
xià pǐn zhè xiǎn rán shì cuò wù de tā tí chàng jiàn ān fēng lì fǎn
下品，这显然是错误的。他提倡“建安风力”，反
duì xíng shì zhǔ yì shī gē tā lùn shī zhǔ zhāng zì rán hé xié de yīn lǜ
对形式主义诗歌，他论诗主张自然和谐的音律，

(2) 종영(?-약518)은, 자가 중위이고, 영천 장사(지금의 하남성 장갈서) 사람이다. 그는 남조 양대의 유명한 문학비평가다. 그의 《시품》은 한위 이후의 5언시 작가와 작품의 전문서적을 평론하고, 한부터 양대까지의 시인 122명을 모두 품평했으며, 그들 성취의 정도에 따라 상·중·하 세 등급으로 나누었다. 작가에 대한 비평의 말들은 모두가 아주 정확하고 적절하였지만, 그러나 시대와 계급의 제약에 따라, 평가가 온당하지 못한 부분도 있었으니, 예컨대, 유명한 시인 도연명과 포조를 중품에 놓고, 조조는 하품에 놓았는데, 이는 확실히 착오라 하겠다. 그는 "건안풍력"을 제창하고, 형식주의 시가를 반대하였으며, 시를 언급함에 있어서는 자유롭고 조화로운 음률을 주장하고, "사성팔병"설 반대와, 미사여구나 전고 사용을 반대하였다. 그는 시인의 독특한 예술 풍격을 개괄하는 것에 능숙하였고, 시인의 풍

fǎn duì sì shēng bā bìng zhī shuō fǎn duì duī qì diǎn gù tā shàn yú gài
反对“四声八病”之说，反对堆砌典故。他善于概
kuò shī rén dú tè de yì shù fēng gé zhù yì tàn suǒ shī rén fēng gé liú
括诗人独特的艺术风格，注意探索诗人风格流
pài dàn píng shī wǎng wǎng piān zhòng cí cǎi yǐ zhì pǐn píng shī dàng shī
派，但评诗往往偏重词采，以致品评失当。≪诗
pǐn shì zhōng guó dì yī bù lùn shī zhuān zhù tā duì hòu dài de shī gē
品≫是中国第一部论诗专著，它对后代的诗歌
pī píng yǒu hěn dà yǐng xiǎng
批评有很大影响。

격 유파를 탐색함에 주의를 기울였으나, 시를 평론할 때 왕왕 수식에 편중함으로써, 품평에 타당성을 잃기도 하였다. ≪시품≫은 중국 최초의 비평 전문서적이고, 이는 후대의 시가 비평에 큰 영향을 주었다.

dì sì zhāng táng dài wén xué

第四章 唐代文学

(618-907)

제4장 당대문학
(618-907)

jīng guò nán běi cháo de cháng qī fēn liè yóu suí wén dì tǒng yī le
经过南北朝的长期分裂，由隋文帝统一了
zhōng guó dàn shì dào le suí yáng dì shí yóu yú tā huāng yín cán bào rén
中国，但是，到了隋炀帝时，由于他荒淫残暴，人
mín wú fǎ shēng huó xià qù nóng mín fēn fēn qǐ yì zuì hòu yóu lǐ yuān hé
民无法生活下去，农民纷纷起义，最后由李渊和
tā de ér zi lǐ shì mín lǐng dǎo de qǐ yì duì wǔ tuī fān le suí cháo
他的儿子李世民领导的起义队伍，推翻了隋朝
de tǒng zhì jiàn lì le táng dì guó táng cháo zài jiāng jìn sān bǎi nián de
的统治，建立了唐帝国。唐朝在将近三百年的
shí jiān lǐ fā zhǎn de kōng qián fán róng qiáng dà táng dài wén xué yě dá
时间里，发展得空前繁荣强大。唐代文学也达
dào le yī ge quán miàn fán róng de xīn jiē duàn zhěng ge wén xué lǐng yù chū
到了一个全面繁荣的新阶段，整个文学领域出
xiàn le zì zhàn guó yǐ lái suǒ wèi yǒu guò de bǎi huā qí fàng wàn zǐ qiān
现了自战国以来所未有过的百花齐放、万紫千
hóng de jú miàn
红的局面。

남북조가 오랫동안 분열을 거친 뒤, 수 문제가 중국을 통일했다. 그런, 수 양제 때 와서, 그의 방탕함과 잔인·포악함으로 인하여, 백성들이 생활을 해 나갈 방법이 없자, 농민들은 잇달아 봉기를 일으켰고, 마침내는 이연과 그의 아들 이세민이 이끄는 봉기군이, 수 왕조의 통치를 전복시키고, 당 제국을 건립하였다. 당 왕조는 거의 3백 년에 가까운 시간동안, 공전의 번영으로 대단히 크게 발전하였다. 당대문학 역시 전반적으로 번영하여 새로운 단계에 이르렀고, 모든 문학 영역에서 전국시대 이래 전대미문의 번성 국면이 만들어졌다.

táng dài wén xué yǐ shī gē zhù chēng táng shī chéng jiù zuì dà shì zhōng
唐代文学以诗歌著称，唐诗成就最大，是中
guó shī gē fā zhǎn shǐ shàng de huáng jīn shí dài wú lùn tí cái zhī guǎng shù
国诗歌发展史上的黄金时代，无论题材之广、数
liàng zhī duō yì shù zhī gāo dōu shì yǐ qián rèn hé shí dài wú fǎ bǐ nǐ
量之多、艺术之高，都是以前任何时代无法比拟

당대문학은 시가로 유명한데, 당시의 성과가 제일 컸으며, 중국시가 발전사에서의 황금시대였다. 소재가 다양했고, 그 양이 엄청났으며, 예술성이 아주 뛰어났음은 물론이고, 모든 분야에서 이전의 그 어떤 시대와 비교가 될

de jù quántáng shī suǒ lù táng dài shī rén jiù yǒu èr qiān sān bǎi
的。据《全唐诗》所录，唐代诗人就有二千三百
duō ge shī gē jìn wǔ wànshǒu qí zhōng zuì zhù míng de shī rén yǒu lǐ bái
多个，诗歌近五万首，其中最著名的诗人有李白
dù fǔ bái jū yì bèi chēng wéi táng dài sān dà shī rén tā men zài
、杜甫、白居易，被称为“唐代三大诗人”，他们在
shì jiè shàng yě xiǎng yǒu hěn gāo de shēng yù chú shī gē wài táng dài sǎn
世界上也享有很高的声誉。除诗歌外，唐代散
wén hé chuán qí yě hěn fā dá
文和传奇也很发达。

수 없었다. 《전당시》에 수록된 것에 따르면, 당대 시인은 2천 3백여 명, 시가는 5만 수에 가까웠는데, 그 중 가장 유명한 시인으로는 이백·두보·백거이가 있었으며, 이들은 “당대 3대시인”이라 불리면서, 세계에서도 높은 명성을 누리고 있다. 시가 외에 당대 산문과 전기 역시 크게 발달하였다.

dì yī jié táng shī jiǎn jiè
第一节 唐诗简介

제1절 당시의 간단한 소개

táng shī de fā zhǎn jīng lì le sì ge shí qī jí chū táng
唐诗的发展，经历了四个时期，即初唐(618
shèngtáng zhōngtáng wǎntáng
-712)、盛唐(713-765)、中唐(766-826)、晚唐
(827-907)。

당시 발전은, 네 시기를 거쳤는데, 즉 초당(618-712), 성당(713-765, 중당(766-826), 만당(827-907)이다.

chū táng de shī gē jì chéng le nán cháo qí liáng yǐ lái de xíng shì
初唐的诗歌，继承了南朝齐梁以来的形式
zhǔ yì shī fēng méi yǒu shén me tū chū de chéng jiù zhí de yī tí de
主义诗风，没有什么突出的成就。值得一提的
shì chū táng sì jié wáng bó yángjiǒng lú zhào lín luò bīn wáng tā
是“初唐四杰”—王勃、杨炯、卢照邻、骆宾王。他
men zài qí liáng shī de jī chǔ shàng chū bù wánchéng le wǔ yán lǜ shī de
们在齐梁诗的基础上，初步完成了五言律诗的

초당의 시가는, 남조 제량 이래의 형식주의 시풍을 계승하여, 두드러진 성과는 없었다. 언급할 만한 사람으로 초당사걸, 즉 왕발·양형·노조린·낙빈왕이다. 그들은 제량시의 기초 위에서, 오언율시의 형식을 초보적으로 완성하였으며, 시의 내용도 점차 확대시켜 나갔다. “사걸” 이후, 진자앙은 제량을 반대

xíng shì shī de nèi róng yě zhú jiàn kuò dà qǐ lái sì jié zhī hòu
形式，诗的内容也逐渐扩大起来。“四杰”之后，
chén zǐ áng míng què tí chū fǎn duì qí liáng tí chàng hàn wèi tā de zuò
陈子昂明确提出反对齐梁，提倡汉魏。他的作
pǐn yǔ yán pǔ sù fù yǒu shēng huó qì xī
品语言朴素，富有生活气息。

하고 한위를 제창한다는 입장을 분명하게 제기하였다. 그의 작품은 언어가 소박하고 생활의 기식이 풍부하다.

shèng táng shì táng shī fā zhǎn de zuì gāo fēng bù jǐn zuò jiā duō ér
盛唐是唐诗发展的最高峰。不仅作家多，而
qiě zuò pǐn de nèi róng hé xíng shì yě fēng fù duō cǎi fǎn yìng le táng dài
且作品的内容和形式也丰富多彩，反映了唐代
shè huì de fán róng hé wén huà de fā dá zhè ge shí qī chǎn shēng le
社会的繁荣和文化的发达。这个时期，产生了
liǎng wèi zuì wěi dà de zuò jiā lǐ bái dù fǔ tā men de shī gē shì
两位最伟大的作家：李白、杜甫。他们的诗歌，是
táng shī zhōng de liǎng zuò gāo fēng cǐ wài hái yǒu shān shuǐ tián yuán shī rén
唐诗中的两座高峰。此外，还有山水田园诗人
mèng hào rán wáng wéi děng rén hái yǒu biān sài shī rén gāo shì wáng chāng líng
孟浩然、王维等人；还有边塞诗人高适、王昌龄
děng rén
等人。

성당은 당시발전의 최고 절정기다. 작가가 많았을 뿐만 아니라, 작품 내용과 형식 역시 풍부하고 다채로웠으며, 당대 사회의 번영과 문화의 발달을 반영하였다. 이 시기, 두 명의 위대한 작가 이백과 두보가 나왔다. 그들의 시가는, 당시 중의 두 최고봉이다. 이외에, 또 산수전원 시인 맹호연·왕유 등이 있고, 변새시인 고적·왕창령 등이 있다.

zhōng táng yǐ hòu táng dì guó rì qū shuāi luò ān shǐ zhī luàn hòu
中唐以后，唐帝国日趋衰落。“安史之乱”后，
shè huì máo dùn gèng jiā jiān ruì rén mín shēng huó rì yì kùn kǔ zhè ge
社会矛盾更加尖锐，人民生活日益困苦。这个
shí qī chū xiàn le wěi dà de xiàn shí zhǔ yì shī rén bái jū yì tā xiě
时期出现了伟大的现实主义诗人白居易，他写
xià le dà liàng de shī gē jiē lù le shè huì de hēi àn biǎo dá le shī
下了大量的诗歌，揭露了社会的黑暗，表达了诗
rén duì láo dòng rén mín de tóng qíng
人对劳动人民的同情。

중당 이후, 당 제국은 날로 쇠락해 갔다. “안사의 난” 이후, 사회 갈등은 점차 첨예해졌으며, 백성들의 생활도 날로 곤궁해 갔다. 이 시기에 위대한 현실주의 시인 백거이가 나왔는데, 그는 수많은 시가를 창작하여, 사회의 암흑을 폭로하고, 노동자들에 대한 시인의 동정심을 표현하였다.

晚唐的诗歌和唐帝国一样地衰落下去。这时的代表作家有杜牧、李商隐等，他们的作品语言精炼，内容新鲜，形式活泼。但思想内容上流露出浓厚的感伤气氛，许多沉迷酒色的诗，显示了精神的没落和空虚，诗的风格也向着华艳纤巧的形式主义发展。

만당의 시가는 당 제국과 함께 쇠락해 갔다. 이 시기의 대표적인 작가로는 두목·이상은 등이 있는데, 그들의 작품은 언어가 잘 정련되어 있고, 내용이 신선하며, 형식도 자유분방하다. 그러나 사상 내용에서는 짙은 감상적 분위기를 드러냈고, 주색에 깊이 빠진 많은 시가들은, 정신적 몰락과 공허함을 나타내었으며, 시의 풍격 역시 화려하고 정교한 형식주의로 발전하였다.

唐诗的形式是多种多样的，大体上可分为两大类：一是古体诗，二是近体诗。

당시의 형식은 다양하지만, 대체적으로 둘로 대별할 수 있는데, 첫째는 고체시요, 둘째는 근체시이다.

1. 古体诗

1. 고체시

古体诗又叫古风。是一种前代流传下来的比较自由的诗体，和唐代新产生的"近体诗"相对，每首诗的句数、字数都不固定，平仄、用韵也较自由，有四言、五言、六言、七言、杂言等体，后代使用的以五言和七言为多。

고체시는 고풍이라고도 부른다. 이는 전대로부터 전해 내려오던 비교적 자유로운 시체로, 당대에 새로 생긴 "근체시"와 상대적인 것이다. 각 시의 구절이나 글자 수가 모두 고정되어 있지 않고, 평측과 압운 사용도 비교적 자유로우며, 4언·5언·6언·7언·잡언 등의 시체가 있었지만, 후대에 사용된 것은 주로 5언과 7언이 많았다.

2. 近体诗

2. 근체시

近体诗是唐代产生的新的诗体，有严整的格律，所以又称为格律诗。近体诗又分为两种：一是律诗，二是绝句。

근체시는 당대에 만들어진 새로운 시체로, 엄격한 격률이 있어서, 격률시라고도 부른다. 근체시는 또 두 종류로 분류되는데, 하나는 율시고, 또 하나는 절구다.

律诗即每首八句，每句有固定的字数和平仄声，韵脚不能转换，中间四句要求对仗。律诗分五言律诗和七言律诗两种。五言律诗每句五个字，简称“五律”。七言律诗每句七个字，简称“七律”。

율시는 매 수가 8구로 되어 있고, 구마다 고정된 글자 수와 평측이 있으며, 운각은 바꿀 수 없고, 중간 4구는 대구가 되어야 한다. 율시는 5언 율시와 7언 율시 두 종류로 분류된다. 5언 율시는 각 구마다 5자이며, “5율”이라고 약칭한다. 7언 율시는 각 구마다 7자이며, “7율”이라고 약칭한다.

绝句即每首诗四句，每句有固定的字数和平仄声，韵脚不能转换，诗句可以对仗，也可以不对仗。绝句又分五言绝句和七言绝句两种。五言绝句每句五个字，简称“五绝”。七言绝句每句七个字，简称“七绝”。

절구는 매 구가 4구로 되어 있고, 구마다 고정된 글자 수와 평측이 있으며, 운각은 바꿀 수 없고, 시구는 대구를 해도 되고 안 해도 된다. 절구는 또 5언 절구와 7언절구 두 종류로 분류된다. 5언 절구는 매 구마다 5자이며, “5절”로 약칭한다. 7언 절구는 각 구마다 7자이며, “7절”이라고 약칭한다.

táng dài shī gē de xíng shì hé fēng gé shì fēng fù duō cǎi tuī chén
唐代诗歌的形式和风格是丰富多彩、推陈
chū xīn de tā bù jǐn jì chéng le hàn wèi yuè fǔ mín gē hé qián dài wǔ
出新的，它不仅继承了汉魏乐府民歌和前代五、
qī yán shī de chuántǒng ér qiě fā zhǎn wéi xù shì yán qíng de cháng piān jù
七言诗的传统，而且发展为叙事、言情的长篇巨
zhì bù jǐn kuò dà le wǔ yán qī yán xíng shì de yùn yòng ér qiě chuàng
制；不仅扩大了五言、七言形式的运用，而且创
zào le fēng gé yōu měi de jìn tǐ shī zhí dào jīn tiān réng bèi rén men suǒ
造了风格优美的近体诗，直到今天仍被人们所
xǐ ài
喜爱。

당대시가의 형식과 풍격은 풍부하고 다채로우며, 진부한 것은 버리고 새로운 것으로 발전시킨 것으로, 이는 한위 악부 민가와 전대의 5언·7언 시의 전통을 계승하였을 뿐만 아니라, 서사나 사랑의 장편 거작으로 발전하였으며, 5언·7언 형식의 운용을 확대하였을 뿐만 아니라, 풍격이 아름다운 근체시를 창조하여, 지금까지도 여전히 사람들에게 사랑을 받고 있다.

shōu jí táng shī zuì quán de shì quán táng shī cǐ wài hái yǒu
收集唐诗最全的是《全唐诗》，此外还有
xuǎn zhù běn xuǎn yì běn qí zhōng táng shī sān bǎi shǒu liú chuán zuì
选注本、选译本，其中《唐诗三百首》流传最
guǎng
广。

당시를 가장 완벽하게 수집한 것은 《전당시》이며, 이 이외에도 선주본·선역본이 있는데, 그 중 《당시삼백수》가 가장 널리 전해진다.

dì èr jié chū táng sì jié
第二节 初唐四杰

제2절 초당사걸

táng cháo chū qī cóng táng gāo zōng dào wǔ zé tiān chū nián zài wén tán
唐朝初期，从唐高宗到武则天初年，在文坛
shàng chū xiàn le sì wèi jié chū de zuò jiā tā men shì wáng bó yáng jiǒng
上出现了四位杰出的作家，他们是王勃、杨炯、
lú zhào lín luò bīn wáng zhè sì wèi zuò jiā dāng shí yǐ wén zhāng qí míng
卢照邻、骆宾王。这四位作家，当时以文章齐名

당대 초기, 당 고종으로부터 무측천 초까지, 문단에 4명의 걸출한 작가가 나타났는데, 그들이 왕발·양형·노조린·낙빈왕이다. 이 네 작가는, 당시 문장으로 함께 세상에 이름을 날려, "초당사걸"이라 불렸다. 그들 4명은 모

tiān xià bèi chēng wéi chū táng sì jié tā men sì ge rén zhèng zhì dì wèi
天下，被称为“初唐四杰”。他们四个人政治地位
dōu bǐ jiào dī xià shēng huó zāo yù yě hěn bù xìng dàn zài táng shī kāi chuàng
都比较低下，生活遭遇也很不幸，但在唐诗开创
shí qī què zuò chū le hěn dà gòng xiàn tā men zài shī gē chuàng zuò de nèi
时期却作出了很大贡献。他们在诗歌创作的内
róng shàng fǎn yìng de shēng huó miàn bǐ jiào guǎng jiā qiáng le shī gē de xiàn shí
容上，反映的生活面比较广，加强了诗歌的现实
yì yì zài shī gē chuàng zuò de xíng shì shàng bǎi tuō le qí liáng yǐ lái fú
意义；在诗歌创作的形式上，摆脱了齐梁以来浮
yàn shī fēng de yǐng xiǎng jì chéng hé fā yáng le shī gē de yōu liáng chuán tǒng
艳诗风的影响，继承和发扬了诗歌的优良传统，
wèi táng shī de jiàn kāng fā zhǎn dǎ xià le jī chǔ tā men zài tàn tǎo shī
为唐诗的健康发展打下了基础。他们在探讨诗
gē de gé lǜ fāng miàn zuò guò jī jí nǔ lì shǐ táng shī de gé lǜ zhú
歌的格律方面，作过积极努力，使唐诗的格律逐
jiàn qū yú chéng shú hé dìng xíng
渐趋于成熟和定型。

두 정치적으로 지위가 비교적 낮았고, 생활도 아주 불행하였지만, 당대 시가가 출발하던 시기에 아주 큰 공헌을 하였다. 그들의 시가창작 내용을 보면, 반영한 생활상이 비교적 광범했으며, 시가의 현실주의를 강화하였다. 시가 창작의 형식을 보면, 제량 이후의 부염한 시풍의 영향을 벗어나, 시가의 우수한 전통을 계승·발양하여, 당시가 건강하게 발전할 수 있도록 기초를 닦아놓았다. 그들은 시가의 격률을 연구 토론하는데, 적극적으로 노력하였으며, 당시의 격률이 점차 성숙하고 정형화하는 방향으로 발전하게 하였다.

1. 王勃 (wáng bó)

1. 왕발

wáng bó zì zǐ ān jiàng zhōu lóng mén jīn shān xī shěng
王勃(649-676)，字子安，绛州龙门(今山西省
hé jīn xiàn rén tā zài sì jié dāng zhōng shì zuì yǒu míng de tā shàn
河津县)人。他在“四杰”当中是最有名的。他擅
cháng wén xué shì yī ge hěn yǒu cái huá de qīng nián shī rén kě shì tā
长文学，是一个很有才华的青年诗人。可是，他
zài zhèng zhì shàng bìng bù dé yì céng zuò guò jǐ rèn xiǎo guān yīn xiě wén zhāng
在政治上并不得意，曾作过几任小官，因写文章

왕발(649-676)은, 자가 자안이요, 강주 용문(지금의 산서성 하진현) 사람이다. 그는 “4걸” 중에서 가장 유명하였다. 그는 문학에 뛰어났으며, 아주 재능이 많은 젊은 시인이었다. 하지만, 그는 정치상에서 뜻을 이루지 못하여, 일찍이 낮은 벼슬을 몇 번 했지만, 글로 황제의 노여움을 얻어, 괵주참군으로 강직되고

dé zuì le huáng dì bèi biǎn wéi guó zhōu cān jūn tā de fù qīn yě yīn
得罪了皇帝，被贬为虢州参军。他的父亲也因
cǐ bèi biǎn wéi jiāo zhǐ jīn yuè nán běi bù lìng hòu lái tā qù jiāo zhǐ
此被贬为交趾(今越南北部)令。后来他去交趾
tàn fù chéng chuán dù hǎi nì shuǐ ér sǐ sǐ shí cái èr shí bā suì
探父，乘船渡海，溺水而死。死时才二十八岁。
tā de yī shēng suī rán hěn duǎn dàn shēng huó jīng lì què hěn fēng fù xiě le
他的一生虽然很短，但生活经历却很丰富，写了
xǔ duō shī hé sǎn wén kě xī xiàn cún de zuò pǐn bìng bù duō
许多诗和散文，可惜现存的作品并不多。

말았다. 그의 부친 역시 이 때문에 교지(지금의 월남 북부)령으로 좌천되었다. 뒤에, 그가 교지로 부친을 찾으러 가려고, 배를 타고 바다를 건너다가, 물에 빠져 죽었다. 죽을 당시 겨우 28세였다. 그의 일생은 비록 매우 짧았지만, 생활경력은 오히려 아주 풍부하였으며, 수많은 시와 산문을 썼지만, 안타깝게도 현존하는 작품은 많지 않다.

wáng bó de shī qīng xīn zhì pǔ tè bié shì xiě lí bié hé huái xiāng
王勃的诗清新质朴，特别是写离别和怀乡
zhī zuò jiào yǒu tè sè rú tā de míng piān sòng dù shào fǔ zhī rèn shǔ
之作较有特色。如他的名篇《送杜少府之任蜀
zhōu
州》：

왕발의 시는 참신하고 소박하며, 특히 이별과 고향을 그리는 작품이 비교적 독특하다. 그의 명작 《촉주로 부임하는 두소부를 보내며》를 예로 들 수 있다.

chéng quē fǔ sān qín fēng yān wàng wǔ jīn
城阙辅三秦，风烟望五津。

삼진을 둘러싼 성궐에서, 바람과 안개 가득한 오진을 바라본다.

yǔ jūn lí bié yì tóng shì huàn yóu rén
与君离别意，同是宦游人。

그대와 이별하는 마음 특별한 것은, 역시나 벼슬살이로 떠돌기 때문이지.

hǎi nèi cún zhī jǐ tiān yá ruò bǐ lín
海内存知己，天涯若比邻。

세상에 자기를 알아주는 친구가 있으면, 하늘 끝에 있어도 이웃과 같은 것이라.

wú wéi zài qí lù ér nǚ gòng zhān jīn
无为在歧路，儿女共沾巾。

헤어지는 갈림길에서, 아녀자처럼 수건에 눈물 적시지 말게.

zhè shì yī shǒu sòng bié zhī zuò biǎo dá le shī rén duì péng yǒu de
这是一首送别之作，表达了诗人对朋友的

이 시는 송별 작품으로, 벗에 대한 시인의 진솔한 감정과 넓은 마음을 표현하고 있

zhēn zhì gǎn qíng hé kāi kuò xiōng huái shì yī shǒu bèi rén men chuán sòng de míng
真挚感情和开阔胸怀，是一首被人们传诵的名
zuò běn lái yǔ péng yǒu fēn bié xīn qíng shì bēi shāng de dàn tā què yòng
作。本来与朋友分别，心情是悲伤的，但他却用
hǎi nèi cún zhī jǐ tiān yá ruò bǐ lín zhè yàng de kāi lǎng zhuàng kuò de
"海内存知己，天涯若比邻"这样的开朗壮阔的
shī jù bǎ chán mián de lí bié zhī qíng yī bǐ dài guò biàn bēi liáng wéi háo
诗句，把缠绵的离别之情一笔带过，变悲凉为豪
mài biǎo xiàn le tā bù píng fán de xiōng huái zài rú shān zhōng
迈，表现了他不平凡的胸怀。再如≪山中≫：

는, 사람들에게 널리 전송되고 있는 명작이다. 원래 친구와의 이별은, 슬프고 마음 아픈 일이지만, 그러나 그는 오히려 "세상에 자기를 알아주는 친구가 있으면, 하늘 끝에 있어도 이웃과 같은 것"이라는 이토록 명랑하고 웅대한 시구를 사용하여, 이 애틋한 이별의 감정을 간단하게 해결하고, 슬프고 처량함을 늠름함으로 변화시켜 놓음으로써, 그의 비범한 포부를 보여주었다. 또 ≪산중≫을 예로 들어보면 다음과 같다.

cháng jiāng bēi yǐ zhì wàn lǐ niàn jiāng guī
长江悲已滞，万里念将归。
kuàng shǔ gāo fēng wǎn shān shān huáng yè fēi
况属高风晚，山山黄叶飞。

장강도 슬픔으로 멈춘 듯이 흐르고, 수만리 먼 고향 돌아갈 날 그립다.

더구나 높다란 바람 불어오는 늦가을에, 첩첩산중에서 누런 낙엽만 바람에 휘날린다.

zhè shì yī shǒu sī niàn jiā xiāng de shī quán shī zhǐ yǒu èr shí ge
这是一首思念家乡的诗，全诗只有二十个
zì jiù bǎ zì jǐ de sī xiāng gǎn qíng hé shēn qiū bēi liáng jǐng xiàng biǎo xiàn
字，就把自己的思乡感情和深秋悲凉景象表现
le chū lái wáng bó zài èr shí suì zuǒ yòu céng dào shǔ zhōng yóu lì le
了出来。王勃在二十岁左右，曾到蜀中游历了
yī nián duō zhè shǒu shī jiù shì tā lǚ yóu shǔ zhōng shí de zuò pǐn tā
一年多，这首诗就是他旅游蜀中时的作品。他
yuǎn lí jiā xiāng shí jiān yòu cháng sī niàn jiā xiāng de xīn qíng yě jiù gèng pò
远离家乡，时间又长，思念家乡的心情也就更迫
qiè le jí shǐ shì rì yè bēn téng bù xī de cháng jiāng yě xián tā liú de
切了，即使是日夜奔腾不息的长江，也嫌它流得

이는 고향을 그리워하는 시로, 시 전체는 겨우 20자에 지나지 않지만, 자신의 고향을 그리워하는 감정과 늦가을의 슬프고 처량한 상황을 잘 표현하고 있다. 왕발은 20세쯤에, 일찍이 촉 나라에서 1년 남짓 떠돌이를 했는데, 이 시는 바로 그가 촉에서 유람할 당시에 쓴 작품이다. 그는 고향을 멀리 떠난 지, 시간이 오래 되자, 고향을 그리는 심정도 더 절실해졌던 것이다. 밤낮 없이 쉬지 않고 흐르는 장강도, 너무 느린 것 같아 싫은데, 하물며 또 사방에서 가을바람이 일어, 낙엽이 지는 시절이었으니 오죽했겠는가? 이 시는, 짧은 4구

tài màn le hé kuàng yòu shì qiū fēng sì qǐ luò yè fēn fēi de shí jié
太慢了，何况又是秋风四起，落叶纷飞的时节。

zhè shǒu shī duǎn duǎn sì jù xiě de pǔ sù zì rán qíng jǐng jiāo róng
这首诗，短短四句，写得朴素自然，情景交融。

로 되어 있지만, 소박하고 자연스러우며 정경이 아주 조화롭게 묘사가 잘 되어 있다.

cóng shàng miàn liǎng shǒu shī kě yǐ kàn chū wáng bó de shī jù yǒu zì
从上面两首诗可以看出，王勃的诗具有自
jǐ de dú tè fēng gé gǎn qíng chōng pèi gāng jiàn pǔ shí bǎi tuō le qí
己的独特风格，感情充沛，刚健朴实，摆脱了齐
liáng shī de fú yàn diāo zhuó de è xí xiǎn lù le táng shī dú tè fēng mào
梁诗的浮艳雕琢的恶习，显露了唐诗独特风貌。

위의 시 두 편을 보면, 왕발의 시에는 자신의 독특한 풍격이 담겨 있으며, 감정이 충만하고, 강건하면서 소박하며, 제량 시의 부염하고 조탁이 심했던 악습에서 벗어나, 당시의 독특한 풍채를 보여주고 있음을 알 수 있다.

tā de sǎn wén yǐ téng wáng gé xù zuì yǒu míng zhè shì yī
他的散文以≪滕王阁序≫最有名，这是一
piān yōu měi de sǎn wén tōng piān duì ǒu jù shì zhěng qí yīn jié hé xié
篇优美的散文，通篇对偶，句式整齐，音节和谐，
qì shì páng bó téng wáng gé zài jīn jiāng xī shěng nán chāng shì miàn lín gàn
气势磅礴。滕王阁在今江西省南昌市，面临赣
jiāng gé shì táng gāo zǔ lǐ yuān de ér zi téng wáng lǐ yuán yīng rèn hóng zhōu
江，阁是唐高祖李渊的儿子滕王李元婴任洪州
dū du shí xiū jiàn de táng gāo zōng shí dū du yán gōng chóng xiū téng wáng
都督时修建的。唐高宗时，都督阎公重修滕王
gé chéng yú jiǔ yuè jiǔ rì chóng yáng jié dà huì bīn kè bìng lìng qí xù
阁成，于九月九日(重阳节)大会宾客，并令其婿
wèi zhī zuò jì yǐ kuā shèng shì zhè shí wáng bó qù jiāo zhǐ tàn wàng fù
为之作记，以夸盛事。这时，王勃去交趾探望父
qīn lù guò nán chāng wáng féng qí huì zài yàn huì shàng yán gōng chū yú lǐ
亲，路过南昌，王逢其会。在宴会上，阎公出于礼
jié yī yī xiàng bīn kè zhēng qiú wén zhāng wèi téng wáng gé xiě piān xù dà
节，一一向宾客征求文章，为滕王阁写篇序，大
jiā dōu tuī cí le wáng bó nián jì zuì xiǎo zuò zài mò xí tā háo bù
家都推辞了。王勃年纪最小，坐在末席，他毫不

그의 산문으로는 ≪등왕각서≫가 가장 유명한데, 이는 한편의 아름다운 산문으로, 전편이 대구를 이루고 있으며, 문장형식은 질서 정연하고, 음절은 조화로우며, 기개가 충만하다. 등왕각은 지금의 강서성 남창시에 있으며, 공강에 맞닿아 있으며, 누각은 당고조 이연의 아들 등왕 이원영이 홍주 도독을 지낼 때 지은 것이다. 당 고종 때, 도독 염공이 보수를 하여 등왕각이 완성되자, 9월 9일(중양절) 대회에 빈객을 초대하고, 사위에게 글을 하나 지어 이 성대한 일을 자랑하도록 명령하였다. 이 때, 왕발이 교지(지금의 월남 북부)로 가서 부친을 만나려고, 남창을 지나가다가, 그 연회를 만나게 되었다. 연회에서, 염공이 예의상, 빈객들 하나하나에게 문장을 부탁했으나, 등왕각을 위해 글 쓰는 것을, 모두 다 거절했다. 왕발은 나이가 제일 어려서, 말석에 앉아 있었다가, 조금도 거절을 하지 않고, 필묵을 끌어당겨, 깊이

tuī cí jiē guò bǐ mò bù jiā sī suǒ yī huī ér jiù mǎn zuò dà jīng
推辞，接过笔墨，不加思索，一挥而就，满座大惊
wén zhōng yǒu luò xiá yǔ gū wù qí fēi qiū shuǐ gòng cháng tiān yī sè
。文中有“落霞与孤鹜，齐飞，秋水共长天一色”
luò xiá yǔ gū yàn yī qǐ fēi xiáng qiū shuǐ hé cháng tiān lián chéng yī piàn
（落霞与孤雁一起飞翔，秋水和长天连成一片）
zhī jù lì lái bèi rén men chēng zàn kān wéi míng jù kuài zhì rén kǒu
之句，历来被人们称赞，堪为名句，脍炙人口。

생각도 않고, 한 번에 완성을 하니, 자리의 모든 사람들이 크게 놀랐다. 문장 중에 “떨어지는 노을과 외로운 오리는 가지런히 날고, 가을 강물과 끝없는 하늘은 서로 일색을 이루네.”라는 구절이 있는데, 이는 지금까지도 사람들에게 칭찬을 받고 있고, 심지어 명구가 되어, 인구에 회자하고 있다.

wáng bó de zuò pǐn dà bù fen yǐ jīng sǎn yì míng cháo rén jí yǒu
王勃的作品大部分已经散佚，明朝人辑有
wáng zǐ ān jí
《王子安集》。

왕발의 작품 대부분은 이미 유실되었으나, 명나라 사람이 수록한 《왕자안집》이 있다.

yáng jiǒng
2. 杨炯

2. 양형

yáng jiǒng yuē huá yīn jīn shǎn xī shěng huá yīn xiàn
杨炯（650-约693），华阴（今陕西省华阴县）
rén shí èr suì jǔ shén tóng zuò guò xiào shū láng hòu rèn yíng chuān lìng
人。十二岁举神童，做过校书郎，后任盈川令。
tā yī shēng guān zhí bēi wēi shòu quán guì de qí shì hé jí dù yì yù bù
他一生官职卑微，受权贵的歧视和嫉妒，抑郁不
dé zhì tā shàn cháng wǔ yán lǜ shī tè bié shì biān sài shī xiě de bǐ
得志。他擅长五言律诗，特别是边塞诗写得比
jiào hǎo rú cóng jūn xíng
较好，如《从军行》：

양형(650-약693)은, 화음(지금의 섬서성 화음현) 사람이다. 12세 때 신동으로 불렸으며, 교서랑을 지냈고, 후에 영천령을 지냈다. 그는 평생 관직이 낮아서, 집권자의 차별대우와 질투를 받았으며, 뜻을 얻지 못해 마음이 편치 못했다. 그는 5언 율시에 뛰어났는데, 특히 변새시를 잘 지었다. 《종군행》을 예로 들어보면 다음과 같다.

fēng huǒ zhào xī jīng xīn zhōng zì bù píng
烽火照西京，心中自不平。

봉화 불 서경에 비춰니, 마음이 저절로 불안해진다.

yá zhāng cí fèng quē tiě qí rào lóng chéng
牙璋辞凤阙，铁骑绕龙城。

장정들은 궁성을 떠나, 철통같은 기병들 용성을 에워싼다.

xuě àn diāo qí huà fēng duō zá gǔ shēng
雪暗凋旗画，风多杂鼓声。

눈 내려 어둑해지니 깃발에 그늘지고, 바람이 세차니 북소리 섞여 들려온다.

nìng wéi bǎi fū zhǎng shèng zuò yī shū shēng
宁为百夫长，胜作一书生。

차라리 장정들의 대장이 되는 것이, 글 읽는 서생보다는 더 나으리.

tángcháo chū qī běi fāng de zuì dà huò huàn shì tū jué zú de bù
唐朝初期，北方的最大祸患是突厥族的不
duàn rù qīn hé lüè duó zhè shǒu shī fèn nù de chì zé le dí rén de chāng
断入侵和掠夺。这首诗愤怒地斥责了敌人的猖
kuáng jìn fàn biǎo dá le shī rén xiàngwǎng biān sài tóu bǐ cóngróng wèi guó
狂进犯，表达了诗人向往边塞、投笔从戎、卫国
shā dí de ài guó jīng shén
杀敌的爱国精神。

당대 초기, 북방의 가장 큰 재난은 돌궐족의 부단한 침입과 약탈이었다. 이 시는 미친 듯 날뛰며 침범하는 적들을 분노로 질책하고 있으며, 시인이 변새를 동경하여, 붓을 던지고 종군하여, 나라를 지키고 적을 죽이려는 애국정신을 표현하고 있다.

tā de zuò pǐn dà bù fen yǐ jīng sǎn yì míngcháo rén jí yǒu yíng
他的作品大部分已经散佚，明朝人辑有《盈
chuān jí
川集》。

그의 작품은 대부분 이미 유실되었으며, 명대 사람이 편집한 《영천집》이 있다.

lú zhào lín
3. 卢照邻

3. 노조린

lú zhào lín yuē yuē zì shēng zhī hào yōu yōu zǐ
卢照邻(约637-约689)，字升之，号幽忧子，
yōu zhōu fàn yáng jīn hé běi shěng zhuō xiàn zhuō zhōu zhèn rén céng zuò guò xīn
幽州范阳(今河北省涿县涿州镇)人。曾做过新
dū wèi děng jǐ rèn xiǎo guān yī shēng bù dé zhì hòu huàn fēng bì zhèng shǒu
都尉等几任小官，一生不得志，后患风痹症，手

노조린(약637-약689)은, 자가 승지, 호는 유우자로, 유주 범양(지금의 하북성 탁현 탁주진) 사람이다. 일찍이 신도위 등 몇 번의 낮은 관직을 지냈지만, 일생동안 뜻을 얻지 못했으며, 후에 풍비증에 걸려, 수족이 모두 불구가

zú jiē fèi yīn bù kān qí kǔ zì tóu yǐng shuǐ ér sǐ tā shàn cháng qī
足皆废，因不堪其苦，自投颍水而死。他擅长七
yán gē xíng dài biǎo zuò pǐn shì cháng ān gǔ yì tā zài zhè shǒu shī
言歌行，代表作品是≪长安古意≫。他在这首诗
lǐ miáo xiě le dāng shí quán guì men de háo huá shēng huó jiē lù le tā men
里，描写了当时权贵们的豪华生活，揭露了他们
jiāo héng yín dàng fǔ huà duò luò de chǒu è miàn mào yīn wèi zhè shǒu shī
骄横淫荡、腐化堕落的丑恶面貌。因为这首诗
hán zhe qiáng liè de fěng cì suǒ yǐ zuò zhě yòng gǔ yì lái zuò biāo tí
含着强烈的讽刺，所以作者用"古意"来作标题。

되었는데, 그 고통을 감당할 수 없어, 스스로 영수에 몸을 던져 죽고 말았다. 그는 7언 가행에 뛰어났으며, 대표작으로 ≪장안고의≫가 있다. 그는 이 시에서, 당시 집권자들의 호화스러운 생활을 묘사하고, 그들의 거만하고 음탕하며 부패하고 타락한 추악스런 면모를 폭로했다. 이 시에는 강렬한 풍자성을 담고 있기 때문에, 작자는 "고의"를 사용하여 제목을 달았다.

tā de zuò pǐn dà bù fen yǐ jīng sǎn yì hòu rén jí yǒu yōu
他的作品大部分已经散佚，后人辑有≪幽
yōu zǐ jí yòu jiào lú zhào lín jí
忧子集≫，又叫≪卢照邻集≫。

그의 작품 대부분은 이미 유실되고 없으며, 후대 사람이 편찬한 ≪유우자집≫이 있는데, ≪노조린집≫이라고도 부른다.

luò bīn wáng
4. 骆宾王

4. 낙빈왕

luò bīn wáng yuē yuē wù zhōu yì wū jīn zhè jiāng shěng
骆宾王(约640-约684)，婺州义乌(今浙江省
yì wū rén tā céng wéi dào wáng lǐ yuán qìng de fǔ shǔ hòu yǐ fèng lǐ
义乌)人。他曾为道王李元庆的府属，后以奉礼
láng cóng jūn xī yù jiǔ shù biān jiāng zhī hòu yòu rèn cháng ān xiàn zhǔ bù
郎从军西域，久戍边疆。之后，又任长安县主簿，
rù cháo wéi shì yù shǐ yīn shì bèi bǔ rù yù biǎn wéi lín hǎi jīn zhè
入朝为侍御史，因事被捕入狱，贬为临海(今浙
jiāng shěng tiān tái xiàn xiàn chéng yóu yú yì yù bù dé zhì qì guān ér qù
江省天台县)县丞，由于抑郁不得志，弃官而去。
hòu suí xú jìng yè zài yáng zhōu qǐ bīng tǎo fá wǔ zé tiān xiě xià le zhù
后随徐敬业在扬州起兵讨伐武则天，写下了著

낙빈왕(약640-약684)은, 무주 의오(지금의 절강성 의오) 사람이다. 그는 일찍이 도왕 이원경의 부속이었으며, 뒤에 봉예랑 신분으로 서역으로 종군하여, 오랫동안 변경을 지켰다. 그 후, 또 장안현의 주부를 지냈으며, 조정에 들어가 시어사가 되었으나, 사건으로 인하여 체포되어 옥에 갇혔다가, 임해(지금의 절강성 천태현) 현승으로 좌천되었다. 뜻을 이루지 못한 것으로 우울하게 지내다가, 관직을 포기해버렸다. 후에 서경업을 따라 양주에서 군대를 일으켜 무측천을 토

míng de tǎo wǔ zhào xí lì shǔ nǚ huáng wǔ zé tiān de zuì zhuàng kāng
名的《讨武瞾檄》，历数女皇武则天的罪状，慷
kǎi chén cí fù yǒu hào zhào lì wǔ zé tiān dú hòu dà jiā zàn yáng kuā
慨陈词，富有号召力。武则天读后，大加赞扬，夸
jiǎng tā hěn yǒu wén cái shī bài hòu xià luò bù míng yǒu de shuō tā bèi
奖他很有文才。失败后，下落不明，有的说他被
shā yǒu de shuō tā chū jiā wéi sēng tā shàncháng qī yán gē xíng yǒu míng
杀，有的说他出家为僧。他擅长七言歌行，有名
de shì dì jīng piān zhè shǒu shī miáo huì le jīng dū de fán huá hé
的是《帝京篇》。这首诗描绘了京都的繁华和
tǒng zhì zhě de huāng yín shēng huó shū fā le zì jǐ de láo sāo fèn kǎi
统治者的荒淫生活，抒发了自己的牢骚愤慨。
tā hái xiě le yī xiē yǒng wù shī rú zài yù yǒngchán
他还写了一些咏物诗，如《在狱咏蝉》：

벌하였으며, 저명한 《토무조격》을 써서, 여황 무측천의 죄목을 열거하고, 격앙된 어조로 글을 써서, 호소력이 아주 강하다. 무측천이 그의 글을 읽고 난 후, 높이 평가하면서, 아주 글재주가 뛰어나다고 칭찬하였다. 실패 후, 행방불명이 되었는데, 어떤 이는 그가 피살되었다고 하고, 또 어떤 이는 그가 출가하여 승려가 되었다고 말하기도 한다. 그는 7언 가행에 뛰어났는데, 유명한 것으로 《제경편》이 있다. 이 시는 수도의 번화함과 통치자의 방탕한 생활을 묘사하여, 자신의 불만과 분개함을 토로했다. 그는 또 약간의 영물시를 썼는데, 예를 들어 《감옥에서 매미를 노래하다》를 보면 다음과 같다.

xī lù chánshēngchàng nán guān kè sī shēn
西陆蝉声唱，南冠客思深。
bù kān xuán bìn yǐng lái duì bái tóu yín
不堪玄鬓影，来对白头吟。
lù zhòng fēi nán jìn fēng duō xiǎng yì chén
露重飞难进，风多响易沉。
wú rén xìn gāo jié shéi wèi biǎo yǔ xīn
无人信高洁，谁为表予心。

가을날 매미 소리가 울려 퍼지니, 감옥 속의 나는 더욱 수심에 잠긴다.

어찌 견디리 나의 검은 머리 음영, 매미가 와서 백발 보고 노래하는 걸.

이슬이 무거우니 날아가기 어렵고, 바람이 많으니 소리가 쉽게 깔아진다.

고결한 마음 믿어주는 자 없으니, 그 누가 내 마음 표현해 줄 수 있으랴?

zhè shǒu shī shì luò bīn wáng bèi bǔ rù yù hòu zài yù zhōng xiě de
这首诗是骆宾王被捕入狱后在狱中写的。
tā yǐ chán zì yù yòng lù zhòng fēng duō bǐ yù dāng shí xié è shì lì
他以蝉自喻，用“露重”“风多”比喻当时邪恶势力

이 시는 낙빈왕이 체포되어 감옥에 들어간 뒤 옥중에서 쓴 것이다. 그는 매미로 자신을 비유하면서, “이슬이 무겁다”, “바람이 많다”는 표현으

duì zì jǐ de pò hài shū fā le zì jǐ kǔ mèn de xīn qíng hé gāo shàng
对自己的迫害，抒发了自己苦闷的心情和高尚
de qíng cāo tā de zuò pǐn shōu zài luò bīn wáng wén jí lǐ
的情操。他的作品收在≪骆宾王文集≫里。

로 당시 사악한 세력이 자신을 박해하고 있음을 비유함으로써, 고민에 찬 자신의 심정과 고상한 정조를 나타내었다. 그의 작품은 ≪낙빈왕문집≫에 수록되어 있다.

zǒng zhī chū táng sì jié de shī nèi róng bǐ jiào fēng fù tū pò le
总之，初唐四杰的诗内容比较丰富，突破了
qí liáng yǐ lái zhǐ miáo xiě gōng tíng shēng huó de xiá xiǎo fàn wéi zài tā men
齐梁以来只描写宫廷生活的狭小范围。在他们
de shī zhōng suī rán hái yǒu qí liáng fú yàn shī fēng de yǐng xiǎng dàn zài shī
的诗中，虽然还有齐梁浮艳诗风的影响，但在诗
gē fā zhǎn shǐ shàng què qǐ le chéng xiān qǐ hòu de zuò yòng wèi táng shī de
歌发展史上却起了承先启后的作用，为唐诗的
jiàn kāng fā zhǎn zuò chū le zhòng dà gòng xiàn
健康发展作出了重大贡献。

종합하자면, 초당사걸의 시 내용은 비교적 풍부했으며, 제량 이후에 궁정생활만을 묘사하던 협소한 범위에서 벗어났다. 그들의 시에, 제량의 부염한 시풍 영향이 다소 있기는 하지만, 그러나 시가 발전사 측면에서 선대를 계승 발전시킨 역할을 함으로써, 당시의 건전한 발전에 커다란 공헌을 하였다.

dì sān jié shān shuǐ tián yuán shī rén
第三节 山水田园诗人

제3절 산수전원 시인

shān shuǐ tián yuán shī rén tā men de zuò pǐn zhǔ yào shì miáo xiě shān
山水田园诗人，他们的作品主要是描写山
shuǐ tián yuán de měi lì fēng guāng hé tā men de xián shì shēng huó qí zhōng zuì
水田园的美丽风光和他们的闲适生活，其中最
zhù míng de shī rén shì mèng hào rán wáng wéi
著名的诗人是孟浩然、王维。

산수전원 시인, 그들의 작품은 주로 산수전원의 아름다운 풍경과 그들의 한적한 생활을 묘사한 것으로, 그중 가장 유명한 시인은 맹호연과 왕유이다.

1. 孟浩然

1. 맹호연

mèng hào rán xiāngyáng jīn hú běi shěngxiāngyáng rén
孟浩然(689-740)，襄阳(今湖北省襄阳)人。
zǎo nián zài jiā dú shū céng yī dù yǐn jū lù ménshān sì shí suì cái
早年在家读书，曾一度隐居鹿门山。四十岁才
dào cháng ān cān jiā jìn shì kǎo shì méi yǒu kǎo zhòng hòu lái dào dōng nán
到长安参加进士考试，没有考中。后来，到东南
jiānghuái yī dài màn yóu jǐ nián hòu huí dào gù xiāng bìng sǐ zài jiā lǐ
江淮一带漫游，几年后回到故乡，病死在家里。
tā de yī shēng zhǔ yào shì zài yǐn jū hé màn yóu zhōng dù guò de yīn cǐ
他的一生主要是在隐居和漫游中度过的，因此，
tā de shī duō shì miáo xiě yǐn jū shēng huó hé shānshuǐ tián yuánfēngguāng
他的诗多是描写隐居生活和山水田园风光。

맹호연(689-740)은, 상양(지금의 호북성 양양) 사람이다. 어려서 집에서 공부를 했으며, 한 동안 녹문산에서 은거생활을 하였다. 마흔이 되어서야 장안으로 가서 진사시험에 참가를 했지만, 합격하지를 못했다. 후에, 동남쪽의 양자강과 회수 일대를 유람하다가, 몇 년 뒤 고향으로 돌아와, 집에서 병사하였다. 그의 일생은 주로 은거와 유랑을 하면서 보냈다. 그리하여, 그의 시는 은거생활과 산수전원 풍경을 묘사한 것이 많다.

tā xiě le xǔ duō zhù míng de shānshuǐ shī rú lín dòng tíng
他写了许多著名的山水诗，如《临洞庭》：

그는 유명한 산수시를 많이 썼는데, 《동정호에 임하여》를 예로 보면 다음과 같다.

bā yuè hú shuǐ píng hán xū hùn tài qīng
八月湖水平，涵虚混太清。

팔월의 호수는 잔잔도 하여, 허공을 물에 담아 참으로 맑다.

qì zhēng yún mèng zé bō hàn yuè yángchéng
气蒸云梦泽，波撼岳阳城。

물안개 피어올라 운몽 연못 자욱한데, 물결 일렁이며 악양성을 흔든다.

yù jì wú zhōu jí duān jū chǐ shèngmíng
欲济无舟楫，端居耻圣明。

물을 건너자니 배 저을 노가 없고, 한가히 살자니 천자의 덕에 부끄럽다.

zuò guānchuí diào zhě tú yǒu xiàn yú qíng
坐观垂钓者，徒有羡鱼情。

앉아서 낚시하는 사람 바라보고 있자니, 괜스레 고기가 부럽다는 마음이 생긴다.

zhè shǒu shī shì mèng hào rán yóu lì yuè yáng shí xiě gěi chéng xiàng zhāng jiǔ
这首诗是孟浩然游历岳阳时写给丞相张九
líng de shī de qián sì jù wán quán shì xiě jǐng miáo huì le dòng tíng hú
龄的。诗的前四句，完全是写景，描绘了洞庭湖
de zhuàng guān jǐng xiàng qí zhōng qì zhēng yún mèng zé bō hàn yuè yáng chéng liǎng
的壮观景象，其中“气蒸云梦泽，波撼岳阳城”两
jù qì pò hóng dà shì yǒng dòng tíng hú de míng jù shī de hòu sì jù
句，气魄宏大，是咏洞庭湖的名句。诗的后四句，
shū fā le zì jǐ qiú guān bù dé wú rén yǐn jiàn de kǔ mèn xīn qíng
抒发了自己求官不得、无人引荐的苦闷心情。

이 시는 맹호연이 악양을 유람할 때 승상 장구령에게 써 준 것이다. 시의 앞 네 구절은, 전부 경치묘사로, 동정호의 장관을 묘사한 것이다. 그 중에 “물안개 피어올라 운몽 연못 자욱한데, 물결 일렁이며 악양성 흔든다.” 이 두 구절은, 기백이 웅대한 것으로, 동정호를 노래한 명구이다. 시의 뒤 네 구절은, 자신이 관직을 얻지 못하고 있는데 추천해 줄 사람이 없음을 고민하는 심정을 토로하고 있다.

tā de tián yuán shī yě xiě de zhēn zhì gǎn rén rú guò gù rén
他的田园诗，也写得真挚感人，如≪过故人
zhuāng
庄≫：

그의 전원시는, 또한 너무나 진솔하게 묘사가 되어 있어서 감동적인데, ≪옛 친구 집에 들러≫를 보면 다음과 같다.

gù rén jù jī shǔ yāo wǒ zhì tián jiā
故人具鸡黍，邀我至田家。

친구가 닭고기 기장밥을 마련해 놓고, 나를 초대하기에 농가로 갔네.

lǜ shù cūn biān hé qīng shān guō wài xié
绿树村边合，青山郭外斜。

녹수는 마을 주변을 뒤덮고 있고, 청산은 성곽 밖에 비스듬히 서 있네.

kāi xuān miàn chǎng pǔ bǎ jiǔ huà sāng má
开轩面场圃，把酒话桑麻。

문 열어놓고 채마밭 바라보며, 술잔 들고 뽕과 삼을 이야기 하네.

dāi dào chóng yáng rì huán lái jiù jú huā
待到重阳日，还来就菊花。

중양절 되기를 기다리고 있다가, 다시 오게 되면 국화를 감상하리라.

zhè shì yī shǒu xiě tā dào péng yǒu jiā zuò kè de shī shī zhōng miáo
这是一首写他到朋友家作客的诗。诗中描
xiě le nóng cūn tián yuán fēng guāng yǐ jí hé péng yǒu huān jù shí de kuài lè qíng
写了农村田园风光以及和朋友欢聚时的快乐情

이 시는 그가 친구 집에 손님으로 갔을 때 쓴 것이다. 시에 보면 농촌 전원 풍경과 친구와 기쁘게 만난 즐거움을 묘사하고 있는데, 우리에

jǐng wèi wǒ men zhǎn xiàn le yī fú tián yuán fēng jǐng huà
景，为我们展现了一幅田园风景画。

게 한 폭의 전원풍경화를 보여주는 듯하다.

mèng hào rán hái yǒu yī xiē xiǎo shī xiě de hán xù qīng lì nài
孟浩然还有一些小诗，写得含蓄、清丽，耐
rén huí wèi rú chūn xiǎo
人回味，如《春晓》：

맹호연은 또 짤막하게 쓴 시도 있는데, 그 묘사가 함축적이고 청아해서, 돌이켜 음미하기에 좋다. 예를 들어 《춘효》를 보면 다음과 같다.

chūn mián bù jué xiǎo chù chù wén tí niǎo
春眠不觉晓，处处闻啼鸟。

yè lái fēng yǔ shēng huā luò zhī duō shǎo
夜来风雨声，花落知多少。

봄잠에 빠져 날 새는 줄도 몰랐는데, 곳곳에서 새 우는 소리들이 들려온다.

지난 밤 비와 바람 소리 있었으니, 꽃잎 떨어진 게 얼만지 알 만하다.

zhè shì yī shǒu miáo xiě chūn tiān zǎo chén de shī chūn tiān zì rán jiè
这是一首描写春天早晨的诗。春天，自然界
yī pài shēng jī chūn tiān de zǎo chén gèng shì shēng yì àng rán yǔ hòu qīng
一派生机。春天的早晨，更是生意盎然雨后清
chén xiǎo niǎo dào chù gē chàng yè lǐ de fēng yǔ bǎ xiāng huā chuī luò mǎn
晨，小鸟到处歌唱，夜里的风雨，把香花吹落满
dì shī rén zhǐ yòng dàn dàn jǐ bǐ jiù gōu huà chū yī fú chūn xiǎo tú
地。诗人只用淡淡几笔，就勾画出一幅春晓图，
zhè shì yī shǒu bèi rén men chuán sòng de míng piān
这是一首被人们传诵的名篇。

이 시는 봄날 아침을 묘사한 시다. 봄날, 자연계는 활기가 넘친다. 봄날 아침 중에서도, 더욱이 생기가 넘쳐흐르는 비 온 후의 이른 아침에는, 작은 새들이 곳곳에서 노래를 부르고, 밤중의 비바람이 향기로운 꽃을 바닥 가득 떨어뜨려 놓았다. 시인은 단지 몇 마디 말만으로, 봄날 새벽 그림을 설명하였는데, 사람 입으로 전해지고 있는 유명한 시가 되었다.

zǒng zhī mèng hào rán shì táng dài zhù míng de shān shuǐ tián yuán shī rén
总之，孟浩然是唐代著名的山水田园诗人，
tā duì táng dài shān shuǐ tián yuán shī pài de xíng chéng qǐ le zhòng yào zuò yòng
他对唐代山水田园诗派的形成，起了重要作用。
tā shàn cháng wǔ yán lǜ shī zài dāng shí xiǎng yǒu shèng míng shēn shòu táng dài wěi
他擅长五言律诗，在当时享有盛名，深受唐代伟
dà shī rén lǐ bái dù fǔ de zàn shǎng jǐ yǔ hěn gāo píng jià tā de
大诗人李白、杜甫的赞赏，给予很高评价。他的

종합컨대, 맹호연은 당대의 유명한 산수전원 시인이며, 당대 산수전원시파의 형성에, 중요한 역할을 하였다. 그는 5언 율시에 뛰어나, 당시에 명성을 누렸으며, 위대한 당대 시인 이백과 두보의 칭찬을 받았고, 아주 높은 평가를 받았다. 그의 작품은 《맹호연집》에 수록되어 있다.

作品收在《孟浩然集》里。

2. 王维

2. 왕유

王维(701-761)，字摩诘，原籍祁州(今山西省祁县)，他的父亲迁居河东蒲州(今山西省永济县西)，遂为河东人。他年青时代就有才华，不仅擅长写诗，而且精通音乐、书画，在文坛上很有名气。开元九年(721)考中进士，任大乐丞。后因罪贬为济州司仓参军。开元二十二年(734)，升为右拾遗。开元二十五年(737)秋天，以监察御史的身份去凉州河西节度使府慰劳边防战士，并留在军中任节度判官。这时，他写下了许多著名的边塞诗。开元二十八年(740)，王维回到长安，被任命为殿中侍御史。后来隐居终南山和蓝田县辋川别墅，过着半官半隐的生活。王

왕유(701-761)는, 자가 마힐이고, 본적은 기주(현재의 산서성 기현)로, 그의 부친이 하동 포주(지금의 산서성 영제현 서쪽)로 이사를 하여, 마침내 하동인이 되었다. 그는 젊어서부터 재능이 있어, 시를 짓는데 뛰어 났을 뿐만 아니라, 음악과 서화에도 정통했으며, 문단에 명성이 자자했다. 개원 9년(721)에 진사에 급제하여, 대악승이 되었다. 후에 죄를 지어 제주의 사창참군으로 좌천되었다. 개원 22년(734)에, 우습유로 승진되었다. 개원 25년(737) 가을, 감찰어사의 신분으로 양주 하서 절도사부로 가서 변방을 지키는 군사들을 위로했으며, 또 군에 남아 절도판관을 역임하였다. 이때, 그는 유명한 변새시를 많이 썼다. 개원 28년(740), 왕유는 장안으로 돌아와, 궁중 시어사로 임명되었다. 후에 종남산과 남전현의 망천 별장에 은거하면서, 반은 관리 반은 은거생활을 하였다. 왕유는 평생 불교를 믿었는데, 말년에 더욱 심취하였다. 천보 원년(742), 좌보궐에 임명되었다가, 고부낭중으로 옮겨갔다. 천보 11년(752)에는 문부낭중이 되었다. 이 기간 중, 직무 관계상, 그는 황제와 가

维终生信佛，晚年尤甚。天宝元年(742)，被任命为左补阙，迁库部郎中。天宝十一年(752)为文部郎中。这段时间，由于职务的关系，他和皇帝有了接近的机会，这是他一生中最得意的时期。这时他写了许多应制诗、宫廷诗，除此以外，还写了一些山水田园诗。还有一些阐说佛理的诗作，没有多少诗意。天宝十五年(756)，安禄山叛军攻入长安，王维被俘，任伪职。叛乱平定后，被降为太子中允。唐肃宗乾元二年(759)，升任尚书右丞，世称王右丞。上元二年(761)卒，年六十一，著有《王右丞集》。

까이할 기회가 있었는데, 이 때가 그의 일생 중 가장 득의양양했던 시기이다. 이때 그는 많은 응제시와 궁정시를 썼고, 이외에도, 산수전원시들을 썼다. 그리고 불교의 도리를 자세히 설명한 시도 썼는데, 시적인 맛은 별로 없다. 천보 15년(756), 안록산 반군이 장안을 공격해 왔을 때, 왕유는 포로가 되어, 비합법적인 관직을 맡았다. 반란이 평정되자, 태자중윤으로 좌천되었다. 당 숙종 건원 2년(759), 상서우승에 올라, 사람들은 그를 왕우승이라 불렀다. 상원 2년(761)에 죽었는데, 그의 나이 61세였다. 작품으로 《왕우승집》이 있다.

王维早期到过边塞，并在军中任职，这段经历，使他开阔了眼界，丰富了生活，创作了许多反映边疆人民生活和奇异景色的边塞诗，如《使至塞上》：

왕유는 일찍부터 변방에 갔었고, 군대에서 직책을 맡았는데, 이 때 경력이 그의 견문을 넓혀 주었고, 생활을 풍부하게 해주었으며, 이 때 변경 사람들의 생활과 기이한 풍경을 반영한 많은 변새시를 창작하였다. 《사절이 되어 변방에 가다》를 예로 들 수 있다.

dān chē yù wènbiān shǔ guó guò jū yán
单车欲问边，属国过居延。

간단한 수레로 변방을 위문하려, 나라의 명을 받고 거연 땅을 지나네.

zhēngpéng chū hàn sài guī yàn rù hú tiān
征蓬出汉塞，归雁入胡天。

먼 길 나선 길손은 한나라 땅에서 나오고, 돌아가는 기러기는 오랑캐 하늘로 날아든다.

dà mò gū yān zhí cháng hé luò rì yuán
大漠孤烟直，长河落日圆。

사막의 외로운 봉화연기 곧게 솟아오르고, 긴 황하로 지는 해는 둥글기만 하다.

xiāoguānféng hòu qí dū hù zài yàn rán
萧关逢候骑，都护在燕然。

소관에서 척후 기마병을 만났는데, 도호께서는 연연산에 계신다고 하네.

zhè shǒu shī shì tā yǐ jiān chá yù shǐ shēn fèn fù liángzhōu hé xī jié
dù shǐ fǔ wèi láo jiàng shì shí xiě de shī zhōngmiáo xiě le tú zhōng suǒ jiàn
biān sài jǐng xiàng qí zhōng dà mò gū yān zhí cháng hé luò rì yuán liǎng jù
zhǎn shì le dà zì rán de zhuàng měi hé liáo kuò wú biān de sài shàngfēngguāng
jù yǒu gǎn rén de yì shù xiào guǒ

这首诗是他以监察御史身份赴凉州河西节度使府慰劳将士时写的。诗中描写了途中所见边塞景象，其中“大漠孤烟直，长河落日圆”两句，展现了大自然的壮美和辽阔无边的塞上风光，具有感人的艺术效果。

이 시는 감찰어사 신분으로 그가 양주 하서 절도사부로 장병을 위로하던 중에 쓴 것이다. 시에서는 가던 도중에 본 변방의 풍경을 묘사하고 있는데, 그중 "사막에 외로운 봉화 연기 곧게 솟아오르고, 긴 황하로 지는 해는 둥글기만 하다."는 이 두 구절은, 대자연의 웅장함과 아름다움 그리고 끝없이 펼쳐진 변방의 풍경을 보여주고 있어, 사람을 감동시키는 예술 효과를 가지고 있다.

wáng wéi hòu qī yóu yú shēng huó ān dìng píng jìng xiě xià le dà
liàng de shānshuǐ tián yuán shī zhè xiē shī bù jǐn shù liàng duō ér qiě yì shù
chéng jiù jiào gāo xíngchéng le zì jǐ dú tè de yì shù fēng gé rú bèi
rén chuánsòng de míngpiān zhōng nán shān

王维后期，由于生活安定、平静，写下了大量的山水田园诗，这些诗不仅数量多，而且艺术成就较高，形成了自己独特的艺术风格。如被人传诵的名篇《终南山》：

왕유는 후기에, 생활이 안정되고 평온했던 관계로, 산수전원시를 많이 썼는데, 이들은 수량이 많을 뿐만 아니라, 예술 성취도 비교적 높아, 그의 독특한 예술적 특징을 형성하였다. 사람에게 전해지며 애송되고 있는 명작 ≪종남산≫을 보면 다음과 같다.

tài yǐ jìn tiān dū lián shān jiē hǎi yú
太乙近天都，连山接海隅。

bái yún huí wàng hé qīng ǎi rù kàn wú
白云回望合，青霭入看无。

fēn yě zhōng fēng biàn yīn qíng zhòng hè shū
分野中峰变，阴晴众壑殊。

yù tóu rén chù sù gé shuǐ wèn qiáo fū
欲投人处宿，隔水问樵夫。

태을은 천도에 가까이 있고, 잇닿은 산은 바다 끝까지 이어져 있다.

돌아보니 흰 구름은 하나로 합쳐지고, 안개 속으로 들어가 보니 아무 것도 안 보인다

땅의 경계는 중봉에 따라 변하고, 개이고 흐림은 골짜기 마다 다르다.

마을에 투숙을 하고 싶어서, 물 건너 나무꾼에게 말 걸어 물어본다.

zhè shì yī shǒu gē yǒng zhōng nán shān de shī zuò zhě cóng zhōng nán shān de zhǔ fēng tài yǐ xiě qǐ tōng guò jìn tiān dū jiē hǎi yú de kuā zhāng xíng róng hé shī rén tān shǎng shān sè wàng què tóu sù de miáo xiě bǎ zhōng nán shān mǎng mǎng cāng cāng qiān zī bǎi tài de měi lì jǐng xiàng shēng dòng de xiě le chū lái dú le zhè shǒu shī hǎo xiàng kàn le yī fú fēng jǐng huà sòng cháo dà shī rén sū shì céng jīng shuō guò wèi mó jié zhī huà huà zhōng yǒu shī wèi mó jié zhī shī shī zhōng yǒu huà wán wèi wáng wéi de huà huà zhōng yǒu shī yì wán wèi wáng wéi de shī shī zhōng yǒu huà yì sū shì de huà zhèng shuō míng le wáng wéi shī de tè diǎn jí shī qíng huà yì jǐn mì de jié hé zài yī qǐ le

这是一首歌咏终南山的诗。作者从终南山的主峰太乙写起，通过“近天都”、“接海隅”的夸张形容和诗人贪赏山色、忘却投宿的描写，把终南山莽莽苍苍、千姿百态的美丽景象生动地写了出来。读了这首诗，好像看了一幅风景画。宋朝大诗人苏轼曾经说过：“味摩诘之画，画中有诗；味摩诘之诗，诗中有画。”（玩味王维的画，画中有诗意；玩味王维的诗，诗中有画意。）苏轼的话，正说明了王维诗的特点，即诗情、画意紧密地结合在一起了。

이 시는 종남산을 노래한 시이다. 작가는 종남산의 주봉인 태을을 묘사하는 것으로부터 시작하여, “천도에 가깝고” “바다 끝까지 이어져 있다”는 과장된 묘사와 시인이 산의 경치를 감상하느라 투숙할 것도 잊고 있었음을 통하여, 종남산의 아득함과 다양한 모습을 가진 아름다운 경치를 생동적으로 써내려갔다. 이 시를 읽으면, 한 폭의 풍경화를 보는 듯하다. 송 나라 대시인 소식은 일찍이 이렇게 말한 바 있다. “마힐의 그림을 음미하면, 그림 속에 시가 있고, 마힐의 시를 음미하면 시 속에 그림이 있다.”고 하였다. 소식의 말은, 바로 왕유 시의 특징, 즉 시의 정취와 그림의 이미지가 긴밀히 결합되어 있음을 잘 설명해준다.

zǒng zhī mèng hào rán wáng wéi de shān shuǐ tián yuán shī shì zài táo
总之，孟浩然、王维的山水田园诗，是在陶
yuān míng xiè líng yùn de yǐng xiǎng xià fā zhǎn qǐ lái de tā men bǎ miáo xiě
渊明、谢灵运的影响下发展起来的，他们把描写
zì rán jǐng wù de shī gē yì shù fā zhǎn dào yī ge xīn de jiē duàn chéng
自然景物的诗歌艺术，发展到一个新的阶段，成
wéi zhōng guó wén xué shǐ shàng zhù míng de shān shuǐ shī pài
为中国文学史上著名的山水诗派。

종합하자면, 맹호연과 왕유의 산수전원시는 도연명과 사령운의 영향 아래에서 발전한 것으로, 그들은 자연 경치를 묘사한 시가 예술을, 하나의 새로운 단계로 발전시켜, 중국문학사에서 유명한 산수시파가 되었다.

dì sì jié biān sài shī rén
第四节 边塞诗人

제4절 변새시인

biān sài shī rén tā men de zuò pǐn duō shì miáo xiě biān sài fēng guāng
边塞诗人，他们的作品多是描写边塞风光、
jūn lǚ shēng huó hé shū fā zì jǐ jiàn gōng lì yè lǐ xiǎng de shī piān táng
军旅生活和抒发自己建功立业理想的诗篇。唐
cháo shí biān jiāng zhàn shì pín fán xǔ duō shī yì de wén rén xiàng wǎng biān
朝时，边疆战事频繁，许多失意的文人，向往边
sài shēng huó tā men bǎ cóng jūn chū sài zuò wéi zì jǐ qiú qǔ gōng míng de
塞生活，他们把从军出塞作为自己求取功名的
tái jiē yīn cǐ chǎn shēng le biān sài shī qí zhōng zhù míng de shī rén yǒu
台阶。因此，产生了边塞诗，其中著名的诗人有
gāo shì wáng chāng líng wáng zhī huàn děng rén
高适、王昌龄、王之涣等人。

변새시인, 그들의 작품은 대부분 변새의 풍경과 군대생활, 그리고 공을 세우고 업적을 쌓고 싶은 자신의 이상을 묘사한 시들이다. 당나라 때, 변경에서는 전쟁이 빈번하게 일어났었고, 뜻을 이루지 못한 수많은 문인들은, 변새생활을 동경하였던 결과, 그들은 변새로 종군해 가는 것을 자신의 공명을 얻기 위한 과정으로 생각하였다. 이 때문에, 변새시가 생겨나게 되었고, 그 중 유명한 시인으로 고적·왕창령·왕지환 등이 있었다.

1. 高适

1. 고적

高适(702-765)，字达夫，渤海蓨(今河北省沧州)人。他早年生活贫困，二十岁时西游长安，希望取得一官半职，不料失望而归。于是他漫游燕、赵，想在边塞寻求报国立功的机会，也落了空。此后，他在梁、宋一带过了十几年的流浪生活。天宝八年(749)，因别人推荐，当了封丘县尉。后历任左拾遗、监察御史、西川节度使、散骑常侍等职，封为渤海县侯。永泰元年(765)卒，年六十五岁，著有《高常侍集》。

고적(702-765)은, 자는 달부이고, 발해 수(지금의 하북성 창주) 사람이다. 그는 어렸을 때 생활이 빈곤하였으며, 스무 살 때 서쪽 장안으로 가서, 대수롭지 않은 벼슬자리라도 얻을 수 있기를 희망했지만, 생각지도 않게 실망만 하고 돌아오고 말았다. 그리하여 그는 연과 조 나라를 자유로이 유람하면서 변새에서 보국의 공을 세울 기회를 찾고자 했지만, 역시나 허사가 되고 말았다. 이 뒤부터, 그는 양과 송 나라 일대에서 십 몇 년 동안 유랑생활을 하였다. 천보 8년(749), 다른 사람의 추천으로, 봉구현의 현위가 되었다. 뒤에 가서는 좌습유·감찰어사·서천절도사·산기상시 등을 역임하였고, 발해현의 현후에 봉해졌다. 영태 원년(765)에 죽었는데, 이 때 나이 65세였고, 저서로 ≪고상시집≫이 있다.

高适早年写过一些抨击权贵、怀才不遇的诗，也写了一些反映农民生活的诗，但最有成就的还是他的边塞诗。他曾两次出塞，去过辽西，又到过河西，对边塞生活比较熟悉，有深刻的体

고적은 일찍이 집권자를 규탄하거나, 재능은 가졌으나 때를 만나지 못한 이런 내용의 시도 쓰고, 농민생활을 반영한 시를 쓰기도 하였지만, 제일 성취도가 높은 것은 역시 그의 변새시다. 그는 일찍이 변새에 두 번이나 갔었다. 요서에도 가 보았고, 하서에도 가 보았었기 때문에, 변새생활에 비교적 익숙하였고

huì zài tā de biān sài shī zhōng duì shè shēn shā dí de zhàn shì jǐ yǔ
会。在他的边塞诗中，对舍身杀敌的战士给予
rè qíng gē sòng duì nà xiē fǔ bài wú néng de jiàngguān zé jǐ yǔ wú qíng
热情歌颂，对那些腐败无能的将官，则给予无情
de jiē lù hé xīn là de fěng cì zuì yǒu míng de shì yàn gē xíng
地揭露和辛辣地讽刺。最有名的是《燕歌行》，
zuò zhě zài shī zhōng yòng duì bǐ de shǒu fǎ jiē lù le zhàn shì hé jiàng lǐng
作者在诗中用对比的手法，揭露了战士和将领
zhī jiān bù píng děng de shēng huó gē sòng le zhàn shì men bù pà xī shēng yīng
之间不平等的生活，歌颂了战士们不怕牺牲、英
yǒng shā dí de ài guó jīng shén pī pàn le shǒu biān jiàng lǐng de fǔ huà hé
勇杀敌的爱国精神，批判了守边将领的腐化和
wú néng
无能。

이해도 깊었다. 그는 변새시에서 자신을 희생하여 적을 무찌른 병사를 열정적으로 노래하였고, 부패하고 무능한 장군들에 대해서는 매몰차게 폭로하고 신랄하게 풍자를 하였다. 가장 유명한 시는 ≪연가행≫으로, 작가는 시에서 대비 수법으로, 병사와 장교들 간의 불평등한 생활을 폭로하고, 병사들이 희생을 무서워하지 않고 용맹하게 적을 무찌르는 애국정신을 노래했으며, 변경을 수비하는 장교의 부패와 무능을 비판하였다.

wáng chāng líng
2. 王昌龄

2. 왕창령

wáng chāng líng yuē zì shǎo bó cháng ān jīn shǎn xī shěng
王昌龄(约698-757)，字少伯，长安(今陕西省
cháng ān shì rén yī shuō tài yuán rén kāi yuán shí wǔ nián kǎo zhòng
长安市)人。一说太原人。开元十五年(727)考中
jìn shì lì rèn mì shū shěng xiào shū láng sì shuǐ xiàn wèi hòu bèi biǎn wéi
进士，历任秘书省校书郎、汜水县尉，后被贬为
jiāng níng xiàn chéng lóng biāo xiàn wèi rén men chēng tā wéi wáng jiāng níng huò
江宁县丞、龙标县尉，人们称他为"王江宁"或
wáng lóng biāo ān shǐ zhī luàn fā shēng tā zài huán xiāng tú zhōng bèi háo
"王龙标"。"安史之乱"发生，他在还乡途中被濠
zhōu cì shǐ lǘ qiū xiǎo shā hài tā shàn cháng qī yán jué jù bèi chēng wéi
州刺史闾丘晓杀害。他擅长七言绝句，被称为

왕창령(약698-757)은, 자가 소백이고, 장안(지금의 섬서성 장안시) 사람이다. 일설에는 태원 사람이라고도 한다. 개원 15년(727) 진사에 급제하여, 비서성교서랑과 사수현위를 지냈으며, 뒤에 가서 강녕현승·용표현위로 좌천이 되었는데, 사람들은 그를 "왕강녕" 혹은 "왕용표"라고 불렀다. "안사의 난"이 발생하자, 그는 고향으로 돌아가다가 호주 자사 여구효에게 살해를 당하였다. 그는 7언절구에 뛰어나서, "7절성수"라 불렸다. 그의 작품 대부분은 이미 소실되고 없으며, 명대 사

"七绝圣手"。他的作品大部分已散佚，明朝人辑有《王昌龄集》。

람이 편찬한 《왕창령집》이 있다.

他的诗大部分是写边塞、宫怨、闺怨和送别的，而以边塞诗最著名。如《从军行》：

그의 시 대부분은 변새와 궁녀들의 원망이나 부녀들의 원망, 그리고 송별의 내용을 묘사하고 있는데, 변새시가 가장 유명하다. 《종군행》을 예로 들어보면 다음과 같다.

青海长云暗雪山，孤城遥望玉门关。
黄沙百战穿金甲，不破楼兰终不还。

청해의 긴 구름 설산을 가려 어둑어둑하고, 외로운 성에 올라 멀리 옥문관을 바라본다.

사막에서 온갖 전투로 갑옷까지 다 뚫렸지만, 누란을 못 깨뜨리면 끝내 돌아가지 않으리라.

《从军行》共七首，这是第四首。这首诗不是描写某次具体的战争，而是颂扬将士们勇往直前、英勇杀敌、夺取胜利的坚强决心和英雄气概。再如《出塞》：

《종군행》은 모두 일곱 수인데, 이는 네 번째 것이다. 이 시는 어느 구체적인 전쟁을 묘사한 것이 아니라, 용감하게 전진하고 용맹하게 적을 물리치며 승리를 쟁취하고자 하는 장병들의 굳센 결심과 영웅 기개를 노래한 것이다. 다시 《출새》를 예로 들어보면 다음과 같다.

秦时明月汉时关，万里长征人未还。
但使龙城飞将在，不教胡马度阴山。

진나라의 밝은 달 한 나라의 관문, 만 리 길 떠난 병사 아직 돌아오지 않았네.

만약 용성에 비장군이 살아 있었다면, 오랑캐 말들이 음산을 넘지 못하련만.

≪出塞≫共两首，这是第一首。这首诗短短四句，着重刻画边防战士的思想感情，揭示他们的内心世界。这些边防战士，驻守在边防线上，回家是不容易的，但他们有一个共同的愿望，就是希望在一个英勇善战的将军领导下，保卫祖国，不让敌人入侵一步。

≪출새≫는 모두 두 수인데, 이는 첫 번째 것이다. 이 시는 짧은 네 구절로 되어 있는데, 변방 군사의 사상 감정을 집중적으로 잘 묘사하고, 그들의 내심 세계를 잘 보여주고 있다. 이런 변방의 군사들은 변방을 지키느라, 집으로 돌아가는 것이 쉽지 않았지만, 그들에게도 하나의 공통된 희망이 있었으니, 그것은 곧 전쟁에 능한 용맹스런 장군의 지휘 아래, 조국을 지키며 적군이 침입하지 못하게 하는 것이었다.

3. 王之涣

3. 왕지환

王之涣(688-742)，字季陵，晋阳(今山西省太原市)人，后迁居绛县(今山西省新绛县)。曾任冀州衡水主簿，被人诬陷，弃官而去，过了十五年的漫游生活，走遍了黄河南北。晚年又任文安县尉，天宝元年(742)卒，年五十五岁，王之涣的作品多已散佚，今存七首绝句，见≪全唐诗≫。王之涣的诗虽少，但写得很好，如≪凉州词≫:

왕지환(688-742)은, 자가 계릉이고, 진양(지금의 산서성 태원시) 사람이며, 후에 강현(지금의 산서성 신강현)으로 거처를 옮겼다. 일찍이 기주 형수주부를 지냈지만, 다른 사람에게 모함을 당하여, 관직을 포기하고 떠난 후, 15년 동안 유랑생활을 하면서, 황하 남북을 두루 돌아다녔다. 말년에 다시 문안현위를 지내다가, 천보 원년(742)에 죽었는데, 그의 나이 55세였다. 왕지환의 작품은 이미 대부분 소실되었으며, 현재는 일곱 수의 절구가 남아 있는데, ≪전당시≫에서 볼 수 있다. 왕지환의 시는 비록 적지만, 묘사가 아주 훌륭하다. ≪양주사≫를 예로 들어보면 다음과 같다.

huáng hé yuǎn shàng bái yún jiān yī piàn gū chéng wàn rèn shān
黄河远上白云间，一片孤城万仞山。

qiāng dí hé xū yuàn yáng liǔ chūn fēng bù dù yù mén guān
羌笛何须怨杨柳，春风不度玉门关。

황하는 멀리 흰 구름 사이를 오르고, 외로운 성 하나 높은 산 위에 있네.

강족 피리는 어찌 하필 양류 곡인가? 봄바람은 옥문관을 넘지도 못했는데.

liáng zhōu cí gòng liǎng shǒu zhè shì dì yī shǒu zhè shǒu shī shì
wèi dāng shí liú xíng de xīn yuè fǔ liáng zhōu qǔ pèi de cí xiě sài
wài huāng hán jǐng sè tòu lù chū zhēng rén cháng qī chū zhēng zài wài sī niàn jiā
xiāng de āi yuàn biǎo xiàn le duì tā men de shēn qiè tóng qíng hé guān huái
shī de hòu liǎng jù hán xù shuāng guān wǎn zhuǎn shēn kè tā bù shì shuō yù
mén guān wài méi yǒu chūn tiān yě bù shì shuō bù xū chuī zòu zhé yáng liǔ
gē lái āi yuàn chūn tiān bù lái ér shì tōng guò bǐ yù pī píng táng cháo
tǒng zhì zhě duì biān fáng zhàn shì mò bù guān xīn

《凉州词》共两首，这是第一首。这首诗是为当时流行的新乐府《凉州曲》配的词，写塞外荒寒景色，透露出征人长期出征在外思念家乡的哀怨，表现了对他们的深切同情和关怀。诗的后两句，含蓄双关，婉转深刻。它不是说玉门关外没有春天，也不是说不须吹奏《折杨柳歌》来哀怨春天不来，而是通过比喻，批评唐朝统治者对边防战士漠不关心。

《양주사》는 모두 두 수인데, 이는 첫 번째 것이다. 이 시는 당시 유행하던 신악부 《양주곡》에 맞춰 쓴 사로, 변새의 황량하고 차가운 풍경을 묘사하고 있는데, 원정 나온 사람이 오랫동안 외지에서 전쟁을 하면서 고향을 그리워하는 슬픔과 원망을 잘 보여주고 있고, 그들에 대한 깊은 동정과 관심을 잘 표현하고 있다. 시의 마지막 두 구절은, 두 가지 뜻을 함축하고 있으며, 완곡하게 그 핵심을 찌르고 있다. 그것은 옥문관 밖에는 봄이 없다고 한 것도 아니고, 《절양류가》를 불어 봄이 안 옴을 원망하지 말라는 것도 아니다. 비유를 통하여, 변방 군사들에 대한 당 나라 통치자의 무관심을 비판하였던 것이다.

tā de lìng yī shǒu míng zuò shì dēng guàn què lóu
他的另一首名作是《登鹳雀楼》：

그의 다른 명작 《관작루에 올라》를 보면 다음과 같다.

bái rì yī shān jìn huáng hé rù hǎi liú
白日依山尽，黄河入海流。

yù qióng qiān lǐ mù gèng shàng yī céng lóu
欲穷千里目，更上一层楼。

빛나던 태양은 산 너머로 지고, 황하는 바다로 흘러들어 가는구나.

천 리 먼 곳까지 내다보고 싶어서, 다시 한 층 누각을 더 올라간다.

zhè shì yī shǒu dēng guàn què lóu yuǎn tiào de shī zhè shǒu shī bù jǐn
这是一首登鹳雀楼远眺的诗。这首诗不仅
miáo huì le zhuàng lì de zì rán jǐng sè ér qiě bǎ rén dài jìn yī ge gèng
描绘了壮丽的自然景色，而且把人带进一个更
kāi kuò gèng gāo yuǎn de jìng jiè shǐ rén huò dé jī jí xiàng shàng nǔ lì
开阔、更高远的境界，使人获得积极向上、努力
jìn qǔ de gǎn shòu shī de hòu liǎng jù bù jǐn gào su rén men yào xiǎng
进取的感受。诗的后两句，不仅告诉人们要想
kàn dào gèng yuǎn de jǐng wù bì xū zài wǎng gāo chù pān dēng ér qiě hái yǒu
看到更远的景物，必须再往高处攀登，而且还有
shēn kè de hán yì jiù shì yào xiǎng qǔ dé gèng duō de zhī shi gèng dà de
深刻的含义，就是要想取得更多的知识，更大的
chéng jiù bì xū zuò gèng dà de nǔ lì
成就，必须作更大的努力。

이 시는 관작루에 올라 먼 곳을 바라보는 시다. 이 시는 웅장하고 아름다운 자연 풍경을 묘사하였을 뿐만 아니라, 더욱 광활하고 심원한 경지로 사람을 이끌며, 사람들이 적극적으로 향상하려 하고 진취적이고 노력하려는 느낌이 들게 한다. 시의 마지막 두 구절은, 더 먼 곳 풍경을 보고 싶으면, 반드시 다시 더 높은 곳을 향해 올라가야 한다는 것을 알려주고 있을 뿐만 아니라, 또한 깊은 뜻을 내포하고 있으니, 그건 더 많은 지식과 더 큰 성취를 얻으려면 반드시 더 큰 노력을 해야 한다는 것이다.

dì wǔ jié wěi dà de làng màn zhǔ yì shī rén lǐ bái
第五节 伟大的浪漫主义诗人—李白

제5절 위대한 낭만주의 시인 — 이백

lǐ bái shì zhōng guó wén xué shǐ shàng jì qū yuán zhī hòu yī ge wěi dà
李白是中国文学史上继屈原之后一个伟大
de làng màn zhǔ yì shī rén tā de shī bù jǐn shì zhōng guó rén mín jīng shén
的浪漫主义诗人。他的诗不仅是中国人民精神
cái fù zhōng de zhēn bǎo ér qiě yě shì shì jiè wén huà bǎo kù zhōng de yī
财富中的珍宝，而且也是世界文化宝库中的一
kē càn làn de míng zhū tā de shī zǎo jiù bèi yì chéng yīng wén fǎ wén
颗灿烂的明珠。他的诗早就被译成英文、法文、

이백은 중국 문학사상 굴원의 뒤를 잇는 위대한 낭만주의 시인이다. 그의 시는 중국인들의 정신적 재산 중의 진귀한 보물일 뿐만 아니라, 또한 세계 문화 보물창고 속의 찬란한 명주이기도 하다. 그의 시는 일찍 영어·프랑스어·러시아어·일어, 그리고 여러 나라 문자로 번역되어, 전 세계에 광범위하게 전해

é wén rì wén hé qí tā guó jiā wén zì zài shì jiè shàngguǎng wéi liú
俄文、日文和其他国家文字，在世界上广为流
chuán tā de shī duì hòu dài yǒu zhe jù dà hé shēnyuǎn de yǐngxiǎng
传。他的诗对后代有着巨大和深远的影响。

지고 있다. 이백의 시는 후대에 거대하고 심원한 영향을 끼치고 있다.

lǐ bái de shēngpíng
1. 李白的生平

1. 이백의 생애

lǐ bái zì tài bái hào qīng lián jū shì zǔ jí
李白(701-762)，字太白，号青莲居士。祖籍
lǒng xī chéng jì jīn gān sù shěng qín ān xiàndōng xiān shì yú suí cháo mò
陇西成纪（今甘肃省秦安县东）。先世于隋朝末
nián liú xǐ zhōng yà tā jiù dànshēng zài zhōng yà de suì yè yuán sū lián tuō
年流徙中亚，他就诞生在中亚的碎叶（原苏联托
kè mǎ kè lǐ bái de yī shēng kě fēn wéi wǔ ge shí qī
克马克）。李白的一生，可分为五个时期：

이백(701–762)은, 자가 태백이고, 호는 청련거사다. 본적은 농서 성기(지금의 감숙성 진안현 동쪽)이다. 조상은 수 나라 말년에 중앙아시아까지 유랑해 왔으며, 그는 중앙아시아의 쇄엽(원래는 소련의 타크막)에서 태어났다. 이백의 일생은, 다섯 시기로 나눌 수 있다.

qīngshàonián shí qī lǐ bái wǔ suì shí suí fù qiān jū mián
（1）青少年时期。李白五岁时，随父迁居绵
zhōuchānglóng jīn sì chuānshěngjiāng yóu xiàn qīng lián xiāng tā cóngxiǎoshòu guò
州昌隆（今四川省江油县）青莲乡。他从小受过
chuántǒng de wén huà jiào yù chú rú jiā jīng jí wài hái xué le bǎi jiā wén
传统的文化教育，除儒家经籍外，还学了百家文
shuō shàn zuò shī fù ài hào jiàn shù qīng cái rèn xiá èr shí suì zuǒ
说，善作诗赋，爱好剑术，轻财任侠。二十岁左
yòu màn yóu shǔ zhōng céng yóu lì chéng dū yòu dēngshàng é méi hé qīngchéng
右，漫游蜀中，曾游历成都，又登上峨眉和青城
děngmíngshān bìng zài qīngchéngshān dú shū dù guò le tā de qīngshàonián shí
等名山，并在青城山读书，度过了他的青少年时
dài
代。

(1) 청소년 시기. 이백은 다섯 살 때, 아버지를 따라 면주 창륭(지금의 사천성 강유현) 청련향으로 이사를 했다. 어려서부터 전통적인 문화교육을 받았으며, 유가 경서뿐 아니라, 백가의 글과 주장도 공부하였으며, 시부를 잘 지었고, 검술을 좋아하였으며, 재물을 중히 여기지 않고 의협심이 강하였다. 20세를 전후하여, 촉 나라를 유람하던 중, 일찍이 성도를 두루 돌아다녔고, 또한 아미산과 청성과 같은 명산에도 올랐으며, 청성산에서 공부를 하며, 그의 청소년 시절을 보냈다.

dì yī cì màn yóu shí qī lǐ bái èr shí wǔ suì zuǒ yòu
(2) 第一次漫游时期。李白二十五岁左右，
lí kāi le chéng dū cí bié le gù xiāng mǎn huái yuǎn dà lǐ xiǎng màn yóu
离开了成都，辞别了故乡，满怀远大理想，漫游
dào le hú nán hú běi de dòng tíng hú hé xiāng shuǐ liú yù yòu yán cháng
到了湖南、湖北的洞庭湖和湘水流域。又沿长
jiāng dōng xià dào le nán jīng yáng zhōu màn yóu wú yuè hòu lái huí dào hú
江东下，到了南京、扬州，漫游吴越。后来回到湖
běi ān lù hé tuì xiū zǎi xiàng xǔ yǔ shī de sūn nǚ jié le hūn zhī
北安陆，和退休宰相许圉师的孙女结了婚。之
hòu tā yòu běi yóu luò yáng lóng mén sōng shān tài yuán děng dì dōng yóu
后，他又北游洛阳、龙门、嵩山、太原等地；东游
qí lǔ dēng shàng tài shān nán yóu ān huī jiāng sū zhè jiāng děng dì yóu
齐鲁，登上泰山；南游安徽、江苏、浙江等地，游
zōng suǒ jí jī hū bàn ge zhōng guó
踪所及，几乎半个中国。

(2) 1차 유람기. 이백은 25세쯤, 성도를 떠나, 고향과 이별하였다. 원대한 이상을 가슴에 품고, 호남과 호북의 동정호와 그리고 상강 유역을 유람하였다. 또한 장강을 따라 동쪽으로 남하, 남경·양주까지 와서, 오와 월 나라를 여행하였다. 후에 호북성의 안륙으로 돌아가서, 퇴직한 재상 허어사의 손녀와 결혼하였다. 그 후, 그는 다시 북으로는 낙양·용문·숭산·태원 등지를 유람하였으며, 동으로는 제와 노 나라를 유람하고, 태산에도 올랐다. 또 남쪽으로는 안휘·강소·절강 등지를 유람했는데, 그 발자취는 거의 중국의 절반에 이르렀다.

cháng ān shí qī tiān bǎo yuán nián lǐ bái sì shí èr
(3) 长安时期。天宝元年(742)，李白四十二
suì bèi táng xuán zōng zhào rù cháng ān shòu dào lóng zhòng de lǐ yù tài zǐ
岁，被唐玄宗召入长安，受到隆重的礼遇。太子
bīn kè hè zhī zhāng jiàn dào lǐ bái jīng tàn shuō cǐ tiān shàng zhé xiān rén
宾客贺之章见到李白惊叹说：“此天上谪仙人
yě yú shì shēng míng yì zhèn yù mǎn jīng shī dàn shì táng xuán zōng shì
也”。于是声名益振，誉满京师。但是，唐玄宗是
yī ge hūn yōng huáng dì tā shǎng shí lǐ bái de cái huá zhǐ bù guò xiǎng bǎ
一个昏庸皇帝，他赏识李白的才华，只不过想把
tā liú zuò zì jǐ de yù yòng wén rén xiě diǎn xíng lè cí zhāng ér yǐ suǒ
他留做自己的御用文人，写点行乐词章而已，所
yǐ zhǐ shòu yǔ tā hàn lín xué shì lǐ bái shì yī ge jù yǒu yuǎn dà lǐ
以只授予他翰林学士。李白是一个具有远大理

(3) 장안시기. 천보 원년(742), 이백은 42세 때, 당 현종에 의해 장안으로 불려가, 성대한 예우를 받았다. 황태자의 빈객 하지장이 이백을 만나 경탄하여 말하기를, "이 사람은 하늘에서 쫓겨 내려온 신선이다."라고 하였다. 그리하여 날로 이름을 떨치게 되니, 그 명성이 장안에 가득하였다. 그러나, 당 현종은 멍청하고 어리석은 황제였다. 그는 이백의 재능을 중시하였지만, 그를 자신의 어용문인으로 머무르게 하면서, 시나 즐길 뿐이었고, 그에게 부여한 것은 고작 한림학사였다. 이백은 원대한 이상과 고귀한 성품을 지닌 시인이었기에, 그는 집권자에게 아

想和高贵品质的诗人，他不阿谀权贵，所以遭到当权者的谗毁，最后不被皇帝信任。他只好和八个诗友饮酒赋诗，排遣愤懑，当时被称为“饮中八仙”。他在长安生活了三年。

부하지 않았고, 그래서 당시 권력자의 모함을 받아, 결국 당 현종의 신임을 잃게 되었다. 그는 어쩔 수 없이 8명의 시 친구들과 함께 음주시를 읊으면서, 분노의 마음을 위로함으로써, 당시에 “음중8선”이라 불렸다. 그는 장안에서 3년을 살았다.

(4) 第二次漫游时期。李白于天宝三年(744)春天离开长安，开始了第二次漫游生活。他先到洛阳，第一次见到杜甫，这两位大诗人从此结下了深厚的友谊。后来在汴州又遇到诗人高适。他们三个诗人一起畅游了开封、济南等地。分别后，李白又南游扬州、金陵、越中、秋浦等地；北游邯郸、幽州等地；西游梁苑、嵩山、襄阳等地。最后隐居在庐山的屏风叠。

(4) 2차 유람기. 이백은 천보 3년(744) 봄에 장안을 떠나, 2차 유랑생활을 시작하였다. 그는 먼저 낙양으로 가서, 처음으로 두보를 만났는데, 이 위대한 두 시인은 이때부터 깊은 우정을 맺게 되었다. 그 뒤에 변주에서 또 시인 고적을 만났다. 그들 세 시인은 함께 개봉과 제남 등지를 마음껏 여행하였다. 그들과 헤어진 후, 이백은 다시 남쪽으로는 양주·금릉·월중·추포 등지를 유람하였고, 북으로는 한단·빈주 등지를 유람하였으며, 서쪽으로는 양원·숭산·상양 등지를 유람하였다. 맨 나중에 여산의 병풍첩에서 은거하였다.

(5) 晚年时期。“安史之乱”后的第二年，即唐肃宗至德元年(756)，唐肃宗的弟弟李璘，以抗敌平乱为名，邀请李白参加他的队伍。李白出于

(5) 만년시기. “안사의 난” 2년 후, 즉 당 숙종 지덕 원년(756), 당 숙종의 동생인 이린이, 적에 맞서서 난리를 평정한다는 명분으로, 이백에게 자기의 대열에 참가하기를 요청했다. 이백은 들끓는 애국정신으로, 그 요청을 받

yī piàn ài guó rè qíng jiē shòu le yāo qǐng bù liào lǐ lín àn huái zhēng
一片爱国热情，接受了邀请。不料李璘暗怀争
dì yě xīn fā dòng nèi zhàn bù jiǔ bèi xiāo miè lǐ lín shī bài lǐ bái
帝野心，发动内战，不久被消灭。李璘失败，李白
bèi bǔ qiú zài xún yáng jiān yù bèi pàn liú fàng yè láng jīn guì zhōu shěng
被捕，囚在浔阳监狱，被判流放夜郎（今贵州省
tóng zǐ yī dài lǐ bái xíng zhì zhōng tú yù shè fàng huán huí dào xún
桐梓一带）。李白行至中途，遇赦放还，回到浔
yáng liù shí èr suì shí yīn bìng sǐ zài tā de zú shū dāng tú xiàn lìng
阳。六十二岁时，因病死在他的族叔当涂县令
lǐ yáng bīng nà lǐ jié shù le tā de yī shēng zhù yǒu lǐ tài bái
李阳冰那里，结束了他的一生。著有≪李太白
quán jí
全集≫。

아들였다. 뜻하지 않게 이린은 몰래 제위를 찬탈하려는 야심을 품고, 내전을 일으켰으나, 오래지않아 꿈은 소멸당하고 말았다. 이린의 실패로, 이백은 체포되어, 심양의 감옥에 투옥되었다가, 야랑(지금의 귀주성 동재 일대)으로 유배되는 형을 받았다. 이백은 끌려가던 도중에, 사면을 받고 석방이 되어, 심양으로 돌아갔다. 62세 때, 병이 들어 그의 친척인 당도현령 이양빙이 있던 곳에서 그의 일생을 마쳤다. 저서로 ≪이태백 전집≫이 있다.

lǐ bái shī gē de sī xiǎng nèi róng
2. 李白诗歌的思想内容

2. 이백 시가의 사상 내용

lǐ bái de shī gē biǎo xiàn le tā yī shēng de sī xiǎng hé jīng lì
李白的诗歌表现了他一生的思想和经历，
fǎn yìng le shèng táng shí dài de shè huì xiàn shí hé jīng shén miàn mào nèi róng
反映了盛唐时代的社会现实和精神面貌，内容
fēi cháng fēng fù dà zhì kě fēn wéi yǐ xià jǐ ge fāng miàn
非常丰富，大致可分为以下几个方面：

이백의 시가는 그의 일생의 사상과 경력을 표현하고 있으며, 성당시대의 사회현실과 정신면모를 반영하고 있는데, 내용이 아주 풍부하여, 대체로 아래처럼 몇 가지로 나누어 볼 수 있다.

jiē lù shè huì hēi àn tòng chì tǒng zhì jiē jí de jiāo shē fǔ
（1）揭露社会黑暗，痛斥统治阶级的骄奢腐
huà shū fā shī rén miè shì quán guì de fǎn kàng jīng shén hé huái cái bù yù
化，抒发诗人蔑视权贵的反抗精神和怀才不遇

(1) 사회의 어두운 현상을 폭로하고, 통치계급의 교만과 사치와 부패를 통렬하게 비난하였으며, 집권자를 멸시하는 시인의 반항정신과 회재

de wú xiàn gǎn kǎi
的无限感慨。

불우의 무한한 감개를 토로하였다.

lǐ bái zǎo nián xiàng wǎng yáo shùn shí dài de jǔ xián shòu néng de shè
李白早年向往尧舜时代的“举贤授能”的社
huì bìng wèi shí xiàn zhè yàng de shè huì lì xià le yuǎn dà zhì xiàng dàn
会，并为实现这样的社会立下了远大志向。但
shì táng cháo de hēi àn xiàn shí shǐ tā de lǐ xiǎng pò miè le tā de
是，唐朝的黑暗现实，使他的理想破灭了。他的
shī yě yóu gē sòng zhuǎn dào jiē lù zài tā de zhù míng de gǔ fēng
诗也由歌颂转到揭露，在他的著名的《古风》
shī lǐ shēn kè jiē lù le tǒng zhì jiē jí hēi àn fǔ xiǔ de zhèng zhì hé
诗里，深刻揭露了统治阶级黑暗腐朽的政治和
huāng yín wú chǐ de shēng huó jì tuō zhe shī rén wú bǐ fèn hèn de gǎn qíng
荒淫无耻的生活，寄托着诗人无比愤恨的感情，
shī zhōng xiě le jiǎ zhái lián yún de huàn guān guān gài huī hè de dòu jī zhě
诗中写了甲宅连云的宦官，冠盖辉赫的斗鸡者，
zhòu yè xíng lè de gōng hóu děng děng shī rén tōng guò fěng cì hé pēng jī zhè
昼夜行乐的公侯等等。诗人通过讽刺和抨击这
xiē fǔ xiǔ rén wù jiē lù le táng cháo hēi àn cán bào chǒu è de shè
些腐朽人物，揭露了唐朝黑暗、残暴、丑恶的社
huì miàn mào tā zài mèng yóu tiān mǔ yín liú bié yī shī zhōng míng què
会面貌。他在《梦游天姥吟留别》一诗中，明确
zhǐ chū ān néng cuī méi zhé yāo shì quán guì shǐ wǒ bù dé kāi xīn yán
指出：“安能摧眉折腰事权贵，使我不得开心颜。”
biǎo xiàn le tā gāng zhí bù ē de gāo shàng pǐn zhì hé fǎn kàng jīng shén
表现了他刚直不阿的高尚品质和反抗精神。

이백은 일찍부터 옛날 요순 시대 때 "현명한 자를 천거하고 능력 있는 사람을 등용하던" 사회를 동경하였으며, 이런 사회를 실현하기 위해 원대한 포부를 세웠다. 그러나, 당 나라의 어두운 현실은 그의 이상을 깨뜨려버렸다. 그의 시 역시 찬양에서 폭로로 바뀌게 되었으니, 그의 유명한 시 《고풍》을 보면, 통치계급의 어둡고 타락한 정치와 황음무치한 생활을 심도있게 폭로하면서, 시인의 비할 데 없는 분노와 원망의 감정을 기탁하여, 시 속에서 화려하고 높은 집을 가진 환관과, 화려한 관모를 쓴 닭 싸움꾼, 밤새도록 행락을 즐기는 공후 등등을 표현하고 있다. 시인은 부패한 이런 사람들을 풍자하고 비판함을 통해, 어둡고 잔인하고 사악한 당대 사회의 면모를 폭로하였다. 그는 《꿈에 천로산에서 놀다 이별을 기념하여 읊다》라는 시에서 "어찌 머리 숙이고 허리 굽혀 부귀와 권세 섬기자고, 내 마음 펼 수 없게 하겠는가?"라고 분명히 지적하고 있다. 그의 강직하면서도 아첨하지 않는 고상한 성품과 반항정신이 잘 표현되어 있다.

lǐ bái shì yī wèi jù yǒu yuǎn dà lǐ xiǎng de shī rén yóu yú bù
李白是一位具有远大理想的诗人，由于不
bèi zhòng yòng lǐ xiǎng wú fǎ shí xiàn yīn cǐ yù jié zài xiōng zhōng de bēi
被重用，理想无法实现，因此，郁结在胸中的悲

이백은 원대한 이상을 가진 시인이었지만, 중용이 되지 못해, 이상을 실현할 방법이 없었고, 이 때문에, 가슴속에 맺혀있던 비통함과 분함이,

fèn suí shí zài tā de bǐ xià pēn fā chū lái rú xuānzhōu xiè tiào lóu
愤，随时在他的笔下喷发出来，如≪宣州谢眺楼
jiàn bié xiào shū shū yún
饯别校书叔云≫：

수시로 그의 붓을 통하여 표출되었으니, ≪선주 사조루에서 교서 숙운을 전별하며≫를 예로 보면 다음과 같다.

qì wǒ qù zhě zuó rì zhī rì bù kě liú
弃我去者，昨日之日不可留；

나를 버리고 떠나 가버린, 어제 시간은 붙잡을 수가 없고,

luàn wǒ xīn zhě jīn rì zhī rì duō fán yōu
乱我心者，今日之日多烦忧。

내 마음을 혼란스럽게 하는, 오늘 시간은 너무나 근심스럽다.

chángfēng wàn lǐ sòng qiū yàn duì cǐ kě yǐ hān gāo lóu
长风万里送秋雁，对此可以酣高楼。

긴 바람 불어와 가을 기러기 보내는데, 이를 보며 누각에서 술 마시게 되는구나.

péng lái wénzhāng jiàn ān gǔ zhōng jiān xiǎo xiè yòu qīng fā
蓬莱文章建安骨，中间小谢又清发。

봉래의 문장에 건안의 풍골, 그 중간엔 또 사조의 청신 발랄함이여.

jù huái yì xìngzhuàng sī fēi yù shàngqīng tiān lǎn míng yuè
俱怀逸兴壮思飞，欲上青天揽明月。

호방한 흥취를 품고 장엄한 뜻 날리며, 푸른 하늘로 올라 명월을 잡을 듯 하구나.

chōu dāo duàn shuǐ shuǐ gèng liú jǔ bēi xiāo chóu chóu gèng chóu
抽刀断水水更流，举杯消愁愁更愁。

칼을 뽑아 물 베어도 물은 다시 흐르고, 잔 들어 시름 풀어도 시름은 더 깊어간다.

rén shēng zài shì bù chèn yì míngzhāo sǎn fà nòng piānzhōu
人生在世不称意，明朝散发弄扁舟。

사람이 세상을 살지만 뜻대로 다 되는 건 아니니, 내일 아침에는 산발하고 조각배나 띄우려네.

zhè shì lǐ bái zài xuānchéng xiè tiào lóu jiàn bié yǒu rén shí xiě xià de
这是李白在宣城谢眺楼饯别友人时写下的
shī tā kàn dào dāng shí tángcháo zhèng zhì fǔ bài shēn gǎn zì jǐ de lǐ
诗。他看到当时唐朝政治腐败，深感自己的理
xiǎng bù néng shí xiàn nèi xīn shí fēn tòng kǔ xiě xià le zhè shǒu shī qīng
想不能实现，内心十分痛苦，写下了这首诗，倾
sù zì jǐ huái cái bù yù de kǔ mèn hé fèn hèn xīn qíng
诉自己怀才不遇的苦闷和愤恨心情。

이시는 이백이 선성 사조루에서 벗과 이별하면서 쓴 시다. 그는 당시에 당 나라 정치가 부패한 것을 보았고, 자신의 이상이 실현될 수 없음을 깊이 깨달아, 심적으로 아주 괴로운 상태에서 이 시를 썼기 때문에, 자신의 회재 불우한 고민과 분하고 원망스러운 심정을 시원하게 털어놓고 있다.

miáo xiě le láo dòng rén mín de bēi cǎn mìng yùn duì tā men de
(2) 描写了劳动人民的悲惨命运, 对他们的
tòng kǔ shēng huó shēn biǎo tóng qíng rú dīng dū hù gē
痛苦生活深表同情。如≪丁都护歌≫:

(2) 노동자의 비참한 운명을 묘사했고, 그들의 힘들고 괴로운 생활에 대해 깊은 동정을 표현하였다. ≪정도호가≫를 예로 보면 다음과 같다.

yún yáng shàng zhēng qù liǎng àn ráo shāng gǔ
云阳上征去, 两岸饶商贾。

운양으로 올라가다 보니, 양쪽 언덕에 장사하는 집이 많다.

wú niú chuǎn yuè shí tuō chuán yī hé kǔ
吴牛喘月时, 拖船一何苦!

오 나라 소 달 보고도 헐떡일 때, 배를 끄는 일은 얼마나 어려울까!

shuǐ zhuó bù kě yǐn hú jiāng bàn chéng tǔ
水浊不可饮, 壶浆半成土。

물은 탁해서 마실 수가 없고, 병에 담긴 물은 절반이 흙이다.

yī chàng dū hù gē xīn cuī lèi rú yǔ
一唱都护歌, 心摧泪如雨。

도호가를 한 번 부르고 나니, 마음 슬퍼져 눈물이 비오는 듯하다.

wàn rén jì pán shí wú yóu dá jiāng hǔ
万人系盘石, 无由达江浒。

만 명의 힘으로 반석을 끌지만, 강변까지 끌고 갈 방법이 없구나.

jūn kàn shí máng dàng yǎn lèi bēi qiān gǔ
君看石芒砀, 掩泪悲千古。

그대여 보시게 저 망탕산의 돌, 눈물 머금고 천고를 슬퍼하는 걸.

shī rén yǎn hán rè lèi miáo xiě le tuō chuán yùn shí de mín fū men
诗人眼含热泪, 描写了拖船运石的民夫们
de tòng kǔ shēng huó hé bēi cǎn mìng yùn
的痛苦生活和悲惨命运。

시인은 뜨거운 눈물을 머금고, 배를 끌고 돌을 나르는 인부들의 고통스런 생활과 비참한 운명을 묘사하였다.

yòu rú sù wǔ sōng shān xià xún ǎo jiā zhè shǒu shī xiě shī
又如≪宿五松山下荀媪家≫, 这首诗写诗
rén qiū yè liú sù zài wǔ sōng shān xià yī wèi xìng xún de lǎo dà niáng jiā
人秋夜留宿在五松山下一位姓荀的老大娘家
lǐ qīn yǎn kàn dào tā men rì yè xīn qín láo dòng ér shēng huó què fēi cháng
里, 亲眼看到他们日夜辛勤劳动, 而生活却非常

또 ≪오송산 아래 순씨 노파 집에서 묵으며≫를 예로 들면, 이 시는 시인이 가을 밤 오송산 아래 순씨라는 한 노파 집에 머물면서, 사람들이 밤낮없이 부지런하게 일을 하면서도, 생활은 오히려 아주 빈곤한 것을 직접 보고

pín kùn shī rén rè qíng de zàn sòng le qín láo shàn liáng de nóng jiā fù nǚ
贫困。诗人热情地赞颂了勤劳善良的农家妇女,
biǎo dá le duì láo dòng rén mín de shēn hòu gǎn qíng
表达了对劳动人民的深厚感情。

쓴 것이다. 시인은 부지런하고 선량한 농가의 부녀자를 열정적으로 찬송했으며, 노동자들에 대한 깊고 짙은 감정을 표현해내었다.

gē sòng le zǔ guó zhuàng lì de shān hé biǎo dá le shī rén duì
(3) 歌颂了祖国壮丽的山河, 表达了诗人对
zǔ guó de wú xiàn rè ài rú wàng lú shān pù bù
祖国的无限热爱。如≪望庐山瀑布≫:

(3) 웅장하고 아름다운 조국의 산수를 찬양하였으며, 조국에 대한 시인의 끝없는 열애를 노래하였다. ≪여산 폭포를 바라보며≫를 예로 들면 다음과 같다.

rì zhào xiāng lú shēng zǐ yān yáo kàn pù bù guà qián chuān
日照香炉生紫烟, 遥看瀑布挂前川。

향로봉에 해가 비치니 자줏빛 안개가 일어나고, 아득히 폭포를 바라보니 긴 냇물이 걸린 듯하다.

fēi liú zhí xià sān qiān chǐ yí shì yín hé luò jiǔ tiān
飞流直下三千尺, 疑是银河落九天。

날아 흐르듯 삼천 척 높이에서 수직으로 떨어지니, 마치 은하수가 구천에서 떨어지는 것 같구나.

zhè shǒu shī miáo xiě le lú shān pù bù de měi lì jǐng sè shī rén
这首诗描写了庐山瀑布的美丽景色, 诗人
bǎ pù bù bǐ zuò yín hé cóng tiān ér luò xiě de qì shì páng bó xióng wěi
把瀑布比作银河从天而落, 写得气势磅礴, 雄伟
zhuàng guān
壮观。

이 시는 여산폭포의 아름다운 경치를 묘사한 것으로, 시인은 폭포를 하늘에서 떨어지는 은하수에 비유하여, 아주 기세 드높고 웅장한 모습을 그려내었다.

yòu rú shǔ dào nán yī shī shī rén yǐ xióng jiàn bēn fàng de
又如≪ 蜀道难≫ 一诗, 诗人以雄健奔放的
shī jù miáo xiě le shǔ dào shān chuān de qí xiǎn zhuàng lì zài rú zǎo fā
诗句, 描写了蜀道山川的奇险壮丽。再如≪早发
bái dì chéng
白帝城≫:

또 ≪촉도난≫이란 시에서, 시인은 웅건하고 분방한 시구로, 촉도 산천의 기이하고 험악하면서도 장려함을 묘사하였다. 또 ≪아침에 백제성을 떠나며≫를 예로 보면 다음과 같다.

zhāo cí bái dì cǎi yún jiān qiān lǐ jiāng líng yī rì huán
朝辞白帝彩云间，千里江陵一日还。

liǎng àn yuán shēng tí bu zhù qīng zhōu yǐ guò wàn chóng shān
两岸猿声啼不住，轻舟已过万重山。

아침에 백제성의 오색 구름과 이별하고, 천리 길 강릉을 하루 만에 돌아왔네.

양쪽 기슭의 원숭이들 울음 그치지 않는데, 가벼운 배는 벌써 겹겹 산중을 지나 왔다네.

zhè shǒu shī xiě lǐ bái liú fàng yè láng tú zhōng yù shè cóng bái dì chéng chū fā shùn jiāng dōng xià jīng sān xiá fēi zhōu zhí dá jiāng líng de xīng fèn hé kuài lè xīn qíng zhè xiē yōu měi de shī piān xiàng yī fú fú měi lì de huà juàn zhǎn xiàn le zǔ guó xióng wěi de shān hé zhè shì lǐ bái shī gē yì shù zhōng de zhēn pǐn

这首诗写李白流放夜郎，途中遇赦，从白帝城出发，顺江东下，经三峡，飞舟直达江陵的兴奋和快乐心情。这些优美的诗篇，像一幅幅美丽的画卷，展现了祖国雄伟的山河。这是李白诗歌艺术中的珍品。

이 시는 이백이 야랑으로 귀양을 가다가, 도중에 사면을 받고, 백제성에서 출발하여, 강을 따라 동쪽으로 내려가며, 삼협을 지날 때, 날듯이 달리는 배를 타고 강릉에 도착한 그 흥분과 즐거운 심정을 쓴 것이다. 이렇게 우아하고 아름다운 시들은, 마치 한 폭 한 폭의 아름다운 그림책처럼, 조국의 웅장하고 위대한 산하를 펼쳐 보여주고 있다. 이 시는 이백 시가 예술 중의 진품이라 할 수 있다.

xiě le dà liàng de sòng bié shī biǎo dá le duì péng yǒu de zhēn zhì gǎn qíng rú huáng hè lóu sòng mèng hào rán zhī guǎng líng

（4）写了大量的送别诗，表达了对朋友的真挚感情。如《黄鹤楼送孟浩然之广陵》:

(4) 수많은 송별시를 써서, 친구에 대한 진실한 감정을 표현하였다. 예로 《황학루에서 광릉으로 가는 맹호연을 전송하며》를 보면 다음과 같다.

gù rén xī cí huáng hè lóu yān huā sān yuè xià yáng zhōu
故人西辞黄鹤楼，烟花三月下扬州。

gū fān yuǎn yǐng bì kōng jìn wéi jiàn cháng jiāng tiān jì liú
孤帆远影碧空尽，唯见长江天际流。

옛 친구가 서쪽의 황학루를 떠나, 아지랑이 꽃 피는 삼월에 양주로 간다.

외로운 돛 먼 그림자 푸른 하늘로 사라질 때, 그저 장강이 하늘에 닿아 흐르는 것만 보인다.

zhè shǒu shī shì lǐ bái zài huáng hè lóu sòng mèng hào rán qù yáng zhōu suǒ
这首诗是李白在黄鹤楼送孟浩然去扬州所

이 시는 이백이 황학루에서 맹호연을 양주로 보내면서

zuò tā tōng guò duì lí bié shí hou cháng jiāng jǐng wù de miáo xiě biǎo xiàn
作。它通过对离别时候长江景物的描写，表现
le shī rén duì péng yǒu de zhēn zhì gǎn qíng zài rú zèng wāng lún
了诗人对朋友的真挚感情。再如《赠汪伦》：

지은 것이다. 이 시는 이별할 때의 장강 경치를 묘사하면서, 친구에 대한 시인의 진실한 감정을 잘 표현하고 있다. 또 《왕륜에게 바침》을 예로 보면 다음과 같다.

lǐ bái chéng zhōu jiāng yù xíng, hū wén àn shàng tà gē shēng
李白乘舟将欲行，忽闻岸上踏歌声。
táo huā tán shuǐ shēn qiān chǐ, bù jí wāng lún sòng wǒ qíng
桃花潭水深千尺，不及汪伦送我情。

나 이백이 배에 올라 떠나려 하는데, 홀연히 언덕에서 발 구르며 노래하는 소리 들린다.

도화담의 물 깊이가 천 길이나 된다 해도, 나를 보내는 왕륜의 정에는 미치지 못하리라.

zhè shì lǐ bái zèng gěi tā de hǎo péng yǒu wāng lún de shī wāng lún
这是李白赠给他的好朋友汪伦的诗。汪伦
gěi lǐ bái sòng xíng bù xiàng yī bān rén dài zhe shāng gǎn de qíng xù ér shì
给李白送行，不像一般人带着伤感的情绪，而是
huān huān xǐ xǐ gāo gāo xìng xìng de chàng zhe gē lái de zhǐ yǒu zuì liǎo
欢欢喜喜，高高兴兴地唱着歌来的。只有最了
jiě lǐ bái háo fàng xìng gé de rén cái néng zhè yàng yīn cǐ lǐ bái bǎ wāng
解李白豪放性格的人才能这样，因此李白把汪
lún kàn chéng shì zì jǐ zuì hǎo de péng yǒu
伦看成是自己最好的朋友。

이는 이백이 절친한 친구 왕륜에게 바치는 시다. 왕륜은 이백을 송별할 때, 보통사람들처럼 슬픈 마음을 갖지 않고, 아주 즐겁고 기쁜 마음으로 노래를 불러준 것이다. 이백의 호방한 성격을 가장 잘 이해하는 사람만이 이렇게 할 수 있기에, 이백은 왕륜을 자신이 가장 좋아하는 친구로 간주했던 것이다.

chú le yǐ shàng sì diǎn lǐ bái hái xiě le yī xiē fǎn yìng zhàn zhēng
除了以上四点，李白还写了一些反映战争
hé ài qíng de shī piān fǎn yìng zhàn zhēng de shī yī fāng miàn biǎo dá le
和爱情的诗篇。反映战争的诗，一方面表达了
shī rén fǎn duì fēi zhèng yì zhàn zhēng lìng yī fāng miàn biǎo dá le shī rén duì
诗人反对非正义战争，另一方面表达了诗人对
zhèng yì zhàn zhēng de zhī chí duì ài guó jiàng lǐng jǐ yǔ rè qíng gē sòng miáo
正义战争的支持，对爱国将领给予热情歌颂，描

이상의 네 가지 내용 외에도, 이백은 또 전쟁과 애정을 반영한 시를 쓰기도 했다. 전쟁을 반영한 시에서는, 한편으로는 정의롭지 못한 전쟁을 반대한다는 내용을 표현하면서도, 또 다른 한편으로는 시인의 정의로운 전쟁에 대한 지지를 표현하며, 나라를 사랑하는 장교를 열정적으로 노래하였고, 애정을 묘사한 시에서는, 진실한 사랑

写爱情的诗篇，表达了诗人对真挚的爱情的歌颂，对不幸妇女，深表同情。

에 대한 찬양과 불행한 아녀자에 대한 시인의 깊은 동정을 보여주었다.

3. 李白诗歌的艺术特点

3. 이백 시가의 예술적 특성

李白的诗歌，包含着浪漫主义和现实主义两个方面，但是，最突出的成就还是浪漫主义，他把浪漫主义推向一个新高度。他既受到《诗经》现实主义的影响，但《楚辞》中屈原作品的影响却更大、更深刻。他的诗歌艺术特点主要是：

이백의 시가는, 낭만주의와 현실주의의 두 가지 측면을 포함하고 있지만, 그러나, 가장 뛰어난 업적은 역시 낭만주의로, 그는 낭만주의를 하나의 새로운 경지로 끌어올렸다. 이백은 《시경》의 현실주의의 영향을 받았으나, 그러나 《초사》 중 굴원 작품의 영향을 오히려 더 크고 깊게 받았다. 이백 시가의 예술적 특징은 주로 다음과 같다.

（1）大胆的夸张、奇妙的想象和神话故事的运用。夸张的描写，如写燕山的雪花：“燕山雪花大如席，片片吹落轩辕台”（《北风行》）；写黄河的奔流湍急：“黄河之水天上来，奔流到海不复

(1) 대담한 과장과 기묘한 상상, 그리고 신화고사의 운용이다. 과장된 묘사를 예로 들어보면, 연산의 눈꽃에 대한 묘사에서는, “연산에 내리는 눈꽃은 크기가 방석만 한데, 송이송이 바람을 타고 헌원대로 떨어지는구나.”(《북풍행》)라고 하였고, 황하가 급하고 세차게 흐름을 묘사할 때는, “황하의 물 하늘에

回"(≪将进酒≫); 写蜀道的艰险: "蜀道之难难于上青天"(≪蜀道难≫)等等。神话的运用, 如≪蜀道难≫: " 地崩山摧壮士死, 然后天梯石栈相钩连。" 这是"五丁力士"的神话, 说明入蜀的道路是怎样开辟的。又如≪梦游天姥吟留别≫: "半壁见海日, 空中闻天鸡。" 这是"天鸡报晓"的神话, 说明山高。这些神话的运用, 给诗歌增添了许多光彩。

서 내려와, 바다로 흘러가면 다시 돌아가지 못한다."(≪장진주≫)라고 하였으며, 촉도의 어려움을 표현할 때는, "촉으로 가는 길의 그 어려움은 푸른 하늘을 오르기보다 어렵다."(≪촉도난≫)라고 한 것 등등이 있다. 신화의 운용에서는, ≪촉도난≫을 예로 들 수 있는데, "땅 무너지고 산 꺾여 장사들 다 죽자, 그 뒤에 구름다리와 돌길 잔도가 고리처럼 놓였다네."라고 하였는데, 이것은 "다섯 명의 역사" 신화로, 촉에 들어가는 길이 어떻게 만들어지게 되었는지를 설명하는 것이다. 또 ≪꿈에 천로산에서 놀다 이별을 기념하여 읊다≫를 예로 보면, "절벽 가운데에서 바다에 솟는 해를 보고, 공중에서 하늘 닭이 우는 소리를 듣네."라고 하였는데, 이것은 "하늘 닭이 새벽을 알리는" 신화로, 산이 높은 것을 설명하는 것이다. 이렇게 신화를 운용한 것들은 시가에 많은 광채를 더해주었다.

(2) 塑造了许多鲜明、生动的形象。李白诗中, 塑造了社会上各种各样的人物, 其中有鱼肉人民的官吏: "鞍马如飞龙, 黄金络马头。行人皆辟易, 志气横嵩丘。"(≪古风≫第十八首); 有出征的将士: "晓战随金鼓, 宵眠抱玉鞍。愿将腰下

(2) 선명하고 생동적인 수많은 형상들을 묘사하였다. 이백의 시 중에는 사회 중의 각종 인물들을 묘사하고 있는데, 그 중에는 백성들을 짓밟고 유린하는 관리들이 있으니, "안장을 한 준마는 비룡과 같고, 황금장식으로 머리 끈을 하였다. 지나던 사람들 모두 길을 피할 때, 그 기세 숭산 언덕을 가로 지른다."(≪고풍≫제18수)라고 하였고, 출정한 장교와 병사들도 있으니, "북소리 따라서

jiàn zhí wéi zhǎn lóu lán sài xià qǔ dì yī shǒu yǒu wèi mín
剑，直为斩楼兰。”（≪塞下曲≫第一首）；有为民
chú bào de xiá kè shí bù shā yī rén qiān lǐ bù liú xíng shì liǎo fú
除暴的侠客：“十步杀一人，千里不留行。事了拂
yī qù shēn cáng shēn yǔ míng xiá kè xíng hái yǒu láo dòng rén
衣去，深藏身与名。”（≪侠客行≫）；还有劳动人
mín hé fù nǚ de xíng xiàng rú nóng jiā fù nǚ gē nǚ yǒng fù shāng rén
民和妇女的形象，如农家妇女、歌女、勇妇、商人
fù zhēng rén fù děng
妇、征人妇等。

새벽부터 싸우다가, 밤이 되면 말안장 껴안고 잠을 청한다. 바라건대 언젠가는 허리의 칼 빼어 들고, 곧바로 누란을 쳐 없애고 말리라."(≪새하곡≫제1수)라고 하였으며, 백성을 위해 포악한 자를 제거하는 협객도 있으니, "열 걸음에 한 사람씩 죽여가면서, 천 리를 멈춤 없이 달려나간다. 일 끝나면 옷 훌훌 털고 떠나간 뒤에, 몸과 이름 깊숙이 감추고 숨어버린다."(≪협객행≫)라고 하였다. 또 노동자와 부녀자의 형상도 있으니, 예컨대 농가의 아낙네·무희·용감한 부녀자·장사꾼의 부인·병사의 부인 등이다.

yōu měi qīng xīn de mín gē yǔ yán lǐ bái de shī gē yǔ
（3）优美清新的民歌语言。李白的诗歌，语
yán zì rán bēn fàng yīn lǜ hé xié duō biàn fēng gé xuàn lì duō cǎi zhè
言自然奔放，音律和谐多变，风格绚丽多彩，这
shì xiàng mín gē xué xí de jié guǒ zài lǐ bái de jiǔ bǎi duō shǒu shī zhōng
是向民歌学习的结果。在李白的九百多首诗中，
yuè fǔ shī jiù zhàn le yī bǎi sì shí duō shǒu rú zǐ yè wú gē
乐府诗就占了一百四十多首，如≪子夜吴歌≫、
cháng gān xíng děng lìng wài hái yǒu wǔ yán qī yán jué jù dōu fù
≪长干行≫等。另外，还有五言、七言绝句，都富
yǒu mín gē fēng wèi rú jìng yè sī
有民歌风味。如≪静夜思≫：

(3) 우아하고 아름다우면서도 참신한 민가 언어다. 이백의 시가는, 언어가 자연스러우면서도 자유분방하고, 음률이 조화로우면서도 변화가 많으며, 풍격이 또 아름답고 다채로운데, 이는 민가를 공부했던 결과다. 이백의 900여 수 시가 가운데, 악부시가 140여 수를 차지하고 있는데, ≪자야오가≫·≪장간행≫ 등을 그 예로 들 수 있다. 이외에도, 5언과 7언절구가 있는데, 모두 민가 특징이 풍부하다. ≪정야사≫를 예로 들면 다음과 같다.

chuáng qián míng yuè guāng yí shì dì shàng shuāng
床前明月光，疑是地上霜。
jǔ tóu wàng míng yuè dī tóu sī gù xiāng
举头望明月，低头思故乡。

침상 머리에 비치는 밝은 달빛,
땅에 내린 서리가 아닌가 생각된다.

고개 들어 밝은 달을 쳐다보고,
고개 숙여 고향을 생각한다.

lǐ bái de shī gē jì wǎng kāi lái bù jǐn duì táng shī de fán róng
李白的诗歌，继往开来，不仅对唐诗的繁荣
fā zhǎn yǒu jù dà de tuī dòng zuò yòng ér qiě duì hòu dài de shī gē chuàng
发展，有巨大的推动作用，而且对后代的诗歌创
zuò yě chǎnshēng le shēnyuǎn de yǐngxiǎng tā de shī jìn yī bù fā zhǎn
作，也产生了深远的影响。他的诗进一步发展
le zhōng guó gǔ dài shī gē de jī jí làng màn zhǔ yì chuántǒng chéng wéi táng
了中国古代诗歌的积极浪漫主义传统，成为唐
dài làng màn zhǔ yì shī gē de zuì gāo fēng
代浪漫主义诗歌的最高峰。

이백의 시가는, 이전의 것들을 계승 발전시킨 것으로, 이는 당시의 번영과 발전에 큰 촉진 역할을 하였고, 또 후대의 시가 창작에도 깊은 영향을 끼쳤다. 그의 시는 중국 고대시가의 의욕적인 낭만주의 전통을 진일보 발전시켰으며, 당대 낭만주의 시가의 최고봉이 되었다.

dì liù jié wěi dà de xiàn shí zhǔ yì shī rén dù fǔ
第六节 伟大的现实主义诗人——杜甫

제6절 위대한 현실주의 시인 — 두보

dù fǔ shì zhōng guó wén xué shǐ shàng wěi dà de xiàn shí zhǔ yì shī
杜甫是中国文学史上伟大的现实主义诗
rén tā de shī gē yǒu fēng fù de shè huì nèi róng xiānmíng de shí dài
人。他的诗歌有丰富的社会内容、鲜明的时代
tè sè hé qiáng liè de zhèng zhì qīng xiàng tā bèi yù wéi shī shèng tā de
特色和强烈的政治倾向。他被誉为“诗圣”，他的
shī bèi chēng wéi shī shǐ zài tā de shī zhōng yáng yì zhe ài zǔ guó ài
诗被称为“诗史”，在他的诗中洋溢着爱祖国、爱
rén mín de chóng gāo jīng shén
人民的崇高精神。

두보는 중국문학사에서 위대한 현실주의 시인이다. 그의 시가는 풍부한 사회적 내용과 선명한 시대적 특색, 그리고 강렬한 정치적 경향을 담고 있다. 그는 “시성”으로 칭송되고 있으며, 그의 시는 “시사”라고 불린다. 그의 시에는 조국을 사랑하고 백성을 사랑하는 숭고한 정신이 가득 차 넘친다.

1. 杜甫的生平
dù fǔ de shēngpíng

1. 두보의 생애

dù fǔ zì zǐ měi gǒngxiàn jīn hé nán shěnggǒng
杜甫(712-770), 字子美, 巩县(今河南省巩
xiàn rén tā chūshēn yú guānliáo jiā tíng tā de zǔ fù dù shěnyán shì
县)人。他出身于官僚家庭。他的祖父杜审言是
wǔ zé tiān shí dài de zhùmíng shī rén duì tā de chéngzhǎng yǒu hěn dà yǐng
武则天时代的著名诗人, 对他的成长有很大影
xiǎng dù fǔ de yī shēng kě fēn wéi sì ge shí qī
响。杜甫的一生可分为四个时期:

두보(712-770)는, 자가 자미이며, 공현(지금의 하남성 공현) 사람이다. 그는 관료가정 출신이다. 그의 조부 두심언은 무측천 시대 때 유명했던 시인으로, 두보의 성장에 아주 큰 영향을 주었다. 두보의 생애는 네 시기로 구분할 수 있다.

sān shí wǔ suì yǐ qián shì tā dú shū hé zhuàngyóu shí qī
(1) 三十五岁以前, 是他读书和壮游时期。
zhè shì tā yī shēng zuì kuài yì de shí qī tā zài jiāng nán shāndōng yī
这是他一生最快意的时期。他在江南、山东一
dài màn yóu dú le hěn duō shū zhèng rú tā zài shī zhōng suǒ shuō dú shū
带漫游, 读了很多书, 正如他在诗中所说: “读书
pò wànjuàn fèngzèng wéi zuǒ chéngzhàng èr shí èr yùn qún shū wàn
破万卷”(≪奉赠韦左丞丈二十二韵≫)、“群书万
juàncháng àn sòng kě tàn hòu lái tā zài luò yáng jiàn dào le wěi
卷常暗诵”(≪可叹≫)。后来, 他在洛阳见到了伟
dà shī rén lǐ bái liǎng rén jiàn lì le shēnhòu de yǒu yì
大诗人李白, 两人建立了深厚的友谊。

(1) 35세 이전은, 두보가 책을 읽으며 여행을 한 시기이다. 이 때는 그의 일생에서 가장 즐거웠던 시기였다. 그는 강남과 산동 일대에서 자유롭게 유람하며, 매우 많은 책을 읽었는데, 이는 그가 시에서, "책을 읽는데 만 권을 독파하였고"(≪위좌승 어른께 올리는 이십 이 운≫), "만 권이나 되는 많은 책을 늘 암송하였다."(≪찬탄할 만하구나≫)라고 한 말 그대로였다. 훗날, 그는 낙양에서 위대한 시인 이백을 만났으며, 두 사람은 깊은 우정을 쌓았다.

sān shí wǔ suì zhì sì shí sì suì shí niáncháng ān shí qī
(2) 三十五岁至四十四岁, 十年长安时期。
zhè shí niánzhōng tā de shēng huó bǐ jiào kǔ yǒu shí shèn zhì āi è shòu
这十年中, 他的生活比较苦, 有时甚至挨饿受
dòng tā zài shī zhōng xiě dào zhāokòu fù ér mén mù suí féi mǎ chén
冻。他在诗中写道: “朝扣富儿门, 暮随肥马尘”

(2) 35세부터 44세까지, 10년은 장안 시기이다. 이 10년 동안, 그의 생활은 비교적 고통스러워서, 때로는 심지어 배를 굶주리고 추위에 떨기까지 하였다. 그는 시에서, "아침이면 부잣집 문을 두드리고, 저녁이면 살찐 말 탄

fèngzèng wéi zuǒ chéngzhàng èr shí èr yùn jī wò dòng jí xiàng yī
(《奉赠韦左丞丈二十二韵》)、“饥卧动即向一
xún bì yī hé chì lián bǎi jié tóu jiǎn xián huá liǎng xiàn zhū zǐ
旬,敝衣何啻联百结”(《投简咸华两县诸子》),
guò zhe qū rǔ āi è de shēng huó yīn zhù zài cháng ān dù líng fù jìn de
过着屈辱挨饿的生活。因住在长安杜陵附近的
shǎo líng suǒ yǐ shì chēng dù shǎo líng
少陵,所以世称“杜少陵”。

자를 따라다녔다.”(《위좌승 어른께 올리는 이십 이 운》), “굶고 누워 있는 것도 걸핏하면 열흘이고, 해진 옷 어찌 백 번만 기웠겠는가?”(《함화 두 현의 친구에게》)라고 쓴 것처럼, 굶주리며 굴욕의 생활을 했다. 장안의 두릉 근처 소릉에서 살았기 때문에, 세상에서는 그를 “두소릉”이라 부른다.

sì shí wǔ suì zhì sì shí bā suì shì tā xiàn zéi hé wéi guān
(3) 四十五岁至四十八岁,是他陷贼和为官
shí qī zhè ge shí qī ān shǐ zhī luàn zuì wéi jù liè tā qīn yǎn kàn
时期。这个时期,安史之乱最为剧烈,他亲眼看
dào le pàn luàn gěi rén mín dài lái de cǎn zhòng zāi nàn tā céng hé rén mín
到了叛乱给人民带来的惨重灾难。他曾和人民
yī qǐ táo nàn dào shǎn běi yòu zhǐ shēn táo chū cháng ān tā wèi le xiàn
一起逃难到陕北,又只身逃出长安。他为了献
shēn huī fù zǔ guó de shì yè tóu bèn dào fèng xiáng jiàn dào táng cháo huáng
身恢复祖国的事业,投奔到凤翔,见到唐朝皇
dì bèi rèn wéi zuǒ shí yí zuǒ shí yí shì yī ge cóng bā pǐn de jiàn
帝,被任为左拾遗。左拾遗是一个从八品的谏
guān dàn hěn jiē jìn huáng dì hòu lái yīn zhí yán zāo dào biǎn chì bà guān
官,但很接近皇帝。后来因直言遭到贬斥,罢官
huí jiā jiù zài zhè ge shí qī tā xiě xià le zhù míng de shī gē sān
回家。就在这个时期,他写下了著名的诗歌“三
lì sān bié sān lì shì xīn ān lì shí háo lì
吏”、“三别”。“三吏”是:《新安吏》、《石壕吏》、
tóng guān lì sān bié shì xīn hūn bié chuí lǎo bié
《潼关吏》;“三别”是:《新婚别》、《垂老别》、
wú jiā bié
《无家别》。

(3) 45세부터 48세까지는, 그가 도적에게 함몰되고 벼슬을 했던 시기이다. 이 시기는, 안사의 난이 아주 격렬하던 때로, 그는 반란으로 백성들이 당한 처참한 재난을 친히 목도하였다. 그는 백성들과 함께 섬북까지 피난을 갔다가, 다시 홀몸으로 장안을 탈출하였다. 그는 조국을 회복하는 일에 헌신하기 위하여, 봉상으로 달려갔고, 당나라 황제를 만나, 좌습유가 되었다. 좌습유는 종8품으로 간언을 하는 벼슬이었지만, 아주 황제 가까이에 있을 수 있었다. 뒤에 직언한 것 때문에 배척을 당해, 관직을 버리고 집으로 돌아갔다. 바로 이 시기에, 그는 유명한 시가 “삼리”와 “삼별”을 썼다. “삼리”는 《신안리》·《석호리》·《동관리》이며, “삼별”은 《신혼별》·《수로별》·《무가별》이다.

（4）四十八岁以后，是他漂泊西南时期。他弃官后，经历了千辛万苦到了四川成都，在西郊浣花溪畔盖了一座草堂，叫“成都草堂”，开始了漂泊西南的生活。后来曾在四川节度使严武幕中任职，官参谋、检校工部员外郎，所以后人又称他为“杜工部”。他在四川住了八、九年，以后又到湖北、湖南等地。770年的秋天，他由长沙去岳阳，不幸死在船上。

(4) 48세 이후는, 그가 서남 지역을 유랑했던 시기이다. 그는 관직을 그만둔 후, 온갖 고생을 겪으며 사천 성도에 도착하여, 서쪽 교외 완화계에 초당을 하나 지어놓고, “성도초당”이라 하고, 서남 유랑 생활을 시작하였다. 뒤에 사천 절도사 엄무의 막료로 직책을 맡아, 참모·검교공부원외랑이 되었기에, 훗날 사람들은 또 그를 “두공부”라고 불렀다. 그는 사천에서 8,9년을 생활하다가, 뒤에 다시 호북과 호남 등지로 갔다. 770년 가을, 그는 장사에서 악양으로 가다가, 불행하게 배에서 죽고 말았다.

杜甫是中国伟大的现实主义诗人，他的诗歌对后代有着深远的影响。著有《杜少陵集》二十五卷，存诗一千四百多首。后人注本很多，较通行的有清代钱谦益的《钱注杜诗》、仇兆鳌的《杜少陵集详注》、杨伦的《杜诗镜铨》等。

두보는 중국의 위대한 현실주의 시인이며, 그의 시가는 후대에 깊고 큰 영향을 주었다. 저서로는 《두소릉집》 25권이 있으며, 현존하는 시로 1400여 수가 있다. 후인들이 주를 달아놓은 책이 아주 많은데, 비교적 통용되었던 것으로 청대 전겸익의 《전주두시》, 구조오의 《두소릉집상주》, 양륜의 《두시경전》 등이 있다.

dù fǔ shī de sī xiǎng nèi róng
2. 杜甫诗的思想内容

2. 두보시의 사상내용

dù fǔ shī fǎn yìng de shè huì shēng huó hěn guǎng kuò shī de nèi róng
杜甫诗反映的社会生活很广阔，诗的内容
shì duō fāngmiàn de guī nà qǐ lái zhǔ yào shì
是多方面的，归纳起来，主要是：

두보의 시가 반영한 사회생활은 매우 넓으며, 시의 내용은 다방면인데, 이를 귀납하면, 주로 다음과 같다.

guān xīn guó jiā de qián tú hé mìng yùn biǎo xiàn le yōu guó yōu
(1) 关心国家的前途和命运，表现了忧国忧
mín de ài guó zhǔ yì sī xiǎng dù fǔ shì yī ge fù yǒu zì wǒ xī shēng
民的爱国主义思想。杜甫是一个富有自我牺牲
jīng shén de wěi dà ài guó zhǔ yì zhě zài tā de shī lǐ chōngmǎn zhe rè
精神的伟大爱国主义者，在他的诗里充满着热
ài zǔ guó de qiáng liè sī xiǎng gǎn qíng tā de xǐ nù āi lè dōu hé zǔ
爱祖国的强烈思想感情，他的喜怒哀乐都和祖
guó de mìng yùn jǐn jǐn lián zài yī qǐ rú chūnwàng
国的命运紧紧连在一起。如《春望》：

(1) 국가의 전도와 운명에 관심을 가지고, 나라와 백성을 걱정하는 애국주의 사상을 표현하였다. 두보는 희생정신이 강한 위대한 애국주의자로서, 그의 시 속에는 조국을 열렬히 사랑하는 강렬한 사상 감정이 충만하며, 그의 희로애락은 모두 조국의 운명과 긴밀히 연관되어 있다. 《춘망》을 예로 들면 다음과 같다.

guó pò shān hé zài chéngchūn cǎo mù shēn
国破山河在，城春草木深。

gǎn shí huā jiàn lèi hèn bié niǎo jīng xīn
感时花溅泪，恨别鸟惊心。

fēng huǒ lián sān yuè jiā shū dǐ wàn jīn
烽火连三月，家书抵万金。

bái tóu sāo gèngduǎn hún yù bù shèng zān
白头搔更短，浑欲不胜簪。

나라는 망했어도 산하는 그대로 있어, 성 안에 봄이 오니 초목이 무성하다.

시절을 느낌에 꽃을 봐도 눈물이 나고, 이별이 한스러워 새소리에도 놀란다.

봉화가 석 달이나 계속되는 때, 집에서 온 편지는 일만 금처럼 귀하다.

흰머리는 긁어 더 짧아져 버렸고, 머리칼은 잘 매만져도 비녀를 꽂지 못하겠다.

zhè shǒu shī biǎo dá le guó pò jiā wáng de tòng kǔ yòu rú wén
这首诗表达了国破家亡的痛苦。又如≪闻
guān jūn shōu hé nán hé běi
官军收河南河北≫:

이 시는 나라와 집을 잃은 아픔을 나타내고 있다. 또 ≪관군이 하남과 하북을 수복했다는 소식을 듣고≫를 예로 들면 다음과 같다.

jiàn wài hū chuánshōu jì běi chū wén tì lèi mǎn yī shang
剑外忽传收蓟北，初闻涕泪满衣裳。

검외에서 관군이 계북을 수복했다는 소식에, 처음 그 말 들었을 때 눈물로 옷을 다 적셨다.

què kàn qī zǐ chóu hé zài mànjuàn shī shū xǐ yù kuáng
却看妻子愁何在，漫卷诗书喜欲狂。

처자를 돌아보니 얼굴에 걱정이 사라지고, 이것저것 책을 챙기자니 미칠 듯이 기쁘다.

bái rì fàng gē xū zòng jiǔ qīngchūn zuò bàn hǎo huánxiāng
白日放歌须纵酒，青春作伴好还乡。

한낮에는 노래 부르며 마음껏 술을 마시고, 화창한 봄날을 짝 삼아 고향으로 돌아가리라.

jí cóng bā xiá chuān wū xiá biàn xià xiāngyángxiàng luò yáng
即从巴峡穿巫峡，便下襄阳向洛阳。

곧 바로 파협을 떠나고 무협을 지나친 후에, 양양으로 내려가서 또 낙양을 향해 가리라.

zhè shǒu shī biǎo dá le shī rén tīng dào guān jūn shōu fù shī dì zǔ
这首诗表达了诗人听到官军收复失地，祖
guó shān hé fù zhěng shí de huān xǐ yù kuáng de xīn qíng
国山河复整时的欢喜欲狂的心情。

이 시는 관군이 빼앗겼던 땅을 다시 찾아, 조국의 산하를 회복하게 되었을 때의 기쁜 마음을 표현하고 있다.

jiē shì le fēng jiàn shè huì jiē jí duì lì de běn zhì biǎo xiàn
(2) 揭示了封建社会阶级对立的本质，表现
le shī rén duì rén mín de rè ài hé tóngqíng rú zì jīng fù fèngxiān
了诗人对人民的热爱和同情。如≪自京赴奉先
xiànyǒnghuái wǔ bǎi zì yī shī zhōng xiě dào
县咏怀五百字≫一诗中写道:

(2) 봉건사회에서 계급이 대립하고 있는 본질을 밝히고, 시인의 백성에 대한 사랑과 동정을 표현하였다. 예컨대 ≪서울에서 봉선현으로 가며 느낌을 오백 자로 읊다≫라는 시를 보면 다음과 같이 적고 있다.

tóng tíng suǒ fēn bó běn zì hán nǚ chū
彤庭所分帛，本自寒女出。

궁궐에서 비단을 하사한 그것은, 본래 가난한 집 아낙 손에서 나온 것.

biān tà qí fū jiā jù liǎn gòng chéng quē
鞭挞其夫家，聚敛贡城阙。

그 남편과 가족들을 매질하여, 모질게 거둔 것을 공물로 대궐에 바친 것이리.

shī rén zhǐ chū láo dòng rén mín shì yī qiè cái fù de chuàng zào zhě
诗人指出，劳动人民是一切财富的创造者，
tǒng zhì jiē jí de shē chǐ shēng huó shì jiàn zhù zài bō xuē guǎng dà láo dòng rén
统治阶级的奢侈生活是建筑在剥削广大劳动人
mín de jī chǔ shàng de shī rén yòng zuì xiān míng zuì jīng liàn zuì yǒu lì
民的基础上的。诗人用最鲜明、最精炼、最有力
de shī jù jiē shì le jiē jí duì lì de běn zhì
的诗句，揭示了阶级对立的本质：

시인이 지적하고 있는 것은, 노동자는 모든 부를 창조하는 자들이요, 통치계급의 사치로운 생활은 수많은 노동자들을 착취한 기초에서 만들어진다는 말이다. 시인은 가장 선명하고 가장 간결하며 가장 힘 있는 시구로, 계급대립의 본질을 다음과 같이 밝히고 있다.

zhū mén jiǔ ròu chòu lù yǒu dòng sǐ gǔ
朱门酒肉臭，路有冻死骨。

붉은 대문 안에서는 술과 고기 냄새가 진동을 하는데, 도로 위에는 얼어 죽은 사람들의 뼈다귀가 굴러다닌다.

zài rú máo wū wéi qiū fēng suǒ pò gē biǎo xiàn le tā duì
再如《茅屋为秋风所破歌》，表现了他对
qióng kǔ rén mín de guān xīn hé tóng qíng tā nìng yuàn dòng sǐ zì jǐ lái huàn
穷苦人民的关心和同情，他宁愿冻死自己，来换
qǔ tiān xià qióng kǔ rén mín de wēn nuǎn shī zhōng xiě dào
取天下穷苦人民的温暖。诗中写道：

또 《띠 지붕이 추풍에 날아간 노래》를 예로 보면, 그는 가난한 백성에 대한 관심과 동정을 표현하고 있는데, 그는 차라리 자신이 얼어 죽는 것으로, 온 세상의 가난하고 힘든 사람들을 따뜻하게 해 주고 싶다는 심정을 표현하고 있다. 시에는 다음과 같이 적혀 있다.

ān dé guǎng xià qiān wàn jiān dà bì tiān xià hán shì jù huān yán
安得广厦千万间，大庇天下寒士俱欢颜，
fēng yǔ bù dòng ān rú shān wū hū
风雨不动安如山！呜呼！

어떻게 하면 천만 칸의 큰 집을 지어, 천하의 가난한 선비들을 모두 즐겁게 해 주고,

비바람에 끄떡없는 산처럼 편안하게 해 줄 수 있을까! 아!

hé shí yǎn qián tū wù jiàn cǐ wū wú lú dú pò shòu dòng sǐ yì zú
何时眼前突兀见此屋？吾庐独破受冻死亦足！

그 언제나 당장 이런 집을 덩그러니 세워볼 수 있을까? 내 오두막집 부서지고 얼어 죽어도 난 역시 괜찮으리라!

kòng sù le tǒng zhì jiē jí qióng bīng dú wǔ gěi rén mín dài lái de kǔ nàn rú bīng chē xíng yī shī xiě dào
（3）控诉了统治阶级穷兵黩武给人民带来的苦难。如《兵车行》一诗写道：

(3) 통치계급들이 무력을 남용하여 전쟁을 일삼음으로써 사람들에게 가져다주는 고난을 고발하였다. 《병거행》이란 시는 다음과 같이 적고 있다.

chē lín lín mǎ xiāo xiāo xíng rén gōng jiàn gè zài yāo
车辚辚，马萧萧，行人弓箭各在腰。

yé niáng qī zǐ zǒu xiāng sòng chén āi bù jiàn xián yáng qiáo
耶娘妻子走相送，尘埃不见咸阳桥。

qiān yī dùn zú lán dào kū kū shēng zhí shàng gān yún xiāo
牵衣顿足拦道哭，哭声直上干云霄。

수레는 덜컹거리며 가고, 말은 히힝거리며 우는데, 행역을 가는 사람 활과 화살을 각자 허리에 찼다.

아비와 어미, 아내와 자식들 달려가며 전송하느라, 먼지가 일어서 함양교가 보이지 않을 지경이다.

옷 당기고 발을 구르며 길 막고 통곡할 때, 통곡 소리 위로 올라 하늘까지 닿을 것 같구나.

zhè shì zhè shǒu shī de qián liù jù zhè shǒu shī miáo xiě le táng cháo tǒng zhì zhě qióng bīng dú wǔ lián nián zhàn zhēng zào chéng rén mín shēng lí sǐ bié de qíng xíng zài rú tā de zhù míng de sān lì sān bié gèng shì zhēn shí de fǎn yìng le dāng shí rén mín de bēi cǎn zāo yù
这是这首诗的前六句。这首诗描写了唐朝统治者穷兵黩武，连年战争，造成人民生离死别的情形。再如他的著名的“三吏”、“三别”，更是真实地反映了当时人民的悲惨遭遇。

이는 시의 전반부 여섯 구절이다. 이 시는 당 나라 통치자들이 무력을 남용하여, 해마다 전쟁을 계속 함으로써, 백성들의 생사 이별을 만들고 있는 정황을 묘사하고 있다. 또 그의 유명한 “삼리”와 “삼별” 같은 시에서는, 당시 백성들의 비참한 처지를 더욱 진실하게 반영하고 있다.

dù fǔ shī de yì shù tè diǎn
3. 杜甫诗的艺术特点

3. 두보 시의 예술적 특징

lǐ bái hé dù fǔ fēn bié dài biǎo táng dài làng màn zhǔ yì hé xiàn shí
李白和杜甫分别代表唐代浪漫主义和现实
zhǔ yì de liǎng zuò gāo fēng dù fǔ shī de yì shù tè diǎn zhǔ yào biǎo xiàn
主义的两座高峰。杜甫诗的艺术特点主要表现
zài tā de xù shì shī fāng miàn zhǔ yào tè diǎn shì
在他的叙事诗方面,主要特点是:

이백과 두보는 각각 당대 낭만주의와 현실주의의 양대 최고봉을 대표한다. 두보 시의 예술적 특징은 주로 그의 서사시에서 잘 나타나고 있는데, 주요 특징을 보면 다음과 같다.

shàn yú yì shù gài kuò dù fǔ shàn yú xuǎn zé hé gài kuò xiàn
(1) 善于艺术概括。杜甫善于选择和概括现
shí shēng huó zhōng jù yǒu diǎn xíng yì yì de rén wù hé shì jiàn jiā yǐ shēng
实生活中具有典型意义的人物和事件, 加以生
dòng de kè huà hé miáo xiě tōng guò gè bié fǎn yìng yī bān rú bīng
动的刻画和描写, 通过个别, 反映一般。如≪兵
chē xíng shī rén tōng guò xíng rén jí zhēng fū de tán huà shuō chū
车行≫, 诗人通过“行人”(即征夫)的谈话, 说出
le qiān wàn ge zhēng fū xiāng tóng de zāo yù dù fǔ hái shàn yú bǎ jù dà
了千万个征夫相同的遭遇。杜甫还善于把巨大
de shè huì nèi róng gāo dù de gài kuò zài yī liǎng jù shī lǐ rú zhū
的社会内容, 高度的概括在一两句诗里, 如“朱
mén jiǔ ròu chòu lù yǒu dòng sǐ gǔ zhè zhǒng xiān míng de duì bǐ gāo dù
门酒肉臭, 路有冻死骨”。这种鲜明的对比, 高度
de gài kuò jiē lù le bō xuē zhì dù de zuì è tiě zhèng rú shān
的概括, 揭露了剥削制度的罪恶, 铁证如山。

(1) 예술적 개괄에 뛰어나다. 두보는 현실생활에서 전형적인 의미를 갖는 인물과 사건을 선택하고 개괄하는데 뛰어났으며, 여기에 생동적인 부각과 묘사를 가미시키고, 개별적인 것을 통하여, 일반적인 것을 반영하고 있다. ≪병거행≫을 예로 들면, 시인은 “행인(즉 정부)의 이야기를 통하여, 출정하는 천만 명의 서로 똑 같은 처지를 말하고 있다. 두보는 또 거대한 사회적 내용을, 한 두 구절의 시 속에서 요약을 하는데 대단히 능숙했는데, 예를 들어 “붉은 대문 안에서는 술과 고기 냄새가 진동을 하는데, 도로 위에는 얼어 죽은 사람들의 뼈다귀가 굴러다닌다.” 라고 한 것이 이런 것이다. 이렇게 뚜렷한 대비와 고도의 개괄에서, 착취제도의 죄악을 폭로함으로써, 그 명확함을 잘 보여준다.

yù zhǔ guān yú kè guān zhī zhōng dù fǔ shàn yú bǎ zì jǐ
(2) 寓主观于客观之中。杜甫善于把自己
de sī xiǎng gǎn qíng róng huà zài kè guān de miáo xiě dāng zhōng rú shí
的思想感情, 融化在客观的描写当中。如≪石

(2) 주관적인 것을 객관적인 것에 함축하여 표현하였다. 두보는 자신의 사상 감정을, 객관적인 묘사에 융합시키는 것에 뛰어났다. 예를 들

háo lì
壕吏≫：

어 ≪석호리≫를 보면 다음과 같다.

mù tóu shí háo cūn yǒu lì yè zhuō rén
暮投石壕村，有吏夜捉人。

lǎo wēng yú qiáng zǒu lǎo fù chū mén kàn
老翁逾墙走，老妇出门看。

lì hū yī hé nù fù tí yī hé kǔ
吏呼一何怒！妇啼一何苦！

날이 저물어 석호촌에 묵었는데, 밤중에 관리가 사람을 잡으러 왔다.

할아버지는 담을 넘어 도망을 치고, 할머니는 문 밖으로 나가 바라다 본다.

관리의 고함소리는 어찌나 거센지! 할머니 울음소리는 어찌 그리 괴로운지!

shī rén duì yǒu lì yè zhuō rén zhè jiàn shì qing zhǐ shì jìn xíng kè
诗人对“有吏夜捉人”这件事情只是进行客
guān de miáo xiě zuò zhě méi yǒu zhí jiē shuō chū dāng shí shè huì de hēi àn
观的描写，作者没有直接说出当时社会的黑暗
hé cán bào rán ér dú zhě zì jǐ huì cóng zhōng dé chū zhè ge jié lùn
和残暴，然而，读者自己会从中得出这个结论
de yòu rú lì rén xíng shī rén duì yáng guó zhōng xiōng mèi de huāng
的。又如≪丽人行≫，诗人对杨国忠兄妹的荒
yín shēng huó yě zhǐ shì cóng tā men de fú shì yǐn zhuàn xíng dòng shàng jiā
淫生活，也只是从他们的服饰、饮馔、行动上加
yǐ jù tǐ kè huà hé miáo xiě bìng méi yǒu zhí jiē duì qí qiǎn zé ér fěng
以具体刻画和描写，并没有直接对其谴责，而讽
cì de yì yì zì jiàn
刺的意义自见。

시인은 "밤중에 관리가 사람을 잡으러 온" 이 사건을 그저 객관적으로 묘사만 하고, 당시 사회의 암흑과 잔혹함을 직접적으로 말하지 않았다. 하지만, 독자들은 스스로 그 속에서 이런 결론을 얻어 낼 수가 있다. 또 ≪여인행≫을 예로 들면, 시인은 양국충 남매의 황음한 생활에 대하여, 역시 그들의 의복과 장신구, 행동을 구체적으로 묘사했을 뿐, 직접적으로 규탄하지는 않았지만, 그 풍자의 뜻이 저절로 드러나 보인다.

yùn yòng duì huà dú bái hé sú yǔ dù fǔ wèi le bǎ rén
（3）运用对话、独白和俗语。杜甫为了把人
wù xiě de shēng dòng xíng xiàng xī shōu le yuè fǔ mín gē de chuàng zuò jīng yàn
物写得生动形象，吸收了乐府民歌的创作经验，
zài shī zhōng cháng yòng duì huà dú bái hé sú yǔ rú xīn hūn bié
在诗中常用对话、独白和俗语。如≪新婚别≫，

(3) 대화나 독백, 속담을 잘 활용하고 있다. 두보는 인물을 생동감 있고 구체적으로 쓰기 위하여, 악부 민가의 창작경험을 흡수하여, 시에서 대화와 독백과 속담을 자주 사용하였다. ≪신혼별≫을 예로 들면, 이 시는 전부 신부의

zhè shǒu shī quán shì xīn niáng zǐ de dú bái xīn hūn dì èr tiān fū qī
这首诗全是新娘子的独白。新婚第二天，夫妻
jiù yào fēn bié zhè běn lái shì yī jiàn bēi tòng de shì qing dàn zhè wèi xīn
就要分别，这本来是一件悲痛的事情，但这位新
niáng zǐ shēnmíng dà yì zài guó nàn dāng tóu de shí hou tā yǐ guó jiā
娘子，深明大义，在国难当头的时候，她以国家
cún wáng wéi zhòng quàn tā de zhàng fu wù wéi xīn hūn niàn nǔ lì shì róng
存亡为重，劝她的丈夫："勿为新婚念，努力事戎
xíng zhè chōng fèn biǎo xiàn le xīn niáng zǐ de ài guó jīng shén yě shì shī
行！"这充分表现了新娘子的爱国精神，也是诗
rén tōng guò xīn niáng zǐ de kǒu fā chū de ài guó hào zhào zhè ge hào zhào
人通过新娘子的口发出的爱国号召。这个号召，
bù jǐn shì rén mín de hū shēng ér qiě yě shì shí dài de hū shēng shī
不仅是人民的呼声，而且也是时代的呼声。诗
de yǔ yán wánquán fú hé xīn niáng zǐ de shēn fèn hé jīng shénmiànmào shǐ
的语言完全符合新娘子的身份和精神面貌，使
rén dú qǐ lái gǎn dào rú jiàn qí rén rú wén qí shēng sú yǔ de yùn
人读起来感到如见其人，如闻其声。俗语的运
yòng gèngzēng jiā le shī de zhēn shí xìng hé qīn qiè gǎn rú xīn hūn
用，更增加了诗的真实性和亲切感。如《新婚
bié zhōng shēng nǚ yǒu suǒ guī jī gǒu yì dé jiāng zài rú qián
别》中"生女有所归，鸡狗亦得将"。再如《前
chū sài wǎngōngdāng wǎnqiáng yòng jiàn dāngyòngcháng shè rén xiān shè
出塞》："挽弓当挽强，用箭当用长。射人先射
mǎ qín zéi xiān qín wáng dù fǔ duì yǔ yán shì fēi cháng xià gōng fū de
马，擒贼先擒王。"杜甫对语言是非常下功夫的，
tā shuō guò wéi rén xìng pì dān jiā jù yǔ bù jīng rén sǐ bù xiū
他说过："为人性僻耽佳句，语不惊人死不休"
jiāngshàng zhí shuǐ rú hǎi shì liáo duǎn shù biǎo xiàn le shī rén duì
（《江上值水如海势聊短述》）。表现了诗人对

독백이다. 신혼 둘째 날, 부부는 이별을 해야 했는데, 이는 본래 비통한 일이지만, 이 신부는, 대의를 깊이 알고 있었고, 국난이 눈앞에 닥쳤을 때, 그녀는 국가의 존망을 중요하게 여겼기 때문에, 남편에게 권고하기를, "신혼은 염두에 두지 말고, 병무에 힘써 노력하세요!"라고 했던 것이다. 이것은 신부의 애국정신을 충분히 나타낸 것이기도 하지만, 또 신부의 입을 통한 시인의 나라를 사랑하는 외침이기도 하다. 이 호소는, 백성의 목소리일 뿐만 아니라, 또한 시대의 목소리이기도 하다. 시의 언어는 완전히 신부의 신분과 정신면모에 부합되고 있어, 시를 읽으면 그 사람을 보는 것 같고, 그 소리를 듣는 것같은 느낌이 들게 한다. 속담의 활용은, 시의 진실성과 친밀감을 더욱 강하게 해 주었다. 예컨대 《신혼별》에서, "딸 낳으면 시집을 가야하는 법, 개와 닭도 챙겨서 가네."라고 한 것이 이런 점이다. 또 《출새로 나가며》를 예로 들면, "활을 당길 때는 강한 것을 당겨야 하고, 화살을 쓸 때는 긴 것을 사용해야 한다. 사람을 쏠 때는 먼저 말을 쏘아야 하고, 적을 잡으려면 먼저 왕을 잡아야 한다."라고 하였다. 두보는 언어에 대하여 아주 공을 들였기에, "내 사람됨이 괴팍해서 멋진 구절을 탐내니, 시어가 사람들을 놀라게 하지 않으면 죽어도 그만두지 않는다."(《강에서 바다 같은 물을 만나 짧게 지음》)라고 말한 적도 있다. 시인의 예술에 대한 열애와 추구정신을

艺术的热爱和苦心追求的精神。

말해준다.

作为一个现实主义诗人，杜甫的叙事诗特别值得重视。但他的抒情诗也很有成就，具有他自己的风格。他常常把自己曲折、矛盾的心情，通过对内心世界的深入解剖而表现出来，如《自京赴奉先县咏怀五百字》。也常常把抒情包含在他的叙事诗中，使两者得到天衣无缝的结合，如《洗兵马》。杜甫所以能够取得这样高的艺术成就，不是偶然的，是他用尽毕生的心血换来的。

현실주의 시인으로서, 두보의 서사시는 특별히 중시할 만한 가치가 있다. 그러나 그의 서정시도 역시 아주 성취가 있으며, 특유의 풍격을 가진다. 그는 늘 자신의 복잡하고 모순적인 심정을, 내심 세계의 깊은 해부를 통하여 표현해 내었는데, 예컨대 《서울에서 봉선현으로 가며 느낌을 오백 자로 읊다》를 들 수 있다. 또 자주 서정을 그의 서사시 속에 포함시켜, 이 둘을 자연스럽고 완벽하게 결합이 되도록 하였는데, 《세병마》를 예로 들 수 있다. 두보가 이렇게 높은 예술 성취를 얻을 수 있었던 것은, 우연적인 것이 아니라, 평생의 심혈을 통해 바꿔 얻은 것이었다.

第七节 伟大的现实主义诗人——白居易

제7절 위대한 현실주의 시인 — 백거이

白居易是继杜甫之后的又一个伟大的现实主义诗人。他继承和发展了《诗经》、汉乐府的

백거이는 두보의 뒤를 잇는 또 하나의 위대한 현실주의 시인이다. 그는 《시경》과 한대 악부의 현실주의 전통을 계승하고 발전시켰으며,

xiàn shí zhǔ yì chuántǒng jìn yī bù fēng fù le shī gē lǐ lùn bìngxiān qǐ
现实主义传统，进一步丰富了诗歌理论，并掀起
le bō lán zhuàng kuò de xīn yuè fǔ yùn dòng bǎ shī gē chuàng zuò tuī xiàng yī
了波澜壮阔的新乐府运动， 把诗歌创作推向一
ge xīn de gāo cháo
个新的高潮。

더 나아가 시가이론을 풍부히 하였으며, 아울러 대규모의 새로운 신악부 운동을 일으켜서, 시가 창작을 하나의 새로운 절정으로 나아가게 하였다.

bái jū yì de shēngpíng
1. 白居易的生平

1. 백거이의 일생

bái jū yì zì lè tiān hào xiāngshān jū shì xià
白居易(772-846)，字乐天，号香山居士，下
guī jīn shǎn xī shěng wèi nán xiàn rén tā chū shēng zài hé nán shěng xīn zhèng
邽(今陕西省渭南县) 人，他出生在河南省新郑
xiàn shàonián shí dài jiā jìng bǐ jiào pín qióng jiā shàngzhànluàn pín fán cháng
县。少年时代，家境比较贫穷，加上战乱频繁，长
qī liú làng zài wài duì shè huì xiàn shí hé rén mín jí kǔ yǒu jiào shēn de
期流浪在外， 对社会现实和人民疾苦有较深的
liǎo jiě yīn cǐ tā tóngqíng láo dòng rén mín zhēnyuán shí liù nián
了解，因此，他同情劳动人民。贞元十六年(800)
kǎo zhòng jìn shì hòu rèn hàn lín xué shì zuǒ shí yí děng zhí tā lǚ cì
考中进士，后任翰林学士、左拾遗等职，他屡次
shàng shū yāo qiú gé chú bì zhèng fǎn duì quán guì gōng jī hēi àn zhèng zhì
上书要求革除弊政，反对权贵，攻击黑暗政治，
zāo dào dāngquán zhě de fǎn duì biǎn wéi jiāngzhōu sī mǎ táng mù zōng jí
遭到当权者的反对，贬为江州司马。唐穆宗即
wèi zhào huí cháng ān hòu chū rèn hángzhōu cì shǐ yòu gǎi rèn sū zhōu cì
位，召回长安，后出任杭州刺史，又改任苏州刺
shǐ zhī hòu yòu rèn mì shū jiān hé nán yǐn tài zǐ shào fù děng zhí
史。之后，又任秘书监、河南尹、太子少傅等职。

백거이(772-846)는, 자가 낙천이고, 호는 향산거사로, 하규(현재의 섬서성 위남현) 사람이며, 하남성 신정현에서 출생하였다. 소년시절에는, 가정형편이 비교적 가난한데다가, 또 전쟁까지 빈번하여, 장기간 외지를 유랑하면서, 사회 현실과 백성의 고통을 비교적 깊이 이해하게 되었고, 이로써, 노동자들을 동정하였다. 정원 16년(800)에 진사에 합격했으며, 뒤에 한림학사와 좌습유 등을 맡았었는데, 수차 상소를 통해 악정개혁을 요구하고, 집권자를 반대하였으며, 어두운 정치를 공격했던 것으로, 당시 권력자의 반대를 만나, 강주 사마로 좌천이 되었다. 당 목종 즉위 후, 장안으로 불려가서, 뒤에 항주자사로 나갔다가, 다시 소주자사로 전근되었다. 그 뒤에, 다시 비서감·하남윤·태자소부 등을 맡았다. 말년에는 낙양에서 한거하다가, 75세에 생을 마쳤다. 저서로 ≪백씨장경집≫71권이 있다. 그의 일생은, 강주사마로 좌

晚年闲居洛阳，七十五岁卒。著有≪白氏长庆集≫七十一卷。他的一生，以被贬为江州司马为分界线，分为前后两个时期：前期，他在仕途上一帆风顺，步步高升，胸怀宏图大志，敢说敢为，针对当时的经济、政治、军事、文教等方面存在的问题，提出了许多改革意见，写成了≪策林≫七十五篇，还写了许多“讽谕诗”，这些作品具有强烈的战斗性。后期，由于受到沉重打击，思想转向消极，不敢过问政治了，写下了大量的“闲适诗”和“感伤诗”，使他的诗歌大大失去了战斗光彩。

천되었던 시기를 기점으로, 전후 두 시기로 나눌 수 있다. 전기에, 그는 벼슬길이 순풍에 돛을 단 듯이 순조로웠기에, 가슴에 원대한 포부를 가지고, 대담하게 말하고 대담하게 행동함으로써, 당시 경제·정치·군사·문화와 교육 등에 존재하는 문제점에, 수많은 개혁 의견을 제시하면서, ≪책림≫75편을 완성하고, 또 수많은 “풍유시”를 지었는데, 이러한 작품들 속에는 강렬한 전투성이 담겨있다. 후기에는, 심한 타격을 받아, 사상이 소극적으로 변했고, 감히 정치에 관여하지 못함으로써, 다량의 “한적시”와 “감상시”를 지음에 따라, 그의 시가는 전투적 색채를 크게 잃고 말았다.

2. 白居易诗的思想内容

2. 백거이 시의 사상 내용

白居易总结了中国自≪诗经≫以来现实主义诗歌的创作经验，建立了现实主义的诗歌理论。他在≪与元九书≫中提出“文章合为时而

백거이는 ≪시경≫ 이래의 중국 현실주의 시가 창작 경험을 총 결산하여, 현실주의 시가 이론을 세웠다. 그는 ≪여원구서≫에서 “글은 시대에 합당하도록 짓고, 시가는 일에 합당하도록 지어야 한다.”는 구호를 제기하였던

zhù gē shī hé wéi shì ér zuò de kǒu hào jí shī gē bì xū wèi zhèng
著，歌诗合为事而作”的口号，即诗歌必须为政
zhì fú wù bì xū fǎn yìng xiàn shí shēng huó bìng qiáng diào shī de nèi róng hé
治服务，必须反映现实生活，并强调诗的内容和
xíng shì tǒng yī xíng shì yào wèi nèi róng fú wù zài tā de shī gē lǐ
形式统一，形式要为内容服务。在他的诗歌理
lùn zhǐ dǎo xià xiān qǐ le yòng xīn tí xiě shí shì de xīn yuè fǔ yùn
论指导下，掀起了用新题，写时事的新乐府运
dòng bái jū yì de shī gē zhèng shì tā de shī gē lǐ lùn hé xīn yuè
动。白居易的诗歌，正是他的诗歌理论和新乐
fǔ yùn dòng de chǎn wù
府运动的产物。

바, 이는 곧 시가는 반드시 정치를 위하여 봉사해야 하기 때문에 반드시 현실생활을 반영해야 한다는 뜻이다. 그리고 시의 내용은 형식과 통일이 되어야 하고, 형식은 내용을 위해 봉사해야한다고 강조하였다. 그의 시가이론의 지도 아래, 새로운 주제로, 시사를 쓰는 신악부 운동이 일어나게 되었다. 백거이의 시가는, 바로 그의 시가이론과 신악부 운동의 산물이다.

xiàn cún bái jū yì shī jiāng jìn sān qiān shǒu tā shì táng dài shī rén
现存白居易诗将近三千首，他是唐代诗人
zhōng shù liàng zuì duō de yī ge tā bǎ zì jǐ de shī fēn wéi fěng yù shī
中数量最多的一个。他把自己的诗分为讽谕诗
xián shì shī gǎn shāng shī hé zá lǜ shī sì lèi qí zhōng fěng yù shī de
、闲适诗、感伤诗和杂律诗四类。其中讽谕诗的
chéng jiù zuì gāo zhǔ yào nèi róng
成就最高，主要内容:

현존하는 백거이의 시는 거의 삼천 편에 달하는데, 그는 당대 시인 중 창작 양이 가장 많은 사람 중의 하나다. 그는 자신의 시를 풍류시·한적시·감상시·잡률시 4가지로 나눴다. 그중 풍류시의 성취가 가장 높은데, 주요 내용은 다음과 같다.

jiē lù tǒng zhì jiē jí de cán bào hé fǔ xiǔ rú qīng fēi
(1) 揭露统治阶级的残暴和腐朽。如≪轻肥≫:

(1) 통치계급의 잔인함과 부패함을 폭로하였다. 《경비》를 예로 들면 다음과 같다.

yì qì jiāo mǎn lù ān mǎ guāng zhào chén
意气骄满路，鞍马光照尘。

jiè wèn hé wéi zhě rén chēng shì nèi chén
借问何为者，人称是内臣。

거만한 기세는 도로를 꽉 채우고, 말안장의 밝은 빛은 먼지까지 비춘다.

뭐 하는 자들이냐 물어봤더니, 사람들 말하기를 내신이란다.

zhū fú jiē dà fū zǐ shòu xī jiāng jūn
朱绂皆大夫，紫绶悉将军。

붉은색 인끈은 대부일 테고, 자주색 인끈은 장군이리라.

kuā fù jūn zhōng yàn zǒu mǎ qù rú yún
夸赴军中宴，走马去如云。

뽐내듯 군중 연회로 달려가는데, 말 타고 가는 것이 구름떼 같다.

zūn léi yì jiǔ yùn shuǐ lù luó bā zhēn
樽罍溢九酝，水陆罗八珍。

술잔에는 잘 익은 맛난 술이 넘치고, 산해의 진미들이 가득 널려 있구나.

guǒ bò dòng tíng jú kuài qiè tiān chí lín
果擘洞庭橘，脍切天池鳞。

썰어 놓은 과일을 보니 동정호 귤이요, 썰어 놓은 회를 보니 천지의 것이구나.

shí bǎo xīn zì ruò jiǔ hān qì yì zhèn
食饱心自若，酒酣气益振。

음식으로 배가 부르니 마음이 느긋해지고, 술기운이 오르니 기세 더욱 당당하다.

shì suì jiāng nán hàn qú zhōu rén shí rén
是岁江南旱，衢州人食人！

이번 해에도 강남에는 가뭄이 들어, 구주에서는 사람이 사람을 먹는단다.

zhè shǒu shī yòng duì bǐ de shǒu fǎ jiē lù le tǒng zhì zhě jiāo héng shē chǐ huā tiān jiǔ dì de shēng huà ér lǎo bǎi xìng què è dào rén chī rén de dì bù shì suì jiāng nán hàn qú zhōu rén shí rén
这首诗用对比的手法，揭露了统治者骄横奢侈、花天酒地的生话，而老百姓却饿到人吃人的地步：“是岁江南旱，衢州人食人！”

이 시는 대비 수법으로, 통치자는 횡포와 사치를 일삼고, 주색에 빠진 방탕한 생활을 하고 있지만, 백성들은 오히려 기아에 허덕이며 사람이 사람을 잡아먹는 지경, 즉 "이번 해에도 강남에는 가뭄이 들어, 구주에서는 사람이 사람을 잡아먹는단다."라고 폭로를 하고 있다.

kòng sù tǒng zhì jiē jí cán kù bō xuē láo dòng rén mín de zuì xíng biǎo dá le shī rén duì láo dòng rén mín de shēn qiè tóng qíng rú mài tàn wēng
（2）控诉统治阶级残酷剥削劳动人民的罪行，表达了诗人对劳动人民的深切同情。如《卖炭翁》：

(2) 통치계급이 잔혹하게 노동자들을 착취하는 죄행을 규탄하고, 노동자에 대한 시인의 깊은 동정을 표현하고 있다. 《숯 파는 늙은이》를 예로 보면 다음과 같다.

mài tàn wēng fá xīn shāo tàn nán shān zhōng
卖炭翁，伐薪烧炭南山中。

숯을 파는 늙은이, 남산에서 벌목하여 숯을 굽는다.

mǎn miàn chén huī yān huǒ sè liǎng bìn cāng cāng shí zhǐ hēi
满面尘灰烟火色，两鬓苍苍十指黑。

만면이 재요 연기와 불에 그을린 안색, 양 살쩍은 희끗거리고 열 손가락은 새까맣다.

mài tàn dé qián hé suǒ yíng shēn shàng yī shang kǒu zhōng shí
卖炭得钱何所营？身上衣裳口中食。

숯 팔아 돈을 벌면 뭐하는데 쓸 건가? 몸에 걸칠 의상과 입에 넣을 음식이라네.

kě lián shēn shàng yī zhèng dān xīn yōu tàn jiàn yuàn tiān hán
可怜身上衣正单，心忧炭贱愿天寒。

가엽게도 몸에 걸친 것은 홑옷이지만, 숯 값 내릴까 걱정되어 더 춥길 바란다.

yè lái chéng wài yī chǐ xuě xiǎo jià tàn chē niǎn bīng zhé
夜来城外一尺雪，晓驾炭车辗冰辙。

간밤에 성 밖에는 눈이 한 자나 내렸는데, 새벽에 숯을 싣고 빙판길 삐걱대며 왔다네.

niú kùn rén jī rì yǐ gāo shì nán mén wài ní zhōng xiē
牛困人饥日已高，市南门外泥中歇。

소는 지치고 사람은 굶었는데 해는 벌써 중천이라, 시장 남문 밖 진흙 속에서 잠시 숨을 고른다.

piān piān liǎng qí lái shì shéi huáng yī shǐ zhě bái shān ér
翩翩两骑来是谁？黄衣使者白衫儿。

나풀대며 말을 타고 오는 두 사람 그 누군가? 노란 옷은 내시요 흰 저고리는 젊은이네.

shǒu bǎ wén shū kǒu chēng chì huí chē chì niú qiān xiàng běi
手把文书口称敕，回车叱牛牵向北。

손에는 문서를 들고 입으로는 어명을 말한 후, 수레 돌려 소를 재촉하며 북쪽으로 끌고 간다.

yī chē tàn qiān yú jīn gōng shǐ qū jiāng xī bù dé
一车炭，千余斤，宫使驱将惜不得。

수레 하나에 실은 숯은 천 근도 더 되는데, 대궐 심부름꾼이 몰고 가니 아깝지만 할 수 없다.

bàn pǐ hóng shā yī zhàng líng jì xiàng niú tóu chōng tàn zhí
半匹红纱一丈绫，系向牛头充炭直。

반 필의 붉은 생사와 한 장의 비단을, 소 머리에 걸쳐주며 숯 값으로 충당하란다.

zhè shī shǒu bái jū yì zì zhù kǔ gōng shì yě suǒ wèi gōng shì jiù shì huáng dì pài tài jiān dào shì chǎng shàng gòu mǎi dōng xi tā men suí yì lè suǒ qiáng xíng gòu mǎi míng wéi gōng shì shí wéi qiǎng duó shī rén qiáng liè de qiǎn zé le qiáng qǔ háo duó de gōng shì zhì dù fǎn yìng le

这诗首，白居易自注“苦宫市也”。所谓“宫市”，就是皇帝派太监到市场上购买东西，他们随意勒索，强行购买，名为宫市，实为抢夺。诗人强烈地谴责了强取豪夺的“宫市”制度，反映了

이 시의 첫머리에, 백거이는 "고궁시"라고 주를 달았다. 이른바 "궁시"란, 바로 황제가 태감을 파견하여 시장에서 물건을 구매하는 것인데, 그들은 제멋대로 강탈하고, 또 억지로 구매를 하여, 말로만 궁시였지, 사실은 강탈이었다. 시인은 강권으로 약탈을 하는 "궁시"제도를 강렬히 견책하면서, 노동자의

láo dòng rén mín de kǔ nàn shēng huó
劳动人民的苦难生活。

고생스런 생활을 반영하였다.

yòu rú guān yì mài shī rén bù jǐn biān tà le tǒng zhì jiē
又如《观刈麦》，诗人不仅鞭挞了统治阶
jí ér qiě yě wèi zì jǐ de bù láo ér shí gǎn dào cán kuì biǎo xiàn le
级，而且也为自己的不劳而食感到惭愧，表现了
duì láo dòng rén mín de tóng qíng
对劳动人民的同情。

또 《보리 베기를 보며》를 예로 들어보면, 시인은 통치계급을 규탄하고 있을 뿐만 아니라, 또한 자신이 일도 하지 않고 먹는 것에 부끄러움을 느끼면서, 노동자에 대한 동정을 표현하고 있다.

wèi fù nǚ de bēi cǎn mìng yùn míng bù píng rú mǔ bié
（3）为妇女的悲惨命运鸣不平。如《母别
zǐ gài kuò guò qù xǔ duō fù nǚ bèi yā pò bèi róu lìn ér
子》，概括过去许多妇女被压迫被蹂躏而
yòu bèi pāo qì de bù xìng mìng yùn shī rén dà shēng jí hū wèi fù nǚ míng
又被抛弃的不幸命运，诗人大声疾呼，为妇女鸣
bù píng yòu rú wéi rén mò zuò fù rén shēn bǎi nián kǔ lè yóu tā rén
不平。又如"为人莫作妇人身，百年苦乐由他人"
tài xíng lù xū zhī fù rén kǔ cóng cǐ mò xiāng qīng fù
（《太行路》），"须知妇人苦，从此莫相轻"（《妇
rén kǔ biǎo xiàn le shī rén duì fù nǚ de tóng qíng
人苦》），表现了诗人对妇女的同情。

(3) 부녀자의 비참한 운명에 대하여 불평을 늘어놓았다. 예컨대 《어미가 자식과 이별하며》에서는, 과거에 수많은 여성들이 억압당하고 유린당하고, 또 버림을 받았던 불행한 운명을 개괄하면서, 시인은 큰소리로 부녀자들을 위하여 불평을 늘어놓았다. 또 예를 들어, "사람이 되더라도 여인의 몸이 되지 말라, 백년 고락이 남으로부터 결정된다." (《태행로》)라고 하거나, "반드시 부녀자들의 고생을 알아, 지금부터는 서로 경솔해서는 안 된다."(《부인의 고생》)고 하여, 시인의 부녀자에 대한 동정을 표현하였다.

zài gǎn shāng shī lǐ zuì zhù míng de shì liǎng shǒu cháng piān xù shì shī
在感伤诗里，最著名的是两首长篇叙事诗
cháng hèn gē hé pí pá xíng
《长恨歌》和《琵琶行》。

감상시에서, 가장 유명한 것은 장편 서사시 《장한가》와 《비파행》이다.

cháng hèn gē xiě de shì táng xuán zōng hé yáng guì fēi de ài qíng
《长恨歌》写的是唐玄宗和杨贵妃的爱情
bēi jù shī de qián bàn bù fen xiě táng xuán zōng huāng yín wù guó zào chéng
悲剧。诗的前半部分写唐玄宗荒淫误国，造成

《장한가》는 당 현종과 양귀비의 애정비극을 묘사하고 있다. 시의 전반부에서 묘사하고 있는 것은 당 현종이 주색에 빠져 나라를 망침으

ān shǐ zhī luàn zài táo nàn tú zhōng yòu pò shǐ yáng guì fēi sǐ zài jūn qián
安史之乱，在逃难途中又迫使杨贵妃死在军前，
zhè shì cháng hèn zhī yīn shī de hòu bàn bù fen xiě táng xuánzōng duì yáng
这是长恨之因。诗的后半部分，写唐玄宗对杨
guì fēi de xiāng sī yóu jiē lù pī píng hé fěng cì zhuǎn wéi gē sòng tā
贵妃的相思，由揭露、批评和讽刺，转为歌颂他
men zhuān yī de ài qíng biǎo xiàn le shī rén duì dì wáng bēi jù de tóng qíng
们专一的爱情，表现了诗人对帝王悲剧的同情。

로써, 안사의 난을 초래하였고, 피난을 하던 중에는 또 양귀비가 군사들 앞에서 죽게 한 이것이 곧 천추의 한이 되는 이유라는 내용이다. 시의 후반부에서는, 당 현종의 양귀비에 대한 그리움을 묘사하고 있으며, 폭로와 비판과 풍자보다는 그들의 한결같은 사랑을 노래함으로써, 제왕의 비극에 대한 시인의 동정을 표현하였다.

pí pá xíng shì shī rén bèi biǎn wéi jiāngzhōu sī mǎ shí xiě de
《琵琶行》是诗人被贬为江州司马时写的。
zhè shǒu shī xiě tā zài xún yáng jiāng pàn gěi péng yǒu sòng bié shí yù dào yī
这首诗写他在浔阳江畔给朋友送别时，遇到一
ge gē nǚ tīng le tā tán zòu de pí pá duì tā de gāo chāo de yì shù
个歌女，听了她弹奏的琵琶，对她的高超的艺术
cái néng fēi cháng zàn měi tóng shí duì tā de bù xìng zāo yù shēn wéi tóng
才能非常赞美，同时，对她的不幸遭遇深为同
qíng shī rén lián xì zì jǐ zài zhèng zhì shàng de shī yì shū fā le zì
情。诗人联系自己在政治上的失意，抒发了自
jǐ de fèn kǎi jiē lù le shè huì de hēi àn
己的愤慨，揭露了社会的黑暗。

《비파행》은 시인이 강주사마로 좌천되었을 때 쓴 것이다. 이 시는 그가 심양강 강가에서 친구를 배웅할 때, 우연히 한 가희를 만났는데, 그녀가 타는 비파소리를 듣고, 그녀의 수준 높은 예술적 재능을 아주 칭찬하고, 동시에, 그녀의 불행한 조우에 깊은 동정을 묘사하고 있다. 시인은 자기가 정치에서 뜻을 얻지 못한 것과 연계를 시켜, 자신의 분노를 토해냈으며, 사회의 암흑과 정치의 부패함을 폭로하였다.

tā de zá lǜ shī yǒu yī qiān jiǔ bǎi duō shǒu qí zhōng yǒu xǔ duō
他的杂律诗，有一千九百多首，其中有许多
zhù míng de kuài zhì rén kǒu de shī piān rú fù dé gǔ yuán cǎo sòng
著名的、脍炙人口的诗篇。如《赋得古原草送
bié
别》：

그의 잡률시는, 천구백여 수가 있으며, 그 중에는 유명하여 인구에 회자되는 시들이 많다. 그 예로 《고원의 풀을 보며 시를 지어 송별하다》를 보면 다음과 같다.

lí lí yuánshàng cǎo yī suì yī kū róng
离离原上草，一岁一枯荣。

언덕 위에 우거진 저 풀들은,
해마다 한 번씩 났다가 시든다.

yě huǒ shāo bù jìn chūnfēng chuī yòu shēng
野火烧不尽，春风吹又生。

들불에 타도 없어지지 않고, 봄바람 불어오면 다시 자란다.

yuǎnfāng qīn gǔ dào jīng cuì jiē huāngchéng
远芳侵古道，晴翠接荒城。

아득한 향기는 옛길에 젖어있고, 푸른빛은 황량한 성터에 닿아있다.

yòu sòngwáng sūn qù qī qī mǎn bié qíng
又送王孙去，萋萋满别情。

또 다시 왕손 그대를 보내자니, 이별의 정만 풀처럼 무성하다.

zhè shǒu shī qián liù jù xiě zì rán jiè de cǎo yóu kū ér róng hòu
这首诗前六句写自然界的草由枯而荣，后
liǎng jù xiě sòng bié tè bié shì sān sì liǎng jù xiě chū le chūn cǎo shì
两句写送别。特别是三、四两句，写出了春草是
nà me wánqiáng ér fù yǒu shēngmìng lì chéng wéi chuánsòng de míng jù hái
那么顽强而富有生命力，成为传诵的名句。还
yǒu miáo xiě hú shān zhī měi de xiǎo shī rú qiántáng hú chūnxíng děng
有描写湖山之美的小诗，如《钱塘湖春行》等。

이 시에서 앞 여섯 구는 자연속의 풀이 말랐다가 다시 무성하게 되는 것을 묘사하고, 뒤의 두 구절은 송별을 그리고 있다. 특히 3,4구는 봄풀이 그토록 강하고 풍부한 생명력을 가지고 있음을 묘사하여, 대대로 암송되는 유명한 글귀가 되었다. 또 호수와 산의 아름다움을 쓴 짤막한 시가 있는데, 《전당호 봄나들이》 같은 것을 예로 들 수 있다.

bái jū yì shī de yì shù tè diǎn
3. 白居易诗的艺术特点

3. 백거이 시의 예술적 특징

rén wù xíngxiàng xiānmíng rú mài tàn wēng yòng wài mào
（1）人物形象鲜明。如《卖炭翁》，用外貌
miáo xiě mǎnmiànchén huī yān huǒ sè liǎng bìn cāngcāng shí zhǐ hēi liǎng jù
描写："满面尘灰烟火色，两鬓苍苍十指黑"两句，
shēng dòng de kè huà chū yī ge nián mài ér shàn liáng de lǎo tàn gōng de xíng
生动地刻画出一个年迈而善良的老炭工的形
xiàng jiē zhe yòu yòng xīn lǐ miáo xiě kě lián shēnshàng yī zhèng dān xīn
象。接着又用心里描写："可怜身上衣正单，心
yōu tàn jiàn yuàn tiān hán liǎng jù kè huà chū lǎo tàn gōng de nèi xīn máo
忧炭贱愿天寒"两句，刻画出老炭工的内心矛

（1）인물형상이 뚜렷하다. 《숯 파는 늙은이》를 예로 보면, 외모를 가지고 묘사를 하고 있다. "만면이 재요 연기와 불에 그을린 안색, 양 살쩍은 희끗거리고 열 손가락은 새까맣다."라고 한 두 구절에서, 연로하고 선량한 어느 숯 파는 늙은이의 모습을 생동적으로 묘사하고 있다. 또 계속해서 심리를 가지고 묘사를 하고 있다. "가엽게도 몸에 걸친 것은 홑옷이지만, 숯 값 내릴까 걱정되어 더 춥길 바란

dùn zhè yàng jiù shǐ dé rén wù xíng xiàng gèng jiā shēng dòng gǎn rén
盾，这样就使得人物形象更加生动感人。

shū qíng hé xù shì xiāng jié hé rú pí pá xíng zhōng miáo
（2）抒情和叙事相结合。如《琵琶行》中描
xiě pí pá nǚ tán pí pá sì duàn fēi duàn shí xiě dào bīng quán lěng sè xián
写琵琶女弹琵琶似断非断时写道：“冰泉冷涩弦
níng jué níng jué bù tōng shēng zàn xiē bié yǒu yōu chóu àn hèn shēng cǐ shí
凝绝，凝绝不通声暂歇。别有幽愁暗恨生，此时
wú shēng shèng yǒu shēng jì xù shù le tán zòu pá pí de qíng tài yòu shū
无声胜有声。”既叙述了弹奏琵琶的情态，又抒
fā le shī rén de gǎn shòu yòu rú wǒ wén pí pá yǐ tàn xī yòu wén
发了诗人的感受。又如“我闻琵琶已叹息，又闻
cǐ yǔ chóng jī jī tóng shì tiān yá lún luò rén xiāng féng hé bì céng xiāng
此语重唧唧。同是天涯沦落人，相逢何必曾相
shí shū fā le shī rén tīng wán pí pá de gǎn qíng
识。”抒发了诗人听完琵琶的感情。

yǔ yán tōng sú yì dǒng bái jū yì fǎn duì diāo zhāng lòu jù
（3）语言通俗易懂。白居易反对雕章镂句，
huá ér bù shí yāo qiú yǔ yán tōng sú yì dǒng yīn jié hé xié tí chū
华而不实，要求语言通俗易懂，音节和谐，提出
fēi qiú gōng lǜ gāo bù wù wén zì qí jì táng shēng shī tā
“非求宫律高，不务文字奇”（《寄唐生诗》）。他
de shī fù yǒu qíng wèi yǎ sú gòng shǎng bù lùn shì shì shù sēng tú hái
的诗富有情味，雅俗共赏，不论是士庶僧徒，还
shì shuāng fù chù nǚ dōu néng yín yǒng tā de shī yīn cǐ tā de shī liú
是孀妇处女，都能吟咏他的诗，因此，他的诗流
chuán de zuì guǎng
传得最广。

다.”고 한 이 두 구절에서는, 숯 파는 늙은이의 마음속 갈등을 그리고 있는데, 이것이 곧 인물 형상을 더욱 생동적이고 사람을 감동시키게 한다.

(2) 서정과 서사가 서로 결합되어 있다. 예를 들어 《비파행》을 보면, 비파 타는 여인이 비파를 탈 때 끊어질 듯 말 듯 함을 묘사할 때, “차가운 샘물 얼어붙듯 줄이 응결되어 막히고, 응결되어 막히니 소리 잠깐 끊긴다. 또 다른 깊은 시름 가만히 한이 되니, 이때는 소리가 없는 게 있는 것보다 낫다.”라고 적었다. 비파를 탈 때의 심경을 서술하는 한편, 또 시인의 느낌을 피력하였다. 또 하나 예를 들면, “나는 비파소리를 듣고 벌써 탄식했다가, 다시 이 이야기 듣고는 거듭 쩝쩝거린다. 똑 같이 하늘 끝에서 유랑하는 신세로, 만나면 그만이지 꼭 지인이어야 하는가?”라고 하였다. 비파를 다 듣고 난 후의 감정을 토로하고 있는 것이다.

(3) 언어가 통속적이고 이해하기에 쉽다. 백거이는 문장만 다듬어서, 화려하지만 내용이 부실한 것을 반대했으며, 언어가 통속적이고 이해하기 쉬우며, 음절이 조화롭게 어울릴 것을 요구하고, “수준 높은 궁률을 추구하지 말고, 문자의 기이함에 힘쓰지 말 것”(《당생에게 보내는 시》)을 주장하였다. 그의 시는 정취가 풍부하고, 누구나 다 감상할 수 있어서, 사대부나 서민·승려는 물론이고, 과부나 처녀들도 모두가 그의 시를 읊을 수 있었기에, 그래서 그의 시가 제일 널리 전파될 수 있었다.

bái jū yì de shī bèi fān yì chéng xǔ duō guó jiā de wén zì tā
白居易的诗被翻译成许多国家的文字，他
bù jǐn shì zhōng guó de yī wèi wěi dà shī rén ér qiě yě shì shì jiè de
不仅是中国的一位伟大诗人，而且也是世界的
wěi dà shī rén
伟大诗人。

백거이의 시는 여러 국가의 언어로 번역되었으며, 그는 중국의 위대한 시인일 뿐만 아니라, 세계적으로도 위대한 시인이다.

dì bā jié wǎntáng shī rén

第八节 晚唐诗人

제8절 만당시인

cóng táng wén zōng tài hé nián jiān dào táng cháo miè wáng de qī bā shí
从唐文宗太和年间到唐朝灭亡的七八十
nián wén xué shǐ shàng yī bān chēng wéi wǎn táng shí qī zhè ge shí qī táng
年，文学史上一般称为晚唐时期。这个时期，唐
cháo rì yì shuāi luò fān zhèn shì lì rì yì qiáng dà jiē jí máo dùn gèng jiā
朝日益衰落，藩镇势力日益强大，阶级矛盾更加
jiān ruì zhōng yú zài nián bào fā le huáng cháo qǐ yì zhè ge shí qī
尖锐，终于在874年爆发了黄巢起义。这个时期
de shī gē chuàng zuò yě xiàng táng dì guó yī yàng zǒu xiàng xià pō lù xiàng zhe
的诗歌创作，也像唐帝国一样走向下坡路，向着
huá lì tuí mǐ de xíng shì zhǔ yì fāng miàn fā zhǎn zhè shì wǎn táng shī de
华丽颓靡的形式主义方面发展，这是晚唐诗的
zhǔ yào cháo liú dàn shì yǒu xiē shī rén jì chéng bái jū yì xīn yuè fǔ
主要潮流。但是，有些诗人继承白居易新乐府
de yōu liáng chuán tǒng yǐ fēng máng ruì lì de shī gē fǎn yìng le táng cháo mò
的优良传统，以锋芒锐利的诗歌，反映了唐朝末
nián de shè huì xiàn shí zhù míng shī rén yǒu dù mù lǐ shāng yǐn dù xún
年的社会现实。著名诗人有杜牧、李商隐、杜荀

당 문종 태화 연간부터 당 멸망까지의 7,80년을 문학사에서는 일반적으로 만당시기라고 한다. 이 시기, 당 왕조는 날로 쇠퇴하고, 번진 세력은 날로 막강해졌으며, 계급 모순은 더욱 첨예해져서, 마침내 874년 황소 봉기가 일어나고 말았다. 이 시기의 시가 창작도 당 제국처럼 내리막길을 달리면서, 화려하고 활기가 없는 형식주의로 발전해갔는데, 이것이 만당시의 주된 추세였다. 그러나, 일부 시인들은 백거이의 신악부의 우수한 전통을 계승하여, 날카로운 시가로, 당 말년의 사회현실을 반영하였다. 유명했던 시인으로 두목·이상은·두순학 등이 있다.

hè děng rén
鹤等人。

dù mù
1. 杜牧

dù mù zì mù zhī jīng zhào wàn nián jīn shǎn xī shěng
杜牧(803-853)，字牧之，京兆万年(今陕西省
xī ān rén táng wén zōng tài hé èr nián kǎo zhòng jìn shì céng rèn
西安)人。唐文宗太和二年(828)考中进士，曾任
xiào shū láng jiān chá yù shǐ yòu rèn huáng zhōu mù zhōu hú zhōu cì shǐ
校书郎、监察御史，又任黄州、睦州、湖州刺史，
guān zhì sī xūn yuán wài láng zhōng shū shè rén tā shì wǎn táng zhù míng de
官至司勋员外郎、中书舍人。他是晚唐著名的
wén xué jiā hòu rén chēng dù fǔ wéi lǎo dù chēng tā wéi xiǎo dù
文学家，后人称杜甫为“老杜”，称他为“小杜”。
tā de zǔ fù dù yòu shì táng cháo yǒu míng de zhèng zhì jiā duì tā yǐng xiǎng
他的祖父杜佑，是唐朝有名的政治家，对他影响
hěn dà dù mù de chéng jiù zhǔ yào shì wén xué dàn tā hái jīng tōng zhèng
很大。杜牧的成就主要是文学，但他还精通政
zhì hé bīng fǎ céng zhù cáo cāo suǒ dìng sūn zǐ bīng fǎ shí sān piān
治和兵法，曾注曹操所定《孙子兵法》十三篇。
tā de zuò pǐn shōu zài fán chuān wén jí lǐ dù mù shī fù sǎn
他的作品收在《樊川文集》里。杜牧诗、赋、散
wén xiě de dōu hěn hǎo ér shī de chéng jiù zuì gāo tè bié shì shū qíng xiě
文写得都很好，而诗的成就最高，特别是抒情写
jǐng de xiǎo shī yóu wéi tū chū shì tā shī gē zhōng zuì chū sè de zuò pǐn
景的小诗尤为突出，是他诗歌中最出色的作品。
rú shān xíng
如《山行》：

1. 두목

두목(803-853)은, 자가 목지, 경조 만년(지금의 섬서성 서안) 사람이다. 당 문종 태화 2년(828) 진사에 합격하여, 일찍이 교서랑과 감찰어사를 역임하였고, 또한 황주·목주·호주자사 등을 지냈으며, 관직이 사훈원외랑·중서사인에 이르기까지 하였다. 그는 만당의 유명한 문학가로, 후세 사람들이 두보를 "노두"라고 불렀기에, 그를 "소두"라고 불렀다. 그의 조부 두우는, 당대 때 유명했던 정치가로, 그에게 큰 영향을 주었다. 두목의 성과는 주로 문학에 있지만, 그는 또 정치와 병법에 정통하여, 일찍이 조조의 주석본 《손자병법》 13편에 주해를 달기도 했다. 그의 작품은 《번천문집》에 수록되어 있다. 두목은 시·부·산문을 아주 잘 지었으나, 그 중에서도 시에 대한 성과가 가장 높으며, 특히 서정과 서경을 노래한 짤막한 시가 특히 뛰어나며, 이것이 그의 시가 중 가장 뛰어난 작품이다. 《산행》을 예로 들어보면 다음과 같다.

yuǎn shàng hán shān shí jìng xié　bái yún shēng chù yǒu rén jiā
远上寒山石径斜，白云生处有人家。

tíng chē zuò ài fēng lín wǎn　shuāng yè hóng yú èr yuè huā
停车坐爱枫林晚，霜叶红于二月花。

추워진 산을 멀리 오르는데 돌길은 경사지고, 흰 구름 피어오르는 곳에 인가가 있다.
수레 멈추고 앉아 늦 단풍 숲을 즐기는데, 서리 맞은 단풍잎 2월의 꽃보다 더 붉다.

zhè shì yī shǒu miáo xiě shēn qiū jì jié shān zhōng jǐng sè de shī　quán shī suī rán duǎn duǎn sì jù　què miáo huì chū yī fú xiān míng měi lì de tú huà　zhè chōng fèn xiǎn shì le shī rén yùn yòng yǔ yán de gāo dù cái néng
这是一首描写深秋季节山中景色的诗，全诗虽然短短四句，却描绘出一幅鲜明美丽的图画，这充分显示了诗人运用语言的高度才能。

zài rú　bó qín huái
再如≪泊秦淮≫：

이 시는 늦가을 산중의 경치를 묘사하고 있는 시로, 시 전체는 짤막한 네 구절이지만, 선명하고 아름다운 한 폭의 그림을 아주 잘 그려내고 있는데, 이는 시인이 언어운용에 뛰어난 재능을 가지고 있음을 충분히 보여준다. 다시 ≪진회에 배를 대고≫를 예로 들어보면 다음과 같다.

yān lóng hán shuǐ yuè lóng shā　yè bó qín huái jìn jiǔ jiā
烟笼寒水月笼沙，夜泊秦淮近酒家。

shāng nǚ bù zhī wáng guó hèn　gé jiāng yóu chàng hòu tíng huā
商女不知亡国恨，隔江犹唱后庭花。

안개는 찬 물을 덮고 달빛은 모래밭을 덮었는데, 밤이 되어 진회에 배를 대니 술집이 가깝다.
장사하는 여인들은 망국의 한도 알지 못하고, 강 건너 저쪽에선 아직도 후정화를 부른다.

zhè shǒu shī xiě yè bó qín huái de suǒ jiàn suǒ wén　zài xiě jǐng zhī zhōng liú lù chū duì guó shì de yōu shāng　shī rén cóng jì nǚ de gē shēng　xiǎng dào nán cháo tǒng zhì zhě zuì shēng mèng sǐ de shēng huó yǐ jí chén hòu zhǔ de miè wáng　biǎo dá le shī rén duì wǎn táng huáng dì zhǐ gù gè rén xiǎng lè　bù gù guó jiā cún wáng de bù mǎn
这首诗写夜泊秦淮的所见所闻，在写景之中流露出对国事的忧伤。诗人从妓女的歌声，想到南朝统治者醉生梦死的生活以及陈后主的灭亡，表达了诗人对晚唐皇帝只顾个人享乐，不顾国家存亡的不满。

이 시는 밤에 진회에서 정박을 할 때 보고 들은 것을 쓴 것으로, 경치를 묘사하는 중에서 나라를 걱정하는 근심이 드러나 보인다. 시인은 기녀의 노랫소리에서, 남조 통치자들의 흐리멍덩한 생활과 진 나라 후주의 멸망을 떠올리며, 만당 황제가 개인의 향락만을 돌보고, 국가의 존망은 신경 쓰지 않는 것에 대하여 불만을 표현하였다.

dù mù de qī jué zuì bèi rén zàn shǎng tā néng zài duǎn duǎn de sì
杜牧的七绝最被人赞赏，他能在短短的四
jù shī zhōng miáo huì chū yī fú yōu měi de huà miàn yòng jīng liàn de yǔ yán
句诗中，描绘出一幅优美的画面，用精炼的语言
biǎo dá hán xù de qíng sī shǐ rén wán wèi wú qióng
表达含蓄的情思，使人玩味无穷。

두목의 7언 절구는 사람들에게 가장 칭찬 받는 시로, 그는 짤막한 네 구의 시에서, 한 폭의 아름다운 화면을 그려내고, 간명한 언어로 함축적인 감정을 표현하여, 사람들에게 무궁무진한 맛을 느끼게 해 준다.

2. 李商隐

lǐ shāng yǐn

2. 이상은

lǐ shāng yǐn zì yì shān hào yù xī shēng huái zhōu
李商隐(813-858)，字义山，号玉溪生，怀州
hé nèi jīn hé nán shěng qìn yáng rén kāi chéng èr nián kǎo zhòng jìn
河内(今河南省沁阳)人。开成二年(837)考中进
shì céng rèn xiàn wèi mì shū láng dōng chuān jié dù shǐ pàn guān děng zhí dāng
士，曾任县尉、秘书郎、东川节度使判官等职。当
shí yǐ niú sēng rú hé lǐ dé yù wéi shǒu de liǎng dà zhèng zhì jí tuán zhī
时，以牛僧孺和李德裕为首的两大政治集团之
jiān bù duàn jìn xíng jī liè dòu zhēng lì shǐ shàng jiào niú lǐ dǎng zhēng
间，不断进行激烈斗争，历史上叫“牛李党争”。
lǐ shāng yǐn pái huái zài niú lǐ dǎng zhēng zhōng jiān bèi rén pái jǐ liáo dǎo zhōng
李商隐徘徊在牛李党争中间，被人排挤，潦倒终
shēn dà zhōng shí èr nián bìng zú nián sì shí liù suì tā de shī
身。大中十二年(858)病卒，年四十六岁。他的诗
zhù běn jiào duō yǐ qīng dài féng hào de yù xī shēng shī xiáng zhù jiào
注本较多，以清代冯浩的《玉溪生诗详注》较
xiáng bèi
详备。

이상은(813-858)은, 자가 의산, 호는 옥계생이며, 회주 하내(지금의 하남성 심양) 사람이다. 개성 2년(837)에 진사에 합격하였으며, 일찍이 현위·비서랑·동천절도사 판관 등을 역임하였다. 당시, 우승유와 이덕유를 우두머리로 삼은 두 정치집단 사이에, 격렬한 투쟁이 부단하게 일어났었는데, 역사에서는 "우이당쟁"이라고 부른다. 이상은은 우이당쟁 사이를 배회하다가, 사람들에게 배척당해, 초라하게 생을 마쳤다. 대중 12년(858)에 병사하였는데, 나이 46세였다. 그의 시는 주석본이 비교적 많으며, 청대 풍호의 《옥계생시상주》가 비교적 상세하다.

lǐ shāng yǐn shàn cháng lǜ shī hé jué jù shì xiě ài qíng shī de néng
李商隐擅长律诗和绝句，是写爱情诗的能

이상은은 율시와 절구에 뛰어났으며, 애정시를 쓰는데

shǒu rú wú tí
手。如≪无题≫:

능수였다. ≪무제≫를 예로 들어보면 다음과 같다.

xiāng jiàn shí nán bié yì nán dōngfēng wú lì bǎi huā cán
相见时难别亦难，东风无力百花残。

chūn cán dào sǐ sī fāng jìn là jù chéng huī lèi shǐ gān
春蚕到死丝方尽，蜡炬成灰泪始干。

xiǎo jìng dàn chóu yún bìn gǎi yè yín yīng jué yuè guāng hán
晓镜但愁云鬓改，夜吟应觉月光寒。

péngshān cǐ qù wú duō lù qīng niǎo yīn qín wèi tàn kàn
蓬山此去无多路，青鸟殷勤为探看。

만나기도 어렵지만 이별은 더 어려운 법, 봄바람 힘을 잃으니 온갖 꽃들 다 시든다.

봄누에는 죽어서야 실 토하던 것 끝을 내고, 촛불은 재가 되어서야 눈물 비로소 마른다.

아침에 거울 보니 수심에 머리 하얗게 변했고, 한 밤에 시를 읊자니 달빛 싸늘하게 느껴진다.

봉래산이 여기서 멀리 떨어져 있지 않으니, 파랑새야 나를 위해 잘 좀 살펴봐 주려무나.

zhè shì yī shǒu ài qíng shī sān sì liǎng jù shì kuài zhì rén kǒu gǔ jīn chuánsòng de míng jù shī rén yòng chūn cán dào sǐ sī fāng jìn là jù chéng huī lèi shǐ gān zhè yàng fù yǒu chuàng zào xìng de yì shù xíngxiàng lái biǎo dá zhōng yú ài qíng zhì sǐ bù biàn de gǎn qíng zài rú yè yǔ jì běi

这是一首爱情诗。三、四两句是脍炙人口、古今传诵的名句，诗人用“春蚕到死丝方尽，蜡炬成灰泪始干”这样富有创造性的艺术形象来表达忠于爱情，至死不变的感情。再如≪夜雨寄北≫:

이는 한 수의 애정시다. 3,4 두 구절은 인구에 회자하며 예나 지금이나 여전히 암송되어 오는 명구로, 시인은 “봄누에는 죽어서야 실 토하던 것 끝을 내고, 촛불은 재가 되어서야 눈물 비로소 마른다.”라고 하면서, 이렇게 창조성이 풍부한 예술형상을 통해 충실한 애정과, 죽어도 변치 않는 감정을 표현해 내었다. 다시 ≪비 오는 밤에 북쪽에 있는 이에게 부침≫을 예로 든다.

jūn wèn guī qī wèi yǒu qī bā shān yè yǔ zhǎng qiū chí
君问归期未有期，巴山夜雨涨秋池。

hé dānggòng jiǎn xī chuāng zhú què huà bā shān yè yǔ shí
何当共剪西窗烛，却话巴山夜雨时。

그대가 돌아올 날을 묻지만 기약된 날은 없고, 파산에 밤비 내리니 가을 연못에 물이 붇는구려.

그 언제나 우리 서쪽 창가에서 촛불 심지 자르며, 파산의 밤비 오는 이 때를 말로 나눌 수 있을까요.

zhè shǒu shī shì lǐ shāng yǐn zài sì chuān zǐ zhōu zuò guān shí xiě gěi qī
这首诗是李商隐在四川梓州作官时写给妻
zi de zhè shì yī shǒu guǎng wéi liú chuán de shī quán shī zhǐ yǒu sì jù
子的。这是一首广为流传的诗。全诗只有四句,
yǔ yán píng yì liú chàng gǎn qíng zhēn qiè dòng rén biǎo xiàn le sī xiāng huái qīn
语言平易流畅,感情真切动人,表现了思乡怀亲
zhī qíng
之情。

이 시는 이상은이 사천 재주에서 관리로 있을 때 아내에게 쓴 것이다. 이 시는 널리 알려진 시이다. 시는 그저 네 구절이지만, 말은 평이하고 유창하며, 감정은 진실하고 감동적이며, 고향과 가족을 그리워하는 감정을 잘 표현하고 있다.

lǐ shāng yǐn hái xiě le yī xiē xiě jǐng yǒng wù de shī zhè xiē shī
李商隐还写了一些写景咏物的诗, 这些诗
xíng xiàng xiān míng jì qíng shēn kè rú lè yóu yuán
形象鲜明,寄情深刻,如《乐游原》:

이상은은 또 약간의 경물시를 썼는데, 이런 시들은 형상이 선명하고, 감정 기탁에 깊이가 있다. 《낙유원》을 예로 보면 다음과 같다.

xiàng wǎn yì bù shì qū chē dēng gǔ yuán
向晚意不适,驱车登古原。
xī yáng wú xiàn hǎo zhǐ shì jìn huáng hūn
夕阳无限好,只是近黄昏。

저녁 무렵에 마음이 편치 않아,
수레를 몰아 낙유원에 올랐다.
석양 모습이 한없이 좋건마는,
다만 황혼이 가까울 뿐이로다.

zhè shǒu shī xiě shī rén duì xī yáng de gǎn tàn biǎo xiàn le duì táng
这首诗写诗人对夕阳的感叹, 表现了对唐
dì guó rì qū shuāi luò de yōu lǜ shī de hòu liǎng jù xī yáng wú xiàn
帝国日趋衰落的忧虑。诗的后两句“夕阳无限
hǎo zhǐ shì jìn huáng hūn shì lì lái bèi rén chuán sòng de míng jù
好,只是近黄昏”是历来被人传诵的名句。

이 시는 석양에 대한 시인의 감탄을 적은 것으로, 당 제국이 날로 쇠락해가는 것에 우려하는 바를 표현하고 있다. 시의 마지막 두 구절, “석양 모습이 한없이 좋건마는, 다만 황혼이 가까울 뿐이로다.”는 지금까지 사람들에게 애송되며 전해오는 명구이다.

zǒng zhī lǐ shāng yǐn de shī yǐ shū fā gè rén de gǎn qíng wéi duō
总之,李商隐的诗以抒发个人的感情为多,
fǎn yìng shè huì shēng huó jiào shǎo tā de shī jī běn shàng shì yòng àn shì
反映社会生活较少。 他的诗基本上是用暗示、
chèn tuō bǐ yù xiàng zhēng yǐng shè děng yì shù shǒu fǎ lái xiě de zì zhēn
衬托、比喻、象征、影射等艺术手法来写的,字斟

어쨌든, 이상은의 시는 개인의 감정을 토로한 것이 많고, 사회생활을 반영한 것은 비교적 적다. 그의 시는 기본적으로 암시·강조·비유·상징·에두름 등등의 예술수법을 사용하여 썼으며, 글을 신중히 잘 다듬었고 대구를 섬

jù zhuó shǔ duì gōng qiǎo yīn yùn hé xié dá dào le jīng zhàn de yì shù
句酌，属对工巧，音韵和谐，达到了精湛的艺术
gāo dù
高度。

세하게 하였으며, 음운을 조화롭게 하여, 정밀하고 심오한 예술의 경지까지 도달하였다.

3. dù xún hè 杜荀鹤

3. 두순학

dù xún hè zì yàn zhī hào jiǔ huá shān rén chí
杜荀鹤(846-907)，字彦之，号九华山人，池
zhōu shí dài jīn ān huī shěng shí tái rén tā chū shēng hán wēi sì shí liù
州石埭(今安徽省石台)人。他出生寒微，四十六
suì cái kǎo zhòng jìn shì dàn réng wèi dé dào guān zhí hòu lái zhū wēn cuàn
岁才考中进士，但仍未得到官职。后来，朱温篡
táng dāng le huáng dì jiàn lì le liáng cháo lì shǐ shàng jiào zuò hòu liáng
唐，当了皇帝，建立了梁朝，历史上叫作“后梁”。
rèn mìng tā wéi hàn lín xué shì kě shì jǐn wǔ tiān jiù bìng sǐ le
任命他为翰林学士，可是仅五天就病死了。

두순학(846-907)은, 자가 언지, 호는 구화산인으로, 지주 석태(지금의 안휘성 석태) 사람이다. 그는 가난한 집안 출신으로, 46세가 되어서야 비로소 진사에 합격했으나, 여전히 관직에는 오르지는 못했다. 뒤에, 주온이 당의 자리를 찬탈하여, 황제가 된 후, 양 나라를 세웠는데, 역사에서는 이를 “후량”이라고 부른다. 두순학은 한림학사로 임명되었지만, 겨우 5일 만에 병으로 죽고 말았다.

dù xún hè shēng huó de shí dài zhèng shì táng cháo zhèng zhì fǔ bài shè
杜荀鹤生活的时代，正是唐朝政治腐败，社
huì dòng luàn de shí dài gè dì jūn fá hùn zhàn guān lì héng zhēng bào liǎn
会动乱的时代。各地军阀混战，官吏横征暴敛，
rén mín kùn kǔ bù kān dù xún hè de shī zhèng fǎn yìng le zhè yī shè huì
人民困苦不堪。杜荀鹤的诗正反映了这一社会
xiàn shí rú shān zhōng guǎ fù
现实，如≪山中寡妇≫：

두순학이 생활했던 시대는, 바로 당의 정치가 부패하고, 사회가 어지러운 시대였다. 각지의 군벌들이 혼전을 벌이고, 관리들이 터무니없이 무거운 세금을 징수하여, 백성들은 고통을 참을 수가 없었다. 두순학의 시는 바로 이러한 사회현실을 반영하고 있는데, ≪산중의 과부≫를 예로 들면 다음과 같다.

fū yīn bīng sǐ shǒu péng máo má zhù yī shān bìn fà jiāo
夫因兵死守蓬茅，麻苎衣衫鬓发焦。

남편은 전쟁으로 죽고 초가집을 지키고 사는데, 모시와 삼베옷에 귀밑거리는 그을린 듯하다.

sāng zhè fèi lái yóu nà shuì tián yuánhuāng hòu shàngzhēngmiáo
桑柘废来犹纳税，田园荒后尚征苗。

shí tiāo yě cài hé gēn zhǔ xuánzhuóshēngchái dài yè shāo
时挑野菜和根煮，旋斫生柴带叶烧。

rèn shì shēnshāngèngshēn chù yě yīng wú jì bì zhēng yáo
任是深山更深处，也应无计避征徭。

뽕나무가 없어졌는데도 세금을 바쳐야 한다니, 전원이 황폐한 뒤에도 묘목 구하러 다닌다.

때때로 들나물 캐어다가 뿌리까지 삶고, 장작 쪼개 불 지피고 나뭇잎도 불사른다.

아무리 깊은 산속 더 깊은 곳이라도, 부역과 세금을 피할 방도는 전혀 없구나.

zhè shǒu shī miáo xiě le zhàn luàn gěi rén mín zào chéng de shēn zhòng kǔ
这首诗描写了战乱给人民造成的深重苦
nàn zhànluàn shǐ nóng jiā fù nǚ chéng le guǎ fù tián yuán yīn quē
难。战乱使农家妇女成了寡妇；田园因缺
fá láo dòng lì ér huāng wú le yǎng cán de sāng shù yě yīn jūn yòng bèi kǎn
乏劳动力而荒芜了；养蚕的桑树也因军用被砍
guāng le méi yǒu liáng shí zhǐ hǎo zhǔ yě cài chī zhè ge guǎ fù luò dào
光了；没有粮食，只好煮野菜吃。这个寡妇落到
zhè bān guāng jǐng cán bào de tǒng zhì zhě hái yào xiàng tā zhēngshōu fù shuì jiù
这般光景，残暴的统治者还要向她征收赋税，就
shì duǒ dào shēnshān lǎo lín lǐ yě huì bèi zhuā qù fú yáo yì de
是躲到深山老林里，也会被抓去服徭役的。

이 시는 전란이 백성들에게 안겨준 대단한 고통을 묘사하고 있다. 전란으로 농가의 부녀자들은 과부가 되고, 전원은 노동력이 부족해서 황폐해졌으며, 누에를 치는 뽕나무도 군용으로 사용하기 위해 다 잘리고, 식량이 없어서, 할 수 없이 산나물들을 삶아 먹고 있다. 이 과부가 이런 곤경에 빠져 있는데도, 잔인하고 포악한 통치자들은 여전히 그녀들에게서 세금을 징수했으며, 심산의 울창한 숲속에 숨어 있어도, 붙잡아 가서 부역을 시켰다.

dù xún hè de shī bǐ jiào shēn kè de jiē lù le tángcháo mò nián jiān
杜荀鹤的诗比较深刻地揭露了唐朝末年尖
ruì de jiē jí máo dùn wèi kǔ nàn de rén mín tí chū le yǒu lì de kòng
锐的阶级矛盾，为苦难的人民提出了有力的控
sù tā de shī yī sǎo wǎn táng de tuí mǐ shī fēng fàng shè zhe qí guāng
诉。他的诗一扫晚唐的颓靡诗风，放射着奇光
yì cǎi zhù yǒu tángfēng jí
异彩。著有《唐风集》。

두순학의 시는 당 말년의 첨예한 계급모순을 비교적 심도 있게 폭로하였으며, 고통 받는 백성들을 위하여 강력하게 성토를 하고 있다. 그의 시는 당 말기의 의기소침했던 시풍을 일소하고, 이채로운 모습을 보여주었다. 저서로 《당풍집》이 있다.

dì jiǔ jié táng dài sǎn wén

第九节 唐代散文

제9절 당대 산문

zhōng guó de sǎn wén zài xiān qín hé liǎng hàn shí dài jiù yǐ jīng yǒu
中国的散文，在先秦和两汉时代就已经有
le hěn gāo de chéng jiù dàn shì dào le liù cháo shí qī wén fēng wèi zhī
了很高的成就。但是，到了六朝时期，文风为之
yī biàn xiě wén zhāng fēi cháng jiǎng jiū shēng lǜ hé duì ǒu dàn nèi róng kōng
一变，写文章非常讲究声律和对偶，但内容空
xū zhè suī rán fēng fù le yì shù xíng shì tí gāo le xiě zuò jì qiǎo
虚。这虽然丰富了艺术形式，提高了写作技巧，
dàn shì fā zhǎn dào hòu lái què zǒu xiàng fǎn miàn xíng chéng le yī zhǒng zhuī
但是，发展到后来，却走向反面，形成了一种追
qiú duì ǒu gōng zhěng hé cí zǎo huá lì de xíng shì zhǔ yì wén fēng zhè zhǒng
求对偶工整和词藻华丽的形式主义文风。这种
wén fēng yī zhí yán xù dào táng dài
文风，一直延续到唐代。

중국의 산문은, 선진과 양한 시대에 이미 높은 성과가 있었다. 그러나, 육조시기에 이르러, 문풍이 일변하여, 문장을 쓸 때 음률과 대구를 아주 중시하면서, 내용은 공허하였다. 이는 비록 예술형식을 풍부하게 해 주고, 창작의 기교를 제고시켜 주었지만, 후기에 와서는, 오히려 부정적으로 발전하여, 깔끔한 대구와 화려한 언어를 추구하는 형식주의 문풍을 만들고 말았다. 이러한 문풍은, 당대까지 계속 지속되었다.

chū táng shí qī zhè zhǒng xíng shì zhǔ yì de wén fēng hái hěn shèng xíng
初唐时期，这种形式主义的文风还很盛行。
dào le zhōng táng shí qī jiù yǒu hěn duō rén qǐ lái fǎn duì zhè zhǒng wén fēng
到了中唐时期，就有很多人起来反对这种文风，
xiān qǐ le gǎi gé sǎn wén de gǔ wén yùn dòng tā men tí chàng xiě wén
掀起了改革散文的"古文运动"。他们提倡写文
zhāng yào yǒu chōng shí de sī xiǎng nèi róng fā yáng xiān qín liǎng hàn shí dài de
章要有充实的思想内容，发扬先秦、两汉时代的
yōu liáng chuán tǒng fǎn duì liù cháo shí qī de fú yàn diāo zhuó yīn wèi xiān
优良传统，反对六朝时期的浮艳雕琢。因为先
qín liǎng hàn cóng shí jiān shàng lái shuō bǐ liù cháo wéi gǔ suǒ yǐ chēng zhè
秦、两汉从时间上来说，比六朝为古，所以称这

초당시기에도, 이러한 형식주의 문풍은 여전히 흥행하였다. 중당 시기에 와서, 여러 사람들이 이런 문풍을 반대하면서, 산문을 개혁하려는 고문운동을 일으켰다. 그들은 문장을 쓸 때 충실한 사상내용이 있어야 하며, 선진과 양한 시대의 우수한 전통을 발양하고, 육조시기의 지나친 수식을 반대할 것을 주장하였다. 선진과 양한이 시간적으로 육조보다 오래 되었기 때문에, 이 때 운동을 "고문운동"이라고 부른다.

次运动为“古文运动”。

古文运动的领导者是韩愈和柳宗元，参加的人还有刘禹锡、白居易、元稹等人。古文运动虽然用复古的旗号，但并不是单纯地摹仿古人，而是继承了古代散文的优良传统，并有了新的发展。比如在语言形式上，把文章从骈四俪六的束缚中解放出来，形成一种精炼流畅、刚健朴素的风格，使散文更适合于叙事、说理和抒情。这个运动是具有进步意义的。特别是韩愈和柳宗元的散文创作，取得了杰出的成就，对后代散文的发展具有重大的影响。

고문운동의 영수는 한유와 유종원이지만, 이에 참가한 사람으로는 또 유우석·백거이·원진 등이 있었다. 고문운동에서는 복고라는 기치를 내세웠지만, 단순하게 옛사람을 모방하자는 것이 아니라, 고대 산문의 우수한 전통을 계승하자는 것으로, 새로운 진전이 있었다. 예를 들어 언어형식에서, 문장을 변려문의 속박에서 해방시켜, 간결하고 유창하며 강건하고 소박한 그런 풍격을 가지게 함으로써, 산문이 서사를 하고 논리를 말하고 서정을 표현하는 데 더욱 적합하도록 하였다. 이 운동은 진보적 의의를 가진 것이었다. 특히 한유와 유종원은 산문창작에서 걸출한 성과를 거두었으며, 후대 산문 발전에 큰 영향을 주었다.

晚唐时期，阶级矛盾更加尖锐，在这样的社会基础上，讽刺小品就适应时代的需要而发展起来了。这些作品深刻地揭露和批判了唐朝的现实，对封建统治者的残酷剥削和荒淫奢侈给

만당시기에, 계급모순이 더욱 첨예해지자, 이런 사회적 바탕에서, 풍자소품이 시대적 요구에 적응하기 위해 발전하였다. 이런 작품들은 당의 현실을 심도 있게 폭로하고 비판하였으며, 봉건통치자의 잔혹한 박해와 황음, 사치에 대하여 유감없이 조소하고 풍자를 하였다.

yǔ wú qíng de cháo xiào hé fěng cì
予无情的嘲笑和讽刺。

táng dài sǎn wén hé táng shī yī yàng yě qǔ dé le jù dà chéng jiù
唐代散文和唐诗一样，也取得了巨大成就，
chǎn shēng le xǔ duō zhù míng zuò jiā hé zhòng yào zuò pǐn qí zhōng zuì zhù míng
产生了许多著名作家和重要作品。其中最著名
de sǎn wén jiā shì hán yù hé liǔ zōng yuán
的散文家是韩愈和柳宗元。

당대 산문도 당시처럼, 큰 성과를 거두어, 수많은 유명 작가와 주요 작품이 나올 수 있었다. 그중에서 제일 유명한 산문가는 한유와 유종원이다.

hán yù hé tā de sǎn wén
1. 韩愈和他的散文

1. 한유와 그의 산문

hán yù zì tuì zhī hé yáng jīn hé nán shěng mèng
韩愈(768-824)，字退之，河阳(今河南省孟
xiàn rén yīn jùn wàng chāng lí gù shì chēng hán chāng lí yòu nián zǎo gū
县)人。因郡望昌黎，故世称韩昌黎。幼年早孤，
kè kǔ hào xué zhēn yuán bā nián kǎo zhòng jìn shì céng rèn jiān chá
刻苦好学。贞元八年(792)考中进士，曾任监察
yù shǐ hòu bèi biǎn wéi yáng shān lìng yuán hé shí sì nián yīn quàn
御史，后被贬为阳山令。元和十四年(819)因劝
táng xiàn zōng bù yào yíng fó gǔ jī hū bèi pàn chǔ sǐ xíng zài dù bèi
唐宪宗不要迎佛骨，几乎被判处死刑，再度被
biǎn táng mù zōng shí shēng wéi lì bù shì láng sǐ hòu shì hào wén tā
贬。唐穆宗时升为吏部侍郎。死后谥号“文”。他
shì táng dài zhù míng de sǎn wén jiā hé shī rén shì gǔ wén yùn dòng de
是唐代著名的散文家和诗人，是“古文运动”的
chàng dǎo zhě zhù yǒu hán chāng lí jí
倡导者。著有《韩昌黎集》。

한유(768-824)는, 자가 퇴지이며, 하양(지금의 하남성 맹현) 사람이다. 창려 지역에서 명망 있던 집안이었기에, 세상에서는 그를 한창려라 부른다. 어려서 일찍이 고아가 되었지만, 열심히 공부를 하였다. 정원 8년(792)에 진사에 합격하여, 일찍이 감찰어사를 지냈으며, 뒤에 가서는 양산령으로 좌천되었다. 원화 14년(819)에 당헌종에게 불사리를 참배하지 말라고 권했던 것으로 인해, 거의 사형에 처하여질 뻔 했다가, 다시 좌천되었다. 당 목종 때 이부시랑으로 승진되었으며, 죽은 후에 “문”이란 시호를 가지게 되었다. 그는 유명한 당대 산문가요 시인이며, “고문운동”의 창시자다. 저서로 ≪한창려집≫이 있다.

hán yù de sǎn wén zhǒng lèi bǐ jiào duō yǒu lùn shuō wén jì xù wén
韩愈的散文种类比较多，有论说文、记叙文

한유의 산문은 종류가 비교적 많으며, 논설문·기서문·

、抒情散文等。他的论说文，以"杂说"成就最高。这类散文篇幅较短，只有几百字，但说理透彻、结构严谨、逻辑性强。著名的有《原毁》、《师说》等篇。

서정 산문 등이 있다. 그의 논설문에서, "잡설"이 최고의 성과물이다. 이런 산문들은 편폭이 비교적 짧아, 겨우 몇 백자 밖에 되지 않지만, 이치가 분명하고 구성이 빈틈없으며 논리성이 아주 강하다. 유명한 것으로 《원훼》·《사설》 등이 있다.

《原毁》这篇文章，中心思想是论毁谤。作者用"古之君子"和"今之君子"作比较，分析了一般人好毁谤别人的原因，揭露了统治阶级内部士大夫之间互相攻击的情状，一针见血，切中时弊。《师说》这篇文章，中心思想是论述从师学习的道理。他指出老师的作用就是传道、授业、解惑。他认为一个人不论贵贱、年长年少，只要有专门知识，都可以当老师。他还提倡互相学习，不耻下问的良好风尚。他的记叙文，写人、记事、状物都很重视形象的鲜明和完整。如《张中丞传后序》等。《张中丞传后序》写张巡等人

《원훼》 이 글은, 중심 사상이 훼방을 논하는 글이다. 작가는 "고대의 군자"와 "지금의 군자"를 비교하면서, 일반인들이 다른 사람을 훼방하기 좋아하는 원인을 분석하면서, 통치계급 내부의 사대부들이 서로 공격하는 실정을 폭로하고, 한 마디로 따끔하게 시대적 병폐를 지적하였다. 《사설》 이 글은, 중심 사상이 스승을 따라 공부를 하는 도리를 논하는 글이다. 교사의 역할은 바로 도를 전하고 학업이나 기예를 전수하며 의혹을 풀어주는 것이라고 그는 지적하였다. 어떤 사람의 귀천이나 나이의 고하에 관계없이, 전문적인 지식만 있다면, 누구나 교사가 될 수 있다고 그는 주장하였다. 그는 또 서로에게서 배우고, 나이 어린 사람에게 묻는 것도 부끄러워하지 않는 멋진 기풍을 제창하였다. 그의 서술문은 사람을 묘사하거나 일을 기록하거나 사물을 형용함에 있어서 모두 형상의 선명함과 완전함을 아주 중시하였다. 《장중승전후서》 등을 예로 들 수 있다. 《장중승전후서》는 장순 등

sǐ shǒu suī yáng yīng yǒng kàng dí de shì jì kāng kǎi bēi zhuàng lìng rén kě gē
死守睢阳英勇抗敌的事迹，慷慨悲壮，令人可歌
kě qì tā de shū qíng sǎn wén shū qíng hé xù shì jǐn mì jié hé qǐ
可泣。他的抒情散文，抒情和叙事紧密结合起
lái gǎn qíng bǎo mǎn shēng dòng gǎn rén rú jì shí èr láng wén děng
来，感情饱满，生动感人。如《祭十二郎文》等。
jì shí èr láng wén shì hán yù dào niàn wáng zhí de jì wén quán piān
《祭十二郎文》是韩愈悼念亡侄的祭文，全篇
suī shì jiā cháng de sù shuō dàn qīng zhù le zuò zhě zhēn zhì de gǔ ròu zhī
虽是家常的诉说，但倾注了作者真挚的骨肉之
qíng hé duì rén shēng de gǎn tàn zì zì jù jù qī chǔ dòng rén hán yù
情和对人生的感叹，字字句句，凄楚动人。韩愈
sǎn wén de yǔ yán tè diǎn shì xīn yǐng jiǎn jié zhǔn què shēng dòng
散文的语言特点是：新颖、简洁、准确、生动。

이 수양을 사수하면서 용감하게 대적한 이야기를 묘사하고 있는데, 강개 비장하여 사람들에게 큰 감동을 준다. 그의 서정 산문은 서정과 서사를 밀접하게 결부시켜, 감정이 충만하고, 감동할 정도로 생동적이다. 《제십이랑문》을 예로 들 수 있다. 《제십이랑문》은 한유가 조카의 죽음을 애도하는 제문으로, 전체 내용은 일상적인 일에 대한 서술이지만, 작가의 애틋한 골육의 정과 인생에 대한 감탄을 토로하고 있어서, 구구절절이 슬프고 괴로워 사람을 감동시킨다. 한유 산문의 언어 특징은, 참신하고 간결하며 정확하고 생동적이다.

liǔ zōng yuán hé tā de sǎn wén
2. 柳宗元和他的散文

2. 유종원과 그의 산문

liǔ zōng yuán zì zǐ hòu hé dōng jiě jīn shān xī shěng
柳宗元(773-819)，字子厚，河东解(今山西省
yùn chéng xiàn jiě zhōu zhèn rén shì chēng liǔ hé dōng èr shí yī suì kǎo
运城县解州镇)人，世称"柳河东"。二十一岁考
zhòng jìn shì guān zhì lǐ bù yuán wài láng tā jī jí cān jiā gǎi gé zhèng
中进士，官至礼部员外郎。他积极参加改革政
zhì de huó dòng hòu yīn gé xīn shī bài bèi biǎn wéi yǒng zhōu sī mǎ shí
治的活动，后因革新失败，被贬为永州司马。十
nián hòu gǎi wéi liǔ zhōu cì shǐ gù yòu chēng liǔ liǔ zhōu tā shì táng dài
年后，改为柳州刺史，故又称柳柳州。他是唐代
zhù míng de sǎn wén jiā hé shī rén gǔ wén yùn dòng de lǐng dǎo zhě zhù
著名的散文家和诗人，古文运动的领导者。著

유종원(773-819)은 자가 자후, 하동해(지금의 산서성 운성현 해주진) 사람으로, 세상에서는 "유하동"이라 불렸다. 21세에 진사에 합격했으며, 관직이 예부원외랑에까지 이르렀다. 그는 정치를 개혁하는 활동에 적극적으로 참가하였으나, 뒤에 가서 혁신이 실패함에 따라 영주사마로 좌천되었다. 10년 후, 유주자사가 됨에 따라, 유유주라 불리기도 하였다. 그는 당대의 유명한 산문가요 시인이며, 고문운동의 영수였다. 저서로 《유하동집》이 있다.

yǒu liǔ hé dōng jí
有《柳河东集》。

liǔ zōngyuán de sǎn wén shì fēng fù duō cǎi de tā de sǎn wén kě
柳宗元的散文是丰富多彩的，他的散文可
fēn wéi sān dà lèi fěng cì xiǎo pǐn shānshuǐ yóu jì zhuàn jì sǎn wén
分为三大类：讽刺小品、山水游记、传记散文。

유종원의 산문은 풍부하고 다채로운데, 그의 산문은 크게 세 종류, 즉 풍자소품, 산수유기, 전기산문으로 나눌 수 있다.

fěng cì xiǎo pǐn yǐ sān jiè wéi dài biǎo sān jiè
(1) 讽刺小品以《三戒》为代表。《三戒》
shì yǐ mí lú shǔ sān zhǒng dòng wù xiě chéng de sān piān yù yán gù shì
是以麋、驴、鼠三种动物写成的三篇寓言故事，
yòng lái fěng cì nà xiē shì chǒng ér jiāo wàng zì zūn dà dé yì wàng xíng de
用来讽刺那些恃宠而骄、妄自尊大、得意忘形的
rén bìng zhǐ chū tā men zì qǔ miè wáng de xià chǎng zuò zhě rèn wéi zhè
人，并指出他们自取灭亡的下场。作者认为这
sān zhǒng qíng kuàng dōu shì rén men yīng dāng yǐn yǐ wéi jiè de suǒ yǐ tí míng
三种情况都是人们应当引以为戒的，所以题名
sān jiè qí zhōng lín jiāng zhī mí shì fěng cì yī shì yǐ
《三戒》。其中《临江之麋》，是讽刺“依势以
gàn fēi qí lèi de rén qián zhī lǘ shì fěng cì nà xiē xū yǒu
干非其类”的人；《黔之驴》，是讽刺那些虚有
qí biǎo ér méi yǒu zhēn cái shí xué chū jì yǐ nù qiáng de rén yǒng
其表而没有真才实学，“出技以怒强”的人；《永
mǒu shì zhī shǔ shì fěng cì qiè shí yǐ sì bào de rén zhè sān piān
某氏之鼠》，是讽刺“窃时以肆暴”的人。这三篇
yù yán yǒu shēn kè de jiào yù yì yì
寓言，有深刻的教育意义。

(1) 풍자소품은 《삼계》가 대표작이다. 《삼계》는 고라니·당나귀·쥐 세 종류의 동물을 가지고 쓴 세 편의 우화로, 총애를 믿고 교만하고 잘난 체하며 자만하는 사람을 풍자하면서, 아울러 그들이 멸망을 자초하는 말로를 지적하였다. 작가는 이러한 세 가지 상황은 모두 사람들이 경계해야 한다고 여겼기에, 제목을 《삼계》라 했던 것이다. 그중의 《임강의 고라니》는 “세력에 의지해서 나쁜 짓을 하는 그런 부류의” 사람을 풍자하고 있고, 《귀주의 당나귀》는 겉만 번지르르하고 재능이나 학문적으로는 실속이 없으면서, “잔재주로 훌륭한 자를 격노케 하는” 자를 풍자하고 있으며, 《영모씨의 쥐》는 “기회를 틈타 멋대로 횡포를 부리는” 사람을 풍자하였다. 이 세 편의 우화에는 모두 심오한 교육적 의의가 담겨져 있다.

shānshuǐ yóu jì yǐ yǒngzhōu bā jì wéi dài biǎo yǒngzhōu
(2) 山水游记以“永州八记”为代表。“永州
bā jì shì shǐ dé xī shān yàn yóu jì gǔ mǔ tán jì
八记”是：《始得西山宴游记》、《钴鉧潭记》

(2) 산수유기는 “영주팔기”가 대표작이다. 영주팔기란 《시득산서연유기》·《고무담기》·《고무담서소구기》·《소석담기》·《원가갈기》·

、《钴鉧潭西小丘记》、《小石潭记》、《袁家渴记》、《石渠记》、《石涧记》、《小石城山记》。这些文章是他被贬为永州司马时写的最有名的八篇文章，文笔清新秀丽，富有诗情画意，被历代称为山水游记的佳作。

《석거기》·《석간기》·《석소성산기》를 말한다. 이 글들은 그가 영주마사로 좌천되었을 때에 쓴 가장 유명한 8편의 문장으로, 문필이 참신하고 수려하며, 시적인 정취와 그림 같은 아름다움이 풍부하여, 역대 산수유기의 가작으로 불린다.

(3) 传记散文以《段太尉逸事状》为代表。《段太尉逸事状》是以真人真事为依据写成的，作者把这些事迹进行选择和集中，主要写了三件事：一是写他坚持正义，不畏强暴，冒死为邠州人民除害。二是写他对农民仁厚，深受人民的爱戴。三是写他廉洁有节操，不收别人的东西。文章歌颂了段太尉沉着机智、不畏强暴、爱护人民的优秀品质。此外，《捕蛇者说》、《种树郭橐驼传》、《童区寄传》等也都很有名。

(3) 전기산문으로는 《단태위일사상》이 대표작이다.

《단태위일사상》은 실제 인물과 사실을 근거로 쓴 것으로, 작자는 이런 사적을 선택·집중하여, 주로 세 가지 일을 적고 있다. 첫째는 그가 정의를 지키며, 난폭함도 무서워하지 않고, 죽음을 무릅쓰고 빈주의 주민들을 위해 해악을 제거하는 바를 적고 있다. 두 번째는 농민에 대한 그의 어짊과 너그러움과, 농민들로부터 크게 추앙받고 있는 바를 적고 있다. 세 번째는 그가 청렴결백하고 절개가 있으며, 다른 사람의 물건을 받지 않음을 적고 있다. 글은 단 태위가 침착하고 지혜로우며 포악한 세력도 무서워하지 않고 백성을 사랑하는 우수한 품성을 노래하였다. 이 밖에, 《포사자설》·《종수곽탁타전》·《동구기전》 등도 매우 유명하다.

他的散文特点是：语言凝炼，多用短句，说

그의 산문 특징은, 언어가 간결하고, 대부분 짧은 구절

lǐ tòu chè tiáo lǐ jǐng rán wén bǐ qīng xīn yù yì shēn kè
理透彻，条理井然，文笔清新，寓意深刻。

이 많으며, 이치가 분명하고, 조리가 정연하며, 문필이 참신하고, 말에 담긴 의미가 심오하다.

dì shí jié táng dài chuán qí
第十节 唐代传奇

제10절 당대 전기

chuán qí shì táng dài xīng qǐ de yī zhǒng wén yán duǎn piān xiǎo shuō
“传奇”是唐代兴起的一种文言短篇小说
de tǐ cái zhōng guó de xiǎo shuō fā zhǎn dào táng dài yǐ jīng jìn rù le
的体裁。中国的小说发展到唐代，已经进入了
yī ge xīn de jiē duàn zhèng rú lǔ xùn xiān sheng zài zhōng guó xiǎo shuō shǐ
一个新的阶段。正如鲁迅先生在《中国小说史
lüè zhōng shuō
略》中说：

“전기”란 당대에 흥기했던 일종의 문언 단편소설 장르다. 중국 소설의 발전은 당대에 와서, 이미 새로운 단계로 들어서게 되었다. 이는 바로 노신 선생이 《중국소설사략》에서 말한 바와 같다.

xiǎo shuō yì rú shī zhì táng dài ér yī biàn suī shàng bù lí yú
小说亦如诗，至唐代而一变，虽尚不离于
sōu qí jì yì rán xù shù wǎn zhuǎn wén cí huá yàn yǔ liù cháo zhī
搜奇记逸，然叙述宛转，文词华艳，与六朝之
cū chén gěng gài zhě jiào yǎn jìn zhī jì shèn míng ér yóu xiǎn zhě nǎi zài
粗陈梗概者较，演进之迹甚明，而尤显者乃在
shì shí zé shǐ yǒu yì wéi xiǎo shuō
是时则始有意为小说。

소설도 시와 마찬가지로, 당대에 와서 변화가 있게 되었으니, 아직까지는 기이한 일이나 세상에 알려지지 않은 일을 적는 것에서 벗어나지 못했지만, 서술이 완곡하고, 문사가 화려하여, 육조의 투박한 줄거리와 비교해 볼 때, 발전의 흔적이 분명하며, 특히 두드러진 특징은 이때부터 소설로서의 의미가 있기 시작했다는 점이다.

lǔ xùn xiān sheng de lùn shù duì wǒ men yán jiū táng dài xiǎo shuō shì
鲁迅先生的论述，对我们研究唐代小说是
yǒu zhe zhòng yào de zhǐ dǎo yì yì de yóu yú táng cháo shēng chǎn lì de tí
有着重要的指导意义的。由于唐朝生产力的提

노신 선생의 논술에, 우리가 당대소설을 연구하는데 중요한 지도적 의의가 담겨 있다.

당대에는 생산력이 향상되

gāo chéng shì jīng jì de fán róng cù jìn le wén xué yì shù de fā zhǎn
高，城市经济的繁荣，促进了文学艺术的发展，
wèi xiǎo shuō chuàng zuò tí gōng le fēng fù de xiě zuò tí cái hé biǎo xiàn fāng
为小说创作提供了丰富的写作题材和表现方
fǎ shǐ xiǎo shuō cóng dān chún de miáo xiě shén xiān guǐ guài zǒu xiàng fǎn yìng fù
法，使小说从单纯的描写神仙鬼怪，走向反映复
zá de shè huì shēng huó
杂的社会生活。

고, 도시경제가 번영하여, 문학예술의 발전이 촉진되었고, 이에 소설 창작에 풍부한 창작소재와 표현방법이 제공되어, 소설이 단순하게 신선요괴를 묘사하던 것에서, 복잡한 사회생활을 반영하는 방향으로 발전하게 되었다.

táng dài xiǎo shuō de fā zhǎn kě fēn wéi sān ge shí qī
唐代小说的发展，可分为三个时期:

당대소설의 발전은 세 시기로 나누어 볼 수 있다.

chū táng shí qī
1. 初唐时期

1. 초당시기

zhè ge shí qī shì liù cháo zhì guài xiàng táng dài chuán qí guò dù shí
这个时期是六朝志怪向唐代传奇过渡时
qī rú wáng dù de gǔ jìng jì shì táng dài chuán qí zhōng zuì zǎo
期。如王度的《古镜记》，是唐代传奇中最早
de yī piān tā yǐ gǔ jìng de líng yì wéi xiàn suǒ xiě le shí duō ge
的一篇。它以古镜的灵异为线索，写了十多个
xiáng yāo fú guài de gù shì dàn zuò pǐn xuān yáng de shì sù mìng lùn de xiāo
降妖伏怪的故事。但作品宣扬的是宿命论的消
jí sī xiǎng
极思想。

이 시기는 육조의 지괴가 당대 전기로 넘어가는 과도기이다. 예컨대 왕도의 《고경기》는, 당대 전기 중 최초의 작품이다. 이는 고경의 영험하고 기이한 일을 실마리로 하여, 십여 개의 요괴를 굴복시키는 이야기를 묘사하고 있다. 그러나 작품에서 선양하고 있는 것은 숙명론의 부정적인 사상이다.

shèng táng hé zhōng táng shí qī
2. 盛唐和中唐时期

2. 성당과 중당시기

zhè ge shí qī zuò pǐn bǐ jiào duō chū xiàn le xǔ duō zhù míng zuò
这个时期作品比较多，出现了许多著名作

이 시기는 작품이 비교적 많으며, 유명한 작가들이 많

家，是传奇的黄金时代。著名的传奇有：《枕中记》、《柳毅传》、《霍小玉传》、《李娃传》、《莺莺传》等。

이 나와, 전기의 황금시대다. 유명한 전기로 《침중기》·《유의전》·《곽소옥전》·《이와전》·《앵앵전》 등이 있다.

《枕中记》是沈既济写的传奇小说。沈既济是唐代小说家，苏州吴(今江苏省苏州市)人。这篇传奇写卢生在邯郸客店遇到道士吕翁，卢生自叹穷困，道士就把青瓷枕借给他，卢生于是入睡。在梦中，他经历了“出将入相”的豪华荣耀的生活，一旦惊醒，还不到煮熟一顿黄米饭的功夫。于是他大悟，万念俱休，因而悟道。作品对当时统治阶级的腐朽有所暴露，对热衷功名利禄的士人也作了讽刺，但它也宣扬了人生如梦的消极思想。元代马致远的杂剧《黄粱梦》、明代汤显祖的传奇《邯郸记》都取材于此。

《침중기》는 심기제가 쓴 전기소설이다. 심기제는 당대 소설가로, 소주오(지금의 강소성 소주시) 사람이다. 이 전기는 노생이 한단 여관에서 도사 여옹을 만났는데, 노생이 자신의 가난함을 한탄하자, 도사가 그에게 청자 베개를 빌려주었고, 여생은 잠이 들었다. 꿈속에서, 그는 문무를 겸비한 인재로 호화로운 생활을 했는데, 깜짝 놀라서 일어나보니, 아직 밥이 다 끓지도 않은 시간이었다. 이에 그는 큰 깨달음을 얻어, 모든 생각을 그만두고, 도를 깨닫게 되었다. 작품은 당시 통치계급의 부패를 폭로하고, 공명과 관록에 열을 올리던 지식인들도 풍자를 하였지만, 이 작품 역시 인생이란 꿈과 같다는 부정적인 사상을 선양하고 있다. 원대 마치원의 잡극 《황량몽》과, 명대 탕현조의 전기 《한단기》는 모두 이것에서 소재를 취한 것이다.

以爱情为题材的《柳毅传》、《霍小玉传》

사랑을 제재로 한 《유의전》·《곽소옥전》·《이와

lǐ wá zhuàn yīngyīngzhuàn zài chuán qí zhōngchéng jiù zuì gāo
、《李娃传》、《莺莺传》，在传奇中成就最高。

liǔ yì zhuàn shì lǐ cháo wēi xiě de chuán qí xiǎoshuō lǐ cháo wēi táng
《柳毅传》是李朝威写的传奇小说。李朝威，唐
dài zuò jiā lǒng xī jùn jīn gān sù shěnglǒng xī xiàn rén zhè piānchuán qí
代作家，陇西郡(今甘肃省陇西县)人。这篇传奇
xiǎoshuō xiě dòng tíng lóng nǚ hūn hòu zāo dào zhàng fu de nüè dài ràng tā mù
小说，写洞庭龙女婚后遭到丈夫的虐待，让她牧
yánghuāng yě guò zhe nú lì bān de shēng huó shū shēng liǔ yì jiàn yì yǒng
羊荒野，过着奴隶般的生活。书生柳毅，见义勇
wéi gěi tā chuán dì shū xìn bāng tā tuō lí le kǔ nàn hòu lái lóng nǚ
为，给他传递书信，帮她脱离了苦难。后来，龙女
duì liǔ yì chǎnshēng le ài qíng jīng guò yī fān bō zhé liǎng rén jié chéng
对柳毅产生了爱情。经过一番波折，两人结成
fū qī zhè piān zuò pǐn tōng guò shén huà gù shì fǎn yìng le fēng jiàn shè
夫妻。这篇作品通过神话故事，反映了封建社
huì fù nǚ de tòng kǔ rén wù xíngxiàngxiānmíng gù shì qíng jié qū zhé
会妇女的痛苦。人物形象鲜明，故事情节曲折，
miáo xiě xì nì yǔ yán shēngdòng yuán dài zá jù liǔ yì zhuàn shū jiù
描写细腻，语言生动。元代杂剧《柳毅传书》就
shì cóng zhè lǐ qǔ cái de
是从这里取材的。

전》·《앵앵전》은, 전기 중에서도 성과가 제일 큰 작품이다. 《유의전》은 이조위가 쓴 전기소설이다. 이조위는 당대 작가로, 농서군(지금의 감숙성 농서현) 사람이다. 이 전기소설은 내용이 이렇다. 동정의 용녀가 결혼을 한 후 남편에게 학대를 당해, 그녀는 황야에서 양을 기르며, 노예와 같은 생활을 하였다. 서생 유의는 의리에 용감했던 사람으로, 용녀가 그에게 편지를 전했더니, 그녀를 어려움에서 벗어나도록 도와주었다. 뒤에, 용녀는 유의에게 애정이 생기게 되었다. 우여곡절 끝에, 두 사람은 부부가 되었다. 이 작품은 신화이야기를 통하여, 봉건사회 여성들의 고통을 반영하였다. 인물 형상이 선명하고, 이야기의 줄거리가 복잡하며, 묘사가 섬세하고, 언어가 생동적이다. 원대 잡극 《유의전서》는 바로 여기에서 소재를 취한 것이다.

huò xiǎo yù zhuàn de zuò zhě jiǎngfáng zì zǐ wēi yì xīng jīn
《霍小玉传》的作者蒋防，字子微，义兴(今
jiāng sū shěng yí xīngxiàn rén céng zuò guò hàn lín xué shì tīng zhōu cì shǐ
江苏省宜兴县)人。曾做过翰林学士、汀州刺史
děngguān zhí zhè piānchuán qí xiǎoshuō xiě de shì gē jì huò xiǎo yù hé shū
等官职。这篇传奇小说写的是歌妓霍小玉和书
shēng lǐ yì de ài qíng bēi jù lǐ yì zài cháng ān yǔ huò xiǎo yù xiāng ài
生李益的爱情悲剧。李益在长安与霍小玉相爱，

《곽소옥전》의 작가는 장방으로, 자는 자미이며, 의흥(지금의 강소성 의흥현) 사람이다. 일찍이 한림학사·정주자사 등의 관직을 맡았다. 이 전기소설에서 묘사하고 있는 것은 가희 곽소옥과 서생 이익의 애정비극이다. 이익은 장안에서 곽소옥과 서로 사랑을 했었지만, 뒤에 이익이 변심하여 다른 사람에게 장

后来李益变心另娶，霍小玉相思成疾，最后悲愤交集，气结而死。霍小玉死后，冤魂化作厉鬼，进行报复，使李益夫妻不和，终身处于猜疑和嫉妒之中。作者对霍小玉非常同情，把她塑造成一个温婉美丽、纯洁善良、忠于爱情，受尽封建社会压迫欺凌而不肯屈服的妇女形象。李益则是一个势利软弱、寡情薄义的负心男子形象。这个故事反映了当时婚姻问题上的社会矛盾，控诉了封建门阀制度的罪恶。这篇传奇结构谨严，情节紧凑，人物鲜明，文笔流畅，是唐代传奇中的名作。明代戏曲家汤显祖的≪紫钗记≫就是取材于这个故事。

가를 갔고, 곽소옥은 그리움이 병이 되어, 뒤에 슬픔과 분노가 응집되고, 우울증에 걸려 죽고 말았다. 곽소옥은 죽은 후에, 원혼이 악귀가 되어, 보복을 감행, 이익 부부가 화목하지 못하게 하고, 종신토록 의심과 질투 속에서 살게 하였다. 작가는 곽소옥을 아주 동정하여, 그녀를 온순하면서도 아름답고, 순결하면서도 선량하며, 애정에도 충실하며, 그리고 봉건사회의 압박과 모욕을 당하면서도 굴복하지 않는 부녀 형상으로 그려내었다. 이익은 세력과 이익을 따지는 연약하고 박정하고 의리 없는 남자 형상이다. 이 이야기는 당시 혼인문제에서의 사회적 갈등을 반영하였으며, 봉건 문벌제도의 죄악을 고발하였다. 이 전기는 구성이 엄밀하고, 작품 줄거리가 치밀하며, 인물이 선명하고, 문장이 유창한, 당대 전기 중의 명작이다. 명대 희곡가 탕현조의 ≪자차기≫는 바로 이 이야기에서 소재를 취한 것이다.

≪李娃传≫的作者白行简(776-826)，字知退，下邽(今陕西省渭南县)人，是伟大诗人白居易的弟弟。贞元末年考中进士，曾任左拾遗、主

≪이와전≫의 작가 백행간(776-826)은, 자가 지퇴이고, 하규(지금의 섬서성 위남현) 사람으로, 위대한 시인 백거이의 동생이다. 정원 말년에 진사에 합격했으며, 일찍이 좌습유와 주객랑중 등의 관직을 역임하였다. 그는 시부

客郎中等官职。他擅长诗赋，有诗集二十卷，今已亡佚。这篇传奇写的是妓女李娃与荥阳公儿子的爱情故事。李娃虽然是妓女出身，但她具有优良的品德，是一个感情真挚、精神高尚的人。李娃当初听从鸨母的安排，设计抛弃了荥阳生。后来李娃看到荥阳生在风雪中饥寒交迫的惨状时，内心受到谴责，她决心挽救荥阳生，并对他倾注了全部的爱，劝他刻苦读书，发愤上进，最后他一举成名，踏上仕途，富贵起来了。由于社会地位悬殊，李娃感到封建门阀的压力，为了不影响荥阳生的前途，她准备同荥阳生分手，让他找一个门当户对的妻子。这表明李娃心地纯洁善良。最后李娃得到了荥阳公的承认，受到皇帝的嘉奖，被封为“汧国夫人”。故事是个大团圆的结局，为后代戏曲、小说开创了大团圆结局的

에 뛰어나, 시집 20권이 있었지만, 지금은 이미 산실되었다. 이 전기에서 묘사하고 있는 바는 기녀 이와와 형양공 아들 간의 애정 이야기다. 이와는 비록 기녀 출신이지만, 그녀는 훌륭한 인품과 덕성을 갖추고 있었고, 감정이 진실하고 정신이 고상한 사람이었다. 이와는 처음에 기생 어미가 안배해 주는 말을 듣고, 계책을 꾸며 형양공을 버렸다. 뒤에 이와는 형양공이 눈바람 속에서 굶주림과 추위에 시달리고 있는 참상을 보고는, 마음속으로 질책을 받아, 형양생을 구하기로 결심하였으며, 아울러 그에게 모든 사랑을 쏟으며, 열심히 공부하고 분발하여 높은 사람이 되라고 권했던 결과, 마침내 형양생은 일거에 유명해졌고, 벼슬길에 올라, 부귀하게 되었다. 사회적 지위의 차이 때문에, 이와는 봉건문벌의 압력을 느꼈고, 형양생의 앞날에 영향을 주지 않기 위해, 그녀는 형양생과 헤어질 준비를 하면서, 그에게 집안이 비슷한 아내를 찾도록 하였다. 이는 이와의 순결하고 선량한 심지를 나타낸 것이다. 마지막에 가서 이와는 형양공의 허락을 얻었으며, 황제의 포상까지 받아, "견국부인"으로 봉해졌다. 이야기는 해피엔딩으로 끝나, 후대에 희곡과 소설에서 해피엔딩으로 결말을 내는 상투성이 여기서 출발하게 되었다.

俗套。

《莺莺传》又名《会真记》，是元稹写的传奇小说。元稹(779-831)，唐代诗人，字微之，河南(今河南省洛阳市)人，曾任监察御史，同中书门下平章事(相当于宰相)等职，与大诗人白居易齐名，世称“元白”，其成就不如白居易。《莺莺传》写的是张生与崔莺莺恋爱的故事。元代著名杂剧《西厢记》就是从这里取材，经过加工写成的。

《앵앵전》은 또 《회진기》라고 불리는데, 원진이 쓴 전기소설이다. 원진(779-831)은, 당대 시인이며, 자는 미지, 하남(지금의 하남성 낙양시) 사람이다. 일찍이 감찰어사와 동중서문하평장사(재상에 해당함) 등의 관직을 역임하였으며, 대시인 백거이와 이름을 나란히 하여, 세상에서는 “원백”이라 불리나, 그 성과는 백거이만 못하다. 《앵앵전》에서 묘사하고 있는 것은 장생과 최앵앵의 사랑 이야기다. 원대의 유명한 잡극 《서상기》는 바로 여기에서 소재를 취한 뒤, 가공을 거쳐 쓴 것이다.

3. 晚唐时期

3. 만당시기

这个时期的传奇，虽然数量很多，但神怪气氛也多了起来，渐渐远离了现实生活。这个时期比较有特色的作品，是出现了一批侠义小说，如《红线传》、《虬髯客传》等。《红线传》是

이 시기의 전기는, 수량은 매우 많지만, 황당무계한 분위기도 많아져서, 점차 현실 생활과 멀어졌다. 이 시기 비교적 특색 있는 작품에, 의협소설이 상당히 많이 나타났다. 예를 들어, 《홍선전》·《규염객전》 등이다. 《홍선전》은 원교가 쓴 전기소설이다. 원교는 자가 자건이고, 채주 낭산(지금의 하남성

袁郊写的传奇小说。袁郊，字子乾，蔡州朗山(今河南省确山县)人，曾任虢州刺史等职。这篇作品写唐朝潞州节度使薛嵩，忧虑魏博节度使田承嗣侵占他的地盘。他手下婢女红线，自告奋勇，黑夜潜入魏博郡，盗出了田承嗣枕边的金盒，借以警告田承嗣。结果，田承嗣不敢侵占薛嵩的地盘了，双方言归于好。这篇作品赞扬了婢女红线为主报恩、见义勇为的精神。

확산현) 사람으로, 일찍이 괵주자사 등을 역임했다. 이 작품의 묘사는 이렇다. 당 나라 노주 절도사 설호는, 위박의 절도사 전승사가 자신의 근거지를 침해할 것을 걱정하였다. 그의 수하인 하녀 홍선이, 자발적으로 나서서, 캄캄한 밤에 위박군으로 숨어들어가, 전승사 베개 옆의 금합을 훔쳐나온 후, 이것으로 전승사에게 경고를 하였다. 그 결과, 전승사는 설호의 근거지를 함부로 침범하지 않았고, 쌍방이 다시 사이좋게 지내게 되었다. 이 작품은 하녀 홍선이 은혜에 보답하고 의에 용감했던 정신을 찬양하였다.

唐代传奇具有自己独特的艺术风格，它标志着唐代传奇在魏晋六朝志怪小说的基础上，逐渐趋向成熟。唐代传奇故事情节曲折起伏，人物性格鲜明突出，语言清丽畅达，描写生动细腻，达到了相当高的水平。唐代传奇对后代的文学，如宋元话本、元明戏剧、明清小说等都有很大的影响。

당대 전기는 자체적으로 독특한 예술풍격을 가지고 있었는데, 이는 당대 전기가 위진 육조 지괴소설의 기초에서, 점차적으로 성숙했다는 것을 말해준다. 당대 전기 고사는 줄거리가 복잡하고 기복이 심하며, 인물성격이 선명하고 뚜렷할 뿐더러, 언어가 아름답고 유창하며, 묘사가 생동적이고 섬세하여, 상당히 높은 수준에 도달하였다. 당대 전기는 후대 문학, 예컨대 송원대의 화본, 원명대의 희극, 명청대의 소설 등에 매우 큰 영향을 주었다.

dì wǔ zhāng sòng dài wén xué

第五章 宋代文学

(960-1279)

제5장 송대문학

(960-1279)

sòng dài wén xué shì jì táng zhī hòu de yòu yī ge gāo fēng táng dài
宋代文学是继唐之后的又一个高峰。唐代
yǐ shī zhù míng sòng dài yǐ cí jiàn chēng cí shì táng dài xīng qǐ de yī
以诗著名，宋代以词见称。词是唐代兴起的一
zhǒng xīn de wén xué yàng shì jīng guò wǔ dài de cháng qī fā zhǎn dào sòng dài
种新的文学样式，经过五代的长期发展，到宋代
dá dào gāo fēng kě yǐ shuō sòng shì cí de fēng fù duō cǎi de huáng jīn shí
达到高峰。可以说宋是词的丰富多采的黄金时
dài
代。

송대 문학은 당의 뒤를 이은 또 하나의 절정이다. 당대는 시로 유명하고, 송대는 사라고 할 수 있다. 사는 당대에 흥기한 일종의 새로운 문학양식으로, 오대의 장기적인 발전을 거쳐, 송대에 이르러 최절정에 달한 것이다. 송은 풍부하고 다채로운 사의 황금시대라고 말할 수 있다.

cí shì cóng shī fā zhǎn lái de suǒ yǐ yòu jiào shī yú cí de
词是从诗发展来的，所以又叫“诗余”。词的
jù zi yǒu cháng yǒu duǎn dàn shì gù dìng de bù néng rèn yì gǎi dòng suǒ
句子有长有短(但是固定的，不能任意改动)，所
yǐ yǒu rén yòu bǎ cí jiào cháng duǎn jù
以有人又把词叫“长短句”。

사는 시에서 발전한 것이라, "시여"라 부르기도 한다. 사의 구절은 긴 것도 있고 짧은 것도 있어서(그러나 고정되어 있어서, 임의로 바꿀 수는 없다), 혹자는 사를 "장단구"라 부르기도 한다.

cí àn zhào zì shù de duō shǎo kě fēn wéi sān lèi jí xiǎo lìng
词按照字数的多少可分为三类，即“小令”、
zhōng diào cháng diào wǔ shí bā ge zì yǐ nèi de wéi xiǎo lìng wǔ
“中调”、“长调”。五十八个字以内的为“小令”；五
shí jiǔ ge zì zhì jiǔ shí ge zì de wéi zhōng diào jiǔ shí yī ge zì
十九个字至九十个字的为“中调”；九十一个字
yǐ shàng de wéi cháng diào
以上的为“长调”。

사는 글자 수의 다소에 따라 세 종류, 즉 "소령"·"중조"·"장조"로 나눌 수 있다. 58자 이내의 것을 "소령", 59자에서 90자까지의 것을 "중조", 91자 이상의 것을 "장조"라고 부른다.

词按照段落分，可分为四类，即"单调"、"双调"、"三叠"、"四叠"。不分段的称为"单调"，往往是小令；分为两段的叫"双调"，前段叫"前阕"，也叫"上阕"，后段叫"后阕"，也叫"下阕"；分为三段的叫"三叠"；分为四段的叫"四叠"。在这四类当中，"双调"最常见，其次是"小令"，很少用"三叠"、"四叠"。

사는 단락에 따라 네 종류, 즉 "단조"·"쌍조"·"삼첩"·"사첩"으로 나눌 수 있다. 단락으로 나누지 않은 것을 "단조"라고 부르는데, 왕왕 소령이 이것이고, 두 단락으로 나뉜 것을 "쌍조"라고 부르는데, 앞의 단락을 "전결"이라 부르고, "상결"이라고 부르기도 하며, 뒤의 단락을 "후결"이라 부르고, "하결"이라고 부르기도 한다. 세 단락으로 나뉜 것을 "삼첩"이라고 부르고, 네 단락으로 나뉜 것을 "사첩"이라고 부른다. 이 네 종류 중, "쌍조"가 제일 흔하게 볼 수 있고, 그 다음으로는 "소령"이며, "삼첩"과 "사첩"은 쓰임이 아주 적다.

词有词牌，词牌又叫词调，如《菩萨蛮》、《忆秦娥》、《西江月》、《念奴娇》等。词牌不一定是词的题目，它只表示这首词的字数、句数、平仄、韵脚等。每个词牌都有特定的格律，不能任意改动。后人把每一个词牌的字数、句数、平仄、韵脚标示出来，制成"词谱"。人们按照"词谱"来写词，叫做"填词"。词的形式是多种多样的，光"词牌"就有八百多种，其中最短的词只有

사에는 사패가 있는데, 사패는 사조라 부르기도 한다. 예컨대, 《보살만》·《억진아》·《서강월》·《염노교》 등이 그것이다. 사패는 사의 제목이 되는 것은 아니다. 그것은 그저 그 사의 글자 수나, 구절 수·평측·운각 등을 표시할 뿐이다. 각 사패에는 다 특정한 격률이 있어서, 임의로 바꿀 수가 없다. 후세 사람들은 각 사패의 글자 수·구절 수·평측·운각을 표시하여, "사보"를 만들었다. 사람들은 "사보"에 따라 사를 썼는데, 이것을 "전사"라고 부른다. 사의 형식은 다양하여, "사보"만 하더라도 팔백여 종이 있으며, 그 중에 가장 짧은 사는 단지 16자로, 《십육자령》을 예로 들 수 있고, 가장 긴 사는 240자로, 《앵제서》를 예로 들 수 있다.

shí liù ge zì rú shí liù zì lìng zuì cháng de cí yǒu èr bǎi sì
十六个字, 如《十六字令》; 最长的词有二百四
shí ge zì rú yīng tí xù
十个字, 如《莺啼序》。

sòng dài wén xué chú cí yǐ wài shī gē sǎn wén xiǎo shuō hé shuō
宋代文学除词以外, 诗歌、散文、小说和说
chàng wén xué yě yǒu hěn dà fā zhǎn duì hòu dài wén xué yǒu zhe shēn yuǎn de
唱文学也有很大发展, 对后代文学有着深远的
yǐng xiǎng
影响。

송대 문학은 사 외에도, 시가·산문·소설·설창문학이 크게 발전하여, 후대 문학에 깊은 영향을 주었다.

dì yī jié běi sòng wén xué
第一节 北宋文学(960-1127)

제1절 북송 문학 (960-1127)

běi sòng chū qī xǔ duō zuò jiā zài cí de xiě zuò shàng cháng cháng jú
北宋初期, 许多作家在词的写作上, 常常局
xiàn zài wǔ dài de jiù kuàng zi lǐ zhuī qiú xíng shì shàng de jì qiǎo bǎ fú
限在五代的旧框子里, 追求形式上的技巧, 把浮
yàn huá lì zhī fēng dài dào le běi sòng de wén tán qǐ le hěn huài de yǐng
艳华丽之风带到了北宋的文坛, 起了很坏的影
xiǎng zhè xiē zuò jiā dà bù fen shì gōng tíng yù yòng wén rén tā men de
响。这些作家大部分是宫庭御用文人, 他们的
zuò pǐn dōu shì gē gōng sòng dé de hòu lái shōu zài yáng yì biān de xī
作品都是歌功颂德的, 后来收在杨亿编的《西
kūn chóu chàng jí lǐ yīn shū de míng zì lì shǐ shàng bǎ zhè xiē zuò jiā
昆酬唱集》里, 因书的名字, 历史上把这些作家
chēng wéi xī kūn pài
称为"西昆派"。

북송 초기, 많은 작가들이 사를 창작할 때, 늘 오대의 낡은 틀에 구속되어, 형식상의 기교를 추구하면서, 내용도 없는 화려한 문풍을 북송 문단에까지 가지고 와서, 아주 나쁜 영향을 주었다. 이런 작가들은 대부분 궁중의 어용문인으로, 그들의 작품은 모두 공덕을 찬양하였던 바, 뒤에 양억이 편한 《서곤수창집》에 수록되었는데, 책의 이름에 따라, 역사에서는 이런 작가들을 "서곤파"라고 불렀다.

杨亿(964-1020),字大年,建州浦城(今福建省浦城县)人,早有文名,特别为宋太宗、宋真宗所赏识。≪西昆酬唱集≫是以杨亿为首的十几个御用文人歌功颂德的诗集。

양억(964-1020)은, 자가 대년, 건주 포성(지금의 복건성 포성현) 사람이다. 일찍이 문장으로 이름이 있었으며, 특히 송 태종, 송 진종에게 인정을 받았다. ≪서곤수창집≫은 양억을 대표로 한 십여 명의 어용문인이 공덕을 찬양하는 시집이다.

北宋中期,在欧阳修等人的领导和参加下,进行了一次诗文革新运动, 扭转了北宋初年那种不健康的文风, 使北宋文学走上了健康的道路。

북송중기, 구양수 등이 지도하고 참여하여, 시문 혁신 운동이 한 차례 있었는데, 북송 초기의 건전하지 못한 그런 문풍을 바로잡고, 북송문학이 건전한 길로 나아가게 하였다.

北宋产生了许多重要作家, 其中最著名的有欧阳修、王安石、苏轼等。

북송 때 많은 주요 작가들이 나왔는데, 그 중 제일 유명한 작가로 구양수·왕안석·소식 등이 있다.

1. 欧阳修

1. 구양수

欧阳修(1007-1072),字永叔,别号醉翁,晚年号六一居士,庐陵(今江西省吉安市)人。四岁丧父,家境贫困,母亲用荻杆画地教他识字。二十

구양수(1007-1072)는, 자가 영숙이요, 별호는 취옹이며, 노년의 호는 육일거사로, 여릉(지금의 강서성 길안시) 사람이다. 4세에 아버지를 여의고, 가정이 빈곤하여, 어머니가 물억새 막대로 땅에 글자를 써 가며 공부를 가르쳤다.

sì suì kǎo zhòng jìn shì guān zhì cān zhī zhèng shì xiāngdāng yú fù zǎi xiàng
四岁考中进士，官至参知政事(相当于副宰相)。
yīn wèi tā zài tǒng zhì jí tuán nèi bù dòu zhēngzhōngzhàn zài gé xīn de jìn bù
因为他在统治集团内部斗争中站在革新的进步
de yī biān suǒ yǐ shòu dào bǎo shǒu pài de dǎ jī duō cì bèi jiàng zhí dào
的一边，所以受到保守派的打击，多次被降职到
biānyuǎn de dì fang qù dàn yóu yú tā wéi rén zhèng zhí bù jiǔ yòu dé
边远的地方去。但由于他为人正直，不久又得
dào tí shēng wǎnnián shí guān wèi rì gāo sī xiǎng yě zhú jiàn bǎo shǒu duì
到提升。晚年时，官位日高，思想也逐渐保守，对
wáng ān shí de xīn fǎ cǎi qǔ le fǎn duì tài dù ōu yáng xiū sǐ hòu
王安石的"新法"采取了反对态度。欧阳修死后，
huáng dì zhuīzèng tā wéi tài shī shì wénzhōng tā shì běi sòng shī wén gé
皇帝追赠他为太师，谥"文忠"。他是北宋诗文革
xīn yùndòng de lǐng xiù yòu shì zhù míng de shī rén hé sǎn wén jiā tā xiě
新运动的领袖，又是著名的诗人和散文家。他写
le xǔ duō zhù míng de shī gē hé sǎn wén gěi hòu dài zuò jiā zuò chū le
了许多著名的诗歌和散文，给后代作家做出了
bǎngyàng tā wéi guānqīng lián píng yì jìn rén jīng cháng yǔ mín tóng lè tā
榜样。他为官清廉，平易近人，经常与民同乐。他
de shī gē fēng lè tíng yóu chūn hé sǎn wén zuì wēng tíng jì shēng
的诗歌《丰乐亭游春》和散文《醉翁亭记》，生
dòng de miáo xiě le yǔ mín tóng lè de qíng jǐng fēng lè tíng yóu chūn
动地描写了"与民同乐"的情景。《丰乐亭游春》:

24세에 진사에 합격하여, 벼슬이 참지정사(부 재상에 상당함)까지 올랐다. 그는 통치 집단의 내부투쟁 속에서 혁신적이고 진취적인 편에 섰기 때문에, 보수파의 타격을 받았으며, 여러 차례 먼 지방까지 강직되기도 했다. 하지만 그는 인품이 정직하였기 때문에, 오래지 않아 다시 승진되었다. 만년에, 관직이 날로 높아질수록, 사상도 점차 보수적이 되어, 왕안석의 "신법"에 반대하는 태도를 취하였다. 구양수는 죽은 후, 황제가 그에게 태사로 추서하고, "문충"이라는 시호를 주었다. 그는 북송 시문 혁신운동의 지도자였으며, 또 유명한 시인이자 산문가였다. 그는 유명한 시가와 산문을 많이 써서, 후대 작가들에게 본보기가 되었다. 그는 벼슬을 할 때 청렴하고, 온화하여 가까이하기 쉬웠으며, 늘 백성들과 함께 즐겼다. 그의 시가 《풍락정유춘》과 산문 《취옹정기》는 그가 "여민동락" 하던 모습을 생동적으로 묘사하고 있다. 《풍락정유춘》을 보면 다음과 같다.

hóng shù qīngshān rì yù xié cháng jiāo cǎo sè lǜ wú yá
红树青山日欲斜，长郊草色绿无涯。

yóu rén bù guǎnchūnjiāng lǎo lái wǎng tíng qián tà luò huā
游人不管春将老，来往亭前踏落花。

붉은 나무 푸른 산에 날은 저물고, 넓은 들판 푸른 풀빛은 끝이 없구나.

상춘객들은 저무는 봄 아랑곳 없이, 정자 앞을 오가며 떨어진 꽃잎 밟는구나.

这首诗是他在安徽省滁县做官时写的。丰乐亭在滁县西南琅琊山幽谷泉上，是欧阳修在那里做官时建造的,他有一篇散文《丰乐亭记》,记载了这件事。这首诗写出了春天的美丽景色和游人的欢乐心情。虽然已是晚春，但是游人还是兴致勃勃地来丰乐亭观花游春。

이 시는 그가 안휘성 제현에서 관리로 있을 때 쓴 시다. 풍락정은 제현 서남쪽 낭야산 유곡천에 있는데, 이는 구양수가 그곳에서 벼슬을 할 때 건축한 것으로, 그의 ≪풍락정기≫라는 산문 한 편은 이 일을 기록한 것이다. 이 시는 봄의 아름다운 경치와 행락객의 즐거운 심정을 표현하였다. 이미 늦봄이었지만, 행락객들은 여전히 흥미진진하게 풍락정에 와서 꽃을 보며 봄을 즐기고 있었던 것이다.

《醉翁亭记》是一篇著名的散文。它短小精悍，层次清楚，语言简练。开头写“醉翁亭”的处所和命名的原由,解释“醉翁”的意义；接着写亭外之景，只用几笔写了山间朝暮四时景色的变化；紧接着写山中游人之多及亭中宴饮之乐；最后点出作记的人。全篇贯穿着“乐”字,逐层突出“与民同乐”的主题。

≪취옹정기≫는 유명한 산문이다. 이는 짧지만 힘이 있고, 내용의 순서가 분명하며, 언어가 간결하고 깔끔하다. 서두에 "취옹정"의 장소와 이름이 지어지게 된 이유를 적고, "취옹"의 뜻을 해석하고 있다. 이어서 정자 주위의 경치를 묘사하면서, 단지 몇 마디로 산간과 조석과 사계의 경치 변화를 그리고 있다. 바로 이어서 산중의 행락객들이 많음과 정자에서의 연회의 기쁨을 적고, 마지막으로 글을 쓴 사람에 대하여 적고 있다. 글 전체는 온통 "즐거움"으로 점철되어 있으며, 점차적으로 "여민동락"의 주제가 드러나고 있다.

欧阳修写文章最爱字斟句酌，精思细改。《醉翁亭记》开头一句，就是经过仔细修改才

구양수는 문장을 쓸 때 글을 신중하게 다듬고 세밀하게 고치기를 좋아하였다. ≪취옹정기≫의 첫구는, 세심한 수정을 거쳐 비로소 정해진 것이

写定的。初说"滁州四面有山……"，写了几十个字，改定后只有"环滁皆山也"五个字。文中的"醉翁之意不在酒"已成为人们经常引用的名句。

다. 처음에 "저주사면유산 ……"이라고 하면서, 수 십 글자로 썼지만, 개정 후에는 단지 "환저개산야"라고 다섯 글자로 하였다. 문장 속의 "취옹의 뜻은 술에 있지 않다"는 말은 이미 수많은 사람들이 자주 인용하는 명구가 되었다.

他的作品特点是：语言明白流畅、平易近人；风格自然朴素、安闲幽雅；形象鲜明生动、跃然纸上，具有较强的感人力量。他的作品收在《欧阳文忠集》里。

그의 작품 특징은, 언어가 알기 쉽고 유창하며, 문장이 평이하고 친근하다. 풍격은 자연스럽고 소박하며 편안하고 한가로우며 그윽하고 우아하다. 형상은 선명하고 생동감이 있으며 눈앞에 살아 움직이는 것 같아, 사람을 감동시키는 비교적 강한 힘을 가지고 있다. 그의 작품은 《구양문충집》에 수록되어 있다.

2. 王安石

2. 왕안석

王安石(1021-1086)，字介甫，晚年号半山，抚州临川(今江西省临川县)人。他在少年时代就喜欢读书，擅长写文章。二十岁以前，曾随父游历南北各地，看到了社会的深刻矛盾。二十二岁考中进士，做了十多年的地方官，干了许多利国利民的事情。宋神宗时，任参知政事(相当于

왕안석(1021-1086)은, 자가 개보며, 만년의 호는 반산이고, 무주 임천(지금의 강서성 임천현) 사람이다. 그는 소년기에 독서를 좋아했으며, 글 쓰는 재주가 뛰어났다. 20살 이전부터, 일찍이 아버지를 따라 남북의 여러 지방을 돌아다니며, 사회의 심각한 모순을 목도하였다. 22세에 진사에 합격하여, 10여 년간 지방 관리로 일하며, 나라와 백성에 유익한 일을 많이 하였다. 송 신종 때, 참지정사(부재상에 상당함)를 지냈으며, 뒤에는 또 동중서문하평장사(재상에 상당함)를 지냈는데,

fù zǎi xiàng hòu yòu rèn tóng zhōng shū mén xià píng zhāng shì xiāng dāng yú zǎi
副宰相），后又任同中书门下平章事（相当于宰
xiàng tā bù gù mǎn cháo dà guān liáo dì zhǔ de fǎn duì tuī xíng xīn fǎ
相），他不顾满朝大官僚地主的反对，推行新法，
gǎi gé jiù zhèng dàn shì yóu yú bǎo shǒu pài de fǎn duì pò huài hé gōng
改革旧政。但是，由于保守派的反对、破坏和攻
jī xīn fǎ shī bài bèi pò cí zhí yōu fèn chéng jí ér sǐ yīn wèi tā
击，新法失败，被迫辞职，忧愤成疾而死。因为他
céng bèi fēng wéi jīng guó gōng suǒ yǐ rén chēng wáng jīng gōng tā bù jǐn shì
曾被封为荆国公，所以人称“王荆公”。他不仅是
zhù míng de zhèng zhì jiā ér qiě yě shì zhù míng de wén xué jiā tā xiě
著名的政治家，而且也是著名的文学家。他写
le xǔ duō zhù míng de sǎn wén hé shī gē tā de zuò pǐn jù yǒu nóng hòu
了许多著名的散文和诗歌，他的作品具有浓厚
de zhèng zhì sè cǎi shì wèi tā de zhèng zhì dòu zhēng fú wù de
的政治色彩，是为他的政治斗争服务的。

그는 온 조정의 대관료지주들의 반대에도 불구하고, 신법을 추진하여, 낡은 정치를 개혁하였다. 그러나, 보수파의 반대와 박해와 공격으로, 신법은 실패하였고, 핍박에 관직에서 물러난 뒤, 근심과 분노가 병이 되어 죽고 말았다. 그가 일찍이 형국공으로 봉해졌기 때문에, 사람들은 그를 "왕형공"이라 불렀다. 그는 유명한 정치가였을 뿐만 아니라, 유명한 문학가이기도 했다. 그는 유명한 산문과 시가를 많이 썼는데, 그의 작품에 농후한 정치적 색채가 담겨 있는 것은, 그가 정치 투쟁을 위해 일했기 때문이다.

wáng ān shí de sǎn wén dà bù fen shì zhèng lùn xìng de wén zhāng zhè
王安石的散文大部分是政论性的文章。这
xiē zuò pǐn dà dōu zhēn duì shí bì gēn jù shēn kè de fēn xī tí chū
些作品，大都针对时弊，根据深刻的分析，提出
míng què de zhǔ zhāng jù yǒu hěn qiáng de shuō fú lì rú dá sī mǎ
明确的主张，具有很强的说服力。如≪答司马
jiàn yì shū zhè shì tā xiě gěi sī mǎ guāng de yī fēng huí xìn sī mǎ
谏议书≫，这是他写给司马光的一封回信。司马
guāng zì jūn shí dāng shí rèn jiàn yì dà fū shì bǎo shǒu pài de dài biǎo
光，字君实，当时任谏议大夫，是保守派的代表
rén wù dài tóu fǎn duì wáng ān shí de xīn fǎ bìng xiě gěi wáng ān shí yī
人物，带头反对王安石的新法，并写给王安石一
fēng cháng dá sān qiān zì de xìn yǔ wáng jiè fǔ shū xìn zhōng lì
封长达三千字的信—≪与王介甫书≫。信中历

왕안석의 산문은 대부분 정치성 문장이다. 이런 작품들은, 대부분 당시 사회의 병폐를 겨눈 것으로, 심도 깊은 분석에 근거하여, 명확한 주장을 제기하고 있어, 매우 강한 설득력을 가지고 있다. 예를 들어 ≪사마 간의에 대한 답신≫은, 그가 사마광에게 쓴 답장이다. 사마광은, 자가 군실이고, 당시 간의대부를 맡고 있던, 보수파의 대표인물로, 왕안석의 신법에 앞장서서 반대하였고, 아울러 왕안석에게 장장 3천 자에 달하는 ≪왕개보에게 보내는 편지≫를 쓰기도 했다. 편지에서 신법의 잘못을 하나하나 열거하며, 왕안석의 "직권남용", "말썽 야기", "사리

shǔ xīn fǎ de guò cuò zhǐ zé wáng ān shí qīn guān shēng shì zhēng
数新法的过错，指责王安石“侵官”、“生事”、“征
lì jù jiàn wáng ān shí duì zhè xiē zé nàn zài dá sī mǎ jiàn
利”、“拒谏”。王安石对这些责难，在《答司马谏
yì shū zhōng yòng jiǎn duǎn de yǔ yán zuò le yǒu lì de huí dá
议书》中，用简短的语言作了有力的回答：

추구", "간언 거절"을 질책했다. 왕안석은 이러한 책망에 대해, ≪사마 간의에 대한 답신≫에서 간단한 말로 힘차게 답하였다.

jīn jūn shí suǒ yǐ jiàn jiào zhě yǐ wéi qīn guān shēng shì zhēng lì
今君实所以见教者，以为侵官，生事，征利，
jù jiàn yǐ zhì tiān xià yuàn bàng yě mǒu zé yǐ wèi shòu mìng yú rén
拒谏，以致天下怨谤也。某则以谓受命于人
zhǔ yì fǎ dù ér xiū zhī yú cháo tíng yǐ shòu zhī yú yǒu sī bù
主，议法度而修之于朝廷，以授之于有司，不
wéi qīn guān jǔ xiān wáng zhī zhèng yǐ xīng lì chú bì bù wéi shēng shì
为侵官；举先王之政，以兴利除弊，不为生事；
wèi tiān xià lǐ cái bù wéi zhēng lì pì xié shuō nán rén rén bù wéi
为天下理财，不为征利；辟邪说，难壬人，不为
jù jiàn zhì yú yuàn fěi zhī duō zé gù qián zhī qí rú cǐ yě
拒谏。至于怨诽之多，则固前知其如此也。

지금 군실이 지적하는 이유는, 직권 남용, 말썽 야기, 사리 추구, 간언 거절로 세상의 비방을 받고 있다고 여기기 때문입니다. 본인은 황제에게 명을 받았고, 법을 논의하여 조정에서 이를 수정한 후, 유사에게 넘긴 것이니 직권 남용이 아닙니다. 선왕의 정치를 받들어, 이익을 흥하게 하고 폐단을 없애는 것은 말썽을 야기하는 것이 아닙니다. 세상을 위해 재산을 다스리는 것은 사리를 추구하는 것이 아닙니다. 사악한 말을 물리치고, 간사한 자를 책망하는 것은 간언을 거절하는 것이 아닙니다. 원망과 비난이 많을 것에 대해서는, 이전부터 그럴 것이라 굳게 알고 있었습니다.

yì wén xiàn zài jūn shí nín yòng lái zhǐ jiào wǒ de shì rèn wéi
（译文：现在君实您用来指教我的，是认为
wǒ biàn fǎ qīn duó le yuán lái guān lì de zhí quán shēng shì rǎo mín sōu
我变法侵夺了原来官吏的职权，生事扰民，搜
guā mín cái jù jué bié rén de quàn gào yīn cǐ zhāo lái le tiān xià rén
刮民财，拒绝别人的劝告，因此招来了天下人
de yuàn hèn hé pī píng wǒ què rèn wéi cóng huáng dì nà lǐ jiē shòu
的怨恨和批评。我却认为，从皇帝那里接受
le mìng lìng bìng zài cháo tíng shàng tǎo lùn xiū gǎi zhì dìng fǎ lìng zhì
了命令，并在朝廷上讨论、修改、制定法令制
dù rán hòu jiāo gěi zhǔ guǎn bù mén shí xíng zhè bù suàn shì qīn duó zhí
度，然后交给主管部门实行，这不算是侵夺职
quán yòng xiān wáng de zhèng zhì zhǔ zhāng lái xīng bàn hǎo shì qīng chú bì
权；用先王的政治主张来兴办好事，清除弊

(번역문: 지금 군실이 저를 가르치고자 하는 것은, 제가 변법으로 원래 관리가 가지고 있던 직권을 빼앗고, 말썽을 일으켜 백성을 교란시키고, 백성들의 재물을 긁어모으며, 다른 사람의 권고를 거절함으로써, 천하 사람들로부터 원망과 비판을 불러왔다고 여기는 것입니다. 그러나 저는 도리어, 황제로부터 명령을 받았고, 아울러 조정에서 법령제도를 토론하고 수정하고 제정한 다음, 그런 연후에 주관부서에서 실행하도록 넘겨주었으므로, 이는 직권을 빼앗는 것이라 할 수가 없습니다. 선왕의 정치주장을 활용하여 훌륭한 일은 흥하도록 하고,

bìng zhè bù suàn shì shēng shì rǎo mín wèi quán guó rén mín zhì lǐ cái
病，这不算是生事扰民；为全国人民治理财
fù zhè bù suàn shì sōu guā mín cái bó chì bù zhèng què de yán lùn
富，这不算是搜刮民财；驳斥不正确的言论，
zé nàn qiǎo biàn de xiǎo rén zhè bù suàn shì jù jué quàn gào zhì yú
责难巧辩的小人，这不算是拒绝劝告。至于
yuàn hèn zhǐ zé hěn duō nà shì wǒ yuán lái zǎo jiù zhī dao yī dìng huì
怨恨指责很多，那是我原来早就知道一定会
zhè yàng de
这样的。)

병폐가 되는 것은 깨끗이 제거하는 것은, 말썽을 일으켜 백성을 교란하는 것이 아닙니다. 전국 백성을 위해 재산을 다스리고 관리하는 것은, 백성의 재산을 긁어모으는 것이 아닙니다. 정확하지 않은 언론을 반박하고, 교묘한 변론을 하는 소인배들을 책망하는 것은, 권고를 거절하는 것이 아닙니다. 원망과 비난이 아주 많을 것에 대해서는, 분명히 이럴 것이라는 것을 일찍부터 알고 있었던 것입니다.)

cuò cí wěi wǎn ér jiān jué biǎo xiàn le tā jiān chí yuán zé de zhèng
措词委婉而坚决，表现了他坚持原则的政
zhì tài dù tā de sǎn wén jù yǒu jiào qiáng de gài kuò lì hé luó jí xìng
治态度。他的散文具有较强的概括力和逻辑性，
yǔ yán jiǎn liàn pǔ sù
语言简练朴素。

완곡하면서도 단호한 말로, 원칙을 견지하려는 자신의 정치태도를 밝히고 있다. 그의 산문은 비교적 강한 개괄력과 논리성을 가지고 있으며, 언어도 간결하고 소박하다.

tā de shī gē hé sǎn wén yī yàng jù yǒu xiān míng de zhèng zhì nèi
他的诗歌和散文一样，具有鲜明的政治内
róng zài tā cháng qī zuò dì fāng guān shí jiù xiě le xǔ duō shī piān biǎo
容。在他长期作地方官时，就写了许多诗篇，表
xiàn chū duì rén mín de tóng qíng duì guó jiā qián tú de yōu lǜ shū fā le
现出对人民的同情，对国家前途的忧虑，抒发了
zì jǐ wěi dà de zhèng zhì lǐ xiǎng rú hé běi mín zhè shǒu shī xiě
自己伟大的政治理想。如《河北民》这首诗，写
tǒng zhì zhě sōu guā rén mín de xuè hàn shū sòng gěi dí guó shǐ rén mín liú
统治者搜刮人民的血汗，输送给敌国，使人民流
lí shī suǒ xiàn yú wú shí de jué jìng hái yǒu yī xiē shī piān dōu
离失所，陷于“无食”的绝境。还有一些诗篇，都
biǎo xiàn le tā guān xīn rén mín de jí kǔ zhǔ zhāng gǎi gé bì zhèng de jìn
表现了他关心人民的疾苦，主张改革弊政的进

그의 시가도 산문과 마찬가지로, 뚜렷한 정치내용을 가지고 있다. 그는 장기간 지방관리로 있을 때, 많은 시를 써서, 백성에 대한 동정과, 국가 장래에 대한 우려를 표현하였고, 자신의 위대한 정치이상을 토로하였다. 예컨대 ≪하북민≫이라는 시를 보면, 통치자가 백성들의 피땀을 수탈하여, 적국에 넘겨주고, 백성들이 집을 잃고 떠돌며, “먹을 것이 없는” 상황에 빠지게 하였음을 그리고 있다. 또 어떤 시는 백성의 질고에 대한 관심을 가지고, 병폐 많은 정치 개혁을 주장하는 진보사상을 표현하기도 하였다.

步思想。

他还有不少咏史和怀古的诗篇，通过对历史人物的景仰，抒发了自己的思想感情。他在≪杜甫画像≫诗中说：

그에게는 또 역사를 노래하고 옛날을 회고하는 많은 시가 있는데, 역사인물에 대한 숭앙을 통하여, 자신의 사상 감정을 토로하였다. 그는 ≪두보화상≫이라는 시에서 이렇게 말했다.

宁令吾庐独破受冻死，不忍四海赤子寒飕飕！

차라리 나 홀로 부서진 오두막집에서 얼어 죽게 할지라도, 사해 동포들이 추위에 오돌오돌 뜨는 건 차마 볼 수 없구나!

最著名的是≪明妃曲≫二首，当时引起了诗坛极大兴趣，许多著名诗人和作家，如欧阳修、曾巩、梅尧臣、司马光等，都写了和篇。这两首诗写的是王昭君的故事。明妃，就是王昭君，本是汉朝的一个宫女，汉元帝刘奭要按图召见宫女，事先派画师毛延寿给宫女们画像。宫女们肯送钱给画师的都被画得美一些，王昭君因为自己长得很美，就不肯送钱给画师，画师就故意

가장 유명한 것은 ≪명비곡≫ 2수로, 당시 시단에 대단히 큰 흥미를 일으켰고, 수많은 유명 시인과 작가, 예컨대 구양수·증공·매요신·사마광 등이 모두 화답의 시를 지었다. 이 두 수 시가 묘사하고 있는 것은 왕소군 이야기다. 명비는 바로 왕소군으로, 한의 궁녀였으며, 한 원제 유석은 그림을 보고 궁녀를 불러서 만나보았는데, 먼저 화가 모연수를 파견하여 궁녀들의 화상을 그리게 하였다. 화가에게 돈을 준 궁녀들은 좀 아름답게 그려주고, 왕소군은 자신이 무척 아름다웠기에, 화가에게 돈을 주려고 하지 않자, 화가는 일부러 그녀를 추하게 그렸으며, 그 결과 황제에게 선택되지 못했다. 뒤에, 한 나라 황제는 그녀를 흉노의 수령에게 시집

bǎ tā huà chǒu jié guǒ méi bèi huáng dì xuǎnzhòng hòu lái hàn cháo huáng dì
把她画丑，结果没被皇帝选中。后来，汉朝皇帝
bǎ tā jià gěi xiōng nú shǒu lǐng hé qīn wángzhāo jūn lín zǒu shí huáng dì
把她嫁给匈奴首领和亲。王昭君临走时，皇帝
cái jiàn dào tā fā xiàn tā shì gōng lǐ zuì měi de rén huáng dì shě bu
才见到她，发现她是宫里最美的人。皇帝舍不
dé wángzhāo jūn yòu bù gǎn duì xiōng nú rén shī xìn shí fēn qì nǎo hòu
得王昭君，又不敢对匈奴人失信，十分气恼，后
lái jiù bǎ huà shī máo yán shòu shā le yǐ xiè zì jǐ de fèn nù
来就把画师毛延寿杀了，以泄自己的愤怒。

보내 화친을 하려고 하였다. 왕소군이 떠나게 되었을 때, 황제가 비로소 그녀를 보았고, 그녀가 궁에서 가장 미녀라는 것을 알게 되었다. 황제는 왕소군이 아쉬웠으나, 흉노와의 신뢰를 잃을 수 없어, 아주 화가 났고, 뒤에 가서 화가 모연수를 죽여, 자신의 분노를 풀었다.

guān yú wángzhāo jūn de gù shì zài lì dài shī rén de zuò pǐn zhōng
关于王昭君的故事，在历代诗人的作品中，
duì tā de zāo yù dōu chōngmǎn le tóngqíng wáng ān shí de zhè liǎngshǒu shī
对她的遭遇都充满了同情。王安石的这两首诗，
yī fǎn lì dài shī rén xiě wángzhāo jūn liú liàn jūn ēn yuàn ér bù nù de
一反历代诗人写王昭君留恋君恩、怨而不怒的
chuántǒng jiàn jiě zhuózhòng xiě tā huáiniàn gù guó jiā rén hé kòng sù tǒng zhì
传统见解，着重写她怀念故国家人和控诉统治
zhě róu lìn fù nǚ de bù hé lǐ xiàn shí lì yì xīn xiān miáo xiě xì
者蹂躏妇女的不合理现实。立意新鲜，描写细
zhì duì wángzhāo jūn de tóngqíng yě shì shēn zhì de
致，对王昭君的同情也是深挚的。

왕소군에 대한 이야기는, 역대 시인의 작품에서, 모두 그녀의 처지를 동정하는 것으로 가득 차 있다. 왕안석의 이 두 수는, 역대 시인들과는 달리 왕소군이 임금의 은혜를 그리워하고 원망을 하면서도 노하지 않는 전통적인 견해와는 다르게 하여, 그녀가 고국과 가정을 그리워하고 통치자가 부녀자를 유린하는 불합리한 현실을 집중적으로 묘사하였다. 구상이 신선하고, 묘사가 세밀하며, 왕소군에 대한 동정 또한 아주 진지하였다.

wáng ān shí hái xiě le yī xiē miáo xiě hú guāngshān sè de xiǎo shī
王安石还写了一些描写湖光山色的小诗，
zhè xiē shī kuài zhì rén kǒu yī zhí bèi rén menchuánsòng rú bó chuán guā
这些诗脍炙人口，一直被人们传诵。如≪泊船瓜
zhōu
洲≫：

왕안석은 또 호수와 산의 경치를 묘사한 짤막한 시들을 썼는데, 이런 시들은 사람들의 입에 오르내리며, 줄곧 사람들에게 애송되고 있다. ≪과주에 배를 대고≫를 예로 보면 다음과 같다.

jīng kǒu guā zhōu yī shuǐ jiān zhōngshān zhǐ gé shù chóngshān
京口瓜洲一水间，钟山只隔数重山。

chūnfēng yòu lǜ jiāng nán àn míng yuè hé shí zhào wǒ huán
春风又绿江南岸，明月何时照我还？

경구와 과주는 강물 하나 사이요, 종산은 몇 겹의 산으로 떨어져 있다.

봄바람에 강남 언덕은 또 다시 푸르른데, 밝은 달은 어느 때 돌아갈 날 비춰 주려나?

zhè shì tā wǎnnián bà xiàng hòu lù guò guā zhōu huáiniàn jīn líng jīn nán jīng shì zhù suǒ ér xiě xià de zhù míng shī piān qí shī dì sān jù chūnfēng yòu lǜ jiāng nán àn yī ge lǜ zì jiù bǎ chūnfēng de zuò yòng huó huà chū lái le zhè ge zì céng gǎi guò duō cì xiānyòng dào yòu yòng guò rù mǎn děng zì dōu bù hé yì zuì hòu xuǎndìng le lǜ zì zhēn shì qià dào hǎo chù wáng ān shí zhè zhǒng yī sī bù gǒu yán sù rèn zhēn de chuàng zuò tài dù yī zhí wéi hòu dài shī rén hé zuò jiā suǒ chēngsòng zài rú méi huā

这是他晚年罢相后路过瓜洲，怀念金陵（今南京市）住所而写下的著名诗篇。其诗第三句“春风又绿江南岸”，一个“绿”字，就把春风的作用活画出来了。这个字曾改过多次，先用“到”，又用“过”、“入”、“满”等字，都不合意，最后选定了“绿”字，真是恰到好处。王安石这种一丝不苟、严肃认真的创作态度，一直为后代诗人和作家所称颂。再如≪梅花≫：

이는 그가 만년에 재상 직을 그만둔 뒤 과주를 지날 때, 금릉(지금의 남경시)에 머물렀던 일을 그리워하며 쓴 유명한 시다. 시 세 번째 구절에 “봄바람에 강남 언덕은 또 다시 푸르른데”에서, “푸르다”라는 한 글자로, 봄바람의 작용을 생생하게 그려내었다. 이 글자는 몇 번이나 고친 것으로, 처음에는 “도착하다”로 했다가, 다시 “지나가다”, “들어오다” “가득하다”는 등의 글자를 써 보았지만, 모두 적합하지 않아, 맨 나중에 “푸르다”는 글자로 했더니, 참 잘 맞았다. 왕안석의 이런 빈틈이 없고 엄숙하며 진지한 창작태도는, 언제나 후세 시인들과 작가들에게 칭찬을 받았다. 다시 ≪매화≫를 예로 들어보면 다음과 같다.

qiáng jiǎo shù zhī méi líng hán dú zì kāi
墙角数枝梅，凌寒独自开。

yáo zhī bù shì xuě wèi yǒu àn xiāng lái
遥知不是雪，为有暗香来。

담장 모퉁이의 매화나무 몇 가지, 추위도 무릅쓰고 홀로 피었구나.

멀리서도 눈이 아님을 알겠구나, 그윽한 향기가 전해오기 때문에.

zhè shì yī shǒumiáo xiě méi huā de shī jù yǒu dú tè fēng gé shì yī shǒu bèi rén menchuánsòng de míngpiān

这是一首描写梅花的诗，具有独特风格，是一首被人们传诵的名篇。

이는 매화를 묘사한 시로, 독특한 풍격을 지니고 있어, 사람들에게 전해지며 애송되는 유명한 시다.

wáng ān shí de sǎn wén hé shī gē jù yǒu zì jǐ de dú tè fēng
王安石的散文和诗歌具有自己的独特风
gé duì sǎo chú xī kūn pài de bù liáng yǐng xiǎng yǒu hěn dà gòng xiàn duì sòng
格, 对扫除西昆派的不良影响有很大贡献, 对宋
shī de fā zhǎn yě qǐ le yī dìng de tuī dòng zuò yòng dàn shì tā yǒu
诗的发展也起了一定的推动作用。但是, 他有
xiē shī xǐ zào yìng yǔ duì hòu dài yě yǒu bù hǎo de yǐng xiǎng tā de
些诗喜造硬语, 对后代也有不好的影响。他的
zuò pǐn shōu zài lín chuān jí lǐ
作品收在≪临川集≫里。

왕안석의 산문과 시는 자신만의 독특한 풍격을 지니고 있어, 서곤파의 좋지 못한 영향을 없애는데 아주 큰 공헌을 하였고, 송시 발전에도 상당한 추진 역할을 하였다. 그러나, 어떤 시에서는 억지로 말을 만드는 것을 좋아하여, 후대에 좋지 않은 영향을 주기도 하였다. 그의 작품은 ≪임천집≫ 속에 수록되어 있다.

sū shì
3. 苏轼

3. 소식

sū shì zì zǐ zhān hào dōng pō jū shì méi zhōu
苏轼(1037-1101), 字子瞻, 号东坡居士, 眉州
méi shān jīn sì chuān shěng méi shān xiàn rén shì běi sòng jié chū de sǎn wén
眉山(今四川省眉山县)人。是北宋杰出的散文
jiā hé shī rén tā de fù qīn sū xún dì di sū zhé dōu shì dāng shí
家和诗人。他的父亲苏洵、弟弟苏辙, 都是当时
yǒu míng de wén xué jiā hé chēng sān sū ér sū shì de chéng jiù zuì dà
有名的文学家, 合称"三苏", 而苏轼的成就最大,
sòng rén zōng jiā yòu èr nián kǎo zhòng jìn shì rù cháo zuò guān tā
宋仁宗嘉祐二年(1057)考中进士, 入朝做官。他
sī xiǎng bǐ jiào bǎo shǒu shì bǎo shǒu pài wáng ān shí dāng zhèng shí tuī xíng
思想比较保守, 是保守派。王安石当政时推行
xīn fǎ tā jí lì fǎn duì zāo dào dǎ jī hé pái chì chū wéi háng zhōu
新法, 他极力反对, 遭到打击和排斥, 出为杭州、
mì zhōu xú zhōu děng dì de dì fāng guān hòu lái yòu yīn zuò shī huò zuì
密州、徐州等地的地方官。后来又因作诗获罪,

소식(1037-1101)은, 자가 자첨, 호는 동파거사며, 미주 미산(지금의 사천성 미산현) 사람이다. 북송의 걸출한 산문가이자 시인이다. 그의 부친인 소순과 동생인 소철, 모두 당시의 유명한 문학가였으며, 함께 "삼소"라 불렀으나, 소식의 업적이 가장 크며, 송 인종 가우 2년(1057)에 진사에 급제하여, 조정에 들어가 벼슬을 하였다. 그의 사상은 비교적 보수적이었기에, 보수파였다. 왕안석이 정권을 장악하여 신법을 시행하자, 그는 극력 반대하다가, 공격과 배척을 당해, 항주·밀주·서주 등지의 지방관으로 전출되었다. 후에 다시 시로 인한 죄를 지어, 체포 수감되었으며, 황주단련부사(지방 군사를 관리하는 보좌관)로 강등되었다. 송 철종 때, 구

bèi bǔ rù yù biǎn wéi huángzhōutuán liàn fù shǐ zhǎng wò dì fāng jūn shì de
被捕入狱，贬为黄州团练副使(掌握地方军事的
zhù lǐ guān sòng zhé zōng shí jiù dǎngdāngquán bèi zhào huí wéi hàn lín xué
助理官)。宋哲宗时，旧党当权，被召回为翰林学
shì hòu lái xīn dǎng zhí zhèng tā yòu bèi biǎn dào huì zhōu jīn guǎngdōngshěng
士。后来新党执政，他又被贬到惠州(今广东省
huì yángxiàn liù shí sān suì shí yòu yuǎn xǐ qióngzhōu jīn hǎi nán dǎo
惠阳县)。六十三岁时又远徙琼州(今海南岛)。
hòu shè huán sǐ yú chángzhōu jīn jiāng sū shěngchángzhōu shì tā de yī shēng
后赦还，死于常州(今江苏省常州市)。他的一生
shì zài jī liè de zhèng zhì dòu zhēngzhōng dù guò de
是在激烈的政治斗争中度过的。

당이 득세하게 되자, 부름을 받고 한림학사가 되었다. 뒤에 신당이 정권을 잡자, 그는 다시 혜주(현재의 광동성 혜양현)로 강등되었다. 63세 때 다시 멀리 경주(현재의 해남도)로 옮겨졌다. 뒤에 사면을 받고 귀환을 한 뒤, 상주(현재의 강소성 상주시)에서 죽고 말았다. 그의 일생은 격렬한 정치투쟁 속에서 보냈다.

tā shì yī ge quánnéng de zuò jiā shī cí fù sǎn wén hé qí
他是一个全能的作家，诗、词、赋、散文和其
tā wénzhāng xiě de dōu hěn hǎo shū fǎ hé huì huà yě hěn chū sè tā
他文章写得都很好，书法和绘画也很出色。他
cái qì dà yuè lì guǎng tí cái duō yàng zuò pǐn jù yǒu qiáng liè de gǎn
才气大，阅历广，题材多样，作品具有强烈的感
rǎn lì tā de chuàng zuò dài biǎo le běi sòng wén xué de zuì gāo chéng jiù
染力。他的创作，代表了北宋文学的最高成就。

그는 모든 방면에 뛰어났던 작가로, 시·사·부·산문과 그 외 문장을 짓는 것 모두 훌륭했으며, 서예와 그림도 아주 뛰어났다. 그는 재능이 뛰어나고, 지식이 풍부했기에, 소재가 다양하여, 작품이 강한 감화력을 갖추고 있다. 그의 창작은, 북송 문학의 최고 성과를 대표한다.

sū shì de sǎn wénxiàng lái tóng hán yù liǔ zōngyuán ōu yáng xiū bìng
苏轼的散文向来同韩愈、柳宗元、欧阳修并
chēng tā de sǎn wénzhǒng lèi hěn duō yǒu zhèng zhì lùn wén shū zhá zá jì
称。他的散文种类很多，有政治论文、书札、杂记
zá shuō xiǎo fù děng tā de zhèng zhì lùn wénwǎngwǎngcóng rú jiā de zhèng
、杂说、小赋等。他的政治论文往往从儒家的政
zhì lǐ xiǎng chū fā guǎng yǐn lì shǐ shì shí jiā yǐ lùn zhèng wén bǐ zònghéng
治理想出发，广引历史事实加以论证，文笔纵横
liú chàng zǎo nián de zhèng zhì lùn wén rú jìn cè hé shǐ lùn duō liú yú
流畅。早年的政治论文，如进策和史论，多流于

소식의 산문은 언제나 한유·유종원·구양수와 어깨를 나란히 하였다. 그의 산문의 종류는 아주 다양하여, 정치논문·서신·잡기·잡설·소부 등이 있다. 그의 정치논문은 왕왕 유가의 정치 이상에서 출발하여, 역사 사실을 폭넓게 끌어들여 논증을 하고 있고, 문필이 거침없고 유창하다. 초기의 정치논문 중, 정책 제시와 역사 평론 같은 경우는, 대부분 공허한 이론에 치우쳐 있었고, 동시에 정치

kōng fàn de yì lùn tóng shí yě biǎo xiàn tā zài zhèng zhì shàng de bǎo shǒu tài
空泛的议论，同时也表现他在政治上的保守态
dù hòu lái tā zài shí jì zhèng zhì dòu zhēng zhōng shòu dào le duàn liàn gǎi
度。后来，他在实际政治斗争中受到了锻炼，改
biàn le kōng fàn yì lùn ér qiè yú shì qíng tā de shū zhá zá jì zá
变了空泛议论，而切于事情。他的书札、杂记、杂
shuō xiǎo fù de chéng jiù yuǎn zài zhèng zhì lùn wén zhī shàng zhè xiē wén zhāng
说、小赋的成就，远在政治论文之上，这些文章
dà dōu jiā xù jiā yì suí bǐ huī sǎ biǎo xiàn le tā tǎn shuài de xiōng
大都夹叙夹议，随笔挥洒，表现了他坦率的胸
huái yě biǎo xiàn le tā duì rén shēng de jiàn jiě hé duì wén yì de ài hào
怀，也表现了他对人生的见解和对文艺的爱好。

면에서 보수적인 태도를 보여주었다. 뒤에, 그는 실제적인 정치 투쟁 속에서 단련이 되어, 공허한 이론을 고쳐, 실정에 적절하도록 하였다. 그의 서신·잡기·잡설·소부의 업적은, 정치논문을 훨씬 뛰어넘으며, 이런 문장들은 대부분 서술과 의논을 섞어가며, 붓 가는대로 소탈하게 자신의 생각을 표현하기도 하고, 또 인생에 대한 자신의 견해와 문예에 대한 사랑을 표현하기도 하였다.

tā de zhù míng sǎn wén chì bì fù yǐ shī yī yàng de yǔ yán
他的著名散文《赤壁赋》以诗一样的语言，
shū xiě le jiāng shān fēng yuè de qīng qí hé duì lì shǐ yīng xióng rén wù de gǎn
抒写了江山风月的清奇和对历史英雄人物的感
kǎi yòu tōng guò kè yǔ zhǔ de duì dá shuǐ yǔ yuè de bǐ yù tàn tǎo
慨。又通过客与主的对答，水与月的比喻，探讨
yǔ zhòu hé rén shēng de zhé lǐ biǎo xiàn le zuò zhě zài zhèng zhì shàng shī yì
宇宙和人生的哲理，表现了作者在政治上失意
hòu de kǔ mèn xīn qíng hé sǎ tuō tài dù zhè piān sǎn wén cóng xíng shì dào
后的苦闷心情和洒脱态度。这篇散文从形式到
nèi róng xiàng shì yī shǒu měi miào de sǎn wén shī
内容，像是一首美妙的散文诗。

그의 유명한 산문 《적벽부》는 시와 같은 언어로, 강산풍월의 유별나게 아름다운 모습과 역사상의 영웅인물에 대한 감개를 적은 것이다. 또 손님과 주인의 문답, 물과 달의 비유, 우주와 인생 철리에 대한 탐구를 통하여, 작가가 정치에서 실의한 후의 고민스런 심정과 소탈한 태도를 표현하고 있다. 이 산문은 형식에서 내용에 이르기까지, 마치 한 수의 아름다운 산문시와 같다.

sū shì de shī yǔ tā de sǎn wén hé cí xiāng bǐ shī de tí cái
苏轼的诗与他的散文和词相比，诗的题材
gèng guǎng kuò fēng gé yě gèng duō yàng sū shì yī shēng zuì ài xiě zuò tā
更广阔，风格也更多样。苏轼一生最爱写作，他
bǎ xiě shī dāng zuò rì cháng de gōng kè yī zhí jiān chí dào lǎo nián tā
把写诗当作日常的功课，一直坚持到老年。他

소식의 시는 그의 산문과 사에 비해, 시의 소재가 더욱 광범하고, 풍격 또한 더욱 다양하다. 소식은 일생동안 시 짓는 것을 좋아하여, 시 창작을 일상의 공부로 삼았으며, 노년이 될 때까지 이를 견지하였다. 그는 다방면에서 이

duō fāng miàn xiàng qián dài shī rén lǐ bái dù fǔ hán yù děng xué xí wǎn
多方面向前代诗人李白、杜甫、韩愈等学习，晚
nián gèng xǐ ài táo yuān míng de shī tā zài shī zhōng fǎn yìng le mín jiān de
年更喜爱陶渊明的诗。他在诗中反映了民间的
jí kǔ qiǎn zé le guān lì de tān bǐ biǎo dá le duì guó jiā mìng yùn de
疾苦，谴责了官吏的贪鄙，表达了对国家命运的
guān xīn yīn wèi tā zhèng zhì guān diǎn hái shì bǎo shǒu de suǒ yǐ bù néng
关心。因为他政治观点还是保守的，所以不能
gèng shēn kè de fǎn yìng rén mín de tòng kǔ jiē lù tǒng zhì jiē jí de zuì
更深刻地反映人民的痛苦，揭露统治阶级的罪
è zài tā de shī gē lǐ shù liàng zuì duō duì hòu rén yǐng xiǎng zuì dà
恶。在他的诗歌里，数量最多、对后人影响最大
de hái shì nà xiē shū fā gè rén qíng gǎn hé gē yǒng zì rán jǐng wù de shī
的还是那些抒发个人情感和歌咏自然景物的诗
piān rú yǐn hú shàng chū qíng hòu yǔ
篇。如≪饮湖上初晴后雨≫：

전 세대의 시인 이백·두보·한유 등을 따라 배웠으며, 만년에는 도연명의 시를 더욱 좋아하였다. 그는 시에서 민간의 고통을 반영하였으며, 관리의 후안무치한 탐욕을 견책하였고, 국가운명에 대한 관심을 표현하였다. 그의 정치관점이 역시 보수적이었기 때문에, 백성의 고통을 더욱 심도 깊게 반영하거나, 통치계급의 죄악을 폭로할 수가 없었다. 그의 시 속에 양이 가장 많고, 또 후대에게 가장 크게 영향을 준 작품들은 역시 개인의 감정을 토로하고 자연의 경물을 노래한 시다. ≪호수에서 한 잔 하는데 맑다가 비가 오네≫를 예로 들어본다.

shuǐ guāng liàn yàn qíng fāng hǎo shān sè kōng méng yǔ yì qí
水光潋滟晴方好，山色空蒙雨亦奇。
yù bǎ xī hú bǐ xī zǐ dàn zhuāng nóng mǒ zǒng xiāng yí
欲把西湖比西子，淡妆浓抹总相宜。

물빛 반짝이는 맑은 날씨도 좋지만, 산색 어두워지며 비가 내려도 멋지다.
서호를 서시에 비교라도 해 보자니, 단아함도 농염함도 한결같이 잘 어울린다.

zhè shì yī shǒu gē chàng xī hú de hěn yǒu míng de jué jù dì yī
这是一首歌唱西湖的很有名的绝句。第一
jù miáo xiě qíng tiān de hú guāng dì èr jù zàn měi yǔ tiān de shān sè dì
句描写晴天的湖光，第二句赞美雨天的山色；第
sān sì liǎng jù yòng diǎn xíng de měi nǚ xī shī zuò bǐ yù shuō míng xī
三、四两句，用典型的美女西施做比喻，说明西
hú zài rèn hé qíng kuàng xià dōu shì měi lì kě ài de zài rú tí xī
湖在任何情况下都是美丽可爱的。再如≪题西

이는 서호를 노래한 아주 유명한 절구다. 첫 구는 푸른 하늘의 호수풍경을 묘사한 것이고, 두 번째 구는 비오는 날의 산색을 찬미한 것이다. 셋째와 넷째 구는, 전형적인 미녀 서시를 비유로 삼아, 어떠한 상황에서도 아름답고 사랑스러운 서호라고 설명을 한다. 또 ≪서림사 벽에 쓰다≫를 예로 들어보면 다음과 같다.

lín bì
林壁≫：

héng kàn chéng lǐng cè chéng fēng, yuǎn jìn gāo dī gè bù tóng,
横看成岭侧成峰，远近高低各不同，

bù shí lú shān zhēn miàn mù, zhǐ yuán shēn zài cǐ shān zhōng
不识庐山真面目，只缘身在此山中。

가로로 보면 산 고개, 세로로 보면 산봉우리, 원근과 고저에 따라 각각 모습이 다르다.

여산의 진면목을 알 수 없는 이유는, 내 몸이 이 산 속에 있기 때문이다.

cóng bù tóng de fāng xiàng kě yǐ kàn dào lú shān de bù tóng miàn mù,
从不同的方向可以看到庐山的不同面目，
zhè běn lái shì xún cháng shēng huó zhōng de xiàn xiàng, kě shì, shī rén què cóng zhè
这本来是寻常生活中的现象，可是，诗人却从这
lǐ yǐn shēn chū jù yǒu pǔ biàn yì yì de zhé lǐ, jiù shì jú wài rén yǒu
里引伸出具有普遍意义的哲理，就是局外人有
shí huì bǐ jú zhōng rén gèng róng yì kàn dào shì wù de zhēn xiàng. sū shì de
时会比局中人更容易看到事物的真相。苏轼的
shī gè tǐ jiē gōng, yóu qí shàn cháng qī yán gè tǐ, ér yǐ qī lǜ、qī
诗各体皆工，尤其擅长七言各体，而以七律、七
jué zuì wéi tū chū
绝最为突出。

서로 다른 방향에서 여산의 각기 다른 모습을 볼 수 있다는 것, 이것은 본래 평범한 생활 속 현상이다. 그러나, 시인은 오히려 여기서 보편적 의의를 지닌 철리를 끌어내고 있으니, 바로 외부에 있는 사람이 때로는 내부에 있는 사람보다 사물의 진상을 훨씬 쉽게 볼 수 있다는 것이다. 소식의 시는 어느 체든 다 뛰어나지만, 특히 7언의 각 체가 뛰어나며, 7언 율시, 7언 절구가 제일 두드러진다.

sū shì de cí yǒu gèng dà de yì shù chuàng zào xìng, tā chōng pò le
苏轼的词有更大的艺术创造性，它冲破了
wǎn táng wǔ dài yǐ lái zhuān xiě nán nǚ liàn qíng、lí chóu bié xù de jiù kuàng
晚唐五代以来专写男女恋情、离愁别绪的旧框
zi, kuò dà le cí de tí cái, tí gāo le cí de yì jìng. zuì néng dài
子，扩大了词的题材，提高了词的意境。最能代
biǎo tā de fēng gé de cí yǒu shuǐ diào gē tóu、niàn nú jiāo děng
表他的风格的词有≪水调歌头≫、≪念奴娇≫等
piān. shuǐ diào gē tóu shì yī shǒu zhù míng de zhōng qiū cí. quán cí
篇。≪水调歌头≫是一首著名的中秋词。全词

소식의 사는 더 큰 예술적 창조성을 가지고 있으며, 만당 오대 이래로 오로지 남녀의 연정과 이별의 슬픔만을 써오던 낡은 틀을 타파하고, 사의 소재를 확대하는 한편, 사의 경지를 드높였다. 그의 풍격을 가장 대표할 수 있는 사로 ≪수조가두≫·≪염노교≫ 등이 있다. ≪수조가두≫는 중추절을 노래한 유명한 사다. 사의 전체 내용은 다음과 같다.

shì
是:

míng yuè jǐ shí yǒu bǎ jiǔ wènqīng tiān
明月几时有？把酒问青天。

밝은 달은 언제부터 있었는가? 술잔을 들고 푸른 하늘에 물어본다.

bù zhī tiān shànggōng què jīn xī shì hé nián
不知天上宫阙，今夕是何年。

모르리라 하늘 위 궁궐에서도, 오늘 저녁이 어느 해인지?

wǒ yù chéngfēng guī qù yòu kǒngqióng lóu yù yǔ gāo chù bù shèng hán
我欲乘风归去，又恐琼楼玉宇，高处不胜寒。

내 바람 타고 돌아가고 싶지만, 또 두려운 건 달나라 궁전이 너무 높아 추위를 못 견딜까 하는 것.

qǐ wǔ nòngqīngyǐng hé sì zài rén jiān
起舞弄清影，何似在人间！

일어나 춤을 추며 그림자와 놀아도, 어찌 인간 세상에 있는 것만 하겠는가?

zhuǎn zhū gé dī qǐ hù zhào wú mián
转朱阁，低绮户，照无眠。

달은 붉은 누각을 돌아서, 비단 창문에 나지막하게 걸려, 달빛을 비춰주니 잠을 이루지 못하네.

bù yīng yǒu hèn hé shì chángxiàng bié shí yuán
不应有恨，何事长向别时圆？

달은 사람한테 원한도 없을 텐데, 어이하여 이별할 땐 늘 저리 둥근가?

rén yǒu bēi huān lí hé yuè yǒu yīn qíngyuán quē cǐ shì gǔ nán quán
人有悲欢离合，月有阴晴圆缺，此事古难全。

사람에겐 슬픔과 기쁨 헤어짐과 만남이 있고, 달에겐 흐림과 맑음 둥긂과 이지러짐이 있으니, 이런 일은 예로부터 완전하기 어려워라.

dàn yuàn rén cháng jiǔ qiān lǐ gòngchánjuān
但愿人长久，千里共婵娟。

다만 바라건대 오래 오래 살아서, 천리 밖에서도 아름다운 달을 함께 볼 수 있었으면.

zhè shǒu cí shì sū shì huáiniàn dì di sū zhé ér xiě de tā xiě
这首词是苏轼怀念弟弟苏辙而写的，他写
zhè shǒu cí zhèng shì chù zài zhèng zhì shī yì de shí hou yóu yú duì xiàn shí
这首词正是处在政治失意的时候，由于对现实

이 사는 소식이 동생인 소철을 그리워하며 쓴 것으로, 그가 이 사를 쓴 것은 정치적으로 실의에 빠져 있을 때로, 현실에 대한 불만 때문에, 그

bù mǎn tā de huàn xiǎng biàn fēi jìn le měi lì de shén huà shì jiè kě
不满，他的幻想便飞进了美丽的神话世界。可
shì dào dǐ hái shì tiān shàng bù rú rén jiān wēn nuǎn xià què cóng yuè liang
是，到底还是天上不如人间温暖。下阕从月亮
zhuó bǐ lái xiě tā hé dì di zǐ yóu jí sū zhé de lí bié zhī qíng
着笔，来写他和弟弟子由(即苏辙)的离别之情。
tā shuō rén shēng de zāo yù bù néng shí quán shí měi jiè cǐ lái ān wèi zì
他说人生的遭遇不能十全十美，借此来安慰自
jǐ xiōng huái kāi lǎng bù bēi guān quán piān bǎ xiě jǐng hé shū qíng tiān shàng
己，胸怀开朗，不悲观。全篇把写景和抒情，天上
hé rén jiān bù rú yì de xiàn shí hé měi hǎo de lǐ xiǎng mì qiè jiāo róng
和人间，不如意的现实和美好的理想密切交融
zài yī qǐ xiǎng xiàng fēng fù yǔ yán qīng lì gǎn qíng zhēn zhì kāi lǎng háo
在一起，想象丰富，语言清丽，感情真挚，开朗豪
mài dá dào le gāo dù de yì shù shuǐ píng
迈，达到了高度的艺术水平。

의 환상은 아름다운 신화세계로 날아 들어가 버렸던 것이다. 그러나, 아무래도 역시 천상은 인간 세상처럼 따뜻하지는 못했다. 아래 단락은 달에 대한 묘사로, 그와 동생인 자유(즉, 소철) 사이의 이별의 정을 그리고 있다. 그는 인생의 운명이란 완전무결할 수 없다고 말하면서, 이를 빌려 자신을 위로하고 있는데, 생각이 낙관적이고, 비관적이지 않다. 사는 전체적으로 풍경 묘사와 감정 서술, 하늘과 인간 세상, 뜻대로 안 되는 현실과 아름다운 이상을 서로 밀접하게 융화를 시켜, 상상이 풍부하고, 언어가 아름다우며, 감정이 진실하고, 낙관적이고 호탕하여, 매우 높은 예술 수준에까지 도달하였다.

niàn nú jiāo zhè shǒu cí xióng jiàn bēn fàng míng chuí qiān gǔ
《念奴娇》这首词，雄健奔放，名垂千古。
quán cí shì
全词是：

《염노교》 이 사는, 웅건하고 분방하여, 천고에 이름을 날리고 있다. 사의 전체 내용은 다음과 같다.

dà jiāng dōng qù làng táo jìn qiān gǔ fēng liú rén wù
大江东去，浪淘尽，千古风流人物。

큰 강물 동쪽으로 흘러가며, 물결로 다 씻어버린다, 천고의 풍류 인물들을.

gù lěi xī biān rén dào shì sān guó zhōu láng chì bì
故垒西边，人道是，三国周郎赤壁。

옛날 보루의 서편에서는, 사람들이 말 하네, 삼국시대 주유의 적벽을.

luàn shí chuān kōng jīng tāo pāi àn juǎn qǐ qiān duī xuě
乱石穿空，惊涛拍岸，卷起千堆雪。

어지러운 바위는 하늘을 뚫고, 놀란 파도는 강 언덕을 치면서, 천 무더기의 눈보라를 말아 올린다.

jiāng shān rú huà yī shí duō shǎo háo jié
江山如画，一时多少豪杰！

강산은 그림 같은데, 한 때의 호걸들 그 얼마였던가?

yáo xiǎng gōng jǐn dāng nián xiǎo qiáo chū jià liǎo xióng zī yīng fā
遥想公瑾当年，小乔初嫁了，雄姿英发。

yǔ shàn guān jīn tán xiào jiān qiáng lǔ huī fēi yān miè
羽扇纶巾，谈笑间，樯橹灰飞烟灭。

gù guó shén yóu duō qíng yīng xiào wǒ zǎo shēng huá fà
故国神游，多情应笑我，早生华发。

rén jiān rú mèng yī zūn huán lèi jiāng yuè
人间如梦，一樽还酹江月。

아득히 주유의 그 때를 생각해본다. 소교가 처음 시집갔을 때, 영웅다운 용모와 빼어난 재기를 가졌던 그를.

새깃 부채에 윤건을 쓰고, 담소를 하는 사이, 적의 배는 재로 날아가고 연기로 사라졌었지.

고향에 주유의 혼이 노닐고 있다면, 다정하게 날 보고 웃으리, 일찍이 백발이 되었음을.

인생이란 꿈과 같은 것, 한 잔 술 따라 강물에 아른거리는 달에게 바친다.

zhè shǒu cí shì sū shì sì shí qī suì nà nián zài huáng zhōu
这首词是苏轼四十七岁那年（1082）在黄州

jīn hú běi shěng huáng gāng xiàn yóu chì bì shí xiě de chì bì shì sān guó
（今湖北省黄冈县）游赤壁时写的。赤壁，是三国

shí wú jiàng zhōu yú jī bài cáo cāo de dì fang zài jīn hú běi shěng jiā yú
时吴将周瑜击败曹操的地方，在今湖北省嘉鱼

xiàn dōng běi cháng jiāng nán àn sū shì suǒ yóu de chì bì zài huáng gāng xiàn chéng
县东北长江南岸。苏轼所游的赤壁在黄冈县城

wài bù shì sān guó shí dà zhàn de chì bì zhǐ shì dì míng xiāng tóng bà
外，不是三国时大战的赤壁。只是地名相同罢

le zhè shǒu cí fǎn yìng le tā duì yīng xióng shì yè de xiàng wǎng hé bù néng
了。这首词反映了他对英雄事业的向往和不能

shí xiàn zì jǐ lǐ xiǎng de jīng shén kǔ mèn qián duàn xiě chì bì de xióng qí
实现自己理想的精神苦闷。前段写赤壁的雄奇

jǐng sè chèn tuō chū sān guó shí huǒ shāo chì bì de yīng xióng rén wù hòu duàn
景色，衬托出三国时火烧赤壁的英雄人物；后段

xiě zhōu yú de huī huáng zhàn gōng yòng lái fǎn chèn zì jǐ zài shì yè shàng méi
写周瑜的辉煌战功，用来反衬自己在事业上没

yǒu shén me chéng jiù yīn ér chǎn shēng le rén jiān rú mèng de xiāo jí sī
有什么成就，因而产生了“人间如梦”的消极思

이 사는 소식이 47세 되던 해(1082년) 황주(지금의 호북성 황강현)에서 적벽을 유람할 때 쓴 것이다. 적벽은, 삼국 때 오나라 장수 주유가 조조를 패배시킨 곳으로, 지금의 호북성 가어현 동북쪽의 양자강 남안에 있다. 소식이 유람했던 적벽은 황강현 성 밖으로, 삼국 때 대전투가 있었던 적벽이 아니다. 단지 지명만 서로 같을 뿐이다. 이 사에서는 그의 영웅적 활동에 대한 동경과 실현할 수 없는 자신의 이상에 대한 정신적 고민이 반영되어 있다. 전단락은 적벽의 웅장하고 기이한 풍경을 묘사하여 삼국시대 적벽을 태워버린 영웅인물을 부각시키고 있고, 뒤단락은 주유의 눈부신 전공을 씀으로써 자신은 활동에서 아무런 성과가 없음을 상대적으로 부각시키게 되고, 이로써 "인생이란 꿈과 같은 것"이라는 소극적인 사상을 보여주었다. 이 사는 운필이 웅건하고, 풍격이 호방하여, 천고의 절창으로 불리고 있다.

xiǎng zhè shǒu cí bǐ lì xióng jiàn fēng gé háo fàng bèi chēng wéi qiān gǔ jué
想。这首词笔力雄健，风格豪放，被称为千古绝
chàng
唱。

sū shì de zuò pǐn shōu zài dōng pō quán jí hé dōng pō cí
苏轼的作品收在《东坡全集》和《东坡词》
lǐ
里。

소식의 작품은 《동파전집》과 《동파사》에 수록되어 있다.

dì èr jié nán sòng hé jīn dài wén xué
第二节 南宋和金代文学
(1127-1279)

제2절 남송과 금대문학 (1127-1279)

běi sòng miè wáng zhī hòu sòng gāo zōng zhào gòu jiàn lì le nán sòng xiǎo
北宋灭亡之后，宋高宗赵构建立了南宋小
cháo tíng nán sòng shí dài zài duì dài běi fāng rù qīn zhě de tài dù shàng
朝廷。南宋时代，在对待北方入侵者的态度上，
chū xiàn le kàng zhàn yǔ tóu xiáng liǎng pài cóng cǐ hé zhàn zhī
出现了“抗战”与“投降”两派。从此，“和”、“战”之
zhēng dài tì le běi sòng shí qī de xīn jiù dǎng zhēng yǐ ài guó jiàng lǐng
争，代替了北宋时期的新旧党争。以爱国将领
yuè fēi hán shì zhōng děng rén wéi dài biǎo jiān jué zhǔ zhāng kàng zhàn tā men
岳飞、韩世忠等人为代表，坚决主张抗战，他们
qīn zì dài bīng yīng yǒng zuò zhàn yī dù dǎ bài dí rén hěn yǒu shèng lì
亲自带兵，英勇作战，一度打败敌人，很有胜利
de xī wàng ér yǐ wú néng de huáng dì zhào gòu hé jiān chén qín huì wéi shǒu
的希望。而以无能的皇帝赵构和奸臣秦桧为首，

북송이 멸망한 후, 송 고종 조구는 남송이라는 소 조정을 세웠다. 남송 시대에는, 북방 침입자를 대하는 태도에서 “항전”과 “투항”의 두 파가 나타났다. 이로부터, “화친파”와 “주전파”의 다툼이, 북송 시대의 신구 당쟁을 대신하게 되었다. 애국장군 악비와 한세충 등을 대표로 한 자들은 강하게 항전을 주장하여, 스스로 병사를 이끌고, 용맹하게 싸워, 단 번에 적을 물리침으로써, 승리할 희망이 매우 컸다. 그러나 무능한 황제 조구와 간신 진회를 우두머리로 한 자들은, 오히려 화친과 투항을 주장하였던 바, 그들은 금나라 병사의 침입에 간이 떨어질 정도

zé zhǔ zhāngjiǎng hé tóu xiáng tā men bèi jīn bīng rù qīn xià pò le dǎn bù
则主张讲和投降，他们被金兵入侵吓破了胆，不
gǎn kàngzhàn fǎn ér pò huàikàngzhàn bìng yīn móu hài sǐ le kàngzhànyīngxióng
敢抗战，反而破坏抗战，并阴谋害死了抗战英雄
yuè fēi zuì hòu dǎo zhì nán sòng miè wáng
岳飞，最后导致南宋灭亡。

로 놀라, 감히 항전도 못하고, 오히려 항전을 파토시키고, 아울러 항전 영웅 악비를 음모로 살해하여, 마침내는 남송의 멸망을 초래하였다.

dǐ kàng qīn lüè bǎo wèi zǔ guó de wěi dà ài guó jīng shén guànchuān
抵抗侵略、保卫祖国的伟大爱国精神，贯穿
zhe zhěng ge nán sòng shí dài zài wén xué zuò pǐn zhōng dé dào qiáng liè fǎn yìng
着整个南宋时代，在文学作品中得到强烈反映，
huì chéng wén xué sī cháozhōng de ài guó zhǔ yì chǎnshēng le xǔ duō ài guó
汇成文学思潮中的爱国主义，产生了许多爱国
zhǔ yì zuò jiā qí zhōng zuì zhù míng de shì lǐ qīngzhào lù yóu xīn qì
主义作家，其中最著名的是李清照、陆游、辛弃
jí
疾。

침략에 저항하고 조국을 보위했던 위대한 애국정신은, 남송시대 전체에 일관하고 있고, 문학작품에도 강렬하게 반영됨으로써, 애국주의 문학사조가 결성되고, 많은 애국주의 작가가 나오게 되었는데, 그중 가장 유명한 작가가 이청조·육유·신기질이다.

jīn dài hé nán sòngtóng shí bǐ jiào yǒu míng de zuò jiā shì yuán hào
金代和南宋同时，比较有名的作家是元好
wèn
问。

금대와 남송 같은 시기에, 비교적 유명했던 작가는 원호문이다.

1. 李清照 (lǐ qīngzhào)

1. 이청조

lǐ qīngzhào hào yì ān jū shì jì nán jīn shān
李清照(1084-1151)，号易安居士，济南(今山
dōngshěng jì nán shì rén tā shì jié chū de nǚ shī rén cóngxiǎo jiù xǐ
东省济南市)人。她是杰出的女诗人，从小就喜
huan shī cí xiǎng yǒu shèngmíng hòu lái hé tài xué shēngzhàomíngchéng jié le
欢诗词，享有盛名。后来，和太学生赵明诚结了

이청조(1084-1151)는, 호가 이안거사며, 제남(현재의 산동성 제남) 사람이다. 그녀는 걸출한 여류시인으로, 어릴 때부터 시와 사를 좋아하여, 큰 명성을 누렸다. 훗날, 태학생 조명성과 결혼하여, 둘은 함께 고서를 교정하고, 시

婚，两人共同校勘古书，唱和诗词，鉴赏金石书画，过着美满幸福的生活。靖康二年(1127)，她和丈夫避兵江南，后来丈夫病死，她便漂流于杭州、越州、金华一带，在孤苦的生活中度过晚年。她学识渊博，诗、词、散文都有成就，其中词的成就最大。她早年生活比较美满，和赵明诚结婚后，两个人十分相爱，后来，赵明诚出外求学，她时时想念，于是写下了《一剪梅》(红藕香残玉簟秋) 这首词，抒发了自己怀念丈夫的真挚感情，风格优美清丽；晚年遭到不幸，由于战乱和丈夫之死，使她流离失所，漂泊四方，产生了一些凄婉感伤的作品。如《永遇乐》(落日熔金)，这首词写从前和现在两种不同的元宵节灯景，构成鲜明的对照，显出自己生活环境的变化，表达了思念故国的感情，也流露出饱经忧患、消极低沉

사를 서로 주고받았으며, 금석서화를 감상하면서 아름답고 행복한 생활을 지냈다. 정강 2년(1127), 그녀는 남편과 전란을 피해 남쪽으로 피난하였는데, 뒤에 남편이 병사하자, 그녀는 항주·월주·금화 일대를 유랑하며, 외롭고 가난한 생활 속에서 만년을 보냈다. 그녀는 학식이 깊고 넓어, 시·사·산문에 모두 큰 성과가 있었는데, 그 중에서 사의 성과가 가장 컸다. 그녀는 젊었을 때 생활이 비교적 원만했고, 조명성과 결혼한 후에, 둘은 서로를 아주 사랑하였다. 훗날, 조명성이 공부를 하러 출타하였을 때, 그녀는 항상 그를 생각하였고, 《일전매》(붉은 연꽃 향 사라지니 대자리엔 가을이)를 지어, 남편을 그리워하는 자신의 진실한 감정을 토로하였는데, 풍격이 우아하고 청아하다. 만년에는 불행을 당하게 되었으니, 전란과 남편의 사망 때문에, 그녀는 의지할 곳을 잃고 사방을 떠도느라, 구슬프고 감상적인 작품들을 쓰게 되었다. 예를 들어 《영우락》(석양은 금을 녹이고), 이 사는 옛날과 지금의 서로 다른 두 정월대보름의 등불 경치를 표현하되, 선명한 대비를 만들어, 자신의 생활환경의 변화를 드러내고, 고향을 그리는 감정을 표현하는 한편, 갖은 우환을 겪으면서 소극적이고 의기소침해진 생각을 드러내기도 하였다. 그녀의 유명한 사로 《여몽령》(어젯밤 비는 드문드문 왔으나 바람은 세찼네), 《성성만》(찾고 또 찾고) 등이 있는데, 언어가 신선하고 생동적이며,

de sī xiǎng tā zhù míng de cí yǒu rú mèng lìng zuó yè yǔ shū fēng
的思想。她著名的词有《如梦令》(昨夜雨疏风
zhòu shēng shēng màn xún xún mì mì děng yǔ yán qīng xīn huó pō
骤)、《声声慢》(寻寻觅觅)等，语言清新活泼，
gōng qiǎo ér bù diāo shì tā de shī zuì zhù míng de shì jué jù
工巧而不雕饰。她的诗最著名的是《绝句》:

정교하고 섬세하면서도 과장되지 않다. 그녀의 시 중에 가장 유명한 것은 《절구》다.

shēng dāng zuò rén jié sǐ yì wéi guǐ xióng
生当作人杰，死亦为鬼雄。
zhì jīn sī xiàng yǔ bù kěn guò jiāng dōng
至今思项羽，不肯过江东！

살아서는 세상의 호걸이더니,
죽어서는 또 귀신의 영웅이 되었네.
지금 항우를 생각하게 되는 것은, 강동을 건너지 않으려 했기 때문이네.

zhè shì yī shǒu qiān gǔ jué chàng qì shì xióng zhuàng yīng yǒng háo mài
这是一首千古绝唱，气势雄壮，英勇豪迈，
qiān bǎi nián lái bèi rén chuán sòng tā céng jī lì xǔ duō gé mìng xiān liè wèi
千百年来被人传诵，它曾激励许多革命先烈为
zhēng qǔ zì yóu jiě fàng ér yīng yǒng dòu zhēng
争取自由解放而英勇斗争。

이는 천고의 절창으로, 기세가 웅장하고, 용맹스럽고 호방하여, 수천 수백 년 동안 사람들에게 전송이 되어 오면서, 수많은 혁명 선열들이 자유해방을 쟁취하기 위해 용감하게 투쟁하던 바를 격려해 주기도 하였다.

tā de zhù zuò shōu zài shù yù jí zhōng
她的著作收在《漱玉集》中。

그녀의 저작들은 《수옥집》에 수록되어 있다.

lù yóu
2. 陆游

2. 육유

lù yóu zì wù guān hào fàng wēng yuè zhōu shān yīn
陆游(1125-1210)，字务观，号放翁，越州山阴
jīn zhè jiāng shěng shào xīng xiàn rén tā yòu nián shí qī zhèng dāng jīn rén nán
(今浙江省绍兴县)人。他幼年时期，正当金人南
qīn tā suí jiā rén táo nàn cháng jìn le diān pèi liú lí de tòng kǔ yīn
侵，他随家人逃难，尝尽了颠沛流离的痛苦，因

육유(1125-1210)는, 자가 무관이고, 호는 방옹이며, 월주 산양(지금의 절강성 소흥현) 사람이다. 그가 어렸을 때는, 마침 금나라가 남침을 하여, 가족을 따라 피난을 하느라, 가세가 기울어 유랑하는 고통을 겪어야 했고, 이로 인해

而从小就树立了抗战复国的思想。二十九岁参加进士考试，本来名列第一，因为宰相秦桧想让自己的孙子秦埙考取第一，又因陆游主张抗战，“喜论恢复”，触怒了秦桧，所以被罢免落第，连考官都几乎得祸。直到秦桧死后三年，才出任福州宁德县主薄。孝宗即位，抗战派稍得抬头，他被召见，赐进士出身。他积极主张北伐，提出了许多政治、军事方面的建议。不久，北伐失利，抗战派被排挤，投降派占了上风，他被罢官。四十六岁入蜀，任夔州通判。后来参加了四川宣抚使王炎的军队，身穿戎装，戍守在大散关头，来往于前线各地，积极准备打击敌人。火热的战斗生活，更加激发了他的爱国热情，也扩大了他的创作领域，写出了许多宏丽悲壮的著名诗篇。五十四岁时，他离蜀东归，先后在福建、江西

어려서부터 싸움으로 맞서 나라를 되찾고자하는 사상이 생기게 되었다. 29세에 진사 시험에 응시, 본래는 1등을 했으나, 재상 진회가 손자인 진훈을 일등이 되게 하려고, 또 육유가 항전을 주장하며, “국가 회복을 즐겨 강조했던 것”으로, 진회의 노여움을 사서, 파면으로 불합격하였고, 시험관까지도 화를 당할 뻔 했다. 진회가 죽고 3년 뒤에, 비로소 복주 영덕현 주부가 되었다. 효종이 즉위하자, 항전파가 약간 고개를 들어, 그는 부름을 받고, 진사출신 자격을 얻었다. 그는 적극적으로 북벌을 주장하여, 많은 정치·군사 방면의 건의를 올렸다. 얼마지 않아, 북벌은 실패하였고, 항전파는 배척을 당하고, 투항파가 주도권을 쥠으로써, 그는 관직에서 파면되었다. 46세에 촉 나라로 가서, 기주 통판이 되었다. 뒤에 사천 선무사 왕염의 군대에 들어가, 군복을 입고, 대산관 지역을 지키면서, 전선 각지를 왕래하며 활발하게 적을 타격할 준비를 하였다. 치열한 전투생활은, 그의 애국열정을 더욱 끓어오르게 하였으며, 또한 그의 창작영역을 더 넓혀주어, 스케일이 크고 화려하면서도 비장한 시들을 많이 써 냈다. 54세 때, 그는 촉 나라를 떠나 동으로 돌아가, 연속해서 복건·강서·절강 등지에서 벼슬을 했다. 66세 이후, 고향인 산음으로 돌아가, 20여 년을 한가로이 보냈는데, 늘 한적하고 소박한 생활을 하다가 가정 3년(1210)에 세상을 떠났다. 산음에서 한가로이 지내

、浙江等地做官。六十六岁以后，回到故乡山阴，闲居二十多年，一直过着宁静而简朴的生活，于嘉定三年(1210)逝世。在山阴闲居期间，他参加了一些农业劳动，与农民建立了深厚的感情。有时他还骑着毛驴，带上药囊，到附近的村子里给农民治病施药，受到人民的热爱和尊敬。这时他写下了许多反映农村现实和描写田园风光的诗，风格虽然趋向平淡，但爱国思想更加深沉，直到临终时，还念念不忘恢复中原。他在写给儿子的遗嘱诗《示儿》中写道：

던 시기에, 그는 약간의 농사 활동에 참가하여, 농민들과 두터운 정을 쌓았다. 때로는 또 당나귀를 타고, 약주머니를 찬 채, 근처마을에 가서 농민들을 치료도 해 주고 약도 나눠줌으로써, 농민들의 사랑과 존경을 받기도 하였다. 이 때 그는 농촌현실을 반영하고 전원 풍경을 묘사한 시들을 많이 지었는데, 풍격은 비록 평범하지만, 애국사상은 더욱 깊으며, 죽는 순간까지도, 중원 수복의 꿈을 잊지 못하였다. 그가 아들에게 쓴 유언시 《시아》를 보면 다음과 같이 적고 있다.

死去原知万事空，但悲不见九州同。
王师北定中原日，家祭无忘告乃翁！

죽으면 만사가 부질없다는 걸 일찍 알았지만, 중국의 통일을 보지 못함이 슬프도다.
천자의 군대가 북으로 중원을 평정하는 날, 집안 제사 때 애비에게 잊지 말고 알려다오.

这是诗人的遗嘱，也是诗人的最后号召。这首诗集中表现了他的爱国主义精神，抒发了他

이는 시인의 유언이기도 하지만, 시인의 마지막 호소이기도 하다. 이 시는 그의 애국주의 정신을 집중적으로 표현하고 있으며, 남송 통치

duì nán sòng tǒng zhì jí tuán xiàng jīn qū rǔ tóu xiáng de bēi fèn gǎn qíng tí
对南宋统治集团向金屈辱投降的悲愤感情，提
chū le jiān chí kàng zhàn shōu fù shī dì de xī wàng hé yāo qiú biǎo dá le
出了坚持抗战、收复失地的希望和要求，表达了
zhèng yì shì yè bì dìng shèng lì de xìn niàn
正义事业必定胜利的信念。

집단이 금에게 굴욕적으로 투항한 것에 대한 비분의 마음을 잘 드러내고, 항전을 견지하여 빼앗긴 영토를 수복하고자 하는 희망과 요구를 제안하면서, 정의로운 사업은 반드시 승리한다는 신념을 표현하였다.

lù yóu shì nán sòng zhù míng de ài guó shī rén shì yī wèi yǒu duō
陆游是南宋著名的爱国诗人，是一位有多
fāng miàn chuàng zuò cái néng de zuò jiā tā de zuò pǐn hěn duō yǒu shī cí
方面创作才能的作家。他的作品很多，有诗、词
hé sǎn wén zài zhè xiē zuò pǐn zhōng shī de chéng jiù yóu wéi xiǎn zhù xiàn
和散文。在这些作品中，诗的成就尤为显著，现
cún jiǔ qiān sān bǎi duō shǒu nèi róng hěn fēng fù qí zhōng zuì tū chū de shì
存九千三百多首，内容很丰富，其中最突出的是
fǎn yìng mín zú máo dùn de ài guó shī gē zhè xiē shī gē yáng yì zhe
反映民族矛盾的爱国诗歌。这些诗歌，洋溢着
shī rén de ài guó rè qíng jù yǒu qiáng liè de zhàn dòu xìng
诗人的爱国热情，具有强烈的战斗性。

육유는 남송의 유명한 애국시인으로, 다방면의 창작재능을 가진 작가였다. 그의 작품은 매우 많으며, 시·사·산문이 있다. 이런 작품들 중, 시의 성과가 특히 두드러지며, 현재 9,300여 수가 남아 있는데, 내용이 아주 풍부하며, 그 중에서도 특히 민족모순을 반영한 애국시가가 가장 뛰어나다. 이런 시가에는, 시인의 애국열정이 충만하고, 강렬한 전투성이 갖추어져 있다.

zhù míng de shī yǒu shū fèn shí yī yuè sì rì fēng yǔ
著名的诗有：《书愤》、《十一月四日风雨
dà zuò qiū yè jiāng xiǎo chū lí mén yíng liáng yǒu gǎn děng zhè xiē
大作》、《秋夜将晓出篱门迎凉有感》等，这些
shī shū fā le shī rén xǔ shēn bào guó yīng yǒng shā dí de háo qíng zhuàng zhì
诗抒发了诗人许身报国、英勇杀敌的豪情壮志，
biǎo dá le lǐ xiǎng nán yǐ shí xiàn de bēi fèn xīn qíng shī rén zài shū
表达了理想难以实现的悲愤心情。诗人在《书
fèn zhōng xiě dào
愤》中写道：

유명한 시로, 《분함을 쓰다》·《11월 4일에 비바람이 세차게 일다》·《가을밤 새벽녘에 문을 나서다 서늘함을 맞으며》 등이 있는데, 이런 시들은 조국을 위해 헌신하고 용감히 적을 물리치고자 하는 시인의 기백과 포부를 밝히고 있으며, 이상을 실현하기 어려운 비분의 마음을 표현하고 있다. 시인은 《서분》에서 다음과 같이 적고 있다.

zǎo suì nǎ zhī shì shì jiān zhōngyuán běi wàng qì rú shān
早岁那知世事艰，中原北望气如山。

lóu chuán yè xuě guā zhōu dù tiě mǎ qiū fēng dà sǎn guān
楼船夜雪瓜洲渡，铁马秋风大散关。

sài shàng cháng chéng kōng zì xǔ jìng zhōng shuāi bìn yǐ xiān bān
塞上长城空自许，镜中衰鬓已先斑。

chū shī yī biǎo zhēn míng shì qiān zǎi shéi kān bó zhòng jiān
“出师”一表真名世，千载谁堪伯仲间！

젊었을 때 어찌 세상일 어려운 줄 알았을까? 중원을 생각하며 북을 바라볼 땐 그 기운 산과 같았지.

다락배 타고 눈 내리던 밤에 과주를 건넜고, 철마를 타고 가을바람 맞으며 대산관을 넘었지.

변방의 장성이 되겠노라 공연히 혼자 뽐냈었지만, 거울 속의 쇠미한 살쩍이 먼저 희끗거리는구나.

“출사”를 밝힌 글은 참으로 세상에 이름났건만, 천년이 흐른 지금 그 누가 감히 그와 견줄 수 있으리！

zhè shǒu shī xiě yú gōngyuán nián chūn tiān dāng shí lù yóu zhèng zài jiā xiāng shān yīn xián jū tā kàn dào huáng hé yǐ nán huái hé yǐ běi de guǎng dà dì qū dōu bèi jīn bīng zhàn lǐng ér gǒu qiě tōu ān de nán sòng cháo tíng chú le xiàng dí rén chēng chén jìn gòng zhī wài què shén me zuò wéi dōu méi yǒu tā zài bēi fèn shī wàng zhī zhōng xiě xià le zhè shǒu shī zài shī zhōng tā yī miàn huí yì qǐ zǎo nián háo mài de dòu zhēng shēng huó lián xiǎng dào yī xiē kàng dí mín zú yīng xióng de huī huáng zhàn jì yī miàn yòu gǎn dào zì jǐ bào guó de zhuàng zhì nán yǐ shí xiàn kǎi tàn cháo zhōng wú rén xiàng zhū gě liàng nà yàng chū bīng běi fá biǎo dá le zì jǐ fèn hèn de xīn qíng

这首诗写于公元1186年春天，当时，陆游正在家乡山阴闲居，他看到黄河以南、淮河以北的广大地区都被金兵占领，而苟且偷安的南宋朝廷，除了向敌人称臣进贡之外，却什么作为都没有。他在悲愤失望之中写下了这首诗。在诗中，他一面回忆起早年豪迈的斗争生活，联想到一些抗敌民族英雄的辉煌战迹；一面又感到自己报国的壮志难以实现，慨叹朝中无人像诸葛亮那样出兵北伐，表达了自己愤恨的心情。

이 시는 1186년 봄에 쓴 것으로, 그 당시, 육유는 고향인 산음에서 한적한 생활을 하면서, 황하 이남과 회하 이북의 광대한 땅이 모두 금나라에 점령당했음에도, 구차하게 안일만을 꾀하는 남송 조정이, 스스로 신하라 칭하며 적에게 공물을 바치는 일 외에는 아무것도 하지 않는 것을 목도하였다. 그는 비분함과 실망 속에서 이 시를 지었다. 이 시에서, 그는 젊은 시절 늠름했던 투쟁 생활을 회상하면서, 적과 싸운 민족영웅의 휘황찬란한 전적을 연상하는 한편, 또 보국을 위한 자신의 웅지가 실현될 수 없음을 느끼고, 조정에 제갈량처럼 그렇게 출병하여 북벌할 인재가 없음을 탄식하면서, 자신의 분한 마음을 표현하였다.

lù yóu de cí xiàn cún yī bǎi duō shǒu zhè xiē cí hé tā de shī
陆游的词，现存一百多首，这些词和他的诗
yī yàng shǎn yào zhe guāng huī de ài guó zhǔ yì sī xiǎng yǒu xǔ duō cí shì
一样，闪耀着光辉的爱国主义思想，有许多词是
qiān gǔ chuánsòng de míngpiān rú sù zhōngqíng
千古传诵的名篇，如《诉衷情》：

육유의 사는, 현재 100여 수가 있는데, 이런 사들은 그의 시와 같이, 찬란한 애국주의사상이 번쩍거리고 있어서, 많은 사들이 오랫동안 명편으로 애창되고 있으니, 예컨대 《애틋한 정을 호소하다》를 보면 다음과 같다.

dāngnián wàn lǐ mì fēng hóu pǐ mǎ shù liángzhōu
当年万里觅封侯，匹马戍梁州。
guān hé mèngduàn hé chù chén àn jiù diāo qiú
关河梦断何处，尘暗旧貂裘。
hú wèi miè bìn xiān qiū lèi kōng liú
胡未灭，鬓先秋，泪空流。
cǐ shēng shéi liào xīn zài tiān shān shēn zài cāngzhōu
此生谁料，心在天山，身在沧洲！

그 옛날 만 리 길에서 봉작을 찾고자, 필마를 타고 양주 땅을 지키러 갔었지.
산하를 지키려던 꿈은 어디선가 끊어지고, 먼지만이 옛날 담비 모피 위를 덮고 있구나.
오랑캐 아직 멸하지 못했는데, 귀밑머리만 먼저 하얗게 되어, 눈물만이 부질없이 흘러내린다.
나의 삶을 그 누가 알까, 마음은 천산 전쟁터에 있는데, 몸은 물가에 와 있음을！

zhè shǒu cí shì lù yóu wǎnnián zhù zài shàoxīng jìng hú biān de sān shān
这首词是陆游晚年住在绍兴镜湖边的三山
shí xiě de biǎo dá le shī rén wǎnnián de shēnghuó hé sī xiǎng máo dùn de
时写的，表达了诗人晚年的生活和思想矛盾的
bēi fèn qíng xù
悲愤情绪。

이 사는 육유가 만년에 소흥 경호변 삼산에서 살 때 쓴 것으로, 시인 만년의 생활이 생각하고는 모순이 되는 비분의 심정을 토로하고 있다.

cǐ wài tā hái yǐ gè rén liàn ài bēi jù wéi tí cái xiě le yī
此外，他还以个人恋爱悲剧为题材，写了一
shǒu zhù míng de chāi tóu fèng cí jiē lù hé kòng sù le fēng jiàn lǐ
首著名的《钗头凤》词，揭露和控诉了封建礼
jiào de zuì è
教的罪恶：

그 외에도, 그는 또 개인의 연애비극을 소재로, 《차두봉》이라는 유명한 사를 지어 봉건적인 예교의 폐해를 폭로하고 고발하였다.

hóng sū shǒu huángténg jiǔ mǎnchéngchūn sè gōngqiáng liǔ
红酥手，黄縢酒，满城春色宫墙柳。

붉고 윤나는 손으로, 황등주를 따를 때, 온 성은 봄빛이요 궁 담장은 버드나무였는데.

dōngfēng è huānqíng bó yī huáichóu xù jǐ nián lí suǒ
东风恶，欢情薄，一怀愁绪，几年离索。

봄바람 사나워지자, 기쁨의 감정은 오그라들고, 쓰라린 마음만 가슴에 안은 채, 몇 년을 떨어져 있었는가?

cuò cuò cuò
错，错，错！

이건 아니다, 이건 아니다, 이건 아니다!

chūn rú jiù rén kōngshòu lèi hénhóng yì jiāo xiāo tòu
春如旧，人空瘦，泪痕红浥鲛绡透。

봄은 옛날이나 다름없는데, 사람은 부질없이 야위어가고, 눈물 자국은 비단 손수건만 붉게 적신다.

táo huā luò xián chí gé
桃花落，闲池阁。

복숭아꽃은 떨어지고, 연못가 누각은 한가롭구나.

shānméng suī zài jǐn shū nán tuō
山盟虽在，锦书难托。

산과 같은 맹세는 비록 그대로지만, 사랑의 글은 전하기 어렵구나.

mò mò mò
莫，莫，莫！

쓸쓸하구나, 쓸쓸하구나, 쓸쓸하구나!

lù yóu yuán lái de qī zi jiào tángwǎn liǎng ge rén jié hūn hòu gǎn
陆游原来的妻子叫唐琬，两个人结婚后感
qíng hěn hǎo kě shì lù yóu de mǔ qīn bù xǐ huan zhè ge xí fù yìng
情很好。可是，陆游的母亲不喜欢这个媳妇，硬
bī zhe lù yóu hé tā lí hūn lí hūn hòu lù yóu lìng qǔ tángwǎn yě
逼着陆游和她离婚。离婚后，陆游另娶，唐琬也
gǎi jià gěi zhào shì chéng niánchūn tiān lù yóu dào shěnyuán qù yóu
改嫁给赵士程。1155年春天，陆游到沈园去游
wán hé tángwǎnxiāng yù tángwǎn yǐ jiǔ yáo yīn qín zhāo dài liǎng ge rén
玩，和唐琬相遇。唐琬以酒肴殷勤招待，两个人
fēi chángshāng xīn kǔ nǎo dāng shí lù yóu jiù zài shěnyuán de qiáng bì shàng
非常伤心苦恼。当时陆游就在沈园的墙壁上，

육유에게는 본래 당완이라는 아내가 있었는데, 둘은 결혼 후 아주 좋은 감정으로 살았다. 하지만, 육유 모친은 며느리를 싫어하여, 강제로 육유와 이혼을 시켰다. 이혼 후, 육유는 다른 아내를 맞았고, 당완 역시 조사정에게 재가를 하였다. 1155년 봄날, 육유는 심원에 놀러갔다가, 당완과 서로 만나게 되었다. 당완이 술과 안주로 정성껏 대접을 했지만, 둘의 마음은 너무나 슬프고 고민스러웠다. 그 때 육유가 심원의 벽에, 이 사를 썼다. 전하는 바에 의하면 당완은 너무나 상심하여, 얼마 못 가서 죽고 말

xiě xià le zhè shǒu cí jù shuō táng wǎn yóu yú shāng xīn guò dù méi guò
写下了这首词。据说唐琬由于伤心过度，没过
duō jiǔ jiù sǐ le
多久就死了。

았다고 한다.

zhè shǒu cí xiě de qíng shēn yì cháng shēng dòng gǎn rén biǎo dá le shī
这首词写得情深意长，生动感人，表达了诗
rén duì táng wǎn de zhēn zhì gǎn qíng xiàng pò huài měi mǎn hūn yīn de zhì dù
人对唐琬的真挚感情，向破坏美满婚姻的制度
tí chū le qiáng liè kàng yì
提出了强烈抗议。

이 사는 깊은 감정을 의미심장하게 그려, 생동적으로 사람을 감동시키고 있는데, 당완을 향한 시인의 절실한 사랑을 표현함으로, 원만한 결혼을 파괴하는 제도를 향해 강력한 항의를 제기하였다.

zǒng zhī lù yóu de zuò pǐn jù yǒu shēn kè de sī xiǎng nèi róng hé
总之，陆游的作品，具有深刻的思想内容和
wán měi de yì shù chéng jiù fēng gé háo fàng jù yǒu làng màn zhǔ yì jī
完美的艺术成就，风格豪放，具有浪漫主义激
qíng yǔ yán pǔ sù zì rán sè cǎi xiān míng yuán zhuǎn liú chàng
情，语言朴素自然，色彩鲜明，圆转流畅。

어쨌든, 육유의 작품은, 심오한 사상 내용과 완전한 예술 성과를 갖추고 있고, 풍격이 호방하며, 낭만주의 격정을 갖추고 있고, 언어가 소박하고 자연스러우며, 색채가 선명하고, 흐름이 원활하고 매끄럽다.

tā de zuò pǐn shōu zài wèi nán wén jí jiàn nán shī gǎo
他的作品收在《渭南文集》、《剑南诗稿》
hé fàng wēng cí děng shū zhōng
和《放翁词》等书中。

그의 작품은 《위남문집》·《검남시고》와 《방옹사》 등의 책에 수록되어 있다.

3. xīn qì jí 辛弃疾

3. 신기질

xīn qì jí zì yòu ān hào jià xuān chū shēng zài
辛弃疾(1140-1207)，字幼安，号稼轩，出生在
jīn rén tǒng zhì xià de lì chéng jīn shān dōng shěng jì nán shì tā qīng nián
金人统治下的历城（今山东省济南市）。他青年
shí dài céng zǔ zhī liǎng qiān duō rén cān jiā jì nán nóng mín gěng jīng lǐng dǎo de
时代曾组织两千多人参加济南农民耿京领导的

신기질(1140-1207)은, 자가 유안이고, 호는 가헌이며, 금의 통치 아래 있던 역성(지금의 산동성 제남시) 사람이다. 그는 청년시절에 일찍이 2천여 명을 조직하여 제남의 농민 경경이 이끄는 항금 봉기군에 참가하였고, 아울러 군

kàng jīn qǐ yì jūn bìng zài jūn zhōng zhǎng shū jì hòu lái gěng jīng bèi pàn
抗金起义军，并在军中掌书记。后来，耿京被叛
tú shā hài tā dài lǐng yī bù fen qǐ yì jūn tóu bèn nán sòng lì rèn
徒杀害，他带领一部分起义军投奔南宋。历任
hú běi hú nán jiāng xī ān fǔ shǐ tā rèn zhí qī jiān jī jí zhǔn bèi
湖北、湖南、江西安抚使。他任职期间，积极准备
kàng zhàn dàn bù bèi cháo tíng chóng yòng yuàn wàng luò kōng hòu lái bèi bà guān
抗战，但不被朝廷重用，愿望落空。后来被罢官，
tuì jū jiāng xī shěng shàng ráo de dài hú cháng dá èr shí nián dào le wǎn
退居江西省上饶的带湖，长达二十年。到了晚
nián cháo tíng yòu qǐ yòng tā zuò guò zhè dōng ān fǔ shǐ hé zhèn jiāng zhī
年，朝廷又起用他，做过浙东安抚使和镇江知
fǔ tā réng rán jī jí zuò hǎo kàng jīn de zhǔn bèi gōng zuò kě shì bù
府，他仍然积极做好抗金的准备工作，可是不
jiǔ tā yòu bèi bà guān le nián tā zhōng yú huái zhe huī fù zhōng
久，他又被罢官了。1207年，他终于怀着恢复中
yuán de hóng yuàn ér yì yù sǐ qù
原的宏愿而抑郁死去。

에서 서기를 맡기도 하였다. 뒤에, 경경이 반역자에게 살해되자, 신기질은 일부 봉기군들을 인솔하고 남송으로 가서 의탁하였다. 호북·호남·강서의 안무사를 역임하였다. 그는 역임하는 기간에, 항전을 적극적으로 준비했었지만, 조정에 중용되지 못하여, 바람은 허사가 되고 말았다. 뒤에 파면이 되자, 강서성 상요의 대호로 물러나 은거하면서, 장장 20년을 살았다. 만년이 되었을 때, 조정에서 다시 그를 중용, 그는 절동 안무사와 진강 지부가 되었고, 여전히 금에 맞설 준비를 적극적으로 했지만, 얼마지 않아, 다시 파면이 되었다. 1207년, 그는 중원을 회복하려고 품었던 큰 뜻을 이루지 못하고 우울하게 죽고 말았다.

xīn qì jí shì nán sòng zhù míng de ài guó cí rén tā de cí xiàn
辛弃疾是南宋著名的爱国词人。他的词现
cún liù bǎi duō shǒu zhè xiē cí chàng chū le shí dài de āi yuàn hé huān
存六百多首。这些词，唱出了时代的哀怨和欢
lè mín zú de bēi fèn hé xī wàng biǎo dá le zuò zhě de ài guó rè
乐，民族的悲愤和希望，表达了作者的爱国热
qíng
情。

신기질은 남송의 유명한 애국 사인이다. 그의 사는 600여 수가 현존한다. 이런 사들은, 시대의 애환과 기쁨, 민족의 비분과 희망을 노래하면서, 작가의 애국열정을 표현하였다.

xīn qì jí de ài guó sī xiǎng hé dòu zhēng jīng shén zhǔ yào biǎo xiàn
辛弃疾的爱国思想和斗争精神，主要表现
zài tā duì lún xiàn de zhōng yuán shēn qiè huái niàn duì kàng dí dòu zhēng de rè
在他对沦陷的中原深切怀念，对抗敌斗争的热

신기질의 애국사상과 투쟁정신은, 그가 빼앗긴 중원 땅에 대한 깊은 그리움, 항전투쟁에 대한 열정적인 찬양, 남송 통치자들의 구차한 안일

qíng gē sòng duì nán sòng tǒng zhì zhě gǒu qiě piān ān de qiáng liè bù mǎn yǐ
情歌颂，对南宋统治者苟且偏安的强烈不满，以
jí duì zì jǐ huái cái bù yù hóng yuàn bù néng shí xiàn de fèn hèn bù píng
及对自己怀才不遇、宏愿不能实现的愤恨不平
shàng rú tā de dài biǎo zuò pǐn pò zhèn zǐ
上。如他的代表作品《破阵子》：

추구에 대한 강한 불만, 그리고 자신의 회재불우와 큰 뜻을 실현시킬 수 없음에 대한 분노와 불평등에서 주로 표현이 되었다. 예컨대 그의 대표작인 《파진자》를 보면 다음과 같다.

zuì lǐ tiǎo dēng kàn jiàn mèng huí chuī jiǎo lián yíng
醉里挑灯看剑，梦回吹角连营。

취중에도 등불 심지 돋우어 검을 살폈는데, 꿈에서 깨어나니 호각소리 군영에 울려 퍼진다.

bā bǎi lǐ fēn huī xià zhì wǔ shí xián fān sài wài shēng shā chǎng
八百里分麾下炙，五十弦翻塞外声，沙场
qiū diǎn bīng
秋点兵。

소고기 나눠 휘하에 굽게 하고, 오십 현 거문고로 변새 밖까지 울리면서, 사막의 가을날 병사를 점호하네.

mǎ zuò dì lú fēi kuài gōng rú pī lì xián jīng
马作的卢飞快，弓如霹雳弦惊。

말은 적로마처럼 날듯이 질주하고, 활은 벽력같은 소리로 시위를 놀라게 한다.

liǎo què jūn wáng tiān xià shì yíng dé shēng qián shēn hòu míng
了却君王天下事，赢得生前身后名。

군왕을 보필하여 천하 대사를 마치고, 승리로 생전 이름을 사후까지 전하려 했네.

kě lián bái fà shēng
可怜白发生！

가련하구나 백발이 성성해져 버렸으니!

zhè shǒu cí miáo huì le kàng jīn bù duì de xióng zhuàng jūn róng héng gē
这首词描绘了抗金部队的雄壮军容，横戈
yuè mǎ de zhàn dòu shēng huó yǐ jí huī fù zǔ guó dà hǎo shān hé de shèng
跃马的战斗生活，以及恢复祖国大好山河的胜
lì huàn xiǎng zhè xiē shì tā zài zuì mèng zhōng bù néng wàng huái de biǎo xiàn
利幻想。这些是他在醉梦中不能忘怀的，表现
le zì jǐ wèi guó shā dí de xióng xīn zhuàng zhì hé bù néng shí xiàn de bēi fèn
了自己卫国杀敌的雄心壮志和不能实现的悲愤
xīn qíng zài rú yǒng yù lè
心情。再如《永遇乐》：

이 사는 금에 대항하는 씩씩한 군의 모습과, 창을 비켜 들고 말을 달리는 전투생활, 그리고 조국의 빼어난 산하를 회복하려는 승리의 환상을 묘사하고 있다. 이런 점은 그가 꿈속에서도 잊을 수 없는 것이었기에, 조국을 지키고 적을 무찌르려는 웅대한 의지와 그 꿈을 실현할 수 없음에 대한 자신의 비분에 찬 심정을 표현 한 것이다. 또 《영우락》을 예로 보면 다음과 같다.

qiān gǔ jiāngshān yīngxióng wú mì sūn zhòngmóu chù
千古江山，英雄无觅，孙仲谋处。

천고의 강산이건만, 영웅은 찾을 수가 없네, 손권과 같은.

wǔ xiè gē tái fēng liú zǒng bèi yǔ dǎ fēngchuī qù
舞榭歌台，风流总被，雨打风吹去。

춤추고 노래하던 곳도, 풍류 인물도 다 당하여, 비바람에 날려가 버렸네.

xié yáng cǎo shù xún chángxiàng mò rén dào jì nú céng zhù
斜阳草树，寻常巷陌，人道寄奴曾住。

석양 속의 풀과 나무, 평범한 골목, 사람들은 유유가 살던 곳이라 하네.

xiǎngdāngnián jīn gē tiě mǎ qì tūn wàn lǐ rú hǔ
想当年，金戈铁马，气吞万里如虎。

당시를 생각해 본다, 쇠창과 철마로, 그 기세 만리를 삼켰었지 호랑이처럼.

yuán jiā cǎo cǎo fēnglángjū xū yíng dé cānghuáng běi gù
元嘉草草，封狼居胥，赢得仓皇北顾。

원가 때 경솔하게, 낭거서산에서 봉제사를 꿈꿨지만, 허겁지겁 북쪽만 바라보는 꼴이 되었었지.

sì shí sān nián wàngzhōng yóu jì fēng huǒ yángzhōu lù
四十三年，望中犹记、烽火扬州路。

43년 전, 바라보자니 아직도 기억난다, 봉화 피어나던 양주로.

kě kān huí shǒu bì lí cí xià yī piànshén yā shè gǔ
可堪回首，佛狸祠下，一片神鸦社鼓！

어찌 회고할 수 있으랴? 불리사 아래에선, 까마귀와 북소리만 들린다!

píng shéi wèn lián pō lǎo yǐ shàngnéng fàn fǒu
凭谁问：廉颇老矣，尚能饭否？

누구에게 물어보리, 염파 늙었지만, 아직 밥은 잘 먹는지.

zhè shǒu cí shì tā liù shí liù suì zuò zhènjiāng zhī fǔ shí xiě de
这首词是他六十六岁做镇江知府时写的。
tā zài cí zhōng gē sòng sūn quán liú yù néng gòu dǎ kuǎ běi fāng de qīn lüè
他在词中歌颂孙权、刘裕能够打垮北方的侵略
zhě qiǎn zé liú yì lóng de wú néng hé běi fá de shī bài sì shí duō
者，谴责刘义隆的无能和北伐的失败。四十多
nián lái zhàn dòu de huǒ yàn xī miè le dí rén zhàn lǐng qū de tǒng zhì jiā
年来，战斗的火焰熄灭了，敌人占领区的统治加
qiáng le nán sòng xiǎo cháo tíng gēn běn bù zhòng shì kàng zhàn yǒu jīng yàn de lǎo
强了，南宋小朝廷根本不重视抗战有经验的老

이 사는 그가 66세 때 진강지부로 있을 때 쓴 것이다. 그는 이 사에서 손권과 유유가 북방의 침략자를 격멸시킬 수 있는 인물이었음을 찬양하고, 유의륭의 무능함과 북벌 실패를 비난하였다. 40년 동안, 전쟁의 불꽃은 꺼졌고, 적군이 점령한 영토는 통치가 더욱 강해졌는데, 남송의 소 조정에서는 항전에 경험 많은 노장은 전혀 중시하지 않음에, 이런 것들이 그에게 고민과 분개를 느끼게 하

jiàng zhè xiē dōu shǐ tā gǎn dào kǔ mèn hé fèn kǎi tā niàn niàn bù wàng
将，这些都使他感到苦闷和愤慨。他念念不忘
zhōng yuán lún xiàn qū de tǔ dì hé rén mín biǎo dá le zì jǐ lǎo dāng yì
中原沦陷区的土地和人民，表达了自己老当益
zhuàng wèi guó shā dí de zhàn dòu yì zhì
壮、卫国杀敌的战斗意志。

였다. 그는 중원의 빼앗긴 땅과 백성을 늘 생각하며, 노익장과 조국을 지키고 적을 무찌르고자 하는 자신의 전투의지를 표현하였다.

xīn qì jí de cái huá shì duō fāng miàn de tā bù dàn xiě xióng jiàn
辛弃疾的才华是多方面的。他不但写雄健
bēi zhuàng de cí ér qiě yě xiě yī xiē yōu měi wěi wǎn de cí tè bié
悲壮的词，而且也写一些优美委婉的词。特别
shì tā cháng qī xián jū nóng cūn duì nóng mín hé nóng cūn shēng huó bǐ jiào shú
是他长期闲居农村，对农民和农村生活比较熟
xī xiě le yī xiē qīng xīn huó pō de miáo huì nóng cūn fēng jǐng de cí
悉，写了一些清新活泼的、描绘农村风景的词。
zǒng zhī xīn qì jí de cí jù yǒu shēn hòu de ài guó gǎn qíng hé guǎng kuò
总之，辛弃疾的词，具有深厚的爱国感情和广阔
de shè huì nèi róng fēng gé shì háo mài bēn fàng de tā jì sū shì zhī
的社会内容，风格是豪迈奔放的。他继苏轼之
hòu bǎ cí tuī xiàng le yī ge xīn de gāo fēng
后，把词推向了一个新的高峰。

신기질의 재능은 여러 방면에 있었다. 그는 웅장하고 비장한 사를 쓰기도 했지만, 아름답고 완곡한 사를 쓰기도 했다. 특히 그는 오랫동안 농촌에서 한적한 생활을 하였기에, 농민과 농촌생활에 비교적 익숙하여, 청신하고 생동적이며 농촌풍경을 묘사한 그런 사들을 지었다. 어쨌든, 신기질의 사는, 심오한 애국정신과 폭넓은 사회 내용을 가지고 있으며, 풍격이 호탕하고 분방하다. 그는 소식의 뒤를 이어, 사를 하나의 새로운 절정으로 끌어올렸다.

xīn qì jí de cí shōu zài jià xuān cí jià xuān cháng duǎn
辛弃疾的词收在《稼轩词》、《稼轩长短
jù zhōng zhù běn yǐ dèng guǎng míng de jià xuān cí biān nián jiān zhù
句》中，注本以邓广铭的《稼轩词编年笺注》
zuì wéi wán bèi gòng jí lù cí liù bǎi èr shí liù shǒu jiān zhù de yě bǐ
最为完备，共辑录词六百二十六首，笺注得也比
jiào xiáng xì
较详细。

신기질의 사는 《가헌사》·《가헌장단구》에 수록되어 있으며, 주석본으로는 등광명의 《가헌사편년전주》가 가장 완벽한데, 모두 사 626 수를 수록하고 있고, 주석도 비교적 자세하게 되어있다.

jīn dài zhù míng zuò jiā yuán hào wèn
4. 金代著名作家元好问

4. 금대의 유명작가 원호문

yuán hào wèn zì yù zhī hào yí shān tài yuán xiù
元好问(1190-1257), 字裕之, 号遗山, 太原秀
róng jīn shān xī shěng xīn xiàn rén tā chū shēng zài fēng jiàn shì dà fū jiā
容(今山西省忻县)人。他出生在封建士大夫家
tíng shòu dào jiào hǎo de wén huà jiào yù sān shí èr suì shí kǎo zhòng jìn
庭, 受到较好的文化教育。三十二岁时考中进
shì zuò guò nán yáng jí nèi xiāng de xiàn lìng hòu guān zhì shàng shū shěng zuǒ sī
士, 做过南阳及内乡的县令, 后官至尚书省左司
yuán wài láng jīn bèi méng gǔ miè wáng hòu tā huí dào jiā xiāng cóng shì zhù
员外郎。金被蒙古灭亡后, 他回到家乡从事著
shù zhì lì yú jīn dài shǐ liào de sōu jí hé zhěng lǐ gōng zuò biān zuǎn
述, 致力于金代史料的搜集和整理工作。编纂
le zhōng zhōu jí rén chén zá biān děng shū wèi hòu lái xiū jīn
了《中州集》、《壬辰杂编》等书, 为后来修金
shǐ de rén tí gōng le xǔ duō kě kào de cái liào yě bǎo cún le jīn dài
史的人提供了许多可靠的材料, 也保存了金代
xǔ duō zuò jiā de zuò pǐn
许多作家的作品。

원호문(1190-1257)은 자가 유지, 호는 유산이고, 태원 수용(지금의 산서성 흔현) 사람이다. 그는 봉건사대부 집안에서 태어나, 비교적 높은 문화교육을 받았다. 32세 때 진사에 합격했으며, 남양과 내향의 현령을 지냈고, 훗날에는 관직이 상서성 좌사원 외랑에까지 이르렀다. 금이 몽고에게 멸망된 뒤, 그는 고향으로 돌아가 저술을 하면서, 금대 사료를 수집하고 정리하는 일에 주력하였다. 《중주집》·《임진잡편》 등을 편찬하여, 후세 금 나라 역사 연구자들을 위해 신뢰할만한 자료들을 많이 제공하였으며, 금대의 수많은 작가들의 작품을 보존하기도 하였다.

yuán hào wèn de chéng jiù zhǔ yào shì shī gē tā de shī nèi róng shēn
元好问的成就主要是诗歌。他的诗内容深
kè fēng gé háo mài bù jǐn miáo huì le běi fāng xióng wěi zhuàng lì de hé
刻, 风格豪迈, 不仅描绘了北方雄伟壮丽的河
shān ér qiě fǎn yìng le hàn lào chóng zāi zhàn zhēng bīng huò gěi rén mín dài lái
山, 而且反映了旱涝虫灾、战争兵祸给人民带来
de kǔ nàn jiē lù le jīn mò shè huì de hēi àn biǎo dá le tā duì rén
的苦难, 揭露了金末社会的黑暗, 表达了他对人

원호문의 성과는 주로 시가에 있다. 그의 시는 내용이 심오하고, 시풍이 호방하며, 북방의 웅장하고 아름다운 강산을 묘사하고 있을 뿐만 아니라, 가뭄·장마·충해와 전쟁 및 전화가 백성들에게 가져다준 고난을 반영하여, 금대 말기 사회의 어두운 면을 폭로하고, 백성에 대한 깊은 동정을 잘 표현하였다. 《황

民的深切同情。如≪游黄华山≫这首诗，描绘了山河的壮丽；≪雁门道中书所见≫这首诗，反映了广大农民在惨重剥削下的痛苦生活。

화산 기행≫과 같은 시는, 산하의 아름다움을 묘사한 것이며, ≪안문관을 지나다 본 것을 적다≫라는 이 시는, 수많은 농민들이 가혹한 압박 하에서의 고통스러운 생활을 반영한 것이다.

他的诗收在≪遗山集≫中，后人编有≪元遗山诗集笺注≫。

그의 시는 ≪유산집≫에 수록되어 있으며, 후인이 편찬한 ≪원유산시집전주≫가 있다.

第三节 宋代话本和戏剧

제3절 송대 화본과 희극

从现有资料看，话本、戏剧在唐代就已出现了，而宋代的话本和戏剧，比以前更加发展，它为后代元、明、清小说和戏剧的繁荣，打下了很好的基础。

현존하는 자료로 볼 때, 화본과 희극은 당대 때에도 이미 있었지만, 송대의 화본과 희극은 이전에 비해 훨씬 발전이 되어, 후대 원·명·청의 소설과 희극 번영에, 아주 좋은 기초가 되어 주었다.

1. 话本

1. 화본

"话本"是说话人的底本，是一种新发展起

"화본"은 설화인의 저본으로, 이는 새롭게 발전한 일종

lái de wén xué xíng shì qí shí jiù shì xiǎo shuō shuō huà jiù shì shuō gù
来的文学形式,其实就是小说。“说话”就是说故
shì shuō huà rén jiù shì shuō gù shì de yì rén
事,“说话人”就是说故事的艺人。

의 문학 형식이지만, 사실은 곧 소설이다. "설화"는 바로 이야기를 말하는 것으로, "설화인"이란 곧 이야기를 하는 예인이다.

huà běn shēng yú táng dài dào sòng yuán shí dài cái zhú jiàn chéng shú
话本, 生于唐代,到宋元时代才逐渐成熟。
zài sòng dài yóu yú shǒu gōng yè fā dá shāng yè fán róng chéng shì rén kǒu
在宋代,由于手工业发达,商业繁荣,城市人口
zhú jiàn zēng duō wèi le shì mín de yú lè yī xiē gōng gòng yú lè chǎng
逐渐增多,为了市民的娱乐,一些公共娱乐场
suǒ chú le biǎo yǎn gē wǔ zá shuǎ hé xì jù wài hái yǒu yī xiē shuō
所,除了表演歌舞、杂耍和戏剧外,还有一些说
shū jiǎng gù shì de yì rén huà běn jiù shì zài zhè zhǒng shè huì tiáo jiàn xià
书讲故事的艺人。话本就是在这种社会条件下
chǎn shēng bìng fā zhǎn qǐ lái de
产生并发展起来的。

화본은, 당대에 만들어져, 송·원대에 와서 비로소 점차 성숙되었다. 송대 때는, 수공업이 발달하고, 상업이 번영하였으며, 도시 인구가 점차 많아짐에 따라, 시민의 오락을 위해, 일부 공공 오락 장소에서는, 가무·잡기와 희극을 공연하는 외에, 이야기를 해 주는 예인들도 있었다. 화본은 바로 이러한 사회적 조건 아래서 생겨나 발전된 것이다.

huà běn àn qí nèi róng kě fēn wéi sì lèi yī shì xiǎo shuō shì
话本按其内容可分为四类:一是“小说”,是
yǎn jiǎng shì mín rì cháng shēng huó gù shì de èr shì jiǎng shǐ shì yǎn jiǎng
演讲市民日常生活故事的;二是“讲史”,是演讲
lì shǐ gù shì de sān shì tán jīng shì yǎn jiǎng fó jiào guǐ shén gù shì
历史故事的;三是“谈经”,是演讲佛教鬼神故事
de sì shì hé shēng shì yǎn jiǎng huá jī gù shì de qí zhōng xiǎo
的;四是“合生”,是演讲滑稽故事的。其中“小
shuō hé jiǎng shǐ chéng jiù zuì gāo
说”和“讲史”成就最高。

화본은 내용에 따라 4종류로 나눌 수 있는데, 첫째는 "소설"로, 시민들의 일상생활 이야기를 말하는 것이고, 두 번째는 "강사"로, 역사 이야기를 말하는 것이며, 셋째는 "담경"으로, 불교의 귀신 이야기를 말하는 것이고, 넷째는 "합생"으로, 익살스러운 이야기를 말하는 것이다. 그 중에서 "소설"과 "강사"의 성과가 제일 컸다.

huà běn de tǐ cái yǒu tā zì jǐ de tè diǎn shuō huà rén zài kāi
话本的体裁,有它自己的特点。说话人在开
shǐ yǎn jiǎng de shí hou wèi le děng hòu tīng zhòng yán chí zhèng wén de kāi jiǎng
始演讲的时候,为了等候听众,延迟正文的开讲

화본의 체재는, 그 나름의 특징을 가지고 있다. 이야기꾼은 이야기와 연기를 시작할 때, 청중들을 기다리기 위해, 본 내용 시작 시간을 지

时间，稳定早到听众的情绪，在正文之前吟诵几首诗词或讲一两个小故事，叫做“入话”。这些诗词、小故事都和演讲的正文内容有关系，可以互相启发。在演讲故事中，说话人为了渲染故事场景或人物风貌，往往插入一些骈文或诗词。结束的时候，常用诗句结尾，总结全篇，劝戒听众。说话人为了吸引听众下次再来听讲，总是讲到故事引人入胜的地方突然中止，这个特点，是后来章回小说分回的起源。

연시키면서, 일찍 온 청중들의 정서를 안정시키는데, 본 내용 전에 시사를 몇 수 낭송하거나 혹은 한두 개의 짤막한 이야기를 하는 것을, "입화"라고 한다. 이렇게 하는 시사나 짤막한 이런 이야기는 모두 이야기 본 내용과 관계가 있어, 상호 이해에 도움이 될 수 있다. 이야기를 할 때, 얘기꾼은 고사 장면이나 인물 모습을 분명하게 하기 위하여, 왕왕 약간의 변문이나 시사를 끼워 넣기도 한다. 끝을 낼 때는, 상용 시구로 결말을 맺고, 전체를 총 정리할 때는, 청중에게 권고를 한다. 얘기꾼은 청중들이 다음에도 또 와서 듣도록 유도하기 위하여, 늘 이야기가 가장 재미있을 때 갑자기 중지를 하는데, 이런 특징은, 훗날 장회소설에서 회수를 나누는 기원이 되었다.

小说是话本中影响最大的一家。因为小说多从现实生活中选取题材，形式短小精悍，内容新鲜活泼，所以受到群众的欢迎。小说中以爱情和公案为内容的作品比较多，成就也最高。

소설은 화본에서 영향이 가정 컸던 한 부류다. 왜냐하면 소설은 대부분 현실생활에서 소재를 선택하였으며, 형식이 짧고 간결하며, 내용이 신선하고 활발하기 때문에, 군중에게 환영을 받았다. 소설 중에는 사랑과 공안을 내용으로 한 작품이 비교적 많으며, 성과도 가장 좋았다.

在以爱情为主题的作品中，一般的市民百姓已成为故事中的主人公，并表现他们对凶恶

애정을 주제로 한 작품에서는, 일반적인 시민과 백성들이 이미 이야기 속의 주인공이 되었으며, 아울러 그들이 흉악한 세력에 반항하고 투

shì lì de fǎn kàng hé dòu zhēng tè bié tū chū le fù nǚ zài dòu zhēng zhōng
势力的反抗和斗争，特别突出了妇女在斗争中
de yǒng gǎn hé jiān jué niǎn yù guān yīn jiù shì zhè lèi zuò pǐn de
的勇敢和坚决。《碾玉观音》就是这类作品的
dài biǎo niǎn yù guān yīn de gù shì shì zhè yàng de nán sòng shǒu dū
代表。《碾玉观音》的故事是这样的：南宋首都
lín ān jīn háng zhōu shì yǒu yī ge xián ān jùn wáng fǔ wáng fǔ lǐ yǒu
临安（今杭州市）有一个咸安郡王府，王府里有
ge mǎi lái de bì nǚ jiào qú xiù xiù zhǎng de cōng ming měi lì wáng fǔ
个买来的婢女叫璩秀秀，长得聪明美丽。王府
lǐ hái yǒu yī ge yù jiàng jiào cuī níng wéi rén zhōng hòu lǎo shí yīn wèi
里还有一个玉匠叫崔宁，为人忠厚老实。因为
yòng yù shí gěi wáng yé zhì zuò le yī ge guān yīn xiàng cóng cǐ chū le míng
用玉石给王爷制作了一个观音像，从此出了名。
wáng yé yī lè zhī xià dā ying yǐ hòu bǎ bì nǚ qú xiù xiù jià gěi tā
王爷一乐之下，答应以后把婢女璩秀秀嫁给他
wéi qī hòu lái wáng fǔ lǐ shī huǒ fǔ lǐ de rén dōu pǎo le cuī
为妻。后来，王府里失火，府里的人都跑了。崔
níng zài fǔ lǐ yù dào le xiù xiù liǎng ge rén yī shāng liàng biàn chèn zhe shī
宁在府里遇到了秀秀，两个人一商量，便趁着失
huǒ máng luàn de jī huì táo pǎo le tā men táo dào tán zhōu ān jiā lì yè
火忙乱的机会逃跑了，他们逃到潭州安家立业。
yī nián hòu wáng fǔ lǐ de rén lái tán zhōu bàn shì ǒu rán jiàn dào le tā
一年后，王府里的人来潭州办事，偶然见到了他
men huí qù hòu gào le mì liǎng ge rén bèi wáng fǔ zhuā huí xiù xiù cǎn
们，回去后告了密，两个人被王府抓回，秀秀惨
zāo shā hài cuī níng bèi liú fàng dào jiàn kāng xiù xiù suī rán sǐ le dàn
遭杀害。崔宁被流放到建康。秀秀虽然死了，但
shì méi yǒu dòng yáo zhuī qiú xìng fú shēng huó de qiáng liè yuàn wàng zuò le guǐ
是没有动摇追求幸福生活的强烈愿望，做了鬼

쟁하는 것이 표현되었고, 특히 부녀자들이 투쟁에서 보여준 용감성과 견결함이 두드러졌다. ≪연옥관음≫은 바로 이런 작품의 대표이다. ≪연옥관음≫의 이야기는 이렇다. 남송 수도 임안(지금의 항주시)에 함안군 왕부가 있었고, 그 왕부에는 거수수라는 팔려온 하녀가 있었는데, 대단히 총명하고 아름다웠다. 왕부에는 또 최녕이라는 옥을 다듬는 장인이 있었는데, 사람 됨됨이가 충직하고 성실하였다. 옥으로 왕야에게 관음상을 하나 만들어 준 것으로 인해, 이때부터 이름을 날렸다. 왕야는 기쁜 나머지, 다음에 하녀 거수수를 그에게 아내로 주겠다고 약속하였다. 그 뒤에, 왕부에 불이 나자, 왕부 사람들은 모두 도망을 쳐버렸다. 최녕이 우연히 왕부에서 수수를 만나게 되었는데, 둘은 상의 끝에, 화재로 혼란함을 틈타 도주를 했고, 담주로 도망간 그들은 가정을 꾸리고 업을 이루었다. 일 년 후, 왕부 사람이 담주에 일을 보러 갔다가, 우연히 그들을 만났고, 돌아가서 밀고를 함에 따라, 둘은 왕부로 잡혀와, 수수는 처참하게 살해되었다. 최녕은 건강으로 유배되었다. 수수는 죽었지만, 행복한 생활을 추구하려던 강렬한 소망은 흔들리지 않아, 귀신이 되어서도 최녕을 찾아가 부부가 되었다. 이 이야기는, 줄거리가 복잡하고 기이하여, 낭만주의 색채가 농후하다. 이것은 사랑을 소재로 한 것이다. 이외에도, 봉건사회의 모순 폭로를 내용으로 한 "공안" 화

还去找崔宁结成夫妻。这个故事，情节曲折离奇，富有浪漫主义色彩。这是以爱情为题材的。除此之外，还有以揭露封建社会矛盾为内容的“公案”话本，如《错斩崔宁》。这个故事写崔宁和陈二姐被卷入因十五贯钱而引起的谋杀案中，他们在昏官的严刑拷打下，被迫招供，判了死刑。这个故事对封建官吏昏庸无能、胡乱判案、草菅人命给予严厉谴责；对崔宁和陈二姐的冤死表示了极大的同情。

본이 있었는데, 예를 들면 《착참최녕》과 같은 것이다. 이 이야기는 최녕과 진이저가 15관의 돈으로 야기된 살해음모 사건에 말려든 이야기를 쓴 것으로, 그들은 무능하고 아둔한 관리의 혹한 고문 아래, 자백을 강요당하여, 사형을 선고받았다. 이 이야기는 봉건관리의 무능과 어리석음과, 마음대로 사건을 처리하고 사람의 생명을 하찮게 여기는 것에 대하여 엄하게 질책하였으며, 최녕과 진이저의 원통한 죽음에 대하여 깊은 동정을 표현하였다.

讲史的话本有《新编五代史平话》、《大宋宣和遗事》等。这些平话都是长篇，和后代的章回小说有着密切的关系，为后代的长篇历史小说提供了丰富的材料。《新编五代史平话》叙述了梁、唐、晋、汉、周五个朝代兴亡的历史，反映了人民在封建暴政和长期战乱中的苦难生活

강사의 화본으로는 《신편오대사평화》·《대송선화유사》 등이 있다. 이런 평화들은 모두 장편으로, 후대 장회소설과 밀접한 관계가 있으며, 후대 장편 역사소설에 풍부한 자료를 제공하였다. 《신편오대사평화》는 양·당·진·한·주 5개 왕조의 흥망역사를 서술한 것으로, 백성들이 봉건폭정과 오랜 전란 속에서 고난을 겪는 생활과 농민 봉기를 반영하였다. 그러나 여기서는 황소 봉기를 왜곡하였다. 《대송선화유사》는 역대 제왕들의 황음무도한 실정 이야기에서 시작하

和农民起义。但是它歪曲了黄巢起义。《大宋宣和遗事》从历代帝王荒淫失政的故事说起，叙述了北宋政治的演变，特别是重点写了宋徽宗的昏淫无能和金兵入侵，表现了作者对黑暗政治的不满。其中宋江等人的英雄故事，成为后来的长篇小说《水浒传》的重要题材。

여, 북송 정치의 변화를 서술하고, 특히 송 휘종의 어리석음과 무능함 및 금 나라 군대의 침략을 중점적으로 썼으며, 혼란스런 정치에 대한 작가의 불만을 표현하였다. 그 중에서 송강 등의 영웅이야기는 훗날 장편소설 《수호전》의 중요한 소재가 되었다.

谈经的话本《大唐三藏取经诗话》，写的是唐朝高僧玄奘与白衣秀才猴行者克服种种困难和阻碍，终于到达天竺国取经的故事。它为明代的长篇神话小说《西游记》提供了很好的材料。

불경을 이야기 한 화본 《대당삼장취경시화》는, 당대 고승 현장과 백의 수재 후행자가 여러 어려움과 장애를 극복하고, 마침내 천축국에 가서 불경을 가져오는 이야기를 썼다. 이는 명대 장편신화소설 《서유기》에 아주 좋은 재료로 제공되었다.

宋代的话本，无论是短篇的“小说”，还是长篇的“讲史”，在中国文学史上都有着重要地位，它开辟了中国小说的新纪元。元、明、清时代的短篇白话小说、长篇历史小说以及戏剧，就是在话本的影响下发展和成长起来的。

송대 화본은, 단편의 “소설”이든, 장편의 “강사”든, 중국 문학사에서 모두 중요한 위치에 있으며, 이는 중국 소설의 새로운 기원을 열어 주었다. 원·명·청대의 단편백화소설과 장편역사소설 그리고 희극은, 바로 화본의 영향에서 발전하고 성장한 것이었다.

2. 戏剧 (xì jù)

2. 희극

sòng dài de xì jù bǐ táng dài yǒu le gèng dà de fā zhǎn kě xī
宋代的戏剧比唐代有了更大的发展，可惜
liú chuán xià lái de zuò pǐn què hěn shǎo chéng jiù zuì tū chū de shì zhū gōng
流传下来的作品却很少，成就最突出的是诸宫
diào hé nán xì
调和南戏。

송대의 희극은 당대 때보다 더 크게 발전했으나, 전해 내려오는 작품은 아주 적은데, 성과가 가장 뛰어난 것은 제궁조와 남희이다.

zhū gōng diào shì yī zhǒng yǒu shuō yǒu chàng de xù shù gù shì de wén xué
诸宫调是一种有说有唱的叙述故事的文学
yàng shì tā zài tí cái hé yuè qǔ shàng dōu jiē jìn yuán dài zá jù zuì
样式，它在题材和乐曲上都接近元代杂剧。最
zhù míng de shì jīn dài dǒng xiè yuán de zhū gōng diào xī xiāng jì yòu
著名的是金代董解元的诸宫调《西厢记》，又
jiào dǒng xī xiāng tā xiě de shì cuī yīng yīng hé zhāng shēng liàn ài de
叫《董西厢》，它写的是崔莺莺和张生恋爱的
gù shì zhè ge zuò pǐn zài shuō chàng wén xué zhōng chéng jiù zuì gāo wèi yuán
故事。这个作品，在说唱文学中成就最高，为元
dài de zá jù xī xiāng jì dǎ xià le hěn hǎo de jī chǔ
代的杂剧《西厢记》打下了很好的基础。

제궁조는 일종의 말과 노래로 이야기를 서술하는 문학 양식으로, 이는 소재와 악곡 면에서 모두 원대 잡극에 가깝다. 가장 유명한 것은 금대 동해원의 제궁조 《서상기》로, 《동서상》이라 부르기도 하는데, 이는 최앵앵과 장생의 연애이야기를 쓴 것이다. 이 작품은, 설창 문학 중 성과가 가장 뛰어난 것으로, 원대 잡극 《서상기》에 아주 좋은 기초가 되어 주었다.

nán xì shì liú xíng zài zhè jiāng yán hǎi yī dài de dì fāng xì nán
南戏是流行在浙江沿海一带的地方戏。南
xì de tí cái piān zhòng yú ài qíng hūn yīn jiā tíng děng fāng miàn fǎn yìng
戏的题材，偏重于爱情、婚姻、家庭等方面，反映
le guǎng dà rén mín tè bié shì xiǎo shì mín de sī xiǎng yǔ yuàn wàng rú
了广大人民，特别是小市民的思想与愿望。如
zhāng xié zhuàng yuán xiě de shì zhāng xié kǎo zhòng zhuàng yuán hòu guò shàng le
《张协状元》，写的是张协考中状元后，过上了

남희는 절강 연해 일대에서 유행하던 지방극이다. 남희의 소재는 애정·혼인·가정 등에 편중되어 있으며, 수많은 백성들, 특히 소시민의 사상과 소망을 반영하였다. 예컨대 《장협장원》은, 장협이 장원에 급제한 후, 부귀와 영화로운 생활을 누리면서, 아내를 버리고 은혜를 저버린 이야기이다. 작품은 배신한 남

róng huá fù guì de shēng huó pāo qì qī zi wàng ēn fù yì de gù shì
荣华富贵的生活，抛弃妻子、忘恩负义的故事。
zuò pǐn duì fù xīn de nán zǐ jìn xíng le yán lì de qiǎn zé duì bó mìng
作品对负心的男子进行了严厉的谴责，对薄命
nǚ zǐ jì yǔ le zuì dà de tóng qíng dàn zuì hòu jīng guò qǔ zhé fū
女子寄予了最大的同情。但最后经过曲折，夫
róng qī guì fū qī yòu chóng xīn tuán yuán biǎo xiàn le jiē jí tiáo hé de qīng
荣妻贵，夫妻又重新团圆，表现了阶级调和的倾
xiàng nán xì zuò pǐn zài dāng shí shì bǐ jiào duō de duì hòu dài de yǐng
向。南戏作品在当时是比较多的，对后代的影
xiǎng yě shì bǐ jiào dà de kě xī liú xià lái de zuò pǐn què bù duō
响也是比较大的，可惜留下来的作品却不多。

자에게 엄한 질책을 가하고, 박명한 여자에게는 최대의 동정을 부여하였다. 그러나 마지막에 가서는 우여곡절을 거친 뒤에, 남편은 영화롭게 되고 아내는 존귀하게 되어, 부부가 다시 만나게 됨으로써, 계급 조화의 경향을 표현하였다. 남희 작품이 당시에는 비교적 많았고, 후대에 영향도 비교적 컸지만, 애석하게도 전해 내려오는 작품은 많지 않다.

dì liù zhāng yuán dài wén xué

第六章 元代文学

(1271-1368)

제6장 원대 문학

(1271–1368)

yuán dài wén xué shì zài sòng jīn wén xué de jī chǔ shàng fā zhǎn qǐ lái
元代文学是在宋金文学的基础上发展起来
de zuì tū chū de chéng jiù shì sǎn qǔ hé zá jù jīn yuán shí qī zài
的，最突出的成就是散曲和杂剧。金元时期在
běi fāng mín jiān liú xíng yī zhǒng xīn de wén xué yàng shì běi qǔ běi qǔ
北方民间流行一种新的文学样式— 北曲，北曲
shì shī de yī zhǒng xīn de xíng shì yòng běi qǔ lái xiě shī gē jiù chéng
是诗的一种新的形式。用北曲来写诗歌，就成
wéi sǎn qǔ yòng běi qǔ lái xiě xì jù jiù chéng wéi zá jù
为散曲; 用北曲来写戏剧, 就成为杂剧。

원대문학은 송·금 문학의 기초에서 발전한 것으로, 가장 뚜렷한 성과는 산곡과 잡극이다. 금·원 시기에 북방 민간에서는 일종의 새로운 문학 형식인 북곡이 유행했는데, 북곡은 시의 새로운 한 형식이다. 북곡으로 시가를 쓰면, 곧 산곡이 되고, 희극을 쓰면, 곧 잡극이 된다.

sǎn qǔ hé cí hěn xiāng jìn jù zi yǒu cháng yǒu duǎn shì néng chàng de
散曲和词很相近，句子有长有短，是能唱的
gē qǔ shǔ yú shī gē yī lèi de zuò pǐn dān dú yī shǒu de jiào zuò
歌曲，属于诗歌一类的作品。单独一首的叫做
xiǎo lìng jǐ shǒu zǔ zhī zài yī qǐ de jiào zuò tào shù
“小令”; 几首组织在一起的叫做“套数”。

산곡과 사는 아주 비슷하여, 문장이 긴 것도 있고 짧은 것도 있는데, 이는 노래를 할 수 있는 가곡으로, 시가 부류에 속하는 작품이다. 단독으로 된 한 수는 “소령”이라고 하고, 몇 수가 함께 구성되면 “투수”라고 부른다.

zá jù shì bǎ gē qǔ bīn bái wǔ dǎo děng yǒu jī de jié hé qǐ
杂剧是把歌曲、宾白、舞蹈等有机地结合起
lái zǔ chéng jù yǒu dú tè fēng gé de xì qǔ xíng shì shǔ yú xì jù yī
来, 组成具有独特风格的戏曲形式, 属于戏剧一
lèi de zuò pǐn zá jù yī bān dōu fēn wéi sì zhé jiù shì yòng sì zhé
类的作品。杂剧一般都分为四折，就是用四折
yǎn wán yī ge wán zhěng de gù shì zhé xiāng dāng yú xiàn dài xì jù zhōng
演完一个完整的故事,“折”, 相当于现代戏剧中

잡극은 가곡·빈백·무도 등이 유기적으로 결합되어, 독특한 풍격을 가진 희극 형식을 이루게 되며, 희극 부류의 작품에 속한다. 잡극은 일반적으로 4절로 나누어져 있고, 이 네 절로써 하나의 완전한 이야기를 공연하게 되는데, “절”이란, 현대 희극에서의 “막”에 해당한다. 어떤 잡극은 4절 이상으로 된 것도 있

de mù yǒu de zá jù yě yǒu sì zhé yǐ shàng de rú guǒ gù shì fù
的“幕”。有的杂剧也有四折以上的，如果故事复
zá hái kě yǐ xiě de gèng duō xiē
杂，还可以写得更多些。

는데, 만약에 이야기가 복잡하면, 더 많이 쓸 수도 있다.

yuán dài wén xué chú le zá jù sǎn qǔ yǐ wài hái yǒu huà běn
元代文学除了杂剧、散曲以外，还有话本、
sǎn wén shī cí děng dàn shì zhè xiē chéng jiù bìng bù tū chū
散文、诗、词等，但是，这些成就并不突出。

원대의 문학에는 잡극과 산곡 외에도, 화본·산문·시·사 등이 있지만, 그러나 이런 것들은 성과가 두드러지지 않다.

yuán dài zá jù hé sǎn qǔ zuò jiā bǐ jiào duō qí zhōng zuì zhù míng
元代杂剧和散曲作家比较多，其中最著名
de shì guān hàn qīng bái pǔ mǎ zhì yuǎn zhèng guāng zǔ sì rén tā men bèi
的是关汉卿、白朴、马致远、郑光祖四人，他们被
hòu shì chēng wéi yuán qǔ sì dà jiā
后世称为“元曲四大家”。

원대의 잡극과 산곡 작가는 비교적 많지만, 그 중 가장 유명한 작가로는 관한경·백박·마치원·정광조 네 사람으로, 그들은 후세 사람들에게 “원곡 4대가”로 불리고 있다.

dì yī jié guān hàn qīng hé dòu é yuān
第一节 关汉卿和《窦娥冤》

제1절 관한경과《두아원》

guān hàn qīng shēng yú nián jiān sǐ yú
关汉卿(生于1213-1222年间，死于1297-1307
nián jiān yuán dài zhù míng jù zuò jiā hào yǐ zhāi sǒu dà dū jīn běi
年间)，元代著名剧作家。号已斋叟，大都(今北
jīng shì rén céng zuò guò tài yī yuàn yǐn tā yī shēng gòng xiě le liù shí
京市)人。曾做过太医院尹。他一生共写了六十
duō ge jù běn kě xī dà bù fen shī chuán le jīn cún qǔ bái jù quán de
多个剧本，可惜大部分失传了，今存曲白俱全的
yǒu shí sān ge jù běn yǒu sān zhǒng jǐn cún cán qǔ lìng wài hái yǒu liù ge
有十三个剧本，有三种仅存残曲，另外还有六个

관한경(1213-1222년 사이에 태어나, 1297-1307년 사이에 사망함)은, 원대의 유명한 극작가다. 호는 이재수로, 대도(지금의 북경시) 사람이다. 일찍 태의원윤을 지냈다. 그는 일생동안 모두 60여 개의 극본을 썼는데, 아쉽게도 대부분 실전되고, 현재 곡과 백이 모두 갖추어진 극본은 13개며, 3종은 불완전한 곡으로만 남아있고, 이 외의 6개 극본이 있는데 그의 작품인지 아닌지는, 아직도 논쟁이

jù běn shì bu shì tā de zuò pǐn shàng yǒu zhēng lùn
剧本是不是他的作品, 尚有争论。

되고 있다.

chú le zá jù zhī wài tā hái shàncháng shī wén cí qǔ de xiě
除了杂剧之外, 他还擅长诗、文、词、曲的写
zuò néng gē shàn wǔ jīng tōng yīn lǜ jīng cháng dēng tái yǎn chū tā de zuò
作, 能歌善舞, 精通音律, 经常登台演出。他的作
pǐn bù jǐn shù liàng duō ér qiě shuǐ píng gāo zuò pǐn tí cái guǎng fàn duō
品不仅数量多, 而且水平高。作品题材广泛多
yàng zhǔ tí sī xiǎng jī jí míng què tā de zuò pǐn bù lùn shì qǔ cái
样, 主题思想积极明确。他的作品不论是取材
yú xiàn shí shēng huó hái shì lì shǐ gù shì yě bù lùn shì xiě tān guān wū
于现实生活还是历史故事, 也不论是写贪官污
lì tǔ háo è bà hái shì xiě yīng xióng háo jié cái zǐ jiā rén dōu guàn
吏、土豪恶霸, 还是写英雄豪杰、才子佳人, 都贯
chuān zhe yī ge jī běn jīng shén jiù shì rè qíng de gē sòng bèi yā pò rén
穿着一个基本精神, 就是热情地歌颂被压迫人
mín de fǎn kàng hé dòu zhēng
民的反抗和斗争。

잡극 외에도, 그는 또 시·문장·사·곡을 짓는데 뛰어났으며, 가무도 능했고, 또 음률에도 정통하여, 늘 무대에 올라 공연을 하기도 하였다. 그의 작품은 수량도 많지만, 수준 또한 우수하다. 작품의 소재는 폭이 넓고 다양하며, 주제사상은 적극적이고 명확하다. 그의 작품은 현실생활에서 소재를 취하거나 아니면 역사 이야기에서 취하기도 했으며, 또 탐관오리나 토호 악당 두목을 쓰는 것은 물론이고, 영웅호걸이나 재자가인을 쓰기도 했는데, 모두가 하나의 기본정신으로 일관했던 바, 바로 억압당하고 있는 백성들의 반항과 투쟁을 열정적으로 찬양하였다는 점이다.

dòu é yuān shì tā de zuì zhù míng de dài biǎo zuò pǐn yě
《窦娥冤》是他的最著名的代表作品, 也
shì zhōng guó gǔ dài xì qǔ zhōng bēi jù de diǎn fàn zhè ge jù xiě de shì
是中国古代戏曲中悲剧的典范。这个剧写的是
yī ge pǔ tōng fù nǚ dòu é bèi huài rén wū gào shì shā rén xiōng shǒu ér bèi
一个普通妇女窦娥被坏人诬告是杀人凶手而被
pàn chǔ sǐ xíng de gù shì zhè shì yī ge yuān àn tā shēn kè de jiē
判处死刑的故事。这是一个冤案, 它深刻地揭
lù le tǒng zhì jiē jí de zuì xíng hé dāng shí shè huì de hēi àn biǎo xiàn
露了统治阶级的罪行和当时社会的黑暗, 表现
le bèi yā pò rén mín de fǎn kàng jīng shén
了被压迫人民的反抗精神。

《두아원》은 그의 가장 유명한 대표작이면서, 또한 중국고대 희곡 중 비극의 대표작이기도 하다. 이 극은 평범한 부녀자인 두아가 나쁜 사람에게 살인자로 모함을 받아 사형을 당하는 이야기를 쓴 것이다. 이는 억울한 사건으로, 작품에서는 통치계급의 범죄행위와 당시 사회의 암담함을 심도 있게 폭로하고, 억압 받는 백성들의 반항정신을 표현하였다.

全剧是从窦娥幼年的悲惨遭遇开始的。她三岁的时候，死去了母亲，七岁的时候，她的父亲窦天章为了还债和进京赶考，被迫把她卖给财主蔡婆婆作童养媳。窦天章赴京后，蔡婆婆把家从越州城搬到山阳。十年后，窦娥因丈夫不幸早死，十七岁就成了寡妇。只好和蔡婆婆两个相依为命，过着守寡的日子。一天，蔡婆婆到赛卢医家要债，赛卢医谋财害命，把蔡婆婆骗到郊外无人的地方，想用绳子勒死她。正在这时，恰巧有两个地痞恶棍张驴儿和他的父亲经过这里，救活了蔡婆婆。他们俩乘人之危，逼着蔡婆婆和窦娥分别嫁给他们父子为妻。在他们的威逼下，蔡婆婆答应了，于是他们强住在蔡婆婆家里，等候成亲。窦娥是一个坚贞自守的女子，她一面反抗，一面劝蔡婆婆不要做这种不光

극은 전체적으로 유년기 두아의 비참한 운명에서부터 시작된다. 그녀는 3살 때, 모친을 여의고, 7살 때, 부친 두천장이 빚도 갚고 또 상경하여 과거에 응시하기 위해, 어쩔 수 없이 그녀를 부자인 채노파에게 민며느리로 팔아넘긴다. 두천장이 상경한 후, 채노파는 월주성에서 산양으로 이사를 한다. 10년 뒤, 두아는 불행하게 남편이 일찍 죽어, 17세에 과부가 된다. 하는 수 없이 채노파와 서로 의지하며, 수절의 세월을 보낸다. 어느 날, 채노파가 새노의 집에 빚 독촉을 갔는데, 새노의는 재물을 탐내 남의 목숨을 해치는 자로, 채노파를 속여 교외의 인적 드문 곳으로 가서, 밧줄로 그녀를 교살하려고 하였다. 마침 이때, 공교롭게도 그 지방의 불량배 장려아와 그의 부친이 이곳을 지나다가, 채노파를 구해준다. 그들 둘은 이 위기를 기회로 삼아, 채노파와 두아에게 각각 그들 부자에게 시집을 오라고 협박을 한다. 그들의 협박에, 채노파는 허락을 하고, 이에 그들은 강제로 채노파 집에 눌러 살면서, 결혼을 기다렸다. 두아는 지조 있는 여자로, 그녀는 반항을 하면서, 채노파에게 체면 깎이는 일은 하지 말라고 설득한다. 어느 날, 채노파가 병이 나자, 장려아는 이 기회를 틈타, 독약으로 채노파를 독살하고, 죄를 두아에게 뒤집어씌운 다음, 두아를 강점하고 그녀의 재산을 빼앗는 목적을 이루고자 하였다. 그리하여 두아가 채노파에게 양내장탕을 끓여줄 때, 장려아

cǎi de shì qing yī tiān cài pó po bìng le zhāng lǘ ér xiǎng chéng zhè ge
彩的事情。一天，蔡婆婆病了，张驴儿想乘这个
jī huì yòng dú yào bǎ cài pó po yào sǐ guī zuì yú dòu é dá dào
机会，用毒药把蔡婆婆药死，归罪于窦娥，达到
qiáng zhàn dòu é tūn mò tā jiā cái chǎn de mù dì suǒ yǐ zài dòu é
强占窦娥、吞没她家财产的目的。所以在窦娥
gěi cài pó po zuò le yī wǎn yáng dù tāng shí zhāng lǘ ér jiù tōu zhe fàng
给蔡婆婆做了一碗羊肚汤时，张驴儿就偷着放
le dú yào cài pó po hē le yī kǒu zhèng gǎn shàng ǒu tù méi hē xià
了毒药，蔡婆婆喝了一口，正赶上呕吐，没喝下
qù yòu bǎ zhè wǎn tāng sòng gěi zhāng lǘ ér fù qīn hē jié guǒ zhāng lǘ
去，又把这碗汤送给张驴儿父亲喝，结果，张驴
ér de fù qīn bèi yào sǐ zhāng lǘ ér yìng shuō shì dòu é yào sǐ de
儿的父亲被药死。张驴儿硬说是窦娥药死的，
bìng wēi xià tā shuō zhǐ yào nǐ dā yīng hé wǒ chéng qīn zhè shì jiù bù
并威吓她说：“只要你答应和我成亲，这事就不
zhuī jiū dòu é jiān jué bù cóng zhāng lǘ ér jiù wū gào dào tài shǒu nà
追究。”窦娥坚决不从，张驴儿就诬告到太守那
lǐ tài shǒu bù wèn qíng yóu bǎ dòu é pàn le sǐ zuì dòu é zài lín
里。太守不问情由，把窦娥判了死罪。窦娥在临
sǐ qián wèi le zhèng míng zì jǐ shì wú zuì de fā le sān ge shì yuàn
死前，为了证明自己是无罪的，发了三个誓愿：
yī shì bèi shā hòu xuè rǎn bái liàn bù luò dì shàng èr shì yán rè de liù
一是被杀后血染白练，不落地上；二是炎热的六
yuè tiān xià sān chǐ hòu de dà xuě sān shì jiào chǔ zhōu dà hàn sān nián
月天，下三尺厚的大雪；三是叫楚州大旱三年。
hòu lái zhè sān jiàn shì dōu yìng yàn le zhèng míng dòu é de sǐ què shí
后来，这三件事都应验了，证明窦娥的死，确实
yuān wǎng zuì hòu yī zhé xiě dòu é sǐ hòu tuō mèng gěi tā fù qīn zhè
冤枉。最后一折写窦娥死后托梦给她父亲，这

가 몰래 독약을 넣었지만, 채노파가 한 모금 마시려 할 때, 마침 구토가 나와, 마시지 못하고, 이 탕을 장려아 부친에게 주었고, 그 결과, 장려아 부친이 독살되었다. 장려아는 두아가 독살한 것이라고 우기면서, "만약에 네가 나와 결혼하겠다고 동의만 하면, 이 일을 추궁하지 않겠다."고 그녀를 위협하였다. 두아가 강하게 거절하자, 장려아는 곧 태수에게 고소를 하였다. 태수는 불문곡직하고 두아에게 사형을 선고하였다. 두아는 죽기 전, 자신이 무죄임을 증명하기 위해, 세 가지 맹세를 한다. 첫째는 살해된 후 피가 흰 명주를 물들이고, 땅으로 떨어지지 않을 것이고, 둘째는 무더운 유월 하늘에, 3척 두께의 큰 눈이 내릴 것이며, 셋째는 초주에 3년 동안 큰 가뭄이 든다는 것이었다. 뒤에, 이 세 가지 일은 모두 그대로 되어, 두아 죽음이 억울한 것임이 확실하게 증명되었다. 마지막 1절은 두아가 죽은 후 자기 부친에게 현몽하는 내용인데, 이 때, 두천장은 이미 높은 벼슬아치가 되어, 그녀의 억울한 누명을 깨끗이 씻어준다.

shí dòu tiān zhāng yǐ jīng dāng le dà guān tì tā zhāo xuě le yuān àn
时，窦天章已经当了大官，替她昭雪了冤案。

dòu é de bēi jù jù yǒu pǔ biàn de yì yì zài yuán dài chū nián
窦娥的悲剧具有普遍的意义。在元代初年，
shè huì dòng luàn bù ān rén mín bù dàn shēng huó pín kùn mài ér mài nǚ
社会动乱不安，人民不但生活贫困，卖儿卖女，
ér qiě liú máng è gùn héng xíng bà dào móu cái hài mìng guān lì men tān zāng
而且流氓恶棍横行霸道，谋财害命，官吏们贪脏
wǎng fǎ cǎo jiān rén mìng rén mín de shēng mìng ān quán sī háo méi yǒu bǎo
枉法，草菅人命，人民的生命安全丝毫没有保
zhèng dòu é zhè yī yuān àn bù shì yī ge ǒu rán de shì jiàn tā de
证。窦娥这一冤案，不是一个偶然的事件，她的
jīng lì hé zāo yù shí zhì shàng shì dāng shí rén mín qún zhòng bù xìng zāo yù
经历和遭遇，实质上是当时人民群众不幸遭遇
de jí zhōng fǎn yìng yě jiù shì shuō dòu é de yuān wǎng bù shì gè rén de
的集中反映，也就是说，窦娥的冤枉不是个人的
bēi jù ér shì shí dài de bēi jù dòu é shì yī ge guāng huī de fù
悲剧，而是时代的悲剧。窦娥是一个光辉的妇
nǚ xíng xiàng tā xìng gé jiān qiáng gǎn yú dòu zhēng tā bù gān xīn yú xiàng
女形象，她性格坚强，敢于斗争，她不甘心于向
mìng yùn dī tóu zài bǎng fù fǎ chǎng de lù shàng tā dà mà shì jiè de
命运低头。在绑赴法场的路上，她大骂世界的
zhǔ zǎi zhě tiān hé dì zhè shì duì zì jǐ fù qū xián yuān ér sǐ tí
主宰者天和地，这是对自己“负屈衔冤”而死提
chū de qiáng liè kàng yì
出的强烈抗议：

두아의 비극에는 보편적 의의가 담겨 있다. 원대 초, 사회는 어지럽고 불안했으며, 백성들은 생활이 어려워서, 아들과 딸을 팔았으며, 또한 건달이나 불량배가 제멋대로 날뛰면서, 재물을 탐내 목숨까지 해치기도 하였고, 관리들은 뇌물을 받고 법을 어겼으며, 사람의 목숨을 잡초처럼 여겨, 백성들의 생명과 안전은 조금도 보장되지 못했다. 두아의 이 억울한 사건은, 우연한 사건이 아니라, 그녀의 경위와 처지는, 실제로 당시 백성과 군중들의 불행한 처지를 집중적으로 반영한 것이기도 하며, 또 두아의 억울함은 개인의 비극이 아니라 시대의 비극이었다고 말할 수 있다. 두아는 빛나는 부녀자 형상으로, 그녀는 성격이 굳세었고, 투쟁에 용감했으며, 끝까지 운명에 굴복하지 않았다. 포박되어 사형장으로 가는 길에서, 그녀는 세상의 주재자인 하늘과 땅을 크게 욕했는데, 이는 자신의 "억울한" 죽음에 대해 제기한 강렬한 항의였다.

yǒu rì yuè zhāo mù xuán yǒu guǐ shén zhǎng zhe shēng sǐ quán tiān dì
有日月朝暮悬，有鬼神掌着生死权。天地
yě zhǐ hé bǎ qīng zhuó fēn biàn kě zěn shēng hú tū le dào zhí yán
也，只合把清浊分辨，可怎生糊突了盗跖颜

해와 달은 조석에 걸려있고, 귀신은 생사의 권리를 쥐고 있도다. 천지여, 청탁을 분별한다면, 어찌 도척과 안연도 구분하지 못하여, 선한 자는 가난에

渊：为善的受贫穷更命短，造恶的享富贵又寿延。天地也做得个怕硬欺软，却原来也这般顺水推船。地也，你不分好歹何为地？天也，你错勘贤愚枉做天！哎，只落得两泪涟涟。（第三折[滚绣球]）

더욱 명도 짧게 하고, 악한 자는 부귀를 누리고 또 오래 살게 하는가? 천지여 한다는 일이 강한 것은 두려워하고 약한 것은 기만하니, 원래 이렇게 시세에 편승했던 것인가? 땅이여, 당신은 좋고 나쁨도 구분하지 못하는데 어찌 땅인가? 하늘이여, 당신은 현명함과 어리석음도 잘못 판단하면서 불공평하게 하늘이 되었구려! 아, 두 줄기 눈물만이 흘러내리는구나.(제3절 [곤수구])

（译文：有日月白天晚上在天空高悬，有鬼神掌握着生死大权。天地啊，本应该把清浊分辨，可在盗跖、颜渊两人身上怎么搞糊涂了：为善的颜渊受贫穷又命短，造恶的盗跖却享受富贵又长寿。天地啊，你们做事也是怕硬欺软，却原来也是这样顺水推船。地啊，你不分好坏怎么能是地？天啊，你错判贤愚白白叫作天！哎，只落得我两眼泪流不断。）

(번역문: 해와 달이 낮과 밤에 하늘 높이 걸려있고, 귀신은 생사의 대권을 장악하고 있구나. 천지는, 본래 마땅히 맑고 흐림을 분별해야 하거늘, 그런데 도척과 안연 두 사람을 어찌 분별도 하지 못 하였는가? 선량한 안연은 가난에 또 명까지 짧았으며, 악을 행한 도척은 도리어 부귀를 누리고 또 장수까지 했었네. 하늘과 땅, 너희들은 일을 함에 강한 자는 두려워하고 약한 자는 업신여기는데, 원래도 이렇게 물 흐르는 대로 배를 띄웠던 것인가? 땅아, 너는 좋은 것과 나쁜 것도 가리지 못하면서 어찌 땅이라 하느냐? 하늘아, 너는 어진 자와 어리석은 자도 잘못 판단하면서 어찌 하늘이라 부르느냐! 아, 나의 두 눈에선 눈물이 끊이질 않고 흐르는구나.)

在封建社会，是不许人们说天地的坏话的。窦娥却对天地大加埋怨和斥责，这正是她对正义得不到伸张的现实社会提出的强烈控诉。剧

봉건사회 때, 사람들은 하늘과 땅에게 나쁜 말을 못하게 하였다. 그러나 두아는 하늘과 땅을 크게 원망하고 책망하였는데, 이는 바로 정의를 펼치지 못하는 현실사회에 제기한 강한 성토다. 극에서는 두아의 맹세 셋이 실현

zhōng miáo xiě dòu é de sān zhuāng shì yuàn de shí xiàn hé yuān àn zuì zhōng dé dào
中描写窦娥的三桩誓愿的实现和冤案最终得到
zhāo xuě biǎo xiàn le rén mín qún zhòng shēn yuān fù chóu de yuàn wàng yī dìng huì
昭雪，表现了人民群众申冤复仇的愿望一定会
shí xiàn zhēn lǐ shì bù kě zhàn shèng de zhèng yì yī dìng qǔ dé shèng lì
实现，真理是不可战胜的，正义一定取得胜利。

되고 억울한 사건이 끝내 설욕되는 것으로 묘사되어 있는데, 이는 억울함을 벗고 복수하려는 백성 군중들의 염원이 반드시 실현될 것이고, 진리는 승복시킬 수 없는 것이며, 정의는 반드시 승리하게 된다는 것을 표현한 것이다.

guān hàn qīng chú le dòu é yuān zhī wài hái yǒu jǐ bù jié
关汉卿除了《窦娥冤》之外，还有几部杰
chū de zuò pǐn rú jiù fēng chén bài yuè tíng dān dāo
出的作品，如《救风尘》、《拜月亭》、《单刀
huì děng jiù fēng chén xiě jì nǚ zhào pàn ér dā jiù tā de huǒ
会》等。《救风尘》写妓女赵盼儿搭救她的伙
bàn sòng yǐn zhāng tóng huā huā gōng zǐ zhōu shè zhǎn kāi dòu zhēng de gù shì fǎn
伴宋引章，同花花公子周舍展开斗争的故事，反
yìng le jì nǚ xīn suān ér bēi cǎn de mìng yùn bài yuè tíng shì yī
映了妓女辛酸而悲惨的命运。《拜月亭》是一
bù jié chū de miáo xiě ài qíng de zá jù xiě de shì dà jiā guī xiù wáng
部杰出的描写爱情的杂剧，写的是大家闺秀王
ruì lán hé jiǎng shì lóng de liàn ài gù shì gē sòng le wáng ruì lán duì ài
瑞兰和蒋世隆的恋爱故事，歌颂了王瑞兰对爱
qíng de jiān zhēn qiǎn zé le zǔ ài tā men zì yóu liàn ài de fēng jiàn lǐ
情的坚贞，谴责了阻碍他们自由恋爱的封建礼
jiào dān dāo huì shì miáo xiě lì shǐ shàng de yīng xióng rén wù de zuò
教。《单刀会》是描写历史上的英雄人物的作
pǐn tā xiě de shì guān yǔ jiē shòu dōng wú lǔ sù de yāo qǐng dù jiāng fù
品，它写的是关羽接受东吴鲁肃的邀请渡江赴
yàn de gù shì gē sòng le guān yǔ de yǒng gǎn jīng shén
宴的故事，歌颂了关羽的勇敢精神。

관한경은 《두아원》 외에도, 또 몇 부의 뛰어난 작품이 있는데, 예컨대 《구풍진》·《배월정》·《단도회》 등이다. 《구풍진》은 기녀인 조반아가 그녀의 동료 송인장을 구하고, 난봉꾼인 주사와 투쟁을 하는 이야기로, 기녀의 고달프고 비참한 운명을 반영하였다. 《배월정》은 사랑을 묘사한 뛰어난 잡극으로, 대갓집 규수 왕서란과 장세륭의 연애 이야기를 써서, 왕서란의 사랑에 대한 지조를 노래하고, 그들의 자유연애를 가로 막는 봉건예교를 질책하였다. 《단도회》는 역사상의 영웅인물을 묘사한 작품으로, 작품에서는 관우가 동오 노숙의 요청을 받아들여 강을 건너 연회에 참석하는 이야기를 써서, 관우의 용감한 정신을 노래하였다.

guān hàn qīng shì yuán dài xì jù jiè de yī miàn qí zhì tā de jù
关汉卿是元代戏剧界的一面旗帜，他的剧

관한경은 원대 희극계의 모범으로, 그의 극작은 문단에

zuò zài wén tán shàng yǒu zhe jù dà de yǐngxiǎng zuò pǐn shōu zài guān hàn
作在文坛上有着巨大的影响。作品收在≪关汉
qīngquán jí lǐ
卿全集≫里。

서 대단한 영향력을 가지고 있다. 작품은 ≪관한경전집≫에 수록되어 있다.

dì èr jié wáng shí fǔ hé xī xiāng jì

第二节 王实甫和≪西厢记≫

제2절 왕실보와 ≪서상기≫

wáng shí fǔ shēng zú nián bù xiáng tā shì yuán dài zhù míng de jù zuò
王实甫(生卒年不详), 他是元代著名的剧作
jiā míng dé xìn zì shí fǔ dà dū jīn běi jīng shì rén tā céng jīng
家。名德信, 字实甫, 大都(今北京市)人。他曾经
zuò guò guān hòu lái tuì zhí huí jiā guò zhe yǐn jū de shēng huó liú cún
做过官, 后来退职回家, 过着隐居的生活。留存
xià lái de zuò pǐn bù duō zhǐ yǒu xī xiāng jì pò yáo jì
下来的作品不多, 只有≪西厢记≫、≪破窑记≫、
lì chūntáng sān zhǒng zuì zhù míng de shì xī xiāng jì
≪丽春堂≫三种, 最著名的是≪西厢记≫。

왕실보(생졸년 불명)는, 원대의 유명한 극작가다. 이름은 덕신이고, 자는 실보며, 대도(지금의 북경시) 사람이다. 그는 일찍이 벼슬을 지내다가, 뒤에는 퇴직하여 집으로 돌아가, 은거생활을 하였다. 남아 있는 작품은 많지 않아, ≪서상기≫·≪파요기≫·≪여춘당≫ 세 종류만 있는데, 그 중에서 가장 유명한 것이 ≪서상기≫다.

xī xiāng jì xiě de shì zhāngshēng hé cuī yīngyīng zì yóu liàn ài
≪西厢记≫写的是张生和崔莺莺自由恋爱
de gù shì zhè ge gù shì chū yú táng dài yuánzhěn suǒ zuò chuán qí xiǎoshuō
的故事。这个故事出于唐代元稹所作传奇小说
yīngyīngzhuàn hòu lái yī zhí zài mín jiān guǎng fàn liú chuán dào le jīn
≪莺莺传≫, 后来一直在民间广泛流传, 到了金
dài dǒng xiè yuánbiān de xī xiāng jì zhū gōng diào tōngchēng dǒng xī
代, 董解元编的≪西厢记诸宫调≫(通称≪董西
xiāng zài nèi róng hé gù shì qíng jié shàng cái jiàn qū wánzhěng wáng shí
厢≫), 在内容和故事情节上才渐趋完整, 王实

≪서상기≫는 장생과 최앵앵의 자유연애 이야기를 쓴 것이다. 이 이야기는 당대 원진이 지은 전기소설 ≪앵앵전≫에서 나왔으며, 그 뒤로 줄곧 민간에 널리 전해져 오다가, 금대에 이르러, 동해원이 편찬한 ≪서상기제궁조≫(통칭 ≪동서상≫)가 내용과 이야기 줄거리가 비교적 완전해졌는데, 왕실보는 이 기초에서 5본 21절의 ≪서상기≫를 써서, 청년들의 혼인 자유를 요구하고 봉건예교를 반

fǔ zài zhè ge jī chǔ shàng xiě chéng le wǔ běn èr shí yī zhé de xī xiāng
甫在这个基础上写成了五本二十一折的《西厢
jì biǎo dá le qīng nián yāo qiú hūn yīn zì yóu fǎn duì fēng jiàn lǐ jiào
记》，表达了青年要求婚姻自由、反对封建礼教
de zhǔ tí sī xiǎng gù shì qíng jié shì zhè yàng de
的主题思想。故事情节是这样的：

táng cháo zǎi xiàng cuī jué rén chēng cuī xiàng guó yǒu yī wèi xiǎo jiě
唐朝宰相崔珏，人称崔相国，有一位小姐，
míng jiào cuī yīng yīng zhǎng dé fēi cháng měi lì zhēn xiàn nǚ gōng shī cí shū
名叫崔莺莺，长得非常美丽，针线女工，诗词书
suàn yàng yàng dōu huì cuī xiàng guó céng bǎ yīng yīng xǔ pèi gěi fū rén de zhí
算样样都会。崔相国曾把莺莺许配给夫人的侄
ér zhèng héng wéi qī shàng wèi chéng hūn bù xìng cuī xiàng guó yī bìng guī tiān
儿郑恒为妻，尚未成婚。不幸，崔相国一病归天，
sǐ le lǎo fū rén dài lǐng xiǎo jiě fú jiù wǎng bó líng ān zàng yīn lù
死了。老夫人带领小姐扶柩往博陵安葬，因路
tú bù tōng lái dào hé zhōng fǔ bǎ líng jiù jì fàng zài pǔ jiù sì zhōng
途不通，来到河中府，把灵柩寄放在普救寺中。
lǎo fū rén hé xiǎo jiě yā huán děng rén jiù zhù zài sì yuàn xī xiāng de yī
老夫人和小姐、丫环等人，就住在寺院西厢的一
zuò zhái zi lǐ yī tiān yǒu yī ge jìn jīng fù kǎo de xiù cái míng jiào
座宅子里。一天，有一个进京赴考的秀才，名叫
zhāng gǒng zì jūn ruì lái sì yuàn yóu wán yù dào le xiǎo jiě liǎng rén yī
张珙，字君瑞，来寺院游玩，遇到了小姐，两人一
jiàn zhōng qíng bō xià le ài qíng de zhǒng zi bù jiǔ sūn fēi hǔ pàn luàn
见钟情，播下了爱情的种子。不久，孙飞虎叛乱，
dài lǐng wǔ qiān bīng mǎ bǎ pǔ jiù sì tuán tuán wéi zhù yào qiǎng yīng yīng wéi
带领五千兵马，把普救寺团团围住，要抢莺莺为
qī xiàn lìng sān rì nèi bǎ yīng yīng jiāo chū fǒu zé huǒ shāo sì yuàn sēng
妻，限令三日内把莺莺交出，否则，火烧寺院，僧

대하는 주제사상을 표현하였다. 이야기 줄거리는 이러하다.

당나라 재상 최각을 사람들은 최상국이라 불렀는데, 그에게는 딸이 하나 있었으니 이름은 최앵앵으로, 아주 예쁘고, 바느질 솜씨도 좋고, 시와 문장, 쓰기와 계산도 잘했다. 최상국은 일찍이 앵앵을 부인의 조카인 정항에게 아내로 주겠다 약속했지만, 아직 결혼은 하지 않았다. 불행하게도, 최상국이 병으로, 죽게 되었다. 노부인은 아가씨를 데리고 관을 박릉에 안장시키려 했는데, 길이 막히는 바람에, 하중부에 와서, 영구를 보구사에 맡겼다. 노부인과 아가씨·시녀 등은, 사원 서쪽 어느 사랑채에 머물렀다. 어느 날, 과거시험 보러 상경하던 수재가 있었는데, 이름은 장공이요, 자는 군서로, 사원을 거닐다가 아가씨를 만나게 되고, 두 사람은 첫눈에 반해, 사랑의 씨앗을 심었다. 얼마 안 되어, 손비호가 반란을 일으켜, 5천 군사를 이끌고, 보구사를 겹겹이 에워싼 후, 앵앵을 가로채 아내로 삼겠다면서, 3일 기한 내에 앵앵을 바치되, 안 그러면, 사원을 불사르고, 승려와 속인들 다 죽이고, 한 명도 남기지 않겠다고 하였다. 이 위급한 시각에, 노부인은 사람들 앞에서 적병을

sú jìn zhǎn bù liú yī rén zài zhè jǐn jí guān tóu lǎo fū rén duì dà
俗尽斩，不留一人。在这紧急关头，老夫人对大
jiā shuō shéi néng shā tuì zéi bīng yuàn bǎ xiǎo jiě jià gěi tā zhè shí zhāng
家说：谁能杀退贼兵，愿把小姐嫁给他。这时，张
shēng duì lǎo fū rén shuō wǒ yǒu yī ge péng yǒu míng jiào dù què hào bái
生对老夫人说：我有一个朋友，名叫杜确，号白
mǎ jiāng jūn xiàn lǐng bīng shí wàn zhèn shǒu pú guān lí cǐ sì shí wǔ lǐ
马将军，现领兵十万，镇守蒲关，离此四十五里，
zhǐ yào gěi tā sòng yī fēng xìn qù bì lái xiāng jiù yú shì zhāng shēng pài
只要给他送一封信去，必来相救。于是，张生派
rén sòng xìn dù què lái jiù shā bài zéi bīng dà jiā tuō xiǎn píng ān wú
人送信，杜确来救，杀败贼兵，大家脱险，平安无
shì shì hòu lǎo fū rén gǎi biàn le zhǔ yì bù xiǎng bǎ yīng yīng jià gěi
事。事后，老夫人改变了主意，不想把莺莺嫁给
zhāng shēng zhǐ ràng tā men liǎng ge xiōng mèi xiāng chēng yīn cǐ liǎng ge rén duì
张生，只让他们两个兄妹相称，因此，两个人对
lǎo fū rén dà wéi bù mǎn yīng yīng de yā huán hóng niáng duì tā men liǎng
老夫人大为不满。莺莺的丫环红娘，对他们两
ge rén de ài qíng fēi cháng tóng qíng yuàn yì wèi tā men de zì yóu liàn ài
个人的爱情非常同情，愿意为他们的自由恋爱
chū lì cóng zhōng chuán shū jì jiǎn mì yuē xiāng huì hòu lái lǎo fū rén tīng
出力，从中传书寄柬，密约相会。后来，老夫人听
dào le yī xiē fēng shēng jiù kǎo wèn hóng niáng hóng niáng zài lǎo fū rén de
到了一些风声，就拷问红娘。红娘在老夫人的
kǎo wèn xià lǐ zhí qì zhuàng yì zhèng cí yán zhǐ zé lǎo fū rén bù yīng
拷问下，理直气壮、义正辞严，指责老夫人不应
gāi chū ěr fǎn ěr zǔ ài tā men de hūn shì bìng quàn lǎo fū rén bǎ yīng
该出尔反尔，阻碍他们的婚事，并劝老夫人把莺
yīng jià gěi zhāng shēng miǎn de shēng zhāng chū qù gěi xiàng guó chū guāi nòng chǒu
莺嫁给张生，免得声张出去给相国“出乖弄丑”。

물리치는 사람에게, 아가씨를 시집보내겠다고 하였다. 이 때, 장생이 노부인에게, 자기에게 친구가 하나 있는데, 이름은 두확이고, 호는 백마장군으로, 지금 10만 군사를 이끌고, 포관을 지키고 있는데, 여기에서 45리 떨어져 있으니, 그에게 편지 한 통만 보내면, 반드시 구해주러 올 것이라고 말하였다. 이에, 장생은 사람을 파견하여 편지를 보냈고, 두확이 구하러 와서, 적병을 격퇴시킴으로써, 모두 위험에서 벗어나 평안을 찾고 무사하게 되었다. 이 일 이후, 노부인은 생각을 바꿔, 앵앵을 장생에게 시집보내려 하지 않고, 다만 둘이 서로 오빠 동생이라 부르게 하자, 이에, 두 사람은 노부인에게 큰 불만을 가졌다. 앵앵의 시녀인 홍낭은, 그들 두 사람의 사랑을 아주 동정하면서, 그들의 자유연애를 위해 힘을 쓰고자 하여, 중간에서 편지를 전해주고, 비밀리에 서로 만나게 하였다. 뒤에, 노부인은 약간의 소문을 듣고, 홍낭을 고문하였다. 홍낭은 노부인의 고문에도, 당당한 태도와 정의감 넘치는 말로, 노부인이 이랬다저랬다 하면서, 그들 혼사를 가로막아서는 안 된다고 지적하고, 아울러 노부인에게 앵앵을 장생에게 시집보내어, 상국이 "수치스런 짓을 했다"는 말이 나지 않도록 하라고 권하였다. 일장연설에 노부인은 말문이 막혀, 하는 수 없이 허락을 하였다. 하지만, 장생에게는 반드시 상경하여 과거를 보라고 요구하고, 과거 급제 후에야 비로소 결혼을 할 수 있

yī xí huà shuō de lǎo fū rén yǎ kǒu wú yán zhǐ hǎo dā yìng le dàn
一席话说得老夫人哑口无言，只好答应了。但
shì bì xū yào zhāng shēng jìn jīng fù kǎo kǎo zhòng hòu cái néng huí lái qǔ
是，必须要张生进京赴考，考中后才能回来娶
qīn hòu lái zhāng shēng kǎo zhòng le zhuàng yuán huí lái hé yīng yīng jié le hūn
亲。后来，张生考中了状元，回来和莺莺结了婚，
qǔ dé le zì yóu liàn ài de shèng lì
取得了自由恋爱的胜利。

다고 하였다. 훗날, 장생은 장원으로 합격하였고, 돌아와 앵앵과 결혼을 함으로써, 자유연애의 승리를 얻었다.

jù qíng qǔ zhé shēng dòng xì nì miáo xiě le tā men de ài qíng cóng
剧情曲折，生动细腻。描写了他们的爱情从
chǎn shēng fā zhǎn dào zāo dào lǎo fū rén de zǔ náo hé pò huài yǐ jí tā
产生、发展到遭到老夫人的阻挠和破坏，以及他
men wèi ài qíng ér jìn xíng dòu zhēng zuì hòu qǔ dé shèng lì de guò chéng jiē
们为爱情而进行斗争，最后取得胜利的过程，揭
lù le fēng jiàn lǐ jiào duì qīng nián nán nǚ zì yóu xìng fú de cuī cán gē
露了封建礼教对青年男女自由幸福的摧残，歌
sòng le tā men dà dǎn de xiàng fēng jiàn lǐ jiào jìn xíng dòu zhēng de jīng shén
颂了他们大胆地向封建礼教进行斗争的精神。
zhè ge jù suī rán xiě de shì fēng jiàn tǒng zhì jiē jí de yī duì cái zǐ jiā
这个剧虽然写的是封建统治阶级的一对才子佳
rén dàn shì biǎo xiàn le zhè duì qīng nián rè qíng yǒng gǎn zhōng zhēn děng yōu
人，但是表现了这对青年热情、勇敢、忠贞等优
xiù pǐn zhì tè bié shì duì tā men de zì yóu liàn ài dé dào měi mǎn jié
秀品质，特别是对他们的自由恋爱得到美满结
hé de chǔ lǐ fǎn yìng le qīng nián men de wú xiàn xī wàng yīn cǐ xī
合的处理，反映了青年们的无限希望。因此，《西
xiāng jì chéng wéi qiān bǎi nián lái fēng jiàn lǐ jiào shù fù xià de qīng nián men
厢记》成为千百年来封建礼教束缚下的青年们
zhuī qiú ài qíng xìng fú de zàn gē
追求爱情幸福的赞歌。

연극 줄거리는 복잡하면서, 생동적이고 아주 자세하다. 그들 사랑의 출발과 발전으로부터 노부인의 방해와 파괴에 이르기까지, 그리고 그들이 사랑을 위한 투쟁에서, 끝내는 승리를 쟁취하는 과정을 묘사하면서, 청년남녀의 자유와 행복에 대한 봉건예교의 박해를 폭로하고, 그들이 대담하게 봉건예교에 투쟁하는 정신을 노래하였다. 이 극은 비록 봉건통치 계급의 재자가인 한 쌍을 그린 것이지만, 그러나 이 청년들의 열정과 용감성·충정 등의 우수한 품성을 표현하고, 특히 그들의 자유연애가 원만하게 결합되는 해결에서, 청년들의 무한한 희망을 반영하였다. 그리하여 《서상기》는 수천수백 년 동안의 봉건예교 속박에서 사랑의 행복을 추구하는 청년들의 찬가가 되었다.

jù zhōng de diǎn xíng rén wù shì yīng yīng hé tā de bì nǚ hóng niáng
剧中的典型人物是莺莺和她的婢女红娘。

yīng yīng shì yī ge wēn róu shēn qíng de guì zú shào nǚ tā shì xiàng
莺莺是一个温柔、深情的贵族少女。她是相
guó de xiǎo jiě cóng xiǎo shòu zhe yán gé de fēng jiàn jiào yù zì cóng jiàn le
国的小姐，从小受着严格的封建教育，自从见了
zhāng shēng liǎng ge rén yī jiàn zhōng qíng ài qíng de zhǒng zi jiù zài tā de xīn
张生，两个人一见钟情，爱情的种子就在她的心
zhōng méng yá dāng tā de ài qíng shòu dào mǔ qīn de zǔ náo hé pò huài shí
中萌芽。当她的爱情受到母亲的阻挠和破坏时，
tā jīng lì le yī duàn máo dùn de fù zá de qǔ zhé de tòng kǔ de
她经历了一段矛盾的、复杂的、曲折的、痛苦的
sī xiǎng dòu zhēng guò chéng zuì hòu cǎi qǔ le fǎn kàng de xíng dòng zuò zhě
思想斗争过程，最后采取了反抗的行动。作者
méi yǒu bǎ zhè ge guò chéng jiǎn dān huà ér shì tōng guò hóng niáng de guān chá
没有把这个过程简单化，而是通过红娘的观察，
xì zhì de miáo huì le yīng yīng nèi xīn de máo dùn xiě chū le tā rú hé
细致地描绘了莺莺内心的矛盾，写出了她如何
cóng yóu yù dòng yáo qiè ruò hé gù lǜ zhōng jiě fàng chū lái zǒu xiàng jiān
从犹豫、动摇、怯弱和顾虑中解放出来，走向坚
dìng guǒ jué yǒng gǎn hé fǎn kàng de dào lù tā bǎ ài qíng kàn chéng gāo
定、果决、勇敢和反抗的道路。她把爱情看成高
yú yī qiè jué xīn zhuī qiú hé hū zì jǐ xīn yì de ài qíng ér duì yú
于一切，决心追求合乎自己心意的爱情，而对于
gōng míng lì lù biǎo shì bǐ qì tā shuō dàn dé yī ge bìng tóu lián shā
功名利禄表示鄙弃，她说：“但得一个并头莲，煞
qiáng rú zhuàng yuán jí dì zhè zhǒng sī xiǎng zài dāng shí fēng jiàn shè huì lǐ
强如状元及第。”这种思想，在当时封建社会里
shì fēi cháng gāo shàng hé kě guì de
是非常高尚和可贵的。

극중의 대표적인 인물은 앵앵과 그녀의 시녀 홍낭이다.

앵앵은 온유하고 정이 깊은 귀족 아가씨다. 그녀는 상국의 딸로, 어려서부터 엄격한 봉건교육을 받았으나, 장생을 만난 후로, 둘은 첫눈에 반했으며, 사랑의 씨앗은 바로 그녀의 마음속에서 싹이 텄다. 그녀의 사랑이 모친에게 방해를 받고 파괴가 되었을 때, 그녀는 모순적이고 복잡하고 곡절 많고 고통스러운 사상 투쟁의 과정을 거쳐, 끝내는 반항적 행동을 취하였다. 작가는 이러한 과정을 단순화하지 않고, 홍낭의 관찰을 통하여, 앵앵의 내면 갈등을 자세하게 묘사하면서, 그녀가 어떻게 주저하고 동요하고 나약해지고 걱정하는지 등으로부터 해방되어, 확고하고 결단력 있고 용감하고 반항적인 길로 나서는지를 그려내었다. 그녀는 사랑을 무엇보다 귀하게 생각했으며, 자기 마음에 맞는 사랑을 추구하기로 결심했지만, 공명과 이록은 경멸하여, “금슬 좋은 부부가 되는 것이 장원급제보다 낫다.”고 그녀는 말했다. 이러한 사상은, 당시 봉건사회에서는 아주 고상하고 귀한 것이었다.

hóngniáng de xíngxiàng zài jù zhōnggèng wéi tū chū cháng qī yǐ lái
红娘的形象，在剧中更为突出，长期以来，
yī zhí shòu dào guǎng dà qún zhòng de xǐ ài tā cōngming huó po yǒng gǎn
一直受到广大群众的喜爱。她聪明、活泼、勇敢
jī zhì fù yǒu zhèng yì gǎn hé dòu zhēng jīng shén tā duì lǎo fū rén de
、机智，富有正义感和斗争精神。她对老夫人的
bèi xìn qì yì shēn wéi bù mǎn duì zhāngshēng hé yīngyīng de ài qíngshēnbiǎo
背信弃义深为不满，对张生和莺莺的爱情深表
tóngqíng yīn cǐ tā jī jí xiǎng bàn fǎ chū zhǔ yì bāng zhù tā men wèi
同情，因此她积极想办法，出主意帮助他们，为
tā men de ài qíng ér dòu zhēng kǎo hóng yī chǎng chōng fèn biǎo xiàn le
他们的爱情而斗争。《拷红》一场，充分表现了
tā de jī zhì hé yǒng gǎn zài cuī fū rén de kǎo dǎ zé wèn xià tā
她的机智和勇敢。在崔夫人的拷打责问下，她
lǐ zhí qì zhuàng yì zhèng cí yán de huí dá
理直气壮、义正辞严地回答：

홍낭 형상은, 극중에서 더욱 두드러져, 오랫동안, 줄곧 많은 사람들의 사랑을 받아 왔다. 그녀는 총명하고 활발하며 용감하고 지혜로우며, 정의감과 투쟁정신이 강하였다. 그녀는 노부인이 신의를 저버린데 대하여 깊은 불만을 가졌으며, 장생과 앵앵의 사랑에 대하여 깊이 동정을 했기에, 따라서 그녀는 적극적으로 방법을 생각해 내고, 그들을 도울 생각을 내 놓아, 그들의 사랑을 위하여 투쟁하였다. 《고홍》 장은, 그녀의 지혜와 용감성을 충분히 표현하고 있다. 최 부인의 고문과 문책에서도, 그녀는 당당하고 떳떳하게 대답하였다.

tā měi bù shí yōu bù shí chóu yī shuāng xīn yì liǎngxiāng tóu
他每不识忧，不识愁，一双心意两相投。
fū rén dé hǎo xiū biàn hǎo xiū zhè qí jiān hé bì kǔ zhuī qiú cháng
夫人得好休，便好休，这其间何必苦追求？常
yán dào nǚ dà bù zhōng liú bù zhēng hé zhāng xiè yuán cān chénmǎo
言道'女大不中留'。…… 不争和张解元参辰卯
yǒu biàn shì yǔ cuī xiāng guó chū guāinòngchǒu dào dǐ gān lián zhe zì
酉，便是与崔相国出乖弄丑。到底干连着自
jǐ gǔ ròu fū rén suǒ qióng jiū dì sì běn dì èr zhé
己骨肉，夫人索穷究。（第四本第二折）

그는 늘 걱정도 모르고, 근심도 몰라, 두 마음은 서로 투합하고 있습니다. 부인이 중지시킬 수 있으면, 중지시킬 수 있지만, 그 과정을 어찌 고생스럽게 하려고 합니까? 속담에 '딸이 크면 붙잡아 놓지 않는다.' 했습니다. …… 쟁론할 필요도 없이 장해원과 다투면, 이는 곧 최상국에게 수치를 주게 됩니다. 결국은 자기 골육과 연관을 시키는 일이 되니, 부인은 깊이 생각해 보세요. (제4본 제2절)

yì wén tā men bù zhī dao yōu bù zhī dao chóu yī shuāng xīn
（译文：他们不知道忧，不知道愁，一双心
yì liǎngxiāng tóu fū rén néng bà xiū jiù bà xiū zhè zhōng jiān de shì
意两相投。夫人能罢休，就罢休，这中间的事

(번역문: 그들은 걱정도 모르고, 근심도 모르며, 두 마음이 서로 투합하고 있습니다. 부인이 그만두게 할 수 있으면, 곧 그만두도록 할 수 있겠지만, 그

qíng hé bì kǔ kǔ zhuī jiū cháng yán dào nǚ ér dà le bù néng liú
情何必苦苦追究？常言道‘女儿大了不能留’。
dāngzhēn hé zhāngshēng zuò duì tóu jiù shì gěi cuī xiàng guó de jiā
…… 当真和张生作对头，就是给崔相国的家
chū chǒu guī gēn dào dǐ qiān lián zhe zì jǐ de qīn shēng nǚ ér fū
出丑。归根到底牵连着自己的亲生女儿，夫
rén xū zǐ xì xiǎngxiǎng
人须仔细想想。)

중간에서의 일을 수고스럽게 밀고 나갈 필요가 뭐 있습니까? 속담에 '장성한 여자는 집에 둘 수 없다.'고 하였습니다. …… 정말로 장생과 맞붙게 되면, 이는 곧 최상국의 가정에 수치를 주게 됩니다. 결국은 자기의 친딸을 연루시키는 것이 되니, 부인은 자세히 생각해 보셔야 합니다.)

hóngniáng bǎ shì qíngzhēnxiàngquánshuō le chū lái bìngshuōmíng lì hài
红娘把事情真相全说了出来， 并说明利害
guān xi jī zhòng lǎo fū rén de tòng chù biànshǒu wéi gōng bǎ lǎo fū rén
关系。击中老夫人的痛处，变守为攻，把老夫人
fàng dào bèi shěn pàn de dì wèi zài zhè chǎng dòu zhēngzhōng tā wèi zhāngshēng
放到被审判的地位。在这场斗争中，她为张生
hé yīngyīng de ài qíng yòu yī cì zuò chū le zì jǐ de gòngxiàn
和莺莺的爱情又一次作出了自己的贡献。

홍낭은 사건의 진상을 모두 말하고, 아울러 이해관계도 설명하였다. 노부인의 아픈 곳을 건드리면서, 방어를 공격으로 바꿔, 노부인을 심판받는 위치에 올려놓았다. 이 투쟁에서, 그녀는 장생과 앵앵의 사랑을 위하여 다시 한 번 자기의 공헌을 만들었다.

xī xiāng jì jié gòu jǐn còu rén wù xìng gé xiānmíng miáo xiě
≪西厢记≫结构紧凑，人物性格鲜明，描写
xì zhì yǔ yán jīng liàn shì zhōng guó gǔ dài xì qǔ zhōng yī kē càn làn de
细致，语言精练，是中国古代戏曲中一颗灿烂的
míngxīng zài wén xué shǐ shàng yǒu zhe chóng gāo de dì wèi
明星，在文学史上有着崇高的地位。

≪서상기≫는 구성이 치밀하고, 인물 성격이 뚜렷하며, 묘사가 세밀하고, 언어가 간결하여, 중국고대 희곡에서 하나의 빛나는 밝은 별이며, 문학사에서도 높은 지위를 가지고 있다.

第三节 白朴、马致远

제3절 백박 · 마치원

白朴和马致远是元代两位著名的作家，他们和关汉卿、郑光祖合称“元曲四大家”，在当时享有盛名。

백박과 마치원은 원대의 두 유명 작가로, 그들은 관한경·정광조와 함께 “원곡 4대가”로 불렸으며, 당시 대단한 명성을 누렸다.

1. 白朴

1. 백박

白朴(约1226-1307)，字仁甫，一字太素，号兰谷，隩州(今山西省河曲附近)人。他是元代著名的作家，是“元曲四大家”之一。他出生在官宦家庭，幼年随父亲居住在金朝首都南京(今河南省开封市)。他七岁的时候，蒙古军队大举向南进攻，不久，南京失陷，他跟随父亲的好朋友元好问北渡黄河，来到山东。元好问是金朝有名的诗人，非常喜欢白朴，在文学方面给白朴很大帮

백박(약 1226-1307)은, 자가 인보이고, 또 다른 자는 태소이며, 호는 난곡으로, 오주(지금의 산서성 하곡 부근) 사람이다. 그는 원대의 유명 작가로, “원곡 4대가” 중의 하나다. 그는 관리 집안에서 태어났으며, 어려서 아버지를 따라 금의 수도인 남경(지금의 하남성 개봉시)에 살았다. 그는 7세 때, 몽고군이 대규모로 남침하여, 얼마지 않아, 남경이 함락되자, 그는 아버지의 친구인 원호문을 따라 북쪽의 황하를 건너, 산동으로 갔다. 원호문은 금대 때 유명했던 시인으로, 백박을 아주 좋아하여, 문학 방면에서 백박에게 아주 큰 도움을 주었다. 백박은 어려서부터 아주 총명하였는데, 원호문은 그에게 써준 시에서 칭찬하기를, “원백통가구, 제랑독여

zhù bái pǔ cóng xiǎo jiù hěn cōngming yuán hào wèn zài zèng tā de shī zhōng
助。白朴从小就很聪明，元好问在赠他的诗中
chēng zàn shuō yuán bái tōng jiā jiù zhū láng dú rǔ xián yuán bái liǎng jiā
称赞说：“元白通家旧，诸郎独汝贤。”（元白两家
shì shì jiāo zài nán hái dāngzhōng zhǐ yǒu nǐ zuì cōngming jīn cháo miè wáng
是世交，在男孩当中只有你最聪明。）金朝灭亡
hòu tā bù yuàn zài yuáncháo zuò guān yīn cǐ fànglàng yú shì xiě shī zuò
后，他不愿在元朝做官，因此放浪于世，写诗作
cí yǒng tàn zì jǐ duì zǔ guó de huáiniàn
词，咏叹自己对祖国的怀念。

현(원·백 두 집안은 대대로 교분이 있는 집안인데, 사내 중에서 네가 제일 총명하구나.)"이라고 하였다. 금이 멸망한 후, 그는 원에서의 벼슬이 싫어, 세상을 방랑하며, 시를 쓰고 사를 지어, 조국에 대한 자신의 그리움을 노래하였다.

bái pǔ de zá jù dà bù fen shì xiě nán nǚ ài qíng de qí zhōng
白朴的杂剧，大部分是写男女爱情的，其中
zhù míng de shì qiáng tóu mǎ shàng hé wú tóng yǔ
著名的是《墙头马上》和《梧桐雨》。

백박의 잡극은, 대부분이 남녀의 사랑을 쓴 것으로, 그중 유명한 것은 《장두마상》과 《오동우》다.

qiáng tóu mǎ shàng xiě de shì lǐ qiān jīn hé péi shào jùn de ài
《墙头马上》写的是李千金和裴少俊的爱
qíng gù shì zhè ge gù shì de dà yì shì lǐ qiān jīn zài huā yuán qiáng
情故事。这个故事的大意是：李千金在花园墙
tóu kàn jiàn le mǎ shàng de qīngnián péi shào jùn jiù dà dǎn de ài shàng le
头看见了马上的青年裴少俊，就大胆的爱上了
tā hòu lái tā hé péi shào jùn de sī qíng bèi fā xiàn le tā jiù hé
他。后来，她和裴少俊的私情被发现了，她就和
péi shào jùn sī bēn zài péi jiā de hòu huā yuán lǐ àn dì zhù le qī nián
裴少俊私奔，在裴家的后花园里暗地住了七年。
hòu lái yòu bèi péi shào jùn de fù qīn péi shàng shū fā jué péi shàng shū jiù
后来又被裴少俊的父亲裴尚书发觉，裴尚书就
bī pò péi shào jùn xiū le tā liǎng ge rén yìng bèi péi shàng shū chāi sǎn
逼迫裴少俊休了她，两个人硬被裴尚书拆散。
zuì hòu péi shào jùn zuò le guān tā men fū qī cái yòu chóng xīn tuányuán
最后裴少俊做了官，他们夫妻才又重新团圆。

《장두마상》이 그리고 있는 것은 이천금과 배소준의 사랑 이야기다. 이 이야기의 줄거리는 이러하다. 이천금이 화원 담장에서 말을 탄 청년 배소준을 보고, 대담하게 그를 사랑하게 된다. 뒤에, 그녀와 배소준의 사랑이 발각되자, 그녀는 곧 배소준과 몰래 도망을 쳐, 배씨 집 뒤 화원에서 몰래 7년을 살았다. 뒤에 다시 배소준의 부친 배상서에게 발각이 되고, 배상서는 배소준에게 그녀를 그만두라고 핍박하자, 둘은 어쩔 수 없이 배상서에 의해 헤어지고 만다. 나중에 배소준이 관리가 되고, 그들 부부는 다시 만난다. 이 극은, 청년 남녀가 자유로운 결혼을 위해 투쟁하는 정신을 노래하고, 이천금이라는 투쟁에 용감하고, 떳떳했던 여성 형상

zhè ge jù, gē sòng le qīng nián nán nǚ wèi zì yóu hūn yīn ér dòu zhēng de
这个剧，歌颂了青年男女为自由婚姻而斗争的
jīng shén, chéng gōng de sù zào le lǐ qiān jīn zhè ge gǎn yú dòu zhēng, guāng míng
精神，成功地塑造了李千金这个敢于斗争，光明
lěi luò de fù nǚ xíng xiàng.
磊落的妇女形象。

을 성공적으로 잘 묘사해 내었다.

wú tóng yǔ xiě de shì táng cháo huáng dì táng xuán zōng lǐ lóng jī
≪梧桐雨≫写的是唐朝皇帝唐玄宗李隆基
hé yáng guì fēi de ài qíng gù shì. zhè ge jù shì gēn jù bái jū yì de
和杨贵妃的爱情故事。这个剧是根据白居易的
cháng hèn gē xiě chéng de, tā jǐn jǐn jié hé lǐ lóng jī、yáng guì fēi
≪长恨歌≫写成的，它紧紧结合李隆基、杨贵妃
de ài qíng hé zhòng dà de lì shǐ shì jiàn, xiě chū le táng cháo yóu shèng ér
的爱情和重大的历史事件，写出了唐朝由盛而
shuāi de guò chéng. gù shì qíng jié shì zhè yàng de:
衰的过程。故事情节是这样的：

≪오동우≫가 그리고 있는 것은, 당 나라 황제인 당 현종 이융기와 양귀비의 사랑 이야기다. 이 극은 백거이의 ≪장한가≫에 근거하여 쓴 것으로, 여기에서는 이융기와 양귀비의 사랑과 중요한 역사적 사건을 긴밀하게 결합하여, 당이 흥성했다가 쇠망해 가는 과정을 묘사하였다. 이야기의 줄거리는 이러하다.

yáng guì fēi míng jiào yáng yù huán, chū xuǎn wéi shòu wáng fēi, yīn wèi zhǎng
杨贵妃名叫杨玉环，初选为寿王妃，因为长
de fēi cháng měi lì dòng rén, bèi táng xuán zōng lǐ lóng jī kàn shàng le, biàn mìng
得非常美丽动人，被唐玄宗李隆基看上了，便命
tā wéi nǚ dào shì, bù jiǔ zhào jìn gōng zhōng, fēng wéi guì fēi, shí fēn chǒng
她为女道士，不久召进宫中，封为贵妃，十分宠
ài. cóng cǐ, táng xuán zōng zhāo gē mù yàn, chén nì zài ài qíng zhī zhōng.
爱。从此，唐玄宗朝歌暮宴，沉溺在爱情之中。
biān jiāng ān lù shān yīn zuò zhàn shī bài, bèi yā sòng dào jīng, qǐng huáng dì
边将安禄山因作战失败，被押送到京，请皇帝
shěn wèn zhì zuì. huáng dì bù jǐn méi yǒu zhì zuì, fǎn ér jiào yáng guì fēi
审问治罪。皇帝不仅没有治罪，反而叫杨贵妃
rèn zuò yì zǐ, liú zài gōng zhōng. yáng guì fēi yǐ yì zǐ wéi míng, yǔ ān
认作义子，留在宫中。杨贵妃以义子为名，与安

양귀비의 이름은 양옥환으로, 처음에는 수왕의 비로 뽑혔었지만, 미모가 아주 빼어나고 감동적이어서, 당 현종 이융기의 마음에 들자, 그녀에게 명하여 여도사가 되게 했다가, 얼마지 않아 궁으로 불러들여, 귀비로 봉하고, 아주 총애하였다. 이때부터, 당 현종은 종일 잔치를 하면서, 사랑에 빠졌다. 변방의 장수 안록산이 전쟁에 실패하여, 수도로 압송되었을 때, 황제에게 심문과 죄에 대한 처벌을 청하였다. 황제는 처벌을 하지도 않고, 오히려 양귀비에게 양자로 삼아, 궁중에 머물게 하였다. 양귀비는 양자를 명분으로, 안록산과 사통을 하였다. 뒤에, 안록산은

lù shān sī tōng hòu lái ān lù shān bèi diào dào wài dì zuò yú yáng jié
禄山私通。后来，安禄山被调到外地，做渔阳节
dù shǐ zhènshǒubiānjiāng bù jiǔ ān lù shān pàn luàn dài lǐng sì shí wàn
度使，镇守边疆。不久，安禄山叛乱，带领四十万
dà jūn gōng pò tóngguān yào jìn jīng qiǎngyáng guì fēi zài zhè jǐn jí shí
大军，攻破潼关，要进京抢杨贵妃。在这紧急时
kè tángxuánzōng dài lǐng yáng guì fēi hé wén wǔ dà chénxiàng sì chuān táo pǎo
刻，唐玄宗带领杨贵妃和文武大臣向四川逃跑。
zài táo pǎo tú zhōng bǎo hù huáng dì de shì bīng tū rán huá biàn yāo qiú táng
在逃跑途中，保护皇帝的士兵突然哗变，要求唐
xuánzōng chǔ sǐ yáng guì fēi yáng guó zhōng fǒu zé jiù bù bǎo hù huáng dì
玄宗处死杨贵妃、杨国忠，否则，就不保护皇帝
wǎng sì chuān qù tángxuánzōng pò bù dé yǐ zhǐ hǎo xià lìng chǔ sǐ le
往四川去。唐玄宗迫不得已，只好下令处死了
yáng guì fēi hé yáng guó zhōng děng dào pàn luànpíngdìng hòu tángxuánzōng huí
杨贵妃和杨国忠。等到叛乱平定后，唐玄宗回
dào gōngzhōng shí shí kè kè xiǎngniànyáng guì fēi fēi cháng bēi shāng biǎo xiàn
到宫中，时时刻刻想念杨贵妃，非常悲伤，表现
le tā duì ài qíng de zhōngzhēn
了他对爱情的忠贞。

외지로 파견되어, 어양 절도사를 맡아, 변방을 수비하였다. 얼마지 않아, 안록산은 반란을 일으켜, 40만 대군을 이끌고, 동관을 쳐부수고, 수도로 들어가 양귀비를 빼앗으려고 하였다. 이 위급한 시각에, 당 현종은 양귀비와 문무대신을 거느리고 사천으로 도망을 쳤다. 도망치는 도중, 황제를 보호하는 사병이 갑자기 반란을 일으켜, 당 현종에게 양귀비와 양국충을 사형에 처할 것을 요구하며, 그렇지 않으면, 황제를 보호하여 사천으로 가지 않겠다고 하였다. 당 현종은 하는 수 없이, 명령을 내려 양귀비와 양국충을 사형시키고 말았다. 반란이 평정된 후, 당 현종은 궁으로 돌아갔으나, 시시각각 양귀비를 생각하며, 아주 슬퍼하였는데, 이는 사랑에 대한 그의 충정 표현이었다.

zhè ge jù suī rán xiě de shì tángxuánzōng hé yáng guì fēi de ài qíng
这个剧虽然写的是唐玄宗和杨贵妃的爱情
bēi jù dàn shì bù néng yǐn qǐ rén men duì tā men de tóngqíng yīn wèi
悲剧，但是不能引起人们对他们的同情。因为
zhè ge ài qíng bēi jù shì tángxuánzōnghuāng yín wù guó shì yáng guì fēi yǔ
这个爱情悲剧是唐玄宗荒淫误国，是杨贵妃与
ān lù shān sī tōng zào chéng de zhè ge jù qǔ cí huá měi rén wù xīn
安禄山私通造成的。这个剧，曲词华美。人物心
lǐ kè huà xì zhì dá dào le jiào gāo de yì shù shuǐpíng
理刻画细致，达到了较高的艺术水平。

이 극이 그리고 있는 것은 당 현종과 양귀비의 애정 비극이지만, 그들에 대한 사람들의 동정을 끌어내지는 못했다. 왜냐하면 이 애정의 비극은 당 현종이 방탕하여 나라를 망치고, 양귀비와 안록산의 사통으로 일어난 것이었기 때문이다. 이 극은, 곡의 가사가 아름답다. 인물의 심리묘사가 섬세하여, 비교적 높은 예술 수준을 달성하였다.

mǎ zhì yuǎn
2. 马致远

2. 마치원

mǎ zhì yuǎn yuē yuē zì qiān lǐ hào dōng lí dà
马致远(约1250-约1324), 字千里, 号东篱, 大
dū jīn běi jīng shì rén tā shì yuán dài zhù míng de zuò jiā shì yuán
都(今北京市)人。他是元代著名的作家, 是"元
qǔ sì dà jiā zhī yī tā céng chū rèn jiāng zhè xíng shěng wù guān wǎn nián
曲四大家"之一。他曾出任江浙行省务官, 晚年
tuì yǐn tián yuán guò zhe táo bì xiàn shí de shēng huó cóng shì zá jù hé sǎn
退隐田园, 过着逃避现实的生活, 从事杂剧和散
qǔ de chuàng zuò jīn cún zá jù qī zhǒng qí zhōng zhù míng de shì hàn gōng
曲的创作。今存杂剧七种, 其中著名的是≪汉宫
qiū
秋≫。

마치원(약1250-1324)은, 자가 천리이고, 호는 동리이며, 대도(지금의 북경) 사람이다. 그는 원대의 유명한 작가로, "원곡 4대가" 중의 하나다. 그는 일찍 강절의 행성무관을 역임하다가, 만년에는 물러나 전원에 은거하였고, 현실 도피적 생활을 하면서, 잡극과 산곡을 창작하였다. 현존하는 잡극은 7개며, 그 중 유명한 것이 ≪한궁추≫다.

hàn gōng qiū xiě de shì hàn yuán dì de fēi zǐ wáng zhāo jūn chū
≪汉宫秋≫写的是汉元帝的妃子王昭君出
sài hé fān de gù shì zhè ge gù shì zuì zǎo jiàn yú hàn shū xiōng
塞和番的故事。这个故事最早见于≪汉书·匈
nú zhuàn hòu lái chéng wéi lì dài zuò jiā chuàng zuò de tí cái zhè ge jù
奴传≫, 后来成为历代作家创作的题材。这个剧
gòng fēn sì zhé gù shì qíng jié shì zhè yàng de hàn yuán dì pài huà shī máo
共分四折, 故事情节是这样的: 汉元帝派画师毛
yán shòu gěi tā xuǎn měi nǚ gòng xuǎn lái jiǔ shí jiǔ míng qí zhōng wáng zhāo jūn
延寿给他选美女, 共选来九十九名, 其中王昭君
zhǎng de zuì měi hàn yuán dì ràng máo yán shòu bǎ měi ge rén dōu huà yī zhāng
长得最美。汉元帝让毛延寿把每个人都画一张
xiàng rán hòu àn huà xiàng tiāo xuǎn xǔ duō rén fēn fēn ná chū qián cái huì
像, 然后按画像挑选。许多人纷纷拿出钱财, 贿

≪한궁추≫가 그리고 있는 것은 한 원제의 비였던 왕소군이 이국으로 가서 이민족과 평화를 유지하는 이야기다. 이 이야기가 가장 먼저 보이는 곳은 ≪한서·흉노전≫으로, 훗날 역대 작가들의 창작 소재가 되었다. 이 극은 모두 4절로 나누어져 있는데, 이야기 줄거리는 이러하다. 한 원제가 화가 모연수를 보내 미녀를 선발해 달라고 하자, 총 99명을 선발하였는데, 그 중 왕소군이 가장 예뻤다. 한 원제는 모연수에게 그들 모두의 초상화를 그리게 하고, 그런 후 초상화에 근거하여 선발을 했다. 많은 사람들이 분분이 돈으로, 화가 모연수에게 뇌물을 주며, 자기를

lù huà shī máo yán shòu ràng tā bǎ zì jǐ huà de piào liang xiē xī wàng bèi
赂画师毛延寿，让他把自己画得漂亮些，希望被
huáng dì xuǎn shàng wéi dú wáng zhāo jūn méi yǒu gěi máo yán shòu qián yú shì
皇帝选上。唯独王昭君没有给毛延寿钱，于是，
máo yán shòu gù yì bǎ tā huà chǒu xiē jié guǒ méi yǒu bèi huáng dì xuǎn
毛延寿故意把她画丑些，结果，没有被皇帝选
zhòng bèi sòng dào lěng gōng guò zhe gū dú qī kǔ de shēng huó hòu lái hàn
中，被送到冷宫，过着孤独凄苦的生活。后来，汉
yuán dì dào hòu gōng xián zǒu yù jiàn le wáng zhāo jūn jiàn tā róng mào duān
元帝到后宫闲走，遇见了王昭君，见她容貌端
zhèng měi lì hǎo kàn jiù wèn tā nǐ wèi shén me méi yǒu bèi xuǎn shàng ne
正，美丽好看，就问她，你为什么没有被选上呢？
wáng zhāo jūn jiù bǎ méi gěi huà shī qián huà shī gù yì gěi huà chǒu le de
王昭君就把没给画师钱，画师故意给画丑了的
shì gào su le huáng dì hàn yuán dì dà nù xià lìng bǎ huà shī máo yán shòu
事告诉了皇帝，汉元帝大怒，下令把画师毛延寿
zhǎn shǒu kě shì máo yán shòu wén fēng táo pǎo le hàn yuán dì duì wáng zhāo
斩首。可是，毛延寿闻风逃跑了。汉元帝对王昭
jūn chǒng ài wú bǐ bǎ tā fēng wéi míng fēi liǎng ge rén qíng shēn yì cháng
君宠爱无比，把她封为明妃。两个人情深意长，
rú zuì rú chī zhěng tiān chén nì zài ài qíng zhī zhōng bǎ guó jiā dà shì diū
如醉如痴，整天沉溺在爱情之中，把国家大事丢
dào nǎo hòu qù le máo yán shòu táo dào le xiōng nú jiàn dào le hū hán
到脑后去了。毛延寿逃到了匈奴，见到了呼韩
chán yú bǎ wáng zhāo jūn de huà xiàng měi rén tú xiàn gěi le tā bìng
单于，把王昭君的画像—美人图，献给了他，并
shuō wáng zhāo jūn yuàn yì jià gěi nín jiù shì hàn cháo huáng dì shě bu dé
说：“王昭君愿意嫁给您，就是汉朝皇帝舍不得，
zhè huí nín kě yǐ pài shǐ zhě àn tú suǒ yào yī dìng huì dé dào tā
这回您可以派使者按图索要，一定会得到她。”

더 예쁘게 그리게 해서, 황제에게 뽑히기를 희망하였다. 유독 왕소군만은 모연수에게 돈을 주지 않았고, 이에, 모연수는 일부러 그녀를 추하게 그렸으며, 그 결과, 왕소군은 황제에게 선택되지 못한 채, 냉궁으로 보내져, 고독하고 처량한 생활을 하게 된다. 뒤에, 한 원제가 후궁을 거닐다가, 왕소군을 만나게 되며, 그녀의 용모가 단정하고, 아름다운 것을 보고, 그녀에게 왜 선택되지 못했냐고 묻는다. 왕소군은 화가에게 돈을 주지 않아, 화가가 일부러 추하게 그렸다는 사실을 황제에게 고하며, 한 원제는 대노하여, 화가 모연수를 참수하라고 명한다. 하지만, 모연수는 소문을 듣고 도망을 가버린다. 한 원제는 왕소군을 비할 데 없이 총애하고, 그녀를 명비로 봉한다. 둘은 깊은 정으로, 취한 듯 홀린 듯, 종일토록 사랑에 빠져, 국가 대사는 신경도 쓰지 않았다. 모연수는 흉노로 도망하여, 호한선우를 만나, 왕소군의 화상 — 미인도 —을, 그에게 바치면서, 말하기를, “왕소군은 당신께 시집오고자 하나, 한 나라 황제가 아쉬워하고 있으니, 이번에 당신이 사신을 보내 그림대로 요구를 하면, 반드시 그녀를 얻을 수 있을 것입니다.” 라고 하였다. 사신은 한 나라에 도착하여, 한 원제를 만나, 그림대로 왕소군을 요구하며 화친하자고 한다. 나약하고 무능한 한 원제는, 흉노의 강한 무력으로의 위협 아래, 어쩔 수 없이 고통을 참으며 왕소군을 흉노에 준다.

使者来到汉朝，见了汉元帝，按图要王昭君和亲。软弱无能的汉元帝，在匈奴的强大武力威胁下，只好忍痛把王昭君送给匈奴。王昭君跟随使者往匈奴去，最后投黑江自杀。汉元帝自从王昭君走后，心情无限悲伤，时时刻刻都在想念王昭君。王昭君死后，呼韩单于把毛延寿送给汉朝，汉元帝把他斩首，祭祀明妃。

왕소군은 사신을 따라 흉노로 갔으나, 결국은 흑강에 몸을 던져 자살을 한다. 한 원제는 왕소군이 떠난 후, 마음이 너무 슬퍼, 시시각각 왕소군을 그리워한다. 왕소군이 죽은 뒤, 호한선우는 모연수를 한 나라로 보내고, 한 원제는 그를 참수하여, 명비에게 제사를 지내준다.

这个爱情悲剧是以民族矛盾为背景的，它生动地表现了外族对汉朝的侵略，歌颂了王昭君热爱汉朝，热爱祖国的思想感情。

이 애정비극은 민족 갈등을 배경으로 한 것으로, 작품에서는 한 나라에 대한 이민족의 침략을 생동적으로 표현하고, 왕소군이 한 나라를 열렬히 사랑하고, 조국을 열애하는 사상 감정을 노래하였다.

马致远除杂剧外，还写了大量散曲，今存一百二十多首，散曲的内容大致可分为三类：一是感叹人生，抒写自己的遁世思想；二是描写景物，三是咏唱男女爱情。马致远擅长描写自然景物，最能代表他的风格的作品，是小令《天净

마치원은 잡극 외에도, 대량의 산곡을 썼으며, 지금도 120여 수가 남아 있는데, 산곡 내용은 대체로 세 가지로 나눌 수 있는데, 첫째는 인생에 대한 감탄과 속세를 떠나 은거하려는 사상 서술이고, 둘째는 경물 묘사며, 셋째는 남녀의 사랑을 노래한 것이다. 마치원은 자연경물에 대한 묘사에 뛰어났는데, 그의 풍격을 가장 잘 대표할 수 있는 작품은 소령 《천정사·추사》다.

shā qiū sī
沙·秋思≫:

kū téng lǎo shù hūn yā
枯藤老树昏鸦,

마른 등나무 감긴 늙은 나무엔 저녁 까마귀,

xiǎo qiáo liú shuǐ rén jiā
小桥流水人家,

작은 다리 아래로 물은 인가로 흘러드는데,

gǔ dào xī fēng shòu mǎ
古道西风瘦马。

오래된 길에 서쪽 바람이 야윈 말에게로 불어온다.

xī yáng xī xià
夕阳西下,

석양이 서산으로 떨어지려는데,

duàn cháng rén zài tiān yá
断肠人在天涯。

애끊는 나그네는 먼 하늘 끝에서 떠돈다.

zhè shǒu sǎn qǔ bèi qián rén chēng wéi qiū sī zhī zǔ tā tōng guò
这首散曲, 被前人称为“秋思之祖”, 它通过
duì lǚ tú zhōng qiū tiān bàng wǎn jǐng wù de miáo xiě hōng tuō chū xiāo sè cāng
对旅途中秋天傍晚景物的描写, 烘托出萧瑟苍
liáng de yì jìng bìng yǐ xiǎo qiáo liú shuǐ rén jiā de yōu jìng qì fēn fǎn
凉的意境, 并以小桥、流水、人家的幽静气氛, 反
chèn chū tiān yá yóu zǐ de páng huáng chóu kǔ gǎn qíng quán piān yòng cháng jiàn de
衬出天涯游子的彷徨愁苦感情。全篇用常见的
yī xiē jǐng wù gòu chéng yī fú jīng měi de tú huà yòng jǐng wù lái diǎn rǎn
一些景物构成一幅精美的图画, 用景物来点染
qiū yòng jǐng wù lái biǎo xiàn sī bǎ sī xiǎng gǎn qíng jì yù zài jǐng
“秋”, 用景物来表现“思”, 把思想感情寄寓在景
wù de miáo xiě zhī zhōng
物的描写之中。

이 산곡은, 옛날 사람들에게 “추사의 모범”으로 지칭이 되었는데, 작품은 여행 중 가을 저녁의 경물 묘사를 통하여, 소슬하고 처량한 정취를 부각시키고, 작은 다리, 흐르는 물, 인가의 그윽하고 조용한 분위기로, 세상을 떠도는 나그네의 방황과 근심 어린 감정을 상대적으로 부각되도록 하고 있다. 전체 내용은 늘 볼 수 있는 경물로 아름다운 한 폭의 그림을 구성하되, 경물로 “가을”을 스케치하고, 경물로 “사색”을 표현하여, 사상 감정을 경물의 묘사에 기탁하고 있다.

dì qī zhāng míng dài wén xué

第七章 明代文学

(1368-1644)

제7장 명대 문학

(1368-1644)

zhū yuánzhāng tuī fān le yuáncháo de tǒng zhì jiàn lì le míngcháo tǒng
朱元璋推翻了元朝的统治，建立了明朝，统
yī le zhōng guó míngcháocóng kāi guó dào miè wánggòng jīng lì le jìn sān bǎi
一了中国。明朝从开国到灭亡共经历了近三百
nián de shí jiān míng dài wén xué de zhǔ yào chéng jiù shì xiǎoshuō yǐ hóng
年的时间。明代文学的主要成就是小说，以弘
zhì zhèng dé nián jiān wéi jiè míngxiǎn de fēn wéi qián hòu liǎng ge shí qī
治、正德年间为界，明显地分为前后两个时期：
qián qī de xiǎoshuō shì zài sòng yuán huà běn de jī chǔ shàngzhěng lǐ gǎi biān
前期的小说，是在宋、元话本的基础上整理改编
chū lái de qí zhōng zhù míng de yǒu sān guó yǎn yì hé shuǐ hǔ
出来的，其中著名的有《三国演义》和《水浒
zhuàn hòu qī de xiǎoshuō zé shì zuò jiā gè rén de chuàng zuò chǎnshēng
传》；后期的小说，则是作家个人的创作，产生
le xǔ duō yōu xiù zuò jiā hé xīn de zuò pǐn zhù míng de xiǎoshuō yǒu xī
了许多优秀作家和新的作品，著名的小说有《西
yóu jì jīn píng méi qián hòu qī de zhè sì bù zhù míng xiǎo
游记》、《金瓶梅》。前后期的这四部著名小
shuō bèi chēng wéi sì dà qí shū tā men dài biǎo le míng dài wén xué de
说，被称为"四大奇书"，它们代表了明代文学的
zuì gāo chéng jiù chú xiǎoshuō wài xì jù sǎn wén shī gē yǐ jí mín
最高成就。除小说外，戏剧、散文、诗歌，以及民
jiān liú chuán de xiǎo qǔ tán cí gǔ cí děng dōu yǒu le xīn de fā zhǎn
间流传的小曲、弹词、鼓词等都有了新的发展，

주원장은 원의 통치를 뒤집고, 명을 세워, 중국을 통일하였다. 명은 개국부터 멸망까지 약 300년의 시간을 거쳤다. 명대 문학의 주요 성과는 소설이며, 홍치·정덕 연간을 경계로, 뚜렷하게 전후 두 시기로 구분된다. 전기의 소설은, 송·원 화본의 기초 위에서 정리·개편된 것으로, 그 중 유명한 것에 《삼국연의》와 《수호전》이 있다. 후기의 소설은, 작가 개인의 창작으로, 수많은 우수 작가와 새로운 작품이 나왔으며, 유명한 소설로는 《서유기》와 《금병매》가 있다. 전후 시기의 이 4개 유명 소설은, "4대기서"라 불리며, 이들은 명대 문학의 최고 성과를 대표한다. 소설 외에도, 희극·산문·시가, 그리고 민간에서 전해지던 소곡·탄사·고사 등도 모두 새롭게 발전을 하여, 명대 후기 문단으로 하여금 활기찬 발전과 온갖 꽃들이 만발하는 것과 같은 번영의 상황이 되도록 해 주었다.

使明代后期文坛呈现出一派欣欣向荣、百花盛开的繁荣景象。

第一节 《三国演义》、《水浒传》

제1절 《삼국연의》와 《수호전》

《三国演义》和《水浒传》是两部流传广、影响大的著名长篇小说，它们在中国文学史上有着重要地位，把小说创作推向了新的高峰。中国古代的长篇小说都是章回小说。章回小说是从宋、元时代的讲史话本发展起来的。讲史，是宋、元间“说话”的一种，说的是历代兴亡和战争的故事，把这种故事用文字记录下来，就叫讲史话本。由于这些故事比较长，不能一、两次就讲完，所以必须连续讲许多次，才能把这段历史故事有头有尾地完整地讲完，每讲完一次，就是

《삼국연의》와 《수호전》은 많이 알려지고 영향력이 큰 두 편의 유명 장편소설로, 이들은 중국문학사에서 중요한 위상을 가지고 있고, 소설 창작을 새로운 절정으로 끌어 올려놓았다. 중국의 고대 장편소설은 모두 장회 소설이다. 장회소설은 송·원대의 강사 화본에서 발전된 것이다. 강사는 송·원 시기 “설화”의 일종으로, 그 내용은 역대 흥망과 전쟁 이야기로, 이런 고사들을 문자로 기록하여, 강사 화본이라 불렀다. 이런 이야기들은 비교적 길기 때문에, 한 두 차례로는 다 말할 수가 없으며, 따라서 연속으로 여러 차례 이야기를 해야만, 비로소 이 역사 이야기를 처음부터 끝까지 완벽하게 이야기 할 수 있게 되는데, 매번 한 차례씩 이야기를 마침에, 이것이 곧 한 회가 된다. 매번 이야기 전에, 제목으로 청중들에게 주요 내용을 소개하는데, 이것이 장회소설의 매 회 제목의 기원이다. 장회소설에는 늘

yī huí měi cì zài jiǎng shuō zhī qián dōu yòng tí mù xiàng tīng zhòng jiè shào
一回。每次在讲说之前，都用题目向听众介绍
zhǔ yào nèi róng zhè jiù shì zhāng huí xiǎo shuō huí mù de qǐ yuán zhāng huí
主要内容，这就是章回小说回目的起源。章回
xiǎo shuō lǐ jīng cháng yǒu huà shuō kàn guān děng zì yàng zú yǐ shuō míng
小说里经常有“话说”、“看官”等字样，足以说明
zhāng huí xiǎo shuō shì zài huà běn de jī chǔ shàng fā zhǎn qǐ lái de
章回小说是在话本的基础上发展起来的。

"화설", "간관" 등의 글자가 나오는데, 명대 장회소설이 화본의 기초 위에서 발전했다는 설명으로 충분하다.

1. ≪三国演义≫
sān guó yǎn yì

1. ≪삼국연의≫

sān guó yǎn yì shì luó guàn zhōng gēn jù lì shǐ cái liào hé chuán
≪三国演义≫是罗贯中根据历史材料和传
shuō gù shì zhěng lǐ biān xiě chū lái de cháng piān lì shǐ xiǎo shuō
说故事整理编写出来的长篇历史小说。

≪삼국연의≫는 나관중이 역사자료와 전래고사를 근거로 정리해서 쓴 장편 역사소설이다.

luó guàn zhōng yuē yuē míng běn zì guàn zhōng bié hào
罗贯中(约1330-约1400)，名本，字贯中，别号
hú hǎi sǎn rén shān xī tài yuán rén yī shuō qián táng jīn zhè jiāng shěng háng
湖海散人。山西太原人，一说钱塘(今浙江省杭
zhōu shì rén yòu shuō lú líng jīn jiāng xī shěng jí ān rén tā de zhǔ
州市)人，又说庐陵(今江西省吉安)人。他的主
yào chuàng zuò shì xiǎo shuō zuì zhù míng de shì sān guó yǎn yì cǐ wài
要创作是小说，最著名的是≪三国演义≫，此外
hái yǒu suí táng zhì zhuàn cán táng wǔ dài shǐ yǎn yì sān
还有≪隋唐志传≫、≪残唐五代史演义≫、≪三
suì píng yāo zhuàn děng zuò pǐn
遂平妖传≫等作品。

나관중(약1330-약1400)은, 이름이 본이고, 자는 관중이며, 별호는 호해산인이다. 산동 태원 사람이며, 일설에서는 전당(지금의 절강성 항주시) 사람이라고 하며, 또 여릉(지금의 강서성 길안) 사람이라고도 한다. 그의 주요 창작은 소설이며, 제일 유명한 것이 ≪삼국연의≫이고, 이외에 ≪수당지전≫·≪잔당오대사연의≫·≪삼수평요전≫ 등의 작품도 있다.

sān guó yǎn yì gòng yī bǎi èr shí huí miáo xiě le dōng hàn
≪三国演义≫共一百二十回，描写了东汉

≪삼국연의≫는 총 120회로, 동한 영제 유홍 중평 원

líng dì liú hóng zhōng píng yuán nián dào xī jìn wǔ dì sī mǎ yán tài kāng
灵帝刘宏中平元年(184)到西晋武帝司马炎太康
yuán nián jìn yī bǎi nián de jūn shì dòu zhēng hé zhèng zhì dòu zhēng de fù
元年(280)近一百年的军事斗争和政治斗争的复
zá de lì shǐ gù shì cóng huáng jīn qǐ yì xiě qǐ dào xī jìn tǒng yī
杂的历史故事。从黄巾起义写起，到西晋统一
wéi zhǐ zhè bù xiǎo shuō shēng dòng xíng xiàng de miáo huì le sān guó shí dài
为止。这部小说，生动形象地描绘了三国时代
gè tǒng zhì jí tuán zhī jiān zài jūn shì shàng zhèng zhì shàng wài jiāo shàng de zhǒng
各统治集团之间在军事上、政治上、外交上的种
zhǒng fù zá de dòu zhēng tōng guò zhè xiē dòu zhēng zuò zhě jiē shì le dāng
种复杂的斗争。通过这些斗争，作者揭示了当
shí shè huì de hēi àn hé fǔ xiǔ qiǎn zé le tǒng zhì zhě de cán bào hé
时社会的黑暗和腐朽；谴责了统治者的残暴和
chǒu è fǎn yìng le rén mín zài dòng luàn shí dài de zāi nàn hé tòng kǔ biǎo
丑恶；反映了人民在动乱时代的灾难和痛苦；表
dá le rén mín fǎn duì zhàn zhēng fēn liè yāo qiú hé píng tǒng yī de yuàn wàng
达了人民反对战争分裂、要求和平统一的愿望。

xiǎo shuō bù jǐn sù zào le kěn dìng de rén wù xíng xiàng rú liú bèi
小说不仅塑造了肯定的人物形象，如刘备、
guān yǔ zhāng fēi hé zhū gě liàng děng rén yě sù zào le fǒu dìng de rén wù
关羽、张飞和诸葛亮等人，也塑造了否定的人物
xíng xiàng rú cáo cāo sī mǎ yì děng rén zuò zhě shì zhàn zài zūn chóng liú
形象，如曹操、司马懿等人，作者是站在尊崇刘
bèi biǎn yì cáo cāo de lì chǎng shàng jìn xíng xiě zuò de bǎ liú bèi xiě chéng
备、贬抑曹操的立场上进行写作的，把刘备写成
yī ge shòu rén mín ài dài de zhèng zhì lǐng xiù bǎ guān yǔ zhāng fēi xiě chéng
一个受人民爱戴的政治领袖，把关羽、张飞写成
shòu rén mín jìng ài de yīng xióng suǒ yǐ liú guān zhāng táo yuán jié yì
受人民敬爱的英雄，所以刘、关、张“桃园结义”

년(184)부터 서진 무제 사마염 태강 원년(280)까지의 약 백 년 동안의 군사투쟁과 정치투쟁의 복잡한 역사 이야기를 묘사한 것이다. 황건 봉기부터 쓰기 시작하여, 서진 통일에서 끝난다. 이 소설은, 삼국시대의 각 통치 집단 간의 군사·정치·외교상의 각종 복잡한 투쟁을 생동감 있고 구체적으로 묘사하고 있다. 이런 투쟁들을 통하여, 작가는 당시 사회의 암담함과 타락함을 드러내고, 통치자의 잔인함과 추악함을 비난하였으며, 백성들이 혼란시대에 겪는 재난과 고통을 반영하여, 백성들이 전쟁으로 인한 분열을 반대하고 평화통일을 요구하는 염원을 표현하였다.

소설에서는 긍정적인 인물 형상, 예컨대 유비·관우·장비와 제갈량 등을 소조하기도 하고, 부정적인 인물 형상, 예컨대 조조·사마의 등을 소조하기도 하였는데, 작가는 유비를 존중하고 조조를 폄하하는 입장에서 글을 쓰면서, 유비는 백성들에게 추대받는 정치 지도자로, 관우·장비는 백성들의 존경과 사랑을 받는 영웅으로 묘사함에 따라, 유비·관우·장비의 "도원결의"는 사람들에게 깊은 영향을 주고 있다. 작가는 제갈량을 능히 비바람도 부를 수 있고, 선견지명을 가진 신

zài rén mín qún zhòng zhōng yǒu zhe shēn yuǎn de yǐng xiǎng zuò zhě bǎ zhū gě liàng
在人民群众中有着深远的影响。作者把诸葛亮

xiě chéng néng hū fēng huàn yǔ wèi bǔ xiān zhī de shén xiān sì de rén wù
写成能呼风唤雨，未卜先知的神仙似的人物。

shì shí shàng zhū gě liàng shì yī ge xiàn shí shēng huó zhōng de rén tā néng gòu
事实上，诸葛亮是一个现实生活中的人，他能够

shēn rù guān chá shēng huó zhǎng wò shì wù de fā zhǎn guī lǜ suí jī yìng biàn
深入观察生活，掌握事物的发展规律，随机应变

chǔ lǐ yì wài fā shēng de shì qing tā yǒu ān bāng zhì guó jiàn gōng lì yè
处理意外发生的事情；他有安邦治国、建功立业

de hóng tú dà zhì yǒu kuān dà wéi huái de qì liàng yǒu rèn zhēn fù zé de
的宏图大志，有宽大为怀的气量，有认真负责的

gōng zuò tài dù tā duì dà xiǎo shì qing dōu yǒu zhèng què de yù jiàn shì yī
工作态度；他对大小事情都有正确的预见，是一

ge jié chū de zhèng zhì jiā hé jūn shì jiā zuò zhě bǎ cáo cāo xiě chéng lǎo
个杰出的政治家和军事家。作者把曹操写成老

jiān jù huá shǒu dú xīn hěn de jiān zéi cáo cāo zhǔ jiǔ lùn yīng
奸巨猾、手毒心狠的“奸贼”。《曹操煮酒论英

xióng zhè duàn gù shì zhèng tǐ xiàn le zuò zhě zūn chóng liú bèi biǎn yì cáo
雄》这段故事，正体现了作者尊崇刘备、贬抑曹

cāo de fēng jiàn zhèng tǒng sī xiǎng dàn shì zhè bù xiǎo shuō zhèng rú lǔ xùn
操的封建正统思想。但是，这部小说，正如鲁迅

xiān sheng zhǐ chū de nà yàng yù xiǎn liú bèi zhī cháng hòu ér sì wěi xiǎng
先生指出的那样：“欲显刘备之长厚而似伪”（想

xiǎn shì liú bèi de cí shàn zhōng hòu què xiàng xū wěi yīn cǐ zhè ge gù
显示刘备的慈善忠厚却像虚伪）。因此，这个故

shì zài kè guān shàng què wèi wǒ men miáo huì chū yī ge dì zhǔ jiē jí zhèng kè
事在客观上却为我们描绘出一个地主阶级政客

biǎo lǐ bù yī de shēng dòng xíng xiàng
表里不一的生动形象。

선 같은 인물로 묘사하고 있다. 사실, 제갈량은 현실 속의 한 사람으로, 그는 생활을 깊숙이 들어가 관찰할 수 있었기 때문에, 일의 발전 이치를 확실하게 파악하고, 임기응변으로 뜻밖의 일을 처리할 수 있었다. 그는 나라를 다스려 안정을 시키고 공과 업적을 이룰 수 있는 원대한 뜻을 가졌으며, 대단한 기량을 가졌고, 성실하고 책임감 있는 태도를 가지고 있었다. 그는 크고 작은 일에 대해 모두 정확한 예견을 가지고 있었던, 걸출한 정치가요 군사가였다. 작가는 조조를 매우 교활하고 간사하며 잔인하고 냉혹한 "간신"으로 묘사하였다. ≪조조가 술을 데우며 영웅을 논하다≫ 이 이야기는, 바로 작가가 유비는 존경하고 조조는 폄하하는 봉건적 정통사상을 구체적으로 드러낸 것이다. 그러나, 이 소설은, 노신 선생이 "욕현유비지장후이사위"(유비의 자애·선량·충직·돈후함을 드러내려고 하였지만, 위선적인 것 같다.)라고 말한 바와 같다. 그래서 이 이야기를 객관적으로 보면 오히려 지주계급 정객의 겉과 속이 다른 생생한 형상을 우리에게 묘사해 보여준 것이다.

≪曹操煮酒论英雄≫这段故事，大意是这样的：曹操联合刘备打败吕布之后，刘备表面上依附曹操，暗地里却和豪强地主董承勾结，阴谋“奉诏讨贼”，反对曹操。刘备为了掩饰自己的政治目的，就在自己的住处种菜，浇水锄草，表面装出不关心政治、胸无大志的样子，不引起曹操的怀疑和注意，等待时机。一天，曹操突然派人来请刘备饮酒，刘备疑神疑鬼，心里很害怕。当曹操和他饮酒谈论谁是英雄的时候，他故装无知，东拉西扯，以示无能。在曹操出其不意，直接指出刘备和自己是当世英雄的时候，刘备大吃一惊，吓得把筷子掉到地上。这时，外面正下着雨，打着雷，他随机应变，说是雷吓的，把掉筷子的真象掩饰过去了。从这里就可以看出刘备狡猾奸诈的本质。

≪조조가 술을 데우며 영웅을 논하다≫이 이야기에서, 대체적인 줄거리는 이러하다. 조조가 유비와 연합하여 여포를 물리친 뒤, 유비는 겉으로 조조에게 의존하는 것 같았지만, 암암리에 호강지주 동승과 결탁하여, “조서를 받들어 적을 토벌하고”, 조조를 반대하는 음모를 꾸민다. 유비는 자기의 정치 목적을 감추기 위해, 자신의 거처에서 채소를 심고, 물을 주고 김을 매면서, 겉으로는 정치에 관심도 없고 가슴 속에는 대의도 없는 체 하며, 조조의 의심과 관심을 끌지 않고, 시기를 기다렸다. 어느 날, 조조는 갑자기 사람을 보내 유비에게 술을 마시자고 청하자, 유비는 이것저것 의심이 되어, 속으로 매우 겁이 났다. 조조가 그와 술을 마시며 누가 영웅이냐 논하자, 그는 고의로 아무 것도 모르는 체 하며, 이것저것 아무 얘기나 하면서, 무능함을 보여준다. 조조가 뜻밖에도 직접 당세의 영웅은 유비와 자기라고 말하자, 유비는 크게 겁을 먹고, 놀라서 젓가락을 땅바닥에 떨어뜨렸다. 이 때, 밖에서는 비가 내리고, 천둥이 치고 있었는데, 그는 임기응변으로, 천둥소리에 놀란 것이라 말하면서, 젓가락을 떨어뜨린 진실을 숨겼다. 여기서 유비의 교활하고 간사한 본질을 볼 수가 있다.

shuǐ hǔ zhuàn
2. ≪水浒传≫

2. ≪수호전≫

shuǐ hǔ zhuàn xiě de shì běi sòng shí hou sòng jiāng lǐng dǎo de nóng
≪水浒传≫写的是北宋时候宋江领导的农
mín qǐ yì de gù shì zuò zhě shī nài ān yuē yuē tā
民起义的故事。作者施耐庵(约1296-约1370),他
shì yuán mò míng chū de zhù míng xiǎo shuō jiā guān yú tā de shēng píng shì jì
是元末明初的著名小说家。关于他的生平事迹,
lì shǐ zī liào jì zǎi hěn shǎo chuán shuō yě bù yī zhì yǒu rén shuō tā
历史资料记载很少,传说也不一致。有人说他
shì qián táng jīn zhè jiāng shěng háng zhōu shì rén yǒu rén shuō tā yuán jí sū
是钱塘(今浙江省杭州市)人;有人说他原籍苏
zhōu hòu qiān huái ān mín jiān chuán shuō tā céng cān jiā guò zhāng shì chéng lǐng
州,后迁淮安。民间传说他曾参加过张士诚领
dǎo de nóng mín qǐ yì shuǐ hǔ zhuàn jiù shì tā gēn jù zì jǐ cān
导的农民起义。≪水浒传≫就是他根据自己参
jiā nóng mín qǐ yì de dòu zhēng jīng yàn zài guān yú sòng jiāng qǐ yì de mín
加农民起义的斗争经验,在关于宋江起义的民
jiān chuán shuō huà běn xì jù de jī chǔ shàng jìn xíng chuàng zào xìng de yì
间传说、话本、戏剧的基础上,进行创造性的艺
shù jiā gōng biān xiě chéng de
术加工编写成的。

≪수호전≫에서 쓰고 있는 것은 북송 때의 송강이 영도한 농민 봉기 이야기다. 작가 시내암(약1296 –약1370)은, 원말 명초의 유명한 소설가다. 그의 생애 행적에 대해서는, 역사 자료의 기록이 아주 적고, 전설도 일치되지 않는다. 혹자는 그가 전당(지금의 절강성 항주시) 사람이라 하고, 혹자는 그의 본적은 소주인데, 뒤에 회안으로 이사를 했다고 말한다. 민간 전설에서는 그가 일찍이 장사성이 이끄는 농민 봉기에 참여했었다고 전한다. ≪수호전≫은 바로 자신이 참여했던 농민 봉기의 투쟁경험에 근거하고, 송강 봉기에 관한 민간전설과 화본·희극의 기초 위에서, 창조적 예술가공을 통하여 창작된 것이다.

shuǐ hǔ zhuàn zhè bù jié chū de zhāng huí xiǎo shuō shì yī bù
≪水浒传≫这部杰出的章回小说,是一部
qiān gǔ bù xiǔ de nóng mín gé mìng de shǐ shī zài zhè bù shū zhōng zuò
千古不朽的农民革命的史诗。在这部书中,作
zhě miáo xiě le yī bǎi líng bā ge yīng xióng hǎo hàn bèi chēng wéi yī bǎi dān
者描写了一百零八个英雄好汉,被称为"一百单

≪수호전≫이라는 이 걸출한 장회소설은, 영원히 변치 않을 농민혁명의 역사시다. 이 책에서, 작가는 108명의 영웅들을 묘사하였는데, "일백단팔장"이라 불렸다. 이들은 주로 농민이나 어민, 박해받던 말단 관리, 말단 군관·

八将”。这些人主要是农民、渔民和迫害的小官吏、小军官、小商人、知识分子等等，他们都是正直、勇敢、爱憎分明的人。作者在塑造这些人物时，注意了使不同的人有着不同的特点。如：农民起义领袖宋江，他仁厚仗义，精明练达，在群众中有很高的威望。人都称他“及时雨”，大家都愿意为他效力。开始，他是维护和尊重封建秩序的，后来，由于矛盾的发展变化，他才下了决心，走向反抗的道路。由于阶级的局限，最后上了皇帝招安的当，使轰轰烈烈的农民起义失败了。再如李逵、武松、鲁智深等人，他们的形象也非常鲜明。李逵是典型的农民代表，他纯朴、坦率、公平、仁厚，对自己的阶级最忠诚，对敌人最憎恨，革命最坚决。但他有不足之处，那就是在天真幼稚之中带有粗疏和鲁莽的性格。武松出

소상인·지식인 등으로, 그들은 모두 정직하고 용감하며 애증이 분명한 사람이었다. 작가는 이런 인물들을 소조할 때, 각각의 인물들이 각기 다른 특징을 갖도록 신경을 썼다. 예컨대, 농민 봉기의 영도자인 송강은, 어질고 너그러우며, 총명하고 세상물정에 밝아, 사람들 속에서 아주 높은 명망을 가지고 있었다. 사람들은 그를 “단비”라 부르며, 그를 위해 다들 애를 쓰려고 했다. 처음에, 그는 봉건질서를 수호하고 존중했지만, 나중에, 갈등이 커지고 변화됨에 따라, 그는 비로소 작정을 하고, 반봉건의 길로 나섰다. 계급의 한계로, 결국에는 황제의 투항이라는 속임수에 빠져, 기세 높던 농민 봉기는 실패하고 만다. 또 이규·무송·노지심 등과 같은 자들도, 이미지가 아주 뚜렷하다. 이규는 전형적인 농민 대표로, 그는 순박·솔직·공평·인후하고, 자기편 계급에는 성실하고 충실했지만, 적은 아주 증오하였고, 혁명도 가장 단호하고 결연하였다. 그러나 그에게 결점이 있었으니, 그것은 바로 천진하고 어린애 같은 성격 속에 경솔하고 무모한 성격을 가지고 있었던 점이다. 무송은 말단 군관 출신으로, 그의 인품은 강직했고, 용기와 힘이 남보다 출중했으며, 복수를 위해, 양산 봉기군에 참가하였다. 노지심 역시 말단 군관 출신으로, 무예가 가장 뛰어났고, 성격이 호탕했으며, 정의에 용감하고, 약자 편에 서기를 좋아했는데, 김노 부녀를 구하기 위해 악질 토호 “진관

shēn yú xiǎo jūn guān tā wéi rén gāng zhí yǒng lì guò rén wèi le bào chóu
身于小军官，他为人刚直，勇力过人，为了报仇，
cān jiā le liángshān qǐ yì jūn lǔ zhì shēn yě chū shēn yú xiǎo jūn guān
参加了梁山起义军。鲁智深也出身于小军官，
wǔ yì gāo qiáng xìng gé háo shuǎng jiàn yì yǒng wéi hào dǎ bào bù píng yīn
武艺高强，性格豪爽，见义勇为，好打抱不平，因
dā jiù jīn lǎo fù nǚ ér dǎ sǐ le tǔ háo è bà zhènguān xī zuì
搭救金老父女而打死了土豪恶霸"镇关西"，最
hòu cān jiā le nóng mín qǐ yì de duì wǔ zuò zhě chénggōng de sù zào le
后参加了农民起义的队伍。作者成功地塑造了
zhè xiē gāo dà de yì shù xíngxiàng tā men zhì jīn hái huó zài guǎng dà rén
这些高大的艺术形象，他们至今还活在广大人
mín qún zhòng de xīn lǐ
民群众的心里。

서"를 죽이고, 끝내는 농민 봉기의 대열에 참여하였다. 작가는 대단한 이런 예술형상들을 성공적으로 소조해냄으로써, 이들은 오늘날까지도 많은 사람들의 마음속에 여전히 살아있다.

shuǐ hǔ zhuàn bù jǐn sù zào le zhòng duō de wánzhěng de rén wù
《水浒传》不仅塑造了众多的完整的人物
xíngxiàng ér qiě hái miáo xiě le xǔ duō jīng cǎi dòng rén de gù shì rú
形象，而且还描写了许多精彩动人的故事，如
zhì qǔ shēngchéngāng sān dǎ zhù jiā zhuāng lǔ tí xiá quán dǎ zhènguān
"智取生辰纲"、"三打祝家庄"、"鲁提辖拳打镇关
xī bī shàngliángshān wǔ sōng dǎ hǔ děngděng zhì qǔ shēngchén
西"、"逼上梁山"、"武松打虎"等等。"智取生辰
gāng shì xiě tān guān wū lì pài yáng zhì děng rén hù sòng zhù shòu lǐ wù
纲"是写贪官污吏派杨志等人护送祝寿礼物—
shēngchéngāng liángshān hǎo hàn cháo gài děng rén huà zhuāngchéng fàn mài zǎo zi de
生辰纲，梁山好汉晁盖等人化装成贩卖枣子的
shāng rén zài zhōng tú qiǎomiào de duó qǔ le zhè xiē bù yì zhī cái de gù
商人，在中途巧妙地夺取了这些不义之财的故
shì gù shì shì zhè yàng de zài yī ge yán rè de xià tiān yáng zhì děng
事。故事是这样的：在一个炎热的夏天，杨志等

《수호전》은 완전무결한 수많은 인물 형상을 소조해내었을 뿐 아니라, 다양하고 감동적인 수많은 이야기를 묘사하였는데, 예컨대, "지혜로 생신강을 탈취하다", "축가장을 세 번 치다", "노제할이 진관서를 주먹으로 치다", "양산박으로 도망치다", "무송이 호랑이를 잡다" 등이 그것이다.

"지혜로 생신강을 탈취하다" 내용은 탐관오리가 양지 등을 보내 생일선물 — 생신강 — 을 호송할 때, 양산의 호걸인 조개 등이 대추 판매상으로 가장하여, 그 중도에서 이 불의한 재물을 교묘하게 빼앗는 이야기다. 이야기는 이러하다. 무더운 어느 여름, 양지 등이 생신강을 호송하던 중, 별로 높지 않은 어느 언덕까지 와서, 숲을 만나

人护送生辰纲，走到一个土岗子上，见一片树林，正好乘凉，大家都坐下来休息。这时，梁山好汉白胜挑着酒担出场了，书中写道：

게 되었는데, 마침 더위를 식히기에 좋아, 모두 앉아서 쉬게 되었다. 이때, 양산의 호걸 백승이 술 짐을 메고 나타나는데, 작품에서는 이렇게 적고 있다.

> 没半碗饭时，只见远远地一个汉子，挑着一副担桶，唱上冈子来，唱道：'赤日炎炎似火烧，野田禾稻半枯焦。农夫心内如汤煮，公子王孙把扇摇。'那汉子口里唱着，走上冈子来松林里头歇下担桶，坐地乘凉。众军看见了，便问那汉子道：'你桶里是什么东西？'那汉子应道：'是白酒。'（第十六回）

> 밥 반 그릇도 먹지 못할 시간에, 멀리 한 사나이가 보이는데, 멜대로 통을 메고, 노래를 부르며 언덕을 오르는데, 이렇게 노래한다. '뙤약볕 뜨거워 불타는 것 같으니, 들판의 벼는 거의 말라만 가네. 농부 마음 속은 부글부글 끓는데, 공자 왕손은 부채를 흔드네.' 그 사나이는 입으로 노래를 부르면서, 언덕으로 올라와서는 소나무 숲에서 짐 통을 내려놓고, 앉아서 더위를 식혔다. 군사들이 이를 보고는, 곧 그 남자에게 묻기를, '당신 통에 있는 게 뭐요?'라고 하자, 그 남자가 대답하기를, '백주요.'라 하였다. (제60회)

白胜经过机智的斗争，巧妙地把蒙汗药放在酒里，杨志等人喝了之后，都晕倒了，梁山好汉们终于把生辰纲夺到手了。这段故事，充分表现了梁山军师智多星吴用的神机妙算，把他的"智"烘托得淋漓尽致。白胜所唱的短歌，更形

백승은 지혜로운 투쟁을 통해, 교묘하게 마취약을 술에 탔고, 양지 등은 술을 마신 후, 모두 정신을 잃었으며, 양산의 호걸들은 마침내 생신강을 손에 넣게 된다. 이 이야기는, 양산의 책사인 지다성 오용의 기묘한 계책을 유감없이 보여주고, 그의 "지혜"를 부각시킴이 극치를 보여준다. 백승이 불렀던 짧은 노래는, 당시 두 계급간의 첨예한 대립을 더욱 구체적으로 반영하고 있다. ≪수호전≫

xiàng de fǎn yìng le dāng shí liǎng ge jiē jí de jiān ruì duì lì shuǐ hǔ
象地反映了当时两个阶级的尖锐对立。《水浒

zhuàn zhèng shì tōng guò yī xì liè rén wù xíng xiàng de sù zào hé xǔ duō gù
传》正是通过一系列人物形象的塑造和许多故

shì de miáo xiě jiē shì le yī tiáo zhēn lǐ guān bī mín fǎn
事的描写，揭示了一条真理："官逼民反！"

은 바로 일련의 인물 형상 소조와 많은 이야기 묘사를 통하여, 하나의 진리를 보여주고 있으니, "관리가 핍박을 하면 백성은 반발한다."는 것이다.

dì èr jié xī yóu jì jīn píng méi
第二节 《西游记》、《金瓶梅》

제2절 《서유기》·《금병매》

xī yóu jì hé jīn píng méi shì míng dài hòu qī chū xiàn
《西游记》和《金瓶梅》是明代后期出现

de liǎng bù cháng piān xiǎo shuō xī yóu jì shì wú chéng ēn xiě de yī
的两部长篇小说。《西游记》是吴承恩写的一

bù wěi dà de làng màn zhǔ yì zuò pǐn tā biāo zhì zhe zhōng guó làng màn zhǔ
部伟大的浪漫主义作品，它标志着中国浪漫主

yì wén xué dá dào le yī ge xīn de gāo fēng jīn píng méi shì zhōng
义文学达到了一个新的高峰。《金瓶梅》是中

guó dì yī ge yóu zuò jiā gè rén dú zì chuàng zuò de cháng piān xiǎo shuō tā
国第一个由作家个人独自创作的长篇小说，它

biāo zhì zhe zhōng guó cháng piān xiǎo shuō de chuàng zuò kāi shǐ le yī ge xīn de shí
标志着中国长篇小说的创作开始了一个新的时

qī jí yóu zhěng lǐ gǎi biān huà běn zhuǎn biàn dào zuò jiā dú zì chuàng zuò de
期，即由整理改编话本转变到作家独自创作的

xīn shí qī
新时期。

《서유기》와 《금병매》는 명대 후기에 나온 두 편의 장편 소설이다. 《서유기》는 오승은이 쓴 위대한 낭만주의 작품으로, 이는 중국의 낭만주의 문학이 하나의 새로운 절정에 이르렀음을 말해준다. 《금병매》는 중국 최초로 작가 개인이 독자적으로 창작한 장편소설로, 이는 중국의 장편소설 창작이 새로운 시기를 시작하고 있음을 말해 주는 바, 즉 화본을 정리하고 개편하던 것에서 작가가 독자적으로 창작을 하게 되는 새로운 시기로 바뀌게 되었다는 말이다.

1. 《西游记》

xī yóu jì

1. 《서유기》

xī yóu jì shì yī bù cháng piān shén huà xiǎo shuō zuò zhě wú
《西游记》是一部长篇神话小说。作者吴
chéng ēn yuē yuē zì rǔ zhōng hào shè yáng shān rén huái
承恩(约1500-约1582)，字汝忠，号射阳山人，淮
ān fǔ shān yáng jīn jiāng sū shěng huái ān xiàn rén tā zì yòu xǐ ài shén
安府山阳(今江苏省淮安县)人。他自幼喜爱神
huà gù shì bó lǎn qún shū néng shī wén xià bǐ lì chéng qīng yǎ liú lì
话故事，博览群书，能诗文，下笔立成，清雅流丽，
míng zhèn huái ān dàn zài kē jǔ shàng hěn bù rú yì lǚ shì bù dì jiā
名震淮安。但在科举上很不如意，屡试不第。嘉
jìng zhōng bǔ gòng shēng jiā jìng mò lóng qìng chū rèn zhè jiāng cháng xīng xiàn chéng
靖中，补贡生，嘉靖末隆庆初，任浙江长兴县丞。
bù jiǔ yīn hé zhǎng guān de guān xi gǎo de bù hǎo qì guān huí jiā cóng
不久，因和长官的关系搞得不好，弃官回家，从
shì xiě zuò xī yóu jì shì tā wǎn nián jiā jū shí xiě de shì tā
事写作。《西游记》是他晚年家居时写的，是他
zuì zhù míng de zuò pǐn
最著名的作品。

《서유기》는 한 편의 장편 신화소설이다. 작가 오승은(약1500-약1582)은, 자가 여충이고, 호는 사양산인이며, 회안부 산양(지금의 강소성 회안현) 사람이다. 그는 어려서부터 신화이야기를 좋아했으며, 많은 책을 읽었고, 시문에도 능했으며, 문장도 잘 지었는데, 글이 맑고 우아하며 유창하고 아름다워, 이름이 회안에서 유명하였다. 그러나 과거에서는 뜻대로 되지 않아, 누차 시험에 낙방하였다. 가정 때, 공생 자리에 앉았고, 가정 말 융경 초에, 절강의 장흥현승에 임명되었다. 얼마지 않아, 장관과 관계가 좋지 않아, 관직을 버리고 집으로 돌아가, 글쓰기에 종사하였다. 《서유기》는 그가 말년에 집에서 기거할 때 쓴 것으로, 그의 가장 유명한 작품이다.

xī yóu jì xiě de shì sūn wù kōng zhū bā jiè shā hé shàng
《西游记》写的是孙悟空、猪八戒、沙和尚
sān rén bǎo hù táng sēng dào xī tiān yìn dù qǔ jīng de gù shì zhè bù
三人保护唐僧到西天(印度)取经的故事。这部
xiǎo shuō tōng guò yī xì liè shén huà gù shì de miáo xiě gē sòng le sūn wù
小说通过一系列神话故事的描写，歌颂了孙悟
kōng tiān bù pà dì bù pà de fǎn kàng jīng shén hé jiān rèn bù bō de dòu zhēng
空天不怕地不怕的反抗精神和坚韧不拨的斗争

《서유기》에서 쓰고 있는 것은 손오공·저팔계·사화상 세 사람이 당승을 보호하고 서천(인도)으로 가서 경전을 가져오는 이야기이다. 이 소설은 일련의 신화 이야기의 묘사를 통하여, 손오공의 두려움 없는 반항정신과 불굴의 투쟁의지를 찬양하였으며, 동시에 명대 사회의 어두운 현상에 대하여 매정한 폭로

yì zhì tóng shí duì míng dài shè huì de hēi àn xiàn xiàng jǐ yǔ le wú qíng
意志，同时对明代社会的黑暗现象给予了无情
de jiē lù hé xīn là de fěng cì
的揭露和辛辣的讽刺。

와 신랄한 풍자를 가하였다.

xī yóu jì xiě de yǒu shēng yǒu sè yǒu xǔ duō shēng dòng de
《西游记》写得有声有色，有许多生动的
gù shì qí zhōng yǒu míng de shì dà nào tiān gōng sān dǎ bái gǔ
故事，其中有名的是《大闹天宫》、《三打白骨
jīng děng
精》等。

《서유기》는 아주 실감나게 묘사가 되어 있고, 생동적인 이야기들이 많이 있는데, 그 중에 유명한 것이 《천궁에서 큰 소란을 피우다》·《백골 요괴를 세 번이나 때려주다》 등이다.

dà nào tiān gōng xiě sūn wù kōng bèi tiān shàng de yù huáng dà dì
《大闹天宫》写孙悟空被天上的玉皇大帝
qī piàn hòu yī nù zhī xià nào le tiān gōng de gù shì gù shì yī kāi
欺骗后，一怒之下闹了天宫的故事。故事一开
shǐ xiě sūn wù kōng bù píng fán de dàn shēng shuō tā shì yóu yī kuài shí tou
始写孙悟空不平凡的诞生，说他是由一块石头
biàn chéng de hóu zi zhù zài huā guǒ shān shuǐ lián dòng chēng měi hóu wáng
变成的猴子，住在花果山水帘洞，称"美猴王"。
hòu lái tā gēn yī ge shén xiān xué xí xué huì le qī shí èr zhǒng biàn
后来，他跟一个神仙学习，学会了七十二种变
huà shén tōng guǎng dà běn lǐng xué chéng hòu tā nào le lóng gōng xiàng lóng wáng
化，神通广大。本领学成后，他闹了龙宫，向龙王
yào le bīng qì dé dào rú yì jīn gū bàng zhè bàng zhòng yī wàn sān
要了兵器，得到"如意金箍棒"。这棒重一万三
qiān wǔ bǎi jīn néng cū néng xì néng dà néng xiǎo dà shí dǐng tiān lì dì
千五百斤，能粗能细，能大能小；大时顶天立地，
xiǎo shí xiàng xiù huā zhēn kě yǐ fàng dào ěr duǒ yǎn lǐ tā yòu nào le
小时像绣花针，可以放到耳朵眼里。他又闹了
dì fǔ xiàng yán wáng yào chū shēng sǐ bù bǎ zì jǐ hé hóu lèi de míng zi
地府，向阎王要出生死簿，把自己和猴类的名字

《천궁에서 큰 소란을 피우다》는 손오공이 하늘의 옥황대제에게 기만을 당한 후, 화가 나서 천궁에서 소란을 피우는 이야기이다. 이야기는 시작에서 손오공의 평범하지 않은 탄생을 쓰면서, 그는 돌덩어리가 변한 원숭이로, 화과산 수렴동에 살고 있으며, 미후왕이라 불린다고 말한다. 뒤에 가서, 그는 한 신선에게 공부를 배워, 72가지 변화를 할 줄 알게 되었으며, 그 신통력이 대단했다. 능력을 갖춘 후, 그는 용궁에서 소란을 피워, 용왕에게 병기를 요구하여, "여의금고봉"을 얻었다. 이 봉은 만 삼천오백 근으로, 굵거나 가늘게 할 수도 있고, 크게도 작게도 할 수 있었는데, 클 때는 하늘을 받치고 땅에 우뚝 세우고, 작을 때는 자수바늘 같아서, 귀나 눈에 넣을 수도 있었다. 그는 또 저승에서 소란을 일으켜, 염라대왕에게 살생부를 내놓으라고 하여, 자신과 원숭이 종류의 이름을 삭제함으로써, 염라대왕의 관

yī bǐ gōu diào bù shòu yán wáng de guǎn xiá tiān shàng yù huáng dà dì pà
一笔勾掉，不受阎王的管辖。天上玉皇大帝怕
tā zào fǎn nào shì bǎ tā piàn shàng tiān gōng fēng tā wéi bì mǎ wēn fù
他造反闹事，把他骗上天宫，封他为弼马温，负
zé yǎng mǎ dāng tā fā xiàn zhè shì yī ge piàn jú shí biàn xīn tóu huǒ
责养马。当他发现这是一个骗局时，便心头火
qǐ dǎ chū nán tiān mén huí dào huā guǒ shān shù qǐ qí tiān dà shèng
起，打出南天门，回到花果山，竖起“齐天大圣”
de qí zhì shuài lǐng hóu zi men réng rán zhàn shān wéi wáng yù huáng dà dì
的旗帜，率领猴子们仍然占山为王。玉皇大帝
dì èr cì piàn tā shàng tiān fēng tā wéi qí tiān dà shèng bìng gěi tā gài
第二次骗他上天，封他为“齐天大圣”，并给他盖
le qí tiān dà shèng fǔ kě shì tā yǒu zhí wú quán zhěng tiān dào chù yóu
了“齐天大圣府”，可是他有职无权，整天到处游
wán guǎng jiāo péng yǒu yù huáng dà dì jiàn tā zhěng tiān yóu wán méi shì gàn
玩，广交朋友。玉皇大帝见他整天游玩，没事干，
jiù pài tā kān guǎn pán táo yuán pán táo shì yī zhǒng xiān táo jǐ qiān nián
就派他看管蟠桃园。蟠桃是一种仙桃，几千年
cái jié yī cì guǒ rén chī le kě yǐ cháng shēng bù lǎo sūn wù kōng chéng
才结一次果，人吃了可以长生不老。孙悟空乘
kān yuán zhī jī bǎ nà xiē yòu dà yòu hǎo de pán táo quán dōu tōu chī le
看园之机，把那些又大又好的蟠桃全都偷吃了，
zhǐ shèng xià yī xiē yòu qīng yòu xiǎo de zài shù shàng yī tiān wáng mǔ niáng
只剩下一些又青又小的在树上。一天，王母娘
niang jǔ xíng pán táo dà huì yàn qǐng gè fāng shén xiān sūn wù kōng fā xiàn
娘举行“蟠桃大会”，宴请各方神仙。孙悟空发现
méi yǒu qǐng tā tā yòu nào le pán táo huì bǎ xiān pǐn xiān guǒ dōu tōu
没有请他，他又闹了蟠桃会，把仙品、仙果都偷
chī le bǎ xiān jiǔ yě tōu hē le yòu dào tài shàng lǎo jūn nà lǐ bǎ
吃了，把仙酒也偷喝了，又到太上老君那里，把

할을 받지 않았다. 하늘의 옥황상제는 손오공이 반란을 일으키고 소란을 피울까 두려워, 그를 속여 천궁으로 오게 한 후, 그를 필마온으로 봉하고, 말 기르는 책임을 맡겼다. 그는 이것이 속임수라는 것을 알았을 때, 곧 마음에서 화가 치밀어, 남천문을 부수고 나가, 화과산으로 돌아가서, "제천대성"이란 깃발을 세우고, 원숭이들을 인솔하여 산을 점령한 후 이전처럼 왕이 되었다. 옥황상제는 두 번째로 그를 속여 천궁에 오게 하여, 그를 "제천대성"으로 봉하고, 아울러 그에게 "제천대성부"를 지어주지만, 그에게는 관직은 있으나 권력이 없어, 매일 도처로 놀러 다니며, 친구들을 넓게 사귀었다. 옥황상제는 그가 종일 놀면서 하는 일이 없는 것을 보고, 그를 보내 반도원을 관리하게 하였다. 반도는 일종의 선도로, 몇 천 년에 겨우 한 번 과실을 맺으며, 사람이 먹으면 불로장생 할 수 있었다. 손오공은 반도원을 관리하는 기회를 틈 타, 크고 좋은 반도를 모두 훔쳐 먹고, 푸르고 작은 것들만 나무에 남겨 놓았다. 하루는, 서왕모가 "반도대회"를 열고, 잔치에 각지의 신선들을 초대하였다. 손오공은 자기를 초대하지 않음을 알고, 그는 또 반도회에서 소란을 피우고, 선품과 선과를 모두 훔쳐 먹고, 또 신선주도 훔쳐 마셔버렸으며, 또 태상노군에게 가서, 금단도 훔쳐 먹어버렸다. 그는 아무 두려움도 없이, 하늘의 병장들과 한 바탕 대결을 벌여, 천궁을 엉망진창으

金丹也偷吃了。他天不怕地不怕，同天兵天将大战一场，把天宫闹得一塌糊涂。后来被天兵天将捉住，把他投进老君的八卦炉中，要烧死他。可是，经过七七四十九天，不但没有烧死他，反而把他炼成了火眼金睛。当老君开炉取丹时，他纵身一跳，蹬倒了八卦炉，跳了出来，把老君摔了个倒栽葱，打得那九曜星闭门闭户，四天王无影无踪。孙悟空对玉皇大帝非常不满，要把他赶出天宫，他说：“常言道：‘皇帝轮流做，明年到我家。’只教他搬出去，将天宫让与我，便罢了；若还不让，定要搅攘，永不清平！”可惜的是，孙悟空终于被如来佛压在五行山下。《大闹天宫》通过神话故事的形式，反映了中国古代人民对封建统治阶级的反抗和斗争。

로 만들어 놓았다. 뒤에 하늘의 병장들이 그를 체포하여, 그를 노군의 팔괘로에 던져, 태워 죽이려고 하였다. 그러나, 칠칠 사십구일이 지났지만, 그를 태워 죽이지도 못하고, 오히려 그를 단련시켜 예리한 안목을 가지게 하였다. 노군이 화로를 열어 금단을 꺼낼 때, 그는 훌쩍 몸을 날려, 팔괘로를 뒤집고, 튀어나와서, 노군을 거꾸로 처박고, 구요성이 문을 닫도록 쳐부수자, 사천왕은 종적도 없이 사라졌다. 손오공은 옥황상제에게 아주 불만이 많아, 옥황상제를 천궁에서 내 으려고, 그는 말하기를, “속담에 ‘황제도 돌아가며 하는데, 내년에는 내 차례’라고 하였다. 옥황상제를 이사시키고, 천궁을 나에게 양보만 하면 그만이다. 만약에 양보하지 않으면 반드시 소란을 피워, 영원히 태평하지 못하게 할 것!”이라고 말했다. 안타깝게도, 손오공은 결국 여래불에 의해 오행산 밑에 깔리고 말았다. ≪천궁에서 큰 소란을 피우다≫는 신화 이야기 형식을 통해, 중국 고대인들의 봉건 통치계급에 대한 반항과 투쟁을 반영하였다.

《三打白骨精》写孙悟空三次打死想吃唐

≪백골 요괴를 세 번이나 때려주다≫는 손오공이 당승

sēng ròu de yāo jīng de gù shì yī tiān táng sēng sūn wù kōng zhū bā jiè
僧肉的妖精的故事。一天，唐僧、孙悟空、猪八戒
shā hé shàng shī tú sì rén lái dào bái hǔ lǐng zhè ge méi yǒu rén yān de
、沙和尚师徒四人，来到白虎岭这个没有人烟的
huāng shān lǐ zhè shān lǐ yǒu yī ge yāo jīng zǎo jiù xiǎng chī táng sēng de
荒山里。这山里有一个妖精，早就想吃唐僧的
ròu hǎo cháng shēng bù lǎo zhè tiān yāo jīng kàn jiàn táng sēng dào lái fēi cháng
肉，好长生不老。这天，妖精看见唐僧到来，非常
gāo xìng xīn xiǎng tài hǎo le zhè huí kě yǐ chī shàng táng sēng ròu le
高兴，心想："太好了！这回可以吃上唐僧肉了。"
yāo jīng yáo shēn yī biàn biàn chéng yī ge nián qīng měi lì de xí fù zhuāng zuò
妖精摇身一变，变成一个年轻美丽的媳妇，装做
gěi táng sēng sòng fàn lái dào le táng sēng gēn qián yāo jīng zhèng yào xià shǒu
给唐僧送饭，来到了唐僧跟前。妖精正要下手，
zhè shí sūn wù kōng zhāi táo zi huí lái le yī yǎn kàn chū zhè ge xí fù
这时，孙悟空摘桃子回来了，一眼看出这个媳妇
shì yāo jīng yú shì jǔ bàng jiù dǎ bǎ tā dǎ sǐ dǎo zài dì shàng qí
是妖精，于是举棒就打，把她打死，倒在地上。其
shí zhè ge yāo jīng yǒu diǎn běn shì huì jiě shī fǎ táo zǒu le dǎo
实，这个妖精有点本事，会"解尸法"逃走了，倒
xià de zhǐ shì yī ge jiǎ shī shǒu zhè ge yāo jīng bù sǐ xīn yòu yáo
下的只是一个假尸首。这个妖精不死心，又摇
shēn yī biàn biàn le yī ge bā shí suì de lǎo tài pó shǒu zhǔ guǎi zhàng
身一变，变了一个八十岁的老太婆，手拄拐杖，
biān zǒu biān kū lái zhǎo nǚ ér sūn wù kōng yī kàn mǎ shàng rèn chū hái
边走边哭，来找女儿。孙悟空一看，马上认出还
shì nà ge yāo jīng biàn de bù yòng fēn shuō shàng qù jiù shì yī bàng bǎ
是那个妖精变的。不用分说，上去就是一棒，把
lǎo tài pó dǎ sǐ zhè yī huí yāo jīng yòu táo pǎo le dǎo xià de hái
老太婆打死。这一回，妖精又逃跑了，倒下的还

의 고기를 먹고 싶어 하는 요괴를 세 번이나 때려죽인 이야기이다. 하루는, 당승·손오공·저팔계·사화상 사제 네 명이, 백호령이라고 하는 인적 없는 민둥산에 도착했다. 이 산에는 요괴가 하나 있었는데, 일찍부터 당승의 고기를 먹고, 불로장생하려 하였다. 이날, 요괴가 당승이 온 것을 보고, 너무나 기뻐하면서, 속으로, "정말 잘됐어! 이번엔 당승의 고기를 먹을 수 있겠다."라고 생각하였다. 요괴는 몸을 흔들어 모습을 바꾸더니, 젊고 아름다운 색시로 변하여, 당승에게 밥을 바치는 체하며, 당승에게 다가갔다. 요괴가 손을 쓰려 하는데, 이 때, 손오공이 복숭아를 따서 돌아왔고, 척 보고 이 색시가 요괴임을 알고는, 봉을 들어 쳤으며, 그녀를 때려죽여, 땅에다 곤두박질 쳤다. 사실, 이 요괴는 약간의 능력이 있어서, "해시법"으로 도망을 쳤고, 쓰러진 것은 가짜 시체였을 뿐이다. 이 요괴는 단념하지 않고, 다시 팔십대 할머니로 변신하여, 손에 지팡이를 짚고, 울면서 걸어와, 딸을 찾았다. 손오공이 척 보고, 바로 그 요괴가 또 변한 것임을 알아냈다. 설명할 필요도 없이, 뛰어올라 봉을 한 번 휘둘러, 노파를 때려죽였다. 이번에도, 요괴는 또 도망을 가버렸고, 쓰러진 것은 역시 가짜 시체였다. 세 번째로, 요괴는 영감으로 변신하여, 딸과 늙은 마누라를 찾으러 온 것처럼 가장했으나, 손오공에게 또 간파를 당했다. 이번에는, 손오공이 먼저 치밀하게 준비를 하여, 요

shì yī ge jiǎ shī shǒu dì sān cì yāo jīng biàn le yī ge lǎo tóu er
是一个假尸首。第三次，妖精变了一个老头儿，
zhuāng zuò lái zhǎo nǚ ér hé lǎo tài pó de yàng zi kě shì yòu bèi sūn wù
装做来找女儿和老太婆的样子，可是又被孙悟
kōng shí pò le zhè huí er sūn wù kōng xiān zuò le zhōu mì de bù zhì
空识破了。这回儿，孙悟空先做了周密的布置，
bù ràng yāo jīng táo zǒu rán hòu yī bàng bǎ yāo jīng dǎ sǐ xiàn le yuán
不让妖精逃走，然后，一棒把妖精打死，现了原
xíng yuán lái shì yī duī bái gǔ zhí dào zhè shí táng sēng hái bù xiāng xìn
形，原来是一堆白骨。直到这时，唐僧还不相信
bèi dǎ sǐ de shì yāo jīng hái yuàn hèn sūn wù kōng jiē lián dǎ sǐ sān ge
被打死的是妖精，还怨恨孙悟空接连打死三个
hǎo rén qì de bù zhù zuǐ de niàn jǐn gū zhòu bù yào sūn wù kōng zuò
好人，气得不住嘴地念“紧箍咒”，不要孙悟空做
tú dì yìng bī sūn wù kōng huí huā guǒ shān qù le zhè duàn gù shì shēng
徒弟，硬逼孙悟空回花果山去了。这段故事，生
dòng xíng xiàng de shuō míng le sūn wù kōng zài fù zá de dòu zhēng zhōng shàn yú
动形象地说明了孙悟空在复杂的斗争中，善于
shí bié hǎo rén hé huài rén ér táng sēng zé bù shàn yú shí bié hǎo rén hé
识别好人和坏人，而唐僧则不善于识别好人和
huài rén bù miǎn shàng dàng shòu piàn
坏人，不免上当受骗。

괴가 도망치지 못하게 하고, 그런 후에, 봉을 휘둘러 때려 죽이니, 원래 모습이 나타났는데, 알고 보니 한 무더기의 백골이었다. 이때까지도, 당승은 맞아 죽은 것이 요괴라는 걸 믿지 못하고, 손오공이 연달아 착한 세 사람을 때려 죽였다고 원망하면서, 화가 나서 입을 다물지 못하고 "긴고주"를 외우며, 손오공을 제자로 삼지 않고, 강제로 손오공을 화과산으로 돌려보내려 하였다. 이 이야기는, 손오공이 복잡한 투쟁 중에서, 좋은 사람과 나쁜 사람을 가려내는데 뛰어났고, 당승은 좋은 사람과 나쁜 사람을 잘 가릴 줄 몰라, 기만당할 수밖에 없음을 아주 생동적이고 구체적으로 설명하고 있다.

xī yóu jì sù zào le xǔ duō rén wù qí zhōng zuì tū chū
《西游记》塑造了许多人物，其中最突出
de shì sūn wù kōng zhè ge guāng huī de shén huà yīng xióng xíng xiàng tā wǔ yì
的是孙悟空这个光辉的神话英雄形象。他武艺
gāo qiáng huì qī shí èr biàn shàn yú shí bié hǎo rén hé huài rén néng gòu
高强，会七十二变，善于识别好人和坏人，能够
xiáng yāo chú guài shì yī ge tiān bù pà dì bù pà de yīng xióng tā bǎo
降妖除怪，是一个天不怕、地不怕的英雄。他保

《서유기》는 많은 인물들을 소조하고 있지만, 그 중 가장 뛰어난 것은 손오공이라는 이 찬란한 신화영웅 형상이다. 그는 무예에 뛰어났으며, 72가지로 변신할 수 있었으며, 좋은 사람과 나쁜 사람을 구별하는데 뛰어났고, 요괴를 항복시키고 제거시킬 수 있었으며, 하늘도 땅도 두려워하지 않는 영웅이었다.

护唐僧去西天取经，处处表现出一片赤胆忠心，一路上闯关过险，排除万难，战胜妖魔，最后胜利地完成了取经任务。

그는 당승이 서천으로 가서 경전을 가져오는 것을 보호하면서, 도처에서 무한한 충성심을 보여주었고, 도중에 난관을 돌파하고, 수많은 어려움을 제거하면서, 요괴와 싸워 이기고, 끝내는 경전을 가져오는 임무를 성공적으로 완성하였다.

此外，猪八戒、唐僧等人也写得非常出色。猪八戒虽然蠢笨、粗心、嘴馋、好色，但他天真、勤劳，给人留下滑稽可笑、坦率可亲的印象。唐僧是历史上真实的人物，作者把他描写成具有百折不回的坚定意志和具有仁慈忠厚性格的人。但是，他墨守陈规，在复杂的斗争环境中，不善于识别好人和坏人，不免上当受骗。然而在经历了一番痛苦之后，他终于醒悟过来，改正错误，继续前进，最后完成了取经任务。

이밖에도 저팔계·당승 등에 대한 묘사도 아주 뛰어나다. 저팔계는 우둔하고 세심하지 못하며 게걸스럽고 여색을 좋아하지만, 그는 사람들에게 천진하고 부지런하며, 익살스럽고 솔직하고 친근한 이미지를 준다. 당승은 역사상 진실한 인물로, 작가는 그를 백절불굴의 강한 의지와 인자하고 충성스러운 성격을 가진 인물로 묘사했다. 그러나, 그는 낡은 틀에 얽매여, 복잡한 투쟁 환경 속에서, 좋은 사람과 나쁜 사람을 알아보는데 뛰어나지 못해, 기만을 당하지 않을 수 없었다. 그러나 한 차례 고통을 겪은 뒤, 그는 결국 깨닫게 되었고, 잘못을 고치고, 계속해서 앞으로 나아가, 끝내는 경전을 구해오는 임무를 완수한다.

2. 《金瓶梅》

2. 《금병매》

《金瓶梅》又叫《金瓶梅词话》, 是借《水浒传》中"武松杀嫂"一段故事为引子创作出来的长篇小说。作者兰陵笑笑生, 究竟是何人, 其说不一。《金瓶梅》原书有一篇署名为"欣欣子"的序, 开头说: "窃谓兰陵笑笑生作《金瓶梅传》, 寄意于时俗, 盖有谓也。"由此可知作者是兰陵人。兰陵在今山东省枣庄市境内, 书中又大量采用山东方言, 所写生活也以该地区为背景, 所以作者是山东人无疑。

《금병매》는 또 《금병매사화》라고도 부르며, 《수호전》 중의 "무송이 형수를 죽이는" 이 대목의 이야기를 도입부로 삼아 창작한 장편소설이다. 작가 난릉소소생이, 대체 어떤 사람인지에 대해서는 그 설이 일치하지 않는다. 《금병매》 원서에는 "흠흠자"의 서문이 있는데, 그 첫머리에 보면, "삼가 난릉소소생이 지은 《금병매전》을 말하자면, 풍속 묘사에 목적을 두고, 대개 이런 것을 표현한 것"이라고 하였다. 이로써 작가는 난릉 사람임을 알 수가 있다. 난릉은 지금의 산동성 조장시 안에 있고, 글에 또 산동방언을 많이 사용하고 있으며, 생활 묘사 또한 이 지역을 배경으로 하고 있어서, 작가는 산동 사람임에 틀림이 없다.

《金瓶梅》共一百回, 借《水浒传》中西门庆和潘金莲的故事为线索, 描写西门庆勾结官府、剥削穷人、蹂躏妇女, 由发迹到灭亡的历史。小说通过对官僚、恶霸、富商三位一体的反动势

《금병매》는 총 100회로, 《수호전》 중의 서문경과 반금련의 이야기를 빌려 줄거리로 삼아, 서문경이 관청과 결탁하여 가난한 사람들을 착취하고 부녀자를 유린하며, 출세로부터 멸망에 이르기까지의 역사를 묘사하고 있다. 소설은 관료·악질토호·거상 삼위일체 반동세력의 대표인물 서문경과 그 가

lì dài biǎo rén wù xī ménqìng jí qí jiā tíng zuì è shēng huó de miáo xiě
力代表人物西门庆及其家庭罪恶生活的描写，
fǎn yìng le dāng shí bō xuē jiē jí de huāng yín hé cán kù cóng ér bào lù
反映了当时剥削阶级的荒淫和残酷，从而暴露
le míng dài shè huì de hēi àn hé fǔ xiǔ
了明代社会的黑暗和腐朽。

정의 죄악적인 생활에 대한 묘사를 통해, 당시 착취계급의 방탕한 생활과 잔혹함을 반영하고, 이로써 명대 사회의 암흑과 타락을 폭로하였다.

xiǎo shuō zhōng de zhǔ yào rén wù shì xī ménqìng tā shì yī ge yǐ
小说中的主要人物是西门庆，他是一个以
shāng yè gāo lì dài fā jiā de è bà diǎn xíng xī ménqìng yuán shì qīng hé
商业高利贷发家的恶霸典型。西门庆原是清河
xiàn yī ge pò luò hù cái zhǔ kāi shēng yào pù de lǎo bǎn shū zhōng xiě
县一个破落户财主，开生药铺的老板。书中写
tā yóu yú fā jì yǒu qián zhuān zài xiàn lǐ guǎn xiē gōng shì yǔ rén bǎ
他由于"发迹有钱，专在县里管些公事，与人把
lǎn shuō shì guò qián jiāo tōng guān lì yīn cǐ mǎn xiàn rén dōu jù pà tā
揽说事过钱，交通官吏，因此满县人都惧怕他。"
xī ménqìng shì kào xíng huì sòng lǐ qiǎo qǔ háo duó chēng bà yī fāng bù
西门庆是靠行贿送礼，巧取豪夺，称霸一方，步
bù gāo shēng de tā yòng jì jiān zhàn le pān jīn lián móu shā le qí fū
步高升的。他用计奸占了潘金莲，谋杀了其夫
wǔ dà láng yòu mǎi tōng le guān fǔ bǎ wèi xiōng bào chóu de wǔ sōng cì pèi
武大郎，又买通了官府，把为兄报仇的武松刺配
mèngzhōu jiē zhe yòu lián piàn dài qiǎng qǔ le fù shuāng mèng yù lóu wéi qiè
孟州。接着又连骗带抢，娶了富孀孟玉楼为妾，
zhàn yǒu le tā de jià zhuāng hé xǔ duō cái wù hòu lái tā yòu kàn shàng
占有了她的嫁妆和许多财物。后来，他又看上
le jié yì xiōng dì huā zǐ xū de lǎo pó lǐ píng ér yǒu jǐ fēn zī sè
了结义兄弟花子虚的老婆李瓶儿有几分姿色，
yòu gōu yǐn shàng lǐ píng ér qì de huā zǐ xū yù yù ér sǐ bù jiǔ tā
又勾引上李瓶儿，气得花子虚郁郁而死，不久他

소설 중의 주요인물은 서문경으로, 그는 상업 고리대로 집안을 일으킨 악질토호의 전형이다. 서문경은 원래 청하현의 한 몰락한 지주집안 출신으로, 생약방을 운영하는 주인이었다. 책에서 그는 "출세를 해서 돈이 많았는데, 전문적으로 현에서 공무를 관리하며, 사람들과는 그럴싸하게 말을 꾸며 돈을 받고, 관리들과는 내통을 하고 있었기에, 현의 모든 사람들은 다 그를 두려워했다."라고 적고 있다. 서문경은 뇌물과 선물에 의해, 교묘하게 이익을 취하고, 그 지방에서 권세로 이름을 날리며, 차츰차츰 위상이 높아갔다. 그는 간사한 방법으로 반금련을 차지하고, 그 남편인 무대랑을 모략으로 죽였으며, 또 관청을 매수하여, 형의 원수를 갚으려는 무송의 얼굴에 문신을 해서 맹주로 유배를 보냈다. 이어서 또 속이고 빼앗다시피 하여, 돈 많은 과부 맹옥루를 첩으로 삼아, 그녀의 혼수품과 수많은 재물을 차지하였다. 뒤에, 그는 또 의형제인 화자허의 처 이병아가 예쁜 것에 반해, 또 이병아를 유혹하였고, 화가 난 화자허가 우울함으로 죽자, 얼마지 않아 그는 곧 이병아를 아내로 맞

jiù bǎ lǐ píng ér qǔ le guò lái xī ménqìng zài dì fāngshàng yǒu qián yǒu
就把李瓶儿娶了过来。西门庆在地方上有钱有
shì wú è bù zuò shì yīn wèi tā zài shàng tóu yǒu kào shān xiān shì tóu
势，无恶不做，是因为他在上头有靠山。先是投
kào tí dū yáng jiǎn hé qìng jiā chénhóng hòu lái tā men yīn běi lǔ fàn
靠提督杨戬和亲家陈洪，后来他们因“北虏犯
biān shī wù jūn jī bèi cān dǎo tái xī ménqìng jiàn tā men yǐ dǎo
边，失误军机”，被参倒台。西门庆见他们已倒，
mǎ shàng yòu tóu kào gèng dà de kào shān tài shī cài jīng cóng cǐ shì lì
马上又投靠更大的靠山—太师蔡京，从此，势力
gèng dà yóu yī jiè xiāng mín biànchéng le lǐ xíng fù qiān hù zhuānmén
更大，由“一介乡民”变成了“理刑副千户”，专门
qū yán fù shì gōu jié guān liáo è bà dì zhǔ fù shāng dì pǐ héng
趋炎附势，勾结官僚、恶霸、地主、富商、地痞，横
xíngxiāng lǐ wú è bù zuò zuì hòu xī ménqìngzòng yù shēnwáng pú qiè
行乡里，无恶不作。最后西门庆纵欲身亡，仆妾
xīng sǎn jiā chǎn yī kōng
星散，家产一空。

이하였다. 서문경이 지방에서 돈과 세력을 가지고, 못된 짓이란 안 하는 것이 없었던 것은, 그의 윗선에 믿는 구석이 있었기 때문이었다. 처음에는 제독인 양전과 친척이던 진홍에게 빌붙었는데, 훗날 그들은 "북방 외족의 침범에 대한 군사전략 실패"로 실각이 되었다. 서문경은 그들이 실각되는 것을 보자, 곧 바로 더 강한 언덕 — 태사 채경 — 에 빌붙어, 이때부터, 세력은 더욱 커지고, "일개 촌민"에서 "지방의 형벌을 다스리는 관리 같은 자"가 되었으며, 오로지 권력에 붙어서, 관료·악질토호·지주·거상·불량배 등과 결탁, 마을에서 제멋대로 날뛰며, 못된 짓이란 다 하였다. 마지막에 서문경은 욕심으로 죽었으며, 첩들은 산산이 흩어지고, 가산은 텅 비고 말았다.

zhè bù xiǎoshuō shì cóng jiā tíngshēng huó lái biǎoxiàn shè huì de gè gè
这部小说是从家庭生活来表现社会的各个
fāngmiàn de tè bié shì shū zhōngguān yú xī ménqìng fā jiā zhì fù de miáo
方面的，特别是书中关于西门庆发家致富的描
xiě duì liǎo jiě míng dài zhōng yè yǐ hòu cháotíng de quán guì xiǎn yào rú
写，对了解明代中叶以后，朝廷的权贵显要，如
hé yǔ dì fāng de háo shēn fù shāngxiāng gōu jié yā zhà rén mín tān cái shòu
何与地方的豪绅富商相勾结，压榨人民，贪财受
huì de hēi àn nèi mù yǒu hěn dà de bāng zhù jīn píng méi zài zhōng
贿的黑暗内幕有很大的帮助。≪金瓶梅≫在中
guó xiǎoshuō fā zhǎn shǐ shàng zhàn yǒu zhòng yào dì wèi tā de chū xiàn biāo
国小说发展史上，占有重要地位，它的出现，标

이 소설은 가정생활로부터 사회 각 방면을 표현한 것으로, 특히 책에서 서문경이 집안을 일으키고 부자가 되는 것에 대한 묘사는, 명대 중엽 이후, 조정의 높은 벼슬아치들이, 어떻게 지방의 토호 및 거상들과 서로 결탁하여, 사람들을 억압하고 착취하였으며, 재물을 탐하고 뇌물을 받는 혼란스런 내막을 이해하는데 아주 큰 도움을 준다. ≪금병매≫는 중국 소설의 발전사에서, 중요한 위치를 차지하고 있으며, 이 책의 출현은, 중국 고전소설이 이미 새로운 발전 단계로 진입했

zhì zhe zhōng guó gǔ diǎn xiǎo shuō yǐ jīng jìn rù le yī ge fā zhǎn de xīn jiē
志着中国古典小说已经进入了一个发展的新阶
duàn cóng cǐ wén rén chuàng zuò zhú jiàn dài tì le sòng yuán yǐ lái gēn jù
段。从此，文人创作，逐渐代替了宋元以来根据
qún zhòng kǒu tóu chuàng zuò ér zhěng lǐ jiā gōng de huà běn chéng wéi xiǎo shuō chuàng
群众口头创作而整理加工的话本，成为小说创
zuò de zhǔ liú tóng shí jīn píng méi bǎi tuō le zhōng guó cháng piān xiǎo
作的主流。同时，《金瓶梅》摆脱了中国长篇小
shuō wú bù qǔ cái yú lì shǐ gù shì hé shén huà chuán shuō zhè yī chuán tǒng
说无不取材于历史故事和神话传说这一传统，
kāi pì le xiě xiàn shí shè huì zhōng de píng fán rén wù hé jiā tíng rì cháng shēng
开辟了写现实社会中的平凡人物和家庭日常生
huó de xīn tiān dì shǐ zhōng guó xiǎo shuō zài xiàn shí zhǔ yì dào lù shàng bù
活的新天地，使中国小说在现实主义道路上不
duàn fā zhǎn zhuàng dà
断发展壮大。

음을 상징하고 있다. 이로부터, 문인들의 창작은, 점차 송·원 이래 군중의 구두 창작에 의해 정리되고 가공되어 오던 화본을 대체하여, 소설 창작의 주류가 되었다. 동시에, 《금병매》는 중국 장편소설이 모두 역사 이야기와 신화전설에서 소재를 취하던 이런 전통에서 벗어나, 현실사회 속의 평범한 인물과 가정의 일상생활을 쓰는 새로운 세계를 보여주었으며, 중국소설이 현실주의라는 노선에서 끊임없이 발전하고 장대하도록 해 주었다.

dì sān jié tāng xiǎn zǔ hé mǔ dān tíng
第三节 汤显祖和《牡丹亭》

제3절 탕현조와 《모란정》

míng dài xì qǔ zài yuán qǔ de jī chǔ shàng yòu yǒu le xīn de fā
明代戏曲在元曲的基础上又有了新的发
zhǎn míng dài xì qǔ kě fēn wéi liǎng dà lèi yī lèi shì zá jù yī lèi
展。明代戏曲可分为两大类：一类是杂剧，一类
shì chuán qí míng dài zá jù yī fāng miàn jì chéng le yuán zá jù de chuán
是传奇。明代杂剧，一方面继承了元杂剧的传
tǒng hé guī mó lìng yī fāng miàn yòu shòu dào nán xì de yǐng xiǎng cóng tǐ zhì
统和规模，另一方面又受到南戏的影响，从体制
dào yīn yuè yǒu suǒ biàn huà hé fā zhǎn dàn zài míng dài de jù tán shàng zá
到音乐有所变化和发展，但在明代的剧坛上，杂

명대의 희곡은 원곡의 기반 위에서 또 새로운 발전이 있었다. 명대 희곡은 크게 둘로 나눌 수 있는데, 하나는 잡극이고, 하나는 전기다. 명대 잡극은, 원대 잡극의 전통과 규모를 계승하면서도, 다른 한편으로는 또 남희의 영향을 받아, 체제로부터 음악에 이르기까지 변화와 발전이 있었지만, 명대 연극계에서는, 잡극이 이미 중요한 지위를 잃어버리고, 전기에게 자리를 내주고 말았다. 명대 전

jù yǐ shī qù zhòng xīn de dì wèi ér ràng wèi yú chuán qí míng dài chuán
剧已失去重心的地位，而让位于传奇。明代传
qí shì zài sòng yuán nán xì de jī chǔ shàng xī shōu le yuán zá jù de mǒu xiē
奇是在宋元南戏的基础上吸收了元杂剧的某些
yōu diǎn ér fā zhǎn qǐ lái de zhú jiàn zhàn jù le jù tán de zhǔ yào dì
优点而发展起来的，逐渐占据了剧坛的主要地
wèi chuán qí guī mó hóng dà yī jù wǎng wǎng cháng dá jǐ shí chū shàng chǎng
位。传奇规模宏大，一剧往往长达几十出，上场
rén wù dōu kě yǐ yǒu chàng zhè yǔ yī běn sì zhé zhǐ yóu zhǔ jué dú chàng
人物都可以有唱，这与一本四折、只由主角独唱
de yuán zá jù yǒu xiǎn zhù de qū bié chuán qí zhǔ yào yòng nán qǔ yě
的元杂剧有显著的区别。传奇主要用南曲，也
jiān cǎi běi qǔ zhè yǔ zhǐ yòng nán qǔ de nán xì hé zhǐ yòng běi qǔ de
兼采北曲，这与只用南曲的南戏和只用北曲的
yuán zá jù yòu jiǒng rán bù tóng chuán qí kāi chǎng yòng jiā mén yóu fù
元杂剧又迥然不同。传奇开场用“家门”，由副
mò shuō míng zuò jù zōng zhǐ jí jù qíng dà yì jì méi yǒu nán xì kāi chǎng
末说明作剧宗旨及剧情大意，既没有南戏开场
shí de xǔ duō fán fù yí jié yě bù xiàng yuán zá jù zhōng wèi zhì bù tài
时的许多繁复仪节，也不像元杂剧中位置不太
gù dìng de xiē zi cǐ wài chuán qí jué sè zēng duō fēn gōng xì mì yǔ
固定的楔子。此外，传奇角色增多，分工细密，语
yán yīn yùn dōu yǔ nán xì zá jù yǒu suǒ bù tóng zǒng zhī chuán qí shì
言、音韵都与南戏、杂剧有所不同。总之，传奇是
piān fú cháng tí cái guǎng qíng jié qǔ zhé cí cǎi fēng fù rén wù miáo xiě
篇幅长，题材广，情节曲折，辞采丰富，人物描写
xì nì de yī zhǒng xīn xíng xì jù tā biāo zhì zhe zhōng guó gǔ dài xì qǔ
细腻的一种新型戏剧，它标志着中国古代戏曲
de jìn bù hé chéng shú
的进步和成熟。

기는 송·원대 남희의 기반 위에서 원대 잡극의 일부 장점을 흡수하여 발전해감으로써, 점차 연극계에서 중요한 위치를 차지해 갔다. 전기의 규모는 커서, 하나의 극이 왕왕 몇 십 출이나 되었고, 등장인물은 다 노래를 부를 수 있었는데, 이는 한 본이 4절이고, 주인공만이 단독으로 노래하는 원대의 잡극과는 뚜렷한 구별이 있었다. 전기는 주로 남곡을 사용하면서도, 북곡을 취하기도 하였는데, 이것은 남곡만을 사용하는 남희와 북곡만을 사용하는 원 잡극과는 또 완전히 다른 것이다. 전기는 시작을 할 때 "가문"을 사용, 부말이 극의 주제 및 줄거리의 대의를 설명하는데, 여기에는 남희가 개막할 때의 번잡한 많은 의식도 없고, 원 잡극에서 위치가 그다지 고정되지 않았던 설자와도 비슷하지 않다. 이 밖에, 전기에서는 배역이 많아지고, 분업이 세밀해졌으며, 언어와 음운 모두 남희나 잡극과는 달랐다. 어쨌든, 전기는 편폭이 길고, 소재가 광범하며, 줄거리가 복잡하고, 표현이 풍부하며, 인물 묘사가 섬세한 일종의 새로운 형식의 희극으로, 이는 중국 고대희곡의 진보와 성숙을 말해준다.

明代传奇以嘉靖前后为界，分为两个时期：前期作品成就不高，缺乏生活内容，大多以宣传封建伦理道德为主旨。后期优秀作家作品不断出现，如李开先的《宝剑记》、梁辰鱼的《浣纱记》、无名氏的《鸣凤记》、沈璟的《义侠记》、汤显祖的《牡丹亭》、孙仁孺的《东郭记》、周朝俊的《红梅记》、徐复祚的《红梨记》、高濂的《玉簪记》、孟称舜的《娇红记》等，这些作品都是享有盛名的名剧。

명대의 전기는 가정 전후를 경계로, 두 시기로 나뉜다. 전기에는 작품성과가 크지 않아, 생활내용이 부족하고, 대부분 봉건적 윤리도덕을 선전하는 것을 취지로 삼았다. 후기에는 우수한 작가와 작품이 끊임없이 나왔던 바, 예컨대 이개선의 《보검기》, 양신어의 《완사기》, 무명씨의 《명봉기》, 심경의 《의협기》, 탕현조의 《모란정》, 손인유의 《동곽기》, 주조준의 《홍매기》, 서복조의 《홍리기》, 고렴의 《옥잠기》, 맹칭순의 《교홍기》 등으로, 이런 작품들은 모두 훌륭한 명성을 가진 명극이다.

这时的传奇作家形成了三个不同的流派：一是以汤显祖为代表的"临川派"，主张写人的真实感情，强调形式为内容服务，反对道学气，注重曲文含蓄华美，反对格律限制，但唱起来有时不免拗滞艰深。二是以沈璟为代表的"吴江派"，主张曲文通俗，合于音律，以便唱起来流畅

이 때 전기 작가들은 서로 다른 세 유파를 형성하였다. 첫째는 탕현조를 대표로 한 "임천파"로, 그들은 사람의 진실적인 감정을 쓸 것을 주장하고, 형식은 내용을 위해 봉사할 것을 강조하였으며, 도학자 풍을 반대하고, 문장의 함축과 아름다움을 중시하였으며, 격률의 제한을 반대하였지만, 노래는 어색하고 유창하지 않으며 이해하기가 어려웠다. 두 번째는 심경을 대표로 하는 "오강파"로, 이들은 내용이 통속적이고, 음률에 부합되어, 노래는 유창하고 이해하기 쉬울 것을 주

易懂，可是往往作品的文学性较差。三是以梁辰鱼为代表的"昆山派"，主张曲文即要通俗，又要合于音律，不过作品常有堆砌的毛病。这三个流派的主张和创作，各有得失，总的来看，汤显祖强调作品的思想内容，具有更多的进步意义。他的≪牡丹亭≫是明代戏曲的一个突出高峰，是古代戏剧的不朽名作。

장하였지만, 그러나 왕왕 작품의 문학성이 비교적 낮았다. 세 번째는 "양신어"를 대표로 하는 "곤산파"로, 이들은 내용이 통속적이고, 음률에 부합해야 한다고 주장했지만, 작품은 항상 군더더기가 많은 결점을 가졌다. 이 세 유파의 주장과 창작은, 각자 득실이 있었지만, 전체적으로 보아, 탕현조가 작품의 사상내용을 강조하여, 더 많은 진보적 의미를 갖는다. 그의 ≪모란정≫은 명대 희곡에서 두드러진 하나의 절정이며, 고대 희극에서의 불후의 명작이다.

汤显祖(1550-1616)，字义仍，号若士，又号海若，自称清远道人。临川(今江西省临川县)人。明代杰出的戏剧作家。他出身于"书香"人家，早年就有文名。由于不肯阿附权贵，直到三十四岁才考中进士，任南京太常博士，后改任南京礼部主事。万历十九年(1591)因上疏批评朝政，被贬为广东徐闻县典史。两年后又调任浙江遂昌知县。他关心人民的疾苦，为人民驱除虎害，抑

탕현조(1550-1616)는, 자가 의잉이고, 호는 약사, 그리고 해약이라고도 하였으며, 스스로 청원도인이라고 일컬었다. 임주(지금의 강서성 임주현) 사람이다. 명대의 걸출한 희극작가다. 그는 "선비집안" 출신으로, 젊었을 때부터 글로 이름을 날렸다. 권력에 아부하지 않으려 하여, 34세가 되어 비로소 진사에 합격, 남경 태창박사에 임명됐다가, 후에 남경 예부주사로 전임되었다. 만력 19년(1591)에 조정을 비판한 상소로 인해, 광동 서문현 전사로 좌천되었다. 2년 후 다시 절강 수창지현으로 전임되었다. 그는 백성들의 질고에 관심을 가졌고, 백성을 위해 호랑이 재앙을 없애고, 포악한 자들의 횡포를 억제하였으며, 악의 세력을 타격하고, 설날에는 죄

制豪强，打击恶势力，还在春节放囚犯回家同家人团聚。他五年没有拘捕过一名妇女和打死过一名囚犯。他的这些措施使他受到当地人民的热爱，但却遭到封建势力的反对和上级官吏的嫉恨。他终因与统治阶级上层不合，于万历二十六年(1598)怀着满腔悲愤，弃官归乡。就在这一年完成了他的代表作≪牡丹亭≫。十几年的宦途波折，使他进一步认清了官场的黑暗和腐朽，更增加了他对统治集团的蔑视和不满，从此隐居家中，读书写作。晚年由于政治上找不到出路，又受了佛家消极思想的影响，滋长了人生如梦的消极思想。六十七岁时病逝。

수들을 석방하여 식구들이 모두 모이게 해 주었다. 그는 5년 동안 부녀자를 한 명도 체포하지 않았고, 한 사람의 죄수도 죽이지 않았다. 그의 이런 조치로 그는 그 지방 사람들에게 사랑을 받았지만, 봉건세력의 반대와 상급관리의 질투와 원망에 부딪쳤다. 그는 결국 통치계급 상부와의 불화로, 만력 26년(1598)에 가슴 가득한 비분을 품고, 관직을 그만두고 귀향하였다. 바로 이 해에 그는 자신의 대표작인 ≪모란정≫을 완성했다. 십 몇 년 벼슬의 굴곡은, 그로 하여금 관리사회의 암흑과 문란함을 분명하게 알게 해 주었으며, 통치 집단에 대한 멸시와 불만이 더욱 커지게 해서, 이로부터 집안에 은거하면서, 책을 읽고 작품을 썼다. 만년에 정치에서 출구를 찾지 못하고, 또 불가의 소극적 사상의 영향을 받아, 인생이 꿈과 같다는 소극적 사상이 생겨나게 되었다. 67세에 병으로 사망했다.

汤显祖在诗文创作方面反对拟古；在戏曲方面反对以沈璟为首的"吴江派"，反对格律限制，强调形式为内容服务，他是"临川派"的创始

탕현조는 시문 창작 면에서 옛 것을 모방하는 것을 반대하였고, 희곡 방면에서는 심경을 중심으로 한 "오강파"를 반대하였으며, 격률의 제한을 반대하고, 형식이 내용을 위해 역할을 할 수 있기를 강조했다. 그는 "임천파"의

人和领袖。

창시자이자 영수였다.

汤显祖的作品较多，流传下来的诗文有≪玉茗堂诗集≫、≪玉茗堂文集≫、≪玉茗堂尺牍≫、≪问棘堂集≫；戏剧作品有传奇五种：≪紫箫记≫、≪紫钗记≫、≪牡丹亭≫（又名≪还魂记≫）、≪南柯记≫、≪邯郸记≫，后四种合称"临川四梦"或"玉茗堂四种"，≪牡丹亭≫最著名，是他的代表作。

탕현조의 작품은 비교적 많아, 전해 내려오는 시문으로 ≪옥명당시집≫·≪옥명당문집≫·≪옥명당척독≫·≪문극당집≫이 있고, 희극 작품으로는 전기 5종, ≪자소기≫·≪자차기≫·≪모란정≫(또는 ≪환혼기≫)·≪남가기≫·≪한단기≫가 있는데, 뒤에 4종을 합하여 "임천사몽" 혹은 "옥명당4종"이라고 불렀는데, ≪모란정≫이 가장 유명하며, 그의 대표작이다.

≪牡丹亭≫写的是杜丽娘和柳梦梅的爱情故事，剧情梗概是这样的：南宋时，南安太守杜宝有一个独生女儿，名叫杜丽娘，生得如花似玉，聪明过人，父母想让她多读点书，就给她请来一个六十岁的教书先生，教她读书写字。老先生教她学习≪诗经≫，第一首诗是≪关雎≫，这是一首描写爱情的诗。她在爱请诗的启发下，

≪모란정≫의 내용은 두려낭과 류몽매의 사랑이야기로, 연극 줄거리는 이러하다. 남송 때, 남안 태수 두보에게 외동딸이 있었는데, 이름은 두려낭으로, 꽃과 옥처럼 아름답게 생겼으며, 총명함이 남보다 뛰어났고, 부모는 딸이 많은 책을 읽었으면 하여, 60세의 글 가르치는 선생을 청하여, 그녀에게 글 읽기와 쓰기를 가르쳤다. 노선생은 그녀에게 ≪시경≫을 가르쳤는데, 첫 번째 시는 ≪관저≫로, 이것은 사랑을 묘사한 시였다. 그녀는 애정시의 깨우침으로, 소녀는 춘정이 싹텄고, 여기에 계집종 춘향이 그녀를 데리고 화원으로 가서 봄 경치를 감상하다가, 이성

萌发了少女的春情，再加上丫鬟春香带她到花园观赏春景，更增加了怀春的情思。她在梦中与一个年轻书生相爱，醒后因相思成疾，忧郁而死。她的父亲把她埋葬在梅花观。不久，她的父亲被调往扬州任淮扬安抚使。杜丽娘死了三年后，岭南书生柳梦梅赴京城临安(杭州)考试，路经南安，住在梅花观。偶然拾到杜丽娘的画像，他十分爱慕，每天焚拜赏玩。于是感动了杜丽娘的幽魂，前来同他相会，彼此才知道是梦中相识的情人。柳梦梅按照杜丽娘的嘱咐，挖坟开棺，救活了杜丽娘，并一起去临安。柳梦梅考中了状元。

을 그리워하는 정이 더 깊어지게 되었다. 그녀는 꿈속에서 한 젊은 서생과 서로 사랑하였는데, 깨고 난 후 그리움으로 병이 생겼고, 우울해 하다가 죽고 말았다. 그녀의 아버지는 그녀를 매화관에 묻었다. 오래지 않아, 그녀의 아버지는 양주로 가서 회양안무사를 맡게 되었다. 두려낭이 죽고 3년 후, 영남의 서생 류몽매가 경성 임안(항주)에 시험을 보러 가다가, 남안을 지나던 중, 매화관에서 묵게 되었다. 우연히 두려낭의 초상화를 주웠는데, 너무나 사모한 나머지, 매일 향을 피워 절을 하면서 감상하였다. 이에 두려낭의 혼을 감동시켰고, 다가가서 서로 만나게 되었는데, 피차가 꿈속에서 만난 정인임을 알게 되었다. 류몽매는 두려낭의 부탁에 따라, 무덤을 파고 관을 열어, 두려낭의 생명을 구하고, 그리고 함께 임안으로 갔다. 류몽매는 장원에 합격하였다.

这时杜宝已从扬州移镇淮安，抵御贼寇。柳梦梅前去请求允婚，杜宝不认，反而诬他私掘女儿坟墓，开棺劫财，把他捆起来拷打，并要杀他。

이 때 두보는 이미 양주에서 회안으로 옮겨, 외적을 방어하고 있었다. 류몽매는 가서 혼인 허락을 구했지만, 두보는 허락하지 않고, 오히려 그를 딸 무덤을 파고, 관을 열어 재물을 약탈하였다고 모함하면서, 그를 묶어 고문

zuì hòu zài huáng dì miàn qián, jīng dù lì niáng de jiě shì, dé dào huáng dì de
最后在皇帝面前，经杜丽娘的解释，得到皇帝的
chéng rèn. zài huáng dì de tiáo jié xià, dù bǎo hé liǔ mèng méi、dù lì niáng
承认。在皇帝的调节下，杜宝和柳梦梅、杜丽娘
zhī jiān de máo dùn xiāo chú le, yī jiā tuán yuán shòu fēng.
之间的矛盾消除了，一家团圆受封。

하고, 죽이려고 하였다. 마지막에 황제 앞에서, 두려낭의 설명을 통해, 황제의 허락을 얻었다. 황제의 조정으로, 두보는 류몽매와 두려낭 사이의 갈등을 풀고, 식구들이 다시 모이게 되었다.

zhè ge gù shì, zuò zhě yòng làng màn zhǔ yì shǒu fǎ, jiē lù le fēng
这个故事，作者用浪漫主义手法，揭露了封
jiàn lǐ jiào hé qīng nián nán nǚ de ài qíng shēng huó de máo dùn, bào lù le
建礼教和青年男女的爱情生活的矛盾，暴露了
fēng jiàn tǒng zhì jiē jí jiā tíng guān xi de lěng kù hé xū wěi; tóng shí yòu
封建统治阶级家庭关系的冷酷和虚伪；同时又
rè qíng de gē sòng le qīng nián nán nǚ zài zhuī qiú xìng fú zì yóu de ài qíng
热情地歌颂了青年男女在追求幸福自由的爱情
shēng huó shàng suǒ zuò de bù qū bù náo de dòu zhēng. 《mǔ dān tíng》 de
生活上所作的不屈不挠的斗争。《牡丹亭》的
zhè yī zhǔ tí, yǒu zhe qiáng liè de shí dài yì yì.
这一主题，有着强烈的时代意义。

이 이야기에서, 작자는 낭만주의 수법으로, 봉건예교와 청년남녀의 애정생활의 갈등을 폭로하고, 봉건통치계급 가정관계의 냉혹함과 허위를 폭로하였으며, 동시에 또 청년 남녀가 행복하고 자유로운 애정생활을 추구하기 위해 보여준 불요불굴의 투쟁을 열렬히 찬양했다. ≪모란정≫의 이 주제에는, 강렬한 시대적 의의가 담겨있다.

dì sì jié 《sān yán》、《èr pāi》
第四节 《三言》、《二拍》

제4절 ≪삼언≫·≪이박≫

huà běn zài míng dài, yóu yú qún zhòng xǐ huan, shū shāng kān xíng ér yǐn
话本在明代，由于群众喜欢，书商刊行而引
qǐ le wén rén zhù yì, bìng jìn yī bù mó fǎng huà běn xiě zuò, zhè jiù shì
起了文人注意，并进一步模仿话本写作，这就是
zhuān gōng rén yuè dú de "nǐ huà běn". "sān yán"、"èr pāi" jiù shì xiān
专供人阅读的“拟话本”。“三言”、“二拍”就是先

화본은 명대 때, 군중들이 좋아하고, 책 판매상들이 간행을 함으로써 문인들의 주목을 끌었으며, 아울러 진일보하여 화본을 모방하여 글을 썼는데, 이것이 곧 전문적으로 사람들이 읽도록 제공한 "의화본"이다. "삼언"·

hòu chū xiàn de wǔ bù nǐ huà běn
后出现的五部拟话本。

"이박"이 바로 연이어 나온 다섯 부의 의화본이다.

sān yán shì féng mèng lóng biān jí de sān bù duǎn piān xiǎo shuō
《三言》是冯梦龙编辑的三部短篇小说
jí bāo kuò yù shì míng yán jǐng shì tōng yán xǐng shì héng
集，包括《喻世明言》、《警世通言》、《醒世恒
yán yù shì míng yán yuán lái jiào gǔ jīn xiǎo shuō hòu lái
言》。《喻世明言》原来叫《古今小说》，后来
gǎi míng wéi yù shì míng yán èr pāi shì líng méng chū biān zhù de
改名为《喻世明言》。《二拍》是凌蒙初编著的
liǎng bù duǎn piān xiǎo shuō jí bāo kuò chū kè pāi àn jīng qí èr
两部短篇小说集，包括《初刻拍案惊奇》、《二
kè pāi àn jīng qí sān yán hé èr pāi dài biǎo le míng
刻拍案惊奇》。《三言》和《二拍》代表了明
dài duǎn piān bái huà xiǎo shuō de chéng jiù duì hòu dài wén xué chǎn shēng le hěn
代短篇白话小说的成就，对后代文学产生了很
dà yǐng xiǎng
大影响。

《삼언》은 풍몽룡이 편찬한 3부의 단편 소설집으로, 《유세명언》·《경세통언》·《성세항언》이 포함된다. 《유세명언》은 원래 《고금소설》이라 불렀다가, 뒤에 《유세명언》이라 이름을 고쳤다. 《이박》은 능몽초가 편찬한 2부의 단편 소설집으로, 《초각박안경기》·《이각박안경기》가 포함된다. 《삼언》과 《이박》은 명대 단편백화소설의 성과를 대표하며, 후대의 문학에 큰 영향을 주었다.

sān yán
1. 《三言》

1. 《삼언》

féng mèng lóng zì yóu lóng yòu zì ěr yóu bié hào
冯梦龙(1574-1646)，字犹龙，又字耳犹，别号
mò hān zǐ lóng zǐ yóu huò shǔ mò hān zhāi zhǔ rén gù qǔ sǎn rén děng
墨憨子、龙子犹，或署墨憨斋主人，顾曲散人等，
sū zhōu cháng zhōu jīn jiāng sū shěng wú xiàn rén wǔ shí qī suì shí cái bǔ
苏州长州(今江苏省吴县)人。五十七岁时才补
le yī míng gòng shēng hòu lái céng rèn fú jiàn shòu níng zhī xiàn qīng bīng rù
了一名贡生，后来曾任福建寿宁知县。清兵入

풍몽룡(1574-1646)은, 자가 유룡이며, 또 이유라고도 하며, 별호는 묵감자·용자유, 혹은 서묵감재주인, 고곡산인 등이라 했으며, 소주 장수(지금의 강소성 오현) 사람이다. 57세 때 비로소 공생이 되었으며, 뒤에 복건 수녕지현이 되었다. 청나라 군대가 침입하여, 강을 건너 남하할 때, 그는 청에 반항하는 활동에

qīn dù jiāng nán xià shí tā cān jiā guò kàng qīng huó dòng hòu lái sǐ yú
侵，渡江南下时，他参加过抗清活动，后来死于
gù xiāng tā shì míng dài zhù míng de wén xué jiā bì shēng cóng shì tōng sú
故乡。他是明代著名的文学家，毕生从事通俗
wén xué de sōu jí zhěng lǐ biān jí hé gǎi biān gōng zuò jīng tā shōu jí
文学的搜集、整理、编辑和改编工作。经他收集
zhěng lǐ chū bǎn de zuò pǐn hěn duō qí zhōng chéng jiù zuì dà de jiù shì
、整理、出版的作品很多，其中成就最大的就是
sān yán sān yán měi bù shōu duǎn biān xiǎo shuō sì shí piān gòng
《三言》。《三言》每部收短编小说四十篇，共
yī bǎi èr shí piān nèi róng hěn fēng fù dà zhì kě fēn wéi sān ge fāng
一百二十篇，内容很丰富，大致可分为三个方
miàn
面：

참가했으며, 훗날 고향에서 사망했다. 그는 명대의 저명한 문학가로, 평생 통속문학의 수집·정리·편집·개편 사업에 종사하였다. 그를 통해 수집·정리·출판된 작품은 아주 많으며, 그 중 성과가 가장 큰 것이 바로 《삼언》이다. 《삼언》은 각 부에 단편소설 40편을 수록하고 있어, 모두 120편이며, 내용이 아주 풍부한데, 크게 세 방면으로 나누어 볼 수 있다.

miáo xiě ài qíng gù shì biǎo dá le guǎng dà fù nǚ zhuī qiú xìng
（1）描写爱情故事，表达了广大妇女追求幸
fú shēng huó de yuàn wàng pēng jī le fēng jiàn zhì dù duì fù nǚ de yā pò
福生活的愿望，抨击了封建制度对妇女的压迫。
zhè fāng miàn de zhù míng zuò pǐn yǒu dù shí niáng nù chén bǎi bǎo xiāng
这方面的著名作品有《杜十娘怒沉百宝箱》、
mài yóu láng dú zhàn huā kuí děng
《卖油郎独占花魁》等。

(1) 애정 이야기 묘사에서는, 수많은 부녀자들이 행복한 생활을 추구하고자 하는 소망을 표현하고, 봉건제도의 부녀자 압박에 대하여 공격을 하였다. 이 방면에서 유명한 작품으로는 《두십낭이 노하여 백보상을 물에 빠뜨리다》·《매유랑이 기녀를 독점하다》 등이 있다.

dù shí niáng nù chén bǎi bǎo xiāng sù zào le yī ge guāng huī de
《杜十娘怒沉百宝箱》塑造了一个光辉的
nǚ xìng dù shí niáng tā shì jīng chéng jiào fāng míng jī wèi le bǎi tuō fēi
女性—杜十娘。她是京城教坊名姬，为了摆脱非
rén de jìng yù tā pò qiè yāo qiú cóng liáng hòu lái tā ài shàng le lǐ
人的境遇，她迫切要求“从良”，后来她爱上了李
jiǎ biàn yǔ tān de wú yàn de bǎo mǔ zhǎn kāi le zhǒng zhǒng dòu zhēng zhōng yú
甲，便与贪得无厌的鸨母展开了种种斗争，终于

《두십낭이 노하여 백보상을 물에 빠뜨리다》는 아름다운 한 여성 ─ 두십낭 ─ 을 소조하고 있다. 그녀는 경성의 교방 명기로, 비인간적인 처지에서 벗어나기 위해, “교방에서 벗어나 시집을 가는” 것을 절박하게 원하고 있었는데, 뒤에 그녀는 이갑을 사랑하게 되었는데, 탐욕이 그지없는 기생 어멈과의 갖

达到了目的。但是，她和李甲在回家的途中，李甲竟在金钱引诱和个人利害的威胁下，又把她出卖给富商孙富。杜十娘愤恨填膺，在痛骂李甲之后，抱着自己的积蓄—价值连城的百宝箱，投江而死，用自己的青春和生命，控诉了罪恶的社会，维护了她对爱情的理想。小说写杜十娘投江之后，旁观的人都咬牙切齿，要痛打李甲和孙富，反映了人民对这些富豪子弟的憎恨，表达了作者的爱憎感情。

은 투쟁 끝에, 마침내 목적을 이루었다. 하지만, 그녀가 이갑과 함께 집으로 돌아가던 도중, 이갑은 금전의 유혹과 개인의 이해가 걸린 위협으로 인하여, 다시 그녀를 거상인 손부에게 팔아넘긴다. 두십낭은 분노하여, 이갑을 통절하게 욕한 후, 자신이 모은 것 — 그 가치가 연결된 성처럼 귀한 백보상 — 을 안고, 물에 뛰어들어 죽음으로써, 그녀는 자신의 청춘과 생명으로, 죄악의 사회를 규탄하고, 사랑에 대한 이상을 지켰다. 소설에서는 두십낭이 강에 뛰어든 후, 옆에서 보고 있던 사람들은 모두 이를 갈면서, 이갑과 손부를 호되게 때려주려고 하는데, 이는 그런 부호 자제에 대한 백성들의 증오를 반영하고, 작가의 사랑과 증오의 감정을 표현한 것이다.

《卖油郎独占花魁》是一篇富有特色的爱情作品。小说写卖油郎秦重被花魁娘子莘瑶琴的美丽所吸引，他千辛万苦积蓄了一笔钱，想去亲近她。花魁娘子起初因为他不是有钱人家的子弟，所以不大高兴，没有理他。由于秦重对她格外体贴，非常诚恳，她才感到秦重是个好人，

《매유랑이 기녀를 독점하다》는 아주 특색 있는 애정 작품이다. 소설에서는 매유랑 진중이 기녀 신요금의 아름다움에 매료되어, 그는 천신만고 끝에 돈을 마련하여, 그녀를 가까이 하려고 하는 내용을 그리고 있다. 기녀는 처음에 그가 돈 있는 집안 자제가 아니라서, 그리 기뻐하지도 않았고, 그를 거들떠보지도 않았다. 그러나 진중이 그녀에게 각별히 자상하고, 아주 성실하게 하자, 그녀는 진중이 좋은 사람이며, 또한 진실하고, 착실하다고 느꼈다. 그러나 등급과 지위 관념은,

yòu zhōng hòu yòu lǎo shí dàn shì děng jí dì wèi guānniàn yòu shǐ tā bù
又忠厚，又老实。但是等级地位观念，又使她不
yuàn lì kè xiàng qín zhòng qīng tǔ zhōng qíng zhí dào tā shòu dào wú bā gōng zǐ
愿立刻向秦重倾吐衷情。直到她受到吴八公子
de wǔ rǔ qī líng hòu cái xiàng qín zhòng shuō chū wǒ yào jià nǐ de huà
的侮辱欺凌后，才向秦重说出“我要嫁你”的话，
bìng biǎo shì bù yī shū shí sǐ ér wú yuàn de jué xīn zhè piān zuò pǐn
并表示“布衣蔬食，死而无怨”的决心。这篇作品
xuān yáng le zài hūn yīn hé ài qíng wèn tí shàng kě guì de bù shì jīn qián
宣扬了在婚姻和爱情问题上，可贵的不是金钱、
mén dì děng jí ér shì bǐ cǐ zhī xīn rú yì xiāng hù zūn zhòng zhè zài
门第、等级，而是彼此知心如意，相互尊重。这在
dāng shí shì yī zhǒng jìn bù de sī xiǎng
当时是一种进步的思想。

다시 그녀에게 곧바로 진중에게 내심을 고백하지 못하게 하였다. 그녀는 오팔 공자의 모욕과 괴롭힘을 당한 후에야, 비로소 진중에게 “당신에게 시집가겠다.”라는 말을 하고, 아울러 “무명옷과 거친 음식으로 살아도, 죽어도 여한이 없다.”는 결심을 표현한다. 이 작품은 혼인과 애정 문제에서, 귀한 것은 금전·가문·등급이 아니라, 서로의 마음을 이해하는 것과, 상호 존중이라는 것을 선양하였다. 이는 당시에 일종의 진보적인 사상이었다.

miáo xiě le rén mín tóng xié è shì lì de dòu zhēng biǎo xiàn
（2）描写了人民同邪恶势力的斗争，表现
le rén mín duì tǒng zhì zhě de zēng hèn zhè fāng miàn de zhù míng zuò pǐn yǒu
了人民对统治者的憎恨。这方面的著名作品有
guàn yuán sǒu wǎn féng xiān nǚ zhè shì yī piān jù yǒu nóng hòu làng màn
《灌园叟晚逢仙女》，这是一篇具有浓厚浪漫
zhǔ yì sè cǎi de xiǎo shuō xiě yī ge míng jiào qiū xiān de zhòng huā lǎo tóu
主义色彩的小说，写一个名叫秋先的种花老头
tóng è bà zuò dòu zhēng de gù shì yīn wèi qiū xiān fēi cháng xǐ huan zāi huā
同恶霸作斗争的故事。因为秋先非常喜欢栽花
zhòng guǒ rén dōu jiào tā huā chī yǒu ge è bà jiào zhāng wěi tā xiǎng bà
种果，人都叫他花痴。有个恶霸叫张委，他想霸
zhàn qiū xiān de huā yuán bìng chèn zhe jiǔ xìng rèn yì zhé sǔn huā mù jiàn
占秋先的花园，并趁着酒兴，任意折损花木，践
tà huā pǔ xǔ duō huā mù bèi sǔn huài hòu lái zài huā shén xiān nǚ de bāng
踏花圃，许多花木被损坏。后来在花神仙女的帮

(2) 백성들이 사악한 세력과 투쟁하는 바를 묘사하여, 통치계급에 대한 백성들의 증오를 표현하였다. 이 방면에서 유명한 작품으로 ≪화원에 물 주는 노인 선녀를 만나다≫가 있는데, 이는 낭만주의 색채가 농후한 소설로, 추선이라는 꽃을 심는 노인이 악질 토호와 투쟁하는 이야기를 쓰고 있다. 추선은 꽃과 나무 심는 것을 좋아하여, 사람들은 모두 그를 꽃 벌레라고 불렀다. 한 악질 토호 장위라는 자가 있었는데, 추선의 화원을 빼앗으려고, 주흥이 오른 김에, 꽃과 나무를 마구 꺾고, 화단을 짓밟아, 많은 꽃들을 망쳐놓았다. 뒤에 화신 선녀의 도움으로, 떨어진 꽃이 다시 가지에 붙어, 이전보다 더 아름답게 피었다. 악질토호 장위는 추선을

助下，使落花重返枝头，开得比以前更加鲜妍。恶霸张委因此诬告秋先为妖人，秋先被捕入狱。最后靠花神仙女的力量，惩治了恶霸，救出了秋先。小说通过浪漫主义的故事情节，表达了人民群众反抗封建压迫的意志。

요물이라고 모함하면서, 추선을 체포하여 옥에 가두어버렸다. 끝에 가서 화신 선녀는 힘에 의지하여, 악질 토호를 징벌하고 추선을 구해내었다. 소설은 낭만주의 이야기 줄거리를 통하여, 백성 군중들의 봉건압박에 반항하는 의지를 표현하였다.

（3）歌颂了友谊，痛斥了背信弃义的行为。歌颂友谊的，如≪俞伯牙摔琴谢知音≫，这篇作品写知音的难得，友谊的可贵。故事写的是春秋战国时晋国上大夫俞伯牙出使楚国，在回国途中，因弹琴结识了一个樵夫，名叫钟子期。钟子期虽为樵夫，但深通乐律，于是两个人成为知音，拜为兄弟，并相约明年八月中秋再来相会。第二年，俞伯牙按期来到。可是，钟子期却因病去世，两个人不得相见。俞伯牙悲痛欲绝，在钟子期墓前大放悲声，诉说怀念之意。又拿出瑶

(3) 우정을 노래하고, 신의를 저버리는 행위를 통절하게 질책하였다. 우정을 노래한 것으로, ≪유백아가 거문고를 부숴 지음과 이별하다≫를 예로 들 수 있는데, 이 작품은 지기를 얻기 어려움과 우정의 고귀함을 쓴 것이다. 이야기는 이러하다. 춘추전국시대 때 진 나라의 상대부 유백아가 초나라에 사신으로 갔다가, 돌아오는 도중, 거문고를 타다가 한 나무꾼을 알게 되었는데, 이름은 종자기였다. 종자기는 비록 나무꾼이었지만, 음률에 정통하여, 두 사람은 지기가 되었고, 형제를 맺었으며, 아울러 이듬해 8월 중추에 다시 만나기로 약속하였다. 이듬해, 유백아는 기한에 맞게 도착하였다. 그러나, 종자기는 병으로 세상을 떠나, 두 사람은 서로 만날 수가 없었다. 유백아는 너무나 비통하여, 종자기 묘앞에서 큰 소리로 슬피 울면서, 그리운 마음을 호소하였다. 다시 요금을 잡고, 눈물로 연주하면서, 지기를 애도

qín huī lèi tán zòu dào niàn zǐ qī yú bó yá suǒ tán qín qǔ fēi cháng
琴，挥泪弹奏，悼念子期。俞伯牙所弹琴曲，非常
bēi tòng kě shì zhōu wéi guān kàn de rén què gǔ zhǎng dà xiào yú bó yá
悲痛，可是周围观看的人却鼓掌大笑。俞伯牙
wèn zhōng zǐ qī de fù qīn tā men wèi shén me xiào a zhōng zǐ qī de
问钟子期的父亲：他们为什么笑啊？钟子期的
fù qīn gào su tā shuō tā men shì xiāng xià rén bù dǒng yīn lǜ tīng dào
父亲告诉他说：他们是乡下人，不懂音律，听到
qín shēng yǐ wéi qǔ lè suǒ yǐ dà xiào yú bó yá tīng hòu jǔ qǐ qín
琴声以为取乐，所以大笑。俞伯牙听后，举起琴
lái bǎ tā shuāi suì zhōng zǐ qī de fù qīn dà chī yī jīng wèn tā wèi
来，把它摔碎。"钟子期的父亲大吃一惊，问他为
shén me bǎ qín shuāi suì tā shuō zhōng zǐ qī yǐ jīng bù zài yǒu qín duì
什么把琴摔碎？他说：钟子期已经不在，有琴对
shéi tán shì shàng péng yǒu suī duō kě shì zhǎo ge zhī yīn de què nán shàng
谁弹？世上朋友虽多，可是找个知音的却难上
nán zhè ge gù shì gē sòng le yú bó yá hé zhōng zǐ qī de zhēn chéng
难！"这个故事，歌颂了俞伯牙和钟子期的真诚
yǒu yì
友谊。

하였다. 유백아가 탄 거문고의 곡은, 너무나 비통하였으나, 주위에서 보던 사람들은 손뼉을 치면서 크게 웃었다. 유백아는 종자기의 부친에게, 그들이 왜 웃느냐고 물었다. 종자기의 부친은 그에게, 말해 주었다. 그들은 시골사람이라, 음률을 모르고, 거문고 소리를 들으면 즐거워해야 하는 줄로 알고, 그래서 크게 웃는 것이라고. 유백아는 그 소리를 듣고 나서, 거문고를 들어, 그것을 산산조각 내버렸다. 종자기의 부친은 크게 놀라, 그에게 왜 거문고를 부수냐고 물었다. 그는 말하기를, "종자기가 이미 없는데, 거문고가 있다고 누구에게 들려주겠나요? 세상에 친구는 비록 많지만, 지기 하나를 찾기란 너무나 어렵고도 어려운 일이지요!"라고 하였다. 이 이야기는 유백아와 종자기의 진정한 우정을 노래하였다.

jiē lù wàng ēn fù yì de rú guì yuán wài qióng tú chàn huǐ
揭露忘恩负义的，如《桂员外穷途忏悔》，
zhè piān zuò pǐn xiě guì fù wǔ jí guì yuán wài zuò mǎi mài shī lì zài
这篇作品写桂富五（即桂员外）做买卖失利，在
zhài zhǔ de wēi bī xià xiǎng tóu shuǐ zì shā tā de péng yǒu shī jì jiù
债主的威逼下，想投水自杀。他的朋友施济救
le tā gěi tā huán le zhài hòu lái guì fù wǔ fā le cái chéng le fù
了他，给他还了债。后来桂富五发了财，成了富
hù tā de péng yǒu shī jì qù shì jiā jìng yuè lái yuè qióng qī zi yán
户。他的朋友施济去世，家境越来越穷，妻子严

신의 배신을 폭로한 것으로는 《계원외가 궁지에서 참회하다》를 예로 들 수 있는데, 이 작품은 계부오(즉 계원외)가 장사에서 손해를 보게 되어, 채주의 핍박을 받게 되자, 물에 빠져 죽으려고 하는 이야기를 그리고 있다. 그의 친구 시제가 그를 구해내고, 빚도 갚아주었다. 뒤에 계부오는 돈을 벌어, 부호가 되었다. 그의 친구 시제가 세상을 떠나자, 집안 형편은 점점 가난해지고, 아내인 엄씨

氏就带领小儿子投奔桂员外家，希望能够得到他的帮助，可是得到的却是冷遇和奚落，严氏因气而死。由于桂员外忘恩负义，最后全家都变成了狗，以示惩罚。这篇小说批判忘恩负义，写得比较深刻。

는 어린 아들을 데리고 계원외 집으로 가서, 그의 도움을 받을 수 있었으면 하고 바랐지만, 돌아온 것은 푸대접과 희롱이었고, 이에 엄씨는 화가 나서 죽고 말았다. 계원외는 배은망덕하였기에, 마침내는 온 가족이 다 개로 변해, 징벌을 받았다. 이 소설은 배은망덕을 비판하는데, 비교적 깊이 있게 묘사하였다.

2. ≪二拍≫

2. ≪이박≫

凌蒙初(1580-1644)，字玄房，号初成，别号即空观主人，乌程(今浙江省吴兴)人。曾任上海县丞，后升为徐州通判。他曾参与镇压李自成领导的农民起义，后被起义军所困，呕血而死。凌蒙初编著的作品比较多，其中最有名的是≪二拍≫。

능몽초(1580-1644)는, 자가 현방이고, 호는 초성이며, 별호는 공관주인으로, 오정(지금의 절강성 오흥) 사람이다. 일찍이 상해 현승을 지냈으며, 후에 서주 통판으로 승진되었다. 그는 일찍이 이자성이 영도하는 농민봉기 진압에 참여하였고, 뒤에는 봉기군에 포위되자, 피를 토하고 죽었다. 능몽초가 편찬한 작품은 비교적 많은데, 그 중 가장 유명한 것이 ≪이박≫이다.

≪二拍≫共有小说七十八篇(原是八十篇，因其中有一篇重复，一篇杂剧)，这些作品大部

≪이박≫에는 소설이 모두 78편(원래는 80편이나, 그 중에 한 편은 중복되고, 한편은 잡극임)이 있는데, 이러한 작품은 대부분 현실생활에서

fen bù shì qǔ cái yú xiàn shí shēng huó ér shì cóng tài píng guǎng jì
分不是取材于现实生活，而是从《太平广记》
děng gǔ shū zhōng zhāi chāo zhěng lǐ chū lái de zài hěn duō piān zhāng zhōng chōng
等古书中摘抄整理出来的。在很多篇章中，充
chì zhe sè qíng miáo xiě yīn guǒ bào yìng fēng jiàn shuō jiào shèn zhì yǒu dí
斥着色情描写、因果报应、封建说教，甚至有敌
shì nóng mín qǐ yì de miáo xiě yě yǒu yī xiē piān zhāng xiě de bù cuò
视农民起义的描写。也有一些篇章写得不错，
fǎn yìng le míng dài de shè huì xiàn shí rú zhuǎn yùn hàn qiǎo yù dòng tíng
反映了明代的社会现实。如《转运汉巧遇洞庭
hóng zhè shì miáo xiě shāng rén chū hǎi jīng shāng de zuò pǐn xiě yī ge jiào
红》，这是描写商人出海经商的作品。写一个叫
wén ruò xū de shāng rén zài guó nèi jīng shāng shī bài xiàn yú pò chǎn jìng dì
文若虚的商人在国内经商失败，陷于破产境地。
tā ǒu rán dā yī huǒ mào xiǎn dào hǎi wài jīng shāng de chuán tā dài de huò
他偶然搭一伙冒险到海外经商的船，他带的货
wù shì dòng tíng hóng zài guó nèi zhǐ zhí yī liǎng duō yín zi dào le hǎi
物是洞庭红，在国内只值一两多银子，到了海
wài què mài le bā bǎi duō liǎng yín zi huí lái yòu jiǎn dào zhēn bǎo cóng
外，却卖了八百多两银子，回来又捡到珍宝，从
ér fā le cái chéng le dà fù shāng zhè ge gù shì fǎn yìng le fēng jiàn
而发了财，成了大富商。这个故事，反映了封建
shè huì zhōng shāng rén hǎi wài mào xiǎn de lǐ xiǎng zài rú shén tōu jì xìng
社会中商人海外冒险的理想。再如《神偷寄兴
yī zhī méi zhè piān zuò pǐn xiě de shì shén tōu yī zhī méi xíng xiá hào
一枝梅》，这篇作品写的是神偷一枝梅行侠好
yì de gù shì gē sòng le tā jié fù jì pín de zhèng yì xíng wéi
义的故事，歌颂了他劫富济贫的正义行为。

소재를 취한 것이 아니고, 《태평광기》 등의 고서에서 발췌하여 정리한 것이다. 많은 문장에서는 색정묘사, 인과응보, 봉건설교가 충만하며, 심지어는 농민봉기를 적대시하는 묘사도 있다. 또 어떤 글은 상당히 훌륭하여, 명대 사회현실을 반영하고 있기도 하다. 《중개상 우연히 동정홍를 만나다》를 예로 들어 보면, 이는 상인이 해외로 나가 장사하는 것을 묘사한 작품이다. 문약허라는 상인이 국내 장사에서 실패하여, 파산의 경지에 이르렀다. 그는 우연히 위험을 무릅쓰고 해외로 장사하러 가는 배를 타게 되었는데, 그가 가지고 갔던 화물은 동정홍으로, 국내에서는 은 한두 냥 남짓에 불과했지만, 해외에 가서는, 800냥 남짓한 은자를 받고 팔았으며, 돌아올 때는 또 진귀한 보물을 주워, 이로써 돈을 벌어, 거상이 되었다. 이 이야기는, 봉건 사회의 상인이 해외에서 모험을 해보려는 이상을 반영하였다. 또 《귀신같은 도둑 일지매에 흥을 싣다》를 예로 보면, 이 작품 내용은, 비범한 도적 일지매가 의협을 행하고 옳은 일을 좋아하는 이야기로, 부자의 재물을 빼앗아 가난한 사람을 구제하는 정의로운 행위를 노래하였다.

jì sān yán èr pāi zhī hòu yòu lù xù chū xiàn le
继《三言》、《二拍》之后，又陆续出现了

《삼언》·《이박》의 뒤를 이어, 또 일부 소설 선집

yī xiē xiǎo shuō xuǎn jí qí zhōng bào wèng lǎo rén suǒ biān de jīn gǔ qí
一些小说选集，其中抱瓮老人所编的《今古奇
guān zuì chū míng jīn gǔ qí guān zhōng de zuò pǐn dōu shì cóng sān
观》最出名。《今古奇观》中的作品，都是从《三
yán hé èr pāi zhōng xuǎn de yóu yú xuǎn de jiào hǎo suǒ yǐ zài
言》和《二拍》中选的，由于选的较好，所以在
qún zhòng zhōng liú chuán zuì guǎng yǐng xiǎng zuì dà
群众中流传最广，影响最大。

들이 계속 나왔는데, 그 중에서 포옹노인이 편찬한 《금고기관》이 가장 유명하다. 《금고기관》 중의 작품들은, 모두 《삼언》과 《이박》에서 고른 것으로, 선택된 작품들이 비교적 좋은 것들이라, 대중들에게 가장 널리 전해져, 영향이 가장 컸다.

dì bā zhāng qīng dài wén xué
第八章 清代文学

(1644-1911)

제8장 청대 문학
(1644-1911)

qīng dài wén xué de zhǔ yào chéng jiù shì xì jù hé xiǎo shuō xì jù
清代文学的主要成就是戏剧和小说。戏剧
fāng miàn zuì tū chū de shì hóng shēng de cháng shēng diàn hé kǒng shàng rèn de
方面最突出的是洪升的《长生殿》和孔尚任的
táo huā shàn xiǎo shuō fāng miàn zuì tū chū de shì pú sōng líng de liáo
《桃花扇》; 小说方面最突出的是蒲松龄的《聊
zhāi zhì yì wú jìng zǐ de rú lín wài shǐ hé cáo xuě qín de
斋志异》、吴敬梓的《儒林外史》和曹雪芹的
hóng lóu mèng yǐ jí wǎn qīng sì bù qiǎn zé xiǎo shuō lǐ bǎo jiā de
《红楼梦》, 以及晚清四部谴责小说, 李宝嘉的
guān chǎng xiàn xíng jì wú jiǎn rén de èr shí nián mù dǔ zhī guài xiàn
《官场现形记》、吴趼人的《二十年目睹之怪现
zhuàng liú è de lǎo cán yóu jì zēng pǔ de niè hǎi huā
状》、刘鹗的《老残游记》、曾朴的《孽海花》。

청대 문학의 주요성과는 희극과 소설이다. 희극 방면에서 가장 뛰어난 것은 홍승의 ≪장승전≫과 공상임의 ≪도화선≫이며, 소설에서 가장 뛰어난 것은 포송령의 ≪요재지의≫, 오경재의 ≪유림외사≫와 조설근의 ≪홍루몽≫, 그리고 청대 말의 4부 견책소설, 이보가의 ≪관장현형기≫, 오견인의 ≪이십년목도지괴현상≫, 유악의 ≪노잔유기≫, 증박의 ≪얼해화≫이다.

dì yī jié cháng shēng diàn táo huā shàn
第一节 《长生殿》、《桃花扇》

제1절 ≪장생전≫·
≪도화선≫

qīng dài de xì jù shì zài yuán míng zá jù de jī chǔ shàng fā zhǎn
清代的戏剧是在元、明杂剧的基础上发展
hé fán róng qǐ lái de chǎn shēng le xǔ duō zhuān yè xì jù zuò jiā qí zhōng
和繁荣起来的, 产生了许多专业戏剧作家, 其中

청대 희극은 원·명 잡극의 기초에서 발전하고 번영한 것으로, 수많은 전문 희극 작가들이 나오게 되었는데, 그 중에서 가장 유명한 작가는

zuì zhù míng de shì hóngshēng hé kǒngshàng rèn
最著名的是洪升和孔尚任。

홍승과 공상임이다.

1. hóngshēng hé chángshēngdiàn 洪升和《长生殿》

1. 홍승과 《장생전》

hóngshēng zì fǎng sī hào bài qí qiántáng jīn
洪升(1645-1704), 字昉思, 号稗畦, 钱塘(今
zhè jiāngshěngházhōu shì rén tā chū shēng zài yī ge mò luò de dà jiā tíng
浙江省杭州市)人。他出生在一个没落的大家庭
lǐ cóng xiǎo shòu dào liáng hǎo de wén xué jiào yǎng zǎo yǒu shī míng céng zuò
里, 从小受到良好的文学教养, 早有诗名, 曾做
guò èr shí duō nián de guó zǐ jiān shēng tā de chángshēngdiàn jīng guò
过二十多年的国子监生。他的《长生殿》经过
shí duō nián de xīn kǔ chuàng zuò yú kāng xī èr shí qī nián tuō
十多年的辛苦创作, 于康熙二十七年(1688)脱
gǎo hōngdòng yī shí dào chù chuánchāo yǎn chū dì èr nián yīn wèi zài
稿, 轰动一时, 到处传抄、演出。第二年, 因为在
tónghuáng hòu de sàng qī nèi yǎn chàng chángshēngdiàn dé zuì gé zhí huí
佟皇后的丧期内演唱《长生殿》, 得罪革职回
xiāng wǎn nián yù yù guǎ huān jīng cháng zòng jiǔ yú shān shuǐ zhī jiān zuì hòu
乡。晚年郁郁寡欢, 经常纵酒于山水之间, 最后,
zhōng yīn zuì jiǔ luò shuǐ ér sǐ
终因醉酒落水而死。

홍승(1645-1704)은, 자가 방사며, 호는 패휴로, 전당(지금의 절강성 항주시) 사람이다. 그는 몰락한 대 가정에서 태어났으며, 어려서부터 좋은 문학교양 교육을 받아, 일찍부터 시로 이름을 날렸으며, 20여 년 동안 국자감생을 지낸 바 있다. 그의 《장생전》은 10여 년의 고된 창작을 거쳐, 강희 27년(1688)에 탈고, 한 때 세상을 뒤흔들어 놓았고, 도처에서 필사해 가서 공연을 하였다. 이듬해, 황후 동씨의 장례 기간 중에 《장생전》을 공연하여, 그 죄명으로 파면되어 고향으로 돌아갔다. 만년에는 몹시 우울하여, 늘 산수 좋은 곳에서 술을 많이 마시다가, 나중에는, 술에 취하여 물에 떨어져 죽고 말았다.

hóngshēng de xì jù zhù zuò gòng yǒu jiǔ zhǒng xiàn zài bǎo cún xià lái
洪升的戏剧著作共有九种, 现在保存下来
de zhǐ yǒu chángshēngdiàn hé sì chánjuān liǎngzhǒng chángshēng
的只有《长生殿》和《四婵娟》两种。《长生
diàn shì tā de dài biǎo zuò xiě de shì tángcháohuáng dì tángmínghuáng hé
殿》是他的代表作, 写的是唐朝皇帝唐明皇和

홍승의 희극 저작은 모두 9종이 있는데, 지금까지 보존되어 오는 것은 《장생전》과 《사선연》 2종이다. 《장생전》은 그의 대표작으로, 내용은 당 황제 당명황과 양귀비의 사랑 이야기다. 작품은 상하 두 권으로 나누어져

杨贵妃的爱情故事。作品分上下两卷，上卷从唐明皇杨贵妃《定情》开始，描写了他们奢侈的生活和爱情的发展，从声色之好到情重恩深，爱情日趋真挚。《密誓》是一个转折点。《埋玉》写马嵬之变，他们经过生死之别，爱情又上升到一个新的高度。下卷着重描写他们之间的相思怀念，寄以更多的同情和赞美。

있는데, 상권은 당명황과 양귀비의 《정정》으로 시작하여, 그들의 사치한 생활과 사랑의 발전, 가무와 여색을 좋아하는 것으로부터 정이 깊어가기까지, 사랑이 날로 진지해져 가는 내용을 적고 있다. 《밀서》는 하나의 전환점이다. 《매옥》은 마외의 변을 묘사하고 있는데, 그들은 생사의 이별을 통해, 애정이 다시 새로운 높이에 이른다. 하권은 그들 사이의 사모와 그리움을 집중적으로 묘사하고, 더 많은 동정과 찬미를 기탁하였다.

《冥追》、《闻铃》、《情悔》、《哭像》和《雨梦》等出，集中地描写了他们死抱痴情、生守前盟的精诚。最后感动了天地鬼神，让他们同登仙籙升入天宫，得到永久团圆的结局。作品中，杨贵妃是一个值得同情的悲剧人物。作者描写了她对爱情的忠贞，成功地塑造了一个宠妃的形象。《长生殿》歌颂了唐明皇和杨贵妃的忠贞专一、生死不渝的爱情，通过他们的爱

《명추》·《문령》·《정회》·《곡상》과 《우몽》 등에서는 그들이 사랑을 고수하고 생전의 맹세를 지키겠다는 정성을 집중적으로 묘사하고 있다. 마지막에 가서는 천지귀신들을 감동시켜, 그들이 함께 신선장부에 기록되고 천궁으로 들어가서, 영원히 함께 지내는 결말을 얻는다. 작품에서 양귀비는 동정할만한 비극 인물이다. 작가는 사랑에 대한 그녀의 충정을 묘사하면서, 총애 받는 왕비 형상을 성공적으로 조소하였다. 《장생전》은 당명황과 양귀비의 충정이 한결같음과, 생사를 초월하는 애정을 노래하고 있는데, 그들의 애정 비극을 통해서, 봉건사회의 민족갈등과 계급갈등을 반영하고, 작가의 애국적 사상 감정을 토로하였다.

清悲剧，反映了封建社会的民族矛盾和阶级矛盾，抒发了作者爱国的思想感情。

2. 孔尚任和《桃花扇》

2. 공상임과 《도화선》

孔尚任(1648-1718)，字聘之，又字季重，号东塘，别号岸堂，自称“云亭山人”，山东曲阜人。他从小受到家庭的传统教育，学习范围很广，既爱好诗文，又精通乐律。曾任国子监博士，《桃花扇》就是他任国子监博士时写成的。后来因文字祸被罢官，二年后离京回家乡。

공상임(1648-1718)은, 자가 빙지이고, 또 자를 계중이라고도 했으며, 호는 동당, 별호는 안당, 스스로 “운정산인”이라 부르기도 했으며, 산동 곡부 사람이다. 그는 어려서부터 가정의 전통교육을 받았으며, 학습범위가 아주 넓어, 시문도 좋아하였지만, 또한 음률에도 정통하였다. 일찍이 국자감 박사를 지냈는데, 《도화선》은 바로 그가 국자감 박사를 맡고 있을 때 지은 것이다. 후에 문장으로 인하여 화를 입어, 2년 후 경성을 떠나 귀향하였다.

《桃花扇》是他一生创作的结晶，它是一出描写明朝兴亡的历史剧。作品以复社文人侯方域和秦淮歌妓李香君的悲欢离合的爱情故事为线索，反映了明末腐朽动荡的社会现实，以及统治阶级内部的矛盾和斗争，歌颂了正人，鞭挞

《도화선》은 그의 일생을 통한 창작 결정체로, 이는 명대 흥망을 묘사한 역사극이다. 작품은 복사 문인인 후방역과 진회의 가희 이향군의 슬픔과 기쁨, 헤어짐과 만남의 애정이야기를 줄거리로 하여, 명말의 부패하고 불안정한 사회현실과 통치계급내부의 갈등과 투쟁을 반영, 정직한 사람을 칭송하고, 간사한 자를 질책하면서, 작가의 애증이 분명한 사상 감정을 표현하고, 명이 멸망한 역사

le jiān xié biǎo dá le zuò zhě ài zēng fēn míng de sī xiǎng gǎn qíng zhǐ chū
了奸邪，表达了作者爱憎分明的思想感情，指出
le míng cháo miè wáng de lì shǐ jiào xùn
了明朝灭亡的历史教训。

적 교훈을 지적하였다.

zuò zhě zài táo huā shàn zhōng sù zào le xǔ duō rén wù qí
作者在《桃花扇》中塑造了许多人物，其
zhōng lǐ xiāng jūn shì zuì tū chū de yī ge lǐ xiāng jūn shì qín huái zhù míng
中李香君是最突出的一个。李香君是秦淮著名
gē jì tā wēn róu cōngming yòu jù yǒu qiáng liè de fǎn kàng jīng shén tā
歌妓，她温柔、聪明，又具有强烈的反抗精神。她
suī rán shì gē jì què yǒu míng què de shēng huó mù dì hé lǐ xiǎng tā
虽然是歌妓，却有明确的生活目的和理想。她
hé hóu fāng yù de jié hé zhǔ yào shì jiàn lì zài zēng hèn jiān chén huànguān
和侯方域的结合，主要是建立在憎恨奸臣、宦官
de gòngtóng zhèng zhì tài dù shàng de tā duì tǒng zhì jiē jí hēi àn shì lì
的共同政治态度上的。她对统治阶级黑暗势力
bǎo chí jǐng tì dāng tā zhī dao yān huàn dǎng yǔ ruǎn dà chéng chū qián shōu mǎi
保持警惕，当她知道阉宦党羽阮大铖出钱收买
hóu fāng yù shí yì zhèng cí yán de zé bèi le hóu fāng yù de dòng yáo
侯方域时，义正词严地责备了侯方域的动摇。
tā shuō
她说：

작가는 《도화선》에서 수많은 인물을 조소하였는데, 그 중에서 이향군이 가장 뛰어난 한 명이다. 이향군은 진회의 유명한 가희로, 그녀는 온유하고 총명하며, 또한 강렬한 반항정신을 가지고 있었다. 그녀는 비록 가희였으나, 오히려 명확한 생활목표와 이상을 가지고 있었다. 그녀와 후방역의 결합은, 주로 간신과 환관을 증오하는 공통적인 정치적 태도에서 만들어진 것이다. 그녀는 통치계급의 암흑 세력에 대하여 경계를 하고 있었기에, 환관의 패거리인 완대성이 돈으로 후방역을 매수하려함을 알았을 때, 정당한 이치로 엄숙하게 후방역의 동요를 질책하였다. 그녀는 이렇게 말하였다.

guān rén shì hé shuō huà ruǎn dà chéng qū fù quán jiān lián chǐ sàng
官人是何说话，阮大铖趋附权奸，廉耻丧
jìn fù rén nǚ zǐ wú bù tuò mà tā rén gōng zhī guān rén jiù
尽；妇人女子，无不唾骂。他人攻之，官人救
zhī guān rén zì chù yú hé děng yě què lián
之，官人自处于何等也？(《却奁》)

나리는 무슨 말씀인지요? 완대성은 간악한 권력자에게 빌붙어, 염치란 다 잃어버려, 부인인 여자들도 욕하지 않는 사람들이 없습니다. 다른 사람들도 그를 공격하는데, 나리는 그를 구제하려 하니, 나리는 스스로를 어떤 위치에다 두고 있는 것인지요? (《겁렴》)

yì wén nǐ shuō de shì shén me huà ruǎn dà chéng yī fù quán guì
（译文：你说的是什么话，阮大铖依附权贵
jiān chén sàng jìn lián chǐ fù rén nǚ zǐ méi yǒu bù tuò mà tā de
奸臣，丧尽廉耻；妇人女子，没有不唾骂他的。
bié rén gōng jī tā nǐ què jiù tā nǐ bǎ zì jǐ fàng zài shén me dì
别人攻击他，你却救他，你把自己放在什么地
wèi ne
位呢？）

(번역문: 당신은 무슨 말씀을 하시는지요? 완대성은 권세 있는 간신에게 빌붙어, 염치를 완전히 잃어버렸습니다. 부인인 여자도, 그를 욕하지 않는 사람이 없습니다. 다른 사람들은 그를 공격하는데, 당신은 오히려 그를 구하려고 하다니, 당신은 자신을 어떤 위치에다 놓고 있는 것입니까?)

tā jiān jué cí tuì le ruǎn dà chéng àn zhōng wèi tā zhì bàn de zhuāng
她坚决辞退了阮大铖暗中为她置办的妆
lián yòng zì jǐ de xíngdòng xiānmíng de zhèng zhì tài dù lái yǐngxiǎng hóu fāng
奁，用自己的行动、鲜明的政治态度来影响侯方
yù tā shuō
域。她说：

그녀는 단호하게 완대성이 암암리에 그녀를 위해 준비한 혼수를 사절하였으며, 자신의 행동과 선명한 정치태도로 후방역에게 영향을 주었다. 그녀는 이렇게 말했다.

guān rén zhī yì bù guò yīn tā zhù ǎn zhuāng lián biàn yào xùn sī
“官人之意，不过因他助俺妆奁，便要徇私
fèi gōng nǎ zhī dao zhè jǐ jiàn chāi chuàn yī qún yuánfàng bu dào wǒ xiāng
废公；那知道这几件钗钏衣裙，原放不到我香
jūn yǎn lǐ tuō qún shān qióng bù fáng bù jīng rén míng zì xiāng
君眼里！”“脱裙衫，穷不妨；布荆人，名自香。”
què lián
（《却奁》）

“나리의 뜻은, 그 사람이 저의 혼수를 도와준다는 것 때문에, 불법을 저지른 것에 불과합니다. 이 몇 개의 장신구와 옷, 원래부터 저 향군의 눈에는 두지도 않았다는 걸 어떻게 알기나 했었나요!” “치마와 적삼을 벗고, 가난해도 괜찮답니다. 무명옷에 싸리비녀를 한 사람도, 명성은 자연히 향기를 가질 수 있답니다.” (《겁렴》)

yì wén nǐ de yì sī bù guò shì yīn wèi tā bāng wǒ mǎi
（译文：“你的意思，不过是因为他帮我买
le zhuāng lián jiù yào xùn sī fèi gōng nǐ nǎ lǐ zhī dao zhè jǐ jiàn tóu
了妆奁，就要徇私废公，你哪里知道这几件头
chāi shǒu chuàn yī qún wǒ lǐ xiāng jūn běn lái jiù méi yǒu bǎ tā men fàng
钗手钏衣裙，我李香君本来就没有把它们放
zài yǎn lǐ tuō xià qún shān suī qióng méi guān xi chuān bù yī dài
在眼里！”“脱下裙衫，虽穷没关系；穿布衣戴
jīng chāi de rén míngshēng zì rán xiāng
荆钗的人，名声自然香。”）

(번역문: “당신의 뜻은, 그가 저에게 혼수를 사서 준다는 것 때문에, 사사로운 정으로 공적인 것을 버리겠다는 것에 불과합니다. 이 몇 개의 비녀와 팔찌와 옷을, 저 이향군은 본래 그것들을 안중에 두지도 않았다는 것을 당신은 어떻게 알기라도 했습니까!” “치마와 적삼을 벗어 버리고, 가난해도 상관없습니다. 베로 만든 옷을 입고 싸리나무 비녀를 꽂은 사람도, 그 명성은 자연히 향기롭습니다.”)

这是一种多么可贵的性格。从此她开始被卷入政治斗争的漩涡中。斗争锻炼了她，使她的性格进一步发展。当侯方域被迫离开她以后，奸党设下圈套，逼她嫁给别人。她坚决拒绝再嫁，在利诱、威胁面前，毫不动摇。在这场斗争中，她进一步认识了马士英、阮大铖统治集团的狰狞面目和丑恶本质，以及他们给国家带来的严重灾难。她在《骂筵》一出里，痛骂马士英、阮大铖：

이는 얼마나 고귀한 성격인가? 이로부터 그녀는 정치투쟁의 소용돌이 속에 휘말려 들기 시작하였다. 투쟁은 그녀를 단련시켰고, 그녀의 성격을 진일보 발전시켰다. 후방역이 강요에 의해 그녀를 떠난 후, 간사한 무리들은 함정을 파서, 그녀를 핍박하여 다른 사람에게 시집가게 하였다. 그녀는 단호하게 재가를 거절하고, 유혹과 위협 앞에서도, 조금도 동요하지 않았다. 이 투쟁에서, 그녀는 마사영·완대성 통치 집단의 흉악한 모습과 추악한 본질, 그리고 그들이 국가에 가져다준 엄중한 재난을 더 잘 알게 되었다. 그녀는 ≪매연≫에서 마사영과 완대성을 호되게 꾸짖었다.

堂堂列公，半边南朝，望你峥嵘。出身希贵宠，创业选声容，后庭花又添几种。把俺胡撮弄，对寒风雪海冰山，苦陪觞咏。（【五供养】）

당당한 공경이시여, 반쪽이 된 남쪽의 조정은, 당신들의 능력을 바라고 있습니다. 출신은 귀하고 총애 받는 자들이나, 한 일이라곤 가희들이나 고르고, <후정화>에 몇 종류를 더 한 것뿐이지요. 저를 마음대로 가지고 놀 때, 찬바람과 눈 덮인 들판과 빙산을 대하고, 괴로워하며 함께 술 마시고 노래했지요. (오공양)

东林伯仲，俺青楼皆知敬重。干儿义子从新用，绝不了魏家种。冰肌雪肠原自同，铁心

동림의 형제들, 우리 청루에서는 다 존중할 줄 안답니다. 양자가 새로 기용되었으니, 위씨 가문의 씨앗을 끊을 수 없겠지요. 차가운 피부와 눈 같은 창

石腹何愁冻。吐不尽鹃血满胸，吐不尽鹃血满胸。(【玉交枝】)

자는 원래 같은 것, 쇠와 돌 같은 마음이 어찌 얼까 걱정하리오. 두견새 가슴 가득한 피 다 토하지 못하지요, 두견새 가슴 가득한 피 다 토하지 못하지요. (옥교지)

(译文：你们堂堂有名的公卿大臣，国家破碎，只剩下江南半壁河山，希望你们振兴国家，使它强盛。你们受到皇帝的宠爱，身居高官，你们开创的事业却是给皇帝挑选歌妓美女，只不过又增添了几支亡国之音《后庭花》歌曲罢了。你们把我任意践踏玩弄，面对这寒风雪海冰山，冷酷无情的现实，我忍受痛苦陪你们饮酒赋诗。)

(번역문: 당신들은 당당하고 유명한 공경대신으로, 나라는 산산조각이 나고, 강남의 반쪽 산하만 남았으니, 당신들이 나라를 진흥시켜 강성해지기를 희망합니다. 당신들은 황제의 총애를 받고, 몸은 고관의 자리에 있으면서, 당신들이 하는 일이란 황제에게 가희와 미녀를 선발해 주는 것과, 망국의 노래 《후정화》 가곡에 다시 몇 곡을 더한 것뿐입니다. 당신들은 저를 마음대로 짓밟고 희롱하고 놀 때, 찬 바람과 눈 덮인 들판과 빙산, 그리고 냉혹하고 무정한 현실에 직면하여, 저는 고통을 참으로 당신들을 모시고 술을 마시고 시를 지었습니다.)

(译文：东林党的弟兄们，我们青楼歌女都知道尊敬他们。干儿义子又重新起用掌权，断绝不了宦官魏忠贤一类的坏种。冰冷的肌肤，雪一样的心肠本来就相同，铁心石腹还愁什么冻。即使像杜鹃鸟悲鸣啼血也吐不完我满腔的愤恨，即使像杜鹃鸟悲鸣啼血也吐不完我满腔的愤恨。)

(번역문: 동림당의 형제들이여, 우리 청류의 가희들은 모두 그들을 존경할 줄 알고 있습니다. 양자가 다시 기용되어 권력을 잡았으니, 환관 위충현 부류의 나쁜 종자들을 끊을 수가 없겠습니다. 차디찬 피부와 얼음 같은 심장은 본래 똑 같은 것으로, 쇠와 돌 같은 마음이 무슨 결빙으로 걱정하겠습니까? 설령 두견새처럼 슬피 울며 피를 토한다 할지라도 내 가슴 속 가득한 분노는 다 토하지는 못할 것입니다.)

tōng guò zhè xiē shēng dòng de miáo xiě sù zào le lǐ xiāng jūn zhè ge
通过这些生动的描写，塑造了李香君这个
guāng huī de fù nǚ xíng xiàng
光辉的妇女形象。

이러한 생동적인 묘사를 통하여, 이향군이라는 이 빛나는 부녀자의 형상이 소조되었다.

táo huā shàn tōng guò duì hóu fāng yù lǐ xiāng jūn de ài qíng
《桃花扇》通过对侯方域、李香君的爱情
miáo xiě yòng míng dài wáng guó de gù shì lái jī fā rén men duì zǔ guó de
描写，用明代亡国的故事来激发人们对祖国的
rè ài duì hūn jūn jiān chén de tòng hèn duì ài guó jiàng lǐng de jìng pèi hé
热爱，对昏君奸臣的痛恨，对爱国将领的敬佩和
huái niàn shì yī bù fǎn yìng le ài guó zhǔ yì sī xiǎng de yōu xiù zuò pǐn
怀念，是一部反映了爱国主义思想的优秀作品。

《도화선》은 후방역과 이향군의 애정묘사를 통하여, 명대 멸망의 이야기를 가지고 사람들의 조국에 대한 사랑, 아둔한 군주와 간신에 대한 통한, 애국 장교에 대한 감복과 그리움을 끓어오르게 하였는데, 이는 애국주의 사상을 반영한 우수한 작품이다.

dì èr jié liáo zhāi zhì yì rú lín wài shǐ hóng lóu mèng
第二节 《聊斋志异》、《儒林外史》、《红楼梦》

제2절 《요재지이》·《유림외사》·《홍루몽》

zhōng guó xiǎo shuō fā zhǎn dào qīng dài yǐ jīng jìn rù le yī ge xīn de
中国小说发展到清代已经进入了一个新的
shí dài shì xiǎo shuō fán róng de shí dài liáo zhāi zhì yì rú
时代，是小说繁荣的时代。《聊斋志异》、《儒
lín wài shǐ hóng lóu mèng dài biǎo le zhōng guó gǔ diǎn xiǎo shuō de
林外史》、《红楼梦》代表了中国古典小说的
zuì gāo chéng jiù
最高成就。

중국소설의 발전은 청대에 이르러 이미 새로운 시대로 들어서서, 소설이 번영하는 시대가 되었다. 《요재지의》·《유림외사》·《홍루몽》은 중국 고전소설의 최고 성과를 대표한다.

pú sōng líng hé liáo zhāi zhì yì
1. 蒲松龄和《聊斋志异》

1. 포송령과 《요재지이》

pú sōng líng zì liú xiān yī zì jiàn chén hào liǔ
蒲松龄(1640-1715),字留仙,一字剑臣,号柳
quán huò liǔ quán jū shì shì chēng liáo zhāi xiān sheng shān dōng zī chuān jīn shān
泉,或柳泉居士,世称聊斋先生,山东淄川(今山
dōng shěng zī bó shì rén tā chū shēng zài yī ge dì zhǔ jiān shāng rén de jiā
东省淄博市)人。他出生在一个地主兼商人的家
tíng hòu lái jiā jìng shuāi luò zài tā zhǎng dà de shí hou shēng huó yǐ jīng
庭。后来家境衰落,在他长大的时候,生活已经
fēi cháng kùn nan le tā zǎo nián rè zhōng yú gōng míng chū yìng tóng zǐ shì
非常困难了。他早年热衷于功名,初应童子试,
zài xiàn fǔ dào kǎo shì míng liè dì yī wén míng dà zhèn kě shì yǐ
在县、府、道考试,名列第一,文名大振。可是以
hòu què lǚ shì bù dì zhí dào sān shí yī suì shí cái pò yú jiā pín
后,却屡试不第,直到三十一岁时,才迫于家贫,
zuò le jiāng sū bǎo yìng xiàn zhī xiàn de mù liáo bù jiǔ yòu cí tuì huí jiā
做了江苏宝应县知县的幕僚。不久又辞退回家,
zài xiāng shè guǎn jiāo xué zhí dào qù shì tā de yī shēng shì qióng chóu liáo
在乡设馆教学,直到去世。他的一生是穷愁潦
dǎo de yī shēng tā jiē chù hé jiāo yóu de rén fēi cháng guǎng fàn shàng zì
倒的一生。他接触和交游的人非常广泛,上自
guān liáo jìn shēn jǔ rén míng shì děng tǒng zhì jiē jí shàng liú rén wù xià zhì
官僚缙绅、举人名士等统治阶级上流人物,下至
nóng fū cūn fù bì qiè chāng jì pú rén chāi yì yǐ jí wú lài è gùn
农夫村妇、婢妾娼妓、仆人差役,以及无赖恶棍、
dǔ tú jiǔ guǐ sēng rén dào shì děng xià céng rén wù duì tā men de shēng huó
赌徒酒鬼、僧人道士等下层人物,对他们的生活

포송령(1640-1715)은, 자가 유선이고, 또 다른 자는 검신이며, 호는 유천, 혹은 유천거사라고 했는데, 세상에서는 요재선생이라고 불렀고, 산동 치천(지금의 산동성 치박시) 사람이다. 그는 지주 겸 상인의 가정에서 태어났다. 후에 가정형편이 쇠락하여, 그가 성장한 시기에는, 생활이 이미 아주 가난하였다. 그는 일찍이 공명에 열중하여, 처음에 동자시에 응하였는데, 현·부·도 시험에서, 일등을 하여, 문학적 명성을 크게 떨쳤다. 그러나 그 이후로는, 오히려 누차 시험에 급제하지 못했는데, 31세가 되었을 때는, 집안의 어려움 때문에 부득이, 강소 보응현 지현의 막료가 되었다. 얼마지 않아 다시 사직하고 귀향하여, 향설관에서 공부를 가르치다가, 세상을 떠났다. 그의 일생은 궁핍하고 초라한 일생이었다. 그가 만나고 교제했던 사람들은 대단히 많아, 위로는 관료 진신과 거인 명사 등 통치계급의 상류인물들로부터, 아래로는 농부·시골 아낙·하녀·첩·창기·하인·심부름꾼 및 무뢰한과 불량배, 도박꾼과 주객, 승려와 도사 등의 하층 인물에까지 이르렀으며, 그들의 생활방식과 정신면모 및 운명에 대하여, 모두 세심한 관찰과 깊은 이해가 있었다. 동시에, 그는 과거제도의

fāng shì jīng shén miàn mào hé mìng yùn zāo yù dōu yǒu xì zhì de guān chá hé
方式、精神面貌和命运遭遇，都有细致的观察和
shēn kè de liǎo jiě tóng shí tā duì kē jǔ zhì dù de fǔ xiǔ fēng jiàn
深刻的了解。同时，他对科举制度的腐朽、封建
guān chǎng de hēi àn yǒu shēn kè de rèn shi hé tǐ huì zhè xiē fēng fù de
官场的黑暗有深刻的认识和体会，这些丰富的
shēng huó yuè lì hé jìn bù sī xiǎng wèi tā de chuàng zuò dǎ xià le shēn hòu
生活阅历和进步思想，为他的创作打下了深厚
de jī chǔ tā shì yī ge jù yǒu duō fāng miàn yì shù cái néng de zuò jiā
的基础。他是一个具有多方面艺术才能的作家，
yī shēng zhù zuò hěn duō xiě le xǔ duō shī wén cí fù xì qǔ děng
一生著作很多，写了许多诗、文、词、赋、戏曲等，
ér yǐ xiǎo shuō chéng jiù zuì dà liáo zhāi zhì yì shì tā de dài biǎo
而以小说成就最大，《聊斋志异》是他的代表
zuò biāo zhì zhe wén yán xiǎo shuō de zuì gāo chéng jiù
作，标志着文言小说的最高成就。

부패와 봉건 관리사회의 암흑에 대해 깊이 인식하고 체험을 했었는데, 이렇게 풍부한 생활 경력과 진보적인 사상은, 그의 창작에 심후한 기초가 되어 주었다. 그는 다방면의 예술적 재능을 가졌던 작가로, 일생동안 저작을 많이 해서, 수많은 시·문·사·부·희곡 등을 썼는데, 소설 성과가 가장 크며, 《요재지이》는 그의 대표작으로, 문언소설의 최고 성과를 말해 준다.

liáo zhāi zhì yì shì yī bù jù yǒu làng màn zhǔ yì sè cǎi de
《聊斋志异》是一部具有浪漫主义色彩的
duǎn piān xiǎo shuō jí gòng shōu duǎn piān xiǎo shuō sì bǎi jiǔ shí yī piān duō qǔ
短篇小说集，共收短篇小说四百九十一篇，多取
cái yú shén xiān guǐ hú de gù shì yě yǒu yī xiē rén de qí duān yì xíng
材于神仙鬼狐的故事，也有一些人的奇端异行。
tōng guò zhè xiē gù shì de xù shù hé miáo xiě yǒu de jiē lù le fēng jiàn
通过这些故事的叙述和描写，有的揭露了封建
tǒng zhì de hēi àn yǒu de pēng jī le kē jǔ zhì dù de fǔ xiǔ yǒu de
统治的黑暗，有的抨击了科举制度的腐朽，有的
fǎn kàng fēng jiàn lǐ jiào de shù fù zhè xiē yōu xiù zuò pǐn jù yǒu shēn kè
反抗封建礼教的束缚，这些优秀作品，具有深刻
de sī xiǎng nèi róng qí zhōng zhù míng de gù shì yǒu cù zhī huà
的思想内容。其中著名的故事有《促织》、《画

《요재지이》는 낭만주의의 색채를 지닌 단편소설집으로, 모두 단편소설 491편이 수록되어 있는데, 주로 신선·귀신·여우 이야기에서 소재를 취하기도 하고, 일부는 사람의 기이한 행동을 그린 것도 있다. 이런 이야기의 서술과 묘사를 통하여, 어떤 것은 봉건통치의 암흑을 비판하고, 어떤 것은 과거제도의 부패를 비난하였으며, 어떤 것은 봉건예교의 속박에 반항하기도 하였는데, 이러한 우수한 작품들에는, 깊은 사상 내용이 담겨 있다. 그 중 유명한 이야기로 《촉직》·《화피》·《연성》 등이 있다.

皮》、《连城》等。

《促织》写统治者喜欢斗促织(蟋蟀), 责令老百姓到处为他们寻觅。有一个人叫成名, 他捉不到好的蟋蟀, 被打得腿上流血、化脓。后来, 偶然得到一只好蟋蟀, 便养在家里, 准备上缴, 不料又被九岁的小儿子弄死。成名的希望又落空了, 就要打儿子。儿子很害怕, 便投了井。后来被救上来, 但已精神晃忽, 灵魂已化作一只非常善斗的蟋蟀。这只蟋蟀被官府献入宫中, 得到皇帝的欢心, 由此, 官吏们得宠受赏, 成名的一家也因此得了救。这个故事生动地描写了捕蟋蟀和斗蟋蟀的情况, 刻画了老百姓家破人亡的惨状, 揭露了封建统治阶级对人民的残酷压榨, 控诉了官吏们勒索人民的残暴罪行。

《촉직》은 통치자가 촉직(귀뚜라미) 싸움을 좋아하여, 백성에게 명하여 그것들을 찾게 하는 이야기를 그리고 있다. 성명이라고 하는 어떤 사람이 있었는데, 그는 좋은 귀뚜라미를 잡지 못해, 구타를 당해서 다리에 피가 나고 고름이 났다. 뒤에, 우연히 좋은 귀뚜라미를 한 마리 얻게 되어, 집에서 기르면서, 상납할 준비를 하고 있는데, 뜻밖에 또 아홉 살 난 아들에게 귀뚜라미가 죽고 말았다. 성명의 희망이 또 날아가자, 아들을 때리려고 하였다. 아들은 무서워서 우물에 뛰어들어버렸다. 뒤에 구출되긴 했지만, 이미 정신에 이상이 생겨, 영혼은 이미 싸움을 아주 잘하는 귀뚜라미로 변하였다. 이 귀뚜라미는 관부에 의해 궁중에 상납되었고, 황제의 환심을 얻은 결과, 이에, 관리들은 총애를 받고 상을 받았으며, 성명의 가족도 구제를 받았다. 이 이야기는 귀뚜라미를 잡고 귀뚜라미 싸움을 붙이는 상황을 아주 생동적으로 묘사하여, 백성들이 집과 가족을 잃는 참혹한 상황을 묘사하고, 봉건통치계급의 백성에 대한 잔혹한 착취를 폭로하였으며, 관리들이 백성의 재물을 강탈하는 잔혹한 죄행을 고발하였다.

《画皮》写的是一个恶鬼披上美丽的外衣

《화피》가 그리고 있는 것은 한 악귀가 아름다운 옷

jìn xíng hài rén de gù shì zhè ge gù shì gào su rén men yào cā liàng yǎn
进行害人的故事。这个故事，告诉人们要擦亮眼
jing tí gāo jǐng tì shí pò è guǐ de wěi zhuāng bō qù huà pí cái bù
睛，提高警惕，识破恶鬼的伪装，剥去画皮，才不
huì shàng dàng shòu piàn zhè ge gù shì jù yǒu shēn kè de jiào yù yì yì
会上当受骗。这个故事，具有深刻的教育意义。

lián chéng xiě de shì qiáo shēng hé lián chéng wèi zhēng qǔ zì yóu hūn
《连城》写的是乔生和连城为争取自由婚
yīn ér dòu zhēng de gù shì zhè ge gù shì xiě de qǔ zhé dòng rén shǐ
姻而斗争的故事。这个故事，写得曲折动人。史
xiào lián yǒu ge nǚ er jiào lián chéng wèi le gěi nǚ er xuǎn yī ge mǎn yì
孝廉有个女儿叫连城，为了给女儿选一个满意
de duì xiàng tā xiǎng chū le yī ge hǎo bàn fǎ zhēng shī zé xù yǒu ge
的对象，他想出了一个好办法—征诗择婿。有个
qīng nián jiào qiáo shēng shī xiě de hěn hǎo shēn shòu lián chéng de xǐ ài kě
青年叫乔生，诗写得很好，深受连城的喜爱。可
shì shǐ xiào lián què xián qiáo shēng jiā pín méi yǒu tóng yì qiáo shēng shēn gǎn
是，史孝廉却嫌乔生家贫，没有同意。乔生深感
lián chéng zhī jǐ lián chéng duì qiáo shēng yě fēi cháng ài mù hòu lái lián chéng
连城知己，连城对乔生也非常爱慕。后来，连城
bìng sǐ qiáo shēng qián qù diào yàn tòng kū yī chǎng yě sǐ le qiáo shēng zài
病死，乔生前去吊唁，痛哭一场，也死了。乔生在
yīn jiān zhǎo dào le lián chéng zài hǎo péng yǒu gù shēng de bāng zhù xià liǎng ge
阴间找到了连城，在好朋友顾生的帮助下，两个
rén huán hún huí dào le rén jiān jié chéng le fū qī zhè ge gù shì jiē
人还魂，回到了人间，结成了夫妻。这个故事，揭
lù le fēng jiàn shè huì duì qīng nián de cuī cán biǎo xiàn le qīng nián wèi zhēng
露了封建社会对青年的摧残，表现了青年为争
qǔ zì yóu hūn yīn ér jiān jué dòu zhēng de jīng shén
取自由婚姻而坚决斗争的精神。

을 입고 사람을 해치는 이야기다. 이 이야기는, 사람들에게 눈을 깨끗이 닦고, 경계심을 높여, 악귀의 위장을 간파해서, 가면을 벗겨버려야, 속지 않는다는 것을 말해주고 있다. 이 이야기는, 깊은 교육적 의의를 가지고 있다.

≪연성≫이 그리고 있는 것은 교생과 연성이 자유 혼인을 쟁취하기 위하여 투쟁하는 이야기다. 이 이야기는, 변화가 많으며 감동적이다. 사효렴에게 연성이라고 부르는 딸이 있었는데, 딸에게 만족스러운 상대를 골라주기 위해, 그는 좋은 방법 — 시를 모집하여 사위를 고르는 — 을 하나 생각해 냈다. 교생이라는 한 청년이 있었는데, 시를 아주 잘 써서, 연성의 사랑을 받았다. 하지만, 사효렴은 교생의 집이 가난한 것이 싫어서, 동의를 하지 않았다. 교생은 연성이 자기를 잘 알아준다는 것을 깊이 느꼈고, 연성도 교생을 아주 애모하였다. 뒤에, 연성이 병으로 죽자, 교생은 가서 조문을 하고, 한 바탕 울고 나서는, 역시 죽었다. 교생은 저승에서 연성을 찾아냈고, 좋은 친구였던 고생의 도움으로, 두 사람은 혼이 몸으로 돌아왔고, 인간세계로 돌아와, 부부가 되었다. 이 이야기는, 봉건사회의 청년에 대한 박해를 폭로하고, 청년들이 자유 혼인을 쟁취하기 위해 단호하게 투쟁하는 정신을 표현하였다.

2. 吴敬梓和《儒林外史》

2. 오경재와 《유림외사》

吴敬梓(1701-1754),字敏轩,一字文木,号粒民,全椒(今安徽省全椒县)人。他出生在一个官僚地主家庭。他的父亲做过县的教谕,为人耿直,是一个看重节操、不慕名利的知识分子。他父亲的品德和生活态度对他有很大的影响。他年幼时聪颖过人,才识超群,曾随父宦游大江南北。二十三岁时,父亲去世,生活起了重大变化。因为他不善理家,又挥霍无度,不到十年,把家业全都变卖光了。三十三岁迁居南京,过着客寓生活。他早年曾热衷科举,考取过秀才,但后来由于科举不得意,特别是由富变穷的生活变化,使他对现实有了清醒的认识。他在和那些官僚、绅士、名流的长期交往中,逐渐看透了他

오경재(1701-1754)는, 자가 민헌이고, 또 다른 자는 문목이며, 호는 입민으로, 전초(지금의 안휘성 전초현) 사람이다. 그는 관료지주 가정에서 태어났다. 그의 부친은 현의 교유를 지낸 적이 있으며, 사람됨이 정직하여, 절개를 중시하고 명리를 탐내지 않는 지식인이었다. 부친의 품성과 생활태도는 그에게 아주 큰 영향을 주었다. 그는 어렸을 때 남달리 총명했으며, 재능과 학식이 뛰어나, 일찍 부친을 따라 벼슬자리를 얻기 위해 장강 남북을 돌아다녔다. 23세 때, 부친이 세상을 떠나자, 생활에 큰 변화가 생겼다. 그는 집안일에 능숙하지 못했고, 또한 돈을 쓰는데 무절제하여, 10년이 안 되어, 가산을 모두 팔아버렸다. 33세 때 남경으로 이사하여, 우거생활을 하였다. 그는 젊어서 과거에 열중하여, 수재에 합격도 하였으나, 뒤에 과거가 마음에 들지 않았고, 특히 부유함에서 가난한 생활로 변하게 되자, 현실에 대한 분명한 인식이 생기게 되었다. 그는 관료·신사·명류들과 장기간 왕래를 하던 중에, 점차 그들의 너절한 영혼을 간파하게 되었으며, 이에 공명과 부귀를 뿌리치고, 더 이상 과거시험에 참가하지 않았다. 그의 유명한 소설 《유림외사》는 세상의 불합리한 것

men bēi wū de líng hún cóng ér yàn qì gōngmíng fù guì bù zài cān jiā kē
们卑污的灵魂，从而厌弃功名富贵，不再参加科
jǔ kǎo shì tā de zhù míng xiǎo shuō rú lín wài shǐ jiù shì huái zhe
举考试。他的著名小说《儒林外史》就是怀着
fèn shì jí sú de xīn qíng chuàng zuò chū lái de tā wǎn nián kāi shǐ yán jiū
愤世嫉俗的心情创作出来的。他晚年开始研究
jīng xué dàn shí jiān bù cháng wǔ shí sì suì de shí hou tā dào yáng zhōu
经学，但时间不长。五十四岁的时候，他到扬州
fǎng yǒu tū rán bìng sǐ jié shù le qióng chóu liáo dǎo de yī shēng tā hái
访友，突然病死，结束了穷愁潦倒的一生。他还
zhù yǒu wén mù shān fáng jí shí èr juàn jīn cún sì juàn
著有《文木山房集》十二卷，今存四卷。

에 분개하고 증오하는 심정으로 창작한 것이다. 그는 만년에 경학을 연구하기 시작하였으나, 시간은 길지 않았다. 54세 때, 그는 양주로 친구를 방문하러 갔다가, 갑자기 병으로 죽음으로써, 곤궁하고 초라한 일생을 마감하였다. 그에게는 또 《문목산방집》 12권이 있는데, 지금은 4권이 남아있다.

rú lín wài shǐ shì yī bù zhuó yuè de fěng cì xiǎo shuō gòng
《儒林外史》是一部卓越的讽刺小说，共
wǔ shí wǔ huí shū zhōng de rén wù dōu shì yǐ dāng shí de zhēn rén zhēn shì
五十五回，书中的人物，都是以当时的真人真事
wéi yǐng zi xiě chéng de wèi le bì miǎn qīng dài tǒng zhì jiē jí de pò hài
为影子写成的。为了避免清代统治阶级的迫害，
zuò zhě gù yì bǎ gù shì bèi jǐng shuō chéng míng dài zhè bù xiǎo shuō guàn chuān
作者故意把故事背景说成明代。这部小说贯穿
zhe yī ge zhōng xīn sī xiǎng nà jiù shì fǎn fēng jiàn zuò zhě de xīn là
着一个中心思想，那就是反封建。作者的辛辣
fěng cì shǒu xiān shì zhēn duì chī rén de fēng jiàn lǐ jiào qí cì shì zhēn duì
讽刺，首先是针对吃人的封建礼教，其次是针对
chǒu è fǔ xiǔ de kē jǔ zhì dù qí zhōng fàn jìn zhòng jǔ zhè ge gù
丑恶腐朽的科举制度。其中“范进中举”这个故
shì xiě de fēi cháng shēn kè shēng dòng fàn jìn shì yī ge lián kǎo èr shí
事，写得非常深刻、生动。范进是一个连考二十
duō cì dōu méi yǒu kǎo zhòng de lǎo tóng shēng fā bǎng nà tiān jiā lǐ méi yǒu
多次都没有考中的老童生，发榜那天，家里没有

《유림외사》는 걸출한 한 권의 풍자소설로, 총 55회며, 책 중의 인물은, 모두 당시의 실제 인물과 사실을 배경으로 쓴 것이다. 청대 통치계급의 박해를 피하기 위하여, 작가는 고의로 이야기 배경을 명대로 하였다. 이 소설에는 하나의 중심사상이 관통하고 있는데, 그것은 바로 반봉건이다. 작가의 신랄한 풍자는, 우선 사람을 잡아먹는 봉건예교를 겨냥하고, 그 다음은 추악하고 부패한 과거제도를 겨냥하였다. 그중에서 “범진의 과거 급제” 이 이야기는, 아주 심오하고 생동적으로 묘사되어 있다. 범진은 20여 차례나 과거를 봤지만 합격하지 못한 늙은 동생으로, 방이 붙은 날, 집에는 아침밥을 지을 쌀이 없어서, 막 알을 낳고 있는 암탉을 안고 시장으로 가서 팔았다. 그가 과거 급제 소식을 들은 후, 처음에는 감히 믿을 수가 없다가,

mǐ zuò zǎo fàn zhǐ hǎo bǎ zhèng zài xià dàn de mǔ jī bào dào jí shàng qù
米做早饭，只好把正在下蛋的母鸡抱到集上去

mài dāng tā tīng dào zhòng jǔ de xiāo xi hòu qǐ chū bù gǎn xiāng xìn hòu
卖。当他听到中举的消息后，起初不敢相信，后

lái jìng gāo xìng de fēng le bù duàn de pāi zhe shǒu dà xiào dào yī
来竟高兴得疯了，不断地拍着手大笑道：“噫！

hǎo wǒ zhòng le zhí dào tā de zhàng rén hú tú hù dǎ le tā de ěr
好！我中了！”直到他的丈人胡屠户打了他的耳

guāng zhī hòu cái qīng xǐng guò lái cóng cǐ fàn jìn píng bù qīng yún yī bù
光之后，才清醒过来。从此，范进平步青云，一步

dēng tiān yǒu xǔ duō rén lái fèng chéng tā bù dào liǎng sān ge yuè de shí
登天，有许多人来奉承他，不到两三个月的时

jiān tā de tián chǎn fáng wū nú pú yā huán dōu yǒu le zhè ge gù shì
间，他的田产房屋、奴仆丫环都有了。这个故事

shuō míng nà xiē rè zhōng yú kē jǔ de rén zhǐ bù guò shì wèi le pá shàng
说明，那些热衷于科举的人，只不过是为了爬上

tǒng zhì jiē jí dì wèi shēng guān fā cái qí zài rén mín tóu shàng zuò wēi zuò
统治阶级地位，升官发财，骑在人民头上做威作

fú chéng wéi tǒng zhì jiē jí de bāng xiōng ér yǐ rú lín wài shǐ sù
福，成为统治阶级的帮凶而已。《儒林外史》塑

zào le rú lín qún chǒu de xíng xiàng bìng zhǐ chū tā men chū shì zé wéi tān
造了儒林群丑的形象，并指出：他们出仕则为贪

guān wū lì jū xiāng zé wéi tǔ háo liè shēn cóng ér jiē lù le kē jǔ
官污吏，居乡则为土豪劣绅。从而揭露了科举

zhì dù de zuì è dāng shí zhèng zhì de fǔ xiǔ hé hēi àn zuò zhě yǐ wén
制度的罪恶、当时政治的腐朽和黑暗，作者以文

yì wéi wǔ qì cì pò le fēng jiàn shè huì de nóng chuāng zhǒng liú shǐ zhè bù
艺为武器，刺破了封建社会的脓疮肿瘤，使这部

zuò pǐn qǔ dé le guāng huī de chéng jiù
作品取得了光辉的成就。

뒤에는 미친 듯이 기뻐서, 계속 박수를 치고 크게 웃으면서 “아! 좋아라! 내가 합격을 했구나!”라고 하였다. 그의 장인 호 백정이 그의 뺨을 친 뒤에야, 비로소 정신을 차렸다. 이때로부터, 범진은 단번에 높은 지위에 올랐고, 많은 사람들이 그에게 아첨을 하러 왔으며, 두세 달도 안 되어, 그는 밭과 집, 종과 시녀를 모두 가지게 되었다. 이 이야기가 말하는 것은, 과거에 열중인 사람들은, 단지 통치계급의 지위에 올라, 벼슬자리를 높이고 돈을 벌며, 백성들 머리위에 올라 위엄과 복을 누리기 위한 것으로, 통치계급의 공범이 될 뿐이라는 것이다. 《유림외사》는 유림 무리의 형상을 소조하고, 아울러 지적하기를, 그들은 벼슬길에 오르면 탐관오리가 되고, 시골에 머무르게 되면 토호열신이 된다고 하였다. 이렇게 과거제도의 죄악과 당시 정치의 부패와 암흑을 폭로하였으니, 작가는 문예를 무기로 삼아, 봉건사회의 곪아있는 종양을 터뜨림으로써, 이 작품이 빛나는 성과를 거둘 수 있었다.

cáo xuě qín hé hóng lóu mèng
3. 曹雪芹和《红楼梦》

cáo xuě qín yuē míngzhān zì mèngruǎn hào xuě
曹雪芹(约1716-1764), 名沾, 字梦阮, 号雪
qín yòu hào qín pǔ qín xī tā de xiān shì yuán shì hàn rén hòu lái rù
芹, 又号芹圃、芹溪。他的先世原是汉人, 后来入
le mǎnzhōuzhèng bái qí nèi wù fǔ jí tā de zēng zǔ zǔ fù hé tā
了满州正白旗内务府籍。他的曾祖、祖父和他
de fù qīn yī dài xiāng jì rèn jiāngníng zhī zào jiāngníng zhī zào shì yǐ
的父亲一代, 相继任江宁织造。江宁织造是以
qīn chāi shēn fèn jiān dū zhī zào gōnggōng tíng shǐ yòng de gè lèi sī zhī pǐn
"钦差"身份监督织造供宫廷使用的各类丝织品,
shí jì shì huáng dì de ěr mù cáo xuě qín de shàonián shí dài jīng lì
实际是皇帝的耳目。曹雪芹的少年时代, 经历
guò yī duàn jí wéi háo huá fù guì de shēng huó nián zài tǒng zhì jiē
过一段极为豪华富贵的生活。1727年, 在统治阶
jí nèi bù de dòu zhēngzhōng tā de fù qīn bèi bà guān jiā chǎn bèi chāo
级内部的斗争中, 他的父亲被罢官, 家产被抄,
jiā jìng hěn kuài pò luò dì èr nián qiān jū běi jīng tā gōng shī shàn
家境很快破落。第二年, 迁居北京。他工诗、善
huà yīn pín bìng wú yī zài jiā shàng ài zǐ zǎo shāng bēi tòng guò dù ér
画。因贫病无医, 再加上爱子早殇, 悲痛过度而
sǐ tā sǐ de shí hou hóng lóu mèng zhǐ xiě wánqián bā shí huí
死。他死的时候, 《红楼梦》只写完前八十回,
hòu sì shí huí shì yóu gāo è xù xiě de gāo è zì lán shù tiě lǐng
后四十回是由高鹗续写的。高鹗, 字兰墅, 铁岭
jīn liáo níngshěng tiě lǐng shì rén lì xiānghuáng qí hàn jūn shēng zú nián bù
(今辽宁省铁岭市)人, 隶镶黄旗汉军, 生卒年不

3. 조설근과 《홍루몽》

조설근(약1716-1764)은, 이름이 첨이고, 자는 몽완이며, 호는 설근이고, 또 다른 호로 근포·근계가 있다. 그의 선조는 원래 한인이었으나, 뒤에 만주 정백기 내무부에 입적하였다. 그의 증조부·조부와 그의 부친은 한 때 계속해서 강녕 직조 직을 맡았다. 강녕 직조란 "흠차" 신분으로 궁중에서 사용하는 여러 종류의 견직물을 직조하는 것을 감독하는 것이지만, 실제로는 황제의 눈과 귀였다. 조설근은 소년 시절에, 극히 호화롭고 부귀한 생활을 하였다. 1727년, 통치계급내부의 투쟁에서, 그의 부친이 해직되고, 가산을 모두 몰수를 당하자, 가정형편은 아주 빠르게 몰락하였다. 이듬해, 북경으로 거처를 옮겼다. 그는 시에 능했고, 그림을 잘 그렸다. 가난에 병까지 들었으나 치료를 받지 못했고, 게다가 사랑하던 아들이 요절하여, 너무나 비통한 나머지 죽고 말았다. 그가 죽을 때, 《홍루몽》은 앞 부분 80회까지만 완성하고, 뒤의 40회는 고악이 이어서 썼다. 고악은, 자가 난서이며, 철령(지금의 요녕성 철령시) 사람으로, 예양황기 한군이었으며, 생졸연대는 분명치 않은데, 일찍이 진사에 합격하여, 내각시독과 형과급사중 등의 관직을 지냈다.

详，曾考中进士，做过内阁侍读，刑科给事中等官。

《红楼梦》又叫《石头记》，是一部伟大的现实主义巨著，它以一对贵族青年贾宝玉和林黛玉的恋爱悲剧为中心，深刻地揭露和批判了封建贵族阶级内外矛盾和斗争，以及他们的种种罪恶，指出封建贵族阶级逃脱不了即将崩溃的历史命运。这部小说成功地塑造了贾宝玉、林黛玉两个封建叛逆者的形象。

《홍루몽》은 또 《석두기》라고도 하며, 위대한 현실주의 거작으로, 이 책은 귀족청년 가보옥과 임대옥의 연애비극을 중심으로 하여, 봉건 귀족계급 안팎의 갈등과 투쟁, 그리고 그들의 갖가지 죄악을 심도 있게 폭로하고 비판하면서, 봉건귀족 계급이 곧 붕괴될 역사적 운명을 피할 수 없을 것임을 지적하였다. 이 소설은 가보옥과 임대옥 두 봉건 반역자의 형상을 성공적으로 소조하였다.

贾宝玉是封建贵族家庭的叛逆者。本来贾家对他抱有很大的希望，希望他读书中举，显祖扬名，成为地主阶级的孝子贤孙。可是他却走着与此相反的道路，他不肯"留意于孔孟之间，委身于经济之道"(鉆研孔子、孟子的学说，投身到治理国家、救助天下的行列)，不愿走读书应

가보옥은 봉건 귀족가정의 반역자다. 본래 가씨 가문에서는 그에게 아주 큰 희망을 가지고, 그가 공부로 과거에 급제하여, 선조의 이름을 드높여, 지주 계급의 효성스런 아들과 어진 손자가 되기를 희망하였다. 그러나 그는 이와는 상반되는 길을 걸어, "공자와 맹자에 뜻을 두고, 나라를 다스리는 길에 몸을 맡기는 일"(공자와 맹자의 학설을 깊이 탐구하여, 나라를 다스리고 천하를 구하는 길에 투신하는 일)을 원하지 않았고, 공부해서 과거에 응시하고 관리사회와 교제하며

jǔ jiāo jié guānchǎng zūn cóng lǐ fǎ jīng bāng jì shì de rén shēng dào lù
举、交结官场、遵从礼法、经邦济世的人生道路。
jiǎ zhèng yào tā dú sì shū jiǎng bā gǔ tā yángfèng yīn wéi zhuāng
贾政要他读《四书》、讲八股，他阳奉阴违，装
bìng táo xué duì bā gǔ wénshēn wù tòng jué shuō tā shì ěr míng diào lù
病逃学，对八股文深恶痛绝，说它是“饵名钓禄
zhī jiē diào qǔ gōngmíng lì lù de jiē tī kuāng gōngmíng hùn fàn
之阶”（钓取功名、利禄的阶梯）、“诓功名混饭
chī piàn qǔ gōngmíng hùn fàn chī de gōng jù tā duì nà xiē jù yǒu
吃”（骗取功名，混饭吃）的工具。他对那些具有
fǎn fēng jiàn sī xiǎng de shū jí rú xī xiāng jì mǔ dān tíng
反封建思想的书籍，如《西厢记》、《牡丹亭》
què rú jī sì kě de yuè dú chēng zàn tā men zhēn shì hǎo wénzhāng tā
却如饥似渴的阅读，称赞它们“真是好文章”。他
kàn bu qǐ rú jiā shū jí bǎ dú shū shàng jìn de rén chēng zuò guó zéi
看不起儒家书籍，把“读书上进的人”称作“国贼
lù guǐ bǎ shì tú jīng jì de shuō jiào shuōchéng shì hùn zhàng huà
禄鬼”，把“仕途经济”的说教，说成是“混账话”。
tā bǐ qì gōngmíng lì lù lǎn yú tóng shì dà fū jiē tán tā zhè zhǒng
他鄙弃功名利禄，懒于同士大夫接谈。他这种
fǎn fēng jiàn de sī xiǎng shì jiān jué de jiù lián jiǎ zhèng de dú dǎ jiǎ mǔ
反封建的思想是坚决的，就连贾政的毒打，贾母
wáng fū rén de xiǎo xīn fáng fàn bǎo chāi xí rén de wēnqíng guī quàn dōu
、王夫人的小心防范，宝钗、袭人的温情规劝，都
bù néng gǎi biàn tā de sī xiǎng
不能改变他的思想。

예법을 지키고 나라를 다스리면서 세상을 구하는 인생의 길을 걷고 싶지 않았다. 가정이 그에게 《사서》를 읽고 팔고문을 말하게 했지만, 그는 겉으로는 복종하는 체 하면서 속으로는 따르지 않았고, 아픈 체 하며 학업을 게을리 하고, 팔고문을 극도로 미워하여, 그것은 “명성과 녹봉을 유인하는 섬돌”(공명과 관록을 낚는 수단)이요, “공명으로 속여 그저 밥이나 먹는”(공명을 사취하여, 밥벌이를 하는) 도구라고 하였다. 그는 반봉건사상이 담긴 책, 예컨대 《서상기》·《모란정》같은 서적에 대해서는 오히려 목마른 것처럼 읽었으며, 그것들을 “정말 좋은 문장이다.”라고 칭찬하였다. 그는 유가 서적을 멸시했으며, “공부하여 진보하려는 사람”을 “나라의 도적이요, 녹봉 귀신”이라고 칭했고, “관리가 되어 나라를 다스리고 천하를 구한다.”는 설교를 “개소리”라 하였다. 그는 공명과 녹봉을 경멸했으며, 사대부와 이야기하기를 싫어하였다. 그의 이런 반봉건적 사상은 단호하여, 가정의 모진 구타나, 가모·왕부인의 조심스런 방비나, 보차·습인의 따뜻한 충고로도, 그의 사상을 변화시킬 수 없었다.

lín dài yù shì fēng jiàn guì zú jiā tíng de xiǎo jiě tā duì jiǎ bǎo
林黛玉是封建贵族家庭的小姐，她对贾宝
yù de pàn nì xíngdòng jǐ yǔ tóngqíng hé zhī chí bìng zài zhè ge sī xiǎng
玉的叛逆行动给予同情和支持，并在这个思想

임대옥은 봉건 귀족가정의 아가씨로, 그녀는 가보옥의 반역행동에 동정과 지지를 보냈으며, 아울러 이 사상의 기초에서, 그들에게는 진실한

基础上，他们产生了真挚的爱情。林黛玉父母早亡，无依无靠，投奔到外祖母家，过着寄人篱下的生活。她自尊心很强，唯恐有人对她歧视和轻蔑。她经常自怜自叹，触景伤情，无论是大观园的繁荣热闹、笑语温情，还是自然界的秋风夜雨、飞絮落花，都会引起她无限的伤感和不尽的眼泪。因此，“多愁善感”便成了她的性格特征。她对贵族家庭中的种种黑暗和丑行深为不满，时时给予揭露和嘲讽。她不趋炎附势，不讨好封建家长，因此被看作是“孤高”、“刻薄”、“专爱挑剔别人的不是”的人。她从来不劝宝玉为官做宦，不讲那些“仕途经济”的“混账话”，因此得到贾宝玉的敬重。她是一个封建叛逆者的形象。

사랑이 생기게 되었다. 임대옥은 부모가 일찍 죽고, 의지할 데가 없어서, 외조모 집에 몸을 의탁하여, 남에게 얹혀 사는 생활을 하였다. 그녀는 자존심이 아주 강해, 누가 자기를 차별하거나 경멸할까 두려워하였다. 그녀는 늘 스스로 불쌍하다고 탄식하며, 어떤 경치 앞에서도 마음아파 하였기에, 대관원의 왁자지껄함이나 우스갯소리와 온정, 그리고 자연계의 가을바람이나 밤비, 날리는 버들개지와 떨어지는 꽃들도, 다 그녀의 무한한 슬픔과 끝없는 눈물을 자아냈다. 그리하여, “늘 애수에 젖어있고 감상적인 것”이 그녀의 성격특징이 되었다. 그녀는 귀족가정에서의 갖가지 암담함과 추태에 대하여 아주 불만이었기에, 늘 이를 까발리고 비웃고 풍자하였다. 그녀는 권력에 아부하지 않았으며, 봉건가장의 비위를 맞추지 않았기에, 그래서 “도도하고”, “각박하고”, “다른 사람의 잘못을 들추기 좋아하는”사람으로 간주되었다. 그녀는 한 번도 보옥에게 관리가 되라고 말하지 않았으며, “관리가 되어 나라를 다스리고 천하를 구하라.”는 “개소리”를 하지 않았기에, 가보옥의 존경을 받았다. 그녀는 봉건 반역자의 형상이었다.

dì sān jié wǎnqīng qiǎn zé xiǎoshuō
第三节 晚清谴责小说

제3절 만청의 견책소설

wǎnqīng de sì bù zhù míng qiǎn zé xiǎoshuō shì guānchǎng xiànxíng
晚清的四部著名谴责小说是:《官场现形
jì èr shí nián mù dǔ zhī guài xiànzhuàng lǎo cán yóu jì
记》、《二十年目睹之怪现状》、《老残游记》、
niè hǎi huā
《孽海花》。

만청의 유명한 견책소설 네 부는, 《관장현형기》·《이십년목도지괴현상》·《노잔유기》·《얼해화》다.

guānchǎng xiànxíng jì
1.《官场现形记》

1.《관장현형기》

guānchǎng xiànxíng jì shì yī bù yǐ bào lù fēng jiàn guān liáo wéi
《官场现形记》是一部以暴露封建官僚为
tí cái de zuì zhù míng de qiǎn zé xiǎoshuō zuò zhě lǐ bǎo jiā
题材的最著名的谴责小说。作者李宝嘉(1867-
zì bó yuán bié hào nán tíng tíng zhǎng jiāng sū wǔ jìn xiàn rén
1907),字伯元,别号南亭亭长,江苏武进县人。
tā shàncháng shī fù hé zhuàn kè céng bàn guò zhǐ nán bào xiù xiàng
他擅长诗赋和篆刻,曾办过《指南报》、《绣像
xiǎoshuō děng bào kān zá zhì suǒ zuò xiǎoshuō yǒu guānchǎng xiànxíng jì
小说》等报刊杂志,所作小说有《官场现形记》、
wénmíng xiǎo shǐ tā shì wǎnqīng qiǎn zé xiǎoshuō de dài biǎo zuò jiā
《文明小史》。他是晚清谴责小说的代表作家。

《관장현형기》는 봉건관료를 폭로하는 것을 소재로 한 가장 유명한 견책소설이다. 작가 이보가(1867-1907)는, 자가 백원이며, 별호는 남정정장으로, 강소성 무진현 사람이다. 그는 시·부와 전각에 뛰어났으며, 일찍이 《지남보》·《수상소설》 등의 신문과 잡지를 간행한 적이 있으며, 그가 창작한 소설로는 《관장현형기》·《문명소사》가 있다. 그는 만청 견책소설의 대표 작가다.

guānchǎng xiànxíng jì gòng liù shí huí miáo xiě le xíngxíng sè
《官场现形记》共六十回,描写了形形色
sè de fēng jiàn guān liáo shàng zì jūn jī dà chén xià zhì zhōuxiàn de xiǎo
色的封建官僚,上自军机大臣,下至州县的小

《관장현형기》는 모두 60회로, 각양각색의 봉건관료들을 묘사하고 있는데, 위로는 군기대신과, 아래로는 주현의 말단 관리에 이르기까지로,

官，虽然他们的职务地位不同，但是都爱钱如命。正如书中所说："千里做官只为财"，"遍天底下买卖，只有做官的利钱最好。"他们把官场变成了商场，为了钱，他们公开卖官鬻爵，贪赃枉法，残害人民。克扣军饷，贩卖人口，吞没赈款，甚至出卖祖国和自己的灵魂。总之，这部小说揭露了晚清政府的腐败无能和向帝国主义者妥协投降的罪行。

그들의 직무와 지위는 달랐지만, 모두 돈을 목숨처럼 사랑하였다. 이는 바로 책에서, "아주 멀리서도 벼슬을 하는 것은 단지 재물 때문"이고, "하늘 아래 장사 중에, 벼슬아치의 이자가 가장 세다."라고 말한 바 그대로였다. 그들은 관리 사회를 상업계로 만들어 놓았고, 돈을 위해서는, 공개적으로 관직과 작위를 팔고, 뇌물을 받고 법을 어겼으며, 백성들에게 상해를 가하였다. 군인의 급료와 지급품을 가로채고, 인신매매를 하였으며, 구호금을 횡령하고, 심지어는 조국과 자신의 영혼을 팔아먹기까지 하였다. 한 마디로, 이 소설은 만청 정부의 부패·무능과 제국주의자들이 타협하고 투항하는 죄상을 폭로하였다.

2. 《二十年目睹之怪现状》

2. 《이십년목도지괴현상》

《二十年目睹之怪现状》是吴沃尧的著名作品。吴沃尧(1866-1910)，字小允，又字茧人，后改趼人，南海(今广东省广州市)人，因家居佛山镇，所以自称"我佛山人"。他是晚清著名谴责小说家，所作小说颇多，《二十年目睹之怪现状》

《이십년목도지괴현상》은 오옥요의 유명한 작품이다. 오옥요(1866-1910)는, 자가 소윤이며, 또 자를 충인라고도 했으나, 후에 견인이라고 고쳤으며, 남해(지금의 광동성 광주시) 사람으로, 집이 불산진에 있었기에, 자칭 "아불산인"이라고 불렀다. 그는 만청의 유명한 견책소설가로, 지은 소설이 상당히 많은데, 《이십년목도지괴현상》은 그의 대표작이다.

是他的代表作品。

《二十年目睹之怪现状》这部小说，通过“九死一生”在二十年中耳闻目睹的无数怪现状，描绘了清帝国行将崩溃的社会图景。作品涉及的范围比较广，不仅写官场人物、洋场才子，而且旁及医卜星相、三教九流。但重点还是暴露官场的黑暗。这些怪现状，归纳起来可以分为三个方面：一是官场的贪财受贿、营私舞弊；二是封建官僚是一批衣冠禽兽的伪君子；三是清政府官僚畏敌如虎，卖国投降。

《이십년목도지괴현상》이 소설은, "구사일생"하여, 20년 동안 보고 들은 무수한 괴현상들을 통하여, 청 제국이 곧 붕괴될 사회현상을 묘사하였다. 작품에서 다룬 범위는 비교적 넓어, 관리사회의 인물과 조계지의 재자뿐만 아니라, 의사·점쟁이·점성가·관상가 및 온갖 직업인까지 다 망라하였다. 하지만 중점은 역시 관리사회의 부패를 폭로하는 것이었다. 이러한 괴현상을, 귀납하면 셋으로 나누어볼 수 있는데, 첫째 관리사회는 재물을 탐하고 뇌물을 받는 것이고, 둘째 봉건관료는 의관을 걸친 짐승 같은 위군자며, 셋째 청 정부 관료는 적을 호랑이처럼 무서워하고, 나라를 팔고 투항한다는 것이다.

3.《老残游记》

3.《노잔유기》

《老残游记》是晚清谴责小说中有影响的作品之一。作者刘鹗(1857-1909)，字铁云，又署“洪都百炼生”，丹徒(今江苏省镇江)人。他出身

《노잔유기》는 만청 견책소설 중 가장 영향력이 있었던 작품 중 하나다. 작가 유악(1857-1909)은, 자가 철운이며, 또 "홍도백련생"이라고도 했는데, 단도(지금의 강소성 진강) 사람이다. 그는 봉건 관료가정에서 태어났으며

于封建官僚家庭，通晓数学、医学、水利学等，做过医生和商人，曾为候补知府。八国联军侵占北京时，他曾从侵略军那里贱价购买太仓粮，转卖给饥民，后以“私售仓粟”罪充军新疆，1909年7月病死在乌鲁木齐。

수학·의학·수리학 등에 통달하였으며, 의사와 상인을 한 적도 있는데, 일찍이 지부의 후보가 되기도 하였다. 8개국 연합군이 북경을 점거하였을 때, 그는 일찍이 침략군에게 창고의 곡식을 싸게 구매하여, 굶주린 백성에게 다시 팔아, 훗날 “곡식 밀매” 죄로 신강에서 노역을 하였으며, 1909년 7월에 우루무치에서 병사하였다.

《老残游记》共二十回，写的是一个摇串铃的江湖医生老残在游历途中的所见、所闻、所为，反映了晚清的某些社会现实，表达了作者对时局的见解和他的一些反动的政治主张。

《노잔유기》는 모두 20회로, 묘사된 내용은 방울 흔드는 강호의 의사 노잔이 돌아다니면서 보고, 듣고, 행한 것으로, 만청의 일부 사회현실을 반영하여, 작가의 시국에 대한 견해와 자신의 반동적 정치주장을 표현하였다.

作者编造了一个蓬莱阁观日出的梦幻故事，把国家比作在惊涛骇浪中颠簸的一只帆船。船上有四种人，第一种是掌舵管帆的，也就是暗指清廷的统治集团。在老残看来，这些“驾驶”的人并没有错，他们所缺的只是一个方针，因此，只要送上一个改良主义的罗盘给他们就行了。

작가는 봉래각에서 일출을 보는 몽환적인 이야기를 꾸며서, 국가를 거칠고 사나운 파도에서 요동치는 한 척의 돛 단 배에 비유하였다. 배 안에는 네 종류의 사람이 있는데, 첫 번째 종류는 배의 키를 잡고 돛을 책임진 사람으로, 청 나라 조정의 통치 집단을 암시하기도 한다. 노잔이 보기에, 이렇게 “운전”을 하는 사람에게는 잘못이 없고, 그들에게 부족한 것이라면 그저 방침일 뿐이므로, 따라서, 개량주의의 나침판을 하나 그들에게 주면 되는 것이다. 두 번째 종류는 관리하

第二种是管理的水手，指当时中下层官吏。作品写他们正在搜刮乘客的钱财，是作者批判的对象。第三种是演说的，实际是指孙中山领导下的革命党。作者肆意歪曲他们，并鼓动人们把他们抛下海去。第四种是乘客，也就是老百姓。作者骂他们当中赞成革命的人是不懂事，被人“利用”；而竭力赞扬那些认识不清或反对革命的人为老成持重。作者的反动立场是非常清楚的，他骂革命党是“乱党”、“妖妇”，骂义和团是“疫鼠”、“害马”。这些思想，都是作者的反动政治偏见。

는 선원으로, 당시의 하층 관리를 가리킨다. 작품에서는 그들이 승객들의 돈과 재물을 약탈한다고 묘사하고 있는데, 이는 작가가 비판하려는 대상이다. 세 번째 종류는 연설하는 사람으로, 실제로는 손중산 영도하의 혁명당을 가리킨다. 작가는 그들을 멋대로 비뚤면서, 아울러 사람들에게 그들을 바다에 던져 버리라고 선동한다. 네 번째 종류는 승객으로, 곧 백성이기도 하다. 작가는 그들 가운데 혁명을 찬성하는 사람들은 세상물정을 몰라, 다른 사람에게 “이용”되고 있다고 꾸짖고, 인식이 분명하지 못하거나 혹은 혁명을 반대하는 사람을 노련하고 신중하다고 칭찬하고 있다. 작가의 반동적인 입장은 아주 분명한 것으로, 그는 혁명당을 “반역의 무리”요 “요부”라고 질책하고, 의화단을 “페스트”요 “해마”라고 꾸짖었다. 이런 사상은 모두 작가의 반동적인 정치 편견이다.

4. ≪孽海花≫

4. ≪얼해화≫

≪孽海花≫在晚清谴责小说中，成就比较高，是一部有影响的作品。作者曾朴（1872－

≪얼해화≫는 만청 견책소설 중, 성과가 비교적 높으며, 영향력이 있었던 작품이다. 작가 증박(1872-1935)은, 자가 맹박이고, 필명은 “‘동

zì mèng pǔ　bǐ míng dōng yà bìng fū　jiāng sū cháng shú rén　niè
1935),字孟朴,笔名“东亚病夫”,江苏常熟人。《孽
hǎi huā　shì tā de dài biǎo zuò pǐn
海花》是他的代表作品。

아병부"며, 강소성 상숙 사람이다. 《얼해화》는 그의 대표작품이다.

niè hǎi huā　zhè bù xiǎoshuō yǐ jīn wénqīng hé fù cǎi yún de
《孽海花》这部小说以金雯青和傅彩云的
ài qíng gù shì wéi xiàn suǒ　tōng guò duì dāng shí jīng chéng nèi wài de xǔ duō
爱情故事为线索，通过对当时京城内外的许多
guān liáo　fēng jiàn wén rén de sī xiǎng shēng huó hé shè huì fēng qì de miáo xiě
官僚、封建文人的思想生活和社会风气的描写，
zhǎnxiàn le qīng mò de zhèng zhì　jīng jì　wài jiāo hé shè huì shēng huó de qíng
展现了清末的政治、经济、外交和社会生活的情
kuàng　jiē lù hé pī pàn le fēng jiàn tǒng zhì jiē jí de fǔ xiǔ hé dì guó
况，揭露和批判了封建统治阶级的腐朽和帝国
zhǔ yì de qīn lüè yě xīn　zhè bù xiǎoshuōyuán jì huà xiě liù shí huí
主义的侵略野心。这部小说原计划写六十回，
jié guǒ zhǐ xiě le sān shí huí　suī rán méi yǒu xiě wán　dàn tā què shì yī
结果只写了三十回，虽然没有写完，但它却是一
bù yōu xiù de zuò pǐn
部优秀的作品。

《얼해화》 이 소설은 김문청과 부채운의 사랑이야기를 단서로 하여, 당시 경성 내외의 수많은 관료와 봉건 문인의 사상 생활과 사회 풍조에 대한 묘사를 통하여, 청말의 정치·경제·외교와 사회 생활의 상황을 펼쳐 보임으로써, 봉건통치계급의 부패와 제국주의의 침략 야심을 폭로하고 비판하였다. 이 소설은 원래 60회로 쓸 계획이었으나, 결국에는 30회만 쓰게 되었는데, 다 쓰지는 못했지만, 이 작품은 그럼에도 우수한 작품이다.

qīng dài shì zhōng guó fēng jiàn shè huì zuì hòu yī ge wángcháo　zhōng guó
清代是中国封建社会最后一个王朝，中国
gǔ dài wén xué dào cǐ gào yī duàn luò　nián yā piàn zhànzhēng bào fā
古代文学到此告一段落。1840年鸦片战争暴发，
zhōng guó jìn rù le yī ge xīn de lì shǐ shí qī　zhōng guó wén xué yě jìn
中国进入了一个新的历史时期，中国文学也进
rù le yī ge xīn de fā zhǎn jiē duàn
入了一个新的发展阶段。

청은 중국 봉건사회의 마지막 왕조로, 중국 고대문학은 여기에 와서 일단락되었다. 1840년 아편전쟁이 폭발하고, 중국은 하나의 새로운 역사시기로 진입하게 되고, 중국문학 역시 새로운 발전단계로 들어섰다.

한상덕(韓相德)

경상대학교 중어중문학과 졸업. (문학사)
성균관대학교 대학원 중어중문학과 졸업. (문학석사)
중국 무한대학 대학원 중어중문학과 졸업. (문학박사)
중국 호북대학 중어중문학과 교수 역임.
(현재) 경상대학교 평생교육원 원장.
(현재) 경상대학교 중어중문학과 교수.
(현재) 중국 청도대학 겸임 교수.

논문 : <조우 삼부곡 연구> 외 20여 편
역서 : ≪중국 현대희극사≫ 외 20여 권
저서 : ≪한문으로 풀어보는 세상사 이야기≫ 외 20여 권

병음표기 중·한 대역

中国古代文学简史

1판 1쇄 발행_2013년 12월 25일
1판 2쇄 발행_2017년 2월 20일

역　　자 • 한 상 덕
발 행 인 • 정 현 걸
발　　행 • 신 아 사
인　　쇄 • 토탈프로세스
출판등록 • 1956년 1월 5일 (제9-52호)
주　　소 • 서울특별시 은평구 통일로 59길 4 (2F)
전　　화 • (02) 382-6411 • 팩스 (02) 382-6401
홈페이지 • www.shinasa.co.kr
E-Mail • shinasa@daum.net

ISBN 978-89-8396-841-8 (93820)

정가 17,000 원